UTB 4295

D1725651

Eine Arbeitsgemeinschaft der Verlage

Böhlau Verlag · Wien · Köln · Weimar
Verlag Barbara Budrich · Opladen · Toronto
facultas.wuv · Wien
Wilhelm Fink · Paderborn
A. Francke Verlag · Tübingen
Haupt Verlag · Bern
Verlag Julius Klinkhardt · Bad Heilbrunn
Mohr Siebeck · Tübingen
Nomos Verlagsgesellschaft · Baden-Baden
Ernst Reinhardt Verlag · München · Basel
Ferdinand Schöningh · Paderborn
Eugen Ulmer Verlag · Stuttgart
UVK Verlagsgesellschaft · Konstanz, mit UVK/Lucius · München
Vandenhoeck & Ruprecht · Göttingen · Bristol
vdf Hochschulverlag AG an der ETH · Zürich

Wege zur Rechtsgeschichte

Ulrike Babusiaux

Hans-Peter Haferkamp

Peter Oestmann

Johannes Platschek

Tilman Repgen

Andreas Thier

Peter Oestmann

Wege zur Rechtsgeschichte: Gerichtsbarkeit und Verfahren

BÖHLAU VERLAG KÖLN WEIMAR WIEN · 2015

Peter Oestmann ist Professor für Bürgerliches Recht und
Deutsche Rechtsgeschichte an der Universität Münster.

Bibliografische Information der Deutschen Bibliothek:

Die Deutsche Nationalbibliothek verzeichnet diese Publikation in der
Deutschen Nationalbibliografie; detaillierte bibliografische Daten sind
im Internet über https://portal.dnb.de abrufbar.

Online-Angebote oder elektronische Ausgaben sind erhältlich
unter www.utb-shop.de.

Umschlagabbildung:
Gerichtsszene aus dem Herforder Rechtsbuch um 1370/75.
Der Abdruck erfolgt mit freundlicher Genehmigung des
Kommentararchivs Herford/Staatsarchivs Herford.

Einbandgestaltung: Atelier Reichert, Stuttgart
Korrektorat: Frank Schneider, Wuppertal
Satz: synpannier. Gestaltung & Wissenschaftskommunikation, Bielefeld
Druck und Bindung: Pustet, Regensburg
Gedruckt auf chlor- und säurefreiem Papier
Printed in Germany

UTB-Band-Nr. 4295 | ISBN 978-3-8252-4295-4

Inhaltsverzeichnis

Vorwort

Das Buch beschreitet „Wege zur Rechtsgeschichte". Ein zentraler Ausschnitt aus der deutschen und europäischen Vergangenheit wird hier als eigenes Kurzlehrbuch angeboten. Damit ist zugleich Raum eröffnet, um die Grundzüge der Gerichts- und Prozessgeschichte für studentische Leser eingehend zu erklären. Oftmals überschütten rechtshistorische Lehrbücher die Studenten mit Fakten, Fakten und abermals Fakten. Je knapper bemessen der Platz, desto weniger Möglichkeiten verbleiben, die großen Linien zu zeichnen oder Einzelheiten zu entfalten. Wie Hagelschauer prasseln auf den Leser Namen, Jahreszahlen, Orte und Fachbegriffe nieder. Warum man dies alles wissen muss, was wirklich wichtig ist und was nur schmückendes Beiwerk darstellt, bleibt ungesagt. Bildung soll gern Selbstzweck sein, fürwahr, aber der Lehrer braucht nicht alle Kleinigkeiten zu vermitteln, nur weil er sie selbst gerade kennt. Wer sich klarmacht, welche Geschichte er erzählen will, kann sich auf wesentliche Punkte beschränken.

Der 27-jährige Privatdozent Otto Mejer schrieb 1845 im Vorwort seines Kirchenrechtskompendiums, im Kurzlehrbuch gehe es bloß darum, eine Übersicht über das Feststehende zu bieten. Auf dem Katheder dürfe der Hochschullehrer dagegen „die Wissenschaft geben, wie er sie zu besitzen meint, so subjectiv er will und kann"[1]. Gemessen am Ideal des Göttinger Kirchen- und Staatsrechtlers liegt mein Grundriss näher an der aufgeheizten Vorlesung als am abgeklärten Lehrbuch. Der Text bekennt Farbe und ist um deutliche Wertungen nicht verlegen. Wenn Widerspruch den Leser zum Nachdenken bringt und ihm die Quellen- und Literaturhinweise den Weg zur eigenen Meinung öffnen, ist viel erreicht. Das Buch will keineswegs das Selbststudium abwürgen, sondern auf Schritt und Tritt dazu einladen, immer tiefer in die aufregende Welt der Rechtsgeschichte einzutauchen. Über die Quellenauswahl, die Gliederung und Wertungsmaßstäbe lässt sich trefflich streiten. Vor allem fehlt Vieles. Wichtige Gerichte, ganze Prozessarten, Berufsbilder, sozialgeschichtliche Bezüge, Diskussionen in der Rechtswissenschaft der Zeit – an allen Ecken und Enden bleiben Fragen und Lücken. In einigen Jahren kann hoffentlich ein Handbuch zur Geschichte der

---

1   *Otto Mejer*, Institutionen des gemeinen deutschen Kirchenrechtes, Göttingen 1845, S. VI.

Rechtsdurchsetzung den Stoff viel feinmaschiger aufnehmen. Für den Augenblick handelt es sich um eine Handreichung an interessierte Leser. Sie soll dem modernen aufmerksamen Juristen anhand einiger Einblicke die Bedeutung der rechtshistorischen Tradition für Gegenwart vor Augen führen. Ob sich die Sehschlitze nach und nach zu einem größeren Sichtfeld weiten und mit der Zeit ein Gesamtbild entsteht, bleibt jedem selbst überlassen. Mir jedenfalls hat der Zwang, den roten Faden festzuzurren und sich nie ins Auswabernde zu verlieren, jederzeit Freude und Schwung bereitet. Hoffentlich merkt man das dem Buch an.

Für Anregungen und kritische Hinweise schulde ich vielfach Dank. Schon eine Vorlesung, die ich als Habilitand bei Joachim Rückert hörte, lehrte mich, in der Rechtsgeschichte nach wenigen, aber bezeichnenden Sach- und Zeittypen zu suchen, um den überlieferten Stoff zu ordnen. Das Gespräch mit den Kollegen, die ebenfalls Kurzlehrbücher zu unserer Reihe beisteuern, lieferte zahlreiche methodische und inhaltliche Klärungen. Ulrike Babusiaux, Hans-Peter Haferkamp und Tilman Repgen haben große Teile des Rohtextes gelesen. Vor allem meine Mitarbeiter haben das Manuskript mit spitzem Bleistift zweimal durchgearbeitet und mir immer wieder meine eigenen Grenzen vor Augen geführt. Für ihre besondere Freude an der Sache sowie ihren Mut zum offenen Wort danke ich Björn Czeschick, Lara-May Fischer, Clara Günzl, Daniel Jordanov, Jonas Stephan, Julian Voltz und Sandro Wiggerich. Der Böhlau-Verlag mit Peter Rauch, Johannes Rauch und Dorothee Rheker-Wunsch hat das Projekt von Anfang an mit großer Begeisterung unterstützt. Von einem ersten Treffen in Zürich im September 2012 bis zur vorliegenden doppelten Ausgabe als Taschenbuch und eBook war es ein aufregender Weg. Ob er sich gelohnt hat, mögen andere beurteilen.

Münster, April 2015   Peter Oestmann

Abkürzungsverzeichnis

Abh.	Abhandlungen
ALR	Allgemeines Landrecht (1794)
Beitr.	Beiträge
BGB	Bürgerliches Gesetzbuch
c.	canon im zweiten Teil des *Decretum Gratiani*
C.	Causa im zweiten Teil des *Decretum Gratiani*
CCC	*Constitutio Criminalis Carolina* = Peinliche Halsgerichtsordnung von 1532
Cod.	*Codex Justinianus*
CPO	Reichszivilprozessordnung von 1877/79
D.	*Distinctio* im ersten Teil des *Decretum Gratiani*
Dig.	Digesten
Diss.	Dissertation
EGMR	Europäischer Gerichtshof für Menschenrechte
ENZ	Enzyklopädie der Neuzeit
ERV	Schriften zur Europäischen Rechts- und Verfassungsgeschichte
EuGH	Europäischer Gerichtshof
FdtRg	Forschungen zur deutschen Rechtsgeschichte
Fgn.	Forschungen
ff.	Digesten
Fs.	Festschrift (für)
GU	Untersuchungen zur deutschen Staats- und Rechtsgeschichte, begründet von Otto von Gierke
GVG	Gerichtsverfassungsgesetz
HRG	Handwörterbuch zur deutschen Rechtsgeschichte
Hrsg.	Herausgeber
Inst.	Institutionen
jur.	juristisch
JuS	Juristische Schulung
Kap.	Kapitel
Lnr.	Lehnrecht
MGH	Monumenta Germaniae Historica

Ndr.	Nachdruck/Neudruck
NF	Neue Folge
phil.-hist.	philosophisch-historisch
q.	quaestio im zweiten Teil des Decretum Gratiani
QFhGAR	Quellen und Forschungen zur höchsten Gerichtsbarkeit im Alten Reich
Rg	Rechtsgeschichte, zugleich: Zeitschrift des Max-Planck-Instituts für europäische Rechtsgeschichte
Rspr.	Rechtsprechung. Materialien und Studien
RStPO	Reichsstrafprozessordnung von 1877/79
Rwiss./rwiss.	Rechtswissenschaft/rechtswissenschaftlich
S.	Seite
Sp.	Spalte
Ssp.	Sachsenspiegel
Ssp. Ldr.	Sachsenspiegel Landrecht
StEuRg	Ius Commune. Sonderhefte/Studien zur europäischen Rechtsgeschichte
TRG	Tijdschrift voor Rechtsgeschiedenis
X	Dekretalen; Liber Extra
ZHF	Zeitschrift für Historische Forschung
ZNR	Zeitschrift für Neuere Rechtsgeschichte
ZPO	Zivilprozessordnung
ZRG	Zeitschrift der Savigny-Stiftung für Rechtsgeschichte
ZRG Germ. Abt.	Germanistische Abteilung der ZRG

1 Einleitung

1.1 Hinführung zum Thema

Die Gerichtsbarkeit zählt zu den tragenden Pfeilern des modernen Staates. Neben der Gesetzgebung und der Regierung bildet die Rechtsprechung die dritte Säule der Staatsgewalt. Mögen die Menschen sich in rechtlichen Angelegenheiten streiten, mag es Verbrechen und Kriminalität geben – heute ist es der Staat, der solche Fragen verbindlich löst. Wer seine vermeintlichen rechtlichen Interessen eigenmächtig durchsetzen möchte und auf eigene Faust zur Selbsthilfe schreitet, verlässt damit den Boden des Rechts. An etwas versteckter Stelle, mit doppelter Verneinung und in juristischer Kunstsprache, spricht § 229 BGB die heutige Selbstverständlichkeit aus:

Wer zum Zwecke der Selbsthilfe eine Sache wegnimmt, zerstört oder beschädigt oder wer zum Zwecke der Selbsthilfe einen Verpflichteten, welcher der Flucht verdächtig ist, festnimmt oder den Widerstand des Verpflichteten gegen eine Handlung, die dieser zu dulden verpflichtet ist, beseitigt, handelt nicht widerrechtlich, wenn obrigkeitliche Hilfe nicht rechtzeitig zu erlangen ist und ohne sofortiges Eingreifen die Gefahr besteht, dass die Verwirklichung des Anspruchs vereitelt oder wesentlich erschwert werde.

Faustrecht ist damit grundsätzlich verboten. Nur dann, wenn staatliche Hilfe nicht rechtzeitig zu erlangen ist und die Gefahr besteht, dass eigene Rechtspositionen unwiederbringlich verloren gehen, ist Selbsthilfe in engen Grenzen noch erlaubt. Auch die Rechtfertigungsgründe im Strafrecht errichten strenge Schranken und dämmen auf diese Weise private Gewalt ein. Aussicht auf Erfolg kann der Gesetzgeber aber nur haben, wenn eine Gerichtsbarkeit bereitsteht, die dem Einzelnen tatsächlich sein Recht verschafft. Nur wenn in überschaubarer Zeit und mit vertretbarem Kostenaufwand richterliche, also staatliche Entscheidungen die streitigen Ansprüche klären und ggf. auch vollstrecken, strafbare Handlungen bestrafen und auf diese Weise die Rechtsordnung verteidigen, gibt es keinen Grund mehr zur Selbsthilfe. Sie ist dann überflüssig.

Im Blick zurück sind das alles keine Selbstverständlichkeiten. Die Rechtsgeschichte bietet Beispiele dafür, wie verschiedene Zeiten unterschiedliche Antworten auf sehr ähnliche Fragen gegeben haben. Das staatliche Gewaltmonopol, die feinmaschige Gerichtsverfassung und das umfassend kodifizierte Verfahrensrecht mit seinen wesentlichen Prozessmaximen gehören zu den wichtigsten Ausprägungen des heutigen Rechtsstaates. Vergegenwärtigt man sich die entscheidenden Bausteine der modernen Gerichtsbarkeit, ergeben sich unschwer einige Leitfragen. Sie ermöglichen es, Gemeinsamkeiten und Unterschiede zwischen den ausgewählten historischen Beispielen und dem Recht unserer Zeit deutlicher zu erkennen. Die Leitfragen dienen zugleich dazu, die Stofffülle zu begrenzen und die Darstellung von überflüssigem Ballast freizuhalten. Es geht beim Studium der Rechtsgeschichte nicht darum, möglichst viele Einzelheiten zu wissen. Entscheidend sind die Einblicke in die jeweiligen Eigenarten verschiedener Epochen und die Fähigkeit, über die langen Zeiträume hinweg Regelungsprobleme und Lösungsmöglichkeiten miteinander zu vergleichen.

1.2 Leitfragen

Die Aufgabe des Historikers und damit auch des Rechtshistorikers besteht vor allem darin, den überkommenen Stoff zu sichten und zu ordnen. Die Leitfragen schlagen einige Breschen in die Quellenmassen. Sie tragen auf diese Weise dazu bei, das Kurzlehrbuch schlank zu halten. Im Wesentlichen geht es um drei große Fragen: 1. Welche Rolle spielte die Staatsgewalt für die Rechtsdurchsetzung in verschiedenen Zeiten? 2. Wie sah die jeweilige Gerichtsverfassung aus, welche Gerichte gab es, und welche Personen waren dort tätig? 3. Was waren die Prozessmaximen des jeweiligen Verfahrensrechts, und welche Möglichkeiten bestanden, gerichtliche Entscheidungen anzugreifen?

1.2.1 Staatsgewalt

An erster Stelle steht die Frage nach der Staatsgewalt. In welcher Weise sind und waren die Gerichtsverfassung und das Verfahrensrecht an den Staat oder einen Herrscher gebunden? Im modernen Recht fällt die Antwort leicht. Gerade in der älteren Zeit, der sog. Vormoderne, ist aber Vorsicht geboten. Rechtshistoriker und Juristen des 19. und frühen 20. Jahrhunderts bis hin zu Eduard Kern und Heinrich Mitteis haben nach Vorformen von Rechtsstaatlichkeit, ja sogar von Demokratie bei den Germanen und im frühen Mittelalter gesucht. Das kann heute nicht mehr überzeugen, weil es damals noch gar keinen Staat gab. Die Leitfrage im Blick ermöglicht es vielmehr, auch Zeiten ohne Staatsgewalt zu erkennen und einzuordnen. Bis weit ins Mittelalter hinein kann von einem Staat im modernen Sinne keine Rede sein. Inwieweit Gerichte und ihr Verfahren an einen Herrscher angebunden waren, erweist sich als schwieriges Problem, das nach unterschiedlichen Antworten verlangt. Überhaupt geraten erst dann, wenn man die Abwesenheit von Staatsgewalt ernst nimmt, andere zeittypische Formen rechtlicher Konfliktbewältigung vor das Auge des Betrachters. Gewalt und Konsens als Urformen der Streitlösung stehen am Anfang der Geschichte. Blutrache und Fehde bestimmten über lange Zeiträume die Rechtsdurchsetzung. Ob man sie als rechtliche Verfahren oder eher als tatsächliche Maßnahmen ansieht, ist vor allem eine sprachliche Frage.

Erst im hohen Mittelalter wurde die Fehde nach und nach bestimmten Spielregeln unterworfen. Die Gottes- und Landfrieden beschränkten sie zeitlich, örtlich und personell. Die entstehende Staatsgewalt versuchte, Frieden zu gewährleisten, und ging daher gegen die eigenmächtige Selbsthilfe vor, ohne sie zunächst aber zu verbieten. Der enge Zusammenhang von Fehdebeschränkung und hoheitlicher Gerichtsbarkeit stand den Zeitgenossen klar vor Augen. Besonders deutlich sieht man dies im Mainzer Reichslandfrieden von 1235. Er unterwarf nicht nur die Fehde mehreren strengen Voraussetzungen, sondern stellte mit dem erneuerten Reichshofgericht zugleich auch ein oberstes Reichsgericht bereit, das die königliche Gerichtsgewalt für jedermann sichtbar verkörperte. Erst mit dem Ewigen Landfrieden von 1495 gab es ein endgültiges Fehdeverbot. Erneut trat mit dem Reichskammergericht ein Gericht auf den Plan, das Landfriedensbrüche ahnden sollte. Im Hinblick auf die erste Leitfrage ist die Zäsur von 1495 gar nicht scharf genug zu ziehen. Auf dem Papier gab es nun das obrigkeitliche Gewaltmonopol, das Verbot jedweder Selbsthilfe, unterstützt durch ein neu organisiertes Gericht. Das hat Konsequenzen für den Aufbau dieses Lehrbuchs. In der Prozessrechtsgeschichte gibt es zwei wesentliche Zeittypen: Die Zeit vor dem staatlichen Gewaltmonopol und die Zeit unter dem staatlichen Gewaltmonopol. Dies erklärt die Zweiteilung des Buches.

Die hier gezogene Epochengrenze beruht auf einer deutschen Sichtweise. Eine deutsche Rechtsgeschichte erscheint manchen Rechtshistorikern inzwischen als verdächtig, teilweise gar als „unerträgliche Fiktion". Doch wenn sich die Darstellung weithin auf die Rechtsgeschichte des deutschsprachigen Raumes beschränkt, behauptet sie damit nicht, die einheimische Rechtsgeschichte habe sich unbeeinflusst von anderen Traditionen aus ihren urgermanischen Wurzeln zur Blüte des 19. Jahrhunderts hin entwickelt. Zahlreiche Weichenstellungen verdankt das moderne Prozessrecht dem kanonischen Recht der mittelalterlichen Kirche und dann vor allem den französischen Reformen der napoleonischen Zeit. Auf dem Weg zum staatlichen Gewaltmonopol bildet 1495 aber eine Epochengrenze, die vorliegend einen älteren von einem neueren Sachtyp trennt. Auch Graustufen und Übergänge lassen sich mit der Leitfrage erfassen. Letzte Reste der Patrimonialgerichtsbarkeit und der Aktenversendung an Universitäten verschwanden erst mit den Reichsjustizgesetzen von 1877/79. Und die staatliche Gerichtsbarkeit begann im 20. Jahrhundert zu zerbröckeln. In den Diktaturen war die Justiz nicht nur Werkzeug politischer Interessen, sondern zugleich beschränkt durch Sonderrechte von Polizei und Parteiorganisationen. Schließlich hat mit dem Verblassen der Staatsgewalt seit etwa 1960 auch die Gerichtsbarkeit weiter Federn gelassen. Europäische und internationale Gerichtshöfe überlagern die staatliche Justiz, Schiedsgerichte umgehen sie, Mediationen und Vergleichsschlüsse schaffen Rechtsfrieden ohne staatlichen Befehl. Das Lehrbuch stellt im Schlusskapitel das klassische rechtsstaatliche Ideal der tatsächlichen modernen Buntheit gegenüber. Daraus folgen mehrfach sehr subjektive Wertungen. Aber Geschichtsschreibung kommt nicht umhin, die Vergangenheit zu deuten. Die Maßstäbe werden freilich nur selten offengelegt, tauchen hier aber an verschiedenen Stellen auf.

1.2.2 Gerichtsverfassung

Die zweite Leitfrage umkreist die Gerichtsverfassung. Untechnisch gesprochen geht es darum, wer Rechtsstreitigkeiten entscheidet. Im modernen Recht hat man es mit unabhängigen Berufsrichtern zu tun, die ein Jurastudium und zwei Staatsprüfungen absolviert haben. Die Gerichtsbarkeit ist horizontal in verschiedene Gerichtskreise bzw. Gerichtssprengel und vertikal auf mehrere Instanzen aufgeteilt. Dazu treten feste Zuständigkeitsregeln. Neben der ordentlichen Gerichtsbarkeit gibt es andere Zweige, nämlich die Verwaltungs-, Arbeits-, Finanz- und Sozialgerichtsbarkeit. Verfassungsgerichte des Bundes und der Länder vervollständigen das Bild. Doch auch innerhalb der ordentlichen Gerichtsbarkeit sind die jeweiligen Funktionen fest zugewiesen. Der Blick in die Geschichte zeigt erneut Gemeinsamkeiten und Unterschiede. Die Über- und Unterordnung von Gerichten mit festen Instanzen begegnet zuerst im kirchlichen Bereich und wird im Heiligen Römischen Reich Deutscher Nation seit dem 15. Jahrhundert auch im weltlichen Recht greifbar. Der studierte Berufsrichter taucht ebenfalls seit dem Mittelalter in der Kirche, aber auch in italienischen Kommunen auf. Ganz anders sah die einheimische Tradition aus. Der Richter war hier Leiter des Verfahrens, nicht aber an der Urteilsfindung selbst beteiligt. Laienschöffen, ein sog. Umstand oder in der Frühzeit sogar die gesamte Gerichtsgemeinde fanden dagegen die Antwort auf die zu entscheidende Frage. An eine Gewaltentrennung ist hierbei nicht zu denken. Der Rat vieler mittelalterlicher Städte war zugleich Regierungsorgan und Gericht. In der Neuzeit waren die Universitäten in die Gerichtsverfassung eingebunden. Das Spruchkollegium der Juristenfakultäten entschied Anfragen in Zivil- und Strafsachen

und beförderte damit zugleich die Professionalisierung der Rechtpflege. Ein besonderes Augenmerk gilt den jeweils obersten Gerichten. Wie waren sie organisiert und
worüber entschieden sie?

1.2.3 Prozessrecht

Die dritte Leitfrage umkreist das zeitgenössische Prozessrecht. Hierbei geht es insbesondere um die Prozessmaximen und Rechtsmittel. Das moderne deutsche Gerichtsverfahren ist geprägt durch öffentliche, mündliche Prozessführung, die freilich umfassend
schriftlich vorbereitet wird. Im Zivilprozess beherrscht die Dispositionsmaxime das
Verfahren. Danach entscheiden die Parteien über die Angriffs- und Verteidigungsmittel und geben dem Gericht den Streitgegenstand vor. Der Verhandlungsgrundsatz
besagt, dass die Parteien auch für die Beibringung der Tatsachen verantwortlich sind.
Das Gericht ist im Grundsatz auf die Entscheidung der Sache beschränkt. *„Da mihi
facta, dabo tibi ius"* (Gib mir die Tatsachen, ich werde dir das Recht geben), lautet der
lateinische Sinnspruch dazu.

Im Strafverfahren dagegen gilt die Offizialmaxime. Von Amts wegen geht der
Staat gegen Straftäter vor und setzt seinen eigenen Strafanspruch durch. Dazu passt
die Instruktions- bzw. Inquisitionsmaxime. Denn auch die Ermittlung des Sachverhalts ist hier eine hoheitliche Aufgabe und richterliche Pflicht. Die Entscheidungen
aller Gerichte erwachsen in Rechtskraft, wenn sie nicht rechtzeitig angegriffen werden. Doch Rechtsmittel stehen bereit. Berufung und Revision führen den Streit in
eine höhere Instanz (Devolutiveffekt) und halten das bereits ergangene Urteil in der
Schwebe (Suspensiveffekt). Das Rechtsmittelgericht prüft sodann je nach Rechtsmittel,
ob dem Untergericht Fehler bei der Rechtsanwendung oder bei der Ermittlung des
Sachverhalts unterlaufen sind. Liegt eine endgültige Entscheidung vor, kommt es zur
Vollstreckung. Der Straftäter empfängt seine Strafe, möglicherweise wandert er ins
staatliche Gefängnis. Im Zivilprozess steht der Gerichtsvollzieher bereit, den durch
Urteil bestätigten Anspruch mit staatlichem Zwang durchzusetzen.

Der rechtshistorische Blick zeigt abermals die Voraussetzungen für verschiedene
Prozessformen auf. Eine weitgehend schriftlose (orale) Gesellschaft ohne studierte
Juristen gelangt hierbei zu ganz anderen Lösungen als eine von gelehrten Berufsrichtern geprägte Rechtsordnung. Die mittelalterliche Laiengerichtsbarkeit beruht weitgehend auf Öffentlichkeit und Mündlichkeit. Strafprozess und Zivilverfahren waren
lange Zeit nicht getrennt. Ziel des Verfahrens war es auch nicht, abstrakt-generelle
Rechtsnormen auf einen Sachverhalt anzuwenden. Die Subsumtion ist vielmehr
das methodische Rüstzeug des studierten Juristen. Im ungelehrten Prozess ging es

demgegenüber darum, den gestörten Frieden wiederherzustellen. Deswegen erlangten Eide der Parteien eine besondere Bedeutung. Als Leumundseide zählten sie zu den sog. irrationalen Beweismitteln, die für die Entscheidungsfindung oftmals wichtiger wurden als die Sachverhaltsaufklärung. Der gelehrte Prozess bewirkte hier die entscheidenden Veränderungen, bezeichnenderweise zunächst im Strafrecht. Kleriker, denen bestimmte Amtsvergehen angelastet wurden, durften sich nicht mehr durch Reinigungseid selbst entlasten. Das Lehrbuch legt daher besonderen Wert auf den Wandel des Prozessrechts, der sich mit der Rezeption des gelehrten Rechts vollzog. Man meint damit traditionell die Verwissenschaftlichung und Professionalisierung des Rechts, auch die inhaltliche Anlehnung und römische und kanonische Vorbilder. Das Wort Rezeption und die früher teilweise damit verbundenen Vorstellungen sind inzwischen streitig geworden. Aber die Zunahme römisch-kanonischen Rechtsdenkens und das Universitätsstudium haben doch unübersehbar ihre Spuren hinterlassen. Das gilt in besonderer Weise für die Prozessrechtsgeschichte. Die Verschriftlichung des Verfahrens, feste Vorgaben für den Schlagabtausch zwischen den Parteien und ihren Anwälten, der Trend, hinter verschlossenen Türen zu entscheiden, die Möglichkeit, Urteile anzufechten – dies sind die entscheidenden Punkte, auf die es zu achten gilt. Untrennbar verbunden damit ist die Frage, ob und wie Gerichte ihre Entscheidungen gegenüber den Parteien, der Öffentlichkeit oder der Wissenschaft begründeten.

1.2.4 Auswirkungen der Leitfragen

Je stärker die Darstellung den Leitfragen folgt, auch wenn sie weitere Verfeinerungen vornimmt, desto deutlicher treten ganze Bereiche der Rechtsgeschichte in den Hintergrund. Die Rechtswissenschaft mit ihren Lehren spielt eine eher untergeordnete Rolle, ebenso über längere Phasen, vor allem in der älteren Zeit, die normativen Rechtsquellen. Das Lehrbuch wirft Schlaglichter auf die Geschichte der Rechtspraxis und bietet damit nur einen Ausschnitt aus einer allgemeinen Rechtsgeschichte. Vollständigkeit ist insoweit nicht angestrebt, auch nicht in quellenkundlicher Hinsicht. Die Zuspitzung soll es dagegen ermöglichen, die wesentlichen Linien der Prozessrechtsgeschichte zu erkennen, einzelne Stationen der Geschichte miteinander zu verknüpfen und auf diese Weise ein tieferes Verständnis für die Grundbedingungen der jeweiligen Rechts- und Gerichtsordnung zu schärfen. Damit erhalten Studierende zugleich eine Vorlage, um sich auch in fremde Zeiten und Gebiete der Rechtsgeschichte einzuarbeiten. Das Lehrbuch möchte insofern ausdrücklich zur weiteren Quellenlektüre und zum Selbststudium ermutigen.

## 1.3		Forschungsstand

Ein Lehrbuch zur Geschichte der Gerichtsverfassung und des Prozessrechts gibt es bisher nicht, geschweige denn eine umfassende Gesamtdarstellung. Die älteren Werke zur Deutschen Rechtsgeschichte enthalten häufig Kapitel über „Gericht und Rechtsgang", oftmals aus einer romantischen oder national-rechtsstaatlichen Perspektive. Die Quellenkenntnis von Autoren wie Heinrich Brunner, Richard Schröder oder Eberhard Freiherr von Künßberg beeindruckt noch heute. Das Gesamtbild, das ihre Bücher vermitteln, ist freilich seit Jahrzehnten überholt. Gerade die Sichtweise auf die frühen Phasen der Rechtsgeschichte, auf die sog. germanische und fränkische Zeit bis weit ins Mittelalter hinein, hat sich deutlich gewandelt. Aber selbst jüngere Lehrbücher wie das von Heinrich Mitteis 1949 begründete auflagenstarke Becksche Kurzlehrbuch zur Deutschen Rechtsgeschichte haben bis zur letzten Neubearbeitung 1992 durch Heinz Lieberich unbeirrt am überkommenen germanistischen Blick auf die Vergangenheit festgehalten.

### 1.3.1		Lehrbücher

Eine echte Zäsur bedeutete deshalb das ganz eigenständige und neuartige Lehrbuch von Karl Kroeschell, 1972 begründet und nach und nach auf drei Bände erweitert. Den überlieferten Titel „Deutsche Rechtsgeschichte" behielt dieses Werk bei, verzichtete aber bewusst auf große Linien und ein konstruiertes Gesamtbild. In kleinen Abschnitten kommen einzelne Episoden aus der Rechtsgeschichte, aber auch aus der Forschungsdiskussion daher und führen den Leser detailgenau in ausgewählte Bereiche ein. Zahlreiche abgedruckte Quellen regen zum Selbststudium an, sind freilich mit dem Text des Lehrbuchs kaum verknüpft. Die Prozessrechtsgeschichte nimmt bei Kroeschell einen breiten Raum ein. Gerade für die ältere Zeit hat er damit Maßstäbe gesetzt, hinter die neuere Darstellungen nicht zurückfallen dürfen. Anderseits ermöglichen es die oben angesprochenen Leitfragen, inhaltlich deutlich andere Schwerpunkte als Kroeschell zu setzen, Quellen umfassender einzubinden und stärker ausdrückliche Vergleiche zwischen den Epochen anzustreben. Überdies sind die Schilderungen des Kroeschellschen Lehrbuchs erheblich knapper und oft nur skizzenhaft.

Den ausdrücklichen Anspruch, die Geschichte der Gerichtsbarkeit lehrbuchhaft darzustellen, haben nach dem Zweiten Weltkrieg in Deutschland nur zwei Bücher erhoben. Im Erscheinungsjahr nur hauchdünn voneinander getrennt, erschienen 1954 eine „Geschichte der Gerichtsverfassung" von Eduard Kern und 1953 die „Geschichte der deutschen Rechtspflege seit 1500" von Erich Döhring.

Kerns Darstellung ist ihrem Anspruch nach ein klassisches Kurzlehrbuch. Es geht nicht um Forschungsfragen oder Literaturdiskussion, sondern um die gedrängte Vermittlung historischen Sachwissens. Der Bogen ist weit gespannt von der germanischen Frühzeit bis zum Nationalsozialismus. Aber nicht nur der methodisch veraltete rein normengeschichtliche Zugriff auf die einheimische Rechtsgeschichte stört aus heutiger Sicht. Viel gewichtiger ist ein anderer Einwand. Kerns Lehrbuch gibt sich überdeutlich als Einführung in das geltende Recht aus, gewissermaßen als erster Teil seines zweiten Lehrbuchs zum geltenden Gerichtsverfassungsrecht. Deswegen stehen die neuere Zeit und die Moderne ganz im Mittelpunkt. Die ältere Rechtsgeschichte muss sich mit wenigen Seiten begnügen, und genau sie beruhen auch nicht auf eigenen Arbeiten des Verfassers, sondern auf den noch älteren klassischen Großlehrbüchern. Kern war kein Rechtshistoriker, und das merkt man seinem Buch an. Für die neuere Gerichtsverfassung bietet sein Werk freilich viel Stoff, an den sich anknüpfen lässt.

Ein zweiter Gesichtspunkt mag nicht entscheidend sein, zeigt jedoch, wie sich der Zugriff auf die Geschichte in den vergangenen sechs Jahrzehnten geändert hat. Für Kern geht es schwerpunktmäßig um die Schilderung einer normativen Rechtslage. Gerichtsordnungen und Prozessgesetze bilden das Rückgrat des Buches. Die Praxis tritt dahinter zurück. Allgemeinhistoriker werfen genau dies der älteren von Juristen betriebenen Rechtsgeschichte gern vor. Der Blick auf die Normen soll den Zugriff auf die historische Wirklichkeit verstellen. Doch hier ist zu differenzieren. Die Existenz einer Norm, ihr Erlass, ihr Inhalt und auch ihre zeitgenössische Auslegung sind als solches genauso historische Tatsachen wie ein Mordfall, eine Folterung oder ein Gerichtsurteil. Je für sich handelt es sich um Gegenstände, die einer rechtshistorischen Erforschung bedürfen. Es darf nur nicht der Eindruck entstehen, die Kenntnis historischer Gesetze eröffne die Sicht auf die Rechtspraxis. Sein und Sollen bleiben auch in der Prozessrechtsgeschichte getrennt. Auf der anderen Seite sind übermäßige Vorbehalte von Rechtshistorikern gegen eine Beschäftigung mit der Geschichte der Rechtspraxis unbegründet. Es gibt kein methodisches Gebot, zunächst eine wie auch immer verstandene Rechtslage zu erforschen, bevor man sich der zeitgenössischen Praxis zuwenden darf. Hier unterscheiden sich schlichtweg persönliche Interessen und auch die jeweiligen Quellengrundlagen. Aber genau deswegen kann ein Lehrbuch wie das von Kern eine moderne Prozessrechtsgeschichte nicht ersetzen.

Erich Döhring legte 1953 mit seiner „Geschichte der deutschen Rechtspflege seit 1500" ein ganz ungewöhnliches und eigenständiges Werk vor. Ob es sich um ein studentisches Lehrbuch oder eher um ein Lesebuch für gebildete Juristen handeln soll, bleibt etwas unklar. Im Zugriff jedenfalls brach Döhring mit vielen Eigentümlichkeiten der Lehrbuchliteratur. Das zeigt sich bereits an der Gliederung. Die überkommene Chronologie mit ihren traditionellen Epochenbezeichnungen ist aufgelöst in mehrere Hauptteile, die u. a. verschiedene juristische Berufe wie Richter und Anwälte beleuchten. Und hier geht es Döhring auch nicht nur um die jeweilige Gesetzeslage, sondern zusätzlich um Fragen wie Ausbildung und Einkommen. Mit der weitgehenden Beschränkung auf die Neuzeit schließt sich das Buch anderen seinerzeitigen Darstellungen an, etwa der „Privatrechtsgeschichte der Neuzeit" von Franz Wieacker (erstmals 1952) oder der als Fach im Entstehen begriffenen „Verfassungsgeschichte der Neuzeit". Doch die Ausblendung der älteren Geschichte fordert bei Döhring ihren Preis. Denn wie lehrreich der Vergleich zwischen dem mittelalterlichen und dem neuzeitlichen Prozessrecht sein kann, vermag sein Buch nicht zu zeigen und will dies auch gar nicht. Außerdem haben sich nicht nur zahlreiche Sichtweisen im Laufe eines halben Jahrhunderts geändert. Vor allem hat sich unsere Kenntnis der neuzeitlichen Rechtspflege erheblich verbessert. Dennoch ist Döhrings Werk zu Unrecht in die zweite Reihe getreten. Es handelt sich um einen beherzten und originellen Zugriff, der auch heute noch zahlreiche Einzelheiten vermittelt, die in keinem gängigen Lehrbuch zu finden sind.

Nur der Vollständigkeit halber sei ein weiteres Buch kurz erwähnt, das ein wenig aus dem Rahmen fällt. Es handelt sich um den bekannten und weit verbreiteten Katalog des Kriminalmuseums Rothenburg ob der Tauber mit dem sehr vielversprechenden Titel „Justiz in alter Zeit". Doch geht es dort gerade nicht um eine Geschichte der Gerichtsbarkeit. Zahlreiche einzelne Beiträge stammen zwar aus der Feder von Rechtshistorikern. Der Schwerpunkt liegt aber auf der älteren Strafrechtsgeschichte mit Ausgriffen auf das frühneuzeitliche Policeyrecht. Die Zeit ab etwa 1800 fehlt vollständig. Im Vordergrund stehen die zahlreichen Abbildungen frühneuzeitlicher Gerichtsszenen, Exekutionen und Schandstrafen. Trotz des sehr günstigen Verkaufspreises wird das Werk wohl kaum als Lehrbuch genutzt.

Rechtshistorische Lehrwerke zur Prozessrechtsgeschichte, zu Gericht und Verfahren sind auch im Ausland eher rar gesät. Wichtige Überblicke stammen von Raoul C. van Caenegem zur Rolle des Richters, aber auch zum Zivil- und Strafprozess. Aus Frankreich gibt es die umfangreiche Übersicht einer Autorengruppe um Jean-Pierre Royer sowie die Bücher von Benoît Garnot und Jean-Marie Carbasse (Lit. zu 1.3.1).

1.3.2 Forschungsliteratur

Im Gegensatz zur Lehrbuchliteratur ist die Spezialforschung zu wichtigen Bereichen der Prozessrechtsgeschichte in den letzten Jahrzehnten geradezu aufgeblüht. Diese Arbeiten betreffen zumeist einzelne Aspekte und sind nur selten epochenübergreifend angelegt. Die Literaturübersichten am Ende des Buches geben darüber Auskunft. Hier genügen wenige Schlaglichter. In den 1950er und 1960er Jahren standen Untersuchungen zur mittelalterlichen Laiengerichtsbarkeit im Vordergrund des Interesses. Begleitet durch wichtige Quelleneditionen haben Wilhelm Ebel und Adalbert Erler mit ihren Schülerkreisen den Lübecker Rat sowie den Ingelheimer Oberhof als mittelalterliche Gerichte erforscht. Sowohl die Gerichtsverfassung innerhalb einzelner Rechtskreise mit ihren Oberhofzügen als auch das jeweilige Prozessrecht sind seitdem gut bekannt. Einen sehr hilfreichen Überblick stellte 1981 Jürgen Weitzel zusammen, doch blieb die Forschung seitdem nicht stehen. Für die frühmittelalterliche Zeit legte Weitzel selbst mit einer umfassenden Arbeit zur dinggenossenschaftlichen Rechtsfindung 1985 ein monumentales Werk vor, das sowohl die Gerichtsverfassung als auch das Prozessrecht beleuchtete. Die seitdem intensiv ausgefochtenen Meinungsverschiedenheiten über das mittelalterliche Verständnis von Recht, Norm und Spielregel haben immer auch den Blick auf die Gerichte gelenkt. Daran lässt sich anknüpfen.

Zeittypisch mit der allgemeineren Verlagerung des rechtshistorischen Forschungsschwerpunkts vom Mittelalter in die Neuzeit nahmen seit den 1960er und vor allem 1970er Jahren die Arbeiten zur frühneuzeitlichen Gerichtsbarkeit sprunghaft zu. Hier waren es vor allem die obersten Gerichte des Heiligen Römischen Reiches Deutscher Nation, denen sich viele Rechtshistoriker widmeten. Begleitet von einer umfassenden Erschließung des riesigen Aktenbestandes entstanden zunächst zahlreiche Untersuchungen zum Reichskammergericht. Zeitverzögert schloss sich die noch lange nicht abgeschlossene Inventarisierung der Reichshofratsakten an, die ihrerseits die Reichshofratsforschung bis heute beflügelt. Die einst als Schwäche verpönte Urteilsarmut der beiden Reichsgerichte und die bekannten Schwierigkeiten, Entscheidungen durchzusetzen, haben hier zu neuen Sichtweisen geführt. Möglicherweise ging es den Parteien gar nicht immer darum, ein Urteil zu erlangen. Vielleicht bot die gerichtsförmliche Austragung von Konflikten nur die Möglichkeit, sich leichter friedlich zu einigen. Jedenfalls verlangen solche Ansätze danach, auch in einer Geschichte der Gerichtsbarkeit die außergerichtliche Beilegung von Rechtsstreitigkeiten immer mit im Blick zu behalten. Seit etwa 2010 sind die Untersuchungen zur außer-, vor- oder nebengerichtlichen Streitbeilegung nahezu explosionsartig angestiegen. Beeinflusst von der heutigen Überlagerung der staatlichen Justiz durch Schiedsverfahren, Mediation, Vergleichsschlüsse und andere Formen alternativer Konfliktregulierung haben viele Historiker und Rechtshistoriker hier ein weites Forschungsfeld gefunden. Doch bleibt es daneben weiterhin zulässig und auch notwendig, die spezifisch gerichtliche Form der Entscheidungsfindung gesondert in den Blick zu nehmen. Ausgehend von den obersten Reichsgerichten ist es nur ein kurzer Schritt, auch territoriale Obergerichte näher zu beleuchten. Hier bleibt noch viel zu tun, aber vor allem mit dem schwedisch-deutschen Wismarer Tribunal ist inzwischen ein Anfang gemacht. Seine Akten aus der Mitte des 17. bis ins frühe 19. Jahrhundert hinein werden erschlossen, die Arbeit des Gerichts nach und nach untersucht. Arbeitskreise auf europäischer und internationaler Ebene bemühen sich darum, Gemeinsamkeiten und Unterschiede der höchsten Gerichte verschiedener Staaten und Territorien herauszuarbeiten und auf diese Weise eine Typologie der vormodernen Justiz zu entwickeln.

Stehen bei solchen Unternehmungen die Gerichtsverfassung und die Ziviljustiz stark im Mittelpunkt, so ist der vormoderne Strafprozess seit etwa 1990 nicht nur von Rechtshistorikern, sondern aus sozial- und kulturgeschichtlicher Perspektive auch von den Vertretern der historischen Kriminalitätsforschung beleuchtet worden. Hier ging es vornehmlich um die Rechtspraxis, wenn auch das Interesse für das zeitgenössische Recht unterschiedlich stark ausgeprägt war. Die wichtigsten rechtshistorischen Erkenntnisse zum frühneuzeitlichen Strafprozess bis hin zu den Reformen in der Mitte des 19. Jahrhunderts hat Alexander Ignor zusammengestellt.

Die kirchliche Rechtsgeschichte kann für die Gerichtsverfassung und das Prozessrecht herausragende Bedeutung beanspruchen. Deswegen ist es besonders erfreulich, wenn mit den quellengesättigten Untersuchungen von Wiesław Litewski und Knut Wolfgang Nörr zwei handbuchartige Zugriffe zum gelehrten mittelalterlichen Prozessrecht vorliegen, an die sich das Lehrbuch anlehnen kann. Zur frühen Neuzeit hin fehlt es an vergleichbaren Zusammenfassungen. Doch sind die Rota Romana und auch einige Archidiakonal- und Offizialatsgerichte im deutschen Raum gut erforscht. Hinzu treten umfassende Quellenerschließungen und Studien zur Tätigkeit der päpstlichen Nuntiatur in Deutschland und damit auch zur Arbeit der Nuntiaturgerichtsbarkeit.

Beim Blick in die neuere Zeit fallen zunächst Arbeiten zum Reichsgericht und zur nationalsozialistischen Justiz ins Auge. Neben vielen anderen hat sich hier Werner Schubert durch zahlreiche Quelleneditionen und Studien Verdienste erworben. Erstaunlicherweise kommt in der Forschungsliteratur die Mitte des 19. Jahrhunderts etwas zu kurz. Dagegen ist die Zeit zwischen dem Ende des Alten Reiches und der Gerichtseinheit von 1877/79 in der Privatrechts- und Wissenschaftsgeschichte gut untersucht. Über die großen Rechtsdenker und ihre Lehren gibt es tiefgehende Untersuchungen. Zu den territorialen Gerichten und ihren Prozessen sucht man vergleichbare Studien aber weitgehend vergeblich. Ein Arbeitskreis zur Justizgeschichte widmet sich gezielt dem 19. Jahrhundert, besonders im deutsch-spanischen Vergleich. Doch bleibt hier noch viel zu tun.

Für die Zeitgeschichte nach 1945 ist das Eis ebenfalls brüchig. Zwar liegen zum Bundesgerichtshof und zum Bundesverfassungsgericht mehrere Arbeiten vor, wenn auch oft aus Jubiläumsanlässen verfasst. Dasselbe gilt für zahlreiche Oberlandesgerichte.

Rechtshistorische Studien zur Veränderung des Prozessrechts und der Gerichtspraxis sind aber für die Bundesrepublik nur spärlich vorhanden. Für die Geschichte der Prozessmaximen hat Jürgen Damrau bereits 1975 eine wichtige Einzeluntersuchung vorgelegt. Und für den Bereich der Deutschen Demokratischen Republik steuerte Inga Markovits eine feinmaschige Quellenstudie zur alltäglichen Gerichtspraxis in Wismar bei. In den Einzelheiten zuverlässig, aber zugleich verschleiert und als Sachbuch bemäntelt, eröffnen sich hier zahlreiche Anknüpfungsmöglichkeiten.

1.4   Gang der Darstellung

Der Kirchenrechtler und Verfassungsjurist Otto Mejer schrieb im 19. Jahrhundert im Vorwort zu einem Lehrbuch, auf dem Katheder dürfe der Professor frei von der Leber weg seine eigene Meinung verkünden, im Lehrbuch sei er aber auf strenge und unpersönliche Sachlichkeit beschränkt. Dieser Mahnung folgt das vorliegende Buch nicht. Vielleicht war die Einschätzung bereits damals unrichtig. Stoffauswahl, Gliederung und Darstellungsweise sind höchstpersönliche subjektive Entscheidungen des Verfassers, der seine eigenen Vorlieben zu einer angeblich objektiven Geschichtserzählung erhebt. Deswegen ist es ehrlicher, den eigenen Zugang von vornherein offenzulegen.

Das vorliegende Lehrbuch verzichtet auf die klassische Antike und das römische Recht. Die überkommene Trennung von römischer und deutscher Rechtsgeschichte wird wissenschaftlich oft angegriffen und teilweise belächelt. Sie ermöglicht es aber, die Stoffmassen zu begrenzen. Das römische Prozessrecht mit seiner Gerichtsverfassung, von Max Kaser und Karl Hackl handbuchartig zusammengestellt, umfasst volle 1000 Jahre ganz unterschiedlicher politischer, gesellschaftlicher und rechtlicher Rahmenbedingungen. Hier kurzerhand die großen Linien herauszumeißeln, sollte lieber den Spezialisten vorbehalten bleiben.

Die zweite Eigenheit besteht darin, Rechtsgeschichte über weite Strecken als Geschichte der Rechtspraxis anzusehen und darzustellen. Nicht nur Lehrbücher, sondern in hohem Maße auch die Werke der älteren Literatur haben gerade hier ihren blinden Fleck. Es geht also nicht um die Gipfelwanderung der großen Rechtsdenker oder um die altbekannte Dogmengeschichte. Der normengeschichtliche Zugriff bildet ebenfalls nur einen Teil der Darstellung. Es geht vielmehr um die Frage, wie die Gerichte in ihrer alltäglichen Arbeit organisiert waren und wie ihre Prozesse abliefen. Selbstverständlich spielen Prozessgesetze dafür eine entscheidende Rolle. Aber wenn die Praxis eigene Wege ging, steht der Gerichtsalltag neben den normativen Vorgaben. Zeigen sich hier Unterschiede, handelt es sich in den meisten Epochen nicht lediglich um Verstöße, Abweichungen oder Missbrauch des Gesetzes. Ob der Blick auf die Rechtspraxis die angemessene Art bildet, Rechtsgeschichte zu betreiben, mag man gern diskutieren. Der Versuch wird hier unternommen und soll zeigen, welche Felder und Sichtweisen sich auf diese Weise eröffnen. Gerade dort, wo die Forschungen zur Praxis noch nicht so weit vorangeschritten sind, bleibt der Rückgriff auf zeitgenössische Gesetze und Literatur freilich unumgänglich. Das betrifft vor allem die neuere Zeit.

Die nächste Grundentscheidung betrifft den Umgang mit Quellen. Das Lehrbuch bietet an zahlreichen Stellen Quellenexegesen. Die Quellen sprechen nicht von selbst zu uns. Sie antworten nur auf die Fragen, die wir ihnen stellen. Deswegen folgen auf den Quellentext regelmäßig Erläuterungen. Auf diese Weise unterscheidet sich das Lehrbuch didaktisch stark von Kroeschells Konzept. Kroeschell stellt zahlreiche Quellen meist unkommentiert aneinander und schließt mit diesen Texten seine einzelnen Kapitel ab. Im Vergleich dazu sind die Quellentexte hier in den Gang der Darstellung eingebunden. Vom Detail her sollen auf diese Weise allgemeine Beobachtungen entwickelt werden. Das verlangt zugleich nach einer deutlich verringerten Zahl an Quellen. Hier gibt es Grenzen, die ein Kurzlehrbuch nicht sprengen darf, wenn es studentische Leser wirklich erreichen will.

Daraus folgt die nächste Weichenstellung. Das Buch richtet sich in erster Linie an Studierende, die in frühen oder mittleren Semestern rechtshistorische Lehrveranstaltungen besuchen oder sich im Selbststudium mit der Rechtsgeschichte befassen wollen. Im Gegensatz zu einer speziellen Forschungsmonographie darf man die Kenntnis des Forschungsstandes daher selbst in Grundzügen nicht voraussetzen. Deswegen ist es angezeigt, an einzelnen Stellen rechtshistorische Zusammenhänge, Begriffe oder Quellen knapp zu erläutern, selbst wenn dies aus einer engeren Prozessrechtsgeschichte in die allgemeine Rechtsgeschichte ausgreift. Weitgehend voraussetzungsfrei geschrieben, knüpft das Buch hoffentlich an geschichtliches Schulwissen an und möchte vor allem Freude und Begeisterung an selbständiger Vertiefung wecken. Die Literaturhinweise verstehen sich daher als Empfehlungen weiterzuarbeiten, nicht als vollständige Übersicht über die Forschungsliteratur. Ob und inwieweit die Rechtsgeschichte in der Lehre auf Kenntnissen des geltenden Rechts aufbauen kann, hängt ganz davon ab, wann sie unterrichtet wird. Für eine Geschichte der Gerichtsbarkeit ist Grundwissen über die moderne Gerichtsverfassung und das Zivil- und Strafprozessrecht zweifellos hilfreich. Doch versucht das Lehrbuch auch hier, diejenigen Grundlagen des modernen Rechts, die zum historischen Vergleich dienen, selbst zu legen. Einzelne Fachbegriffe sind im Glossar knapp erläutert. Das Glossar eignet sich auf diese Weise zugleich zur Wiederholung des Basiswissens.

Der letzte Punkt betrifft den Gang der Darstellung. Wenn auch die Stoffauswahl und Schwerpunktsetzung den oben genannten Leitfragen folgen, bleibt das Buch im Wesentlichen der Chronologie verpflichtet. Ob die Rechtsgeschichte als Problemgeschichte ihre je einzelnen Fragen herausgreifen und den Stoff an ihnen ausrichten soll oder ob es vielmehr darum geht, Epochenbilder zu zeichnen und in ihnen dieselben Aspekte zu klären, stellt eine seit zwei Jahrhunderten bekannte Gretchenfrage dar. Schon Friedrich Carl von Savigny sah sich gemüßigt, Einwände gegen die chronologischen Abhandlungen seines Vorgängers Gustav Hugo zu erheben und selbst die jeweiligen Einzelprobleme zum Gerüst seiner Bücher zu erheben. Es geht dabei nicht nur um den Geschmack des jeweiligen Verfassers, sondern ebenfalls um historische oder juristische Grundbekenntnisse. Dennoch behält die Chronologie ihren Reiz. Der Gang des Lehrbuchs folgt dem Gang der Zeit. Gerade für die Leitfrage nach dem Verhältnis zwischen Staatsgewalt, Gerichtsverfassung und Prozessrecht erscheint dies sinnvoll. Die Gefahr liegt auf der Hand. Allzu leicht mag man überall „Entwicklung" sehen, vielleicht „Entwicklungen" sogar, vom Rohen zum Hohen, von der primitiven Frühzeit zum voll entfalteten Rechtsstaat der Moderne. Doch diese Überheblichkeit steht dem Rechtshistoriker genauso wenig zu wie die Verherrlichung der Germanen als urtümlich oder der staufischen Kaiser als glanzvoll in der älteren rechtsgeschichtlichen Literatur. Andererseits darf die Rechtsgeschichtsschreibung den Mut nicht verlieren, Geschichte auch zu werten. Zum Sammeln und Sichten treten das Ordnen und Prüfen. Abermals geht es um ganz subjektive und eigenwillige Meinungen und Vorlieben. Sie sollen hier nicht hinterm Berg gehalten werden. Wenn sich dagegen Widerstand von studentischer Seite regt, angestachelt durch bohrendes Selbststudium, wäre das ein Glücksfall. Denn ist erst einmal das Gespräch über die Inhalte eröffnet, dann geht es wirklich darum, wie man das sprichwörtliche Reflexionswissen, das die Rechtsgeschichte bereitstellt, am besten nutzen kann.

1.5   Ein Wort zur Benutzung des Lehrbuchs

Ein Universitätsstudium lebt ganz wesentlich vom Selbststudium des Einzelnen. Gerade in einem forschungsnahen Fach wie der Rechtsgeschichte können Lehrveranstaltungen immer nur schmale Ausschnitte aus der Stofffülle bieten. Doch wenn es in die Tiefe geht, kosten breitgestreckte Einleitungen viel Zeit. Dasselbe Problem ergibt sich bei der Arbeit mit dem vorliegenden Buch. Die Geschichte der Gerichtsverfassung und des Prozessrechts stehen im Mittelpunkt, sind doch aber eingebettet in die allgemeine Geschichte und Rechtsgeschichte. Diesen größeren Rahmen kann das Lehrbuch nicht selbst abstecken, sondern oft nur ganz knapp andeuten. Weiterführende Informationen vermitteln einführende Lehrwerke, je nach Interesse und Lesefleiß auch größere Handbücher und Monographien. Die am Ende des Buches zusammengestellten Literaturhinweise ermöglichen einen Einstieg. Und die regelmäßig kommentierten, häufig auch gewichteten Vertiefungshinweise zu den Einzelkapiteln sollen Benutzer neugierig machen, tiefer in den Stoff einzudringen. Dort finden sich vor allem auch Nachweise für die im Text genannten Autoren und Einzelheiten.

Das Lehrbuch selbst ist von seinem ganzen Zugriff, vor allem in der Zuspitzung auf wesentliche Veränderungen über die Zeiten hinweg, darauf ausgerichtet, am Stück durchgelesen zu werden. Tatsächlich sind auch längere Textpassagen als Fließtexte konzipiert und von Anfang an so geschrieben worden. Viele Überschriften geben zwar Auskunft über inhaltliche Einzelheiten und sind an eine abschnittsweise Lektüre angepasst. Es handelt sich aber gerade bei den Unterkapiteln nicht um abgeschlossene kleine Abhandlungen. Es gibt oftmals Vor- und Rückgriffe und überspannende Gedanken, die sich durch längere Abschnitte ziehen. Die Gliederung kommt insofern studentischen Lesegewohnheiten entgegen, lässt den Text aber nicht zerfasern. Aus didaktischen Gründen ist auch im Kleinen teilweise die Chronologie durchbrochen, um durch die Gegenüberstellung zeitlich entfernter Einzelheiten den Blick auf Zusammenhänge offenzuhalten, die sonst verschüttet zu werden drohen.

Die Quellenlektüre bereitet erfahrungsgemäß besonders viel Unbehagen. Die alten Texte, manchmal sogar die neueren Quellen, sind sperrig, sprachlich schwer lesbar und häufig auch inhaltlich nicht leicht zu verstehen. In einem Fach, in dem so viel von Konstruktion und Rekonstruktion die Rede ist, sollen die Quellen aber gleichsam ein stabiles Fundament legen. Denn die Existenz dieser Texte ist eine der wenigen wirklich sicheren historischen Tatsachen, von denen wir ausgehen können. Was daraus folgt, ist schon weniger eindeutig. Der naheliegenden Versuchung, die Quellentexte einfach zu überblättern, sollte der Benutzer des Buches aber widerstehen. Es gibt das sprichwörtliche Vetorecht der Quellen. Die Rückbindung der Geschichte, auch der Rechtsgeschichte, an die Überlieferung ist unaufgebbar und zwingend. Quellenferne Behauptungen lassen sich schnell widerlegen. So lehnte es etwa Joseph Hansen, ein Vorreiter der Hexenforschung, ab, frühneuzeitliche Prozessakten auszuwerten, weil sie ein Schreckensbild „voll grausiger Einförmigkeit" böten. Aber der Blick in einige wenige Akten belegt unschwer das Gegenteil. Deswegen darf man die Quellen nicht einfach beiseite schieben, auch wenn sie sperrig sein mögen.

Oftmals sind ältere Texte in aufbereiteten und geglätteten Fassungen ediert. Doch tatsächlich ist und bleibt es häufig schwierig, den Wortlaut verlässlich zu ermitteln. Das Lehrbuch umschifft diese Klippe nicht und bietet deswegen gelegentlich auch Auszüge aus historisch-kritischen Editionen. Der Zugang zur vereinfachten Arbeitsfassung ist freilich dann vermerkt, wenn es solche Ausgaben gibt. Außerdem sind ältere einheimische Texte regelmäßig ins Hochdeutsche übertragen, um von der modernen Sprache den Weg zurück zur Quelle zu weisen. Hier sei dringend an die Selbstdisziplin der Benutzer erinnert. Die Zeit, die man opfert, eine auf den ersten Blick unzugängliche Quelle zu entschlüsseln, zahlt sich oft aus. Gerade auf der Faszination der Quellen beruht zum großen Teil der Reiz der Rechtsgeschichte. Ein Gespür hierfür zu wecken, ist sogar eines der wesentlichen didaktischen Ziele des Buches.

Das Verhältnis der Rechtsgeschichte zum geltenden Recht steht seit langem in der Diskussion. Ist es die Aufgabe anspruchsvoller Dogmatiker, ihrerseits die Wurzeln des heutigen Rechts freizulegen, um es besser zu verstehen? Ist es die Aufgabe von Rechtshistorikern, Vorgeschichten zu liefern, um das geltende Recht als Gewordenes geschichtlich einzurahmen? Kann man aus der Geschichte überhaupt etwas lernen, vielleicht sogar, wie ein gerechtes Recht aussehen sollte? Oder steht einer solchen applikativen Verlockung eine kontemplative Rechtsgeschichte gegenüber, die selbstgenügsam in der historischen Erkenntnis ihren alleinigen Daseinszweck findet? Ein Lehrbuch muss nicht auf jeder Seite dazu Stellung nehmen. Doch das Augenmerk auf den Prozessmaximen und dem staatlichen Gewaltmonopol ist nicht völlig losgelöst von Grundfragen auch des modernen Rechts. Einige Regelungsprobleme stellen sich über die Zeiten hinweg in ähnlicher Weise, und die historischen Antworten sind in ihrer Bandbreite begrenzt. Vielleicht gibt es keine Wiederkehr von Rechtsfiguren im dogmatisch-technischen Sinn. Aber die jeweiligen zeitgenössischen Lösungen für gleichartige Fragen können durchaus die scheinbare Selbstverständlichkeit des modernen Rechts erschüttern. Auf diese Weise hilft das historische Reflexionswissen durchaus, den kritischen Blick auf das heutige Recht zu schärfen. So schafft das Studium der Rechtsgeschichte aus der Beobachterperspektive Verständnis für das moderne Recht, zugleich aber auch heilsame Distanz. Dieser Vorrat an Einsichten, den eine Problemgeschichte vermittelt, mag sich sogar als hilfreicher erweisen als die bloße Ansammlung zahlreicher Einzelheiten, deren Bedeutung vor allem für studentische Leser unklar bleibt. Ein wirklich wissenschaftliches Jurastudium kommt um die Beschäftigung mit den Grundlagen des Rechts nicht umhin.

2 Die Zeit vor dem staatlichen Gewaltmonopol

2.1 Hinführung zum Thema

Am Anfang war kein Recht. Und Gerichte waren nicht da. Und es herrschten Gewalt und Aussöhnung, kam es zum Streit. Und es gab keine verbindlichen Verfahren noch Entscheidungen, die jemand hätte durchsetzen können.

In einem scharfsinnigen Aufsatz über die Wissenschaftlichkeit der Rechtswissenschaft erklärt Wolfgang Ernst gleich zu Beginn: „Alle Gesellschaften haben Recht (…). Beim Recht handelt es sich insofern um eine anthropologische Konstante." Ich glaube das nicht. In der Tat geht es hierbei um Glaubenssätze und vor allem um die Definition, was wir überhaupt unter Recht verstehen. Über die ältesten menschlichen Kulturen und ihre Vorstellungswelt wissen wir nämlich nichts. Geschichtsschreibung und damit auch die Rechtsgeschichte beruht auf Quellen. Nach einer eingebürgerten Zweiteilung lassen sich unmittelbare von mittelbaren Rechtsquellen unterscheiden. Unmittelbare Rechtsquellen sind selber Recht, also etwa Gesetze, Verträge oder je nach Sichtweise auch Gerichtsurteile. Mittelbare Rechtsquellen sagen etwas über das Recht aus und geben eher indirekte Hinweise. Unmittelbare Rechtsquellen liegen regelmäßig in schriftlicher Form vor. Für die Zeit vor Beginn der schriftlichen Überlieferung lassen sich also keine gesicherten Aussagen treffen. Es gibt aber das unstillbare Verlangen, die ältesten Vorformen von Recht wenigstens in groben Umrissen zu erfassen. Dafür hat die Rechtsgeschichte drei Möglichkeiten entwickelt: Die Rückprojektion, den Vergleich mit ethnologischen Erkenntnissen über Naturvölker sowie die Auswertung archäologischer Funde.

2.1.1 Rückprojektion

Die Rückprojektion ist eine Methode, die vor allem in der älteren Deutschen Rechtsgeschichte weit verbreitet war. Die Überlegung klingt plausibel. Die ältesten bekannten Rechtsquellen verschiedener germanischer Völkerschaften zeigen nämlich bestimmte Gemeinsamkeiten. Wenn diese ähnlichen Rechtsregeln nicht auf Eigenentwicklungen beruhen und ihrerseits nicht aus einer dritten Quelle stammen, können sie auf einen gemeinsamen Ursprung zurückgehen. Dieser Ansatz gleicht der Vorgehensweise der Sprachwissenschaft. Aus der Verwandtschaft verschiedener einzelner Sprachen hat sie eine germanische Sprachfamilie bis hin zu einer indogermanischen Ursprache rekonstruiert. Friedrich Carl von Savigny, der große Rechtsgelehrte des 19. Jahrhunderts, war überzeugt, dass Recht sich genauso entwickele wie Sprache. Trifft dies zu, ist die Rückblende bis in die schriftlose Zeit geradezu geboten. Doch gilt es hier, zahlreiche Fallstricke zu umgehen. Wie will man ausschließen, dass ein Rechtsinstitut nicht doch auf zufälligen, gleichzeitigen Sonderentwicklungen beruht? Und wie soll man sicher sein, ob eine Regel nicht von anderswo übernommen wurde? Die ältere Forschung scherte beherzt mittelalterliche nordische Quellen, Stammesrechte aus der fränkischen Zeit und anderes über einen Kamm. Für die Prozessrechtsgeschichte mag ein Beispiel genügen. Angeblich, so behauptete eine verbreitete Lehrmeinung, gab es eine gemeingermanische Friedensordnung, geprägt von einer Mannheiligkeit jedes einzelnen freien Mannes. Verstöße gegen den rechtlich gebotenen Frieden stellten den Täter unmittelbar und ohne Weiteres außerhalb der Rechtsordnung. Ohne Gerichtsverfahren, ohne Verurteilung verfiel er der gemeingermanischen Friedlosigkeit, wurde gleichsam zu einem Werwolf, der sich auf der Flucht vor Rache in Wäldern versteckte. Die eigenmächtige Tötung des Friedlosen war daher Recht, denn der Täter hatte sein Recht schon zuvor verspielt. Fehde, Selbsthilfe und Blutrache ließen sich auf diese Weise in eine umfassende Friedensordnung einfügen und erschienen als rechtlich anerkannte, feste außergerichtliche Verfahrensformen. Das Ergebnis lag auf der Hand. Nicht blanke, nackte Gewalt beherrschte solche Auseinandersetzungen. Vielmehr hatte man es mit einer vollständigen Rechtsordnung zu tun, die verschiedene Formen der Rechtsdurchsetzung bereitstellte. Der Rächer wuchs auf diese Weise in die Rolle des staatlichen Vollstreckers hinein. Seine Familie, romantisch Sippe genannt, übernahm als Keimzelle des germanischen Staates quasi öffentlich-rechtliche Funktionen, um den Frieden zu wahren und wiederherzustellen. Doch dann entdeckte man seit etwa 1960, wie brüchig derartige Ergebnisse waren. Die nordischen Quellen entpuppten sich als deutlich christlich geprägt und stellten kaum Beispiele für ein reines, von „welschem Tand" unbeeinflusstes germanisches Rechtsgefühl dar. Und die zentraleuropäischen Rechtsaufzeichnungen seit der Völkerwanderung, allesamt auf Latein überliefert, zeigen durchaus Spuren der Begegnung mit dem Römischen Reich und seinem Recht. Die Lehre eines gemeingermanischen Rechts vermag damit nicht zu überzeugen. Die gemeingermanische Friedlosigkeit hat es nie gegeben. Nicht die theoretische Konzeption ist falsch, sondern die Durchführung steht vor unüberwindbaren Schwierigkeiten. Vermutlich herrscht hier inzwischen indes zu viel Skepsis. Das hohe Ansehen der modernen Rechtsvergleichung und der europäische Blick auf die Rechtsgeschichte scheuen vor diesen ältesten Schichten zurück. Vielleicht hat die neuere Forschung mehr zerstört, als nötig gewesen wäre. Wir wissen es nicht.

2.1.2 Rechtsethnologie

Die zweite Möglichkeit, sich den Frühformen des Rechts zu nähern, besteht darin, an die Erkenntnisse der Ethnologie anzuknüpfen. Europäische und amerikanische Ethnologen besuchten seit dem frühen 20. Jahrhundert Eingeborenenstämme und Naturvölker in Afrika und Asien. In früherer Zeit waren es Entdecker und Abenteurer, die ganz ähnliche Erscheinungen beobachteten. Sie sahen, wie Streitigkeiten, die man im modernen Recht als rechtliche Auseinandersetzungen ansieht, dort bewältigt wurden. So brauste oftmals nach einer Tat, die unter den Stammesangehörigen als Unrecht oder Schande angesehen war, Gewalt auf, entlud sich nicht nur gegen den Täter, sondern auch gegen seine Verwandten und Freunde. Nach kurzer Zeit setzten Gespräche und Verhandlungen zwischen der Familie des Täters und des Opfers ein. Häufig gelang eine Aussöhnung. Der Täter, falls er nicht zuvor getötet worden war, konnte in die Gemeinschaft zurückkehren, aus der man ihn zunächst vertrieben hatte. Solche Konfliktlösungen sind aus sog. akephalen Kulturen überliefert, kleinen Gruppen von Jägern und Sammlern ohne festes Oberhaupt. In segmentären Gesellschaften, zumeist bei Ackerbauern und Viehzüchtern, stießen die Ethnologen regelmäßig auf Älteste und auf Sprecher einzelner Familien. Gab es Streit, trafen sich die Sprecher mit den Ältesten zu Verhandlungen. Häufig gelangten sie zu Kompromissvorschlägen, die für alle Seiten hinnehmbar waren. Der gestörte Frieden war so wiederhergestellt.

Hat man es hier mit Gerichtsverhandlungen und Urteilen zu tun? Gab es Regeln, welche Sprecher und Älteste an derartigen Verhandlungen teilnehmen mussten und wie solche Sitzungen abliefen? Wie kam man zu dem Entscheidungsvorschlag? Die Befunde der Rechtsethnologie ermöglichen in der Tat faszinierende Einblicke in vorstaatliche menschliche Gesellschaften. Die Tücken liegen anderswo. Gerade die älteren Ethnologen kannten die zeitgenössischen Lehren der Rechtsgeschichte in- und auswendig. Mit ihrem Rüstzeug stießen sie auf genau das, was sie suchten. Hier sind Verzerrungen möglich, wenn auch schwer beweisbar. Die neuere Rechtsethnologie hat sich aus dieser Vorprägung weitgehend gelöst. Doch sie trifft nicht mehr auf die von westlicher Kultur unbeeinflussten angeblichen Wilden. Vielmehr geht es stets um das Nebeneinander einheimischer (indigener) Überlieferung und moderner westlicher Überformung. Dann aber sagen die Ergebnisse solcher Feldforschungen über ein angebliches Urrecht nicht mehr viel aus. Dennoch bieten die ethnologischen Befunde reiches Anschauungsmaterial. Bei unbefangener Sicht zeigen sie Streit und Konfliktlösungen ohne feste Institutionen und ohne schriftlich niedergelegte Regeln. Ob das, was wir Recht nennen, auch in Mitteleuropa in vorschriftlicher Zeit so ablief, kann man nicht wissen. Aber dass es derartige Mechanismen anderswo gab oder noch gibt, erweitert die Sicht, wenn es darum geht, Besonderes und Allgemeines zu erkennen. Doch die Umrisse eines allgemein-menschlichen ursprünglichen Rechts bleiben auf jeden Fall verschwommen. Mehr als wenige, sehr allgemeine Lehren lassen sich wohl kaum formulieren.

2.1.3 Rechtsarchäologie

Der dritte Ansatz, einen Blick in die Zeit vor der Schrift zu werfen, geht ganz handfest vor und baut auf archäologischen Forschungen auf. Die zahlreichen Funde der Ur- und Frühgeschichte passen vielfach sehr stimmig zur spärlichen und oftmals späteren schriftlichen Überlieferung. Im Idealfall lassen sich auf diese Weise Bodendenkmäler und andere Ausgrabungsgegenstände interpretieren und gleichzeitig der Wahrheitsgehalt schriftlicher Überlieferung bestätigen. Schlagendes Beispiel ist etwa der berühmte Suebenknoten. Der römische Historiker Tacitus berichtete von Stämmen im Norden Germaniens, in denen die Männer ihre Haare als geflochtenen Seitenknoten trugen. Findet man in Norddeutschland nun Moorleichen mit genau dieser Frisur, fällt die Einordnung leicht. Doch Vorsicht ist geboten, wie gerade die berühmteste deutsche Moorleiche zeigt. 1952 stieß man im Windebyer Moor bei Eckernförde auf die komplett erhaltene Leiche eines jugendlich verstorbenen Menschen. Das Mädchen von Windeby, wie sie bald darauf hieß, war am Kopf kahlgeschoren, eine Binde lag über ihren Augen. Die Finger der rechten Hand bildeten eine obszöne Geste, der Daumen war zwischen Mittelfinger und Ringfinger hindurchgesteckt – eine Anspielung auf Geschlechtsverkehr? Über der Moorleiche befand sich ein zerbrochener Stab. Die Deutung lag schnell auf der Hand. Vermutlich hatte man es mit einer Ehebrecherin zu tun. Die Handhaltung zeigte ihre Verbrechen noch über die Jahrtausende an. Die germanische Gerichtsgemeinde hatte sie zum Tode verurteilt, der Vollstrecker ihr vor der Versenkung im Moor die Augen verbunden. Ganz symbolisch hatte der Richter oder ein Priester seinen Stab über ihr zerbrochen. Nur wenige Meter neben dem Mädchen war man auf eine männliche Moorleiche gestoßen, offenbar auf den Liebhaber, der ebenfalls die Todesstrafe erlitten hatte. Diese Sichtweise, von Herbert Jankuhn und anderen verbreitet, erwies sich jedoch als unrichtig. Die männliche Moorleiche neben dem Mädchen von Windeby ruhte schon mehrere hundert Jahre im Moor, bevor die angebliche Ehebrecherin dort versenkt wurde. Dann entdeckte man, dass die Menschen in der Eisenzeit mit 15 Jahren zumeist noch gar nicht geschlechtsreif waren. Sexuelle Ausschweifungen als todeswürdiges Verbrechen schieden damit aus. Vielmehr deuteten Wachstumsstörungen in den Kniegelenken auf Mangelernährung und Hunger hin. Vermutlich war das Kind verhungert. Die lederne Augenbinde mag nichts als ein Haarband gewesen sein, das durch Bewegungen des Moores verruscht war. Und die Haare könnten sich schlicht im Moorwasser aufgelöst haben. Schließlich stellte die kanadische Anthropologin Heather Gill-Robinson eine kleine Sensation fest: Die Moorleiche von Windeby war ein Junge. Damit brach die rechtsarchäologische Deutung des Moorfundes sang- und klanglos in sich zusammen. Über Recht, Gericht und Urteilsvollstreckung in diesem Fall wissen wir gar nichts. Vorsicht ist also angebracht, auch wenn es Moorleichen wie den berühmten Mann von Tollund aus dem dänischen Museum Silkeborg gibt, die eindeutige Hinrichtungsspuren zeigen. Aber ob es sich um Opferungen oder Bestrafungen handelt, lässt sich nicht klären. Mit der Überinterpretation ur- und frühgeschichtlicher Fundstücke begibt man sich auf schwieriges Gelände. Im Umkehrschluss unterstreichen solche Beispiele, in welch außerordentlichem Maße auch die Rechtsgeschichte der Frühzeit auf schriftliche Quellen angewiesen bleibt.

2.1.4 Der Rechtsbegriff als Problem der Rechtsgeschichte

In gebotener Kürze ist auf ein weiteres Problem hinzuweisen. Der Begriff des Rechts ist gerade für die älteste Zeit bis weit ins Mittelalter hinein unsicher und streitig. Die altbekannte Diskussion, ob Geschichtsschreibung mit zeitgenössischen Wörtern oder mit modernen Forschungsbegriffen arbeiten sollte, um die Vergangenheit angemessen zu erfassen, spitzt sich hier in besonderer Weise zu. Ganze Bücher und Vortragsreihen gibt es inzwischen zum Rechtsbegriff des Mittelalters. Dieser Streit verliert bei einem problemgeschichtlichen Ansatz erheblich an Bedeutung. Es geht nicht darum, wie die Zeitgenossen etwas genannt haben, mögen in den Texten auch Begriffe wie Recht, *ius* oder *lex* auftauchen. Vielmehr kommt es darauf an, ob die Quellen eine Ordnung des menschlichen Zusammenlebens mit dem Anspruch auf Verbindlichkeit zeigen. Nach soziologischer Sichtweise lässt sich nur dann von Recht im modernen Sinne sprechen. Bei dieser engen Definition mag es lange Zeit kein Recht gegeben haben. In einer auf Konsens aufbauenden Gemeinschaft fehlt es aber schlechthin an der Erzwingbarkeit normativer Vorstellungen. Damit muss die Rechtsgeschichte leben. Dennoch bewahren die Quellen Berichte über Streitlösungsverfahren, die möglicherweise dasjenige ersetzten, was wir heute Recht nennen. Das genügt. Die in der Rechtsgeschichte verbreiteten Abwehrreflexe, die eine wie auch immer geartete Rechtsordnung ins Frühmittelalter hinein zurückverlängern, ebnen leichthin die erheblichen kulturellen Fortschritte ein, die mit der Herausbildung eines eigenen ausdifferenzierten Rechts- und Gerichtswesens verbunden waren.

2.2   Selbsthilfe und Streitschlichtung bei den germanischen Stämmen

Die ältesten schriftlichen Quellen über das einheimische Recht stammen von Römern und sind in lateinischer Sprache überliefert. Es handelt sich um mittelbare Rechtsquellen, um kurze Einsprengsel in der antiken Literatur. Besonders bekannt und umstritten ist die „Germania" des römischen Historikers Tacitus (98 n. Chr.). Auf knapp 30 Seiten schildert der Römer, der selbst nie nördlich der Alpen war, Sitten und Gebräuche der Stammesvölker, die dort leben sollten. Dabei hielt das Beispiel eines angeblich unverbrauchten Naturvolkes den verlotterten Weichlingen des römischen Imperiums den Spiegel ihrer eigenen dekadenten Verkommenheit vor. Tacitus war also alles andere als ein unvoreingenommener Beobachter. Dennoch erlangte seine kleine Schrift, nachdem sie erst im 15. Jahrhundert wiederentdeckt worden war, schlagartige Berühmtheit. Die Diskussion um eine germanische Rechtsgeschichte kreist seitdem um wenige Sätze. Für die Fragen von Rechtsdurchsetzung, Gericht und Verfahren sind es vor allem zwei Stellen, die immer wieder hin- und hergewendet werden.

Fehde und Sühne bei den Germanen
Kap. 21. Suscipere tam inimicitias seu patris seu propinqui quam amicitias necesse est; nec implacabiles durant; luitur enim etiam homicidium certo armentorum ac pecorum numero recipitque satisfactionem universa domus, utiliter in publicum, quia periculosiores sunt inimicitiae iuxta libertatem.
Aufzunehmen auch die Feindschaften des Vaters oder der Verwandten sowie Freundschaften ist notwendig; sie dauern aber nicht unversöhnlich an: gesühnt wird nämlich sogar ein Totschlag mit einer bestimmten Anzahl von Rindern oder Kleinvieh; und das ganze Haus nimmt die Genugtuung an, zum Nutzen für die Öffentlichkeit, weil Feindschaften in Verbindung mit Freiheit gefährlicher sind.
Vorlage: Tacitus, Germania, Kap. 21,1, in: *Erich Köstermann* (Hrsg.), P. Cornelii Taciti libri qui supersunt, tom. II fasc. 2: Germania, Agricola, Dialogus de oratoribus, Leipzig 1964, S. 17; ebenfalls in: *Joachim Herrmann/Gerhard Perl* (Hrsg.), Griechische und lateinische Quellen zur Frühgeschichte Mitteleuropas bis zur Mitte des 1. Jahrtausends u. Z. – Zweiter Teil: Tacitus, Germania (Schriften und Quellen der Alten Welt 37/2), Berlin 1990, S. 100–101 (dort auch abweichende Übersetzung); die vorliegende Übersetzung nach *Sellert/Rüping* (Lit. zu 1.), Bd. 1, S. 53. Leicht zugänglich ist die zweisprachige Ausgabe von *Hans-Werner Goetz/Karl-Wilhelm Welwei* (Hrsg.), Altes Germanien (Ausgewählte Quellen zur deutschen Geschichte des Mittelalters Ia), Darmstadt 1995, S. 126–167.

Tacitus schildert in dieser Stelle *inimicitiae*, also Feindschaften. Warum es derartige Feindschaften gab, bleibt offen, ein Hinweis auf Rechtsstreitigkeiten fehlt. Aber eingebunden sind nicht nur zwei verfeindete Personen, sondern auch die Verwandten und Freunde. Für sie soll die Beteiligung an solchen Feindschaften notwendig gewesen sein. Die Feindschaft zweier oder mehrerer Familienverbände bezeichnet die rechtshistorische Tradition als Fehde. Fehde ist damit ein Zustand, ausgelöst durch eine Tat wie den von Tacitus beispielhaft genannten Totschlag. Doch schwankt die Terminologie. Vielfach bezeichnet Fehde auch die einzelnen Selbsthilfe- und Rachehandlungen, zu denen es im Verlaufe einer solchen Feindschaft kommen mochte. Den Totschlag konnte man freilich durch die Zahlung von Vieh sühnen und auf diese Weise die Feindschaft beilegen. Das Vieh steht für eine materielle Ersatzleistung, denn Geld kannten die germanischen Stämme kaum. Selbst das römische Wort *pecunia* stammt von *pecus* (Vieh) ab und zeigt, wie die Geldzahlung aus der Viehzahlung entstand. Die Sühneleistung beendete damit die Fehde. Tacitus kommentiert dieses Verfahren und lobt es ausdrücklich. Solche friedlichen Einigungen böten allgemeinen und öffentlichen Vorteil, denn die fortdauernden Feindschaften seien noch gefährlicher *iuxta libertatem*, wenn sie mit Freiheit verbunden seien. Vermutlich spielt Tacitus damit auf die fehlende obrigkeitliche Gewalt an. Es gab niemanden, der Fehdehandlungen hätte verbieten oder eindämmen können. Deswegen bestand die Gefahr, dass einzelne Selbsthilfe- und Rachezüge sich gegenseitig aufschaukelten und immer größere Ausmaße annahmen. Die friedliche Beilegung des Streites im Konsens erschien demgegenüber zweckmäßiger, weil sie den Frieden wiederherstellte und die Gewalt zurückdrängte. Das gütliche Ende der Fehde gegen Zahlung einer Entschädigung heißt üblicherweise Urfehde. Ob die beiden Seiten hierfür einen Urfehdeeid leisteten, ihre Feindschaft also feierlich beilegten, sagt Tacitus nicht.

Bei allen Einwänden gegen Ungenauigkeiten und Einseitigkeiten der „Germania" scheint der Mechanismus, den Tacitus beschreibt, unzweifelhaft zu sein. Eine Auseinandersetzung, die aus moderner Sicht auf einer Rechtsverletzung beruht, erschien in der germanischen Zeit als Privatangelegenheit. Nicht die Gemeinschaft oder irgendeine Obrigkeit kümmerte sich darum, sondern die betroffenen Familien waren selbst berufen, ihren Streit auszufechten oder beizulegen. Entweder gab es Gewalt oder Konsens. Zwischen diesen beiden Polen bewegt sich die gesamte älteste Geschichte der Rechtsdurchsetzung. Ob die Zeitgenossen ihr Verhalten in rechtliche Vorstellungen einordneten, ist unklar, aber nicht entscheidend. Diejenigen Streitigkeiten, die heute Rechtssachen sind, führten damals zu Fehdehandlungen oder zur Aussöhnung.

Zur Klarstellung sollte man dieses Modell von einem altbekannten Prinzip unterscheiden: Am Anfang der Überlieferung steht nicht der Grundsatz „Auge um Auge, Zahn um Zahn". Eine derartige Talion, also der Anspruch, Gleiches mit Gleichem zu vergelten, blieb der frühen einheimischen Rechtsgeschichte fremd. Der Talionsgedanke setzt einen Herrscher voraus, der die Möglichkeit besitzt, Rachehandlungen zu verbieten oder auf das Gleichmaß der Verletzungen zu beschränken. Auge um Auge, Zahn um Zahn – dieses alte Prinzip ist in sumerischen, babylonischen und altisraelischen Quellen überliefert. Es stammt aus Kulturen, die über ein vergleichsweise hohes Maß an staatlicher Organisation verfügten. Angebunden an einen göttlichen oder königlichen Gesetzgeber und eingebettet in eine ausgeprägte Schriftkultur ging es im orientalischen Recht darum, allgemeine Regeln für das Zusammenleben der Bevölkerung zu formulieren. Davon kann bei den von Tacitus geschilderten Zuständen keine Rede sein. Eine Zentralgewalt war nicht vorhanden, schriftliche Gebote gab es nicht, Rachehandlungen ließen sich nicht lenken. In einer Gesellschaftsordnung ohne jeden Staat prägen Gewalt und Konsens die Auseinandersetzungen, unabhängig davon, ob sie aus moderner Sicht rechtlich eingebunden oder anderswie erscheinen. Gerichte brauchte es nicht zu geben, Prozessrecht war unnötig.

Ob und inwieweit es ein ausdrückliches Fehderecht gegeben hat, ist unklar. Einheimische Quellen berichten darüber nichts. Weder bei Tacitus noch in der frühmittelalterlichen fränkischen Zeit lassen sich zweifelsfreie Hinweise finden, wonach Rachehandlungen eindeutig rechtlich erlaubt waren. Nordische Quellen weisen durchaus darauf hin. Die isländische Grágás (Graugans), eine hochmittelalterliche Aufzeichnung mit freilich älteren Schichten, spricht deutlich von einem Totschlagsrecht, das den Verwandten des Gewaltopfers zustehen soll. Doch sieht man zugleich Begrenzungen. Die ausdrückliche Ermächtigung greift nur bis zu einem vorgegebenen Verwandtschaftsgrad und nur innerhalb einer bestimmten Zeitspanne. Ähnlich sieht es mit dem norwegischen Frostathingsrecht aus. Danach war es durchaus erlaubt, in einer Fehde den Missetäter umzubringen. Doch stellte es einen Missbrauch dar, gezielt gerade die stärksten Angehörigen der gegnerischen Familie auszuschalten. Solche ausdrücklichen rechtlichen Erlaubnisse von Fehde und Rache gehören der mittelalterlichen Zeit an und bilden den Rahmen, um Selbsthilfe herrscherlich einzuschränken. Für die frühere Zeit fehlen solche Quellen. Ob sich überhaupt jemand mit der Frage beschäftigte, welche Fehdehandlungen erlaubt oder verboten waren, oder ob man eigenmächtige Rache einfach hinnahm, lässt sich nicht feststellen.

Das von Tacitus geschilderte Fehde-Sühne-Verfahren mag durchaus effektiv gewesen sein. Wenn die Sühneleistung hoch genug war, damit die geschädigte Seite die Fehde beilegte, gleichzeitig die Zahlungskraft des Schädigers aber nicht überforderte, sprach viel dafür, sich gütlich zu einigen. Hierfür mag es von Vorteil gewesen sein, wenn auf beiden Seiten mehrere Familienmitglieder beteiligt waren. Angesichts der unabsehbaren Gefahren, die ausufernde Fehdezüge nach sich zogen, mag die Bereitschaft hoch gewesen sein, auf Rachehandlungen zu verzichten und die Mitglieder der eigenen Seite zur Zahlung bzw. Annahme des Viehs zu bewegen. Vielleicht legten auch mehrere Mitglieder der Täterseite ihr Vieh zusammen und erhöhten auf diese Weise das Sühneangebot. Das bleibt bei Tacitus unklar, wenn auch jüngere Quellen genau dies verboten haben. Die Unterscheidung zivilrechtlicher oder strafrechtlicher Sühneleistungen spielt ersichtlich keine Rolle. Solange Recht oder, allgemein gesprochen, Konfliktlösung eine private Angelegenheit bleibt, kann es auf diese Zweiteilung nicht ankommen. Strafe setzt eine Strafgewalt voraus, die es bei solchen Auseinandersetzungen nicht gab.

2.3 Gerichtsbarkeit bei germanischen Stämmen?

Möglicherweise gab es neben dem ungeregelten Fehde-Sühne-Mechanismus durchaus Versuche, Selbsthilfe und Rache einzudämmen. Das jedenfalls behauptet Alfred Söllner in einer Untersuchung des zweiten Merseburger Zauberspruchs. Die in der Mitte des 19. Jahrhunderts in einer Sammelhandschrift durch Zufall entdeckten Formeln in althochdeutscher Sprache stellen, abgesehen von wenigen Runensprüchen, die einzige einheimische Schriftquelle der vorchristlichen Zeit dar. Gemeinhin erblickt man im zweiten Spruch einen Heil- und Segenszauber. Wotan und Phol, zwei germanische Götter, „fuhren zu Holze", ritten also durch einen Wald. Auf diesem Ritt stürzte ein Pferd. Die versehrten Knochen und Wunden wurden durch eine Beschwörungsformel wieder „geleimt" (geheilt). Angeblich soll man die Verse aber auch rechtshistorisch verstehen können. Die Verletzung von Pferden, Wunden und Knochenbrüche hätte man so auf dieselbe Weise vergelten müssen. Die Priester, die ihrerseits die Segens- und Fluchformeln bewahrten, könnten zugleich den Unrechtsausgleich überwacht und gelenkt haben. Ob es ein solches Talionsprinzip in den germanischen Stammesgesellschaften gab, erscheint jedoch höchst zweifelhaft. Die Forschung ist Söllners Auffassung bisher nicht gefolgt. Es spricht damit nichts dagegen, am Fehde-Sühne-Modell als Grundform der Interessendurchsetzung festzuhalten.

Freilich kannten die germanischen Stämme nach Tacitus auch andere Formen der Konfliktlösung. Eine zweite Stelle der „Germania" berichtet von Anklagen, Versammlungen und sogar Hinrichtungen.

Gerichtsbarkeit bei den Germanen
Kap. 12 (1) Licet apud concilium accusare quoque et discrimen capitis intendere. distinctio poenarum ex delicto: proditores et transfugas arboribus suspendunt, ignavos et inbelles et corpore infames caeno ac palude, iniecta insuper crate, mergunt. diversitas supplicii illuc respicit, tamquam scelera ostendi oporteat, dum puniuntur, flagitia abscondi.

(2) sed et levioribus delictis pro modo poena: equorum pecorumque numero convicti multantur. pars multae regi vel civitati, pars ipsi, qui vindicatur, vel propinquis eius exsolvitur.

(3) eliguntur in iisdem conciliis et principes, qui iura per pagos vicosque reddunt; centeni singulis ex plebe comites consilium simul et auctoritas adsunt.

(1) Man kann vor der Versammlung auch Anklage erheben und ein Verfahren über Todesstrafen anstrengen. Die Unterscheidung der Strafen (richtet sich) nach dem Vergehen: Verräter und Fahnenflüchtige hängen sie an Bäumen auf, Feiglinge, Unkriegerische und körperlich ‚Verrufene' ertränken sie im Sumpf oder im Moor, indem sie ein Geflecht darüber werfen. Die verschiedenen Todesstrafen nehmen darauf Rücksicht, daß man Verbrechen, wenn sie bestraft werden, bekanntmachen, Schandtaten (aber) verheimlichen muß.

(2) Doch auch leichteren Vergehen wird angemessene Strafe zuteil: Die Überführten werden (mit der Abgabe) einer Anzahl von Pferden und Vieh bestraft. Ein Teil der Strafe wird dem König oder dem Stamm, ein Teil demjenigen, dem Recht verschafft wird, oder seinen Verwandten gezahlt.

(3) Auf jenen Versammlungen wählt man auch die Fürsten, die in den Gauen und Dörfern Recht sprechen; ihnen stehen jeweils 100 Begleiter aus dem Volk als Rat und bevollmächtigtes Organ zur Seite.

Vorlage: Tacitus, Germania, Kap. 12, 1–3, in: *Erich Köstermann* (Hrsg.), P. Cornelii Taciti libri qui supersunt, tom. II fasc. 2: Germania, Agricola, Dialogus de oratoribus, Leipzig 1964, S. 12–13; Übersetzung von: *Hans-Werner Goetz/Karl-Wilhelm Welwei* (Hrsg.), Altes Germanien, Erster Teil (Ausgewählte Quellen zur deutschen Geschichte des Mittelalters 1a), Darmstadt 1995, S. 136–137; andere Übersetzung bei *Herrmann/Perl* (vgl. Kap. 2.2), S. 90–91.

Soweit dieser Bericht des Tacitus Glauben verdient, kannten die germanischen Stämme neben Fehde, Blutrache und privater Versöhnung noch andere Formen zur Beilegung rechtlicher Konflikte. Sie gingen über reine Familienangelegenheiten hinaus und waren Gegenstand von Versammlungen. Diese Beratungen der Stammesangehörigen nennt die Literatur Thing- oder Dingversammlung. Das „Ding" im wörtlichen Sinne, die Sache nämlich, um die es dort ging, konnte durchaus ein Streit sein, den wir heute als rechtliche Auseinandersetzung ansehen würden. Offenbar durfte man dort andere Stammesmitglieder verklagen, wenn man ihnen todeswürdige Missetaten vorwarf. Im ersten Abschnitt der Quelle klingt das stark nach einer Art von Strafverfahren. Ob derjenige, der die Anklage erhob, hierzu in irgendeiner Weise ermächtigt sein musste, ist unwahrscheinlich. Vermutlich konnte jeder männliche freie Dingteilnehmer jeden anderen Stammesangehörigen öffentlich anklagen. Die Dinggenossen hatten sodann über diese Anklage zu beratschlagen und zu urteilen. Nach Tacitus verhängte die

Dingversammlung tatsächlich Todesurteile und vollstreckte sie auch. Die Taten, um die es hierbei ging, griffen wie gesagt über rein private und familiäre Konflikte hinaus. Die genannten Beispiele sind allesamt durch einen Gemeinschaftsbezug gekennzeichnet. Verrat, Fahnenflucht, Feigheit oder unkriegerische Weichheit mochten den Stamm gefährden, wenn er sich in Auseinandersetzungen mit befeindeten Gruppen oder Stämmen behaupten musste. Die *corpore infames*, die am Körper Verruchten, hatten ihr Leben ebenfalls verwirkt. Es könnte sich um Behinderte, vielleicht auch Homosexuelle gehandelt haben. Näheres bleibt unklar. Die Art der Hinrichtung spiegelte gleichsam das Vergehen wider, das die Dingversammlung den Tätern anlastete. Von kultischen oder religiösen Überhöhungen ist dabei keine Rede. Wenn aber bestimmte Taten durch die Hinrichtung ausdrücklich sichtbar gemacht wurden, scheint es doch die Vorstellung gegeben zu haben, durch das abschreckende Beispiel andere von ähnlichen Verfehlungen abzuhalten.

Hat man es hier mit dem ersten kleinen Finger obrigkeitlicher Gewalt zu tun? Darüber streitet die Forschung seit langem. Wie einige Autoren betonen, mögen selbst die von Tacitus genannten militärischen Vergehen durchaus noch mit einer privaten oder familiären Unrechtsverfolgung vereinbar gewesen sein. Wenn nämlich Familienverbände auf Kriegszügen als Kampfeinheiten auftraten, dann schädigte Feigheit vor dem Feind in erster Linie die eigenen Verwandten. Tötete man solche Abweichler, festigte dies zugleich den eigenen Kampf- und Familienverband. Doch diese Sichtweise vermag nicht zu erklären, warum die betroffenen Gruppen den Verräter aus den eigenen Reihen nicht einfach auslöschten, wie sie es mit einem Fehdegegner ja ebenfalls taten. Wenn man hierfür einer Versammlung und eines wie auch immer gearteten Verfahrens mit einer Entscheidung bedurfte, scheint die Angelegenheit wohl doch den rein familiären Rahmen überstiegen zu haben. In keiner Weise hat das etwas mit einem staatlichen Gewaltmonopol zu tun. Im Hinblick auf die Leitfragen liegt ein wichtiger Befund dennoch auf der Hand. Es war möglich, bestimmte Fragen, die heute als rechtliche Konflikte anzusehen wären, aus dem Kreis einzelner Beteiligter vor eine Institution zu bringen, die darüber beriet und entschied. Nicht alle Konflikte blieben Privatangelegenheiten, nicht überall herrschten blanke Gewalt und private Aussöhnung.

Bestätigt wird diese Sichtweise durch den zweiten Teil der Quellenstelle. Denn nicht nur Gemeinschaftsangelegenheiten, auch kleinere private Streitereien konnten vor die Dingversammlung gelangen. Die von Tacitus genannten leichteren Vergehen scheinen solche gewesen zu sein, die nicht den Stamm und seine Wehrkraft als solche gefährdeten. Hier standen in jedem Falle Fehde und Rachehandlungen offen, je nach Sachlage kam eine gütliche Einigung mit dem Gegner infrage. Wenn nach Tacitus' Sicht die Dingversammlung für solche Taten, die nicht in Gemeinschaftsinteressen eingriffen, eine *poena* verhängte, sprach sie auffälligerweise dieselben Folgen aus, auf die sich die Konfliktparteien bei ihren Sühneverhandlungen ebenfalls einigten. Die zum Ersatz gezahlten Pferde und andere Nutztiere sollten also auch im dinggenossenschaftlichen Rahmen Unfrieden beenden und das ruhige Zusammenleben in der Gemeinschaft von neuem befestigen.

Deswegen spricht einiges dafür, im dinggenossenschaftlichen Verfahren einen speziellen Fall von Sühneverhandlungen zu sehen. Die Fehdeparteien konnten also überlegen, ob sie einander bekämpften, ob sie in Ausgleichsgespräche eintraten oder ob sie die ganze Sache vor das Ding brachten. Im Beisein einer größeren Zahl von Stammesgenossen mochte es schwer fallen, sich vernünftigen Sühnevorschlägen zu verweigern. Deshalb könnte die Wahrscheinlichkeit, zu einer versöhnlichen Bußzahlung zu gelangen, gestiegen sein, wenn die Verhandlungen den Familienkreis verließen und vor der Gemeinschaft stattfanden. Bei dieser Sichtweise brauchte der Dinggenossenschaft selbst keinerlei Zwangsgewalt oder obrigkeitliche Autorität zuzukommen. Jede Seite konnte immer auch zur Gewalt schreiten, wenn sie mit einem dinggenossenschaftlichen Verfahren nicht einverstanden war oder die verhängte *poena* nicht hinnehmen wollte. Die vor dem Ding besprochene Zahlung von Vieh erscheint somit nicht als Gerichtsurteil oder gar Strafe, sondern eher als Entscheidungsvorschlag, auf den sich die Parteien einigen mochten oder auch nicht. Das dinggenossenschaftliche Verfahren fällt damit nicht aus dem Spannungsfeld von Selbsthilfe und Konsens heraus. In einer Zeit ohne obrigkeitliche Gewalt hing der Erfolg streitschlichtender Verfahren von der Zustimmung der Beteiligten ab. Gegen den Willen der Parteien konnte es keine Dingverhandlung geben, und wer mit einem Ergebnis nicht einverstanden war, schritt kurzerhand zur Fehde.

Ob es überhaupt die Pflicht gab, vor dem Ding zu erscheinen, wenn eine Anklage erhoben war, lässt sich nicht klären. Das altrömische Zwölftafelgesetz (um 450 v. Chr.) begann genau mit diesem Befehl. Wer vor Gericht gerufen war, sollte dort auch erscheinen. Doch in einer germanischen Stammesgesellschaft gab es niemanden, der so etwas hätte durchsetzen können. Die Mehrspurigkeit von Selbsthilfe und Gericht prägte die Geschichte der Rechtsdurchsetzung für viele Jahrhunderte. Die nachfolgenden Epochen zeigen freilich, wie die Autorität der Ding- bzw. Gerichtsversammlung stieg, die Handlungsmöglichkeiten der Parteien sich auf die Anrufung des Gerichts verengten und auch die Entscheidung selbst von einem bloßen Vorschlag immer stärker zu einem zwangsbewehrten Gebot erwuchs. Bis zur Grenze der Neuzeit lassen sich diese Linien verfolgen. Die Prozessrechtsgeschichte in der Zeit vor dem staatlichen Gewaltmonopol veranschaulicht damit, wie nach und nach die entstehende obrigkeitliche Gewalt Frieden erzwingt und ihre eigene Macht dadurch festigt, dass sie Gerichtsherrschaft ausübt.

Bei Tacitus ist davon nichts zu sehen. Aber in der Quellenstelle taucht ein König auf, an den ein Teil der Bußzahlung fällt. Dieser Anführer scheint die größeren Dingversammlungen geleitet zu haben. Vielleicht bemühte er sich besonders, Streitparteien zu einer friedlichen Sühneleistung zu bewegen, vielleicht konnte er allein durch den dinggenossenschaftlichen Rahmen die Vergleichsbereitschaft erhöhen. Die Abgaben an den König wären in diesem Fall eine Art Vermittlungsgebühr gewesen. Im frühen 6. Jahrhundert sprach die fränkische Lex Salica vom *fredus*, vom Friedensgeld, das neben der Bußzahlung (*faidus*) zu leisten war. Sehr gewagt erscheint es dagegen, die Abgabe an den König als strafrechtliche Geldstrafe und die Zahlung an den jeweiligen Gegner als zivilrechtlichen Schadensersatz zu deuten. Mit keinem Wort legt die Quelle diese Sichtweise nahe. Vielmehr dürfte man es mit einem einheitlichen Streitschlichtungsverfahren zu tun haben. Zu viele juristische Subtilitäten scheint es nicht gegeben zu haben. Entsprechend wenig teilt Tacitus über die Gerichtsverfassung und das Prozessrecht mit. Bereits die modernen Termini wirken unpassend. Vermutlich nahmen am Ding alle waffenfähigen, freien, stammesangehörigen Männer teil. Ihre Zustimmung, mit einem mittelalterlichen Begriff Vollbort genannt, gaben sie kund, indem sie auf ihre Schilde schlugen. Ob sie die Möglichkeit besaßen, jemanden zu überführen, wie es in der Quelle heißt, erscheint zweifelhaft. Von Reinigungseiden und Spruchformeln ist dagegen ebenfalls keine Rede. Alles bleibt im Nebel. Dafür spricht Tacitus von *principes*, die in Dörfern und Gauen *iura reddunt*. Diese angeblich gewählten Fürsten oder schlicht Häuptlinge sollten nicht im Bereich des gesamten Stammes, sondern in kleineren Verbänden Rechte zurückgeben, wie es wörtlich heißt. Ob sie und ihre Begleiter, die der Quellentext zusätzlich anspricht, im dörflichen Rahmen dieselben Aufgaben erfüllten wie der König auf der Stammesversammlung und gleichermaßen Sühneverhandlungen erleichtern sollten, wird nicht deutlich. Jedenfalls wäre es grundfalsch, an verschiedene Ebenen der Gerichtsbarkeit oder gar an eine gestufte Gerichtsverfassung zu denken.

Es ist also nur wenig, was sich über Rechtsdurchsetzung, Gericht und Verfahren in der germanischen Zeit sagen lässt. Fehde, Selbsthilfe und Sühnezahlungen ersetzten funktional die nicht vorhandene obrigkeitliche Gerichtsgewalt. Dinggenossenschaftliche Streitschlichtungen standen jedermann offen, besaßen jedoch keine Zwangsgewalt und beruhten auf freiwilliger Mitwirkung aller Beteiligten. Die Hinrichtung bestimmter Abweicher und die Vermittlungszahlungen an den König bieten erste Ansätze dafür, wie Rechtsstreitigkeiten den rein privaten Rahmen übersteigen konnten. Gerade in ihrer verschwommenen Fremdheit sind diese wenigen Splitter der ältesten einheimischen Rechtsgeschichte besonders lehrreich. Wenn neuere Lehrbücher auf die Frühformen der Rechtsdurchsetzung verzichten, angeblich sogar aus didaktischen

Gründen, berauben sie sich selbst einer ganz wichtigen Vergleichsmöglichkeit. Die scheinbaren Selbstverständlichkeiten der modernen Rechtsordnung lassen sich nur dann gegen den Strich bürsten, wenn man den größtmöglichen Unterschied zum heutigen System im Auge behält. Und hierfür bieten die ältesten Quellen nicht nur eisenzeitlichen Ballast, sondern faszinierendes Anschauungsmaterial.

2.4   Fehde und Sühneleistungen seit der Völkerwanderungszeit

Gewalt und Versöhnung prägen die Geschichte der Rechtsdurchsetzung bis weit ins Mittelalter hinein. Vom Gerichtszwang ist dabei zunächst nicht viel zu sehen. Deswegen erscheint es sogar zweifelhaft, das Frühmittelalter als eigene rechtshistorische Epoche anzusehen. Traditionell spricht die Deutsche Rechtsgeschichte von der fränkischen Zeit. Sie beginnt mit der Völkerwanderung und endet mit dem Zerfall des Karolingerreiches im 9. Jahrhundert. Die politischen Rahmenbedingungen waren im Vergleich zur römischen Eisenzeit nun ganz andere. Großreiche entstanden auf dem Boden des untergehenden römischen Imperiums. Der Übertritt zum Christentum eröffnete zugleich den Anschluss an kirchliche Verwaltungsstrukturen und an die lateinische Schriftkultur. Rechtshistorisch ändert sich vor allem die Quellenüberlieferung. In großer Zahl zeichneten germanische Stämme ihre Gewohnheiten und Rechte auf, häufig auf Befehl des Königs. Vom westgotischen Codex Euricianus (um 475 n. Chr.) bis hin zum Reichstag von Aachen (802) und darüber hinaus erstreckt sich eine über 300-jährige Zeitspanne lateinisch überlieferter germanischer Stammesrechte. Im 19. Jahrhundert sprach man romantisch und national begeistert von Volksrechten. Dann erschien diese Bezeichnung unpassend und man wich auf die lateinische Umschreibung als Leges oder Leges Barbarorum aus. Doch ist dieser aufgeheizte Streit inzwischen abgeklungen. Inwieweit der Begriff Germanen die Verhältnisse der Völkerwanderungszeit und des Frühmittelalters erfassen kann, steht ebenfalls in der Diskussion. Um einen Quellenterminus handelt es sich jedenfalls nicht.

Wichtiger als Periodisierung und Sprachklauberei bleibt allerdings der problemgeschichtliche Zugriff. Genau hier zeigen die so zahlreich überlieferten Stammesrechte nur die eine Seite der Medaille. Wie man die Leges auch deutet, gehören sie doch zu normativen Aufzeichnungen. Sie enthalten zahlreiche Sätze über Bußzahlungen und dinggenossenschaftliche Verhandlungen. Fehde, Gewalt, Selbsthilfe und eigenständige Sühnevereinbarungen tauchen nicht auf. Doch es gab sie weiterhin und mit Sicherheit in erheblich größerem Umfang, als die Rechtsaufzeichnungen vermuten lassen. Glücklicherweise werfen historiographische Quellen ein wenig Licht auf die Rechtspraxis. Zweifelhaft sind freilich Überlieferungen, die deutlich nach dem geschilderten Ereignis unter ganz anderen Umständen aufgezeichnet wurden. So verhält es sich mit einem Bericht über das *generale consilium*, die Dingversammlung der Gesandten aus verschiedenen Gebieten der Altsachsen noch vor der Christianisierung. Dieser Stamm hatte im Gegensatz zu den übrigen Völkerschaften keinen König und war bis weit in das 8. Jahrhundert hinein noch nicht christianisiert. Angeblich kamen die Sachsen in einem Ort namens Marklo an der Weser zusammen. Dort „renovabant ibi leges, praecipuas causas adiudicabant"[2]. Sie erneuerten ihre Gesetze und urteilten über die wichtigsten Sachen. Doch ein heidnisches Volk ohne Schrift konnte kaum abstrakt-generelle Gesetze besitzen. Echte Gerichtsurteile, die über einen unverbindlichen Entscheidungsvorschlag der Dingversammlung hinausgingen, dürften ebenfalls ungebräuchlich gewesen sein. Die bekannte Quellenstelle entstammt der *Vita Lebuini antiqua*, einem Bericht über das Leben des Sachsenmissionars Lebuin (gest. um 780). Die Aufzeichnung entstand allerdings erst in der Mitte, vielleicht sogar in der zweiten Hälfte des 9. Jahrhunderts im kirchlichen Umfeld, Jahrzehnte nach dem Sieg Karls des Großen über die Sachsen. Die Schilderung ist überdies stark an antike Vorbilder angelehnt. Ein Gesandtenparlament in vorchristlicher Zeit, Gesetzgebung und Gerichtstätigkeit gibt die zweifelhafte Überlieferung nicht her.

2.4.1 Ein Blick auf Blutrache und Sühne im 6. Jahrhundert

Im Gegensatz zur zweifelhaften *Vita Lebuini antiqua* besitzen zeitgenössische Hinweise wie immer das größere Gewicht. Am berühmtesten wurde die Fehde des Sichar, ein Bericht aus dem 6. Jahrhundert. Seit langem sieht man hierin einen zentralen Text, um über die verschriftlichten Stammesrechte hinaus einen Blick auf die Rechtswirklichkeit der Merowingerzeit richten zu können.

Die Fehde des Sichar

VII, 47[a]. Gravia[b] tunc inter Toronicos[c] cives bella civilia surrexerunt. Nam Sicharius[d], Iohannis quondam[e] filius, dum ad natalis dominici[f] solemnia apud Montalomaginsim[g] vicum cum Austrighyselo[h] reliquosque[i] pagenses caelebraret, presbiter loci misit puerum ad aliquorum hominum invitationem[k], ut ad domum eius bibendi gratia venire deberint[l]. Veniente vero puero, unus ex his qui[m] invitabantur, extracto gladio, eum ferire non metuit[n]. Qui statim cecidit et mortuus[o] est. Quod cum Sicharius audisset[p], qui amicitias cum

---

2   Vita Lebuini antiqua cap. 4, Nachweise und Erläuterungen bei *Springer* (Lit. zu 2.4).

presbitero retinebat, quod scilicet puer eius[q] fuerit interfectus, arrepta[r] arma ad eclesiam petit, Austrighyselum[s] opperiens. Ille autem haec audiens, adpraehenso armorum apparatu[t], contra eum diregit[u]. Mixtisque omnibus, cum se pars utraque conliderit[v], Sicharius inter clericos[w] ereptus, ad villam suam effugit, relictis[x] in domo presbiteri cum argento[y] et vestimentis quattour[z] pueris sauciatis. Quo fugiente, Austrighyselus[a] iterum inruens, interfectis pueris, aurum argentumque cum reliquis rebus abstulit. Dehinc cum[b] in iudicio civium convenissent[c] et praeceptum esset[d], ut Austrighyselus[e], qui homicida erat et, interfectis pueris, res sine audientia[f] diripuerat, censura legali[g] condempnaretur, inito placito, paucis infra[h] diebus Sicharius audiens, quod res, quas Austrighyselus[i] direpuerat[k], cum Aunone[l] et filio adque eius fratre Eberulfo[m] retinerentur, postposito placito, coniunctus[a] Audino, mota[b] seditione, cum armatis viris inruit super eos nocte, elisumque[c] hospicium, in quo dormiebant, patrem[d] cum fratre et filio interemit resque eorum cum pecoribus, interfectisque servis, abduxit. Quod nos audientes, vehimenter[e] ex hoc molesti, adiuncto iudice, mittimus[f] ad eos legationem, ut in nostri praesentia[g] venientes, accepta ratione, cum pace discederent[h], ne iurgium in amplius pululare[t]. Quibus venientibus coniunctisque[k] civibus, ego aio: ,Nolite, o viri, in sceleribus proficere, ne malum[m] longius extendatur. Perdidimus[n] enim aeclesiae filios[o]; metuemus[p] nunc, ne et alios[q] in hac intentione careamus. Estote[r], quaeso, pacifici[s]; et qui malum gessit, stante caritate, conponat, ut sitis filii[t] pacifici, qui digni sitis[u] regno[v] Dei, ipso Domino[w] tribuente, percipere. Sic enim ipse[x] ait: Beati pacifici, quoniam filii[y] Dei vocabuntur. Ecce enim! etsi illi[z], qui[a] noxae subditur, minor est facultas, argento aeclesiae[b] redemitur[c]; interim anima viri non pereat[t]. Et haec dicens, optuli[d] argentum[e] aeclesiae; sed pars Chramnesindi[f], quae[g] mortem patris fratrisque[h] et patrui requirebat, accepere[i] noluit. His[k] discedentibus, Sicharius iter, ut ad regem ambularet[t], praeparat, et ob hoc Pectavum[m] ad uxorem cernendam proficiscitur. Cumque[n] servum, ut exerceret opera[o], commoneret elevatamque[p] virgam ictibus verberaret[q], ille, extracto baltei gladio, dominum sauciare[r] non metuit. Quo[s] in terra[t] ruente, currentes[u] amici adpraehensum servum crudeliter[v] caesum, truncatis manibus et pedibus, patibolo[w] damnaverunt.

Interim sonus in Toronicum[x] exiit, Sicharium fuisse defunctum. Cum autem haec Chramnesindus[y] audisset[z], commonitis parentibus et amicis, ad domum eius properat. Quibus[a] spoliatis, interemptis nonnullis[b] servorum, domus omnes tam Sichari[c] quam reliquorum, qui participes huius villae erant, incendio concremavit, abducens[d] secum pecora vel quaecumque movere[e] potuit. Tunc partes a[f] iudice ad civitatem deductae, causas proprias prolocuntur[g]; inventumque est a iudicibus, ut, qui nollens[h] accepere[i] prius conpositionem domus[a] incendiis tradedit[b], medietatem praetii[c], quod ei fuerat iudicatum, amitteret – et hoc contra legis[d] actum, ut tantum pacifici redderentur[e] – aliam[f] vero[g] medietatem conpositionis[h] Sicharius redderet[t]. Tunc datum[k] ab aeclesia *argentum, quae iudicaverant[f], accepta securitate[m], conposuit, datis sibi partes[n] invicem sacramentis, ut nullo umquam tempore contra alterum pars alia[o] musitaret[p]. Et sic altercatio terminum fecit.*

IX, 19[a]. Bellum vero illud, quod inter cives Toronicus[b] superius diximus terminatum, in rediviva rursum insania surgit. Nam Sicharius[c], cum post interfectionem parentum Chramisindi[d] magnam cum eo amicitiam patravisset[e] et in tantum se caritate mutua diligerent, ut plerumque simul cibum caperent ac in uno pariter stratu[f] recumberent, quadam[g] die cenam sub nocturno tempore praeparat Chramisindus[h], invitans Sicharium ad epulum[a] suum. Quo[b] veniente, resident[c] pariter ad convivium. Cumque Sicharius[d] crapulatus a vino multa iactaret in Chramisindo[e], ad extremum dixisse fertur: ‚Magnas[f] mihi debes referre grates[g], o dulcissime frater, eo quod interfecerim[h] parentes tuos, de quibus accepta compositione, aurum argentumque superabundat[i] in domum tuam, et nudus[k] nunc essis[l] et egens, nisi haec te causa paululum roborassit[m]‘. Haec ille audiens, amaro[n] suscepit animo dicta Sichari[o] dixitque in corde suo: ‚Nisi ulciscar interitum[p] parentum meorum, amittere[q] nomen viri debeo et mulier infirma vocare‘. Et statim extinctis luminaribus[s], caput[t] Sichari[o] seca[u] dividit. Qui parvolam[v] in ipso vitae termino[w] vocem emittens, cecidit et mortuus est. Pueri vero, qui cum eo venerant, dilabuntur[x]. Chramisindus[y] exanimum[z] corpus nudatum vestimentis adpendit in saepis stipite[a], ascensisque aequitibus[b] eius, ad[c] regem petiit[d]; ingressusque aeclesia[e], ad pedes prosternitur[f] regis, dicens: ‚Vitam peto, o gloriose[g] rex, eo quod occiderim homines[h], qui, parentes[i] meus clam[k] interfectis, res omnes diripuerunt‘. Cumque, expositis per ordinem causis, regina Brunechildis[l] graviter accepisset[m], eo quod in eius verbo Sicharius[n] positus taliter fuerat[o] interfectus, frendere in eum coepit. At[p] ille, cum vidisset eam adversam[q] sibi, Vosagensim[r] territurii[s] Biturigi[t] pagum expetiit, in quo[u] et[v] eius parentes degebant, eo quod in regno Guntchramni[w] regis haberetur. Tranquilla quoque, coniux[x] Sichari[y], relictis filiis et rebus viri sui in Toronico[z] sive in Pectavo, ad parentes suos Mauriopes vicum expetiit; ibique et[a] matrimonio copulata est. Obiit autem Sicharius quasi annorum XX. Fuit autem in vita sua levis, ebriosus, homicida, qui nonnullis per ebrietatem iniuriam intulit[b]. Chramisindus[c] vero iterum ad regem abiit, iudicatumque[d] est ei, ut convinceret[e] super se eum interfecisse[f]. Quod ita fecit. Sed quoniam[g], ut diximus, regina[a] Brunechildis[b] in verbo suo posuerat Sicharium, ideoque res huius confiscari[c] praecepit; sed in posterum a Flaviano domestico redditae sunt. Sed et ad[d] Aginum[e] properans, epistolam eius elicuit, ut a nullo[f] contingeretur. Ipsi[g] enim res eius a regina concessae[h] fuerant.

VII. *Cap.* […] 47. *A* 1. *B* 1. 2. *(D). Cap.* 47. a) *caput om. codices* C. b) Graviter *A* 1. c) Turon. *A* 1. D. d) Sycharius *D* 2. e) qdam *A* 1. f) dominicis *D* 2. g) *ita A* 1 (*corr. e* Montalomagiinsim); Montalomagensim *D* 3. 4; Montalomagensem *B* 1. 2. h) Austrighysilo *B* 2; Austrigisilo *D*; Astrigisilo

A 1. i) rel. pagensis *B* 2; reliquisque pagensibus *D* 2 (*non D* 3). k) invitatione *D* 3. 4. l) deberent *A* 1. *D*. m) a quibus *pro* qui *D* 3. 4. n) metui | (t *m. al. add.*) *B* 1. o) mortuos *B* 2. p) audissit *B* 1. q) (eius *om.*) fuerat *A* 1. r) arreptis armis (ad *om.*) *D* 2 (*non D* 3). s) Austrigisil. *deinceps constanter fere A* 1. *D*. t) apar. *B* 2, *corr.* u) dirigit *A* 1. *D*. v) colliderit *A* 1; con(l)lideret *D*. w) clericus *B* 2; cleros *A* 1. x) relatus *A* 1. y) argentum *A* 1. z) quatuor *B* 2. a) Austrighiselus *B* 2; Austragisilus *D* 4. b) cui *pro* cum in *B* 1. 2. c) convenisset *A* 1. d) essit *B* 1. e) Austrighisilus *B* 2; Austragilus *D* 4. f) audienciam *B* 2. 3. g) legalia *A* 1. h) intra *A* 1. i) Austrighiselus *B* 2. k) deripuerat *B* 2; diripuerat *A* 1. *D*. l) Aunone et f. atque *A* 1; atque *etiam D*. m) Eberulfo *B* 2; Berulfo *A* 1. – [Seitenwechsel in Vorlage] *VII. Cap.* 47. *A* 1. *B* 1. 2. (*D*). *Cap.* 47. a) coniunct (us *m. al. in litura*) *B* 1. b) moda *pr. m. B* 1. c) aelisumque h. *D* 3. 4; elisoque hospitio *D* 2. d) patre *A* 1. e) vehementer *A* 1. *D*. f) leg. ad eos mitt. (mittemus *B* 2) *B* 1. 2. g) praesentiam *D*. h) discenderent *B* 2. i) polularet *B* 2; pullularet *A* 1. *D* 2. 4; pullularent *D* 3. k) coniunctis qui *B* 1, *corr.*; coniunctisque civ. *om. D* 3. l) nolite quiri *B* 1. 2. m) malo *A* 1; in *add. D* 2 (*non D* 3). n) perdedimus *B* 2. o) filius *B* 2. p) metuimus *D* 2. q) alius *B* 2; aliis *D* 2; nunc nec aliquos in *A* 1. r) stote *B* 2. s) pafici et q. m. iessit *A* 1. t) fili *B* 1. *D* 3. u) scitis *A* 1, *corr.* v) *ita B* 1. 2; regnum *A* 1. *D*. w) *om. A* 1. x) ipsi *B* 2. y) *ita B* 1 (*ubi* fili). 2; qu. ipsorum est regnum c(a)elorum. Ecce *A* 1. *D* (*e Matthaeo* 5, 3.10). z) ille *B* 1. a) *om. A* 1. b) *ita B* 1. 2. c) redimitur *A* 1. *D* 3. 4; redimetur *D* 2. d) obtuli *D* 2. 3; obtulit *A* 1. *D* 4. e) argento *D* 3. f) Chramnisindi *A* 1. *D* 2. 4; Chrannisindi *D* 3. g) qui *B* 1. 2. h) fratresque et p. requerebat *B* 2. i) accipere *A* 1 *D*. k) His disced. *om. D*. l) ambularit *B* 1. m) Pictavum (*sed* vum *m. al. in ras. A* 1) *A* 1. *D*. n) eumque serv. (ut *om.*) *A* 1. o) operam *D*. p) elevataque virga *D* 2. q) verbararet (?) *pr. m. B* 1. r) sautiare *B* 1. s) Quod *B* 2. t) *ita* A 1. *D*; terram *B* 1. 2. u) curr::ntes *A* 1. v) crudiliter *B* 1, *corr.* w) patibulo *D*; pativulo *A* 1. x) Toronocum *B* 1; Turonicum *A* 1. *D*. y) Chramnisindus *A* 1. *D* 2. 4; Crannisindus *D* 3. z) audissit *B* 1. a) Qui expoliatis *B* 2. b) nonnulli *A* 1. c) *ita A* 1. *B* 1. *D* 3. 4; Sicharii *B* 2. (*D* 2). d) adducens *A* 1. *D* 4. e) moveri *B* 2. f) ad *D* 4. g) proloquuntur *A* 1. *D* 3. h) *corr. e* nolens *A* 1. i) accipere *A* 1. *D*. – [Seitenwechsel in Vorlage] *VII. Cap.* 47. *A* 1. *B* 1. 2. (*D*). […] *Cap.* 47. a) domos *D*. b) tradidit *A* 1. *D*. c.) praecii *B* 1. 2. d) leges *D*. e) redirentur *A* 1. f) alia *B* 1. 2. g) *om. D*. h) conposiciones *B* 2. i) rediret *A* 1; reddered *B* 2. k) dato – argento *D* 2. l) iudicaverunt *B* 1. 2. m) securita(te *m. al. suppl.*) *B* 2. n) partem *A* 1. o) altera *D* 2. p) mussitaret *B* 1.

IX. Cap. […] 19. *A* 1. *B* 2. (*D*). *Cap.* 19. a) caput om. codices *C*. b) Turonicos *A* 1. *D*. c) Sicharus *A* 1. d) Cramisindi *D* 2. 3; Chraminsindi *D* 1; Chramsindi (*corr. e* Crams. *B* 2) *A* 1. *B* 2. e) patravissed *B* 2; patravissent *D* 3. f) strato *D* 2. 3. g) quandam *B* 2. h) Chrāmisindus *A* 1; Chraminsindus *D* 1; Cramisindus *D* 3; Cramissindus *D* 2; Chramsindus *B* 2. – [Seitenwechsel in Vorlage] *IX. Cap.* 19. *A* 1. *B* 2. (*D*). *Cap.* 19. a) aepulum *A* 1. *D* 1. b) cum *B* 2, *corr.* c) resedent *A* 1. d) Sicharus *A* 1. e) C(h *superscr.*) ramsindo *B* 2; Gramisindum *A* 1; Chraminsindum *D* 1; Cramisindum *D* 2. 4; Crasimindum *D* 3. f) Magna *A* 1. g) grat *B* 2. h) interficerem *B* 2. i) *corr.* superhabundat *B* 2. k) nunc nudus *B* 2. *D* 3. 4 (*non D* 1). l) *ita B* 2.; esisset egens *A* 1; esses et eg. *D*. m) roborasset *A* 1. *D*. n) amare *B* 2. *D* 3. 4. o) Sicharii *D* 1. p) interitu parentorum *A* 1, *fortasse recte*; mortem p. *D* 1. q) amitteri *B* 2. r) vocari *A* 1. *D*. s) luminibus *A* 1, *corr.* t) capud *D* 3. 4. u) sica div. *D* 1. 2; sicca div. *D* 3; sicam div. *D* 4; sic adivit *A* 1. v) parvulam *A* 1. *D*. w) terminum *B* 2, *corr.* x) delabuntur *A* 1. y) *ita A* 1. *D* 3. 4; Chraminsindus *D* 1; C(h *superscr.*)ramsindus *B* 2. z) exanime *A* 1. a) cespite *A* 1. b) equis *A* 1. *D* 2 (*non D* 1). c) *om. D* 2. d) *ita B* 2. *D* 1. 3; petit *A* 1. *D* 4. e) (a)ecclesiam *A* 1. *D*. f) prosternetur *B* 2. g) gloriose *A* 1. h) omines *B* 2. i) parentibus meis *A* 1. *D*. k) chlam *B* 2. l) Brunichildis *D* 1. 2; Brunieldis *A* 1. *D* 3. m) accipisset *B* 2. n) Richarius *B* 2. o) fuerit int. *D* 2; fuisset operatus *D* 3. 4. p) et ille cŏm vidissed *B* 2. q) aversam *A* 1. r) Vosagensem *D* 2. s) teriturii *B* 2; territorii *A* 1. *D*. t) Biturgi *B* 2; Biturici *A* 1; Bituri *D* 3. u) co *B* 2. v) *om*. *A* 1. *D*. w) *ita scripsi*; Guntheramno *corr*. Guntheramni *B* 2; Gunthramni *A* 1. x) conius *B* 2; coniunx *A* 1; uxor *D* 1. y) *ita A* 1. *D* 3. 4; Sicharii *rell*. z) Turonico s. in Pictavo *A* 1. *D*. a) (*et om*.) matremunio cupulata *B* 2. b) intullit *B* 2; tulit *D* 2. 3. c) *ita A* 1; Cramisindus (Crammis. *D* 3) *D* (2). 3. 4; Chraminsindus *D* 1; Chramis. – abiit *om*. *B* 2; ad regem *om*. *D* 3. d) que *om*. *B* 2. e) convincerat *B* 2. f) eum et interficere *A* 1. g) quod *B* 2. – [Seitenwechsel in Vorlage] *IX*. *Cap*. 19. *A* 1. *B* 2. *(D)*. [...] *Cap*. 19. a) regi *B* 2. b) Brunecihldis *B* 2; Brunichildis *D* 1. 2; Brunieldis *A* 1. *D* 3. c) confischari pr. *B* 2; confiscali pcipit *D* 3. 4. d) *om*. *A* 1. *D* 1. e) Agynum *A* 1. *D* 2; Aginnum *D* 1. f) nulo *B* 2. g) ipse *B* 2. h) concessum fuerat *B* 2; concess(a)e sunt *A* 1. *D* 3.

VII, 47. Schwere Bruderkämpfe erhoben sich damals zwischen Bürgern des Gebiets von Tours. Sichar nämlich, der Sohn des verstorbenen Johannes, feierte das Fest der Geburt des Herrn mit Austregisil und den andern Gaugenossen in dem Dorfe Manthelan; da sandte der Priester des Orts einen Knecht aus, um einige Leute einzuladen, dass sie zum Gelage in sein Haus kämen. Da aber der Knecht kam, zog einer von denen, die eingeladen wurden, sein Schwert und scheute sich nicht nach ihm zu hauen. Der sank sogleich um und starb. Als dies Sichar, der mit dem Priester in Freundschaft lebte, hörte, dass nämlich dessen Knecht erschlagen worden sei, nahm er seine Waffen, ging zur Kirche und erwartete Austregisil. Dieser aber rüstete sich, da er solches vernahm, auch mit seinen Waffen und ging ihm entgegen. Sie gerieten alle ins Handgemenge, und während ein Teil dem anderen Schaden tat, stahl sich Sichar unter dem Schutz der Geistlichen fort und entfloh auf seinen Hof, ließ aber im Hause des Priesters sein Silber, seine Kleider und vier seiner Knechte, die verwundet waren, im Stich. Nach seiner Flucht brach Austregisil erneut ein, tötete die Knechte und nahm das Gold, Silber und die übrigen Sachen Sichars mit sich. Danach erschienen sie im Gericht der Bürger, und es wurde entschieden, dass Austregisil zu der gesetzlichen Buße zu verurteilen sei, weil er die Knechte getötet und danach die Sachen ohne richterlichen Entscheid an sich gebracht hatte; darüber war ein Vertrag zustande gekommen; als Sichar aber nach einigen Tagen hörte, dass die Sachen, die Austregisil geraubt hatte, bei Auno und seinem Sohne sowie bei seinem Bruder Eberulf aufbewahrt wurden, schob er den Vertrag beiseite, tat sich mit Audin zusammen, brach den Frieden und überfiel sie mit Bewaffneten bei Nacht; er erbrach das Haus, wo sie schliefen, tötete den Vater mit dem Sohn und dem Bruder, erschlug die Knechte und nahm alle ihre Sachen und Herden mit sich fort. Als wir dies hörten, wurden wir sehr darüber betrübt, verbanden uns mit dem Richter des Orts und schickten Botschaft an sie, sie möchten vor uns erscheinen, ihre Sache austragen und in Frieden auseinander gehen, damit der Hader nicht noch weiter um sich greife. Als sie aber kamen und die Bürger beieinander waren, redete ich sie also an: „Lasst ab, ihr Männer, von weiteren Freveln, dass dies Übel nicht noch weiter um sich fresse. Wir haben schon Söhne unserer Kirche in diesem Streite verloren und besorgen, dass wir noch andere einbüßen. Verhaltet euch also, ich bitte euch, friedfertig, und wer Unrecht getan hat, zahle um der Liebe willen die Buße, dass ihr Kinder des Friedens seid, würdig, durch die Gnade des Herrn Gottes Reich zu empfangen. Denn er spricht: ‚Selig sind die Friedfertigen, denn sie werden Gottes Kinder heissen‘. Und sehet, wenn der, dem die Schuld zugesprochen wird, zu wenig besitzen sollte, so soll er mit dem Silber der Kirche ausgelöst werden; nur soll der Mann das Leben nicht verlieren." So bot ich ihnen das Geld der Kirche an; die Partei des Chramnesind aber, welche für den Tod seines Vaters, seines Bruders und seines Oheims Genugtuung suchte, wollte es nicht annehmen. Also gingen sie fort; Sichar schickte sich nun an, zum König zu ziehen, und begab sich deshalb in das Gebiet von Poitiers, um seine Frau zu besuchen. Und als er dort einen Knecht antrieb, seine Arbeit zu tun, und ihn mit dem Stock schlug, zog dieser das Schwert vom Gürtel und unterstand sich, seinen Herrn zu verwunden. Als der zu Boden stürzte, liefen seine Gefolgsleute herbei, ergriffen den Knecht, schlugen ihn grausam, schnitten ihm Hände und Füße ab und brachten ihn an den Galgen.

Inzwischen ging in das Gebiet von Tours die Rede aus, Sichar sei umgekommen. Als Chramnesind dies vernahm, entbot er seine Verwandten und Gefolgsleute und stürmte nach Sichars Hause. Nachdem er es ausgeplündert und mehrere Knechte getötet hatte, äscherte er alle Häuser ein, sowohl die des Sichar als die der andern, die an dem Hof Anteil hatten, und nahm die Herden und alles, was fortzubringen war, mit sich. Darauf wurden die Parteien vom Richter nach der Stadt gefordert und vertraten hier ihre Sache; und die Richter fanden das Urteil, dass der, welcher früher die Buße nicht angenommen und vielmehr die Häuser niedergebrannt habe, die Hälfte des Wergelds, das ihm zuerkannt worden war, verlieren sollte – dies war eigentlich gegen die Gesetze und geschah nur, um endlich Frieden zu schaffen; – die andre Hälfte der Buße aber sollte Sichar erlegen. Darauf gab die Kirche das Geld her, Sichar zahlte die Buße nach dem Urteilsspruch und erhielt Sicherheit: die Parteien schwuren sich nämlich gegenseitig, dass kein Teil mehr zu irgendeiner Zeit sich gegen den andern erheben wollte. So nahm der Streit ein Ende.

IX, 19. Der Kampf zwischen den Bürgern von Tours, den wir oben als beendet bezeichnet haben, erhob sich wiederum mit erneuter Wut. Sichar hatte nämlich mit Chramnesind, obwohl er ihm seine Verwandten erschlagen hatte, innige Freund-schaft geschlossen, und sie liebten einander so herzlich, dass sie oftmals zusam-men ihr Mahl verzehrten und auf einem Lager beisammen schliefen; als daher einst

Chramnesind ein Nachtmahl anstellte, lud er Sichar zu diesem Gelage ein. Sichar kam, und sie saßen zusammen bei Tische. Sichar erlaubte sich aber, vom Wein erhitzt, gegen Chramnesind viele aufreizende Reden und soll zuletzt gesagt haben: „Großen Dank, herzlieber Bruder, habe ich von dir dafür verdient, dass ich deine Verwandten erschlagen habe; denn du hast das Wergeld für sie empfangen, und nun ist in deinem Hause Gold und Silber die Fülle; arm aber und dürftig würdest du jetzt leben, hätte dies dich nicht etwas zu Kräften gebracht." Dies hörte jener; er nahm die Worte Sichars mit Bitterkeit auf und sprach in seinem Herzen: „Wenn ich den Tod meiner Verwandten nicht räche, so verdiene ich nicht ferner ein Mann zu heißen; ein schwaches Weib muss man mich dann nennen." Sofort löschte er die Lichter und spaltete jenem mit seinem Schwert den Kopf. Sichar stieß noch im letzten Augenblick einen schwachen Schrei aus, dann sank er nieder und starb. Die Diener aber, die mit ihm gekommen waren, entflohen. Chramnesind riss darauf dem Leichnam die Kleider ab und hing ihn so an den Pfahl einer Zaunhecke, dann bestieg er Sichars Pferde und eilte zum König. Er ging sofort in die Kirche, warf sich dem König zu Füßen und sprach: „Ich bitte dich um mein Leben, ruhmreicher König, denn ich habe die erschlagen, die meine Verwandten heimlich getötet und alle meine Habe mitgenommen haben." Und da er alles vollständig berichtete, hörte die Königin Brunichilde voll Unwillen, dass Sichar, der unter ihrem Schutze stand, so ums Leben gekommen sei, und sie fing an, ihrem Zorne gegen ihn Luft zu machen. Da jener sah, sie sei wider ihn, begab er sich nach dem Gau Vosagus in dem Gebiete von Bourges, in dem auch seine Verwandten lebten, weil er in dem Reiche König Gunthramns lag. Tranquilla aber, die Ehefrau des Sichar, ließ ihre Kinder und die Habe ihres Mannes im Gebiet von Tours und Poitiers im Stich und ging zu ihren Verwandten nach dem Dorfe Mauriopes, wo sie sich abermals verheiratete. Sichar endete aber mit etwa zwanzig Jahren. Er war ein leichtfertiger Mensch, ein Trunkenbold und Totschläger, der manchem in der Trunkenheit Gewalt antat. Chramnesind aber ging später noch einmal zum König, und sein Urteil fiel dahin aus, er solle den Beweis erbringen, dass er Sichar in Notwehr erschlagen habe. Das tat er denn wirklich. Da aber die Königin Brunichilde, wie gesagt, Sichar unter ihren Schutz genommen hatte, befahl sie, das Vermögen Chramnesinds einzuziehen; doch wurde es ihm in der Folge von dem Haushofmeister Flavianus zurückgegeben. Denn Chramnesind begab sich zu Aginus und erwirkte von ihm einen Brief, dass ihm niemand etwas anhaben sollte. Ihm war nämlich Chramnesinds Vermögen von der Königin zuerteilt worden.

Vorlage: Bruno Krusch/Wilhelm Levison (Hrsg.), Scriptores rerum merovingicarum tomi I pars I: Gregorii episcopi turonensis libri historiarum X (Monumenta Germaniae Historica Scr.I/1), 2. Aufl. Hannover 1951, S. 366–368, 432–434; auch abgedruckt in: Gregor von Tours, Zehn Bücher

Geschichten, Buch VII, 47: Von dem Bürgerkrieg zu Tours + Buch IX, 19: Vom Ende Sichars von Tours, bearbeitet von Rudolf Buchner (Ausgewählte Quellen zur deutschen Geschichte des Mittelalters 2), Darmstadt 1990, Bd. 2, S. 152–157, 256–259 (dort mit Übersetzung).

Die Sichar-Geschichte stammt aus den „Zehn Büchern Geschichten" des Gregor von Tours. Gregor (ca. 538–594), Bischof in der heute französischen Stadt Tours, schilderte Begebenheiten seiner eigenen Zeit, oftmals Vorgänge, die er selbst miterlebt hatte. Auch in der Fehde zwischen Sichar und seinen Gegnern Austregisil und Chramnesind kam Gregor eine Rolle zu. Gregors Geschichtswerk zeigt ungeschminkt die Gewaltbereitschaft der Bevölkerung in der zweiten Hälfte des 6. Jahrhunderts und weist an zahlreichen Stellen darauf hin, wie schlecht und aussichtslos das irdische Leben verlief. Damit unterstreicht sein Buch zugleich die Erlösungsbedürftigkeit aller Menschen und bekräftigt das Vertrauen in den göttlichen Heilsplan. Wie immer gibt es auch bei ihm keine objektive Geschichtsschreibung, und Gregors Motive haben sowohl seine Stoffauswahl als auch seine Wertungen geprägt. Die Geschehnisse selbst dürften sich im Großen und Ganzen allerdings so zugetragen haben, wie sie berichtet sind.

Mit ihren zahlreichen Personen und unterschiedlichen Handlungsabschnitten sind die zwei Episoden nicht leicht zugänglich. Ein wesentlicher Punkt steht aber von Beginn an außer Frage. Gewalt und Selbsthilfe bestimmten in ganz erheblichem Maße das tägliche Leben zu Gregors Zeit. Kurioserweise brach die Auseinandersetzung ausgerechnet an den Weihnachtstagen aus. Doch statt Frieden auf Erden einzuläuten, wie ihn die Engel im Lukasevangelium verkünden, stand die Einladung zu einer gemeinsamen Weihnachtsfeier am Beginn eines kaum vorstellbaren Gemetzels. Nach dem Totschlag an einem priesterlichen Knecht nahm Sichar die Fehde auf und strebte nach Blutrache. Schon der Anfang der Episode zeigt überdeutlich, dass sich hier nicht verfeindete Familien oder „Sippen" gegenüberstanden. Wer auf welcher Seite stand und kämpfte, hing eher von persönlicher Sympathie und Nähe ab, weniger von den Blutsbanden. Mittelalterliche Isländersagas überliefern denselben Eindruck. Die Fehdeparteien bestanden häufig, aber weder zwingend noch immer, aus Familienangehörigen.

Der erste Waffengang vor oder in der Kirche scheint für Gregor von Tours keine Unrechtstat gewesen zu sein. Es war Gewalt ausgebrochen, und die einzelnen Teilhandlungen in ihrem sich steigernden Hin und Her gehörten zur Fehde offenbar dazu. Doch nachdem Austregisil einige verwundete und schon am Boden liegende Knechte Sichars erschlagen und Wertgegenstände entwendet hatte, kamen beide Parteien vor Gericht. Ohne dies ausdrücklich zu kommentieren, bestätigt Gregor damit einen Grundzug der vorstaatlichen Rechtsgeschichte. Der Gang zum Gericht war freiwillig, niemand übte hier Zwang aus. Die Gegner standen *in iudicio civium*, vor einem Gericht der Bürger von Tours. Wie viele und welche Teilnehmer die Gerichtsversammlung genau hatte, spielt für die Geschichte keine Rolle. Jedenfalls erlegte dieses Gericht Austregisil eine Buße auf, weil er die wehrlosen und verletzten Knechte getötet und Reichtümer fortgeschafft hatte. Offenbar kannte man bestimmte Spielregeln, die in einer Fehde zu beachten waren, denn die Tötungen der kämpfenden Gegner kamen gar nicht zur Sprache. Die Höhe der Buße bleibt ebenfalls offen. Dafür unterstreicht Gregor von Tours abermals die Freiwilligkeit des gerichtlichen Verfahrens. Es gab nämlich keinen Zwang für die Parteien, die zuerkannte Buße tatsächlich zu zahlen. Vielmehr schlossen sie zusätzlich einen Vertrag über die Sühneleistung. Das Gericht vermittelte auf diese Weise den Ausgleich zwischen Sichar und Austregisil und versuchte, die Fehde zu beenden.

Sichar aber brach den Frieden, den die Gegner zuvor geschlossen hatten. Von einem förmlichen Urfehdeeid, also von einem gegenseitigen Schwur, auf weitere Gewalt zu verzichten, spricht Gregor nicht. Ob Sichar zugleich seinen eigenen Eid verletzte, bleibt offen. Doch die neu aufflammenden Tötungen riefen nunmehr Bischof Gregor von Tours gemeinsam mit dem Richter auf den Plan. Erneut zeigt sich ihre schwache Zwangsgewalt. Sie konnten die gegenseitige Blutrache nicht einfach stoppen, sondern beschränkten sich darauf, Sichar und Austregisil erneut vor Gericht zu laden. Hierfür fehlte es an einem privaten Ankläger, doch mochte es sich um eine ungewöhnliche Konstellation handeln, weil der Bischof selbst sich eingeschaltet hatte. Der Geistliche trat nunmehr persönlich vor dem sog. Bürgergericht auf. Neben seinem Appell an christliche Liebe und Friedfertigkeit unterbreitete Gregor den Parteien ein handfestes Angebot. Er bot ihnen Geld der Kirche an, damit sie die fälligen Sühneleistungen leichter erbringen konnten.

Die Kirche beteiligte sich häufiger mit Schenkungen oder Krediten, wenn es darum ging, Gewalt durch Bußzahlungen abzuwenden. Ein Verbot von Fehde oder Rache scheint schlechthin unvorstellbar gewesen zu sein, und so versuchte die Kirche, die Selbsthilfe zu begrenzen und Ausgleichszahlungen zu erleichtern. Eine Urkunde aus dem Schweizer Kloster St. Gallen aus dem frühen 9. Jahrhundert spricht dieselbe Sprache. Auch dort stellten die Geistlichen einem Doppelmörder die fällige Buße zur Verfügung, damit er sich friedlich lösen konnte. In der St. Gallener Quelle taucht auch der in der Rechtsgeschichte eingebürgerte Begriff auf, den Gregor von Tours nicht nennt. Die Buße für die Tötung eines Menschen hieß zeitgenössisch *Wergeld* (von lat. *vir*, Mann). Die kirchlichen Geldangebote bestätigen zugleich, wie hoch die üblichen Bußsummen gewesen sein müssen, wenn einige Parteien sie nicht aufbringen konnten und gerade deshalb den Weg der Gewalt einschlugen.

Bei Gregor von Tours scheiterte dieser Versöhnungsversuch jedoch. Chramnesind, dessen Verwandte Sichar auf der Suche nach seinen entwendeten Wertsachen umgebracht hatte, nahm die angebotenen Wergelder nicht an, und damit war die Gerichtsverhandlung gescheitert. Erneut stand Freiwilligkeit über Zwang. Niemand konnte durchsetzen, dass die geschädigte Seite es mit der angebotenen Buße, im Text teilweise *compositio* genannt, auch gut sein ließ. Eine obrigkeitliche Gerichtsgewalt war machtlos. Es gab zwar einen Richter, doch er beschränkte sich auf Vermittlungsbemühungen. Eine Entscheidung oder ein förmliches Urteil konnte es nicht geben, wenn die Parteien eine Verhandlung ablehnten und das Gericht verließen.

Genau an dieser Stelle führt Gregor dramatisch geschickt den König in die Handlung ein. Anders als in der germanischen Zeit des Tacitus hat man es im 6. Jahrhundert nicht mit Kleinkönigen über einzelne Teilstämme zu tun, sondern mit dem Herrscher über das ausgedehnte Frankenreich, einem Nachfolger König Chlodwigs (466–511), der zum Christentum übergetreten war und ein Großreich errichtet hatte. Sein Geschlecht, die Merowinger, herrschte für zweieinhalb Jahrhunderte und war unter sich genauso zerstritten und blutrünstig, wie Gregor es für seine Zeitgenossen insgesamt schildert. Am Ende der Episode taucht der König noch zweimal auf. In den Augen der Parteien, die sich an ihn wandten und zu ihm reisten, galt er als Richter, dessen Spruch besondere Autorität besaß. Chramnesind, der am Ende als Überlebender siegreich aus der Fehde hervorging, ließ sich vom König bestätigen, er habe sich seinerseits rechtmäßig verhalten. Hierfür erlegte der König ihm durch Urteil einen Beweis auf. Die Einzelheiten bleiben unklar, doch das königliche Urteil verkündete nicht etwa das Ergebnis, sondern stellte lediglich klar, auf welchem Wege Chramnesind seine Unschuld beweisen sollte. Hier zeigt sich der Charakter des Urteils als Beweisurteil. In späteren Jahrhunderten sind die Feinheiten erheblich deutlicher zu sehen, aber bereits in der merowingischen Zeit kannten die Zeitgenossen neben den bloßen Vergleichsvorschlägen zur Sühneleistung auch verfahrensrechtliche Entscheidungen, die bestimmte Beweisführungen vorgaben. In diesen Fällen stand das Urteil nicht am Ende eines Rechtsstreits, sondern gab vielmehr den Fortgang des Verfahrens vor. Ob der auferlegte Beweis gelang oder nicht, scheint im Folgenden für jedermann klar ersichtlich gewesen zu sein. Eines weiteren abschließenden Urteilsspruches scheint man deswegen nicht bedurft zu haben. In welchem Ausmaß der König als Richter obrigkeitliche Gewalt verkörperte und ob er seinerseits mächtig genug war, um für seine Befehle auf Gehorsam zu hoffen, ist unklar. Die Literatur weist teilweise darauf hin, die Könige der merowingischen Zeit hätten bereits echte öffentliche Gerichtsgewalt ausgeübt. Andere bestreiten genau dies. Die Leitfrage nach dem Verhältnis von Staat und Gerichtsbarkeit bleibt daher offen. Doch das Spannungsfeld zwischen dem herrscherlichen Gebot und den einzelnen dinggenossenschaftlichen Gerichtsversammlungen begegnet auch in den folgenden Jahrhunderten als ein Grundproblem der Prozessrechtsgeschichte.

Genau auf dieses Wechselspiel weist auch Gregor von Tours hin, denn zwischen die jeweiligen Reisen zum König fügt er in seine Erzählung eine weitere Episode zu den gerichtlichen Verhandlungen in Tours ein. Offenbar aus eigenem Antrieb lud der Richter von Tours die Fehdeparteien nach weiteren Gewaltakten zu abermaligem gerichtlichen Austrag. Die Urteiler, die nun eine Entscheidung verkündeten, nachdem beide Seiten erschienen waren, heißen bei Gregor *iudices*. Derjenige, dem zuvor eine Kompositionszahlung zuerkannt worden war und der dennoch weitere Fehdehandlungen verübt hatte, sollte die Hälfte des ihm bereits zuerkannten Wergeldes verlieren. Chramnesind hatte sich zuvor geweigert, Sichars Bußleistung anzunehmen. Zur Annahme konnte ihn auch niemand zwingen. Doch die eigenmächtige Fortsetzung des Kampfes trotz des im Raume stehenden Sühnevorschlags war für ihn mit Nachteilen verbunden. Eine friedliche Einigung war nunmehr nur noch halb so einträglich. Doch die Bemühungen zeigten an dieser Stelle Erfolg. Die Kirche stellte Sichar die fällige Buße zur Verfügung, und er zahlte sie an Chramnesind aus. Endlich kam es zu einem förmlichen Urfehdeschwur. Beide Seiten gelobten, künftig friedlich und gewaltlos zusammenzuleben.

Die Zahlung der Komposition wahrte auf beiden Seiten das Ansehen. Weder die Ehre des Empfängers noch die der zahlenden Partei wurden gekränkt. Gregor selbst stellte mit seinen mehrfachen Hinweisen auf die gerichtlichen Ausgleichsbemühungen den friedlichen Streitaustrag auch deutlich über die gewaltsame Fehde. Frieden war nicht erzwingbar, aber doch zu wünschen. Das Kompositionensystem – soweit es angebracht ist, von einem System zu sprechen – hatte seine Schwächen, doch die Kirche förderte mit eigenen Geldleistungen genau diese Form des Unrechtsausgleichs.

2.4.2 Zum Verhältnis von Blutrache, Ehre und Sühne

Die rechtshistorische Literatur hat lebhaft über den Zusammenhang von Ehre, Blutrache und Sühneleistung nachgedacht. Gerade in der älteren Forschung haben hierbei romantische Vorstellungen vom freien germanischen Krieger eine maßgebliche Rolle gespielt. Vielleicht erschienen Unrechtstaten gegen die eigenen Verwandten und Freunde den Zeitgenossen in erster Linie als Ehrverletzungen, und möglicherweise waren Rachehandlungen zugleich Versuche, die geschändete Ehre zu verteidigen und wiederherzustellen. Gregor von Tours scheint diesen Zusammenhang zu bestätigen. Sichar brüstete sich leicht angetrunken, Chramnesinds Reichtum beruhe nur auf den empfangenen Wergeldern, und daher müsse Chramnesind ihm für den Totschlag an seinen Verwandten geradezu dankbar sein. Für Chramnesind konnte eine mannhafte Antwort auf diese Beleidigung nur darin bestehen, Sichar sofort den Schädel zu spalten. Beim Verzicht auf sofortige Rache hätte Chramnesind als Schwächling dagestanden. Der enge zeitliche Zusammenhang, die Nähe zu einer spontanen Ehrverteidigung verbieten allgemeine Aussagen. Mehrfach schildert Gregor von Tours gerichtliche Sühneversuche, ohne dass Ehrkränkungen dort zur Sprache kämen. Teilweise geistert ein angebliches Rechtssprichwort durch die Diskussion. „Ich will meinen Bruder nicht im Beutel tragen." Mit dieser Einstellung sollen Unrechtsopfer und ihre Unterstützer auf Kompositionszahlungen verzichtet haben und lieber frei und offen zur Fehde geschritten sein. Doch das geflügelte Wort entstammt einem anderen Zusammenhang. In der isländischen Saga von Thorstein dem Weißen verzichtet der Racheberechtigte mit diesen Worten auf das angebotene Wergeld. Er schreitet aber nicht etwa zur Blutrache, sondern versöhnt sich mit seinem Widersacher, ohne dafür Geld zu nehmen. Vielmehr begründen beide ein neues Vater-Sohn-Verhältnis. Für eine durch Ehre gebotene Rachepflicht geben die Quellen wenig her. Auch in dieser Hinsicht sind die frühen Formen der Rechtsdurchsetzung von Freiwilligkeit geprägt.

Zweimal spricht Gregor von Tours in seiner Sichar-Erzählung ausdrücklich vom Gesetz. Einmal geht es um eine *censura legalis*, die Austregisil zahlen sollte, also um eine Art rechtlich gebotenen Ausgleich, danach um die Halbierung des Wergeldes *contra legis actum*, obwohl das „Gesetz" entgegenstand. Offenbar gab es normative Vorstellungen, die über die reine Befriedung einzelner Fehden hinausreichten. Gregor nannte sie *leges*. Doch waren damit kaum obrigkeitlich erlassene Gesetze gemeint, denn die gab es im Frankenreich zu dieser Zeit nicht. Vielmehr spielt er wohl auf Rechtsgewohnheiten an, auf überkommene und weithin verbreitete Rechtsanschauungen in der Bevölkerung oder wenigstens innerhalb der Gerichtsgemeinde. Die neuere rechtsgeschichtliche Literatur hat sich abgewöhnt, für die Zeit vor der Rezeption des römisch-kanonischen Rechts von Gewohnheitsrecht zu sprechen. Gewohnheitsrecht setzt allgemeine, abstrakt-generell formulierbare Rechtssätze voraus, die einen Gegenpol zum Gesetzesrecht bildeten. In einer Zeit ohne Gesetzgebung und Rechtswissenschaft müssen solche Annahmen wenig zeitgerecht wirken. Doch Gregors doppelter Hinweis lenkt den Blick von Sichar und seinen Feinden zu den Rechtsgewohnheiten der fränkischen Zeit und damit auf die zahlreich überlieferten Stammesrechte.

2.4.3 Die Bußenkataloge der Stammesrechte

Die Stammesrechte der fränkischen Zeit enthalten umfangreiche Bußenkataloge. In großer Ausführlichkeit listen sie verschiedenste Verletzungshandlungen auf und sagen dann, welche Bußsumme dafür zu zahlen sei. Die kleinmaschige Kasuistik springt sofort ins Auge. So nennt der *Pactus Alamannorum*, das Stammesrecht der

Alemannen aus den Jahren um 613/623, nicht weniger als 13 Bußvorschriften über verletzte oder gelähmte Finger einer Hand. Die Folgen der Unrechtshandlungen sind in den Stammesrechten in einer bestimmten Zahl von Denaren und Solidi, Pfennige und Schillingen, wiedergegeben. Solche Münzen gab es kaum. Deshalb finden sich am Ende einiger Leges Umrechnungsregeln, wie man die Bußen in Form von Schweinen, Rindern und Schafen erlegen konnte. Abstrakt-generelle Formulierungen oder gar Ermessensspielräume auf der Folgenseite enthalten die Quellen nicht. Die jeweiligen Sätze beginnen oftmals mit der immer gleichen Formulierung *si quis*. Das Vorbild antiker Kaisergesetze ist handgreiflich spürbar, zumindest in den Formulierungen. Die römische Gesetzestechnik hat an solchen Stellen die Stammesrechte geprägt, wenn auch die Inhalte denkbar verschieden waren.

Bei den meisten Stammesrechten handelt es sich nicht um hoheitlich befohlene Gesetze, bei den aufgesplitterten einzelnen Bußvorschriften nicht um Tatbestand und Rechtsfolge. Deswegen ist der Sinn und Zweck der Regelungen nicht leicht zu verstehen. Soweit die in den Leges aufgeführten Bußen der gewohnheitlichen Überlieferung entsprechen, dürften die genannten Zahlen die üblichen Sätze widerspiegeln, auf die sich die Parteien im dinggenossenschaftlichen Verfahren einigten. Beim Streit um erlittenes Unrecht stand jederzeit der Weg der Fehde offen. Wenn aber die Parteien bereit waren, sich gütlich zu einigen, und dafür freiwillig die Dingversammlung anriefen, dürften sie daran interessiert gewesen sein, einen tragbaren Ausgleich zu erzielen. Hierfür bot es sich an zu wissen, was andere Widersacher in ähnlichen Fällen an Bußen gezahlt und empfangen hatten. Modern gesprochen konnte der Hinweis auf übliche Bußsätze die Transaktionskosten senken, die mit aufwendigen Verhandlungen im Einzelfall verbunden waren. Wer dasselbe zahlte wie andere Täter in gleichgelagerten Fällen, wurde nicht übervorteilt. Und wer dieselbe Summe an Vieh annahm wie andere Geschädigte, machte sich damit nicht lächerlich und wahrte seine Familienehre. Wenn die Dinggenossenschaft oder wenigstens besonders erfahrene Teilnehmer solche Vergleichsfälle kannten, dürfte es viel leichter gefallen sein, zu vermitteln und annehmbare Sühnevorschläge zu unterbreiten. Das sog. Kompositionensystem konnte insoweit durchaus friedliche Einigungen befördern und Selbsthilfehandlungen eindämmen. Hoheitlichen Zwang erforderte dies nicht, war also mit einer Ordnung vereinbar, die dem Einzelnen die freie Entscheidung zwischen Gewalt und Aussöhnung offenhielt.

Die Bußen selbst hatten verschiedene Zielrichtungen. Nach der Lex Salica fiel der größte Teil als *faidus* (Fehdegeld) an den Prozessgegner. Mit dieser Komposition legten die Gegner die Fehde bei. Daneben war mit dem *fredus* (Friedensgeld) eine Abgabe an den Richter oder König fällig, ganz so wie bereits *Tacitus* es geschildert hatte. Ein dritter Bestandteil, die *dilatura* (Weigerungsgeld), ist nur schwer zuzuordnen. Vielleicht war es eine Art Gerichtsgebühr. Manche Rechtshistoriker sehen in der aufgefächerten Bußzahlung die Unterscheidung von strafrechtlicher Geldstrafe und zivilrechtlichem Schadensersatz. Doch so wenig dies für die ältesten Schichten in der taciteischen Zeit überzeugt, so zweifelhaft bleibt diese moderne Aufspaltung für das frühe Mittelalter. Viel eher hat man es mit einer Vermittlungsgebühr für den wiederhergestellten Rechtsfrieden zu tun, eventuell auch mit entstehenden Gerichtskosten. Die Zeitgenossen dürften dagegen Fehde und Blutrache kaum in private (zivilrechtliche) und öffentliche (strafrechtliche) Bestandteile getrennt haben.

Eine strenge Verpflichtung, die dinggenossenschaftlich vermittelten Vergleiche und Urfehdeschwüre einzuhalten, konnte ohne obrigkeitliche Gewalt nicht bestehen. Dafür galt der Bruch der Urfehde als besonders bußwürdiges Unrecht. Das Stammesrecht der Langobarden, der Edictus Rothari von 643 (auch Edictum), enthält eine Vorschrift über den Urfehdebruch. Wer nach einem Sühnevertrag die Fehde weiterführte, konnte sich danach nur noch friedlich einigen, wenn er bereit war, die zuvor schon erhaltene Komposition doppelt zurückzuzahlen (Kap. 143). Der Empfänger einer Buße sollte also nicht Kühe und Schafe einstreichen und danach weiterhin Rache üben. Auf diese Weise erwuchs der Eidbruch, die verletzte Urfehde, zum höchsten Unrecht überhaupt. Ein Wergeldgläubiger, der als Manngeld die Komposition für einen erschlagenen Menschen erhalten hatte, sah sich also einer dreifachen Forderung gegenüber, wenn er nach einer erfolglosen Fehde auf den gütlichen Weg zurückkehrte. Der Bruch des Sühnevertrages war dann, gemessen an den Folgen, doppelt so hohes Unrecht wie Mord. Mit solchen Rechtsgewohnheiten, im Fall der in Italien siedelnden und vergleichsweise straff organisierten Langobarden vielleicht sogar mit einer königlichen Anordnung, versuchten Stammesrechte, das Ansehen der Dingversammlung und die Beachtung ihrer Sprüche zu verteidigen. Die spontan ausgebrochene Fehde und die verletzte Urfehde waren keineswegs gleichwertige Gewalttaten. Wer den Weg des Friedens einmal gesucht hatte, sollte dabei bleiben, selbst wenn man ihn dazu nicht zwingen konnte.

Das Kompositionensystem, auch wenn von einem eigentlichen System kaum die Rede sein kann, könnte in einer Gesellschaft ohne echte hoheitliche Gewalt also durchaus einen erfolgversprechenden Beitrag geleistet haben, wenn es darum ging, Frieden herzustellen und Fehden beizulegen. Ob die Rechtsaufzeichnungen hierzu selbst beitrugen, steht auf einem anderen Blatt. Die rechtshistorische Forschung diskutiert dieses Problem seit längerem und fragt nach der Effektivität der Stammesrechte. In der Tat mag man genau hieran zweifeln. Die Leges sind allesamt in lateinischer Sprache überliefert. In einer frühmittelalterlichen Gesellschaft, die weitgehend schriftunkundig war, bestand schlechthin keine Möglichkeit, auf einer Dingversammlung die

Rechtsaufzeichnung als gesetzesgleiche Richtschnur heranzuziehen. Geistliche konnten zwar die lateinische Sprache lesen, nahmen aber an den dinggenossenschaftlichen Verhandlungen nicht teil. In den Einzelheiten ist es geboten zu unterscheiden. Die Lex Salica, das Stammesrecht der salischen Franken aus den letzten Regierungsjahren des Königs Chlodwig (ca. 510), enthält in einer Fassung eine sog. malbergische Glosse. Mitten in den lateinischen Text fügten die zeitgenössischen Bearbeiter germanische Rechtswörter ein, die schlaglichtartig eine einzelne Regelung bezeichneten. Ein Schweinediebstahl hieß etwa *chramnecalcio*, ein ritueller Erdwurf *chrenecruda*. Der Malberg, nach dem die Glossierung ihren Namen trägt, benennt den Gerichtshügel, auf dem die Dinggenossenschaft zusammentrat. Doch wenn kaum jemand lesen und schreiben konnte, erleichterten die bloßen germanischen Begriffe den Umgang mit einer lateinischen Rechtsaufzeichnung nicht. Ob die Lex Salica jemals überhaupt als normative Richtschnur benutzt wurde, ob die dinggenossenschaftliche Rechtsfindung sich jemals an ihr ausrichtete, ist nicht belegbar. Dennoch ließ Karl der Große knapp 300 Jahre später das Stammesrecht modernisieren und in einer Lex Salica Karolina neu aufzeichnen. Und diese spätere Fassung ist ihrerseits umfassend durch Dutzende von Handschriften belegt.

In anderen germanischen Reichen fällt es leichter, Verbindungslinien von der Rechtsaufzeichnung zur Rechtspraxis zu ziehen. Die Lex Baiuvariorum, das bayerische Stammesrecht aus der Zeit vor 748, ist im Gegensatz zur Lex Salica in etwa 30 Handschriften aus dem 9. bis 11. Jahrhundert überliefert. Bereits dies deutet auf eine größere Verbreitung und praktische Benutzung hin. Dazu enthält die Aufzeichnung eine besondere Vorschrift über einen Grafen, der in bestimmten Orten einen Richter bei sich haben soll. Dem Richter kam die Aufgabe zu, in diesem ihm zugewiesenen Gebiet zu richten. Genau dafür sollte er den *liber legis*, also geschriebenes Recht, bei sich tragen, damit er in richtiger Weise richten konnte (Lex Bai. II 14). Sinnvoll waren solche Regelungen nur, wenn der Schrift auch in der Rechtspraxis eine höhere Bedeutung zukam. Noch einen Schritt weiter ging das westgotische Stammesrecht, die Leges Visigothorum (verschiedene Redaktionsstufen, vor allem um 654). Dort verpflichtete der König Parteien und Richter, ausschließlich nach der königlichen Rechtsaufzeichnung zu richten und nicht nach anderen Büchern, die offenbar ebenfalls zirkulierten. Und falls sich das geschriebene Recht als lückenhaft entpuppen sollte, war der Richter gehalten, offene Fragen dem Herrscher vorzulegen, der dann das Stammesrecht erneuern sollte. Einschübe und Zusätze späterer Könige zeigen, dass genau dies tatsächlich geschah. Die Effektivität der frühmittelalterlichen Leges lässt sich also nicht über einen Kamm scheren. In einem anderen Punkt herrscht dagegen Klarheit. In keinem Fall stellte ein Stammesrecht die Verpflichtung auf, rechtliche Streitigkeiten ausschließlich auf gerichtlichem Wege auszutragen. Die königliche Autorität stand zwar in verschieden starker Ausprägung hinter der Aufzeichnung. Doch dies hatte nichts mit Gerichtszwang oder gar einem Gewaltmonopol zu tun.

2.4.4 Gerichtsverfassung und Verfahrensrecht in der fränkischen Zeit

Die frühmittelalterlichen Stammesrechte ermöglichen vielfach Einblicke in die zeitgenössische Gerichtsverfassung und den Verfahrensablauf. Ob sie die tatsächliche Handhabung getreu abbilden, lässt sich nicht klären. Auch die Abweichungen im Einzelfall gilt es zu beachten. Einige Grundzüge aber scheinen weit verbreitet gewesen zu sein. An erster Stelle steht die Unterscheidung von Richter und Urteiler. Der Richter leitete die Dingversammlung und verkündete Entscheidungen bzw. Entscheidungsvorschläge. Vermutlich war er an vielen Orten vom Herrscher eingesetzt, oftmals handelte es sich um Grafen, königliche Gefolgsleute, die in verschiedenen Regionen des Reiches die herrscherliche Macht verkörpern sollten. Mit der Rechtsfindung selbst hatten sie freilich nichts zu schaffen. Dies blieb Aufgabe der Dinggenossen, der Teilnehmer an der Dingversammlung. Aber die Anbindung des Richteramtes an die Person des Königs lässt sich bis in die älteste Überlieferung zurückverfolgen, auch in antiken Kulturen.

Eine Spezialisierung bestimmter Personen ist zunächst nicht greifbar. Die Lex Salica nennt Rachinburgen, die besondere Aufgaben auf dem Malberg übernahmen. Möglicherweise bedeutet der Begriff „Rechenbürgen". Vielleicht mussten diese Männer die fälligen Bußzahlungen ausrechnen und dafür einstehen, dass ihre Vorschläge den Rechtsgewohnheiten entsprachen. Jedenfalls sollten sie in der Lage sein, das salische Recht zu künden. Wenn die Parteien sie dazu aufforderten und die Rachinburgen sich weigerten, sollten sie selbst bußfällig werden (Lex Sal. 57 §§ 1–2). Die Rachinburgen wählte man zunächst wohl auf jeder Dingversammlung neu aus, bis es üblich wurde, immer dieselben Männer zu bestimmen. Sie besaßen mithin besondere Erfahrung. Alleinentscheidende Urteiler waren sie aber wohl nicht. Der Umstand, die Dingteilnehmer, konnte jederzeit die Zustimmung (Vollbort) zu ihren Entscheidungsvorschlägen verweigern. Dann war die Dingversammlung nicht in der Lage, Recht zu finden. Zugleich wahrte dieses Zusammenspiel aber die große Bedeutung des Konsenses. In einer Zeit ohne zwingende Gesetze und ohne hoheitliches Gewaltmonopol konnten rechtliche Entscheidungen nur mit breitester Zustimmung ergehen, wollten sie überhaupt Aussicht auf Befolgung haben. Dieser Konsens schloss sogar die Streitparteien ein, also selbst denjenigen, der am Ende etwas zu leisten hatte. Durch Urteilserfüllungsgelöbnisse sicherten die Parteien zu Beginn der Verhandlungen zu, sich an die späteren Sprüche der Dinggenossenschaft zu halten. Auf diese Weise gingen die

Urteilsvorschläge nach und nach in Urteile über, freilich getragen von der vorausgehenden Zustimmung der beiden Seiten. Die Rückkehr zu Fehde und Gewalt stand weiterhin offen, wenn auch nur um den Preis des Eidbruchs.

An dieser Stelle kam die richterliche Gewalt ins Spiel. Sie war schwach ausgeprägt und zeigte erste Zähne nur ganz am Ende des Rechtsstreits. Wer ein Urteilserfüllungsgelöbnis abgelegt hatte, sollte sich auch daran halten. Dies zu überwachen, scheint eine richterliche Aufgabe gewesen zu sein. Einer der ältesten Namen des Richters in der Lex Salica deutet darauf hin: Thungin. Die Herkunft des Wortes ist nicht völlig geklärt, doch sehr plausibel ist eine enge Verwandtschaft mit dem Verb „zwingen". Der Thungin, möglicherweise zunächst ein von den Merowingern besiegter ehemaliger fränkischer Kleinkönig, konnte Zwang ausüben, anfänglich nur ganz am Ende des Prozesses, wenn es darum ging, die geschworenen Eide zu halten und die versprochene Buße zu leisten. Im Hinblick auf die Leitfrage nach der hoheitlichen Gewalt lag hier der entscheidende Durchbruch herrscherlicher Macht. Die richterliche Macht dehnte sich gleichsam rückwärts vom Ende zum Anfang des Prozesses hin aus. Im nächsten Schritt konnte der Richter die Parteien zwingen, nicht nur ihre Eide zu halten, sondern das Urteilserfüllungsgelöbnis überhaupt abzugeben. Und schließlich gebot das Stammesrecht demjenigen, der vor die Dingversammlung geladen war, dort auch zu erscheinen. Weigerte er sich, drohte die Lex Salica ihm die Vorladung vor den König an, im schlimmsten Fall hatte er die Einziehung seines Vermögens zu befürchten (Lex Sal. 56).

In der Karolingerzeit wird im Frankenreich eine königlich betriebene Gerichtsreform greifbar. Karl der Große (reg. 768–814) beschränkte zunächst das offenbar schwerfällige dinggenossenschaftliche Verfahren. Gerichtsversammlungen mit der Teilnahme sämtlicher waffenfähiger Männer des Ortes oder der Gegend sollte es nur noch dreimal pro Jahr geben. Daneben sah er kleinere Versammlungen vor, an denen nur noch sieben oder zwölf Urteiler teilnehmen sollten. Diese Urteilsfinder nannte man nun Schöffen (*scabini*). Rachinburgen waren wohl nicht mehr erforderlich. Die Auswahl der Schöffen oblag im Wesentlichen dem Grafen, also dem Gerichtsvorsitzenden. Zumindest indirekt waren sie somit herrschaftlich ernannt, selbst wenn die Gerichtsgemeinde ihrer Wahl zustimmen musste. Die Schöffen leisteten auch einen Eid und waren grundsätzlich auf Lebenszeit bestellt. Hier von Beamten zu sprechen[3], geht aber an der Sache vorbei. Sie erhielten kein Geld und gingen ihren üblichen Beschäftigungen in der Landwirtschaft oder im Handwerk nach, wenn sie nicht zur

---

3   So *Kern* (Lit. zu 1.2.1), S. 6.

Gerichtsversammlung erscheinen mussten. Die Wahl zum Schöffen konnte womöglich einen sozialen Aufstieg bedeuten und das Ansehen erhöhen, war aber keine Berufstätigkeit im modernen Sinne. Ganz wörtlich hat man es mit einem Ehrenamt zu tun.

Aus der karolingischen Unterscheidung der groß besuchten Dingversammlung und des kleineren Schöffenrates scheinen mit der Zeit zwei verschiedene Arten von Gerichtsbarkeit entsprungen zu sein: das echte Ding und das gebotene Ding. Das echte Ding, die allgemeine Dingversammlung, verbunden mit vergleichsweise hohem Aufwand, konzentrierte sich mehr und mehr auf besonders wichtige Konflikte. Das gebotene Ding, die Schöffenversammlung, beschäftigte sich dagegen vornehmlich mit kleineren und leichteren Sachen. Die Zweiteilung dürfte von mehrhundertjähriger Dauer gewesen zu sein. Unter durchaus veränderten Rahmenbedingungen taucht das echte Ding im Hochmittelalter als hohe Gerichtsbarkeit, das gebotene Ding als niedere Gerichtsbarkeit in den Quellen auf. Im dörflichen Bereich haben sich Reste dieser Unterscheidung bis weit in die frühe Neuzeit hinein erhalten. Im ersten Falle, beim echten Ding, ging es später um Blutbann und Todesstrafen, also um das hoheitlich verliehene Recht, über Leben und Tod zu richten. Die zweite Grundform, das gebotene Ding, befasste sich dagegen etwa mit Schuldklagen. Davon war die fränkische Zeit noch weit entfernt. Auch geht es hierbei nicht um die Über- und Unterordnung verschiedener Gerichte.

Ein Befund aber bleibt im Hinblick auf die Leitfragen der Prozessrechtsgeschichte wichtig. Schon in der karolingischen Zeit zeigen sich erste Ansätze unterschiedlicher Zuständigkeiten. Nicht ein diffuses Thing der freien Männer, wie in der verklärenden Forschung des 19. Jahrhunderts angenommen, sondern durchaus verschieden zusammengesetzte Personenkreise mit unterschiedlichen Vorsitzenden beschäftigten sich mit der Beilegung rechtlicher Streitigkeiten. Der König selbst stand an der Spitze. Er setzte Sendgrafen (*missi*) ein, die darüber wachten, dass ein Graf seine richterlichen Aufgaben erfüllte. Blieb der in Rechtssachen angerufene Graf untätig, konnte der Sendgraf selbst Gericht halten. Diese jeweiligen Funktionsträger lassen sich nur schwer voneinander abgrenzen. Doch wichtiger als die Feinheiten erscheint der Grundsatz: Der Herrscher übertrug bestimmte Tätigkeiten auf seine Gefolgsleute (Graf, lat. *comes*, bedeutet Begleiter) und sorgte zugleich für eine gewisse Überwachung. Inwieweit sich dies alles bewährte, lässt sich kaum klären. Aber ein wichtiger Schritt zur obrigkeitlichen Ordnung des Gerichtswesens war getan.

Das Verfahren vor der Dinggenossenschaft oder dem karolingischen Schöffengericht ist in den Einzelheiten unbekannt. Öffentlichkeit und Mündlichkeit, weitgehende Parteiherrschaft und Unmittelbarkeit waren weniger bewusste Prozessmaximen als vielmehr schlichte Notwendigkeiten in einer Zeit ohne ausgeprägtes hoheitliches

Gewaltmonopol und ohne gelehrte Juristen. Streitige Behauptungen und Fragen, die einen Konsens der Beteiligten verhinderten, versuchten solche Versammlungen überwiegend durch Eid zu klären. Die Feinheiten werden in späteren Quellen freilich viel deutlicher greifbar. Doch gab die Gerichtsreform Karls des Großen den Sendboten (*missi*) das ausdrückliche Recht der *inquisitio*. Die Schöffen konnten gemeinsam mit dem Sendboten Sachverhalte ermitteln, etwa Grenzen besichtigen. Eigens bestellte Geschworene (*iuratores*) hatten dem Sendgrafen mitzuteilen, ob sie von begangenen Verbrechen in ihrem Bereich wussten. Wie häufig dies geschah und wie effektiv derartige Anordnungen waren, lässt sich nicht klären. Auch Urkunden, die spätere Unsicherheiten klären sollten, sind aus dieser Zeit erhalten. Sachverhaltserforschung und Tatsachenbeweis waren also nicht gänzlich unbekannt.

Der enge Zusammenhang zwischen Gerichtsverfassung und Verfassungsgeschichte lässt sich nach dem Ende der Karolingerzeit besonders deutlich beobachten. Die zunächst vom König eingesetzten Gerichtsherren (Grafen) erhielten für ihre Tätigkeit Ländereien als Lehen. In dem Maße, in dem sie innerhalb ihres eigenen Bereiches an Ansehen gewannen, stiegen sie von königlichen Vasallen mehr und mehr zu Landesherren auf. Ihre vom König abgeleitete Gerichtsgewalt nahm immer stärker die Form territorialer Gerichtsbarkeit an. Zugleich konnten oder wollten die Grafen in ihrer Grafschaft den Gerichtsvorsitz nicht weiterhin selbst ausüben. Sie benötigten Vertreter, nämlich Schultheißen oder Vögte. Diese Vögte erhielten ihre Gerichtsgewalt zunächst vom König und bewegten sich damit in einer Grauzone zwischen zwei Obrigkeiten, unterstanden sie doch sowohl dem König als auch dem Grafen. Doch die sog. Vogteirechte des Reiches gingen nach und nach an die Landesherren oder die entstehenden Städte über. Befand sich ein König in finanziellen Nöten, verpfändete er oftmals seine Rechte gegen die Zahlung bestimmter Geldsummen. Das zog sich bis weit ins Mittelalter hinein. Für die Frage nach der Gerichtsgewalt handelt es sich jedoch um entscheidende Verschiebungen. Selbst wenn im Kern die richterliche Gewalt vom König abgeleitet blieb, wurde das Bild der einzelnen Gerichtsherrschaften zunehmend bunter. In der Praxis gab es damit nicht eine einheitliche Gerichtshoheit, sondern zahlreiche und ganz verschieden ausgestaltete. Die Bedeutung der Gerichtsgewalt als oberstes Herrschaftsrecht bis weit in die frühe Neuzeit hinein zeigt sich bereits an dieser frühen Verselbständigung des Grafschaftsverbandes. Wer tatsächlich die Gerichtsgewalt innehatte, übte die Landesherrschaft aus.

2.5   Die Zeit der Gottes- und Landfrieden

Die Gottes- und Landfrieden des Hoch- und Spätmittelalters markieren einen deutlichen Einschnitt in der Geschichte der Rechtsdurchsetzung. Die überkommene
Zweispurigkeit von Gewalt und Konsens wurde zwar nicht beseitigt. Doch gelang es
den geistlichen und weltlichen Herrschern, sie erheblich einzuschränken. Die Gewährung von Frieden zählte nämlich ebenso wie das Richteramt zu den ältesten Aufgaben
des Herrschers, gerade auch des Königs. Nicht mehr die freiwillige Entscheidung des
Einzelnen bestimmte von nun an die Art und Weise der Rechtsdurchsetzung. Vielmehr versuchte die Obrigkeit, Frieden zu erzwingen, zunächst nur in Ansätzen, zeitlich, örtlich und persönlich beschränkt. Aber der Anspruch kirchlicher und weltlicher
Herrscher, die Gewalt in der Bevölkerung einzudämmen und im Gegenzug selbst
Frieden zu garantieren, war deutlich formuliert. Von hier reicht die Traditionslinie bis
zum endgültigen Verbot der Fehde 1495 und dem Justizgewährleistungsanspruch im
modernen Staat. Im Gegenzug verlor der Konsens der Beteiligten als Voraussetzung
für Rechtsfindung und -durchsetzung zunehmend an Bedeutung.

   Die Jahrhunderte nach dem Ende der karolingischen Herrschaft sind in der Rechtsgeschichte zunächst durch relative Quellenarmut gekennzeichnet, jedenfalls im weltlichen Bereich. Halbseriöse Publizisten haben sogar spitz behauptet, ganze Jahrhunderte
habe man später erfunden, um die eigene Geschichte verlängern zu können. Jedenfalls
fließen die normativen Rechtsquellen spärlich, und auch Quellen zur Rechtspraxis
bleiben rar.

2.5.1   Friesisches Recht

Eine wichtige Ausnahme bilden die friesischen Rechte aus dem hohen Mittelalter. Sie
haben weder in der Forschung noch in der Lehre die Aufmerksamkeit erfahren, die
ihnen fraglos zukommt. Dabei handelt es sich um die ältesten kontinentaleuropäischen
Rechtsaufzeichnungen in einer Volkssprache (seit 11. Jahrhundert). Die eigene frie-
sische Sprache, die Randlage im mittelalterlichen Reich, eine unwirtliche, zerklüftete
Moorlandschaft sowie der Kampf gegen Sturmfluten und andere Eigentümlichkeiten
haben hier ältere Rechtszustände für lange Zeit bewahrt. Vor allem die rüstringischen
Friesen kannten einen sog. Asega, einen Rechtsprecher (Asegabuch, um 1300). Das
alte volkssprachliche Wort *â* oder *ê* für Recht ist hier erkennbar, heute kennt man es
bloß noch aus der Ehe, der rechtlichen Verbindung von Mann und Frau, oder von
bestimmten Grundstücksrechten in der Schweiz (Ehaften). Der Asega kündete also
das Recht. Dazu traten in anderen Landschaften Redjeven, Ratgeber oder Rechtgeber,

die für das dinggenossenschaftliche Element stehen. Besonders ins Auge fällt die lange Dauer des Kompositionensystems. An der Wende zur Neuzeit vereinigte Graf Edzard I. die Landschaftsrechte zu einem ostfriesischen Landrecht (um 1520). Dort kannte man weiterhin kasuistisch aufgesplittete Wundbußenkataloge. Erst sehr spät, nämlich 1746, erschien eine Druckfassung. Noch in dieser neuzeitlichen Ausgabe enthält das Landrecht eine Tabelle über Körperverletzungen und Bußzahlungen. Die Breite und Tiefe von Wunden sollte man dadurch bestimmen, dass man den Finger hineinsteckte und prüfte, wie viele Glieder die Verletzung bemaß. Daraus folgte wie in einem Koordinatensystem die Kompositionszahlung.

Deutsche Siedler im Baltikum zeichneten im heutigen Lettland solche Rechtsregeln im 16. Jahrhundert ebenfalls auf. Und in sächsischen Dörfern sind für das 18. Jahrhundert noch Wergeldzahlungen belegt. Die Abkehr vom Fehde-Sühne-Prinzip vollzog sich also langsam. Nicht die ländlichen, herrschaftsarmen Regionen brachten Rechtserneuerungen hervor. Vielmehr waren es die Kirche, Könige, Landesherren und die entstehenden Städte, die zur Keimzelle der Moderne erwuchsen. Die „Gleichzeitigkeit des Ungleichzeitigen" (Ernst Bloch, auch Reinhart Koselleck) prägt die Rechtsgeschichte, gerade auch im Vergleich von normativer Rechtslage und Praxis. Fortschrittsgeschichten blenden solche Beharrungskräfte allzu gern aus oder verleumden sie als rückständige Reste. Angemessen und zeitgerecht ist demgegenüber der Blick auf die jeweilige Vielfalt. Das ist immer mit zu bedenken, auch wenn dabei allzu glatte Geschichtsbilder verloren gehen.

2.5.2 Gottesfrieden

Der Weg zum Gerichtszwang und zum obrigkeitlichen Gewaltmonopol begann mit einer gewandelten Einstellung der Kirche zu Selbsthilfe und Blutrache. Hatten die Geistlichen bis ins 9. Jahrhundert hinein das Kompositionenwesen gestützt und Wergeldzahlungen durch Kredite oder Schenkungen befördert, wehte nun ein anderer Wind. Die Geistlichen wollten Unfrieden auf andere Weise beschränken. Bisher war es darum gegangen, streitende Parteien gütlich zu einigen, wenn sie sich gewaltsam auseinandergesetzt hatten. Doch dieses Ziel hatte sich jetzt verschoben. Vielmehr sollte die Bevölkerung nunmehr darauf verzichten, überhaupt erst zu den Waffen zu greifen. Das ließ sich schlecht befehlen, der Konsensgedanke saß zu tief. Deswegen verfiel man darauf, Friedensschlüsse allgemein beeiden zu lassen. In einer bestimmten Region und für eine begrenzte Zeit schworen sich die Großen und Mächtigen gegenseitig Frieden, vermittelt und angehalten durch kirchliche Würdenträger. Solche Gottesfrieden beschränkten die erlaubten Fehde- und Rachehandlungen. Erstmals in

der einheimischen Rechtsgeschichte war es nun möglich, klar zwischen zulässiger und
verbotener Selbsthilfe zu unterscheiden. Die Regelungen selbst muten aus moderner
Rückschau kurios an. An bestimmten Wochentagen oder während kirchlicher Buß-
und Festzeiten sollte es keine Gewalttaten geben. Die Form des partiellen zeitlichen
Friedens nannten die Zeitgenossen *treuga*. Daneben schützte man besondere Perso-
nengruppen wie etwa Geistliche, Frauen, Juden oder Bauern auf ihrem Feld. Auch
bestimmte Orte wie Brücken, Mühlen, Kirchen, Friedhöfe, später auch Straßen, standen unter Schutz. Dieses örtliche und personelle Verbot von Gewalttaten hieß *pax*.
Pax und Treuga untersagten nicht nur Fehdehandlungen innerhalb des Schutzbereichs,
sondern Gewalt schlechthin. Ganz handgreiflich lassen sich hier einzelne Schritte auf
dem Weg zum obrigkeitlichen Gewaltmonopol nachvollziehen.

2.5.3 Landfrieden

Aussicht auf Erfolg konnten beschworene Friedensbündnisse nur haben, wenn sie
Sanktionen vorsahen, die demjenigen drohten, der gegen den Gottesfrieden verstieß.
Dies waren zunächst kirchliche Sanktionen bis hin zur Exkommunikation. Doch weltliche Herrscher schlossen sich dem Gottesfrieden an und verschärften ihrerseits die
drohenden Folgen mit körperlichen, sog. peinlichen Strafen. In dem Maße, in dem
die weltlichen Würdenträger die Vorreiterrolle in der Friedensbewegung übernahmen, wandelten sich die Gottesfrieden in Landfrieden, ohne dadurch ihren Charakter
grundlegend zu verändern. Die einzelnen Verstöße gegen den beschworenen Frieden
waren in den lateinischen Urkunden benannt, die drohenden Sanktionen gesondert
ausgewiesen. Auf diese Weise entstanden Tatbestände und Rechtsfolgen in einem
obrigkeitlich garantierten Strafrecht. Überspitzt gesagt, stellt der Landfriedensbruch
damit den ältesten Straftatbestand überhaupt dar.

   Für die Prozessrechtsgeschichte bedeutet die hoheitliche Mitwirkung, ja Führungs-
rolle bei den Gottes- und Landfrieden die entscheidende Zurückdrängung des bis
dahin unerlässlichen Konsenses. Rechtsdurchsetzung hing jetzt nicht mehr von der
Zustimmung einer Gerichtsgemeinde oder gar der Parteien selbst ab. Der Herrscher
verlangte von seinen Untertanen, die verkündeten Gebote zu beachten. So drohten
für Mordtaten die Todesstrafe, für Verletzungshandlungen je nach Stand des Täters
Bußen oder körperliche Strafen. Erfolg konnten die Gottes- und Landfrieden damit
nur haben, wenn Verstöße Gerichtsverfahren nach sich zogen. Die Entstehung einer
obrigkeitlichen Strafgerichtsbarkeit fußt aufs Engste auf dieser mittelalterlichen Friedensbewegung. Von einem staatlichen Gewaltmonopol zu reden, wäre verfrüht, denn
Gewalt und Fehde waren nicht schlechthin, sondern nur teilweise untersagt. Auch die

konsensuale Rückbindung des Rechts war nicht gänzlich durchbrochen, sondern nur in den Hintergrund gedrängt. Die Friedensschlüsse wurden beschworen und bedurften als solche der Zustimmung. Ob freilich tatsächlich jeder Bewohner der befriedeten Region den Eid persönlich leistete, wie etwa Kaiser Friedrich I. Barbarossa es im ronkalischen Landfrieden 1158 für das gesamte Reichsgebiet anstrebte (sog. Gesetze von Roncaglia), ist unklar. Je nachdem, ob man stärker auf den Schwur oder das herrscherliche Gebot abstellt, erscheinen die Friedenseinungen eher als Vertrag oder als Gesetz.

2.5.4 Verrechtlichung der Fehde

Die Gottes- und Landfriedensbewegung schuf nicht nur befriedete Tage und Orte. Sie führte zugleich zu einer spürbaren Verrechtlichung der Fehde. Die frühere Grauzone, in der Gewalt- und Rachehandlungen erfolgten, wich immer deutlicher einer rechtlichen Regulierung. Auch dort, wo die Fehde nicht beschränkt war, griffen Vorgaben ein, wie man sie zu führen hatte. Am ausführlichsten listete der Mainzer Reichslandfrieden von 1235 diese Voraussetzungen auf. Besonders ins Auge springt das Verhältnis zwischen Fehde und gerichtlicher Rechtsdurchsetzung. Wer einem anderen gegenüber Forderungen zu haben vermeinte oder von ihm geschädigt worden war, sollte zunächst ein Gericht anrufen. Der Erfolg von Pax und Treuga hing also unmittelbar davon ab, dass es solche Gerichte auch tatsächlich gab. Nur wenn die Möglichkeit offenstand, Rechtshändel gerichtlich auszufechten, wurde eigenmächtige Gewalt überflüssig. Eine funktionierende Gerichtsorganisation lag also im eigensten Interesse des Herrschers, der sein Gebiet befrieden wollte. Denn erst wenn ein gerichtlicher Prozess nicht zustande kam oder wegen richterlicher Rechtsverweigerung scheiterte, durfte der Rechtsuchende zur Fehde schreiten, so sah es der Mainzer Reichslandfrieden vor. Diese Fehde war dem Gegner anzukündigen. Er sollte einige Tage Zeit erhalten, sich vorzubereiten oder gegebenenfalls zu fliehen. Die Fehdeansage war damit funktional gleichwertig mit einer gerichtlichen Ladung. Nur erklärte in diesem Fall der Widersacher seinem Feind die bevorstehende Auseinandersetzung. Dies konnte schriftlich geschehen, soweit die Beteiligten lesen konnten. Möglicherweise genügte auch eine Ansage in symbolischer Form, etwa durch den hingeworfenen Fehdehandschuh, aus dem später ein geflügeltes Wort werden sollte. Indirekt zeigen solche Vorgaben, wie die Fehdeführung von der für jedermann üblichen Selbsthilfe sich zunehmend auf die gesellschaftliche Führungsschicht bzw. den Adel verengte. Aufwendige Rachezüge konnte sich die bäuerliche Dorfbevölkerung kaum leisten. Die spätmittelalterliche Adelsfehde, unter dem Schlagwort vom Raubrittertum berüchtigt geworden, gefährdete den Landfrieden damit stärker als die Allerweltskonflikte der Untertanen. Aber

gerade die Standesehre der freien Ritter scheint dem Gang zum Gericht lange entge-
gengestanden zu haben. Die weitgehende Verrechtlichung sozialer Konflikte gelang
erst im 16. Jahrhundert.

2.5.5 Schritte auf dem Weg zum Fehdeverbot

Die mittelalterliche Gottes- und Landfriedensbewegung nahm ihren Ausgang in Süd-
frankreich. Seit dem späten 10. Jahrhundert sind dort Friedensschwüre nachweisbar.
In den deutschsprachigen Raum gelangten solche Vereinbarungen seit der zweiten
Hälfte des 11. Jahrhunderts. Der wichtige sächsische Gottesfrieden von 1084 drohte
für die Verletzung des gebotenen Friedens peinliche Strafen bis hin zur Todesstrafe an.
In der staufischen Zeit bildeten die Landfrieden von Roncaglia 1158 sowie der bereits
erwähnte große Mainzer Reichslandfrieden 1235 die markantesten Schritte auf dem Weg
zur Befriedung des Reiches, 1235 begleitet durch eine Neuorganisation des Reichshofgerichts (vgl. Kap. 2.7). Doch ein fern gelegenes Gericht allein konnte den Landfrieden
kaum reichsweit garantieren. Das Reich gewährte deshalb einigen Landesherren, aber
auch Städten Privilegien, die sie zur Durchsetzung des Landfriedens berechtigten. So
erhielt die Reichsstadt Lübeck 1374 ein solches Privileg und sollte auf diese Weise im
kaiserlichen Namen die Wasserwege in der Ostsee sichern. Gerade die vergleichsweise
kleinräumigen, dicht besiedelten und gut organisierten Städte boten eine hinreichende
Wahrscheinlichkeit, die Friedensordnung innerhalb ihres Bereiches tatsächlich zu gewährleisten. Als sprichwörtliche Keimzelle oder Treibhaus der modernen Staatlichkeit gelang
es ihnen schon im späteren Mittelalter, obrigkeitlichen Gerichtszwang durchzusetzen.
Das bedeutete einen entscheidenden Schritt hin zum staatlichen Gewaltmonopol. Auf
Reichsebene oder in den größeren Territorien erfolgten diese Schritte langsamer. Das
gesamte Spätmittelalter hindurch ergingen Landfriedensgesetze, die immer stärker den
Charakter obrigkeitlicher Erlasse annahmen. Seit 1467 deckten die formal weiterhin
beschränkten Landfrieden das gesamte Reichgebiet bis auf einen kleinen Fünfjahreszeitraum zeitlich und räumlich lückenlos ab. Den Endpunkt bildete schließlich der Ewige
Landfrieden von 1495 als wesentliches Ergebnis der spätmittelalterlichen Bemühungen
um eine Reichsreform. Zusammen mit der ersten Reichskammergerichtsordnung verkündete der Wormser Reichstag ein Fehdeverbot, das für jedermann und für alle Zeiten
gelten sollte. Eigenmächtige Selbsthilfe war damit endgültig untersagt, jedenfalls auf dem
Papier. Der staatliche Gerichtszwang und dessen Kehrseite, der Justizgewährleistungsanspruch aller Reichsbewohner, waren [...] die Sargnägel für das überkommene Fehde-
Sühne-Modell. In der Praxis führten einige Ritter auch im 16. Jahrhundert noch ihre
Fehdezüge. Franz von Sickingen und Götz von Berlichingen gehören zu den bekanntesten.

Doch von nun an erschienen ihre Fehdehandlungen als eindeutiges Unrecht. Die Constitutio Criminalis Carolina, das Reichsstrafgesetz von 1532, schwankte noch, inwiefern Fehden in jedem Falle strafwürdiges Unrecht darstellten. Der Weg aber zur friedlichen Rechtsdurchsetzung ohne eigenmächtige Gewalt war gewiesen.

2.6   Gericht und Verfahrensrecht im Sachsenspiegel

In der rechtsgeschichtlichen Forschung besitzt der Sachsenspiegel seit je eine besondere Bedeutung. Das gilt auch für Fragen der Gerichtsverfassung und des Prozessrechts. Der Sachsenspiegel war kein Gesetz, sondern ein Rechtsbuch. Mit diesem Fachbegriff bezeichnet man private mittelalterliche Aufzeichnungen der Rechtsgewohnheiten. Nicht ein Herrscher ließ also seinen gesetzgeberischen Willen zu Papier bringen, sondern ein Privatmann hielt dasjenige fest, was er als Recht erlebte. Doch die Grenzen verfließen, wenn hochgestellte Persönlichkeiten dem Verfasser einen Auftrag dazu erteilt hatten. Dann stand hinter der Schriftfassung das Interesse eines Hoheitsträgers. Aus dem gelehrten Recht sind solche sog. *Ordines* oder *Specula iuris* bereits seit dem 12. Jahrhundert bekannt. Sie stammen oft aus der Feder von studierten Juristen. Im deutschsprachigen Bereich steht der Sachsenspiegel am Anfang einer umfangreichen Rechtsbuchüberlieferung. Er ist damit zugleich einer der ältesten größeren Prosatexte in deutscher Sprache überhaupt.

Der Verfasser des Sachsenspiegels war Eike von Repgow, benannt nach dem Dorf Reppichau in der Nähe von Dessau. Eike war kein studierter Jurist, ist aber in sechs Gerichtsurkunden zwischen 1209 und 1233 als Zeuge belegt. Eine enge Beziehung verband ihn mit dem Grafen Hoyer von Falkenstein. In welchem Ausmaß Eike geistliche Bildung genossen hat oder sogar Teile des kanonischen Rechts kannte, ist unklar. Auch über sein sonstiges Leben ist fast nichts bekannt. Jedenfalls beherrschte er die lateinische Sprache. Nach seinen eigenen Angaben in der Reimvorrede des Sachsenspiegels verfasste Eike sein Rechtsbuch zunächst auf Latein, übersetzte es auf Bitten Hoyers von Falkenstein dann aber in den niederdeutsch-elbostfälischen Dialekt seiner Heimat.

Der Sachsenspiegel entstand zwischen 1220 und 1235. Die wichtige *Confoederatio cum principibus ecclesiasticis* von 1220 findet im Text ihren Niederschlag, nicht dagegen der Mainzer Reichslandfriede von 1235. Nach Eikes Anspruch sollte der Sachsenspiegel das Recht im wahrsten Sinne so „spiegeln", wie er selbst es vor Gericht erlebt hatte. Diese Praxis war geprägt durch weitgehend mündlich überlieferte Rechtsgewohnheiten, durch mündliche Verhandlungen ohne studierte Juristen, durch zahlreiche Eide und Formeln. Die Literatur spricht von einer oralen Rechtstradition oder vom *ius non scriptum.* Ob und inwieweit Eike die zeitgenössischen Rechtsgewohnheiten verlässlich widerspiegelte oder vielmehr auch eigene Vorstellungen festhielt, lässt sich im Einzelfall schlecht klären. Es fehlt allzu oft an derart frühen Vergleichsquellen aus der Praxis. Dennoch fand der Sachsenspiegel hohe Verbreitung in zahlreichen Handschriften und erlangte mit der Zeit gesetzesgleiches Ansehen. Seit wann Gerichte ihn benutzten und zitierten, ist allerdings schwer festzustellen. Inhaltliche Anlehnungen und selbst engste Übereinstimmungen können durchaus auf den einheitlichen Rechtsgewohnheiten und ihrer verlässlichen Spiegelung in Eikes Werk beruhen. Andererseits ist es ebenso möglich, dass die Gerichte sich zunehmend an geschriebenen Quellen ausrichteten. Die ältere Annahme, bereits 1235 sei der Sachsenspiegel erstmals von Schöffen in Halle an der Saale zitiert worden, hat sich allerdings als falsch herausgestellt. Der sächsische Rechtskreis selbst war weitgespannt, das Sachsenrecht eine der wichtigsten mittelalterlichen deutschen Rechtsordnungen. Von Oldenburg und Westfalen (West-Sachsen!) über den mitteldeutschen Raum bis weit nach Osteuropa erstrecken sich die Zeugnisse des sächsischen Rechts. Berühmt ist ein Denkmal in der Stadt Kiew. Dort danken die Einwohner dem russischen Zaren dafür, dass er sie bei ihren angestammten sächsischen Rechtstraditionen gelassen habe.

Doch gibt es ein Problem. Der Sachsenspiegel enthält nach Eike von Repgows Zweiteilung einen Landrechts- und einen Lehnrechtsteil. Er erschließt damit zwei wichtige Lebens- und Rechtsbereiche, nämlich die dörflich-bäuerlichen und die adligen Rechtsgewohnheiten. Jedoch fehlt das Stadtrecht. Zahlreiche Quellen aus der Rechtspraxis stammen allerdings von städtischen Gerichten. Diese Städte erhielten in ihren Gründungsprivilegien teilweise das Recht anderer Städte verliehen. Und in der sog. Ostkolonisation brachten deutsche Siedler ihre angestammten Rechtsgewohnheiten mit nach Polen oder in die Ukraine. In der Frage nach einer gerichtlichen oder gesetzesgleichen Geltung des Sachsenspiegels vermischen sich daher drei zunächst getrennte Gesichtspunkte. Zum einen geht es um die räumliche Verbreitung des sächsischen Rechts, zum anderen um Ähnlichkeiten und Unterschiede zwischen dem magdeburgisch geprägten Stadtrecht (sog. Weichbildrecht) und dem Landrecht. An dritter Stelle spielt die zunehmende Verschriftlichung von Recht und Gerichtspraxis hinein. Auf welche Weise sich der Sachsenspiegel vom privaten Rechtsbuch zum autoritativen Referenztext wandelte, ist deswegen schwer zu sagen. Die Buch'sche Glosse (vgl. Kap. 2.9.8) und die beginnende juristische Diskussion um ein gemeines Sachsenrecht dürften für seine gesetzesgleiche Bedeutung wichtige Faktoren gewesen sein. In der Rechtsprechung finden sich bis in die Gegenwart Rückgriffe auf das Rechtsbuch, wenn es um historische Klärungen geht. Noch 1989 zitierte der deutsche Bundesgerichtshof Eike von Repgow in einem Streit um die Hoheits- und Eigentumsverhältnisse in der Hohwachter Bucht.

Die rechtshistorische Literatur ist sich uneins darüber, ob es nach ungelehrter mittelalterlicher Auffassung überhaupt materielles Recht gab, ob man also unabhängig vom Prozess größere Lebensbereiche nach bürgerlichrechtlichen oder strafrechtlichen Maßstäben beurteilen konnte. Möglicherweise ging nämlich das gesamte Rechtsdenken von der gerichtlichen Rechtsfindung aus. Wenn sich Recht immer erst im einzelnen Fall konkretisierte und es keine abstrakt-generellen Normen gab, liegt diese Deutung nahe. Diejenigen Abschnitte aus Eikes Rechtsbuch, die etwa privatrechtliche Fragen behandeln, müsste man dann in ein prozessuales Gewand kleiden. Dieses Problem hat mit der Ablösung des Kompositionensystems durch den gerichtlichen Zwang nichts zu tun. Vielmehr mag das gesamte ungelehrte Rechtsdenken seinen Dreh- und Angelpunkt immer im gerichtlichen Einzelfall gesehen haben, wie übrigens auch das klassische römische Recht vom Einzelfall und vom Rechtsstreit her dachte. Die materiellrechtliche Beurteilung von rechtlichen Streitpunkten wäre auf diese Weise stets in den vergleichsweise strengen Ablauf eines Verfahrens eingebunden gewesen. Wenn es daneben Güte oder Schlichtung gab, handelte es sich nach zeitgenössischer Auffassung eben gerade nicht um Recht. Die mittelalterliche Paarformel „Minne oder Recht", die hier als Schlagwort schnell zur Hand ist, mag freilich verschiedene Ausprägungen gehabt haben. Sie kann die rechtliche Entscheidung von einer gütlichen Einigung abgegrenzt haben, aber genauso gut zur Trennung einer eher strengen von einer unförmlich-flexiblen Verfahrensweise von Gerichten benutzt worden sein.

2.6.1 Gerichtsverfassung

Der Sachsenspiegel betont das friedliche Nebeneinander weltlicher und geistlicher Gerichtsbarkeit. Das Verhältnis von Kaiser und Papst beschreibt Eike von Repgow als gleichrangig und benutzt dafür anschaulich die sog. Zweischwerterlehre. Dabei handelte es sich um ein verbreitetes Bild, um kaiserlich-weltliche von päpstlich-kirchlicher Macht abzugrenzen. Gott hatte danach zwei Schwerter auf das Erdreich gegeben, um die Christenheit zu beschirmen. Nach Eike von Repgow sollten das geistliche und das weltliche Schwert sich gegenseitig unterstützen, wenn der jeweilige Gerichtszwang an seine Grenzen stieß und der eine Herrscher die Unterstützung der anderen Gerichtsbarkeit benötigte. Kaiser und Papst erschienen damit als gleichgestellte oberste Richter, die sich gegenseitige Hilfe schuldeten. Geradezu selbstverständlich enthält der Sachsenspiegel damit auch Vorschriften über geistliche Gerichte. So musste jeder Christ dreimal pro Jahr seine Sendpflicht erfüllen, also das Sendgericht, ein bischöfliches, später allgemeiner ein kirchliches Niedergericht, besuchen. Ebenso war man verpflichtet, am weltlichen Gericht teilzunehmen. Die überkommene allgemeine

Dingpflicht ist in solchen Gewohnheiten noch erkennbar. Eine hervorgehobene Rolle spielten die Schöffenbarfreien. Es handelt sich um diejenigen, aus deren Reihen die Schöffen erwählt wurden. Schöffenbarfreie sollten alle 18 Wochen am Grafending unter dem Königsbann teilnehmen. Der Graf repräsentierte in dieser Sichtweise die königliche Gerichtsgewalt. Der sog. Bann drückte diese Anbindung aus. Der König selbst war freilich jederzeit dort Richter, wo er sich aufhielt. Wenn er an einen Ort kam, wurden alle Gerichte *ledig*, teilt der Sachsenspiegel mit. Der König selbst sollte dann über alle Klagen richten, die bereits anhängig waren. An regelmäßigen Gerichten kennt der Sachsenspiegel außerdem noch ein Schultheißending, ein Gaugrafending, ein Bauermeistergericht und andere Gerichte. Die jeweilige Zugehörigkeit richtete sich u. a. danach, ob man modern gesprochen Grundeigentum hatte oder abgabenpflichtig war. Ohne Weiteres konnte die Landbevölkerung aber mehreren Gerichten unterstehen, je nachdem, um welche Lebenszusammenhänge es ging. Neben der räumlichen Abgrenzung der Gerichtsbezirke (Sprengel) kannte die mittelalterliche Gerichtsverfassung eine Vielzahl verschiedener Gerichte, deren Zusammensetzung und Zuständigkeiten sich oftmals überlappten. Diese Vielfalt gab es bis weit in die frühe Neuzeit hinein. Der Aufbau einer klar abgesteckten ordentlichen Gerichtsbarkeit fällt in den meisten Territorien in das 19. Jahrhundert. Die Anbindung an die königliche Gerichtsherrschaft war unterschiedlich ausgeprägt. Je nachdem, in welchem Maße die gräfliche Gewalt den Charakter von Landesherrschaft annahm, wandelten sich die Königsgerichte in territoriale Gerichte. Doch selbst dann blieb die Gerichtsgewalt Gegenstand der Belehnungen und Privilegien. Eine lockere Bindung der weltlichen Gerichtsbarkeit an den König bzw. Kaiser gab es bis zum Ende des Alten Reiches 1806. Nicht zuletzt deswegen ist die Vorstellung von souveränen Territorien vor 1806, wie die ältere Lehre sie verbreitete, reichlich anachronistisch.

Der Sachsenspiegel kannte die überkommene Unterscheidung von Richter und Urteilern (Schöffen). Dazu kam ein Fronbote. Er entstammte nicht den Schöffenbarfreien, sondern war aus den niedriger gestellten zinspflichtigen Leuten zu wählen. Als Gerichtsdiener, in anderen Gegenden Büttel oder Stockknecht genannt, sollte der Fronbote u. a. Vollstreckungsaufgaben übernehmen. Das Gericht tagte unter offenem Himmel und an festen Plätzen. Zum Verfahren, das ausschließlich mündlich stattfand, erschienen die Parteien grundsätzlich persönlich mit ihren Fürsprechern (Vorsprechern). Eine deutliche Unterscheidung zwischen Strafprozess und Zivilprozess war dem Sachsenspiegel fremd. Er kannte in der Tradition der Landfrieden zahlreiche peinliche Strafen für schwere Verbrechen. Die vielfachen Hinweise auf Bußen und Wergelder deuten aber auf das immer noch praktizierte ältere Modell mit seinen Sühnezahlungen hin.

2.6.2 Prozessrecht

Das ungelehrte mittelalterliche Gerichtsverfahren war nicht über Jahrhunderte hinweg im gesamten deutschsprachigen Raum gleich. Deutliche Unterschiede zwischen dem städtischen und dem ländlichen Bereich sind klar zu erkennen. Teilweise zeigen sich erkennbare Parallelen und Anlehnungen an das römisch-kanonische Prozessrecht, aber vielfach war das Verfahren von diesen Strömungen auch weitgehend unbeeinflusst. Vor allem in zweifacher Hinsicht wichen beide Modelle deutlich voneinander ab. Zum einen spielte die Schrift im ungelehrten Prozess eine erheblich geringere Rolle als im Verfahren der universitär gebildeten Juristen. Und zum anderen war das Beweisrecht deutlich verschieden beschaffen. In der rechtshistorischen Forschung spielt das Gerichtsverfahren des Sachsenspiegels eine besonders hervorgehobene Rolle. Im Folgenden geht es weniger um die Feinheiten des sächsischen Prozesses als vielmehr um den Idealtyp des ungelehrten einheimischen Verfahrens. Erst im Anschluss zeigt eine Quelle aus dem Sachsenspiegel die komplizierte Gemengelage zwischen materiellem Recht und Prozessrecht sowie zwischen Strafrecht und Zivilrecht.

Der Kampf mit Worten
Das mittelalterliche Gerichtsverfahren war weithin von Mündlichkeit geprägt. Zahlreiche zeitgenössische Rechtswörter entstammen unmittelbar dem Wortfeld „Rede". So hieß die Klage teilweise „Ansprache", der Beklagte „Antwortsmann", der Wortwechsel vor Gericht „Rede und Widerrede", der Rechtsbeistand „Vorsprecher". Das Wortgefecht der Parteien haben Zeitgenossen als symbolischen Kampf wahrgenommen. Das römische Wort *lis* für Rechtsstreit übersetzte die deutsche mittelalterliche Praxis häufig als „Krieg". Die rechtshistorische Germanistik hat ihre farbigen Schilderungen vom Silbenstechen und Wortgefecht vor Gericht aber oftmals übertrieben und drastisch zugespitzt. Das mündliche Gespräch der Streitparteien vor Gericht war über weite Strecken nicht an Wortformeln gebunden und auch friedlicher, als die romantisierenden Vorstellungen des 19. Jahrhunderts es erscheinen lassen. Die gerichtliche Klage bedeutete einen Vorwurf an den Beklagten, er habe sich unrecht verhalten. Damit war das friedliche Zusammenleben gestört. Wenn man nun auf Gewalt und Selbsthilfe verzichtete und zugleich eine gütliche Einigung scheiterte, war es die Aufgabe des Gerichtsverfahrens, den verletzten Frieden wiederherzustellen. In moderner Begrifflichkeit ging es also weniger um Tatsachenaufklärung oder materielle Wahrheitsfindung als vielmehr unmittelbar um Recht und Unrecht.

Der gerichtliche Beweis

Das hatte erhebliche Auswirkungen auf das Beweisverfahren. Nicht derjenige, der eine Klage erhob, war gehalten, seine Vorwürfe zu beweisen. Vielmehr konnte der Beklagte sich gegen die Angriffe verteidigen und mit Beweiskraft reinigen. Dahinter stand die Vorstellung vom Beweis als Vorrecht der einen Seite. Nicht das Risiko zu scheitern, das sich im modernen Recht mit der Beweislast verbindet, prägte das ungelehrte mittelalterliche Rechtsdenken. Der Beweis erschien vielmehr als Chance, die eigene Rechtsposition zu bekräftigen. Ob diese Sichtweise zugleich bedeutete, dass die geforderten Beweise leicht zu erbringen waren, steht nicht fest. Aber in der Praxis lag das Beweisvorrecht wohl oftmals bei demjenigen, für dessen Rechtsposition die besseren Indizien sprachen. Und das war regelmäßig der Beklagte, wenn der Kläger keine stichhaltigen Argumente auf seiner Seite hatte. Die Folge lag auf der Hand: Sprachen überwiegende Gesichtspunkte dafür, dass der Kläger zu Recht das Gericht angerufen hatte, verwehrte man dem Beklagten die Reinigung und gestattete es dem Kläger, den Beklagten zu überführen. Welche Seite den Beweis erbringen durfte bzw. musste, war also eine vorgelagerte und entscheidende Weichenstellung des Verfahrens. Besonders brisant war die Beweisverteilung deswegen, weil die Reinigung des Beklagten üblicherweise durch einen Eid erfolgte. Dieser Reinigungseid bezog sich nicht auf bestimmte Tatsachen, die der Beklagte beschwören sollte. Vielmehr musste er unmittelbar beeiden, dass die erhobenen Vorwürfe nicht zutrafen und er kein Unrecht begangen hatte.

Die Gefahr war unübersehbar. Wer diesen Eid leistete, konnte vor Gericht nie verlieren. Die Verlockung, durch einen Meineid das Verfahren zu den eigenen Gunsten zu wenden, haben die Zeitgenossen durchaus als Gefahr erkannt. In dreifacher Hinsicht bauten sie Hürden ein, um leichtfertige Reinigungseide einzudämmen. Zunächst war der Eid eine Anrufung Gottes, verbunden mit einer bedingten Selbstverfluchung. Wenn als Strafe für einen Meineid die ewige Höllenpein vor Augen stand, mochte dies durchaus disziplinierende Wirkung haben. Deswegen musste der Schwörende bei seinem Eid auch einen Reliquienschrein berühren, um sein Vertrauen zu Gott für jedermann sichtbar zu zeigen. Zweitens gab das Gericht oftmals feste Eidesformeln vor, die der Beklagte nachzusprechen hatte. Auf diese Weise erhielt der Eid zugleich den Charakter eines Gottesurteils. Wenn Gott es zuließ, dass der Beklagte die vorgeschriebenen Worte in der richtigen Reihenfolge wiederholte, war er offensichtlich im Recht. Scheiterte der Beklagte dagegen mit der Eidesformel, hatte Gott ihm die Unterstützung versagt. Drittens durfte der Eidespflichtige regelmäßig nicht allein schwören. Er benötigte vielmehr Eideshelfer, und dies erschwerte die Reinigung zusätzlich. Die Eideshelfer waren nämlich keine Tatsachenzeugen. Vielmehr bestand ihre Aufgabe darin, die Redlichkeit und den Leumund des Beklagten zu beschwören. Je nachdem, welcher Vorwurf im Raume stand, benötigte der Beschuldigte mehrere Leumundszeugen. Man sprach vom Eid selbdritt, selbsiebt oder selbzwölft. Schon die Leges barbarorum der fränkischen Zeit kannten unterschiedliche Zahlen von Eideshelfern. Hier schließt sich der Kreis zu den zeitgenössischen Friedensvorstellungen. Derjenige, der vor Gericht verklagt war, stand im Verdacht, durch eine Unrechtstat das friedliche Zusammenleben gestört zu haben. Trat er jetzt gemeinsam mit seinen Eideshelfern vor Gericht auf und reinigte sich, zeigte er damit zugleich, dass er keineswegs ausgestoßen und isoliert, sondern weiterhin sozial integriert war. Er konnte sich auch in schwierigen Situationen auf Freunde und Helfer verlassen. Und genau so jemandem traute man offenbar nicht zu, Unrecht zu begehen. Friedliches Zusammenleben, rechtmäßiges Verhalten und soziale Verwurzelung in der Gemeinschaft lagen nach dieser Auffassung untrennbar nebeneinander. Zu Recht hat man das Gerichts- und Beweisverfahren des Sachsenspiegels daher als Gratwanderung zwischen Indiz und Integrität beschrieben. Wer andererseits als Außenseiter keinen Rückhalt bei Verwandten und Freunden genoss, blieb auch vor Gericht chancenlos. Auch Eideshelfer aus sozial zweifelhaften Schichten und ohne guten Leumund konnten keinen Rückhalt bieten.

Auf einen weiteren Gesichtspunkt hat die Handelsrechtsgeschichte hingewiesen. War etwa ein Kaufmann zu einem Reinigungseid zugelassen und reinigte sich vom Vorwurf, er habe unredliche Geschäfte getätigt, bekam in öffentlicher Gerichtsverhandlung jedermann diesen Schwur zu Ohren. Doch wenn der Verdacht, der Kaufmann habe falsch geschworen und wolle nur seine undurchsichtigen Machenschaften bemänteln, im Raume stehen blieb, verzichtete man vielleicht darauf, mit ihm künftig weiterhin zu handeln. Solche sozialen Sanktionen können durchaus erheblich dazu beitragen, das Verhalten der Beteiligten zu disziplinieren. Die neuere Institutionenökonomik hat im modernen Diamantenhandel ganz ähnliche Verhaltensweisen beschrieben. Auch dort verzichtet man auf den Gang zu staatlichen Gerichten und schließt denjenigen, der gegen die Handelsbräuche verstößt, kurzerhand vom Geschäft aus.

Hier zeigen sich weithin dieselben Verfahrensmuster wie in den ältesten Nachrichten über archaische Rechtskulturen oder in ethnologischen Berichten aus vorstaatlichen Gesellschaften. Der Ausschluss aus der Gemeinschaft stellt eine der frühesten Sanktionen auf Friedensverstöße dar. Ob es sich um die tatsächliche Vertreibung oder um den nahezu zwangsläufigen Rechtsverlust handelte, spielt für den Grundsatz kaum eine Rolle. Das Leben in mittelalterlichen Dörfern, das der Sachsenspiegel vor Augen hatte, war auf friedliches Zusammenleben angelegt. Störenfriede hatten dort nichts zu suchen. Im weiteren Verlauf verengte sich diese Reaktion immer mehr auf Strafsachen. Aus Landfriedensurkunden und Städten ist seit dem 13. Jahrhundert Stadt- bzw.

Landesverweisung als Strafe belegt. Bis weit in die Neuzeit hinein handelte es sich um ein Grundmuster der Strafrechtsgeschichte. Mit der Verbannung sprichwörtlich dahin, wo der Pfeffer wächst (Französisch Guayana, ursprünglich auf Indien bezogen), haben Kolonialmächte bis ins 20. Jahrhundert hinein diesen Ausstoß aus der Gesellschaft praktiziert. Mit seiner erfolgreichen Reinigung konnte der Beklagte im mittelalterlichen Gerichtsverfahren seinen Platz in der Gemeinschaft behaupten und blieb sozial integriert.

Die eigentliche Entscheidung des Gerichts bestand darin festzulegen, welche Seite den Beweis mit welchem Beweismittel zu erbringen hatte. Die meisten mittelalterlichen Urteile aus dem ungelehrten Prozess sind also Beweisurteile. Zumeist wurde eine Seite zum Eid zugelassen. Ob der Eid dann gelang oder nicht, konnte man bei der mündlichen und öffentlichen Gerichtssitzung unmittelbar sehen. Deswegen benötigte man hierüber nicht noch eine weitere Entscheidung.

Überführung und Gottesurteil

Neben dem Reinigungseid kannte das ungelehrte Gerichtsverfahren verschiedene andere Beweismittel. Urkunden und Wahrnehmungszeugen spielten im Gegensatz zum gelehrten Recht eine erheblich geringere Rolle. Viel wichtiger waren Überführungsbeweise und Gottesurteile. Die Überführungsbeweise waren das Gegenstück zum Reinigungseid des Beklagten. Sie kamen erst dann zum Tragen, wenn dem Beklagten nicht die Möglichkeit offenstand, sich von den Vorwürfen freizuschwören. Der Weg zum Reinigungseid war vor allem dann versperrt, wenn die rechtlichen Angriffe des Klägers von Beginn an als begründet erschienen. Hier waren verschiedene Situationen denkbar. Zunächst konnten der Kläger und andere den Beklagten bei seiner Unrechtstat gestellt haben. Der Sachsenspiegel sprach von der handhaften Tat (Ssp. Ldr. II 35), wenn jemand einen Mann auf frischer Tat oder auf der Flucht ergriff oder wenn der Täter noch gestohlene oder geraubte Sachen in seiner Sachherrschaft (Gewere) hatte. Dann haftete ihm die Tat gleichsam an den Händen. Die Täterschaft des Diebes oder Räubers stand hier von vornherein fest oder war zumindest höchstwahrscheinlich. Ein Reinigungseid schied deswegen aus. Welche prozessualen Handlungen der Geschädigte bzw. der Kläger noch zu erbringen hatte, regelten die mittelalterlichen Rechte unterschiedlich. Vielfach ist überliefert, man habe dem Täter das Diebesgut an den Leib gebunden und ihn so vor Gericht gebracht. Der sog. blickende Schein habe ihn sofort überführt, so dass es gar nicht mehr um den Beweis, sondern nur noch um seine Verurteilung gegangen sei. Möglicherweise galt in solchen Fällen das sog. Gerüfte, wenn der Geschädigte lautstark die frisch begangene Tat ausschrie, bereits als Beginn der Klage. Ganz ohne Klage konnte das Gericht den Prozess nicht beginnen.

Das bekannte Rechtssprichwort „Wo kein Kläger, da kein Richter" wurzelt gerade in dieser Regelung des Sachsenspiegels. Die handhafte Tat war nicht nur eine besondere Form der Verfahrenseinleitung. Zugleich eröffnete sie dem Geschädigten lange Zeit hindurch Selbsthilferechte, die zur Zeit der Landfriedensgesetze ansonsten bereits stark beschränkt waren. Er konnte den Täter erschlagen und dann mit einer Klage gegen den toten Mann sich selbst entlasten.

Eng mit der handhaften Tat verbunden war das sog. Übersiebnen des Täters durch den Kläger. Im Sachsenspiegel konnte der Kläger mit sechs weiteren Verhaftungszeugen beweisen, dass er den Beklagten auf frischer Tat ertappt hatte. Später soll sich dieser Überführungseid auf das Verfahren gegen allgemein verdächtige Personen ausgedehnt haben, denen man als landschädlichen Leuten ohne Weiteres die Begehung von Verbrechen zutraute. Die Übersiebnung geriet mehr und mehr zum Leumundseid, gegen den der Beklagte sich nicht reinigen konnte. Der Zusammenhang zwischen Ausgrenzung aus der Gemeinschaft und gerichtlichen Nachteilen ist hier besonders deutlich greifbar.

Brachten die Verwandten und Freunde eines Getöteten die Leiche vor Gericht, sah der Sachsenspiegel die Klage mit dem toten Mann vor. Hier waren wiederum Überführungen möglich und die Reinigung ausgeschlossen. Das Handhaftverfahren und der gerichtliche Prozess verschwammen auf diese Weise ineinander. Mit der Zeit konnte man den Getöteten durch eine Hand, später sogar durch eine Wachsnachbildung ersetzen (sog. Leibzeichen). Auch der Zusammenhang mit der handhaften Tat lockerte sich. Damit standen zwei verschiedene Möglichkeiten offen, das Gerichtsverfahren einzuleiten, die zwei unterschiedliche Beweisverteilungen zur Folge hatten. Das scheinbar starre Beweisvorrecht des Beklagten war auf diese Weise vielfach aufgeweicht, vor allem in Fällen, die man heute als Strafprozess bezeichnen würde.

In besonderen prozessualen Situationen versagte das fein austarierte Modell von Indiz und Integrität bei der Beweisführung. Der Sachsenspiegel nennt ein wichtiges Beispiel. Wer schon einmal wegen Diebstahls oder Raubes überführt wurde, durfte danach bei abermaliger Beschuldigung keinen Reinigungseid mehr leisten (Ssp. Ldr. I 39). In anderen Fällen mochte es unmöglich sein, zwischen dem Beweisantritt des Klägers und der Bereitschaft des Beklagten, sich zu reinigen, zu entscheiden. Im modernen Recht kann der Richter je nachdem, ob die beiderseitigen Vorträge schlüssig und erheblich sind, entscheiden und die Tatsachen in freier Beweiswürdigung beurteilen. Im vormodernen Recht war diese Möglichkeit verschlossen.

Im ungelehrten Prozess gab es nach zeitgenössischer Ansicht womöglich gar kein Recht, wenn nicht jemand seine Ansicht bewiesen hatte. Man konnte das Recht dann nicht finden, wie es teilweise in den Quellen heißt. Doch wenn die Menschen keine Lösung wussten, verließen sie sich auf Gott als obersten Richter, ja als Inbegriff des

Rechts selbst. Gottesurteile sollten das Patt vor Gericht lösen. Der Sachsenspiegel nennt drei solcher Ordale: die Probe des glühenden Eisens, den Griff in den wallenden Kessel und den Zweikampf. Die dahinterstehende Überlegung war bei allen Gottesurteilen dieselbe. Gott würde demjenigen, der im Recht war, die Stärke geben, das Ordal zu bestehen. Im Zweikampf ging es um Muskelkraft, bei der Eisen- und Heißwasserprobe um die Fähigkeit, brennende Schmerzen zu ertragen. Berühmt wurde der legendäre Gang der Kaiserin Kunigunde über sieben oder neun glühende Pflugscharen. Sie geriet in Verdacht, ihren Gemahl Kaiser Heinrich II. betrogen zu haben. Die Eisenprobe bestand sie ohne eiternde Wunden und bewies damit ihre Unschuld. Zwei Jahrhunderte später sprach sie der große Juristenpapst Innozenz III. heilig (1200). Bei anderen Ordalen musste der Proband einen geweihten Bissen verspeisen. Nun achtete man darauf, ob ihm die Speise bekam oder nicht. Beim Kesselfang ging es darum, Steine oder Münzen aus kochendem Wasser zu fischen. Waren die Verbrühungen nach einer festgesetzten Zeit verheilt und frei von Eiter, galt der Verdächtige als unschuldig.

Zweikampf

Im Zweikampf standen sich die gerichtlichen Parteien dagegen unmittelbar gegenüber. Dies beruhte nicht nur auf einer Entscheidung des Gerichts, sondern konnte bei einer besonderen Prozesseröffnung, der Kampfklage, auch von vornherein vom Kläger geplant sein. Es ging nicht immer darum, den Gegner zu töten, wohl aber, ihn über die Grenzen des Kampfplatzes zu treiben oder zu Fall zu bringen. Eine gewisse vorausgehende Fastenzeit, symbolträchtige Schauplätze und die priesterliche Mitwirkung trugen zu einer denkwürdigen Inszenierung bei. Dennoch war Stellvertretung möglich. Der Sachsenspiegel kannte Berufskämpfer, die gegen Bezahlung Gladiatorendienste im gerichtlichen Duell verrichteten. Auch Berichte über Zweikämpfe zwischen Frauen und Männern sind überliefert. In einem kuriosen Fall erleichterte man der Frau den Kampf und grub den Mann bis zum Bauch ins Erdreich ein. Kaum verwunderlich verhalf Gott dann der Frau zum Sieg. Solche ungleichen Kämpfe, mehrfach bildlich festgehalten, sicherten möglicherweise der Frau den rechtlichen Sieg, wenn man ihr von vornherein zutraute, im Recht zu sein. Doch ob Gott im Ausgang des Ordals wirklich selbst sein Urteil sprach, war bei den Zeitgenossen umstritten. Kaiser Friedrich II., der gebildete Staufer, zweifelte. Vielleicht gewann einfach der Mutigere oder Stärkere und nicht derjenige, der prozessual im Recht war.

Widerstand gegen die Ordale

Die Kirche selbst empfand die Gottesurteile zunehmend als Anmaßung. Sollte sich Gott durch die Entscheidung einiger Schöffen zu einem Eingreifen auf Erden zwingen lassen? Damit hätte die göttliche Allmacht menschlicher Verfügungsmacht offen gestanden. Deswegen fasste das von Innozenz III. einberufene vierte Laterankonzil 1215 den Beschluss, die Mitwirkung von Geistlichen an Gottesurteilen zu verbieten. Aber ohne den priesterlichen Beistand ergaben die Ordale keinen Sinn mehr und verschwanden zunehmend. 100 Jahre später kommentierte Johann von Buch die Zweikampfregeln des Sachsenspiegels mit den Worten, sie seien ganz aus der Gewohnheit gekommen. Jetzt gab es freilich unlösbare Beweisschwierigkeiten. Wie sollte man in den schwierigsten Fällen Recht und Unrecht finden, wenn der göttliche Richter schwieg und verschiedene Eidesangebote sich gegenseitig blockierten? Die Kirche unter Innozenz III. durchschlug den gordischen Knoten mit einem mutigen Schnitt. Sie untersagte fortan die Reinigungseide schlechthin. Wenn es Vorwürfe gegen Geistliche gab, sie hätten ihr Amt missbraucht, sollten sie sich nicht einfach freischwören können. Vielmehr wollte man prüfen, ob an den Beschuldigungen etwas dran war.

Der Weg zum Tatsachenbeweis
Genau hier lag der Ursprung einer umstürzenden Rechtserneuerung. Die sog. irrationalen Beweismittel wie Leumundseid und Gottesurteil besaßen durchaus ihren Sinn. Aber es ging in dieser Art von Verfahren nicht um die Wahrheit vergangener Tatsachen. Das änderte sich nun. Zunächst begrenzt auf den kanonischen Prozess vor geistlichen Gerichten, auf strafbare Handlungen und damit auf Vorformen des Inquisitionsverfahrens lag hier der Ansatzpunkt für eine grundlegend andere Auffassung von Recht und Gericht. Es ging nicht länger um Reinheit oder Unreinheit, um soziale Integration oder unmittelbar um Schuld und Unschuld. Vielmehr kam es darauf an, die von den Streitparteien vorgetragenen Behauptungen auf ihren Wahrheitsgehalt zu überprüfen. Damit erhielten alle Verfahrensbeteiligten neue Aufgaben. Die Parteien waren gehalten, Tatsachen vorzutragen und rationale Beweismittel zu bemühen. Die Rechtsbeistände brauchten nicht mehr länger als Fürsprecher Formeln vorzusagen, sondern konnten sich auf die rechtliche Beratung ihrer Mandanten konzentrieren. Die Urteiler mussten nicht lediglich Eide zuweisen, sondern den Fall abschließend entscheiden. Der Wandel, der von den kirchlichen Reformen ausging, erstreckte sich über einen Zeitraum mehrerer Jahrhunderte, setzte sich zuletzt aber allerorten durch. Das war der entscheidende Schritt zu einem modernen Prozessrecht (vgl. Kap. 2.9). Die wesentlichen Grundsätze des heutigen Gerichtsverfahrens haben damit weit zurückreichende Wurzeln im mittelalterlichen römisch-kanonischen Prozessrecht. Die freie Beweiswürdigung, also die richterliche Möglichkeit, Tatsachen ohne vorgegebene Beweisregeln nach eigener Überzeugung für wahr oder falsch zu halten, folgte allerdings erst Jahrhunderte später (vgl. Kap. 2.8.1). Doch auch sie reicht in einzelnen Gesichtspunkten in die gelehrte mittelalterliche Diskussion zurück.

2.6.3 Das Anefangverfahren

Im Sachsenspiegel ist von den zeitgleichen prozessrechtlichen Neuerungen im kirchlichen Recht nichts zu spüren. Vor allem der im gesamten deutschen Mittelalter weit verbreitete Anefang zeigt, wie das Verfahren zwischen Strafrecht und Zivilrecht, materiellem Recht und Prozess, Leumundseid und Wahrheitssuche ständig hin und her schwankte. Die Quelle ist mit ihrem vielfach verästelten Geschehen besonders schwer verständlich. Aber genauso stellte man sich das Verfahren offenbar vor, wenn jemandem Tiere oder wertvolle Stoffe abhanden gekommen waren. Die Bilderhandschriften zum Sachsenspiegel haben die Einzelheiten später liebevoll ausgemalt.

Das Anefangverfahren im Sachsenspiegel
Weme man keiner hanthaften tat zeien muge. Wi man gut anevangen mag. Wi man weren sal. Wie man sich dar zu zin sal.
§ 1. Swe over den anderen dach sine duve oder sinen rof under eneme manne vint, de dat openbare koft hevet, unde unverholen hevet gehalden unde des getuch hevet, den [man] ne mach men nener hanthaften dat sculdegen, al vinde men de duve under eme, he ne hebbe [to] vor sin recht verlorn; wan mit des richteres orlove, mut he sin gut wol anevangen mit rechte.
§ 2. Wel aber jene sin gut weren eme, er it vor gerichte kome, so bidde he ene weder keren vor gerichte; weigert he des, he scrie ene dat geruchte an unpe gripe ene an vor sinen def, alse of de dat hanthafte se; went he sek sculdich hevet gemaket mit der vlucht. Kumt aver jene willens vor gerichte, he scal sek underwinden sines gudes to rechte.
§ 3. Sprikt aver jene dar weder, of it laken is, he hebbe it gewarcht laten, of it [en] perd is oder ve, he hebbe it in sime stalle getogen, he mut it mit mereme rechte behalden, jene de it in geweren hevet, of he it selve dridde siner gebure getugen mach, den jene de it anevangen hevet.
§ 4. Sprikt aver jene, he hebbe it koft oppe deme gemenem markede, he ne wete weder wene, [so scal he gan oppe de stat, unde sweren al dar selves, dat he dat ding unverstolen unde unverholen in der stat des lechten dages gekoft hebbe, he ne wete weder wene] so is he duve unsculdich, deste he de stat bewise unde sinen ed dar to do. Sine penninge verluset he aver, de he dar umme gaf, unde jene behalt sin gut, dat eme verstolen [oder af gerovet] was [of he sek dar to tut oppe'n hilgen selve dridde vulkomener lude an erme rechte, de dat weten, dat it eme dufleke oder rofleke geloset si].
§ 5. Seget aver jene, it si eme gegeven, oder he hebbe it gekoft, so mut he benumen sinen weren, weder den he it gekoft hebbe, unde de stat, dar he it kofte. He mut aver sweren, dat he te to rechter tucht; so mut jene eme volgen over virtenacht, swar he tut,

ane over sceprike water. Wert he is geweret alse recht is, de gewere mut antwarden an siner stat vor dat gut; wert aver eme brok an deme geweren, he mut dat gut mit wedde unde mit bute laten; unde tiet men ene duve oder roves dar an, des mut he sek untsculdegen na rechte. Verluset ok de, de it anevanget, he mit it laten mit bute unde mit wedde.

§ 6. Men mut wol ten oppe manegen weren, de ene op den anderen, alse lange, wante men kome oppe dene, de it in sime stalle getogen hebbe, of it ve is, oder it selve getuget hebbe, of it gewant is.

§ 7. Selve dridde scal he sek dar to ten, de it anegevangen hevet, of eme gebrok wert an deme geweren.

§ 8. Under deme dat gut anevangen wert, de scal dat gut halden in sinen geweren, wante it eme mit rechte af gewunnen werde.

Wen man keines offenen Verbrechens bezichtigen kann. Wie man durch Anfassen Gut zurückfordern kann. Wie man dafür Gewähr leisten soll. Wie man Anspruch darauf erheben soll.

1. Wenn einer am nächsten Tag die ihm gestohlene oder geraubte Sache bei einem anderen findet, der sie öffentlich gekauft und nicht verheimlicht hat und der zudem hierfür Zeugen hat, dann darf man diesen nicht des offenen Verbrechens beschuldigen, auch wenn man das Diebesgut bei ihm findet, es sei denn, er hat bereits vorher sein Recht verloren. Mit Erlaubnis des Richters kann er sein Gut durch Anfassen zurückfordern.

2. Will jener ihm aber sein Gut verwehren, bevor es vor das Gericht kommt, so fordere er ihn auf, es ihm vor Gericht zurückzugeben. Wenn jener sich weigert, so erhebe man den Notruf und ergreife ihn wie einen Dieb, als ob es sich um offenes Verbrechen handle und er sich durch die Flucht schuldig gemacht habe. Kommt aber jener freiwillig vor Gericht, dann soll er sich seines Gutes auf rechtmäßige Art und Weise bemächtigen.

3. Widerspricht jener aber und behauptet im Falle eines Lakens, daß er es wirken ließ, oder bei einem Pferd oder Vieh, er habe es in seinem Stall aufgezogen, dann darf derjenige, in dessen Besitz es nun ist, unter der Voraussetzung, daß er es zu dritt seinen Nachbarn bezeugen kann, es mit mehr Recht behalten als derjenige, der es durch Anfassen zurückgefordert hat.

4. Wenn jener aber aussagt, daß er es auf dem öffentlichen Markt gekauft habe, er wisse aber nicht von wem, so soll er sich an diesen Ort begeben und dort schwören, daß er den Gegenstand hier als ungestohlen und unverhohlen am hellen Tag gekauft habe, er wisse nur nicht vom wem. Dann ist er, kann er die Stelle beweisen und bekräftigt er dies mit seinem Eid, des Diebstahls unschuldig. Das Geld aber, mit

dem er das Gut bezahlte, verliert er, und der andere bekommt seinen Besitz, der ihm gestohlen oder geraubt worden war, zurück, wenn er Anspruch darauf erhebt und es zu dritt mit in ihrem Recht unbescholtenen Leuten, die davon wissen, daß ihm sein Gut durch Diebstahl oder Raub abhanden gekommen ist, mit einem Eid auf die Reliquien beschwört.

5. Sagt jener aber aus, daß es ihm gegeben worden sei oder er es gekauft habe, dann muß er seinen Gewährsmann, von dem er es gekauft hat, nennen; ebenso auch den Ort, wo er es kaufte. Er muß aber beschwören, daß er es in rechtem Zug ziehe, dann muß jener ihm vierzehn Nächte lang folgen, wohin er auch immer geht – außer über schiffbare Gewässer. Wird ihm dies, wie es das Recht vorsieht, zugestanden, dann muß sich sein Gewährsmann statt seiner für das Gut verantworten; hat er aber keinen Gewährsmann, dann muß er das Gut mit Strafgeld und Buße aufgeben, und man bezichtigt ihn des Diebstahls oder Raubes dazu. Hiervon muß er sich dem Recht gemäß freischwören. Auch derjenige, der es durch Anfassen zurückgefordert hat, muß, wenn er verliert, es mit Buße und Strafgeld aufgeben.

6. Man kann sich auf viele Gewährsleute beziehen, der eine auf den anderen, und zwar so lange, bis man sich auf den beruft, der – geht es um Vieh – dieses in seinem Stall aufgezogen hat oder – ist es ein Kleidungsstück – es selbst gewirkt hat.

7. Wenn es ihm an einem Gewährsmann gebricht, soll derjenige, der es durch Anfassen zurückgefordert hat, zu dritt Anspruch darauf erheben.

8. Derjenige, dem das Gut durch Anfassen abgefordert wird, soll es in seinem Besitz behalten, bis es ihm rechtmäßig abgesprochen wird.

Vorlage: Ssp. Ldr. II 36 §§ 1–8, in: *Eckhardt*, Sachsenspiegel (Lit. zu 2.6), S. 160–162 (dort ohne die Überschrift; die Kursivierungen und Klammer zeigen abweichende Lesarten verschiedener Vorlagen an); leicht greifbar ist die Ausgabe *Ebel* (Lit. zu 2.6), S. 94–95 (dort die Überschrift); neuhochdeutsche Übertragung bei *Schott/Schmidt-Wiegand* (Lit. zu 2.6), S. 127–129.

Das in der Quelle ausführlich beschriebene Anefangverfahren bezweckt die Herausgabe abhandengekommener Sachen. War jemand bestohlen oder ausgeraubt worden und hatte die Verfolgung des Täters entweder gar nicht erst aufgenommen oder die Spurfolge für mindestens eine Nacht beendet, lag keine handhafte Tat mehr vor. Wenn er jetzt seine Sache bei einem anderen entdeckte, konnte er die Sache nur zurückerlangen, wenn er sie rechtsförmlich anfasste (*anevangen* = anfassen). Der alte Besitzer machte damit sein besseres Recht geltend. Gab der neue Besitzer die Sache nicht freiwillig heraus, kam es zum gerichtlichen Streit. Weigerte sich allerdings der neue Besitzer von vornherein beharrlich, vor Gericht zu erscheinen, lebte das Handhaftverfahren wieder auf. Der Verfolger konnte das Gerüfte erheben und den Besitzer öffentlich als Dieb beschuldigen. Im nachfolgenden Verfahren war dem Beschuldigten damit der

Reinigungseid versperrt. Wenn der neue Besitzer dagegen bereit war, sich auf den Rechtsstreit einzulassen, verlor der Prozess weitgehend seine strafrechtliche Einkleidung. Der Fortgang hing nun ganz davon ab, wie sich der neue Besitzer gegen die Herausgabeforderung des Vorgängers verteidigte. Die sächsischen Rechtsgewohnheiten verknüpften hier Sachbehauptungen mit verschiedenen Beweisvorrechten und gelangten auf diese Weise zu vielfach gestuften und verschachtelten Problemlösungen. Dabei stand immer demjenigen der Beweis offen, dessen Behauptungen überzeugender klangen. Betonte der Beklagte etwa, er habe die fragliche Tuchware selbst hergestellt oder ein streitbefangenes Pferd selbst im eigenen Stall großgezogen, dann konnte er selbdritt den Reinigungseid leisten und die Sachen behalten. Ob die Eideshelfer hier bloße Leumundszeugen waren oder Tatsachenkenntnis besaßen, fiel wohl kaum ins Gewicht. Als Freunde des Beschuldigten werden sie in jedem Fall gewusst haben, ob er Pferde züchtete, Gewänder schneiderte oder allgemein Stoff webte.

Wenn der Beklagte behauptete, er habe die Ware auf einem Markt gekauft, kenne den Verkäufer aber nicht persönlich, änderte sich die Beweisverteilung. Gelang es dem Beklagten zu beweisen, an welchem Ort er die Sachen gekauft hatte, und konnte er dies beeiden, war er vom unterschwelligen Diebstahlsvorwurf frei. Der Kläger konnte die Ware nun zurückerlangen, wenn er selbdritt auf die Heiligen schwor, dass sie ihm gestohlen oder geraubt worden war. Hierfür verlangte der Sachsenspiegel Tatsachenkenntnis der Eideshelfer. Das Herausgabeverlangen war also keine Frage des Leumunds, sondern des konkreten Sachverhalts.

Zwischen diesen beiden Einwendungen lag die dritte Verteidigung des Beklagten. Er konnte behaupten, die streitige Sache sei ihm von einem Dritten gegeben worden oder er habe sie von einem namentlich bekannten Verkäufer erworben. Den Namen seines Gewährsmannes musste er nennen und zugleich schwören, er habe sich rechtmäßig auf ihn bezogen. Nun begann der sog. Zug auf den Gewähren, ein umständliches Verfahren, um die abhandengekommenen Sachen zurückzuerlangen. Der mehrfache Rückgriff war im sächsischen Recht im Gegensatz zu anderen mittelalterlichen Gewohnheiten nahezu unbeschränkt. Die jeweilige Reise der beiden Widersacher sollte nicht länger als zwei Wochen dauern. Auch brauchte der Kläger keine schiffbaren Flüsse zu überqueren, etwa die Elbe. So weit konnte die Sache nach zeitgenössischer Vorstellung wohl nicht gekommen sein. Im Umkehrschluss sollte der Klagegegner mit der ungenauen Behauptung, er habe das Tuch oder Pferd irgendwohin veräußert, nicht erfolgreich sein. Ansonsten waren wiederum viele Möglichkeiten eröffnet, wie der Rechtsstreit weitergehen konnte. Gelang es dem Beklagten, den Gewährsmann zu finden, schied er aus dem Prozess aus. Der Gewährsmann trat als neuer Beklagter in den Prozess ein und konnte sich nun seinerseits wieder zwischen sämtlichen Einwendungen entscheiden.

Vor allem konnte er erneut seinen eigenen Gewährsmann benennen und die Sache auf diese Weise immer weiter zurückverfolgen. Scheiterte der Zug auf den Gewähren bei einer Station, lebte der verhaltene Diebstahlsvorwurf gegen denjenigen wieder auf, der seinen ordnungsgemäßen Besitz der Sache nicht erklären konnte. Da das Handhaftverfahren längst beendet war, stand nun wiederum der Reinigungseid offen. Auf der anderen Seite konnte der Kläger die Sache zurückfordern, wenn er selbdritt sein Verlangen beeidete. Konnte dagegen der letzte Gewährsmann die rechtmäßige Herkunft der Sache beweisen, stellte sich die erhobene Anefangsklage als unbegründet heraus. Deswegen sollte der Kläger dem Beschuldigten eine Buße zahlen und gleichzeitig an das Gericht eine Gebühr, die sog. Wette, entrichten.

Selbstverständlich braucht niemand diese Einzelheiten zu kennen. Doch macht die Zusammenschau dieser vielen Möglichkeiten eines klar: Das Anefangverfahren kannte zahlreiche Eide, die teils mehr dem Leumundsbeweis, teils stärker der Tatsachenaufklärung dienten. Mehrfach konnten beide Parteien in derselben prozessualen Situation schwören, wobei sich die Reinigung vom Diebstahlsvorwurf und die frühere Gewere (Sachherrschaft) oder der bessere Besitz in ihrer Zielrichtung nicht widersprachen. Dennoch war das Verfahren langatmig und kompliziert. Praktisch handhabbar waren solche Gewohnheiten nur in einer ländlichen Gesellschaft, wenn der Handel mit landwirtschaftlichen Gütern engräumig begrenzt blieb. Es wundert daher nicht, dass gerade mittelalterliche Handelsstädte das Anefangverfahren zuerst überwanden. Ware, die auf dem Markt feilgeboten wurde, konnte der frühere Berechtigte hier beim neuen Besitzer ohne Anefang, dafür aber gegen Zahlung des Kaufpreises lösen. In den Hansestädten war darüber hinaus der gesamte Seehandel vom Anefang ausgenommen.

2.7   Königsgerichtsbarkeit und Reichshofgericht

Der mittelalterliche König war nach zeitgenössischer Auffassung immer auch Richter. Er hatte Frieden und Recht zu gewähren und zog mit seinem Gefolge durch das Reich. Blieb er einige Zeit an einem Ort, kamen Parteien, die beim König ihr Recht suchten. Ein Kreis von Adligen, die den König begleiteten, bildete die Urteilerschar. Eine förmliche Errichtung des Königsgerichts hat es also nie gegeben. Vielmehr verdichtete sich die richterliche Tätigkeit des Königs und seiner Urteiler mit der Zeit. Ein großangelegtes Regestenwerk zur Erschließung des Königs- und Hofgerichts trägt für die knapp 40 Jahre von 912 bis 950 insgesamt zehn Quellennachweise der königlichen Gerichtsbarkeit zusammen. Einige Jahrhunderte später hatte sich dieses Bild komplett gewandelt. Allein im Jahr 1365 erstellte das Reichshofgericht 90 Gerichtsbriefe oder andere Urkunden. 1403 stieg die Zahl auf über 200. Bei allen Schwankungen und Überlieferungsproblemen zeigt diese Größenordnung, in welch starkem Maße sich die königliche Gerichtsbarkeit im Mittelalter intensivierte. Die ältere Literatur grenzte oft ein hochmittelalterliches Königsgericht vom eigentlichen Reichshofgericht ab, das 1235 gegründet worden sei. Doch diese Sichtweise ist übergenau und wenig zeitgerecht.

2.7.1 Organisation und Verfahren des Reichshofgerichts

Der große Mainzer Reichslandfrieden von 1235 enthielt nicht nur Vorschriften, um die Fehde zu begrenzen, sondern ebenso Regeln über die Reichsgerichtsbarkeit. Kaiser Friedrich II. schuf dort das Amt eines Hofrichters, der die täglichen richterlichen Aufgaben übernehmen sollte. Über Reichsfürsten und besonders wichtige Fälle behielt sich der Kaiser aber die persönliche Gerichtsbarkeit vor. Auch Achtsachen, also die mit der Reichsacht zusammenhängenden Fälle (vgl. Kap. 2.8.8), durfte der Hofrichter nicht selbst übernehmen. Der Richter brauchte nicht rechtsgelehrt zu sein, dafür aber von „erprobter Treue und edlem Rufe" (Art. 28 des Landfriedens). Er sollte jeweils mindestens ein Jahr im Amt bleiben und empfing als Lohn ein Gewette, also eine Bezahlung aus den Bußgeldern derjenigen, die aus der Acht entlassen wurden. Neben dem Hofrichter gab es zudem eine Hofgerichtskanzlei mit einem eigenen Notar bzw. Schreiber. Der Schreiber hatte vielfältige Protokollierungsaufgaben. Ausdrücklich verlangte der Reichslandfrieden, dass er ein Laie war. In Achtsachen und anderen schweren Fällen konnte es durchaus Todesurteile geben, und an ihnen durfte ein Geistlicher nach kanonischem Recht nicht mitwirken. Die Reform des Reichshofgerichts von 1235 folgte weitgehend dem Vorbild des sizilianischen Großhofgerichts. Kaiser Friedrich II., der zugleich König von Sizilien war, hatte dort nämlich bereits zuvor die Gerichtsverfassung und das Verfahrensrecht modernisiert.

Trotz der hohen Bedeutung des Reichshofgerichts und des königlichen bzw. kaiserlichen Richters wäre es nicht zeitgerecht, vom obersten Gericht des Reiches oder vom König als oberstem Richter zu sprechen. Das Stufenverhältnis zwischen niederen und höheren Gerichten setzt verschiedene Ebenen und Instanzenzüge voraus, die es im 13. Jahrhundert noch nicht gab. Erst mit der zunehmenden Anlehnung an die gelehrte Gerichtsverfassung mit ihren Rechtsmitteln konnte sich diese hierarchische Sichtweise im 15. Jahrhundert verbreiten. Zweifellos aber trug das Reichshofgericht erheblich zur Festigung der königlichen Gerichtsgewalt bei. Keine andere Institution am mittelalterlichen Königshof war so stabil und von so viel Kontinuität geprägt. Dennoch reiste das Gericht mit dem König bzw. Kaiser durch das Reich und konnte nicht zusammentreten, wenn sich der König außerhalb des engeren Reichsgebietes aufhielt. Die Zahl der Urteiler betrug üblicherweise mindestens sieben. Sie waren nicht fest bestellt, sondern setzten sich aus den bei Hofe anwesenden Adligen zusammen. Abweichend von weit verbreiteten Rechtsgewohnheiten kannte das Reichshofgericht Mehrheitsentscheidungen. Das Konsensprinzip war damit erheblich abgeschwächt. Recht und Urteil konnte es daher auch geben, wenn die Urteiler nicht einstimmig ihr Ergebnis gefunden hatten. Gerade hier in unmittelbarer Nähe zum Herrscher verlor das dinggenossenschaftliche Prinzip zuerst seine Schärfe. Das darf man getrost zuspitzen: Wenn die Möglichkeit besteht, Recht durchzusetzen, ist es nicht länger erforderlich, auf Einstimmigkeit zu pochen. In diesem Punkt war das Reichshofgericht dem Anspruch nach wegweisend modern, wenn auch in der gerichtlichen Praxis und der Quellenüberlieferung ganz andere Aspekte im Vordergrund standen, insbesondere die Bestätigung von Urkunden.

In den Jahren ab 1400 kam es zu einer nochmaligen Verfestigung des Gerichts. Das Amt des Hofgerichtsschreibers wurde nun aufgewertet und den Kanzleimitgliedern gleichgestellt. Zukünftig gab es nun zwei bürgerliche, teilweise geistliche Anwälte (Prokuratoren), keine studierten Juristen, aber doch gesondert bestellte Parteivertreter. Die Parteien erhielten einen Fürsprecher, teilweise auch einen sog. Warner, der sie vor den Tücken der mittelalterlichen Prozessgefahr schützen sollte (vgl. Kap. 2.8.4). Der Hofgerichtsschreiber Johannes Kirchen verschriftlichte zudem 1406/09 die üblichen Verfahrensweisen des Gerichts. Eine förmlich erlassene Prozessordnung gab es aber bis zuletzt nicht. In welchem Umfang das Reichshofgericht im 15. Jahrhundert versuchte, eine gewisse Unabhängigkeit vom Herrscher zu erlangen, wird unterschiedlich bewertet. Falls es hier einen Aufschwung gab, währte er nur wenige Jahrzehnte. Spätestens Friedrich III. (1440–1493) verlor das Interesse am Reichshofgericht und stützte die königliche Gerichtsgewalt in stärkerem Umfang auf das seit dem frühen 15. Jahrhundert bestehende Kammergericht (vgl. Kap. 2.10). Noch vor seiner Kaiserkrönung (1452) hob er das Reichshofgericht 1451 auf.

Freilich ist ein einschränkender Hinweis erforderlich. Mit dem Blick auf Hofgericht und Kammergericht erfasst man nämlich nur einen Teil und vielleicht nicht einmal den Kern der königlichen Gerichtsbarkeit. Neben der förmlichen Arbeit von Reichshofgericht und Kammergericht spielte nämlich delegierte königliche Gerichtsbarkeit im Spätmittelalter eine besondere Rolle. Viele rechtliche Anliegen und Streitigkeiten übertrug der Herrscher auf bestimmte Amts- und Würdenträger. Sie sollten versuchen, rechtliche Auseinandersetzungen beizulegen und zwischen den Parteien gütliche Ausgleiche zu erzielen. Notfalls konnten sie aber auch Entscheidungen fällen. Hier lag teilweise sogar der Schwerpunkt der Königsgerichtbarkeit. Ein ähnliches Zusammenspiel von Reichsjustiz und territorialen Obrigkeiten zeigte sich deutlich später ebenfalls am Reichshofrat (vgl. Kap. 3.2.2). Man sollte sich deshalb davor hüten, die praktische Bedeutung der beiden mittelalterlichen Reichsgerichte zu hoch zu hängen.

Gerichtsbriefe und Verfahrensarten
Zwischen 1276 und 1451 fertigte das Reichshofgericht etwa 18.000 Gerichtsbriefe aus. Die frühen Quellen sind oft in regionalen Editionen erfasst und leicht zu benutzen. Aber nach 1400 stieg die Textproduktion derart stark an, dass die letzten Jahrzehnte des Gerichts besonders schwer zu überblicken sind. Mehrere Verfahrensarten lassen sich voneinander unterscheiden: (1) Zunächst kannte das Reichshofgericht kontradiktorische gerichtliche Streitigkeiten im engeren Sinne. Hier standen sich Kläger und Beklagte in ihrer Auseinandersetzung gegenüber. In diesen Fällen sind vielfach mündliche Verhandlungen vor dem Königs- bzw. Hofgericht bezeugt. (2) Teilweise allerdings ergingen bereits königliche Befehle und Anordnungen, nachdem nur eine Seite das Reichshofgericht angerufen hatte. Ein nachfolgender Rechtsstreit ist dann nicht zwingend bezeugt. Entweder hatten schon die ersten gerichtlichen Verfügungen Erfolg, oder der förmliche Rechtsstreit kam aus anderen Gründen nicht zustande, etwa weil die Parteien sich doch noch gütlich einigten. Das gelehrte Recht unterschied Zitationsverfahren (Ladungsverfahren) von Mandatsprozessen des einstweiligen Rechtsschutzes. Die beiden Prozessarten am Reichshofgericht sind aber keine bloßen Übernahmen des gelehrten Rechts, sondern besitzen durchaus eigenes Gepräge. Insbesondere besaß die Mündlichkeit im ungelehrten Recht weitaus größere Bedeutung als im römisch-kanonischen Prozess. (3) Neben diesen gerichtlichen Auseinandersetzungen im engeren Sinne kannte das Reichshofgericht als dritte Prozessart sog. quasinotarielle Verfahren. Hier ging es darum, durch die Beglaubigung von Urkunden Rechtssicherheit oder künftige Beweisvorteile zu erzielen. Offenbar hatte eine solche Beglaubigung für die Beteiligten hohen Wert. Mit höchstmöglicher Autorität konnten sie ihre Rechtspositionen daraufhin anderswo behaupten und verteidigen. Vielleicht lässt sich hier sogar ein deutschrechtlicher Ansatzpunkt zu einer ganz eigenständigen Herausbildung von Rechtsmitteln erkennen. Soweit das Reichshofgericht nämlich nicht nur Urkunden, sondern auch Entscheidungen anderer Gerichtsherren anerkannte, nahm die Beglaubigung nach und nach den Charakter einer Überprüfung an. Auf diese Weise läge in der Bestätigung und nicht in der Anfechtung gerichtlicher Urteile ein einheimischer Kern für die Über- und Unterordnung von Gerichten und damit für die Bildung von Instanzenzügen. (4) Das vierte Verfahren am Reichshofgericht war das Ersatzverfahren von Reichsacht und Anleite (vgl. Kap. 2.8.8). Falls der Beklagte die Ladung missachtete oder sich auf den Rechtsstreit nicht einließ, konnte der Kläger Druck auf ihn ausüben. Eigene Vollstreckungsmöglichkeiten besaß das Gericht demgegenüber nicht.

Neben dem Hofrichter übte der König bzw. Kaiser das richterliche Amt auch weiterhin persönlich aus. Das galt nicht nur für diejenigen Bereiche, die der Mainzer Reichslandfrieden von 1235 ihm ausdrücklich vorbehalten hatte. Vielmehr gab es Reichsstände, die zwar den königlichen Richter, nicht aber das Reichshofgericht anerkannten. So erhielt die Stadt Besançon 1434 und 1442 Privilegien, die sie vom Hofgericht befreiten und dafür unmittelbar dem König unterstellten.

2.7.2 Exemtionen, Gerichtsstands- und Evokationsprivilegien

Die ältere Literatur hat betont, spätestens seit der Mitte des 14. Jahrhunderts seien die meisten Reichsstände von der Gerichtsbarkeit des Reichshofgerichts befreit gewesen. Das ist aber übertrieben und trifft in dieser Verallgemeinerung nicht zu, denn zahlreiche Städte und Landesherren sind mitsamt ihren Untertanen in den Quellen als Parteien belegt. Allerdings begannen genau zu dieser Zeit die Kurfürsten damit, ihre eigenen Territorien von der Reichsgerichtsbarkeit abzuschirmen. Die folgende Quelle von 1353 zeigt das ganz anschaulich.

Unzuständigkeit des Reichshofgerichts über Kurfürsten und ihre Untertanen (1353)
Wir Karl von gotes gnaden Romischer küng ze allen ziten merer dez Riches und
küng zu Beheim bekennen und tůn chůnt offenlichen mit disem briefe, daz wir ze
gericht gesezzen sin ze Spire an dem nechsten eritag nach sant Andreas tag und
daz für uns chomen in gericht mit fürsprechen der edel Johan grave zů Spanheim
uf ein syt und uf den tag, den wir im von gericht geben hetten, und alz wir in uz der
acht uf recht gelazzen hetten, darin er mit clag chomen waz von Gerharten wegen
des vogts von Hunoltstein, der auch da vor uns in gericht mit fürsprechen stund.
Und da wir alzo ze gericht sazzen, da clagt der egenant vogt von Hunoltstein zu
dem egenanten von Spanheim, er het in ze schaden und ze koste bracht uf viertzig
tůsend guldin minner oder mer, und wizt auch anleitbriefe von gericht, daz im ahte
und anleit erteylt und geben waz ůf dez obgenanten von Spaunheim gut umb die
obgenant summe geltes. Do waz vor uns auch in gericht der hochgeborn Ruprecht
der Elter, pfallentzgrave by Rine obroster druchsesse dez Romischen Riches und
hertzog in Beiern, und bat uns, daz wir im einen fürsprechen geben. Er hörte solich
sache, die sin herschaft und freyheit antreffen, do mit die Pfallentz gefreyt wer, und
welt die verantwrten, wanne ein ieglich kůrfürst die fryheit het, daz nieman cheinen
sinen man laden solt für chein gericht noch beclagen danne vor dem kůrfursten dez
man er wer, und da solt dem clager unvertzogenlichen recht beschehen nach sines
hofes recht und gewonheit.

Da fragten wir die kůrfürsten umb, die by uns sassen, den erwirdigen fürsten hern Gerlachen ertzbischof ze Mentze und den erwirdigen fürsten hern Wilhelm ertzbischoff ze Cölne. Die sprachen: sind dem mal und wir auch ein kůrfürst weren, wir solten einem andern fürsten daz gericht und den stab an unserer stat enpfelhen und solten uns mit im umb die egenant sache gesprechen, waz unser und allerer kůrfürsten recht, freyheit und gewonheit wer. Da satzten wir an unser stat den hochgeborn Wladislawen hertzogen ze Teschin und gesprachen uns und chomen wider für gericht und für den hertzogen von Techin, der an unserer statt sazz. Der fraget uns der urteyl. Do hetten wir uns bekant und bedacht von solchen rechten, fryheiten und gewonheiten, die ein ieglich kůrfürst hat von wegen der kůr dez heiligen Römischen Riches, daz chein unser man nyendert recht tůn sol dann vor uns oder vor den kůrfürsten dez man er ist. Und alzo wart mit rechter urteyl gewiset der obgenant von Spanheim für den egenanten Ruprechten pfallentzgraven bi Rine, der auch dem egenanten Vogt von Hunoltzstein von dem obgenanten von Spanheim rechtes helfen sol nach sines hofes recht, wanne ez der egenant vogt an den obgenanten hertzog Ruprechten vordert. Wer auch, ob der egenant hertzog den egenanten Vogt von Hunoltzstein nicht rechtes hülf von dem dikgenanten von Spanheim und der vogt daz bewiset, so sollten wir im danne vor unserm hofgericht richten, alz recht und gewonheit unsers hofes ist. Ez ist auch vor uns mit gesampter urteil erteylt, daz alliu die clag, anleit und aht gentzlichen und gar ab sin sol, die der oft genant vogt von Hunoltzstein vor unserm hofgericht ůf den obgenanten von Spanheim biz her getan hat. Und sol im und sinen guten fürbaz zů cheinem schaden chomen mit cheinen sachen und in chdein wise.

Mit ůrkund ditz briefes den wir im darüber mit urteyl von gericht geben besigelt mit unsers hofgerichtes hangendem insigel. Nach Cristus gebůrt drutzehen hundert und in dem drů und ffünftzigsten jar an dem vorgescriben eritag und in dem achtenden jar unserer Riche.

Wir Karl, von Gottes Gnaden Römischer König, zu allen Zeiten Mehrer des Reiches, und König zu Böhmen, bekennen und tun mit diesem Brief öffentlich kund, dass wir am Dienstag, dem 3. Dezember 1353, in Speyer zu Gericht saßen. Da erschien vor uns der edle Johann Graf zu Sponheim mitsamt Fürsprecher zu der Zeit und dem Tag, den wir ihm von Gerichts wegen gegeben hatten. Wir entließen ihn zu Recht aus der Acht, in die er gekommen war auf Klage von Gerhard Vogt von Hunolstein, der auch vor uns im Gericht mit Fürsprecher stand. Und als Wir also zu Gericht saßen, da verklagte der zuvor genannte Vogt von Hunolstein den zuvor genannten von Sponheim, er habe ihm Schäden und Kosten verursacht in Höhe von ungefähr 40.000,– Gulden. Und er wies auch einen Anleitebrief des Gerichts, das ihm Acht und Anleite erteilt und gegeben hatte gegen den zuvor genannten von

Sponheim wegen der obengenannten Geldsumme. Vor uns im Gericht war auch der hochgeborene Ruprecht der Ältere, Pfalzgraf bei Rhein, oberster Truchsess des Römischen Reiches und Herzog in Bayern. Er bat uns, dass wir ihm einen Fürsprecher geben sollten. Er höre eine solche Sache, die seine Herrschaft und Freiheit betreffe, womit die Pfalz versehen sei, und er wolle sie verteidigen. Denn jeder Kurfürst habe die Freiheit, dass niemand einen seiner Untertanen laden oder beklagen solle vor einem Gericht, es sei denn vor dem Gericht desjenigen Kurfürsten, dessen Untertan er sei. Und da solle dem Kläger unverzüglich Recht geschehen nach Recht und Gewohnheit seines Hofes.

Da befragten wir die Kurfürsten, die bei uns saßen, den ehrwürdigen Fürsten, Herrn Gerlach, Erzbischof zu Mainz, und den ehrwürdigen Fürsten, Herrn Wilhelm, Erzbischof zu Köln. Die sprachen: Da wir auch ein Kurfürst seien, sollten wir einem anderen Fürsten das Gericht und den Stab an unserer Stelle anbefehlen und sollten mit ihnen wegen der vorgenannten Sache besprechen, was unser und aller Kurfürsten Recht, Freiheit und Gewohnheit sei. Da setzten wir den hochgeborenen Ladislaus, Herzog zu Teschen, an unsere Stelle und besprachen uns. Und wir kamen wieder vor Gericht und vor den Herzog von Teschen, der an unserer Stelle saß. Der fragte uns nach dem Urteil. Da bekannten und gedachten wir solcher Rechte, Freiheiten und Gewohnheiten, die jeder Kurfürst hat wegen der Kurwürde des Heiligen Römischen Reiches, dass keiner unserer Männer jemandem gerichtlich antworten soll, es sei denn vor uns oder vor dem Kurfürsten, dessen Mann er ist. Und also wurde mit rechtem Urteil der oben genannte von Sponheim an den zuvor genannten Ruprecht, Pfalzgrafen bei Rhein, verwiesen. Dieser soll auch dem vorgenannten Vogt von Hunolstein gegen den oben genannten von Sponheim zu Recht verhelfen nach dem Recht seines Hofes, wenn es der zuvor genannte Vogt von dem oben genannten Herzog Ruprecht fordert. Falls der zuvor genannte Herzog dem zuvor genannten Vogt von Hunolstein gegen den oft genannten von Sponheim nicht zu Recht verhülfe und der Vogt das bewiese, dann sollen wir für ihn vor unserem Hofgericht nach Recht und Gewohnheit unseres Hofes richten. Es ist auch vor uns mit Gesamturteil entschieden, dass alle Klage, Anleite und Acht aufgehoben sein soll, die der oft genannte Vogt von Hunolstein vor unserem Hofgericht gegen den oben genannten von Sponheim bisher geltend gemacht hat. Und es soll ihm und seinen Gütern ferner kein Schaden entstehen durch keine Sachen und in keiner Weise.

Mir Urkunde dieses Briefes, den wir darüber mit Urteil von Gerichts wegen geben, besiegelt mit unserem hängenden Hofgerichtssiegel, 1353 nach Christi Geburt, am zuvor geschriebenen Tag und im achten Jahr unserer Herrschaft.

Vorlage: MGH. Constitutiones et acta publica Imperatorum et Regum, 10. Bd.: Dokumente zur Geschichte des Deutschen Reiches und seiner Verfassung 1350–1353, bearb. v. *Margarete Kühn*, Weimar 1979/91, S. 541–542 Nr. 724. Regesten bei *Friedrich Battenberg* (Bearb.), Die Königszeit Karls IV. (1346–1355 März) (Urkunderegesten zur Tätigkeit des deutschen Königs- und Hofgerichts bis 1451, hrsg. v. Bernhard Diestelkamp, Bd. 6), Köln, Wien 1990, Regest Nr. 380, 384, 385, 429, 440.

Der Gerichtsbrief des Reichshofgerichts stammt aus einem Rechtsstreit, zu dem zwischen April und Dezember 1353 fünf Urkunden des Hofgerichts überliefert sind. Vier davon stellte König Karl IV. selbst aus, die fünfte stammt vom Hofrichter Wladislaw (Ladislaus) von Teschen. Das Hofgericht reiste mit dem König weiterhin durch das Reich, und so ergingen die gerichtlichen Verfügungen in Prag, Königgrätz und schließlich in Speyer. Der hier abgedruckte letzte Gerichtsbrief ist in vier Handschriften überliefert, zwei aus der Entstehungszeit, eine aus dem späten 15., eine aus dem 16. Jahrhundert. Die Beteiligten und ihre Rechtsnachfolger maßen der Entscheidung also hohe Bedeutung bei. Die hatte sie auch.

Den Anlass bildete zunächst eine Auseinandersetzung zwischen Gerhard Vogt von Hunolstein und Graf Johann von Sponheim. Der Sponheimer hatte angeblich dem Vogt von Hunolstein schwere finanzielle Schädigungen zugefügt und war deshalb in die Reichsacht geraten. Gerhard von Hunolstein hatte einen Anleitebrief des Gerichts erhalten. Das war ein vor dem Hofgericht häufig gewährter Vollstreckungstitel. In diesem Fall berechtigte er den Hunolsteiner, sich im Umfang der streitigen 40.000 Gulden an sponheimischen Gütern schadlos zu halten. Graf Johann von Sponheim war bereit, sich auf den Rechtsstreit gegen Vogt Gerhard einzulassen, und erschien mit seinem Fürsprecher zum Gerichtstag in Speyer. Dafür hatte ihn das Gericht aus der Acht entlassen (zur Acht vgl. Kap. 2.8.8).

Der Streit der beiden Adligen spielte vor dem Reichshofgericht allerdings keine Rolle. Zusätzlich erschien nämlich Ruprecht der Ältere, Pfalzgraf bei Rhein und einer der sieben Kurfürsten. Bereits im Juni 1353, knapp ein halbes Jahr zuvor, hatte König Karl IV. dem Kurfürsten geschrieben und den Rechtsstreit vor das kurpfälzische Gericht verwiesen. Johann und Gerhard, die Streitparteien, zählte der Kurfürst zu seinen landsässigen Adligen. Deswegen wollte er nicht akzeptieren, dass sie sich unmittelbar an das Reichshofgericht wandten. Beim Grafen von Sponheim mochte das zweifelhaft sein, galt seine Grafschaft doch als reichsfrei. Aber auf diesen Punkt kam es im Rechtsstreit ersichtlich nicht an. Der Kurfürst wollte sich bei der Verhandlung im Dezember seine Gerichtsherrschaft ausdrücklich und symbolträchtig zusichern lassen. Sicherlich aus genau diesem Grund waren am selben Tag die Kurfürsten von Mainz und Köln ebenfalls erschienen und nahmen ihren Platz in der Urteilerbank ein.

Zuständigkeit als Grundsatzproblem

Es ging um die grundsätzliche Frage, ob die Gefolgsleute der Kurfürsten immer nur der kurfürstlichen Gerichtshoheit unterstanden oder ob sie auch das Reichsgericht anrufen durften. Karl IV. war selbst nicht nur König, sondern auch Kurfürst von Böhmen und konnte in dieser Sache daher nicht gleichzeitig Richter sein, wenn auch die Quelle in seinem Namen formuliert ist. Deswegen setzte Karl IV. den Hofrichter Wladislaw von Teschen als Gerichtsvorsitzenden ein und übergab ihm den Richterstab. Jetzt berieten König Karl IV. und die beiden anderen Kurfürsten über das Ansinnen des pfälzischen Kurfürsten. Als der Hofrichter das Urteil erfragte, sprachen sich die Kurfürsten zugunsten der kurfürstlichen Freiheiten aus. Lediglich dann, wenn ein Kurfürst seinen Untertanen das Recht verweigerte, konnte das Reichshofgericht sich mit solchen Sachen befassen. Ansonsten war die Bevölkerung der Kurfürstentümer nur der landesherrlichen Gerichtsbarkeit unterstellt. Deswegen hob das Reichshofgericht die Reichsacht und Anleite gegen den Sponheimer Grafen ausdrücklich auf und entband ihn von der Klage.

Die Quelle zeigt aus der Perspektive der Gerichtspraxis, wie die Reichsgerichtsbarkeit seit dem Spätmittelalter in Zuständigkeitskonflikte mit der territorialen Gerichtsherrschaft geriet. Je nach Sichtweise mag man von der Erstarkung der Territorien oder der Aushöhlung der Reichsgewalt sprechen. Der Sache nach ging es um später sog. Evokationsprivilegien (*privilegia de non evocando*). Der König bzw. Kaiser sicherte dem Begünstigten mit diesem Privileg zu, keine Fälle aus dem Herrschaftsbereich des Privilegienempfängers vor dem königlichen Gericht anzunehmen und zu behandeln. Ausnahmen bestanden jederzeit in Fällen von Rechts- bzw. Justizverweigerung und -verzögerung. Die Goldene Bulle von 1356, eines der großen Verfassungsdokumente des Heiligen Römischen Reiches, schrieb das Evokationsprivileg zugunsten der Kurfürsten und ihrer Untertanen fest. Die hofgerichtliche Quelle von 1353 ist noch drei Jahre älter. Die Goldene Bulle veränderte in diesem Punkt also gar nicht die Rechtsstellung der Kurfürstentümer, sondern fasste nur normativ zusammen, was bereits geltende Praxis war.

Erstarkung der landesherrlichen Gerichtsgewalt

Mit Blick in die folgenden Jahrhunderte eröffneten sich für die Landesherren mehrere Möglichkeiten, wie sie die Gerichtsgewalt in ihren Territorien gegenüber dem Reich stärken konnten. Die weitestgehende Befreiung von der Gerichtsherrschaft des Königs bzw. Kaisers war die Exemtion. Der eximierte Reichsstand war der Reichsgerichtsbarkeit in keiner Weise mehr unterworfen. Gerade in den Randbereichen des Reiches lässt sich die Grenze zwischen einer Eximierung und einer völligen Loslösung vom Reich kaum trennscharf ziehen. Doch gab es auch eximierte Territorien, deren Zugehörigkeit zum Reich nie in Zweifel stand, etwa die habsburgischen Stammlande. Mit der Entstehung verschiedener Gerichtsinstanzen und dem Rechtsmittel der Appellation wandelten sich die Evokationsprivilegien zunehmend in *privilegia de non appellando*. Diese Appellationsprivilegien sind neuzeitliche Erscheinungen (vgl. Kap. 3.3.1), denn im mittelalterlichen ungelehrten Recht kannte man förmliche Rechtsmittel gegen verkündete Endurteile noch nicht. Den weltlichen Kurfürstentümern, vor allem Sachsen und Brandenburg, gelang es jedoch schon früh, ein unbeschränktes Appellationsprivileg in die Goldene Bulle hineinzulesen. Das sog. gemeine Sachsenrecht mit seinen vielen gerichtlichen Eigenheiten konnte es in diesem selbständigen Gepräge nur geben, weil die sächsische Gerichtsverfassung sich über lange Zeit und bestärkt durch die Goldene Bulle weitgehend von den Reichsgerichten gelöst hatte.

Die naheliegende Frage, warum sich die römisch-deutschen Kaiser daran beteiligten, ihre eigene Gerichtsherrschaft nach und nach durch Privilegien auszuhöhlen, ist in doppelter Hinsicht schief gestellt. Zum einen profitierten die Kaiser und Könige in ihrer Eigenschaft als Landesherren selbst von umfassenden Privilegierungen. In der Quelle von 1353 kam Karl IV. das Evokationsprivileg auch für sein Königreich Böhmen zugute. Die verbindliche Gewähr, dass immer dieselbe Herrscherdynastie den Kaiser stellte, konnte es im Alten Reich als Wahlmonarchie ohnehin nicht geben. Das erhöhte zugleich die Bedeutung der Erblande. Zum anderen darf man die mittelalterliche Reichsgerichtsbarkeit nicht überschätzen. Trotz der zahlreich erhaltenen Gerichtsbriefe des Reichshofgerichts konnte die Gerichtsgewalt des Königs kaum das gesamte Reichsgebiet engmaschig durchdringen. Einige Privilegien haben daher die königliche Herrschaft nur scheinbar geschwächt und vielmehr dazu beigetragen, eine flächendeckende landesherrliche Gerichtsbarkeit überhaupt erst aufzubauen. Die Situation sah von Territorium zu Territorium anders aus. Die ältere Rede, wonach die Reichsgewalt im Spätmittelalter deutlich geschwächt worden sei, verzerrt also den Blick. Sie verkennt, dass gerade die angeblich bröckelnde Reichsgewalt zuvor überhaupt nur in spärlichen Ansätzen vorhanden war und sich die Staatlichkeit an der Wende zur Neuzeit erst allmählich herausbildete. Solche Vorgänge der Herrschaftsverdichtung verliefen also nicht einfach auf Kosten des Reiches. Dennoch gab es sog. königsnahe und königsferne Regionen. Die Herrschaft des Reiches war nicht allerorten gleich intensiv spürbar.

2.8   Rechtskreise und Oberhofzüge im Spätmittelalter

Das mittelalterliche Recht war weithin geprägt durch Rechtskreise und Rechtsfami-
lien. Ein einheitliches deutsches Prozessrecht gab es ebenso wenig wie eine einheitliche
deutsche Gerichtsverfassung oder gar einen einheitlichen deutschen Staat. Gemeinsamkeiten sind erkennbar, doch hat die ältere Literatur diese übereinstimmenden
Grundzüge überbewertet, um sie vom gelehrten Recht deutlicher abgrenzen zu können. Die Rechtskreise waren zunächst nicht an Territoriumsgrenzen gebunden. Der
große Bereich des sächsischen Rechts erstreckte sich von Westfalen über Nord- und
Mitteldeutschland bis weit nach Osteuropa hinein. Lübisches Recht besaß erhebliches
Ansehen in Handelsstädten im Ostseeraum bis hin nach Norwegen und Russland und
dem hansischen Stalhof in London. Solche Rechtskreise darf man nicht flächig denken.
Einzelne Städte, auch wenn sie benachbart waren, konnten mit verschiedenen Rechten bewidmet sein und damit ganz anderen Rechtskreisen angehören. Es hat sich seit
dem 19. Jahrhundert eingebürgert, von Stadtrechtsfamilien zu sprechen. Das Recht
einer Mutterstadt, so die Vorstellung, gelangte durch Verleihung an neugegründete
oder neu bewidmete Tochterstädte. Ganz romantisch meinte Jacob Grimm: „man
entlieh das recht, wie feuer und licht bei dem nachbar."[4] Daraus folgten zugleich die
Grundzüge der Gerichtsverfassung. Die Gerichte der Tochterstädte fragten bei unklaren Rechtsfragen in ihrer Mutterstadt nach und erlangten dort „besseres" Recht. Das
liebgewonnene Bild trifft freilich vielfach nicht die historische Wirklichkeit. Es gab
zahlreiche Städte, die ähnliches oder sogar dasselbe Recht besaßen, aber sich nicht in
einem Gerichtsverbund befanden. Deswegen sprechen einige neuere Rechtshistoriker
lieber ganz schlicht von stadtrechtlichen Verbindungen.

   Der Zug hin zu einem Ort, von dem man sich besseres Recht erhoffte, greift deutlich über die stadtrechtlichen Beziehungen hinaus. Weit gestreut im deutschsprachigen Raum gab es im Spätmittelalter zahlreiche sog. Oberhöfe oder Schöffenstühle.
Man versteht darunter nach einer bekannten Definition eine „Rechtsbelehrungs- und
Rechtsauskunftsstelle zur Unterweisung fremder Gerichte und zum Teil auch privat
anfragender Einzelpersonen in Rechts- und Prozesssachen, vor allem in Fragen des
materiellen Zivilrechts und des Zivilprozessrechts"[5]. Solche Oberhöfe gab es nicht nur

---

4   *Jacob Grimm*, Vorrede zu Johann Gerhard Christian Thomas, Der Oberhof zu Frankfurt
      am Main und das fränkische Recht in Bezug auf denselben, hrsg. v. Ludwig Heinrich Euler,
      Frankfurt am Main 1841, S. XI.
5   *Dieter Werkmüller*, Art. Oberhof, in: HRG III (1984), Sp. 1134–1146 (1134).

in sog. Stadtrechtsfamilien (z. B. Magdeburg oder Lübeck), sondern auch im ländlichen Raum. Der Versuch einer typologischen Gliederung in stadtrechtliche, landrechtliche und reichsrechtliche Oberhöfe sieht sich jedoch Einwänden ausgesetzt. Zu unklar sind die jeweils entscheidenden Merkmale und Unterschiede. Das Oberhofwesen weist jedenfalls nicht zurück in alte Stammesbeziehungen oder die Tradition einer Kaiserpfalz. Die Tätigkeit dieser Gerichte begann oftmals erst im 14. Jahrhundert.

2.8.1 Einstufiges Gerichtsverfahren

Der Rechtszug an den Oberhof war mit dem einstufigen mittelalterlichen Gerichtsverfahren vereinbar. Es gab keine Rechtsmittel mit Devolutiveffekt, also keinen Instanzensprung, wie ihn das gelehrte Recht bei der Appellation ausbildete. Damit konnte es in einem Gerichtsverfahren nach ungelehrtem Recht jeweils nur ein Urteil geben. Hier waren verschiedene Möglichkeiten denkbar. Vielleicht konnte ein Ortsgericht in einem schwierigen Fall keine Entscheidung finden. Aufgrund der weit verbreiteten Gewohnheit, wonach Urteile einstimmig zu ergehen hatten, konnten die Schöffen bei abweichenden Meinungen zu keinem Ergebnis kommen. Hier zeigen sich die Reste des in der Frühzeit noch viel stärker ausgeprägten Konsenserfordernisses. Jetzt konnte das Ortsgericht beim Oberhof anfragen und sich von dort rechtliche Weisung einholen. Dieses Verfahren ist aus Ingelheim bekannt und hieß zeitgenössisch Ausheischen. Viel verbreiteter war die Urteilsschelte. Hier konnte eine Partei, aber auch ein Schöffe, das Urteil einer oder mehrerer anderer Schöffen schelten. Unter Urteil ist hier der Urteilsvorschlag zu verstehen, der noch nicht durch die Vollbort allseits angenommen war. In diesem Fall enthielt die Urteilsschelte nicht nur eine abweichende Rechtsauffassung, sondern nach verbreiteter Vorstellung immer auch einen Vorwurf an den oder die Schöffen, das Recht zu beugen. Die Schelte richtete sich also nicht gegen eine bereits förmlich verkündete Entscheidung. Das Ortsgericht legte solche Sachen dem Oberhof vor. Der Oberhof wurde damit nicht als zweitinstanzliches Berufungsgericht tätig. Vielmehr entschied der Oberhof die gescholtene Sache, gab sie dann aber an das anfragende Gericht zurück. Es wurde lediglich einmal ein rechtsverbindliches Urteil verkündet. Und dieses Rechtsgebot sprach der Richter des anfragenden Gerichts aus (zur eventuell abweichenden Praxis in Lübeck vgl. Kap. 2.8.6). Wie viele Gerichtspersonen an den Sitz des Oberhofs reisten, ob die Parteien ebenfalls mitfuhren und in welchem Maße die Anfragen schriftlich formuliert oder mündlich vorgetragen wurden, hing von den Gewohnheiten des jeweiligen Rechtskreises ab. In jedem Fall handelte es sich um ein Verfahren unter sog. Rechtshonoratioren, erfahrenen Laienschöffen und Praktikern. Studierte Juristen waren weder an den anfragenden Ortsgerichten noch an den Oberhöfen beteiligt.

2.8.2 Maßgebliche Rechtsgewohnheiten

Die Rechtsähnlichkeit zwischen den Gewohnheiten am anfragenden Gericht und dem Oberhof führte dazu, dass der Oberhof die vor ihm verhandelten Fälle fast immer auf der Grundlage der eigenen Rechtsgewohnheiten entschied. Streitigkeiten um zweifelhafte städtische Willküren, also rechtliche Besonderheiten, gelangten nur selten vor einen Oberhof. Der Oberhof urteilte also modern gesprochen nach seinem *ius fori*. Das im gelehrten Recht heiß ausgefochtene Stufenverhältnis zwischen gemeinem und partikularem Recht spielte vor den ungelehrten Gerichten kaum eine Rolle. Im Umkehrschluss wird daraus ein kurioses Argument. Immer dann nämlich, wenn ein oberes Gericht ausdrücklich fremdes Partikularrecht berücksichtigte, also auf städtische Statuten anderer Orte einging, ist dies ein starkes Indiz für die Rechtsanwendungslehre des römisch-kanonischen Prozesses. Im gelehrten Recht gingen lokale Besonderheiten grundsätzlich dem allgemeinen überregionalen Recht vor. Im ungelehrten Recht gab es dagegen keine Regeln, solche Vielfalt zu bewältigen. Die Schöffen stützten ihr Wissen ja gerade auf ihre eigenen Rechtsgewohnheiten. Die Vorstellung von Rechtseinheit in bestimmten größeren Räumen war im gewohnheitlich überlieferten Recht damit ganz anders als im gelehrten Recht. Im überkommenen Modell prägten die Rechtsgewohnheiten des Oberhofs zugleich das örtliche Recht des gesamten Rechtskreises. Im gelehrten Recht sorgten die Ausstrahlung des Ius commune, Auslegungsmaximen und Rechtsanwendungsregeln für raumübergreifende Denkstrukturen, selbst wenn sich die Inhalte unterschieden. Im ersten Fall ermöglichte es die umfassende Rechtserfahrung, den Oberhofsprengel zusammenzuhalten. Im zweiten System benötigten die Richter ein juristisches Studium, um sich in den einzelnen Lehren zurechtzufinden.

2.8.3 Ende der Oberhöfe

Nach der Blütezeit im 15. Jahrhundert verloren die Oberhöfe an der Wende zur Neuzeit ihre Bedeutung, stellten ihre Tätigkeit ein oder wandelten sich zu rechtsgelehrten Gerichten. Mehrere Ursachen kamen zusammen. Die Gerichte professionalisierten sich zunehmend, sie setzten also in immer höherem Maße studierte Juristen ein. Dies machte zugleich das überkommene Erfordernis, zu einstimmigen Entscheidungen zu gelangen, überflüssig. Es war deswegen leichter möglich, bei Meinungsdifferenzen dennoch Urteile zu fällen, nämlich als Mehrheitsentscheidungen. Auch hier waren die mittelalterlichen Städte schon länger Vorreiter gewesen. Die Urteile von Juristen konnten die Parteien daraufhin mit der Appellation angreifen. Erforderlich waren deswegen Obergerichte, die nicht einfach nur bessere Rechtserfahrung besaßen, sondern die über das methodische Handwerkszeug verfügten, die Entscheidung der unteren Instanz auf eine ordnungsgemäße Tatsachenermittlung und Rechtsanwendung hin zu überprüfen. Der einstufige Oberhofzug trat auf diese Weise hinter mehrstufige Instanzenzüge zurück. Zum anderen erschwerten die Landesherren in ihren erstarkenden Territorien ihrer Bevölkerung zunehmend den Weg zum Oberhof. Die Oberhöfe galten als fremde und auswärtige Gerichte und schwächten die landesherrliche Gerichtsgewalt. Deswegen traten neugegründete oder professionell organisierte Hofgerichte und Regierungsbehörden an ihre Stelle. Einige Oberhöfe, vor allem die Schöffenstühle im sächsischen Raum, konnten sich an die veränderten Bedürfnisse anpassen. Ihnen gelang es in hohem Maße, studierte Richter und Professoren der ortsansässigen Universitäten als „Schöppen" zu gewinnen. Als gelehrtes Kollegialorgan blieben diese traditionsreichen Gerichte in die landesherrliche Gerichtsverfassung eingebunden. Funktional übernahmen die in der frühen Neuzeit weit verbreiteten Aktenversendungen an Juristenfakultäten die Aufgabe der Rechtsbelehrung. Sie ersetzten auf diese Weise den Zug an den Oberhof. In die Übergangsphase fällt die Constitutio Criminalis Carolina von 1532 (vgl. Kap. 3.6.1). In ihrem Schlussartikel beschreibt sie, an wen sich die unkundigen peinlichen Gerichte bei Rechtszweifeln wenden sollten. An erster Stelle standen weiterhin die althergebrachten Oberhöfe und Schöffenstühle. Dort, wo es keine Oberhöfe gab, sollten die Richter diejenige Obrigkeit anrufen, die den Gerichtsbann ausübte. Wenn aber die Obrigkeit von Amts wegen die Strafverfolgung betrieb, musste sie sich mit der Bitte um Rechtsrat an die universitären Juristenfakultäten oder an andere Rechtsgelehrte wenden (Art. 219 CCC).

2.8.4 Formstrenge im spätmittelalterlichen Recht

Vielfalt und Buntheit prägten die spätmittelalterliche Gerichtsverfassung an der Wende zur Neuzeit. Nach einer überkommenen Sichtweise soll gerade die ungelehrte Gerichtspraxis am Vorabend der Rezeption in einer übertriebenen Formstrenge erstarrt sein, geprägt durch eine „ins Skurrile gehende Ungerechtigkeit", gut passend zu den „krankhaften Erscheinungen dieser Zeit, zu dem Schreiend-Exzentrischen dieser Epoche"[6]. In anderem Zusammenhang sprach Johan Huizinga vom „Herbst des Mittelalters". Inwieweit solche markigen Worte die Gerichtsbarkeit des Spätmittelalters, insbesondere die Oberhoftätigkeit treffend wiedergeben, lässt sich anhand der folgenden Quelle überlegen.

---

6 *Ekkehard Kaufmann*, Art. Formstrenge, in: HRG I (1971), Sp. 1163–1168 (1167). Der Artikel erschien in der 5. Lieferung 1968.

Mittelalterliche Formstrenge in Ingelheim?
1427 Juli 1. Rhaunen. Eidesleistung. Fürsprecher (Bl. 397).

Actum feria tercia usw sint die scheffen von Runen fur uns kommen unde hant uns furgelacht, daz sie czweyne personen, die miteynander tedingen, eynen tag fur gericht gestalt haben gehabt. die sin auch beidersyt off denselben gestalten tag fur gericht kommen. nu hatten sie den eynen personen mit namen den cleger, mit recht gewiset, daz er sieben eyde tun sulte. derselbe cleger hette sinen fursprechen do unde verfursprecht yn als recht were, unde virbote daz. der ander persone, des clegers widdersache, der hette auch sinen fursprechen do, der yn auch verfursprecht, als recht were, unde verbote daz auch. do nu der cleger hinder die heilgen queme, do fregete er, wie er die eyde tun sulte, daz er sie rechte dede unde sich daran nit sumpte. do wurde er gewist, er sulte die eyde tun, daz er des blinden Peders nester erbe czu der losunge were. do er die eyde tun sulte, als er gewist were, do spreche ym sin furspreche diese worte fur, so spreche ym der cleger dieselben worte nach ,daz er des blinden Peters nester erbe were, so ym got hulffe unde die heilgen'; unde liesse die worte do hinden unde nit myddeluden ,czu der losunge', als er gewist were. daz virbote des clegers widdersache unde fregete, waz er des czu geniessen oder czu entgelten hette, daz der cleger die worte ,czu der losunge' do hinden gelassen hette unde nit mydde hette lassin luden, unde meynte, der cleger sulte sich gesumpt han.

Do der cleger nu fulte, daz yn sin furspreche gesumpt hatte, do begerte er der worte wandel unde meynte auch, er sulte ir wandel han unde sulte sich nit gesumpt han. so meynte sin widdersache, er sulte sich gesumpt han, unde fregete aber, waz er des czu genyessen oder czu entgelden hette. do gingen sie us unde berieden sich daruff unde quemen do widder unde sprechen czu den widdersachen: wulten sie, so wulten sie yn ussagen, waz sie darumbe rechte duchte. do spreche des clegers widdersache, ym genugte mit recht wol. also sin sie herkommen unde begern an eyme orteil unde rechten czu erfarn, obe sich der cleger gesumpt habe oder nit. des ist mit recht gewist: syt der czyt des clegers furspreche yn verfursprecht hat als recht ist unde daz auch verbot hat unde daz sumenisse an dem fursprechen gewest ist, so hat sich der cleger nit gesumpt. unde mag der cleger nu eynen andern fursprechen suchen, der ym inne den sachen sin worte duwe.

Verhandelt am Dienstag usw. Es sind die Schöffen von Rhaunen zu uns gekommen und haben uns [den Fall] vorgelegt, daß sie für zwei Personen, die miteinander stritten, einen Gerichtstag anberaumt hatten. Die seien auch beide an demselben anberaumten Tag vor Gericht erschienen. Nun hatten sie eine Person, den Kläger, mit Recht gewiesen, dass er sieben Eide leisten solle. Derselbe Kläger hatte seinen Fürsprecher dabei und dingte ihn ordnungsgemäß ein und verbotete das. Die andere

Person, der Beklagte, hatte auch ihren Fürsprecher da, dingte ihn auch ordnungs-gemäß ein und verbotete das auch. Als nun der Kläger hinter den Reliquienschrein kam, fragte er, wie er den Eid leisten solle, damit er ihn richtig leiste und sich nicht daran säume. Da wurde er angewiesen, er solle beeiden, dass er des blinden Peters nächster Erbe zu der Erbenlosung sei. Als er den Eid leisten sollte, wie er angewie-sen war, da sprach ihm sein Fürsprecher die Worte vor. Der Kläger sprach diesel-ben Worte nach: „Dass er des blinden Peters nächster Erbe sei, so wahr ihm Gott und die Heiligen hülfen." Und er ließ die Worte „zu der Losung" weg und sagte sie nicht so, wie er gewiesen worden war. Das verbotete der Beklagte und fragte, was er deswegen zu gewinnen oder zu verlieren habe, dass der Kläger die Worte „zu der Losung" weggelassen hatte. Und er meinte, der Kläger habe sich gesäumt.

Als der Kläger merkte, dass sein Fürsprecher gesäumt hatte, beantragte er den Wandel der Worte und meinte, er solle den Wandel haben und habe sich nicht gesäumt. Da meinte der Beklagte, er habe sich gesäumt, und fragte abermals, was er deswegen zu gewinnen oder zu verlieren habe. Da gingen sie hinaus und berieten sich und kamen wieder und sprachen zu den Parteien: Wenn sie wollten, wollten sie ihnen sagen, was sie in diesem Fall für Recht ansähen. Da sprach der Beklagte, ihm genüge das. Also sind sie hergekommen und begehren Urteil und Recht, um zu erfahren, ob sich der Kläger gesäumt habe oder nicht. *Das ist mit Recht gewiesen:* Ab dem Zeitpunkt, als der Kläger den Fürsprecher eingedungen und dies auch ver-botet hatte und die Säumnis am Fürsprecher lag, hat sich der Kläger nicht gesäumt. Daher kann der Kläger nun einen anderen Fürsprecher suchen, der ihm in der Sache sein Wort tue.

Vorlage: *Adalbert Erler* (Hrsg.), Die älteren Urteile des Ingelheimer Oberhofes, Bd. III, Frankfurt am Main 1963, Nr. 2402 S. 171–172; Übertragung bei *Peter Oestmann*, Der vergessliche Fürspre-cher, in: Falk/Luminati/Schmoeckel (Lit. zu 1.), S. 147–163 (148).

Ingelheimer Oberhof

Der Quellentext ist ein Urteil des Ingelheimer Oberhofes von 1427. Der Ingelheimer Oberhof zählt neben dem Lübecker Oberhof und dem Magdeburger Schöffenstuhl zu den bekanntesten spätmittelalterlichen deutschen Gerichten. Seine Tätigkeit im 14. und 15. Jahrhundert ist durch ca. 3000 erhaltene Urteile umfassend belegt.

13 Schöffen, zumeist aus dem ortsansässigen niederen Adel, bildeten das Gerichts-kollegium. Keiner von ihnen hatte studiert. Sie trafen sich als Gruppe bis zu siebenmal pro Monat, je nachdem, wie viele Rechtshändel anfielen. Wie alle mittelalterlichen Oberhöfe bildete auch der Ingelheimer Oberhof keine förmliche zweite Instanz. Er entschied nicht über bereits abgeurteilte Fälle ein weiteres Mal, sondern antwortete auf

Gerichtsanfragen, bis 1418 in hohem Maße auch auf private Anfragen. Die Rechtsaus-
künfte des Oberhofs mussten vom anfragenden Gericht förmlich verkündet werden.
Auf diese Weise blieb die Einstufigkeit des mittelalterlichen Gerichtsverfahrens gewahrt.
Ob die Weisungen des Oberhofs für die anfragenden Gerichte rechtlich verbindlich
waren, lässt sich nur schwer klären, weil die örtliche Parallelüberlieferung zumeist fehlt.
Wenn sie noch vorhanden ist, zeigt sich teilweise ein selbstbewusster und freier Umgang
mit den eingeholten Rechtsauskünften. Zumeist allerdings dürften die anfragenden
Gerichte die Oberhofurteile verkündet haben. Der Ingelheimer Oberhof seinerseits
sicherte sich rechtlich gegen widerborstige Untergerichte ab. Er wollte nämlich nur
Anfragen solcher Gerichte bescheiden, die sich zuvor dahingehend erklärten, auch
zukünftig ihren Rechtsrat in Ingelheim einzuholen. Manche anfragenden Gerichte
sind freilich nur einmal belegt. Ob es von dort keine weiteren Bitten um Auskunft
gab oder ob sie bei verschiedenen Oberhöfen zu Haupte gingen, muss offen bleiben.

Hadergerichtsbarkeit

Die Ingelheimer Schöffen verrichteten nicht nur ihre Oberhoftätigkeit. Sie waren
zugleich und sogar in noch höherem Maße als reguläres Gericht des sog. Ingelheimer
Grundes tätig, eines aus mehreren Dörfern bestehenden ursprünglich reichsfreien
Territoriums am Main. Die Gerichtsschreiber haben diese beiden Aufgaben aber klar
voneinander unterschieden. So legten sie zum einen Protokollbücher für die Oberhoftätigkeit an. Zum anderen führten sie daneben gesonderte sog. Haderbücher und
hielten darin die örtlichen Rechtsstreitigkeiten sowie zahlreiche Verpfändungen und
Schuldforderungen fest. Bei den Haderbüchern handelt es sich um die engmaschigste
Überlieferung zur spätmittelalterlichen deutschen dörflichen Rechtspraxis überhaupt.
    Die abgedruckte Quelle zeigt eine Gerichtsanfrage aus Rhaunen, etwa 70 km west-
lich von Ingelheim gelegen. Die dortigen Schöffen sahen sich nicht in der Lage, ein
vertracktes prozessuales Problem zu lösen, das durch eine fehlgeschlagene Eidesleistung entstanden war. Mit Zustimmung beider Parteien wandten sie sich deswegen
an den Oberhof. In Rhaunen stritten sich die Parteien um die Frage, ob ein Kläger,
der bei einer vorgegebenen Eidesformel zusätzlich eigene Worte hinzugefügt hatte,
bereits deswegen den Rechtsstreit verlieren müsse. Die Schöffen von Rhaunen konnten diese Frage nicht beantworten. Doch trotz der verfahrenen Situation erkannten
sämtliche Beteiligte die überlegene Rechtskenntnis der Ingelheimer Schöffen an. Über
die Anfrage an den Oberhof als solche herrschte Einmütigkeit. So unterstreicht dieser Fall in sichtbarer Weise, welche Bedeutung der Konsens im spätmittelalterlichen
Gerichtsverfahren noch besaß. Jedenfalls im zivilrechtlichen Bereich und abseits
straffer obrigkeitlicher Herrschaft kam es weiterhin darauf an, dass die Parteien die

richterliche Gewalt des angerufenen Gerichts anerkannten. In den mittelalterlichen Städten mit ihrer Ratsherrschaft sah dies teilweise völlig anders aus.

Gerichtsanfrage aus Rhaunen
Materiellrechtlich ging es in der Rechtssache aus Rhaunen um ein erbrechtliches Problem, dessen Einzelheiten dem Gerichtsschreiber aber keine weiteren Worte wert waren. Anders als in zahlreichen anderen Prozessen wollten die Schöffen von Rhaunen den Streit nicht durch einen Reinigungseid des Beklagten entscheiden. Es ging offenbar um die Aktivlegitimation des Klägers, um seine Stellung als Erbe des gestorbenen blinden Peters. Genau dies sollte der Kläger selbst beeiden. Mit den sieben Eiden musste er seinen eigenen Schwur zugleich sechsmal eidlich bekräftigen. Das war eine besondere Hürde, die Missbrauch und Meineide verhindern sollte. Die Eidesformel gab das Gericht wie üblich im Wortlaut vor.

Fürsprecher als Beistand der Parteien
An dieser Stelle erlangten die Fürsprecher der Parteien besondere Bedeutung. Sie waren keine gelehrten Rechtsanwälte, sondern unterstützten die Parteien im mündlichen Gerichtsverfahren. Damit sie postulationsfähig wurden, also Prozesshandlungen für die Partei vornehmen konnten, war es erforderlich, sie förmlich in den Rechtsstreit einzudingen. Die Quelle spricht vom „Verfürsprechen". Daraufhin konnten die Fürsprecher jeden einzelnen Verfahrensschritt mit ihrer Partei abstimmen und die Prozesshandlung dann vollführen. Hierauf weist die mehrfach genannte Verbotung gesondert hin. Nur die verboteten Handlungen sollten gerichtlich gültig sein. So sah der mittelalterliche Schutz vor unüberlegter Übereilung aus. Der Fürsprecher (Vorsprecher, mittelniederdeutsch *vorsprake*) hatte insbesondere darauf zu achten, dass die Parteien ihre Eide ordnungsgemäß ableisteten. Wegen seiner umfangreichen praktischen Erfahrung kannte ein Fürsprecher zahlreiche Eidesformeln und war zudem in der Lage, sich auch längere Formulierungen zu merken und den Parteien vorzusagen.

Manche mittelalterlichen Rechte sprachen ganz anschaulich vom Staber, der die Buchstaben aneinanderreihte. Im Frankfurter Bereich kannte man den Mompar, den Mund-bar, der auf den Mund seiner Partei achtete. Die gerichtlich aufgegebene Eidesformel konnte sich in der Praxis aber als schwieriger erweisen, als sie auf den ersten Blick erscheinen mochte. Falls der Fürsprecher sich den Wortlaut nicht merken konnte, entstanden Probleme. Aber es wurde auch dann schwierig, wenn der Fürsprecher andere Rechtsauffassungen vertrat als das Gericht. In einem Rechtsstreit um 1430 leistete eine Partei mehrfach auf Anraten ihres Fürsprechers einen Eid mit dem Anhang, sie suche ohne Arglist und Gefährde ihr Recht. Das Gericht hatte diese Gefährdeformel nicht vorgesehen und fragte schließlich in Ingelheim an, wie man damit umgehen müsse, wenn die Partei jeweils die Eidesformel verändere. Der Oberhof entschied, dass alle einschlägigen Eide diese Arglistformel enthalten sollten. Auf diese Weise konnten Fürsprecher durchaus daran mitwirken, das Verfahrensrecht fortzubilden.

Im Fall aus Rhaunen hatte der Fürsprecher seiner Partei ungenau vorgesagt. Die erbrechtliche Besonderheit „zu der Losung" hatte er durch die Gottesanrufung („so wahr ihm Gott helfe") ersetzt. Das wollte der Beklagte nicht gelten lassen und beantragte mehrfach ein Versäumnisurteil gegen den Kläger. Die misslungene Eidesleistung stand nach seiner Auffassung dem Fall gleich, in dem der Kläger erst gar nicht zur Verhandlung erschienen war. Im untechnischen Sinne erkannte der Kläger sogar ein Säumnis, ein Versehen, an. Beide Seiten gingen also ohne Weiteres davon aus, dass eine vorgegebene Eidesformel wörtlich zu leisten war. Wer den Wortlaut des Eides veränderte, hatte den Eidesbeweis nicht ordentlich erbracht. Nur der wörtlich wiederholte Eid war ein rechtlich wirksamer Eid. Das war als solches unstreitig.

Prozessgefahr

Die Wortgenauigkeit in der Eidesleistung nennt die rechtshistorische Literatur Formalismus oder Formstrenge. Formverstöße sollten zu Rechtsnachteilen führen, im einschneidensten Fall sogar zum Verlust des Prozesses. Vor allem sächsische Quellen kennen dafür den mittelalterlichen Begriff *vare* (Gefahr). Diese Prozessgefahr bestand offenbar vor allem in Gebühren, die eine unsorgfältige Partei an das Gericht zu zahlen hatte. Wie oft solche Fälle vorkamen, wie hoch die Gebühren waren und ob vielleicht das Gericht den Parteien sogar Fallen stellte, um Gebühren zu schinden, ist nicht bekannt. In den ältesten Belegen wird die *vare* nur negativ greifbar. Denn Privilegien für neugegründete Städte oder ihre Tochterstädte schafften diese Gefahr oftmals ausdrücklich ab (z. B. das vieldiskutierte Privileg Erzbischof Wichmanns für Magdeburg 1188, zuvor schon Lübeck 1163).

Erholung und Wandel

Fraglich war im mittelalterlichen Recht, ob eine Partei ihre Formverstöße einfach dadurch heilen konnte, dass sie die zunächst misslungene Prozesshandlung in ordnungsgemäßer Weise wiederholte. Eike von Repgow sprach in seinem Sachsenspiegel von der Erholung. Diese Möglichkeit der Heilung hing davon ab, ob die Partei einen Fürsprecher besaß oder nicht. Wer sich ohne Fürsprecher gerichtlich versprach, konnte sich von seinem Wort nicht mehr lösen. Wenn jedoch eine Partei einen Fürsprecher hatte und diesem ein Fehler unterlief, konnte die Partei der Handlung des Fürsprechers sofort widersprechen und sich damit erholen (Ssp. Ldr. I 60). Es bestand keine

Pflicht, einen Fürsprecher zu bestellen. Doch war dies sinnvoll, um die drohenden Rechtsnachteile bei Formverstößen abzumildern.

Die ältere Literatur hat hier zahlreiche Probleme über einen Kamm geschoren und die Ausmaße der mittelalterlichen Formstrenge deutlich übertrieben. Oft verwies man auf eine Stelle aus dem Lehnrecht des Sachsenspiegels. Bereits das bloße Niesen oder das Verscheuchen einer Mücke habe als falsche Körperhaltung ausreichen können, vor Gericht zu unterliegen. Dabei sagte Eike von Repgow das genaue Gegenteil. Wenn jemand vor Gericht niesen oder husten musste, auf der falschen Seite seines Fürsprechers stand, sich umdrehte oder Insekten wegschlug, brauchte er gerade keine Ordnungsbuße, die sog. Wette, zu entrichten. Erst recht drohte ihm somit nicht allein deswegen der Verlust des gesamten Prozesses:

> Ab sich der man wischet, snuzet ader spiet, reschet, hostet adir nusit ader stet in anderhalb sines vorsprechen, den her zume ersten tete, ader ab her sich umme siet gezogenliche, ader ab her vligen, mucken ader bremen von im strichet binnen lenrechte, dar umme en wettet her nicht, alleine wenens thumme lute. (Ssp. Lnr. 68 § 7)

Es ging also nicht um den Prozessverlust, sondern lediglich um die Wette an den Richter. Und genau diese Buße sollte nicht fällig werden. Lediglich bei dummen Leuten gebe es solche Gebräuche, fügten einige wenige Handschriften hinzu. Die angeblichen kuriosen Auswüchse der mittelalterlichen Formstrenge sahen in der Praxis also längst nicht so bedrohlich aus.

Auch der Ingelheimer Fall von 1427 spricht gegen die übertriebene spätmittelalterliche Härte. Obwohl der Kläger den Fehler seines Fürsprechers zunächst nicht bemerkt und die Eidesformel falsch nachgesprochen hatte, konnte er seine Worte wandeln und mit einem neuen Fürsprecher den im ersten Versuch misslungenen Eid wiederholen. Erholung und Wandel, diese beiden zeitgenössischen Begriffe, deuten auf einen pragmatischen Umgang mit strengen Formvorgaben hin. Es war durchaus bedeutsam, Eidesformeln wörtlich nachzusprechen. Aber Fehler konnte man heilen, wenn der Fürsprecher sie zu verantworten hatte.

Rationalität der Formstrenge

Die Wortstrenge bei der Eidesleistung besaß aus zeitgenössischer Sicht durchaus ihren Sinn. Der Schwörende rief göttlichen Beistand an und war mit seiner ewigen Verdammnis einverstanden für den Fall, dass er einen Meineid leistete. Zutreffend spricht man von einer bedingten Selbstverfluchung. Wenn die Beteiligten gemeinsam davon ausgingen, Gottes Zorn werde den Lügner tatsächlich treffen, konnte dies

entscheidende disziplinierende Wirkung entfalten und falsche Eidesleistungen tatsächlich im Keim ersticken. Zudem galt Gott weithin als oberster Richter, für Eike von
Repgow gar als Inbegriff des Rechts selbst. Wenn eine Partei sich bei der Eidesleistung
versprach, konnte man dies durchaus als göttlichen Eingriff in das Prozessgeschehen
deuten. Gottes Gerechtigkeit mochte der Partei die Worte verdreht haben, um einen
bevorstehenden Meineid zu verhindern. Die Eidesleistung misslang in solchen Fällen,
weil die Partei im Unrecht war. Pierre de Fontaines, ein gelehrter französischer Jurist
aus dem 13. Jahrhundert, vertrat genau diese Auffassung und sicherte die gerichtliche
Formstrenge damit auch aus der Sicht des gelehrten Rechts ab. Das trifft sich mit
Erkenntnissen der neueren Ritualforschung. Nur dann, wenn Rituale immer gleich
abliefen, konnten sie ihre Überzeugungskraft ständig erneuern und bekräftigen.

2.8.5 Zum Aufbau mittelalterlicher Gerichtsprotokolle

Die oben wiedergegebene Ingelheimer Weisung an das Schöffengericht in Rhaunen
zeigt im Aufbau die typische Überlieferung mittelalterlicher Gerichtsprotokolle. Die
Fallschilderung und die rechtlichen Auseinandersetzungen der Parteien nehmen den
größten Raum ein. Bei Oberhofurteilen schildern die Quellen ausführlich die Anfrage.
Die Entscheidung selbst folgt am Schluss in knappen Worten. Über das rechtliche
Gespräch der Ingelheimer Schöffen erfährt man nichts, eine Urteilsbegründung gegenüber den Parteien gab der Oberhof nicht ab. Im Ausgangsfall dürfte der Kläger in
Rhaunen seinen Wiederholungsversuch erhalten haben, weil er nicht mit dem Fehler
seines Fürsprechers belastet werden sollte. Aber mehr als solche indirekten Hinweise
lassen sich nicht gewinnen. Bei gelehrten Gerichten verfassten die Gerichtsmitglieder
üblicherweise Relationen und hielten auf diese Weise ihre Entscheidungsgründe fest.
Außerdem protokollierte man Senatsberatungen, oft auch Abstimmungsergebnisse.
Doch die Parteien erfuhren davon nichts, falls sie nicht im Einzelfall das Referenten-
geheimnis gelüftet hatten. Erst im 19. Jahrhundert gingen deutsche Gerichte unter
dem Einfluss der französischen Reformen in größerem Ausmaß dazu über, nicht nur
den Urteilstenor, sondern auch ihre Begründung offenzulegen.

2.8.6 Der Lübecker Rat als Oberhof

Eines der bekanntesten mittelalterlichen deutschen Gerichte war der Lübecker Rat. In
einer Zeit ohne feste Gewaltentrennung amtierten die Lübecker Ratsherren zugleich
als Obrigkeit und Herrschaftsorgan über die Reichsstadt und die von ihr beherrschten
ländlichen Gebiete, richteten aber auch als Obergericht über die Einwohner innerhalb

und außerhalb der Mauern. Das lübische Recht, seit 1181/88 als Begriff fassbar, seit 1227 in handschriftlicher Überlieferung erhalten, war ein Stadtrecht mit Regeln zur Ratsverfassung, Gerichtsbarkeit und vor allem umfangreichen privatrechtlichen Vorgaben. Offenbar passte dieses Recht maßgeschneidert auf die norddeutschen Handels- und Seefahrtsstädte. Zahlreiche Neugründungen erhielten das lübische Recht in ihren Gründungsprivilegien verliehen. Andere Städte bemühten sich um eine spätere Bewidmung mit dem lübischen Recht. So verlieh der dänische König Erik IV. Plogpenning 1248 den Bürgern von Reval/Tallinn das Recht der Stadt Lübeck. Weit erstreckt über den Ostseeraum und die Hansekontore in Nord- und Nordosteuropa lassen sich die Spuren des lübischen Rechts nachweisen. Wie in anderen mittelalterlichen Rechtskreisen wurde der Lübecker Rat zum Oberhof der lübischen Stadtrechtsfamilie. Die Stadt beschäftigte seit mindestens 1310 einen rechtsgelehrten Syndikus, doch im Rat selbst saßen Patrizier, Kaufleute, zu einem kleinen Teil auch Handwerker. Unter den Bürgermeistern, ab 1301 jeweils vier an der Zahl, war erst seit 1477/87 ein studierter Jurist (ab 1669: drei Rechtsgelehrte von vier Bürgermeistern).

Urteilsschelte oder Appellation
Im Hinblick auf die Leitfragen des Buches verdient der Lübecker Rat vor allem aus einem Grunde besondere Beachtung. Seit den Arbeiten von Wilhelm Ebel (1950/71) diskutiert die Forschung, welchen Charakter der Rechtszug nach Lübeck besaß. Handelte es sich um die typisch deutschrechtliche und einstufige Urteilsschelte oder um ein ausgefeiltes Rechtsmittelsystem mit der Möglichkeit, Berufung gegen bereits gefällte, verbindliche untergerichtliche Entscheidungen einzulegen? Der Streit entzündet sich an den Affsproken, den Aussprüchen des Revaler Rates, und den Lübecker Antworten. Diese Quellen stammen überwiegend aus der ersten Hälfte des 16. Jahrhunderts. Die zeitgenössische Begrifflichkeit hilft bei dieser Frage kaum weiter. Wenn ein Einwohner von Reval ein Urteil gescholten oder gegen ein Urteil *geappellered* hatte, konnten die niederdeutschen Aufzeichnungen mit ihren lateinischen Einsprengseln zweierlei bedeuten: (1) Entweder gab es einen Entscheidungsvorschlag des Revaler Rates. Die scheltende Partei hatte möglicherweise vor dem Ausspruch des Urteils protestiert. So gab es keinen Konsens, und das gewohnheitlich überlieferte Recht ließ sich nicht finden. Deswegen setzte der Schelter seine Hoffnung auf den Lübecker Oberhof. Dort wollte er besseres Recht erhalten. Wenn dann der Spruch der Lübecker Ratsherren in Reval verkündet wurde, war die Einstufigkeit des mittelalterlichen Verfahrens gewahrt. (2) Oder aber der Revaler Rat hatte bereits sein Urteil gefällt und mit Gebotskraft ausgesprochen. Die Schelte wäre in diesem Fall ein Angriff auf das bereits ausgefertigte Urteil. Der Rechtszug nach Lübeck wäre dann darauf gerichtet gewesen, den Rat

zu bitten, das Revaler Urteil zu überprüfen und gegebenenfalls aufzuheben oder zu ändern. Die Lübecker Entscheidung erschiene bei dieser Sichtweise als zweitinstanzliches Urteil, das mit dem Abspruch der Ratsherren in der Welt gewesen wäre, ohne dass es auf eine förmliche Verkündung in Reval besonders angekommen wäre.

Welche genaue Funktion die Schelte im lübischen Recht besaß, ist weiterhin offen. Ein echtes Rechtsmittel mit Devolutiveffekt könnte im 16. Jahrhundert kaum überraschen, kannte doch die Kirche genau dieses Verfahren schon seit über 300 Jahren. Auf der anderen Seite kann das einstufige Verfahren mit seinen Urteilsvorschlägen und dem überlieferten Konsenserfordernis durchaus bis an die Wende zur Neuzeit gebräuchlich geblieben sein. Die neuesten Untersuchungen sprechen für eine mehrstufige Gerichtsverfassung im lübischen Rechtsraum mit einer echten Berufung gegen ein erstinstanzliches Urteil. Das letzte Wort scheint aber noch nicht gesprochen.

Das Beispiel des Lübecker Rates ist in mehrfacher Hinsicht lehrreich. Die Quellen sind lange bekannt und schon vor Jahrzehnten im Druck erschienen. Man kann sie auf zweierlei Weise verstehen und sie in zwei sich gegenseitig ausschließende Modelle einpassen. Welchen Rahmen man wählt, hängt von persönlichen Vorlieben ab, in der älteren Literatur oftmals von ideologischen Gesamtbildern. Geschichtsschreibung ist und bleibt notgedrungen Konstruktion. Mehr als die Quellen gibt es nicht. Die Rechtsnatur des Lübecker Oberhofzuges zeigt das überdeutlich.

2.8.7 Die Femegerichtsbarkeit

Ähnlich schwierig zu deuten wie der Rechtszug nach Lübeck ist seit langem eine andere typische Erscheinung der spätmittelalterlichen Gerichtsverfassung: die Feme. Femegerichte bestanden in großer Zahl in Westfalen seit dem 13. Jahrhundert. Ihrem eigenen Anspruch nach waren sie für die Verfolgung und Bestrafung schwerer Straftaten zuständig. Teilweise spricht man auch von Freigerichten, wobei regelmäßig unklar bleibt, ob beide Erscheinungen deckungsgleich sind. Im Folgenden werden die Begriffe synonym benutzt. Die Femegerichte bildeten sich offenbar nach dem Sturz Heinrichs des Löwen, als der westfälische Raum weitgehend herrschaftsfrei war. Sie sahen sich als Teil der königlichen Gerichtsbarkeit und führten ihre eigene Tradition seit etwa 1350 auf angebliche Privilegien Karls des Großen zurück. Jedenfalls übernahmen die Erzbischöfe von Köln im 14. Jahrhundert die Gerichtsherrschaft über die Femegerichte, doch handelten sie hierbei ausdrücklich als Vertreter der königlichen Gerichtsgewalt. Im frühen 15. Jahrhundert förderten die Könige Ruprecht und Sigismund die Feme, die damit eng an die Reichsgerichtsbarkeit angebunden blieb. Ein Freigraf als Richter des jeweiligen Femegerichts und einige Freischöffen als Urteiler bildeten die

Gerichtsbesetzung. Nur Freie mit einem gewissen Grundvermögen (Freigut) konnten ursprünglich diese Aufgabe übernehmen. Später kamen zunehmend Adlige und Bürger hinzu. Das belegt die Attraktivität der Feme als persönlicher Gerichtsstand seit der Mitte des 14. Jahrhunderts. Der Freigraf wurde von einem Stuhlherrn ernannt, der seinerseits durch erzbischöfliche oder königliche Privilegien zur Übertragung des Blutbannes berechtigt war. Auf diese Weise leiteten die Frei- bzw. Femegerichte ihre Legitimation zumindest mittelbar weiterhin von der obersten Herrschaftsgewalt ab.

Überspitzt gesagt konnten die Femegerichte einen Beschuldigten entweder zum Tode durch den Strang verurteilen oder freisprechen. Damit war diese Gerichtsbarkeit Teil der spätmittelalterlichen Landfriedensbewegung, nach neuerer Einschätzung sogar ein besonders erfolgreicher. Romantische Vorstellungen von heimlichen Gerichtsverfahren bei Nacht und Nebel treffen weitgehend nicht zu. Allerdings kannten die Gerichte öffentliche und nichtöffentliche Sitzungen. Hier setzte sich wohl die überkommene Unterscheidung echter und gebotener Dingversammlungen fort. Die Schöffen hatten dabei nicht nur die Aufgabe, die Urteile zu finden. Vielmehr mussten sie bereits im Vorfeld die femewürdigen Verbrechen anzeigen. Auf diese Weise gingen die Femegerichte einen großen Schritt in Richtung auf die moderne Offizialmaxime. Das Gericht selbst eröffnete von Amts wegen das Verfahren und brauchte nicht auf einen privaten Kläger zu warten. Räumliche Grenzen kannten die Femegerichte zunächst nicht. Sie luden die Beschuldigten zur Verhandlung, egal wo sie sich innerhalb des Reiches aufhielten.

Niedergang der Femegerichte
Genau in dieser Spannung harter Strafdrohungen und schwacher Vollstreckungsmöglichkeiten lag bereits der Grund, aus dem die Femegerichte letztlich scheiterten. Wenn ein Todesurteil drohte, erschienen viele Angeklagte gar nicht vor Gericht. Sie konnten dann verfemt, also in Abwesenheit verurteilt werden. Doch war es kaum möglich, die Urteile zu vollstrecken. Es gab zwar einen Gerichtsdiener, einen Fronboten. Doch er besaß kaum die Möglichkeit, durch das gesamte Reich zu reisen und die Verurteilten irgendwo zu hängen. Unabhängig von der ausgefeilten Gerichtsorganisation, der königlichen Unterstützung und dem zügigen Verfahren mitsamt der Offizialmaxime zeigt dieses Beispiel ein Grundproblem der Strafgerichtsbarkeit. Ein Strafprozess, der über den privaten Streit zweier Parteien hinausgeht und auf hoheitliche Bestrafung abzielt, benötigt einen durchsetzungsstarken Vollstreckungsapparat. Wenn Urteile nicht vollzogen werden können, verliert das Gericht seine Autorität. Bei der höchsten Gerichtsbarkeit, vor allem in politisch aufgeladenen Streitsachen, liegt das Problem anders. Aber in der ordentlichen Gerichtsbarkeit ist die Vollstreckung von Entscheidungen ein unverzichtbarer Schlussstein des Verfahrens.

Ein zweites Problem besiegelte zusätzlich den Niedergang der Femegerichte. Die Territorien sahen die Gerichtsbarkeit zunehmend als ihre ureigene Aufgabe an. Das galt sowohl für die erstarkenden Städte wie auch für die fürstlichen Landesherrschaften. Die Ladung eines eigenen Untertanen vor ein westfälisches Freigericht oder die Vollstreckung eines fremden Femeurteils innerhalb des eigenen Territoriums beeinträchtigte nach dieser Sichtweise die *iurisdictio* und damit das wichtigste Herrschaftsrecht der erstarkenden Obrigkeiten überhaupt. Schon 1426 erklärte der sächsische Städtebund, die sächsischen Städte würden die Femegerichtsbarkeit über ihre Einwohner nicht weiter anerkennen und zukünftig selbst über Strafsachen richten. Andere Städte und Territorien folgten.

Neben dem Vollstreckungsproblem wirft der Widerstand gegen die Feme ein bezeichnendes Licht auf den Zuammenhang von Gerichtsbarkeit und Staatsgewalt. In dem Maße nämlich, wie bei der Staatswerdung die Gerichtsgewalt zum wesentlichen Teil der obrigkeitlichen Herrschaft überhaupt erstarkte, musste eine Gerichtsorganisation scheitern, die sich gerade keiner Landesherrschaft unterstellte. Zugleich war die Feme zu weit vom König entfernt, um auf einer Stufe mit dem Reichshofgericht oder dem königlichen Kammergericht von der Rolle des Königs als oberstem Richter profitieren zu können. Damit war die Verflachung vorgezeichnet. Die Femegerichte hielten sich zwar bis ins frühe 19. Jahrhundert, wandelten sich aber zunehmend zu bäuerlichen Niedergerichten. Das Problem flüchtiger Missetäter, die sich keinem Gerichtsverfahren stellten, blieb freilich bestehen. Oftmals sollte die Reichsacht helfen, die Verbrecher ihrer verdienten Strafe zuzuführen. Das leitet zu der im folgenden Abschnitt behandelten Quelle über.

2.8.8 Spätmittelalterliche Gerichtspraxis in Frankfurt am Main (nach 1411)

Die folgende Quelle stammt nicht von einem Femegericht, sondern von Schultheiß und Schöffen in Frankfurt am Main. Sie zeigt allerdings die Ächtung eines Mörders wegen Ladungsungehorsams und belegt deutliche Wandlungen in den Prozessmaximen und, modern gesprochen, in den strafrechtlichen Rechtfertigungsgründen. Für den Weg von einem mittelalterlichen Parteiprozess zu einem neuzeitlichen, hoheitlich betriebenen Verfahren ist der Text daher besonders lehrreich. Ganz handgreiflich veranschaulicht er, wie in der Gerichtspraxis die Offizialmaxime in bestimmten Strafsachen das alte Privatklageverfahren verdrängte. Der Mordfall um den getöteten Schiffmann Emmerich von Sonnenberg steht damit an der Grenze zu einem Gerichtsverfahren auf der Grundlage eines obrigkeitlichen Gewaltmonopols.

Rechtsstreit wegen eines toten Schiffers (nach 1411)
Ist zu wißen, also als Emmerich von Sonnenberg, ein schiffmann, zu Frankfurt toidt
bleben ist, deßelben totslags Girlach von Buchen, Girlach von Bessungen, Henne
Guldenbart, Henne Bruchard und Hartmud Krud hanttedige und nachfolger gewest
sin und nach derselben geschicht daz gerichte sich verzog als daz uff geschlagen
waz nach gewonheit als es Erne waz und darnach daz erste gerichte waz uff den
nesten mantag nach sant Laurentien tage, da taden Scholtheiß und Scheffen offint-
lichen fragen eins, zwirnt, drywerbe mit dem stücker, dem das von rechte gebord: obe
ymand da were, der von des vorgenanten mordes und totslages wegen clagen wulde.
Daz waz nymant da der da clagete und als da daz gericht uffgestanden waz und keyn
kleger da gewest waz, darnach uff das neste gerichte mit namen uff den nesten fritag
darnach daz waz in vigilia assumptionis Mariae, als Scholtheiß und scheffen an des
Richsgerichte sassen, da han sie abir offinlich tun fragen mit dem stecker, eins, zwirnt,
drywerbe: obe ymant da were, der von des vorgenanten mordes und todslags wegen
clagen wulde und als da keyn cleger waz, da ted der scholtheiß von gerichts wegen
den stecker des vorgenanten Emmerichs des toden watmal da offintlich wisen und hieß
da denselbin stocker, dem daz von recht wegen geberet, die vorgenanten handedigen
und nachfolger mit namen (s. oben) ir iglicher besunders von des mordes wegen vur
heischen nach recht und herkommen des Richsgericht.
Also quamen sie alle vur gericht daz zu verantworten und zu vorsteen und als anders
kein cleger da waz, da stunt der Scholtheiß uff und saste einen andern scholtheiß an sin
stad und clagete da von ir iglichem besundern, wie daz sie Emmerich von Sonnenberg
einen schiffmann uff des Richsstrassen frevelich ermordet haben.
Daruff sie alle und ir iglicher besunder mit iren fursprechen antwurten: sie hofften daz
sie keinen fravel an Emmerich von des mordes wegen getan hetten, wan er were ein
morder und ein rechtlois virzalter man gewest und wolden daz kuntlich machen mit des
gerichts briff da er den mort getan habe und virzalt werde nach lude desselben brieffs
(....)[7] von gerichts wegen mit sine vursprechen erwiseten sie daz als recht were, daz
müte er lassin sin. Daruff derselbe briff gelesen wart offinlich vor des Richsgerichte.
Derselbe briff auch von worten zu worten hiernach also lautet:
Wir Gernant von Kiesen Ritter tzerzit greve und wir Ebirhard Gyr von Binetzhoven und
Heydenrich von Schallenberg Scheffene und vort wir andere scheffene gemeynlich
der stad tzu Colne dun kunt allen luden, die diesen brieff lesen, sehen oder horen
lesen und zugen daz uns kundig ist, so wie daz Emmerich von Sonnenberg schiffman

---

7   Unleserliche Stelle im Original laut *Thomas*, wie Vorlage, S. 374 Anm. 7.

vor tziden zu Colne eynen armen gesellen (…) waz ermordet hat und waz derselbe
Emmerich umb des morts (…) willen gewichen und vurflichtig und hetten wir yn betreten
oder (…) so hetten wir von yme tun richten als von eym morder und (…) der uß alle
sim rechte gesast ist und wir hilten und halten den selben Emmerich rechtlois und
friedelois und ist auch des gerichts recht (…) so wer in solicher masse erfolget oder
vurfluchtig wirt, so wo man den betreten mag, daz wir von dem tun richten als recht
ist. Des zu Urkunde (etc.) MCCCC undecimo feria tertia post Laurentii.
Und nach verhorunge des vorgenanten brieffs so baden yn die vorgen. hantdedigen
und nachfolger an urteil zu stellen, obe sie da bekuntschaft hetten, daz sie des genissen
solden. Da begerte der Scholtheiß, von gerichts wegen hetten sie gewiset als recht
were, daz müste er laßen getan sin und nach clage und antwurt beyder parthyen und
nach vorhorunge des vorgen. briffs, so han die scheffen mit urtel gewiset, daz die
vorgenanten hantdedigen und nachfolger von des egenanten todslages und mordes
wegen gewiset haben, daz sie des billich geniessen, also daz sie an Emmerich von
des egenanten todslages und mordes wegen nit gefrevelt haben und daz sie auch
darumb nymant schuldig sollen sin zu antwurten oder kein karunge oder wandel zu tun.
Es ist zu wissen: Emmerich von Sonnenberg, ein Schiffer, wurde in Frankfurt tot aufge-
funden. Diesen Totschlag hatten Girlach von Buchen, Girlach von Bessungen, Henne
Guldenbart, Henne Bruchard und Hartmud Krud als „Handtätige" und „Nachfolger"
begangen. Als diese Sache geschehen war, hatte das Gericht seine Sitzung [bereits]
beendet. Nach Gewohnheit wurde es am nächsten Geschäftstag wieder eröffnet am
nächsten Montag nach St. Laurentius. Da fragten Schultheiß und Schöffen ein-, zwei-,
dreimal öffentlich durch den Stücker, dem das von Rechts wegen zustand: Ob jemand
da sei, der wegen des erwähnten Mordes und Totschlags klagen wolle. Da war niemand, der klagte. Da stand das Gericht auf, weil kein Kläger dagewesen war. Danach
am nächsten Gerichtstag, am nächsten Freitag, am Tag vor Mariae Himmelfahrt, saßen
Schultheiß und Schöffen [erneut] als Reichsgericht. Da ließen sie abermals durch
den Stücker ein-, zwei-, dreimal fragen, ob jemand da sei, der wegen des erwähnten
Mordes und Totschlags klagen wolle. Als kein Kläger da war, ließ der Schultheiß von
Gerichts wegen den Stücker die Kleidung des erwähnten toten Emmerichs öffentlich
zeigen. Und er befahl dem Stücker, dem das von Rechts wegen zustand, die erwähnten „Handtätigen" und „Nachfolger" mit den Namen (s. oben) jeweils einzeln wegen
des Mordes vorzuladen nach Recht und Herkommen des Reichsgerichts.
Also erschienen sie alle vor Gericht, um sich zu verantworten. Als erneut kein Kläger
da war, da stand der Schultheiß auf. Er setzte einen anderen Schultheißen an seine
Stelle und verklagte jeden einzelnen gesondert, dass sie Emmerich von Sonnenberg,
einen Schiffer, auf der Reichsstraße frevelhaft ermordet hätten.

Darauf antworteten sie alle und jeder gesondert mit ihren Fürsprechern: Sie hofften, dass sie keinen Frevel wegen des Mordes an Emmerich begangen hätten. Denn er sei ein Mörder und ein für rechtlos erklärter Mann gewesen. Das wollten sie beweisen mit einem Brief desjenigen Gerichts, wo er den Mord begangen hatte und geächtet worden sei, nach Wortlaut desselben Briefes (…). Wenn sie das mit ihren Fürsprechern beweisen könnten, wie es Recht sei, dann müsse er es gelten lassen. Darauf wurde der Brief öffentlich vor dem Reichsgericht verlesen. Dieser Brief lautet wörtlich:

„Wir Gernant von Kiesen, Ritter, zur Zeit Richter, und wir Eberhard Geyer von Binetzhoven und Heinrich von Schallenberg, Schöffen, und außerdem wir anderen Schöffen der Stadt Köln gemeinsam erklären allen, die diesen Brief lesen, sehen oder lesen hören und bezeugen: Uns ist bekannt, dass Emmerich von Sonnenberg, Schiffer, früher in Köln einen armen Gesellen (…) ermordete. Derselbe Emmerich floh wegen des Mordes (…). Hätten wir ihn gestellt oder (…), hätten wir ihn als Mörder verurteilt und (…) der aus allem seinem Recht gesetzt ist, und wir hielten und halten denselben Emmerich für recht- und friedlos, und es ist auch das Recht des Gerichts (…): Wer unter diesen Umständen flieht, wenn man denjenigen stellt, dass wir über ihn urteilen, wie es recht ist. Beurkundet (…) 1411, Dienstag nach St. Laurentius.“

Nach Anhörung des genannten Briefes baten die erwähnten „Handtätigen“ und „Nachfolger“ um ein Urteil, ob sie bewiesen hätten, dass sie obsiegen würden. Da beantragte der Schultheiß: Von Gerichts wegen hätten sie es rechtmäßig bewiesen, das müsse er anerkennen. Und nach Anhörung des erwähnten Briefes haben die Schöffen ein Urteil gewiesen: Die erwähnten „Handtätigen“ und „Nachfolger“ haben wegen des genannten Totschlags und Mordes bewiesen, dass sie zu Recht obsiegen. Sie haben nämlich wegen des erwähnten Totschlags und Mordes an Emmerich nicht gefrevelt. Darum sind sie niemandem schuldig zu antworten und müssen weder „Kehrung“ noch „Wandel“ leisten.

Vorlage: *Johann Gerhard Christian Thomas*, Der Oberhof zu Frankfurt am Main und das fränkische Recht in Bezug auf denselben, hrsg. v. Ludwig Heinrich Euler/Jacob Grimm, Frankfurt am Main 1841, S. 373–375 Nr. 9.

Die Frankfurter Quelle eröffnet den Blick auf entscheidende Wandlungen im gerichtlichen Verfahren des frühen 15. Jahrhunderts und auf die Trennung von Straf- und Zivilprozess. Johann Gerhard Christian Thomas nahm das Gerichtsprotokoll in sein Buch über den Frankfurter Oberhof auf. Doch das Stadtgericht, das sich selbstbewusst Reichsgericht nannte, wurde hier nicht als Oberhof tätig. Einen auswärtigen Rechtsstreit hatte es nicht gegeben, eine Anfrage an die Frankfurter Schöffen ist nicht erkennbar.

Vielmehr ging es um einen Mordfall, den Schultheiß und Schöffen ausschließlich in Frankfurt verhandelten.

Sachverhalt und erster Gerichtstag

Der Sachverhalt war von Beginn an bekannt. Einige „Handtätige" und „Nachfolger" hatten den Schiffmann Emmerich von Sonnenberg getötet. Ihre Namen waren geläufig. Offenbar hatten sie sich verbündet, Emmerich verfolgt und dann umgebracht. Das folgende Gerichtsverfahren kippte vom Parteibetrieb mit seiner Dispositionsmaxime zum Amtsbetrieb mitsamt Offizialmaxime. So klar lässt sich dieser Vorgang am Einzelfall selten sehen. Auf der nächsten Gerichtssitzung nach dem Mord ließen Schultheiß und Schöffen fragen, ob jemand die Anklage erheben wolle. Die deutschrechtliche Unterscheidung von Richter (Schultheiß) und Urteilern (Schöffen) war auch in Frankfurt gebräuchlich. Solche verfahrensleitenden Maßnahmen nahmen aber offenbar beide Teile gemeinsam vor. Zuständig für die jeweiligen Ausrufe oder Ladungen war in Frankfurt der Stücker, ein Stockknecht. Gerichtsdiener trugen vielfältig verschiedene Namen, oftmals hießen sie schlicht Büttel. Das Frankfurter Protokoll legt besonderen Wert auf die Zuständigkeiten und betont ausdrücklich, dass dem Stücker solche Tätigkeiten von Rechts wegen oblagen. Ganz rituell rief er dreimal aus, ob jemand wegen des Mordfalls Klage erheben wolle.

Niemand meldete sich. Das war auch kaum möglich, denn Emmerich stammte nicht aus Frankfurt und hatte sich jedenfalls zeitweise in Köln aufgehalten. Er hatte vor Ort keine Verwandten oder Freunde, und deshalb gab es niemanden, der als Betroffener hätte klagen können. Die Nachteile des Parteiprozesses lagen hier auf der Hand. Wo kein Kläger, da kein Richter, besagt ein bekanntes Rechtssprichwort, das damals seine besondere Tragweite zeigte. Wer einsam oder fremd war, musste deshalb erhebliche Nachteile in Kauf nehmen. Gerade gegen Totschlag war er besonders wenig rechtlich geschützt. Gewalttaten waren zwar verboten, zu dieser Zeit nicht nur im Landfriedensrecht, sondern auch bereits umfassend im Stadt- und Landrecht. Doch der Parteiprozess setzte einen privaten Kläger voraus. War er nicht vorhanden oder aus unterschiedlichen Gründen nicht bereit zu klagen, blieben Verbrechen ungesühnt. Doch das Frankfurter Schöffengericht wollte sich damit nicht abfinden.

Zweiter Gerichtstag

Bei einer zweiten Gerichtssitzung eine gute Woche später befahlen Schultheiß und Schöffen dem Stücker abermals, dreifach zur Klage wegen des Totschlags aufzurufen. Es hatte sich jedoch nichts geändert, und erneut trat kein Kläger auf. Der Schultheiß ließ deswegen die Kleidung des Getöteten („watmal", vgl. lat. *vestimentum*, frz.

vêtement) öffentlich zeigen. Vielleicht symbolisierte die Kleidung den Ermordeten, der auf diese Weise gleichsam vor Gericht selbst erschienen war. Das mittelalterliche Recht kannte durchaus die Klage mit dem toten Mann (vgl. Kap. 2.6.2). Das genaue Ritual scheint von Ort zu Ort verschieden ausgestaltet gewesen zu sein. Auch Leibzeichen wie abgeschnittene Hände und andere Körperteile sind in Gerichtsverhandlungen belegt. Entweder pflegte man in Frankfurt die Vorstellung, der Tote rufe nunmehr seine Mörder vor Gericht, oder die Kleidung gab dem Schultheißen die Befugnis, dasselbe zu tun. Jedenfalls heischte, sprich lud, der Stücker die Täter jetzt zur Verantwortung („heischen" = laden). Auch ohne privaten Kläger hatte das Gericht von Amts wegen den Prozess eröffnet. Die Klage mit dem toten Mann, falls die Kleidungsstücke diese Bedeutung hatten, bemäntelte die Abkehr vom Parteiprozess nur notdürftig.

Dritter Gerichtstag: Klage von Amts wegen
Der Übergang zur Offizialmaxime wird besonders am dritten Gerichtstag überdeutlich. Jetzt erschienen die von Anfang an bekannten Mörder vor Gericht, allesamt begleitet von ihren Fürsprechern. Und nun stand der Schultheiß auf, setzte einen anderen Schultheißen an seine Stelle und klagte die Täter wegen des frevelhaften Mordes an Emmerich an. Ganz sinnfällig und für jedermann sichtbar verließ der Schultheiß seinen Platz als Vorsitzender des Schöffengerichts und ließ sich dort vertreten. Der Richter hatte nach mittelalterlichem Verständnis zu sitzen, die Partei zu stehen. Der überkommene Prozess folgte streng der Akkusationsmaxime. Ohne Kläger konnte es keinen Rechtsstreit geben, auch keinen Strafprozess. Das Gericht begann nicht einfach von Amts wegen gegen einen Verdächtigen vorzugehen. Der gemeinrechtliche Inquisitionsprozess sah genau dies vor und verzichtete deshalb ganz auf die förmliche Klageerhebung. Ex officio, also auf Betreiben der Obrigkeit, verlief das gesamte Verfahren von der Einleitung bis zur Vollstreckung. Doch in der weltlichen Praxis überwogen die Mischformen, jedenfalls in vielen Regionen Deutschlands. Der Strafprozess begann zwar mit einer förmlichen Anklage, diese jedoch erhob ein Amtsträger. Ob er hierbei scheinbar in die Rolle eines Privatmanns zurückschlüpfte, war unerheblich. Später übernahm üblicherweise ein Fiskal oder ein anderer obrigkeitlicher Bediensteter als Amtsankläger die Aufgabe, Strafprozesse einzuleiten. Die Literatur spricht sogar vom fiskalischen Verfahren. Dennoch war der scheinbar fließende Übergang mit einem Prinzipienwechsel verbunden. Im Frankfurter Fall und ähnlichen Verfahren trat der Schultheiß lediglich hilfsweise in Erscheinung. Die vorrangige Form der Prozesseröffnung bestand immer noch darin, dass eine Privatperson die peinliche Klage erhob. Der Fiskal dagegen wurde später von sich aus tätig, ohne zuvor andere Kläger berücksichtigen zu müssen. Erst der neuzeitliche Strafprozess nach der Französischen

Revolution kannte mit der Staatsanwaltschaft eine eigens geschaffene Behörde, die von Amts wegen Strafklagen erheben musste. Die Akkusations- und Offizialmaxime wurden auf diese Weise bis heute miteinander verbunden. Die Frankfurter Praxis folgte stillschweigend der kanonistischen Rechtsregel, wonach Verbrechen nicht ungestraft bleiben durften. Dem Zivilprozess blieben solche Überlegungen dagegen fremd. Die Obrigkeit interessierte sich nicht dafür, ob jemand seine privaten Rechte gerichtlich durchsetzte. Die unterschiedlichen Formen, ein Gerichtsverfahren einzuleiten, vertieften damit die auf der Rechtsfolgenseite längst bekannte Trennung von Zivil- und Strafprozess. Seit den Landfriedensgesetzen waren die Sanktionen für Friedensbrüche deutlich anders als in rein privaten Auseinandersetzungen.

Auf dem Weg zum obrigkeitlichen Gewaltmonopol
Der Prozess um den Mord an Emmerich von Sonnenberg ermöglicht noch zwei weitere Antworten auf die Leitfragen des Lehrbuchs. Er zeigt, wie sich das obrigkeitliche Gewaltmonopol verdichtete und wie das Beweisverfahren ausgestaltet war. Das obrigkeitliche Gewaltmonopol wird nur indirekt greifbar, aber gerade dadurch deutlich unterstrichen. Materiell ging es nämlich um die Frage, ob es erlaubt war, einen Feind zu töten. Das war das alte Motiv der Fehde, und mit dem Hinweis auf die Handtätigen und Nachfolger spielt das Prozessprotokoll gleich zu Beginn genau hierauf an. Die Gottes- und Landfriedensbewegung hatte eigenmächtige Rache und Selbsthilfe immer weiter zurückgedrängt, und gerade in den Städten beanspruchte der Rat im Spätmittelalter die alleinige Strafgewalt. In einigen Randbereichen blieb spontane Rache nach verbreiteter Ansicht erlaubt. Vor allem bei einer sog. handhaften Tat (vgl. Kap. 2.6.2) konnten der Geschädigte oder seine Verwandten, Freunde und Nachbarn weiterhin selbst zur Gewalt schreiten. Das setzte einen sehr engen zeitlichen Zusammenhang zu einem begangenen Unrecht voraus. Dem Missetäter musste seine Tat sinnbildlich noch an den Händen haften, dann war er der Selbsthilfe ausgeliefert. Gerade in Ehebruchsfällen, wenn der heimkehrende Ehemann seine Frau mit einem Geliebten auf frischer Tat ertappte, sind erlaubte Rachehandlungen bis an die Grenze zur Neuzeit vielfach belegt.

Acht und Friedlosigkeit
Im Frankfurter Fall war dieser zeitliche Zusammenhang abgerissen, selbst wenn die Spurfolger Emmerich längere Zeit verfolgt haben sollten. Hier ging es um einen anderen Rechtfertigungsgrund, nämlich um die Tötung eines Geächteten. Emmerich hatte zuvor in Köln einen „armen gesellen" ermordet, war dann aber geflohen und hatte sich dem angesetzten Strafverfahren entzogen. Deswegen erklärten ihn der Richter

(Greve) und die Schöffen der Stadt Köln in die Acht. Die Ächtung war das schärfste Mittel, den Gerichtszwang durchzusetzen. Modern gesprochen, erkannte das Gericht dem Geächteten, zeitgenössisch Ächter genannt, die Rechtsfähigkeit ab. Er verlor sämtlichen Rechtsschutz und durfte daraufhin bußlos getötet werden. Deswegen war der Ächter sprichwörtlich vogelfrei. Die Acht trat nicht von selbst ein, sie musste verhängt werden. Das Kölner Gericht erklärte Emmerich von Sonnenberg ausdrücklich für „rechtlois und friedelois". Dieser Rechtsverlust wurde im Einzelfall also durch ein Gericht besonders festgestellt.

Eine allgemeine Friedlosigkeit, möglicherweise gemeingermanisch bis in die Urtiefen der Vergangenheit zurückreichend, die ohne Weiteres mit jeder Unrechtstat eintrat, hat es dagegen nie gegeben. Die ältere rechtshistorische Literatur hat hier Rekonstruktionen vorgelegt, die einer Überprüfung an den Quellen nicht standhalten. Der typische Grund für eine Ächtung lag im Ladungsungehorsam. Jemand war zu einem Prozess vorgeladen, erschien aber nicht. Er entzog sich damit nicht nur den Ansprüchen der Gegenseite, sondern missachtete zugleich das herrschaftliche Gebot, denn die Ladung erging im Namen des jeweiligen Gerichtsherrn. Die Pflicht, vor Gericht zu erscheinen, stellt einen sehr alten Rechtsgrundsatz in vielen Kulturkreisen dar. Schon die römischen Zwölftafeln begannen mit diesem Gebot. Offenbar sprachen einige mittelalterliche Gerichte die Acht bei Ladungsungehorsam vergleichsweise schnell aus. Als Reichsacht handelte es sich hierbei der Idee nach um ein königliches Vorrecht. Deswegen benötigte im Grundsatz jedes Gericht eine besondere Berechtigung, um die Acht zu verhängen. Ob man dies immer beachtete, ist unklar. Im Spätmittelalter waren die Rechtsfolgen der Acht zudem abgestuft. Die volle Rechtlosigkeit trat erst ein, wenn der Ächter sich binnen Jahr und Tag nicht gestellt hatte. Dann erstarkte die Acht zur Aberacht. Spätestens seit der frühen Neuzeit kannten die Reichsgerichte ein reguläres Säumnisverfahren, das sie beim Ladungsungehorsam vorschalteten. Erst an letzter Stelle drohte noch die Reichsacht. Aber förmlich abgeschafft wurde sie bis zum Ende des Alten Reiches nicht. Noch 1697/98 erklärte das Reichskammergericht eine Partei in die Acht. Und bekanntlich sollte auch der preußische König Friedrich der Große in den schlesischen Kriegen in die Reichsacht fallen. Nur die evangelischen Stände auf dem Reichstag verhinderten 1758 die Umsetzung eines entsprechenden Reichshofratsgutachtens.

Der Frankfurter Fall zeigt keine Einzelheiten des Achtverfahrens. Alle Beteiligten akzeptierten allerdings die Ächtung Emmerichs. Und genau deswegen hatten die angeklagten Mörder „nit gefrevelt". Das Schöffengericht sprach sie frei. Sie waren niemandem schuldig zu antworten, weil sie einen Rechtfertigungsgrund auf ihrer Seite hatten. Aber gerade die Notwendigkeit, einen Rechtfertigungsgrund vorzuweisen, bestätigt die grundsätzliche und allgemeine Geltung des Landfriedens. Möglicherweise spielte der Hinweis auf die Reichsstraße auf einen Reichslandfrieden an, aber das ist unsicher. Jedenfalls blieben Gewalthandlungen nur noch dann straflos, wenn sie ausdrücklich erlaubt waren, und diese Erlaubnisse waren ersichtlich Ausnahmen von der Regel. Der Freispruch für die Mörder unterstreicht auf diese Weise, wie weitgehend Fehde und Gewalt bereits verboten waren.

Mündlichkeit, Schriftlichkeit, Tatsachenbeweis
In verfahrensrechtlicher Hinsicht zeigt die Quelle, wie das Frankfurter Verfahren zwischen Mündlichkeit und Schriftlichkeit schwankte und wie der Tatsachenbeweis die Entscheidungsfindung bestimmte. Der Prozess selbst fand öffentlich statt, der Stücker verkündete seine mehrfachen Aufrufe vor einer größeren Menschenmenge. Die Beklagten erschienen schließlich mit ihren jeweiligen Fürsprechern. Das waren typisch mittelalterliche Bestandteile des ungelehrten Gerichtsverfahrens. Doch die Frankfurter Fürsprecher beschränkten ihre Aufgabe nicht darauf, die Parteien bei der wortgenauen Eidesleistung zu unterstützen. Vielmehr hatten sie im Vorfeld die Beklagten bereits rechtlich beraten und sich eine besondere Verteidigungsstrategie überlegt. Den Kölner Achtbrief hatten sie in ihrem Besitz, brachten ihn zur Verhandlung mit und lasen ihn dort vor. Es ging ersichtlich nicht um eine Reinigung, um einen auf gutem Leumund beruhenden Unschuldseid. Der Urkundenbeweis betraf vielmehr Tatsachen, hier die Ächtung Emmerichs, und er erleichterte es dem Gericht, die Sach- und Rechtslage zu erkennen. Die materielle Wahrheitsfindung verdrängte den überkommenen Reinigungseid des Beklagten. Die Frankfurter Fürsprecher waren zu Beginn des 15. Jahrhunderts noch nicht rechtsgelehrt. Aber sie unterstützten als anwaltliche Berater ihre Mandanten umfassend in rechtlicher Hinsicht und waren weit mehr als bloße Vorredner bei der Eidesleistung.

Die Quelle bietet lediglich ein Schlaglicht, und dies auch nur für einen Einzelfall in einer einzelnen Stadt. Sie zeigt aber überdeutlich, dass es kein einheitliches mittelalterliches deutsches Gerichtsverfahren gab, das durch die Rezeption des römischen Rechts beseitigt oder gar überfremdet wurde. Das einheimische Recht vor der Rezeptionszeit erscheint alles andere als starr. Dennoch kannte das römisch-kanonische Recht deutlich andere Grundsätze der Gerichtsverfassung und des Verfahrens. Deswegen veränderte der verstärkte Einsatz gelehrter Richter und studierter Anwälte die Gerichtspraxis ganz erheblich. Genau darauf fällt der Blick im folgenden Kapitel.

2.9   Gelehrtes Prozessrecht im kirchlichen und weltlichen Recht

Die wegweisenden Neuerungen im mittelalterlichen Recht allgemein, besonders auch in der Gerichtsverfassung und im Prozessrecht, gingen nicht von den ungelehrten einheimischen Gewohnheiten aus. Entscheidender Schrittmacher für den Weg in die juristische Neuzeit waren die Kirche, die Universitäten und die italienischen Stadtkommunen. Die klassische deutsche Rechtsgeschichte hat mit ihrer Erzählung von der Rezeption des römischen Rechts das jahrhundertelange Nebeneinander verschiedener Rechtsordnungen in Europa stark vereinfacht. Tatsächlich fanden die umstürzenden Reformen im 12. und 13. Jahrhundert statt, also zur Zeit der Stadtgründungen und des Sachsenspiegels. Das Prozessrecht der deutschen Schöffenstühle und Oberhöfe ist damit vielfach deutlich jünger als das gelehrte Verfahren. Das schöne Wort des Philosophen Ernst Bloch von der Gleichzeitigkeit des Ungleichzeitigen trifft passgenau auch auf die vielfachen Rechtsveränderungen zwischen etwa 1120 und dem frühen 16. Jahrhundert zu. Die Epochengrenze zwischen einem juristischen Mittelalter und der Neuzeit verliert damit ihre Trennschärfe. Die Frage nach dem staatlichen Gewaltmonopol ist aber dennoch einschneidend genug, die gesamte Rechtsgeschichte in zwei große Zeitabschnitte zu teilen. Einerseits gab es moderne Gerichte und Prozessordnungen schon vor 1495, andererseits den altertümlichen Unrechtsausgleich in Form von Wergeldern auch später noch bis ins 18. Jahrhundert hinein. Doch der Anspruch der öffentlichen Herrschaftsträger auf das Monopol zur Ausübung physischer Gewalt lässt sich trotz dieser Unschärfe erkennen.

Rezeption als Überfremdung?
Die ältere Forschung hat die Rezeption als Auseinandersetzung zwischen dem deutschen und dem fremden Recht dargestellt. Abgesehen vom pathetisch-verzweifelten Kampf gegen das angebliche nationale Unglück, den die Germanisten des 19. Jahrhunderts wortstark führten, der aber längst beendet ist, enthält die Gegenüberstellung von deutschem und fremdem Recht zwei Denkfehler. Der Erste betrifft das angeblich deutsche, der Zweite das angeblich fremde Recht.

(1) Zunächst liegt in der Vorstellung, das mittelalterliche deutsche Recht sei durch die Rezeption verfälscht und überfremdet worden, die wenig überzeugende Idee eines über Jahrhunderte hinweg statischen einheimischen Rechts. Das mittelalterliche einheimische Recht war aber kleinteilig und keineswegs unveränderlich starr. Stadtgründungen, Handelsverbindungen, entstehende Landesherrschaften, Wanderungsbewegungen ins östliche Europa und anderes mehr veränderten das Zusammenleben der Menschen. Auch in den Jahrzehnten um 1500 kamen mit dem Buchdruck, der

Entdeckung Amerikas und der Reformation einschneidende Ereignisse zusammen. Es wirkt wenig wahrscheinlich anzunehmen, die hergebrachten Rechtsgewohnheiten hätten unbeeinflusst davon weiterbestehen können.

(2) Aber auch mit der angeblichen Fremdheit des rezipierten Rechts ist Vorsicht geboten. Die Kirche, Motor der Rechtsmodernisierung, saß nicht nur im fernen Rom. Auch die deutschen Bistümer kannten früh gelehrte Richter und die römisch-kanonischen Prozessmaximen. Und gerade in der deutschen Stadt Köln erlebte die beginnende Wissenschaft vom kanonischen Recht im 12. Jahrhundert eine ihrer ersten europäischen Blüten. Dennoch wich das kirchliche Rechtsverständnis in wesentlichen Fragen von den einheimischen Rechtsgewohnheiten ab, gerade auch im Hinblick auf die Funktion von Gerichten und Rechtsaufzeichnungen. Nicht geographisch, wohl aber kulturell und inhaltlich mochte das gelehrte Recht für nicht studierte und vielleicht nicht einmal lesekundige Schöffen wirklich fremdartig erscheinen.

Quellen und Wissenschaft vom kanonischen Recht
Zeitgleich zur Kölner Schule entstand in Hildesheim um 1261 mit der „Rhetorica ecclesiastica" ein frühes Lehrwerk zum kirchlichen Gerichtsverfahren und das wohl älteste rechtsgelehrte Studienbuch im deutschen Raum überhaupt. Das Buch gründete vornehmlich auf dem Decretum Gratiani, der um 1140 zusammengestellten „Concordia discordantium canonum". Gratian, nach unzuverlässiger späterer Überlieferung ein Kamaldulensermönch in Bologna, stellte in seiner Privatarbeit die wesentlichen Quellen des kirchlichen Rechts in 3800 Abschnitten zusammen, ordnete sie nach Sachrubriken und versah sie mit kleinen Anmerkungen (Dicta). Sein Werk hatte durchschlagenden Erfolg und fand schnelle Verbreitung. Innerhalb von nicht einmal zwei Jahrzehnten war es vielerorts in Europa bekannt und wurde wissenschaftlich bearbeitet.

Beim kirchlichen Recht handelte es sich nicht um eine abgeschlossene ältere Überlieferung. Die Päpste erließen weiterhin Dekretalen. Das waren amtliche Sendschreiben oder Briefe in rechtlichen Angelegenheiten. Eine offizielle Sammlung des päpstlichen Rechts erschien 1234 unter Papst Gregor IX. Raimund von Peñaforte, der Verfasser, schuf mit dem Liber Extra eines der wichtigsten Gesetzeswerke des Mittelalters überhaupt. Gegliedert in fünf Bücher, enthielt allein das umfassende zweite Buch des Liber Extra in 30 Titeln das kirchliche Prozessrecht. Später entstanden noch weitere Sammlungen päpstlicher Gesetzgebungen bis ins 15. Jahrhundert hinein. Eine amtliche Druckausgabe von 1582 legte für dreieinhalb Jahrhunderte den Umfang des kanonischen Rechts verbindlich fest. Sie trug den Namen Corpus Juris Canonici. Der Titel spielte auf das Corpus Juris Civilis an, die spätantike Kodifikation des römischen Rechts aus der Zeit Kaiser Justinians.

Quellen und Wissenschaft vom römischen Recht

Parallel zur beginnenden Kanonistik belebte sich auch die wissenschaftliche Arbeit am römischen Recht. Gänzlich erloschen war das alte römische Recht nie. In langobardischen Rechtsschulen waren Texte des römischen Rechts bekannt, selbst am Hofe Kaiser Ludwigs des Frommen sind im 9. Jahrhundert Quellen nachweisbar. Vor allem die Kirche hatte die römische Tradition gepflegt. Ein geflügeltes Wort traf die Sache: *Ecclesia vivit lege Romana* – Die Kirche lebt nach römischem Recht. Der oströmische Kaiser Justinian hatte zwischen 528 und 534 die große Überlieferung des antiken römischen Rechts in den noch anwendbaren Teilen neu verkündet. Es gab ein Einführungslehrbuch mit Gesetzeskraft (Institutionen), Auszüge aus den Schriften klassischer Juristen (Digesten bzw. Pandekten) sowie eine Sammlung von Kaisergesetzen (Codex). Im weiteren Verlauf des 6. Jahrhunderts traten noch weitere Kaisergesetze hinzu (Novellen). Im späten 11. Jahrhundert begann ein Magister Pepo in Bologna, privaten Unterricht über Teile des Codex und der Institutionen abzuhalten. In den Jahren um 1120 war es Irnerius, der seinen Schülern die römischen Quellen erläuterte und auch damit anfing, das Corpus Iuris mit Anmerkungen (Glossen) zu versehen. Die Rechtsschule von Bologna entstand und damit eine der Keimzellen der europäischen Universität. Die vier Schüler des Irnerius, die Quattuor Doctores, traten als Berater Kaiser Friedrich Barbarossas 1158 auf dem Reichstag von Roncaglia auf. Seitdem sind Juristen in Beratungs- und Führungspositionen nachweisbar. Das belegt die rasche Verbreitung und große Bedeutung der neuen Rechtsgelehrsamkeit.

Die mittelalterlichen Juristen betrieben in beiden großen Rechtsgebieten keineswegs bloß die Wiederbelebung des antiken römischen Rechtsstoffes. Sie interpretierten vielmehr die Texte auf neue und eigene Weise und argumentierten auf der Basis dieser Quellen, wenn es rechtliche Fragen zu lösen galt. Die Floskel von der theoretischen Rezeption des römischen Rechts drückt das nur unvollkommen aus. Auch für das Prozessrecht entstanden gelehrte Werke. Den Anfang machte Johannes Bassianus mit einem „Libellus de ordine iudiciorum", verfasst zwischen 1167 und 1181. Zahlreiche weitere Werke folgten. Sie fassten das gelehrte Prozessrecht zusammen und hießen im weltlich-römischen Recht zumeist Ordines iudiciorum, im kirchlich-kanonistischen Bereich dagegen Ordines iudiciarii. Vor allem der „Ordo iudiciarius" des Kanonisten Tancredus von 1214/16 erlangte hohes Ansehen. Eine handbuchartige Zusammenfassung lieferte einige Jahrzehnte später Guilelmus Durantis mit seinem „Speculum iudiciale" (entstanden ab 1276).

Römisch-kanonisches Prozessrecht

Aus den verschiedenen Wurzeln, auf denen die gelehrten Darstellungen fußten, verschmolz das Prozessrecht zunehmend zu einem weitgehend einheitlichen romanisch-kanonischen Verfahren. Wegweisend erscheint u. a. die immer stärkere Verschriftlichung. Das 4. Laterankonzil hatte 1215 festgelegt, alle vom Richter im kanonischen Prozess angeordneten Handlungen müssten protokolliert werden. Die schriftliche Dokumentation des Verfahrens wurde auf diese Weise immer engmaschiger. Wie das Gericht vorgegangen war oder entschieden hatte, ließ sich fortan in erster Linie aus den Protokollen entnehmen. Die Parteien und ihre Vertreter griffen diese Maßgabe auf. Auch sie reichten ihre prozessualen Sachvorträge, Angriffs- und Verteidigungsmittel zunehmend in schriftlicher Form bei Gericht ein. Diese Libelle und Schriftsätze ließen sich nicht einfach in die chronologisch geführten Gerichtsbücher einheften. Es bot sich daher an, sie nach einzelnen Rechtsstreitigkeiten gesondert zu ordnen und aufzubewahren. Auf diese Weise entstanden Prozessakten, nach Parteien und Streitgegenstand übersichtlich angelegt. Bald zählten nur noch diejenigen Prozesshandlungen, die schriftlich erfolgt waren. „*Quod non est in actis, non est in mundo* – Was nicht in den Akten steht, ist nicht in der Welt." Dieses Schriftlichkeitsprinzip prägte den ordentlichen gelehrten Prozess bis weit in die Neuzeit hinein. Erst die französischen Reformen aus der Zeit nach der Revolution haben die Mündlichkeit eines öffentlichen Gerichtsverfahrens zur Leitlinie des modernen Prozessrechts erhoben. Im schriftlichen gelehrten Verfahren verlor die Öffentlichkeit dagegen ihren Sinn, wenn die wesentlichen Schritte nur zwischen den Aktendeckeln erfolgten. Einige deutsche Städte beriefen sich im Spätmittelalter auf das Privileg, hinter verschlossenen Türen urteilen zu dürfen. Damit trafen sie den Nagel auf den Kopf.

Im gelehrten Gerichtsverfahren war die vielerorts überkommene Trennung zwischen einem Gerichtsvorsitzenden und den Urteilern überflüssig. Der Richter kannte den vorgegebenen Verfahrensablauf, die jeweils von den Parteien zu erwartenden Schritte und Handlungen. Aber er kannte auch das Recht so sicher, dass er selbst den Fall entscheiden konnte. Nicht die Rechtsfindung auf gewohnheitlicher Grundlage, sondern die Rechtsanwendung durch Subsumtion wurde seine Aufgabe. In einer Dekretale an den Bischof von Passau betonte Papst Innozenz III. 1199, die Unterscheidung von Richter und Urteiler widerspreche dem kanonischen Recht (X. 1, 4, 3).

Schriftsatzwechsel, Litiskontestation und Kalumnieneid
Der Ablauf eines Verfahrens folgte zunehmend einem festen Muster. Der Schriftsatzwechsel vollzog sich als Schlagabtausch. Gegen die Klage verteidigte sich der Beklagte mit einer Exzeptionsschrift. Mit zunehmender Länge des Verfahrens traten weitere Handlungen hinzu. Der Kläger konnte mit einer Replik auf die Exzeptionen antworten, der Beklagte wiederum eine Duplik entgegensetzen. In späterer Zeit versuchten verschiedene Prozessordnungen, die Zahl der Schriftsätze zu begrenzen, teilweise auf vier für jede Partei.

Schon sehr früh kannte das gelehrte Recht die Litiskontestation, die förmliche Streit-befestigung, die einen Rechtsstreit modern gesprochen rechtshängig machte. An eine vorbereitende Eröffnungsphase des Prozesses schloss sich jetzt das Hauptverfahren an. Einwände gegen die Zuständigkeit und Besetzung des Gerichts waren ab diesem Zeit-punkt nicht mehr zulässig, dafür ging es um den Streit in der Sache. Je nachdem, wann der Beklagte sich gegen die Angriffe des Klägers zur Wehr setzte, konnte die Litiskontesta-tion früher oder später im Verfahren erfolgen. Ob diese Steitbefestigung sinnvoll oder überhaupt notwendig war, haben spätere europäische Rechtsordnungen sehr verschie-den beurteilt. Der päpstliche Liber Extra Gregors IX. von 1234 enthielt jedenfalls einen umfassenden einschlägigen Titel und erhob diese Lehre damit zur künftigen Richtschnur.

Ebenfalls charakteristisch für den mittelalterlichen gelehrten Prozess war der Kalum-nieneid der Parteien. Beide Seiten sollten schwören, an die eigene gute Sache zu glauben und den Gegner nicht mit unnötigen Finten um sein Recht zu bringen. Ob sich die Parteien dadurch disziplinieren ließen, haben bereits die Zeitgenossen unterschied-lich beurteilt. In der Praxis war es sogar möglich, sich bei der Eidesleistung durch einen Prokurator vertreten zu lassen. Er schwor den Eid sowohl in die eigene Seele als auch in die des Mandanten. Die spätere Praxis fand hier unterschiedliche Lösun-gen und verengte vor allem den Kalumnieneid auf den Kläger. Aber wie auch die Litiskontestation bestimmte der Kalumnieneid die prozessrechtlichen Diskussionen in der gesamten frühen Neuzeit.

Positionalverfahren

In dem Maße, in dem das Verfahren schriftliche Formen annahm, setzte sich eine bestimmte Art durch, die jeweiligen Schriftsätze zu gestalten. Man spricht vom Posi-tionalverfahren bzw. vom Artikelprozess. Die Parteien, besser gesagt ihre Schrift-satzverfasser, gliederten ihren Sachvortrag in einzelne Artikel bzw. Positionen und gaben sie auf diese Weise bei Gericht ein. Die jeweiligen Positionen sollten sich auf einzelne Tatsachen beschränken. Der Prozessgegner war gehalten zu antworten, ob er die einzelnen Behauptungen als wahr anerkannte oder nicht. Sowohl die Klagartikel als auch die Verteidigungsartikel des Beklagten waren auf diese Weise zu gestalten. Der Vorteil lag auf der Hand. Es war nämlich sofort ersichtlich, welche Tatsachen zwischen den Parteien unstreitig und welche streitig waren. Unausgesprochen stand damit zugleich fest, dass es beim Streit der Parteien um die Klärung von Tatsachen-fragen ging und nicht lediglich um Leumund und soziale Integrität. Deswegen legte das Positionalverfahren zugleich den Grundstein für die späteren Beweisführungen. Wenn eine klägerische Behauptung schlüssig, das Abstreiten des Beklagten dagegen erheblich war, kam es genau auf diesen streitigen Punkt an.

Im Gegensatz zum ungelehrten Recht spricht man im romanisch-kanonischen Prozess nicht länger vom Beweisvorrecht, sondern von der Beweislast (*onus probandi*). Eine der Regeln lautete, dass derjenige, der etwas behauptet hatte, dies notfalls auch beweisen musste. Das Nichtvorliegen von Tatsachen sei dagegen nicht beweisbar. In den Einzelheiten blieb alles schwierig und bis weit in die frühneuzeitliche Literatur hinein höchst streitig.

2.9.1 Beweisführung im gelehrten Prozess

Im gelehrten Beweisrecht kam es im Gegensatz zum dinggenossenschaftlichen Verfahren nicht mehr auf Leumundszeugen und Reinigungseide an. Urkunden und Wahrnehmungszeugen traten an ihre Stelle. Der Sache nach kannte man auch den richterlichen Augenschein und den Sachverständigenbeweis. Teilweise konnten die Parteien selbst Eide führen. Besondere Bedeutung besaß der sog. Suppletionseid. Hiermit konnte eine Partei ihre eigenen Behauptungen bekräftigen. Außerdem eröffnete die Eideszuschiebung die Möglichkeit, die Beweisführung auf den Gegner zu verlagern, wenn die zunächst beweispflichtige Partei sich davon Vorteile versprach. Gerade die letzten beiden Punkte sind aus moderner Sicht nur schwer verständlich. Im gelehrten Prozess hatten sie aber durchaus Bedeutung, weil die freie richterliche Beweiswürdigung unbekannt war. Zwar gab es vielfache Vermutungen (Präsumtionen) und auch fein austarierte Regeln, wann welche Seite einen Beweis zu führen hatte. Aber letztlich hoffte man, mit festen Beweisregeln ganze und halbe Beweise unterscheiden zu können, um quasi rechnerisch genau das richtige Beweisergebnis austüfteln zu können. Möglicherweise besaßen die Gerichte so weitreichende Möglichkeiten, hier eigene Weichenstellungen vorzunehmen, dass die gesetzliche Beweislehre und die freie Beweiswürdigung in der Praxis miteinander verschmolzen. Die moderne Literatur ist sich hier in der Einschätzung nicht einig. Wenn dagegen streitige Tatsachen notorisch, also gerichtskundig oder allgemein bekannt waren, entfiel der Beweis. Die genauen Abgrenzungen blieben aber immer zweifelhaft und streitig. Auch aus diesen Gründen war es zunehmend notwendig, dass der Richter die erforderlichen Kenntnisse im gelehrten Recht besaß. In den prozessualen Feinheiten hätte er sich ansonsten zu leicht verstrickt. Aber auch die Rechtsbeistände der Parteien waren gefordert.

2.9.2 Advokaten und Prokuratoren

Das gelehrte Recht kannte zwei Anwaltsberufe, die je verschiedene Aufgaben übernahmen. Die Advokaten berieten die Parteien in rechtlicher Hinsicht und verfassten im schriftlichen Verfahren regelmäßig auch die Schriftsätze. Die Prokuratoren traten dagegen vor Gericht auf und konnten als postulationsfähige Vertreter dort wirksam Prozesshandlungen vornehmen. Vermischungen gab es durchaus. Doch der gedoppelte Anwaltsberuf bestimmte für lange Zeit die europäische Rechtsgeschichte. In den meisten deutschen Territorien ebneten sich die Unterschiede zwischen Advokaten und Prokuratoren im 18. Jahrhundert ein, bis sich im 19. Jahrhundert die einheitliche Bezeichnung Rechtsanwalt durchsetzte. In England gibt es bis heute die Trennung von gerichtlich tätigem Barrister und lediglich beratendem Solicitor, auch wenn sich die Grenzen zunehmend auflösen. Trotz der deutlich anderen Rechtstradition hat sich die Unterscheidung zweier Anwaltsberufe also auch im *common law* bewährt.

2.9.3 Der Richter im kanonischen Prozess

Für die Rolle des gelehrten Richters in der Kirche waren zwei Reformen bedeutsam. Zum einen übertrug die päpstliche Kurie seit dem Juristenpapst Alexander III. (1159–1181) streitentscheidende Aufgaben zunehmend auf delegierte Richter. Zum anderen gaben die Bischöfe ihr richterliches Amt in ihren Diözesen an sog. Offiziale ab. Französische Bistümer machten im späten 12. Jahrhundert den Anfang. Zwischen dem frühen 13. und 14. Jahrhundert setzten sich die geistlichen Offizialate flächendeckend auch im deutschsprachigen Raum durch. Schon bald verlangte man von den Offizialen ein juristisches Studium oder sogar einen akademischen Grad, z. B. in Trier 1427.

2.9.4 Entstehung von Instanzenzügen

Im kanonischen Prozess bildete sich seit dem 12. Jahrhundert ein mehrstufiger Instanzenzug heraus. Schon das Decretum Gratiani sah um 1140 die Möglichkeit vor, vom Richter falsch behandelte Rechtssachen mit der Appellation anzugreifen. Diese Appellation war in den Grundzügen an den Codex Justinianus angelehnt. Sie brachte die Sache vor einen höheren Richter (Devolutiveffekt) und hemmte Rechtskraft sowie Vollstreckbarkeit der angefochtenen Maßnahme (Suspensiveffekt). Zunächst war die Appellation gegen alle richterlichen Entscheidungen eröffnet. Seit dem vierten Lateranischen Konzil von 1215 erhöhte die Kirche hierfür aber die Hürden, so dass die Appellation immer mehr zu einer Berufung gegen Urteile wurde. Die Einzelheiten des kirchlichen Appellationsrechts lagen bis weit in die Neuzeit hinein zahlreichen europäischen Gerichtsordnungen zugrunde. Mit der Appellation ging die Gerichtsgewalt im Einzelfall vom Bischof bzw. Offizialat auf den Erzbischof (Metropolit) und sein geistliches Gericht über. Von dort führte die weitere Appellation an die päpstliche Kurie. In der kanonistischen Doktrin war der Papst oberster Richter der

Christenheit. In der Praxis übte die Kurie ihre Gerichtsbarkeit durch die Rota Romana aus, den obersten kirchlichen Gerichtshof. Es handelte sich um ein Kollegialgericht mit mehreren rechtsgelehrten Auditoren. Der Name Rota (deutsch: Rad) beruht auf einem Fußbodenmosaik im Sitzungssaal des Gerichts. Als die römische Kurie an der Wende zur Neuzeit dazu überging, in verschiedenen europäischen Staaten ständige Nuntiaturen einzurichten, entstand auf diese Weise zugleich eine weitere Ebene der geistlichen Gerichtsbarkeit.

2.9.5 Zivilprozess und Inquisitionsprozess

Auf die prozessualen Reformen der mittelalterlichen Kirche geht auch die Trennung von Strafprozess und Zivilprozess zurück. Zeitlich parallel zum Kampf gegen die Gottesurteile und gegen Reinigungseide beschuldigter Geistlicher setzte sich auch in strafrechtlichen Fällen die Überzeugung durch, dass es für die rechtliche Beurteilung darauf ankam, welche Tat der Beschuldigte begangen hatte. Die Aufklärung des Sachverhalts wurde zu einem Dreh- und Angelpunkt des Verfahrens. Im Zivilprozess handelte es sich hierbei um Obliegenheiten der Parteien. Im Strafverfahren dagegen wollte die Kirche bei Anschuldigungen gegen Priester von Amts wegen die Wahrheit erforschen. Die Offizialmaxime, die sich im Strafverfahren durchsetzte, bildete einen erheblichen Unterschied zum Zivilprozess, bei dem Einleitung und wesentliche Prozesshandlungen von der Entscheidung der Parteien abhingen (Dispositionsmaxime). Nach der Offizialmaxime lag die Hoheit über das Verfahren dagegen jederzeit beim Gericht selbst. Auch die Tatsachenaufklärung hing nicht weiterhin vom Sachvortrag der Beteiligten ab (Beibringungsgrundsatz). Vielmehr sollte der Richter oder ein eigener Amtsankläger die vorgeworfenen Taten überprüfen (Inquisitionsmaxime). Der strafrechtliche Inquisitionsprozess, der in den Jahren nach 1200 unter Innozenz III. entstand, bedeutete auf diese Weise eine weitreichende Modernisierung des Prozessrechts. Tatsachenaufklärung statt Reinigungseid, Amtsermittlung statt Parteiherrschaft – diese Weichenstellung setzte sich im Strafprozess bis in die heutige Zeit nachhaltig durch. Ganz wesentliche Grundlagen des modernen Prozessrechts gehen also auf die kanonistischen Lehren des 12. und 13. Jahrhunderts zurück.

2.9.6 Entstehung der Folter

Im hochmittelalterlichen gelehrten Strafprozess gab es freilich eine Schattenseite. Die festen Beweisregeln und die Pflicht, von Amts wegen den Sachverhalt zu erforschen, führten allzu oft zu Unklarheiten. Häufig ließen sich die dem Beschuldigten

vorgeworfenen Taten nicht ohne Weiteres beweisen. Für die meisten Verbrechen gab
es weder Zeugen noch Urkunden. Deswegen setzte sich die Überzeugung durch,
das Geständnis des Täters sei das zuverlässigste Beweismittel („*Confessio est regina
probationum* – Das Geständnis ist die Königin der Beweise"). Der Beschuldigte legte
aber kaum freiwillig ein Geständnis ab, vor allem wenn ihm gravierende Strafen bis
hin zur Todesstrafe drohten. Deswegen, so die Überlegung, musste man dem ver-
stockten und halsstarrigen Verbrecher die Wahrheit notfalls gewaltsam entreißen. Das
Bekenntnis zur Wahrheit konnte zugleich seine Seele entlasten und als eine Art Beichte
gleichzeitig ein Sündenbekenntnis darstellen. Auf dieser Grenze zwischen religiösen
und strafprozessualen Erwägungen entstand die Folter als Beweiserzwingungsmittel.
Nach ihrem Selbstverständnis durften Geistliche aber nicht selbst Hand an den Inquisiten legen. Im Strafprozess entspann sich auf diese Weise eine enge Zusammenarbeit
zwischen kirchlichen und weltlichen Amtsträgern.

Weltliche Gerichte übernahmen schnell die Grundzüge des Inquisitionsprozesses
und auch die Folter. Ältere Äußerungen aus der rechtshistorischen Literatur, bereits
das Stadtrecht der Wiener Neustadt aus den 1220er Jahren beweise die Folterpraxis im
deutschsprachigen Raum, können nicht überzeugen. Doch der süddeutsche Schwa-
benspiegel von 1275/76 sprach zweifelsfrei von der Peinigung des Beschuldigten. Geistliche Gerichte übergaben ihre Delinquenten zur Folterung und zur Vollstreckung der
peinlichen Strafen dem weltlichen Arm. Zugleich begleiteten Priester die Verurteilten
auf dem Weg zur Richtstätte. In seinen verschiedenen Ausprägungen bestimmte der
Inquisitionsprozess das europäische Strafverfahren bis ins 19. Jahrhundert. Die Folter
blieb selbstverständlicher Bestandteil des Verfahrens. Als Friedrich der Große sie 1740
gleich nach seiner Thronbesteigung in Preußen abschaffte, bedeutete dies einen tiefen
Einschnitt in die Prozessmaximen.

2.9.7 Gelehrte Richter im weltlichen Recht

Von Italien aus verbreitete sich auch der Einsatz gelehrter Richter im weltlichen Bereich.
Üblich waren im mittelalterlichen Italien knapp bemessene Beschäftigungszeiten von
teilweise nur wenigen Monaten. So blieb ein Richter in Rom im 14. Jahrhundert nur
sechs Monate im Amt. Nach dem Ende seiner Amtszeit musste der Richter noch einige
Zeit vor Ort bleiben und sich persönlich gegen etwaige Klagen wegen Verletzung seiner Dienstpflichten verantworten (Syndikatsprozess). Danach zog er an einen anderen
Ort, an dem er eine neue Beschäftigung gefunden hatte. Viele italienische Kommunen beriefen gezielt Richter, die nicht aus der unmittelbaren Umgebung, sondern von
weither stammten. Der Richter war fremd, mit den politischen Machthabern nicht

verbändelt und damit vergleichsweise unabhängig gegenüber versuchter Einflussnahme. Zugleich sollte der Richter kein eigenes wirtschaftliches Interesse an seiner Rechtsprechung haben und erhielt daher ein festes Gehalt. Zwischen dem 13. und 15. Jahrhundert untersagten die Statuten der meisten italienischen Städte es ihrem Richter ausdrücklich, Nebeneinkünfte zu erzielen oder sich Zuwendungen gewähren zu lassen. Insbesondere sollte der Richter keinen Anteil an den Gerichtsgebühren erhalten. Das ältere Modell, nach dem der Richter einen Teil einer Bußzahlung oder Gebühren von den Parteien bezogen hatte (sog. Sporteln), hatte ausgedient. Für die Unabhängigkeit der Justiz war damit ein wesentlicher Grundstein gelegt.

Ein Richter kann nur dann unabhängig und ohne private Interessen Rechtsstreitigkeiten entscheiden, wenn er sich vom Prozessausgang keine unmittelbaren finanziellen Vor- oder Nachteile verspricht. Besonders scharfsinnig erkannte dies 1631 Friedrich Spee von Langenfeld. Der Jesuitenpater kämpfte mit seiner „Cautio criminalis" gegen Folter und Unrecht in Hexenprozessen. Eine seiner Forderungen zielte darauf ab, die Richter im Inquisitionsprozess fest zu besolden. Hing nämlich das Einkommen eines Strafrichters davon ab, wie viele Beschuldigte er foltern oder hinrichten ließ, konnte er den Sachverhalt wohl kaum nüchtern und vorurteilsfrei erforschen. Bis heute zählt ein festes und amtsangemessenes Einkommen zu den unverzichtbaren Bestandteilen der persönlichen richterlichen Unabhängigkeit. Aus demselben Grunde sind nach deutscher Tradition Erfolgshonorare von Rechtsanwälten als sittenwidrig verpönt. Die Anwälte sollen kein eigenes wirtschaftliches Interesse am Prozessausgang haben, sondern als Organe der Rechtspflege vor allem für fachmännische Beratung und professionelle Prozessführung einstehen. Erst seit 2008 ist das zuvor strikte Verbot von Erfolgshonoraren deutlich gelockert.

Friedrich Spees Anliegen zeigt zugleich, wie zeitverschoben die einzelnen Bestandteile des gelehrten Prozesses in Europa auftauchten. Die Folter breitete sich bereits im 13. Jahrhundert aus und erfuhr eine immer ausgetüfteltere Dogmatik zu ihren Voraussetzungen und ihrer Durchführung. Der Übergang vom privaten Anklageverfahren zum Inquisitionsprinzip erfolgte im deutschen Raum erst in den Jahrzehnten um 1500. Feste Richtergehälter setzten sich nochmals deutlich später durch. Solche hinkenden Übernahmen zeigen, auf welch ausdifferenziertem und professionalisiertem Niveau sich die mittelalterliche gelehrte Gerichtsbarkeit in Italien und anderswo befand. Von der Kirche ausgebildet und von der italienischen Stadtkommune zügig übernommen, reichen die mittelalterlichen Grundfesten der Gerichtsverfassung und des Prozessrechts bis in die Moderne hinein.

2.9.8 Gelehrtes Recht in der weltlichen Gerichtspraxis des deutschen Spätmittelalters

Die ältere rechtshistorische Literatur unterschied oftmals eine theoretische von einer praktischen Rezeption des römischen Rechts. Die theoretische Rezeption stand als Schlagwort für die entstehende Rechtswissenschaft in Italien und die mittelalterliche Entfaltung der gelehrten Literatur. Die praktische Rezeption dagegen nahm die anwaltliche und richterliche Tätigkeit in den Blick. Mit deutlichen Zeitverschiebungen traten studierte Advokaten nördlich der Alpen auf. Später ruhte dann das gesamte Gerichtsverfahren auf den gelehrten Grundsätzen. Diese Unterscheidung ist nicht falsch, vergröbert eine mehrhundertjährige rechtshistorische Phase aber sehr stark. Zunächst folgte die Praxis der geistlichen Gerichte den gelehrten Maximen bereits sehr früh. Doch vor allem entfaltete die sog. theoretische Rezeption durchaus praktische Wirkungen und hing nicht im luftleeren Raum der Doktrin. Möglicherweise zeigen sich bereits im berühmten Gelnhäuser Prozess gegen Heinrich den Löwen (1180) Spuren gelehrten Rechtsdenkens. Kaiser Friedrich Barbarossa nahm durchaus den Rat studierter Juristen in Anspruch. Vielleicht haben sie auch im Verfahren gegen seinen Cousin Heinrich mitgewirkt. Einige Städte beschäftigten seit dem 13. Jahrhundert einen gelehrten Syndikus als Rechtsberater (Lübeck 1270/1310; Erfurt 1275). Auch Kenntnisse gelehrter Autoren lassen sich nachweisen. Das älteste Zitat des großen italienischen Kommentators Bartolus de Sassoferrato in einer Quelle nördlich der Alpen stammt nämlich nicht aus einer modernen süddeutschen Handelsstadt, sondern von einer Versammlung der norddeutschen Hanse. Das Bild ist also buntscheckig und keineswegs schwarzweiß.

In einem Befund lag die ältere Auffassung allerdings richtig. Auf der Grenze zwischen gelehrter Doktrin und praktischer Gerichtstätigkeit entstand im deutschen Spätmittelalter eine spezifische Literaturgattung. Sie versuchte, römisch-kanonische Lehren und einheimische Traditionen miteinander zu vergleichen und zudem die gelehrten Ansichten für die Praxis aufzubereiten. Da viele Richter und Schöffen inzwischen zwar lesen konnten, aber die lateinische Sprache nicht gelernt hatten, schrieben die Verfasser solche Werke auf Deutsch. Die sog. populäre Literatur oder besser Praktikerliteratur war nicht nur eine spätmittelalterliche Erscheinung. Bis weit ins 16., teilweise sogar 17. Jahrhundert hinein erschienen neue Bücher dieser Art bzw. Nachdrucke älterer Schriften.

Die Glosse zum Sachsenspiegel
Eines der ersten deutschsprachigen rechtsgelehrten Werke, das sich umfassend mit Fragen der Gerichtsbarkeit befasste, war die Glosse zum Sachsenspiegel aus der Zeit

um 1340. Vor allem der Gegensatz der einheimischen ungelehrten Tradition zu den römisch-kanonischen Lehren tritt hier ganz deutlich hervor. Der selbsturteilende gelehrte Richter und das „Volkesfragenrecht" erscheinen auf diese Weise geradezu als Grundtypen zweier verschiedener Gerichtsmodelle.

Richter und Urteiler im 14. Jahrhundert
Proue[r] hire wat sunderlikes. Na keyserrechte sprickt de richter dat ordel zuluen, ut C. de sentencijs[s] ex periculo recitandis[s] l. I[18]. Vnde hir vraget he des enem anderen. Dar vmme hetet vse recht des volkes vragende recht, dor dat me des dem volke vragen schal, ut Instit. de jure gencium § plebiscitum[19], et II di. c. I[20].
Dit ist wedder[w] das keyserrecht. Dar steid, dat de richter scholle dat ordel zuluen vinden, ut C.[x] de sentencijs ex periculo recitandis[y] l. I[25], et l. ult.[26], et ff.[z] de arbitris l. diem[27], et l. non distingwemus § quod si hoc[a] modo[a28], et extra de consuetudine c. ad audienciam[29]. So secht vnse recht, vnse richter en schalb werc ordel vinden edder schelden, ut supra ar. XXIX § ult.[30] Dit were wedder de[d] rechte[d]. Dit loze zus vnde zegge: Dit[e] zy der Sassen sunderlike recht, dat se de richtere allene nicht vorordelen en mach, dat en vůlborde[f] de merere[g] meninge, edder de schepen, ut supra li. II ar. XII[31]. Wente dat ordel is alderloflikest[h], dat van velen luden wert ghevulbordet, ut extra de officio delegati c.[i] prudenciam[32], et extra de statu monachorum c. monachi[33], et VII q. l c. illud[34], et XX di. c. de quibus causisj35.
[r] weisende Hand am Rand W. [s] aus *retractandis* korr. B; *retractandis* W. – 18) Cod. 7, 44, 1. 19) Inst. 1, 2, 4 zweiter Satz. 20) c. 1 D. 2. – w) *ieghen* W. x) *C. li. VII* am Rand B. y) für unterpunktetes *retractandis* am Rand B; *retractandi* W. z) *ff. ve(teri) li. IIII* am Rand B. a) über unterpunktetem *homo* B; *homo* W. b) so W; *scholle* B. c) davor *ne* W. d) *den rechten* W. e) *nota* und weisende Hand am Rand B. f) so W; *vulbordede* B. g) *mere* W. h) *o* über -o- B. i) *§* W. j) über radiertem *dictum est* B; fehlt W (siehe aber Var. k [*Gheseght is*]). – 25) Cod. 7, 44, 1. 26) Cod. 7, 44, 3. 27) Dig. 4, 8, 27. 28) Dig. 4, 8, 32, 16 dritter Satz Mitte. 29) c. 3 (richtig: *c. ad nostram audientiam*) X 1, 4. 30) Ssp.-Landrecht III 28 (III 30 § 2). 31) Ssp.-Landrecht II 12 (II 12 § 10) 32) c. 21 X 1, 29. 33) c. 2 X 3, 35. 34) c. 15 C. 7 q. 1. 35) c. 3 D. 20.

Überprüfe hier etwas Besonderes: Nach Kaiserrecht spricht der Richter das Urteil selbst (Cod. 7, 44, 1). Und hier fragt er dafür einen anderen. Darum heißt unser Recht das Volkesfragenrecht, weil man das Volk dafür fragen soll (Inst. 1, 2, 4; c. 1 D. 2). Das widerspricht dem Kaiserrecht. Dort steht, dass der Richter das Urteil selbst finden soll (Cod. 7, 44, 1; Cod. 7, 44, 3; Dig. 4, 8, 27; Dig. 4, 8, 32, 16; c. 3 X 1, 4). So lautet unser Recht: Unser Richter „soll weder Urteil finden noch schelten" (Sachsenspiegel Landrecht III 28 (III 30 § 2)). Das sei gegen das Recht. Die Lösung lautet also: Das ist das besondere Sachsenrecht, dass sie der Richter allein nicht verurteilen kann, es sei denn mit Zustimmung der Mehrheit oder der Schöffen (so Sachsenspiegel Landrecht II 12 (II 12 § 10)). Denn allerlöblichst ist das Urteil, das von vielen Leuten beschlossen wird (c. 21 X 1, 29; c. 2 X 3, 35; c. 15 C. 7 q. 1; c. 3 D. 20).

Vorlage: *Frank Michael Kaufmann* (Hrsg.), Glossen zum Sachsenspiegel-Landrecht. Buch'sche Glosse (MGH. Fontes iuris Germanici antiqui. Nova series VII), Hannover 2002, 3 Bände; Buch 1 cap. 61 [= I 62 § 7], S. 448, Buch 3 cap. 62 [= III 69 § 3], S. 1390–1391 (mit textkritischen Angaben).

Johann von Buch und die Glossentradition

Die zwei kurzen Auszüge aus der Buch'schen Glosse zum Sachsenspiegel zeigen, wie klar Zeitgenossen die Unterschiede zwischen der gelehrten Gerichtsverfassung und den überkommenen einheimischen Gerichten erkannten. Johann von Buch (ca. 1290–1356), der Verfasser der Glosse, war ein sächsischer Ritter, der in Bologna studiert hatte. Zurückgekehrt in die Heimat, schrieb er gelehrte Anmerkungen zu Eike von Repgows Sachsenspiegel, durchsetzt mit zahlreichen Belegstellen aus dem römischen und kanonischen Recht. Die großen romanistischen Glossen waren seit Accursius (um 1234) mehr und mehr von umfassenden längeren Kommentaren abgelöst worden. Doch der Sachsenspiegel war wesentlich kürzer als das Corpus Iuris, und deswegen sprengte die Glossierung nicht jeden vernünftigen Rahmen. Johanns Glosse erzielte durchschlagenden Erfolg. Sie fand große Verbreitung und war in den frühneuzeitlichen Drucken des Sachsenspiegels immer mit Eikes Rechtsbuch verbunden. Sachsenspiegel und Glosse gehörten zunehmend und untrennbar zusammen und verschmolzen nach und nach mit dem sog. Magdeburger Weichbildrecht zum gemeinen Sachsenrecht.

Kaiserrecht, Translatio imperii, Lotharische Legende, Conring

Johann von Buch verwarf die sächsischen Rechtsgewohnheiten keineswegs und ersetzte sie nicht leichthin durch romanistische Lehren. Vielmehr arbeitete er die Gegensätze beider Rechte heraus und erklärte sie. Nach diesem Muster stellte er auch die Gerichtsverfassung gegenüber. Johann unterschied das Kaiserrecht und das Volkesfragenrecht. Kaiserrecht war ein schillernder Begriff der spätmittelalterlichen Rechtssprache. Beim rechtsgelehrten Johann von Buch stand er gleichbedeutend für das römische Recht. Die römischen Kaiser hatten ihre Gesetze erlassen, der römische Kaiser Justinian das Corpus Iuris zusammengestellt. Die mittelalterlichen Kaiser des Heiligen Römischen Reiches sahen sich in dieser Traditionslinie. Der Hinweis auf das Kaiserrecht betont damit die sog. *translatio imperii*, die Rechtsnachfolge des untergegangenen alten römischen Reiches im mittelalterlichen Kaiserreich. Dies war eine zeitgenössisch verbreitete Sichtweise, wenn es darum ging, den Geltungsgrund des römischen Rechts zu benennen. Zugleich beschränkte sich die *translatio imperii* auf eine recht deutsche

Sicht. Denn wer die oberste Autorität des mittelalterlichen Kaisers nicht beachtete, konnte mit diesem Hinweis auf das römische Recht nur wenig anfangen. Die gelehrten Juristen in Italien und anderswo hatten deswegen das Corpus Iuris Civilis aufgrund seiner Klarheit und seines Gedankenreichtums anerkannt. Ganz unpolitisch erschien das gelehrte Recht als *ratio scripta*, als schriftgewordene Vernunft. Doch im politischen Zusammenhang genügte das bald nicht mehr. Im frühen 15. Jahrhundert vertrat der italienische Kommentator Paulus de Castro die *translatio imperii*-Lehre gegenüber Städten wie Volterra und Lucca, die sich als Teil des Reichsverbandes empfanden. Vor Gericht sei dort das römische Recht anwendbar, weil sie zur *terra imperii* gehörten.

Die *translatio imperii*-Lehre stand und fiel freilich mit dem Ansehen der kaiserlichen Würde. Die Tradition des Imperium Romanum musste zunehmend problematisch erscheinen, als später der Glanz des Kaisertums nachließ. Kaum zufällig verschwand dieses Argument daher im späteren 15. Jahrhundert aus der Diskussion um das römische Recht. An seine Stelle trat im Reichsgebiet eine sehr juristische, geradezu positivistische Sichtweise. Das römische Recht sollte im Heiligen Römischen Reich deswegen gelten, weil angeblich Kaiser Lothar von Supplinburg es durch ein Gesetz von 1137 zum anwendbaren Reichsrecht erklärt hatte. Beim Reformator Philipp Melanchthon findet sich diese Auffassung erstmals in der gelehrten Literatur und verbreitete sich dann schnell und weit, bezeichnenderweise freilich zunächst abseits der maßgeblichen juristischen Literatur im engeren Sinne.

Doch das vermeintliche Gesetz Lothars III. hatte es nie gegeben. Nach einigen frühen Zweifeln gelang es dem Helmstedter Universalgelehrten Hermann Conring 1643, die lotharische Legende zu widerlegen. In seinem grundlegenden Werk „De origine iuris Germanici" („Vom Ursprung des deutschen Rechts") stellte Conring quellenkritische Grundsätze rechtshistorischer Forschung auf. Geschichtliche Tatsachen könnten danach nur dann für wahr gelten, wenn sie durch Quellen belegbar seien. Und je dichter diese Quellen am historischen Ereignis lägen, desto glaubwürdiger seien sie. Weil es für das Kaisergesetz Lothars von Supplinburg aber keine Quellen gebe, müsse man davon ausgehen, dass dieses Gesetz gar nicht existiere. Conring erklärte die praktische Bedeutung des gelehrten Rechts deswegen auf andere Weise. Durch allmählichen Gebrauch in der gerichtlichen Praxis habe das römische Recht mehr und mehr Fuß gewonnen und habe deswegen ohne hoheitlichen Befehl sein Ansehen gewonnen („*usu sensim receptum*"). Diesen Vorgang nannte Conring Rezeption. Den historischen Sachverhalt hatte Conring damit zutreffend erfasst und mit seinem Werk zugleich die deutsche Rechtsgeschichte als historisch-kritische Disziplin begründet. Die moderne Literatur streitet darüber, inwieweit der Begriff Rezeption hilfreich ist, um angemessen zu beschreiben, in welchem Maße sich das Recht und das Rechtsdenken an der Wende zur Neuzeit verwissenschaftlichten und veränderten. Der historische Befund von Conring bleibt daneben aber bestehen. Und als Schlagwort für derartige Vorgänge bringt die Rede von der Rezeption diesen vielschichtigen Wandel auf den Punkt. Einen zwingenden Grund, den eingefahrenen Begriff aufzugeben, gibt es nicht.

Zwei unterschiedliche Richterleitbilder

Bei Johann von Buch genügte im 14. Jahrhundert noch der bloße Hinweis auf das Kaiserrecht, um die Autorität des römischen Rechts anzudeuten. In der Tat sprach nach dem gelehrten Recht der Richter das Urteil selbst. Er war Verhandlungsleiter und Urteiler in einer Person und entschied die vor ihm verhandelten Rechtsfälle. Er betrieb nach einer vorgegebenen Methode Rechtsanwendung, indem er prüfte, welche Rechtsregeln zu einem vorgetragenen Sachverhalt passten. Diese Arbeitsweise, modern könnte man von Subsumtion sprechen, setzte umfassende juristische Bildung voraus. Nicht studierte Laienurteiler konnten diese Gelehrsamkeit nicht besitzen. Schöffen, die als Rechtshonoratioren aus ihrer umfassenden Erfahrung der heimischen Rechtsgewohnheiten schöpften, konnte es im gelehrten Recht daher nicht geben. Man brauchte sie schlichtweg nicht.

Ganz anders stellte sich die sächsische Praxis dar. Mit wenigen Strichen brachte Johann von Buch sie auf den Punkt. „Hier", also im sächsischen Rechtskreis, fragte der Richter „einen anderen", genau genommen das „volk", um das Urteil. Einige Leitbegriffe des einheimischen Rechts fügte Johann in seinen Text ein. Es ging darum, das Urteil zu finden. Dafür benötigte der Richter die Vollbort, die Zustimmung der übergroßen Mehrheit oder der Schöffen. Ob Johann mit dem verschwommenen Hinweis auf „de merere meninge" Mehrheitsentscheidungen für denkbar hielt oder streng auf der überkommenen Einstimmigkeit bestand, bleibt offen. Jedenfalls durfte der sächsische Richter an der Urteilsfindung nicht selbst teilnehmen. Das wäre „wedder de rechte" gewesen, also rechtswidrig oder zumindest gegen das römisch-kanonische Recht. Der Richter sprach nur aus, was die Urteiler entschieden bzw. gefunden hatten. Hier bediente sich Johann einer juristisch-technischen Abstufung, die in seiner niederdeutschen Sprache fast untergeht. Das grundsätzliche Verbot an den Richter, Parteien zu verurteilen, war nämlich durch die Vollbort des Gerichtsumstandes eingeschränkt. Dafür benutzte Johann mit den kleinen Wörtern „dat en", in anderen Handschriften „id ne", „es sei denn" eine durchaus gelehrtrechtliche Formulierung. Denn wenn die Gerichtsgemeinde ihre Entscheidung getroffen hatte, sollte und musste der Richter sie aussprechen.

Urteilsschelte

Der sächsische Richter sollte auch kein Urteil schelten dürfen. Mit diesem Hinweis
ging es Johann von Buch nicht darum, den Unterschied zum gelehrten Prozess anzudeuten. Auch ein gelehrter Richter durfte gegen sein eigenes Urteil kein Rechtsmittel
einlegen, das war jederzeit selbstverständlich. Die Urteilsschelte war im römischen
Recht unbekannt, und die Appellation, das übliche Rechtsmittel, stand den Parteien
und sonst niemandem offen. Im sächsischen Prozess sah dies anders aus. Bevor die
Vollbort bzw. die Einmütigkeit bei der Urteilsfindung hergestellt war, handelte es
sich bei dem Urteil noch um einen Urteilsvorschlag. Erst durch die richterliche Verkündung trat der Geltungsbefehl dazu. Es war im mittelalterlichen Recht nicht mehr
erforderlich, dass jeder Anwesende einem Urteilsvorschlag ausdrücklich zustimmte.
Diese Aufgabe beschränkte sich auf die Schöffen. Doch lange Zeit besaß jedermann
die Möglichkeit, einem Urteilsvorschlag zu widersprechen. Dann gab es keinen Konsens der Gerichtsgemeinde, und ein Urteil konnte nicht gefunden werden.

Die Schelte war damit kein Rechtsmittel gegen ein verkündetes Gerichtsurteil,
sondern ein Angriff auf eine sich abzeichnende Fehlentscheidung und zugleich ein
persönlicher Vorwurf gegen einen oder mehrere Urteiler. In solchen unsicheren Situationen stand die Anfrage an einen Schöffenstuhl offen. Er sollte wenn möglich das
unklare und dunkle Recht entwirren und auf diese Weise besseres Recht finden. Der
Richter selbst konnte diese Schelte aber nicht erheben. Falls der Richter also mit einem
Entscheidungsvorschlag nicht einverstanden war, durfte er ihn nicht verhindern. Er
musste ein Urteil, das mit Vollbort der Anwesenden ergangen war, verkünden, auch
wenn er selbst eine andere Meinung hatte. Mit diesem Hinweis untermauerte Johann
von Buch die deutlich verschiedenen Aufgaben von Richtern und Urteilern. In der
neueren Literatur begegnet die Auffassung, Johann habe in seiner Glosse die sächsische Urteilsschelte und die römischrechtliche Appellation gleichsetzen wollen. Doch
der Hinweis auf den Richter, der ein Urteil nicht schelten dürfe, spricht gegen eine
solche vorschnelle Harmonisierung. Vielmehr ging es Johann in diesen beiden Quellenstellen gerade darum, die Unterschiede zwischen beiden Rechten herauszustellen.

Praktikerliteratur ab dem 15. Jahrhundert

Die Buch'sche Glosse ist als Werk eines Rechtsgelehrten kein Bericht über die tatsächliche Gerichtspraxis. Sie ist auch kein reines Anleitungsbuch für ungelehrte Laien,
obwohl sie durch die deutsche Sprache und ihre große Verbreitung erhebliches Ansehen gewann. Seit dem 15. Jahrhundert gab es im deutschsprachigen Raum mehrere
derartige praktische Handreichungen. Diejenigen Richter und Urteiler, die ausreichend
gebildet, aber nicht studiert waren, sollten sich über die Grundzüge des gelehrten

Rechts schnell und zuverlässig unterrichten können. Auch die Parteien und ihre Vertreter erhielten Ratschläge, wie sie ihre Angriffs- und Verteidigungsmittel vor Gericht am sinnvollsten einsetzten. Besondere Bedeutung erlangten der Klagspiegel aus der Mitte des 15. Jahrhunderts und der Laienspiegel von 1509. Mit der Bezeichnung Spiegel stellten sich die Verfasser bewusst in die Tradition der mittelalterlichen Rechtsbücher. Sie spiegelten freilich nicht die Rechtsgewohnheiten so, wie sie in der Praxis gang und gäbe waren, sondern das gelehrte Recht, wie man es vor Gericht verwenden sollte.

Selbsthilfeverbot und römischrechtliche Klage im Klagspiegel

Am sechsten / das der erb vrbüttig oder bereit sey zů verbürgen dem legatario, als bald er das vrteyl genommen het, daz er dem legatario daz verschafft geben vnd volgen lassen wölle. Dise sachen seind schwer vnd übel zů teütsch zů machen, wo es aber not sein würde, frag einen legisten draumb.

Herr richter ich clag eüch von M. der N. hauß im testament das Ticius hat gemacht vnd geschafft, des selben Ti. ich erbe bin, sage wie etc. fräuelichen etc. mit seinem eygen gewalt besessen, ee dann ich das erbe rechtlich besaß. Bit etc. erkennen, das er mir das hauß soll wider geben. [Am Rand: ff. c. l. j.] Es ist billich, daz ein yeglicher nit selbs eingehe in den besitz des, das jm gebürt, sunder er soll söllichen besitz vorderen von dem richter.

6. Der Erbe sei erbietig und bereit, sich gegenüber dem Vermächtnisnehmer zu verbürgen, sobald er ein Urteil erhalten hat, dass er dem Vermächtnisnehmer die zugewandte Sache zu übergeben und verschaffen hat. Solche Angelegenheiten sind schwer und übel auf Deutsch auszudrücken. Wenn es nötig sein sollte, frag einen studierten Juristen.

„Herr Richter, ich erhebe Klage gegen M., der das N.-Haus [besitzt], das Titius im Testament vermacht und verschafft hat. Ich bin der Erbe dieses Titius und sage, wie … usw. frevelhaft … usw. eigenmächtig besessen hat, bevor ich das Erbe rechtmäßig besaß. Ich beantrage etc. zu erkennen, dass er mir das Haus herausgeben soll." Es ist billig, dass sich niemand den Besitz, der ihm zusteht, selbst verschafft, sondern er soll diese Besitzverschaffung vor dem Richter einklagen.

Vorlage: *Sebastian Brant* (Hrsg.), Der Richterlich Clagspiegel. Ein nutzbarlicher begriff, Wie man setzen und formiren sol nach ordnung der Rechten eyn yede Clag, Antwort, unnd außsprechene Urteylen. Gezogen auß Geystlichen und Weltlichen Rechten (…) wider durchsichtiget und mit mererm fleiß von newem zum teyl gebessert, Straßburg 1536, Teil 1 Titel Quorum legatorum, Blatt XV verso [zuerst 1516].

Der Klagspiegel

Der Klagspiegel, aus dem die Quellenstelle stammt, entstand um 1436/42. Sein Verfasser war nach neueren Forschungen Conrad Heyden, der Stadtschreiber von Schwäbisch-Hall. Eng angelehnt an spätmittelalterliche Werke der lateinischen Rechtsliteratur bemühte sich Heyden, die Grundzüge des gelehrten Rechts sowie des römisch-kanonischen Prozesses in die deutsche Praxis zu vermitteln. Anders als Johann von Buch ging es dem Klagspiegel nicht darum, die überkommene Gerichtsbarkeit aus der Sicht eines studierten Juristen zu kommentieren. Vielmehr beschäftigte sich der Klagspiegel mit der Frage, wie eine deutsche Rechtspraxis aussehen solle, die in verstärktem Maße die Lehren des römisch-kanonischen Rechts berücksichtigte.

Selbsthilfeverbot im Erbrecht

Das in der Quelle behandelte Beispiel stammt aus dem Erbrecht. Conrad Heyden beschrieb rechtliche Streitigkeiten zwischen einem Erben und einem Vermächtnisnehmer. Die Ursprünge einer deutschen mittelalterlichen gewillkürten Erbfolge liegen seit je im Dunkeln, spielten im Klagspiegel aber keine Rolle. In der Mitte des 15. Jahrhunderts hatten sich Testamente mit ihren verschiedenen letztwilligen Verfügungen durchgesetzt. Der Erbe war Gesamtrechtsnachfolger des Verstorbenen, der Vermächtnisnehmer (Legatar) konnte vom Erben einen einzelnen Gegenstand herausverlangen, den der Erblasser ihm zugewendet hatte. Das Selbsthilfeverbot war bei diesem zivilrechtlichen Problem immer noch der Rede wert und tauchte im abschließenden Satz ausdrücklich auf. Es sei billig, wenn der Vermächtnisnehmer in das ihm zustehende Besitztum nicht „selbs" hineingehe, sondern diesen Besitz vor dem Richter einklage. Der Beispielsfall drehte sich um ein Haus, das der Erblasser dem Vermächtnisnehmer zugewendet hatte. Wenn der Erbe sich weigerte, dem Legatar das Haus zu überlassen, durfte dieser dort nicht einfach einziehen. Nur mit gerichtlicher Hilfe sollte der Wechsel vor sich gehen. Ganz präzise und pragmatisch beschränkte sich der Klagspiegel an dieser Stelle auf die Besitzfrage. Soweit es darum ging, eigenmächtige Gewalt und Selbsthilfe zu unterbinden, musste die Besitzlage klar sein. Die Frage nach dem Rechtsgrund trat demgegenüber zurück. Hier war die Sache deswegen kompliziert, weil die Erbschaft durch Vermächtnisse offenbar stark geschmälert war. Der Erbe stand in Gefahr, nicht einmal ein Viertel für sich selbst zu behalten. Dann konnte der Vermächtnisnehmer sich nicht einfach eigenmächtig ein Haus verschaffen.

Genau dieselbe Überlegung stellte über 300 Jahre später noch Johann Wolfgang von Goethe an, als er in seiner Autobiographie „Aus meinem Leben. Dichtung und Wahrheit" über die Effektivität der reichskammergerichtlichen Rechtsprechung nachdachte. Für ihn war es zunächst wichtig, dass der Besitz sicher war. Ob man mit Recht besaß, erschien nachrangig und für den tatsächlichen Frieden im Reich nicht so bedeutsam. Deswegen besaß in der gelehrten Gerichtspraxis der einstweilige Rechtsschutz seit jeher eine besondere Bedeutung. Das ungelehrte Recht hatte die subtile Unterscheidung zwischen Eigentum und Besitz dagegen nicht gekannt, sondern mit der Gewere tatsächliche und rechtliche Elemente der Sachherrschaft zusammengefasst.

Noch für den Verfasser des Klagspiegels erschien es „übel", solche erbrechtlichen Feinheiten in deutscher Sprache abzuhandeln. Schon Eike von Repgow hatte über zwei Jahrhunderte zuvor in der Vorrede zum Sachsenspiegel betont, wie schwer es ihm gefallen sei, sein Rechtsbuch von der lateinischen in die deutsche Sprache zu übersetzen. Eine einheimische Terminologie fehlte zu dieser Zeit noch weithin. Für Conrad Heyden sah es ähnlich aus. Viele römischrechtliche Institute hatten zwar lateinische, nicht aber deutsche Namen. Da es offenbar zu schwierig war, einer rechtssuchenden Partei alle Abgründe des gelehrten Rechts zu erläutern und sämtliche Begriffe einzudeutschen, behalf er sich mit einem ganz handfesten Vorschlag. Soweit es notwendig war, solle man einen Legisten „darumb" befragen. Der Legist, der römischrechtlich studierte Jurist, war hier der gelehrte Rechtsberater, ein Advokat, der seinen Mandanten über die Rechtslage nach dem rezipierten Recht aufklärte. Ungelehrte Fürsprecher konnten die Parteien in solch einem Gerichtsverfahren nicht mehr gebrauchen.

Formulare für Praktiker

Der Klagspiegel stellte den Parteien sogleich einen Mustertext zur Verfügung, den sie für ihren gerichtlichen Klageantrag verwenden sollten. Er war als direkte Anrede an den Richter formuliert und setzte insoweit einen mündlichen Rechtsstreit voraus. Bewusst offen gelassene Lücken konnte der Kläger mit den Personennamen und der genauen Bezeichnung des streitigen Hauses ausfüllen. An das Ende der Klageformel fügte der Klagspiegel einen etwas unklaren Hinweis auf das Corpus Iuris Civilis an. Leicht erkennbar durch das „*ff.*" handelte es sich um einen Verweis auf die Digesten, und zwar auf eine bereits zuvor zitierte Stelle („*c. l.*" = *citato loco*, am angegebenen Ort). Der Kläger sollte seinen gerichtlichen Antrag also von Beginn an mit dem gelehrten Recht absichern. Das Gericht selbst würde dann bei seiner Entscheidung genau diese Digestenstelle prüfen und sie im Erfolgsfall zugunsten des Klägers anwenden. Freilich verwies der Klagspiegel in der Überschrift des Titels auf den Codextitel „Quorum legatorum" (C. 8, 3) und nicht auf die Digesten. Die Allegation war also ungenau.

Ähnliche Ergebnisse haben auch Regionalstudien zur sog. praktischen Rezeption in anderen Regionen ergeben. Es waren die gelehrten Anwälte, die zuerst damit begannen, in ihre mündlichen Anträge oder ausformulierten Schriftsätze gelehrtrechtliche Hinweise (Allegationen) aufzunehmen. Das Gericht musste sich dann dazu verhalten, also in irgendeiner Weise den Verweis auf das römisch-kanonische Recht berücksichtigen. Soweit keine studierten Richter oder Urteiler vorhanden waren, suchte das Gericht in solchen Fällen verstärkt nach gelehrtem Rechtsrat und nahm ihn in Anspruch. Hier liegt eine der Ursachen für die schnelle und umfassende Verbreitung von Aktenversendungen an Juristenfakultäten oder territoriale Regierungen (vgl. Kap. 3.3.5). Ein Jahrhundert später und auf strafrechtliche Fragen bezogen enthielt die Constitutio Criminalis Carolina von 1532 dazu eine Grundsatzregelung (Art. 219 CCC).

Wörtlich vorgegebene Klageformeln und andere ausformulierte Anträge an das Gericht, wie der Klagspiegel sie anbot, erfreuten sich großer Beliebtheit. Nicht nur die halbgelehrte praktische Anleitungsliteratur ist voll davon. Auch die späteren Werke der sog. Entscheidungsliteratur boten umfangreiches Prozessmaterial zu allen Verfahrensarten und Rechtsproblemen. Für einen Anwalt oder Schriftsatzverfasser standen also immer Vorlagen zur Verfügung, an denen er seine Argumente und Formulierungen ausrichten konnte. Pointiert gesagt, könnte man Formelbücher allgemein als Verkaufsschlager der frühen Neuzeit bezeichnen. Nicht nur vor Gericht, auch in Kanzleien waren sie beliebt, ebenso bei Bittstellern, ja sogar als Anleitung zur Dichtkunst. Die Verbreitung derartiger juristisch-gerichtlicher Werke trug damit erheblich dazu bei, die Prozessführung zu vereinheitlichen. Sogar normative Quellen unterstützten diese Form der Prozessvereinfachung. Die bereits erwähnte Carolina enthält zahlreiche Mustertexte für die Beteiligten am peinlichen Strafprozess. Auch hier war die mündliche Rede am endlichen Rechtstag, dem förmlich-feierlichen letzten Akt des Strafprozesses, wörtlich vorgegeben. Je nachdem, wie verbindlich solche vorformulierten Bausteine des gerichtlichen Verfahrens waren, gerät die beliebte Lehre vom zunehmend formfreien frühneuzeitlichen Recht ins Wanken. Auch das gelehrte Recht kannte seine eigenen Formen und vorgegebene Formulierungen. Sie sahen anders aus als im ungelehrten Recht, waren aber keineswegs weggefallen.

Die Schweiz als angeblich rezeptionsfreier Raum

Die oben geschilderten Beispiele zeigen für das 15. Jahrhundert allenthalben, wie das gelehrte Recht in der Gerichtspraxis immer stärkere Bedeutung erlangte. Rechtsgelehrte Syndici in den Städten, Anleitungsbücher für Anwälte und Richter, die ersten sog. Stadt- und Landrechtsreformationen und andere Quellen weisen insgesamt in dieselbe Richtung. Als Insel im Meer der Rezeptionszeit galt dagegen lange Zeit die schweizerische Eidgenossenschaft. Hier sollte das römisch-kanonische Recht keinen Fuß gefasst haben. Ein lang und breit diskutierter Schlüsseltext für diese Ansicht ist die Frauenfelder Anekdote. In der Tat handelt es sich um ein auf den ersten Blick humorvolles und einprägsames Beispiel.

Rechtsanwendung in der Schweiz (Frauenfelder Anekdote)
Auff eine Zeit seyen die Land-Ampt-Leute beysamen gesessen im Gericht, da sey ein
Parthey kommen mit einem Doctor und Advocaten von Costantz, der habe eine Klag
und Vortrag gethon, eine Erbschafft betreffend, und habe allegiret Bartholum, Baldum
und mehr andere Doctores. Da seye der Land-Ammann dem Doctor in die Red gefallen
und gesaget: Hört ihr Doctor, wir Aydgenossen fragen nicht nach dem Barthele und
Baldele und andern Doctorn, wir haben sonderbare Landbrüch und Recht. Nauss mit
euch Doctor, nauss mit euch! Und habe der guthe Doctor müssen abtretten, und sie
Amptleut sich einer Urthel verglichen, den Doctor wider eingefördert und ein Urthel
geben, wider den Barthele und Baldele und wider den Doctor von Costantz.
Vorlage: *Schott*, Eidgenossen (Lit. zu 2.9.8), S. 18.

Die oft erzählte und vielfach national-politisch aufgeladene Frauenfelder Anekdote
wirft kuriose Schlaglichter auf die Gerichtspraxis der Rezeptionszeit. Die Quelle ist
unzuverlässig überliefert. Ob sich die im Konjunktiv und aus der Beobachterperspektive geschilderte Begebenheit überhaupt so zugetragen hat, ist unklar, aber nicht
entscheidend. Die Aufzeichnung spiegelt eine Rechtslage, wie sie vor 1542 bestanden
hat. In jedem Fall zeigt sie, wie die Zeitgenossen Gerichtsverhandlungen wahrnah-
men, in denen gelehrtes Recht und einheimische Gewohnheiten aufeinandertrafen.
Frauenfeld ist bis heute der Hauptort des schweizerischen Kantons Thurgau südlich
des Bodensees. In einer erbrechtlichen Streitigkeit erschien vor Gericht ein Kläger, der
einen rechtsgelehrten Beistand aus dem nahe gelegenen Konstanz mitgebracht hatte.
In der mündlichen Auseinandersetzung berief sich der Advokat auf die Lehren von
Bartolus de Sassoferrato (1313/14–1357) und Baldus de Ubaldis (1319/27–1400), also
auf zwei der berühmtesten spätmittelalterlichen Kommentatoren überhaupt. Auch
andere Gelehrte führte er an. Aber der Richter (Land-Ammann) schnitt ihm das
Wort ab und betonte, die Eidgenossen fragten nicht nach Bartele und Baldele. Dieser Satz wurde bis weit ins 19. Jahrhundert hinein zu einem geflügelten Wort. Doch
hinter dieser Pointe hat man sich mit dem Frauenfelder Rechtsstreit selbst nur wenig
beschäftigt. Er trat ganz in den Hintergrund zurück. Das Gericht betonte nämlich, es
gebe einheimische erbrechtliche Landgebräuche, nach denen man den Fall entscheiden wolle. Nach einer Beratungspause entschieden die Schöffen (Land-Ampt-Leute)
den Prozess dann im Einklang mit ihren Rechtsgewohnheiten. Die romanistischen
Lehren lehnten sie ab, und deswegen zog der Kläger mit seinem angereisten Konstanzer Advokaten den Kürzeren.

Der Ausgang der Geschichte ist verblüffend. Denn wenn das schweizerische Gericht
vorrangig das örtliche Recht beachtete und nicht auf die römischrechtliche Dogmatik

zurückgriff, entsprach dies tatsächlich genau der gelehrten Rechtsanwendungsdoktrin. Das Recht des kleineren Rechtskreises verdrängte das Recht des größeren Rechtskreises, gerade auch nach den Lehren von Bartolus und Baldus (vgl. Kap. 2.10.3).

Wirkungsgeschichte der Frauenfelder Anekdote

Viel bemerkenswerter erscheint es demgegenüber, wie spätere Juristen die erstmals im 17. Jahrhundert gedruckte Anekdote darstellten. Der Lübecker Rechtsgelehrte Johann Carl Henrich Dreyer äußerte 1768 sein Unverständnis über die ungelehrten Schöffen, die so kurzerhand und ruppig einen gelehrten Anwalt abgefertigt hatten. Samuel Ludwig Schnell, ein Berner Zivilrechtler, verlegte die Geschichte 1811 von der Schweiz nach Deutschland und warf den ungebildeten Schöffen Uneinsichtigkeit gegenüber dem geschriebenen Recht vor. Dreyer und Schnell konnten nicht verstehen, weshalb sich das Frauenfelder Gericht so drastisch gegen das gelehrte Recht aufgelehnt hatte. Später kehrte sich die Sichtweise ins genaue Gegenteil um. Der Zürcher Rechtshistoriker Aloys von Orelli war 1879 stolz auf den Mut der alten Eidgenossen. Sie hätten „von dem gelehrten Kram des corpus iuris" nichts wissen wollen. Und Eugen Huber, der berühmteste schweizerische Jurist überhaupt, meinte, in der Schweiz habe man Rechtsreformen verwirklicht, ohne das römische Recht zu benötigen. Deswegen hätten die alten Volksgerichte bestehen bleiben können. Den Endpunkt markierte der Schweizer Rechtshistoriker Ulrich Stutz, Professor in Berlin. In einem Vortrag sprach er 1920 vom Triumph des gesunden Sinnes des „Schweizervolkes", von einer vaterländischen Tat der Frauenfelder Schöffen, die nicht nur der Schweiz, sondern auch dem deutschen Nachbarn gedient habe. Der polemisch aufgeladene Streit um die Übernahme des angeblich undeutschen fremden Rechts, um die Rezeption als nationales Verhängnis zeigt sich kaum so deutlich wie in der Frauenfelder Anekdote. In welchem Ausmaß die Quelle den zeitgenössischen Widerstand gegen die Romanisierung des Prozessrechts überhaupt belegt, verblasst dahinter.

2.10 Das Königliche Kammergericht

Das Königliche Kammergericht markiert den Übergang der Reichsgerichtsbarkeit vom ungelehrten, mündlichen, rechtsgewohnheitlich geprägten Verfahren zum gelehrten römisch-kanonischen Prozessrecht. Das mittelalterliche Reichshofgericht kannte weder studierte Urteiler noch Schriftsätze. Seine Mitglieder bestanden aus einem Kreis am Hofe anwesender Adliger. Funktionelle Differenzierung im Hinblick auf echte Richterpersönlichkeiten ist nicht erkennbar. Dennoch gelang es dem Reichshofgericht im frühen 15. Jahrhundert offenbar, eine gewisse Unabhängigkeit vom König bzw. Kaiser aufzubauen. Die persönliche Rolle des Herrschers als Richter geriet damit in Frage, auch wenn weiterhin die delegierte Gerichtsbarkeit, die *justitia delegata*, einen Kern der königlichen Gerichtsgewalt bildete. Möglicherweise als Antwort auf diese Entwicklung am Hofgericht errichtete König Ruprecht kurz nach 1400 ein weiteres Gericht, das Königliche Kammergericht. Seine Tätigkeit ist nicht erst seit 1415 nachweisbar, wie die bisherige Literatur annimmt. Mindestens zehn Jahre zuvor ist es genau unter diesem Namen schon belegt. Das Kammergericht war erheblich näher an den König gebunden als das ältere Hofgericht. Der König übte den Gerichtsvorsitz mehrfach, wenn auch nicht jederzeit, selbst aus. Die Urteiler des Kammergerichts bestanden aus königlichen Räten, die nach und nach immer häufiger rechtsgelehrt waren. Das Universitätsstudium war keine förmliche Voraussetzung, um ernannt zu werden, aber für die Aufgaben, um die es ging, offenbar zweckmäßig. In der Tat zeigt das Verfahrensrecht vielfache Mischformen zwischen überkommenen älteren und neueren Prozessmaximen. Zahlreiche Institute des gelehrten Rechts waren bekannt, vor allem die Appellation von einem niedrigeren an ein höheres Gericht. Im Gegensatz zum Reichshofgericht konnte das Königliche Kammergericht also Entscheidungen der Untergerichte überprüfen und entweder bestätigen oder verwerfen. In der Mitte des 15. Jahrhunderts bildeten sich auf diese Weise im weltlichen Recht erste Ansätze zu einem Instanzenzug heraus, wie ihn die Kirche schon lange vorher gehandhabt hatte.

2.10.1 Verpachtung des Kammergerichts

Einen regelrechten Modernisierungsschub bedeutete die Verpachtung des Kammergerichts von Kaiser Friedrich III. an Adolf von Nassau, den Kurfürsten von Mainz, im Jahre 1471. Im Gegensatz zu zahlreichen anderen spätmittelalterlichen Verpfändungen nutzte Adolf von Nassau das Gericht nicht in erster Linie dazu, um Einkünfte zu erzielen oder seine persönliche Macht zu steigern. Vielmehr baute er durchaus im Interesse des Reiches das Kammergericht zu einem weitgehend rechtsgelehrten Spruchkörper aus. Es gab nun eine schriftliche, wenn auch knapp gehaltene Prozessordnung, und die Zahl der gelehrten Gerichtsmitglieder schnellte nach oben. Zuletzt war etwa die Hälfte der Urteiler studiert.

Die Verpachtung der Gerichtsrechte fügt sich in andere Übertragungen von Herrschaftsrechten im Spätmittelalter. Vielfach verpfändeten römisch-deutsche Könige bzw. Kaiser einzelne Rechtspositionen und Gerechtigkeiten an Landesherren und Städte. Gut bekannt sind die verpachteten Vogteirechte in kaiserlichen Städten. Wenn es dem städtischen Rat gelang, die Vogteirechte und damit die Gerichtsgewalt selbst zu erwerben und sogar die Pfandschaft in eigenes Recht umzuwandeln, bedeutete dies einen wesentlichen Schritt hin zur Befreiung von der Stadtherrschaft auf dem Wege zur freien Reichsstadt. Beispielsweise gab es jetzt keinen königlichen Richter mehr, sondern nur noch ein städtisches Gericht. Auch kleinere Territorien, die das Reich verpfändet hatte, gingen auf diese Weise zunehmend in der jeweiligen Landesherrschaft auf. Das Königliche Kammergericht blieb dem Reich jedoch erhalten und wurde trotz der Verpachtung kein landesherrliches Gericht. Die königliche Gerichtsherrschaft erschien vielmehr ab den 1470er Jahren stärker als unter dem alten Reichshofgericht, das seit 1451 nicht mehr zusammentrat und de facto aufgelöst war.

2.10.2   Reichsgerichtsbarkeit und Reichsreform

In der Debatte um die Reichsreform gegen Ende des 15. Jahrhunderts bestand ein Anliegen der Stände darin, die oberste Gerichtsbarkeit von der Person des Königs und von seinem Regierungssitz zu trennen. Dies sollte eine zu starke zentrale Gewalt verhindern und zugleich föderale Elemente in die Gerichtsverfassung des Reiches einbringen. Die oft zitierte Formel „Kaiser und Reich" deutete genau darauf hin. Die Reichsgewalt beruhte nicht nur auf dem Kaiser bzw. König, sondern ebenso auf den Reichsständen, also den Landesherren der Territorien. Gegenüber diesen Überlegungen erschien das Königliche Kammergericht zu stark an den Herrscher selbst angebunden. Mit der ersten Reichskammergerichtsordnung von 1495 wurde dieses Kammergericht daher in ein neu formiertes Reichskammergericht umgewandelt. Getrennt vom königlichen Hof, besetzt mit einem Kammerrichter und zahlreichen von den Territorien, später von den Reichskreisen präsentierten Assessoren, stand das neue Reichskammergericht von Beginn an für eine gewisse Unabhängigkeit vom Kaiser bzw. König. Das Königliche Kammergericht dagegen war zu jeder Zeit dem Herrscher unterworfen. Um sich gegen den völligen Verlust seiner Gerichtsgewalt zu wappnen, übertrug Maximilian I. seinem Hofrat zunehmend ebenfalls richterliche Aufgaben. Ohne festes Gründungsdatum entstand auf diese Weise mit dem Reichshofrat um 1500 ein zweites oberstes Reichsgericht. Bezogen auf die Gerichtsverfassung bildete das Königliche Kammergericht also viel stärker den Vorgänger des Reichshofrats als des Reichskammergerichts. Ohnedies arbeitete der Reichshofrat später immer auch als kaiserliche Behörde. Das Reichskammergericht dagegen war erstmals ein ausschließliches, professionalisiertes Gericht.

   Die rechtsgeschichtliche Forschung hat eine Typologie vorgeschlagen, um Hofgerichte älteren und neueren Typus voneinander abzugrenzen. Auf diese Weise lässt sich zeigen, wie eng Gerichte an den Herrscher angebunden waren und ob sie außer richterlichen auch noch politische oder administrative Aufgaben zu erfüllen hatten. Hier ist die Terminologie allerdings uneinheitlich. Deswegen ist es erforderlich, an Stelle vorschneller Schlagworte die Professionalisierung und Herrschernähe von Gerichten jeweils im Einzelfall zu bestimmen.

2.10.3 Eine Verhandlung vor dem Königlichen Kammergericht

Ein Beispiel aus den 1460er Jahren, vermutlich vom 24. Januar 1467, verdeutlicht, wie ein Rechtsstreit vor dem Königlichen Kammergericht ablief. Der kaiserliche Fiskal führte einen Prozess gegen die Stadt Magdeburg wegen eines Übergriffs auf einen Grafen von Mühlingen-Barby. Hierbei ging es u. a. um Privilegien der sächsischen Städte, um den Gegensatz von Kammergericht und Reichshofgericht und um die Litiskontestation, die förmliche Streitbefestigung. Die Mischform zwischen einem überkommenen und einem römisch-kanonischen Prozess zeigt sich überdeutlich, wobei zahlreiche Weichenstellungen auf der Grundlage des gelehrten Rechts erfolgten. Deswegen verdient die Quelle trotz ihrer Länge eine sorgsame Lektüre.

Rechtsstreit zwischen dem kaiserlichen Fiskal und der Stadt Magdeburg
Am vierundzweintzigisten tag des monads januarius, als unser allergnedigster herr der römisch kaiser in eygner person mit seinen räten und der recht gelerten zu gericht gesessen, ist kumen und erschinen[a] procurator fiscal <>[b] und hat in angedingtem rechten[c] furbracht, im sey wider burgermaister und rat zu Maidburg in der sachen und verhandlung, so sy uber kaiserlich gebotbrieve an graff Gunthern von Mulingen herrn zu Barbey begangen haben nach laut der execucion[d] der ladung, so er darumb[e] in gericht eingelegt lesen liess, nemlich daz sy uber sein[f] keiserlich gebot graven Gunthern zu Mulingen und herrnn zu Barby ettlich korn, so er auf der Elb hab, zu Maydburg furfueren lassen wollen, aufgehalten und genomen wider seiner keyserlichen gnaden freyheit und gebotbrieve darumb außgangen, des er zu mercklichem costen und schaden komen, darumb die egenanten von Maydburg in die pene und puss in den vorgemelten keyserlichen brieven begriffen swerlichen verfallen weren; und hat darumb der egenant fiscal umb solch ungehorsam, verachtung und verhanndlung diemütiklich gebetten, sy[g] in die pene des egerurtten graven von Barby freyheitten und brieven begriffen verfallen zu sein mit recht zu erkennen und zu erkleren, und alsferre nymand dawider redet, setzt er das zu recht.
Dawider der von Maydburg redner[h] in[i] antwurt[i] kam und bracht für ein instrument eins gewaltzbriefs von Vintzentzen Diden, offenn notary und schreyber, außgangen und liess den verlesen und sprich[k] fur, das die bemelten von Maydburg nuzumall

nicht schuldig weren, dem fischcal auf sein chlag zu anttwurtten von zwain ursach wegen: Die erst, all stet im lannd zu Sachsen, so wickpildrecht haben, derselben aine Maydburg sey, die freyheit und gnad von keyser Otten dem Grossen und andern keysern und konigen haben gmeincklichen, das sy von spruch und vordrung wegen, so ein yglicher[l] ye zu zeitten zu in zu haben vermeinn, wurd alain fur das hoffgericht, so nach alter gewonheit des reichs auss den vier lannden Swaben, Sachsen, Franncken und Beyren mit ritternn, die[m] in des reichs rechten kundig weren, solt besetzt sein, furgeheischen und zu antwurtten schuldig weren. Die ander ursach, das weylend keyser Sygmund die bemelten von Maydburg in sonnderheyt begnadt und gefreyt hett: So ein romischer keyser und konig umb sein eygen sach zu den von Maydburg zu sprechen[n] hetten, wann sy denn geladen wurden, so solten sy sich veranttwurtten vor des heiligen romischen reichs hoffgericht. Dieselb freyheit sein keyserliche gnad bestett hett, als dann derselben von Maydburg freyheitt, der er glaublich vidimus in gericht legt und verlesen liess, solch eygentlicher zu erkennen geben. Und dieweill das obgenant hoffgericht in obgeschribem mass nit besetzt were, so getrauet er, das die von Maydburg auf die bemelt ladung nit schuldig weren zu anttwurtten, und alsferre nymand dawider redet, so setzet er das auch zu recht.

Daengegen von des obgenanten fiscals wegen geantwurtt ward, des eingelegten gewaltz under eins offen notari instrument ausgangen wer zu recht nit genug, wann Maydburg ein löbliche stat des heiligen reichs were und eygen innsigl hett und wer woll billich gewesen, das sy solhem gewalt under irem stat innsigl gefertigt hetten, auch nicht wissenntlich were, ob derselb notari glaubwerdig und legall sey, doch setzet er das zu seiner keyserlichen gnaden gevallnuss[o].

Denn, als der von Maydburg redner ettlich freiheiten des wickpildrechten, so[p] ettlicher stet in Sachsen haben sollten, angezogen hett, das weren plosse wortt und sveher ausflug und zug und[q] mochten sich die von Maydburg yetz von der antburtt seiner klag nicht nemen, wann solhe freyheiten der wickpildrechten nicht furbracht wurden, deß zu recht gnug were, sonnder alain mit plossen wortten angezogen. (…)

So auch die obgenant freyheit keyser Sigmundts in keyserlichen wirden bestett were, so wurdt doch dieselb die von Maydburg von der antwurtt yetz nit nemen mögen, wann das keyserlich camergericht[r] höher dann das hoffgericht sey[s], wann man von dann in das camergericht appellier; das nit beschehen möcht, so das nit höher wer, begriffen[t] noch aufgenomen sey, wann albeg das grosser das klainer an sich ziech und das klainer gericht das höher und grosser nicht inschliessen mug, es seß[u] auch sein keyserliche gnaden in aygner person zu gericht mit[v] sovil werdigen personen, geistlichen und weltlichen fursten, graven, freyen, rittern, knechten und der recht gelerten auss allen lannden, das man solichs kamer- oder hoffgericht nennen mug[w] *und auch mer sey, denn alain ritter da sessen; und getraut darauf, die von Maidburg weren im schuldig, auf sein chlag ytz zu antwurtten, und setzt das aber zu recht. (…) [Antwort von Magdeburg:] Denn als der fiscal meynet, er hett von der freiheit wegen der stet in Sachsen, so wickpildrecht haben, alein plosse wart furbracht, wer er willig, das zu seinen zeiten gnugsamlich beibringen. Und so das nicht aufgenomen solt wer<d>en, so wurdt das nicht alain der von Maidburg, sonnder allen steten in Sachsen, so wickpildrecht hetten, zu schaden und verhindrung kummen, das er nicht trau, seiner keyserlichen gnaden maynung oder willen zu sein, wann solher freyheit und wickpi<l>drecht nicht on gross ursach, die mann, so das not wer, wol ertzellen möcht, von keyser Otten dem Grossen und andern geben, seind die in sein keyserliche gnaden nit so liederlich absprech, wann wiewoll ytz nit hoffgericht gehalten werd, so sey doch das in seiner keyserlichen gnaden^x gewalt, das halten zu lassen nach altem herkomen des reichs. Aber^y als er der transumpt und vidimus der freyheit weilend keyser Sigmunds und der gemein bestett, darauf nicht meint, zu recht gnueg sein, erbieten sich die von Maidburg bey einem comissari, so in sein keyserliche gnad deßhalben^z geben wurd, die haubtbrieve der ytzgenanten freiheit furzubringen und daß mit aller solemnitet vidimiren zu lassen, und setzt das auch zu seiner keyserlichen gnaden gefallen^aa. (…) in kumer auch nicht , so^bb das camergericht höher dann das hoffgericht^cc wer, wann sovil: Dester mer, solt man den von Maidburg^dd ir freyheit absprechen, in unrecht geschech, das er nit trau, seiner keyserlichen gnaden meynung zu sein, wann^ee sein grosse unterschaid under den zwayen gerichten <>^ff und die dick gemelten ir freiheit, die mit ausgedruckten wortten, darzu man kain gloss bedurff, die von Maidburg von dem camergericht nem, darumb das nür das hoffgericht bestymbt sey, und trauet auss den ursachen halben, so ertzelt weren, die von Maidburg <>^gg solten an das keyserliche hoffgericht geweist werden, das albeg sein keyserliche gnaden nach seinem gevallen setzen mug, und setzt das auch zu recht.*

[Entscheidung:] Zwischen dem procurator fiscal und den von Maidburg ist nach red, widerred und allem furbringen <>^hh zu recht erkant, daz die von Maidburg ytz^ii schuldig sein, dem fiscal auf die klag in der ladung bestimbt zu antwurten. Tun sy das ytz, das werd gehört und geschech verrer, was recht ist^jj. Tun sy aber^kk das nit, so beschech aber, was recht ist.

a Danach wohl gestrichen *des*; vgl. dazu Anm. b; b *fiscals* Handschrift, danach wohl gestrichen *anwalt*; vgl. dazu Anm. a; c Danach gestrichen *die ladung, so wid.*; d *der execucion* über der Zeile eingefügt; e Danach gestrichen *lesen liess*; f Über der Zeile eingefügt, darunter gestrichen *unser*; g Über der Zeile von der ersten Hand eingefügt; h Danach gestrichen *in angedingt*; i Am Seitenrand eingefügt; j Verbessert aus *antwurttet*; [k fehlt in der Vorlage!] l Über der Zeile von der ersten Hand eingefügt, darunter gestrichen *romischer keyser oder konig*; m Über der Zeile eingefügt, darunter gestrichen *so in*; n Danach gestrichen *hett*; o Der folgende Absatz *Darauf der egenanten von Mayd-burg redner ... keyserlichen gnaden gevallen* ist aufgrund eines auf S. 4 (Zählung ergänzt) stehenden Hinweises dort in den Text einzufügen: *Dawider der egenanten von Maidburg redner antburtet am ersten von des gewaltz wegen:* ‚*Wievoll die von Maidburg*' *ut supra*; p Über der Zeile eingefügt; q *sveher ... und* am Seitenrand von der ersten Hand eingefügt, dafür in der Zeile gestrichen *solten im*; r Danach gestrichen *des*. s Danach gestrichen *von*. t Danach gestrichen *sey*. u Über der Zeile eingefügt, darunter gestrichen *weren*. v Über der Zeile eingefügt, darunter gestrichen *und weren*. w Über der Zeile eingefügt, darunter gestrichen *woll*. x Danach gestrichen *will*. y In der Handschrift hier ein Absatz. z Danach gestrichen *setzen*. aa In der Handschrift hier ein Absatz. bb Über der Zeile eingefügt, darunter gestrichen *das*. cc Danach gestrichen *sey*. dd Danach gestrichen *in d*. ee Über der Zeile eingefügt. ff *sey* Handschrift. gg *so ertzelt weren* Handschrift. hh *ist* Handschrift. ii Über der Zeile eingefügt. jj Über der Zeile eingefügt. kk Über der Zeile eingefügt.

Am 24. Januar saß unser allergnädigster Herr, der Römische Kaiser, persönlich mit seinen Räten und Rechtsgelehrten zu Gericht. Da kam und erschien der Fiskalprokurator und trug gerichtlich vor: Er klage gegen Bürgermeister und Rat von Magdeburg, weil sie gegen den kaiserlichen Gebotbrief für Graf Günther von Mühlingen-Barby verstoßen hätten. Das ergebe sich aus dem Zustellungsvermerk der Ladung, die er vor Gericht verlesen ließ. Sie hätten nämlich entgegen dem kaiserlichen Befehl dem Grafen Günther von Mühlingen-Barby zahlreiche Kornlieferungen, die er auf der Elbe nach Magdeburg transportieren lassen wollte, aufgehalten und beschlagnahmt. Das habe gegen das Privileg und den deswegen ergangenen Befehl des Kaisers verstoßen. Auf diese Weise erlitt er [der Graf] erhebliche Kosten und Schäden. Deshalb seien die erwähnten Magdeburger unzweifelhaft in die Strafe und Buße des erwähnten kaiserlichen Briefes zu verurteilen. Und darum bat der genannte Fiskal untertänig, sie wegen solchen Ungehorsams, Verachtung und Vorgehens mit der Strafe zu belegen, die im Privileg bzw. Brief für den zuvor genannten Grafen von Barby vorgesehen war. Sofern niemand widerspreche, beantrage er dies förmlich.

Dagegen antwortete der Redner von Magdeburg. Er präsentierte eine Vollmachtsurkunde von Vinzenz Diden, einem öffentlichen Notar und Schreiber. Die ließ er verlesen und meinte, die erwähnten Magdeburger seien tatsächlich nicht schuldig, dem Fiskal auf seine Klage zu antworten, und zwar aus zwei Gründen: Erstens hätten alle Weichbildstädte im Lande Sachsen, zu denen Magdeburg gehöre, allgemeine Freiheiten und Begnadigungen von Kaiser Otto dem Großen und anderen Kaisern und Königen. Deswegen müssten sie auf Klagen und Ansprüche, die jemand irgendwann gegen sie zu erheben meine, allein vor das Hofgericht geladen werden und dort antworten; vor das Hofgericht, das nach alter Gewohnheit mit Rittern aus Schwaben, Sachsen, Franken und Bayern besetzt sei, die das Reichsrecht kennen. Zweitens habe der verstorbene Kaiser Sigismund die erwähnten Magdeburger wie folgt besonders privilegiert: Wenn ein Römischer Kaiser und König in eigener Sache gegen die Magdeburger zu klagen habe und sie vorlade, sollten sie sich vor dem Hofgericht des Heiligen Römischen Reiches verantworten. Dieses Privileg habe der jetzige Kaiser bestätigt. Deswegen sei tatsächlich gemäß der Freiheit der Magdeburger, die er in glaubwürdiger Abschrift vor Gericht vorlegte und verlesen ließ, zu entscheiden. Und weil das erwähnte Hofgericht nicht in vorgeschriebener Weise besetzt sei, vertraue er darauf, dass die Magdeburger nicht schuldig seien, auf die erwähnte Ladung zu antworten. Und wenn niemand widerspreche, beantrage auch er dies rechtsförmlich.

Von Seiten des genannten Fiskals wurde hiergegen geantwortet, dass die vorgelegte notariell beurkundete Vollmacht rechtlich nicht genüge. Magdeburg sei eine löbliche Stadt des Heiligen Reiches und habe ein eigenes Siegel. Es wäre angemessen gewesen, dass sie solche Vollmacht unter ihrem Stadtsiegel ausgefertigt hätte. Es sei auch unbekannt, ob dieser Notar glaubwürdig und rechtlich anerkannt sei. Aber das stelle er dem kaiserlichen Ermessen anheim.

Wenn der Magdeburger Redner zahlreiche Privilegien des Weichbildrechts, die viele Städte in Sachsen besitzen sollten, allegiert habe, seien das bloße Worte, Ausflüchte und Verzögerungen. Die Magdeburger könnten sich nicht selbst von der Klageerwiderung befreien, wenn sie solche Privilegien der Weichbildrechte nicht wie rechtlich erforderlich vorbrächten, sondern sie allein mit bloßen Worten anführten. (...)

Falls auch das erwähnte Privileg Kaiser Sigismunds in kaiserlicher Kraft bestätigt worden sei, so könne es jetzt die Magdeburger von der Klageerwiderung doch nicht befreien. Das Kaiserliche Kammergericht sei nämlich höher als das Hofgericht. Denn man appelliere von dort an das Kammergericht. Das könnte nicht geschehen, wenn dieses nicht höher wäre und dafür angesehen werde. Denn überall ziehe das Größere das Kleinere zu sich. Und das kleinere Gericht könne das höhere und größere nicht einschließen. Wenn der Kaiser persönlich mit so vielen würdigen Personen, geistlichen und weltlichen Fürsten, Grafen, Freiherrn, Rittern, Knechten und Rechtsgelehrten aus allen Ländern zu Gericht sitze, nenne man das Kammer- oder Hofgericht, und das sei mehr, als wenn allein Ritter da sitzen würden. Und er vertraue darauf, dass die Magdeburger schuldig seien, auf seine Klage jetzt zu antworten, und das beantrage er förmlich.

[Antwort von Magdeburg:] (...) Denn wenn der Fiskal meine, er [Redner von Magdeburg] habe die Freiheit der Weichbildstädte in Sachsen nur mit bloßen Worten behauptet, sei er erbietig, dies beizeiten ausreichend zu erhärten. Wenn dies nicht anerkannt werde, würde das nicht allein Magdeburg, sondern allen Weichbildstädten in Sachsen Schaden und Nachteil bringen. Er glaube nicht, dass der Kaiser die Absicht und den Willen habe, solches Privileg und Weichbildrecht so leichtfertig abzusprechen, das doch nicht grundlos von Kaiser Otto dem Großen und anderen verliehen wurde und das man, soweit nötig, genau darlegen wolle. Denn obwohl jetzt nicht Hofgericht gehalten werde, so liege es doch in seiner kaiserlichen Macht, es halten zu lassen nach altem Herkommen des Reiches. Aber falls der Auszug und die Beglaubigung des Privilegs des verstorbenen Kaisers Sigismunds und der üblichen Bestätigung nicht ausreichend sein sollte, erböten sich die Magdeburger, sich vom Kaiser einen Kommissar zuteilen zu lassen. Ihm würden sie das Original des genannten Privilegs zeigen und mit aller Förmlichkeit beglaubigen. Das setze er zur Erkenntnis seiner kaiserlichen Gnaden. (…) Ihn kümmere es auch nicht, falls das Kammergericht höher als das Hofgericht sei. Denn sollte man den Magdeburgern ihr Privileg aberkennen, geschehe ihnen vielfältiges Unrecht. Er glaube nicht, dass dies die Meinung seiner kaiserlichen Gnaden sei. Denn es sei ein großer Unterschied zwischen den zwei Gerichten. Das oft erwähnte Privileg befreie in klaren Worten, für die man keine Glosse benötigt, die Magdeburger vom Kammergericht und sehe für sie nur das Hofgericht vor. Aus den erwähnten Gründen vertraue er darauf, dass die Magdeburger an das kaiserliche Hofgericht verwiesen werden sollten. Das möge seine kaiserlichen Gnaden nach seinem Ermessen bestimmen. Das beantrage er förmlich. (…)

[Entscheidung:] Zwischen dem Fiskalprokurator und den Magdeburgern ist nach Rede, Gegenrede und allem Vorbringen zu Recht erkannt: Die Magdeburger sind schuldig, dem Fiskal auf die in der Ladung enthaltene Klage zu antworten. Wenn sie das tun, werde dies gehört und es geschehe sodann, was im Recht vorgesehen ist. Wenn sie es aber nicht tun, geschehe ebenfalls, was im Recht vorgesehen ist.

Vorlage: *Battenberg/Diestelkamp* (Lit. zu 2.10), S. 868–872 (dort auch die quellenkritischen Hinweise zur Handschrift; der Quellenabdruck ist hier gekürzt).

Schriftlichkeit, Mündlichkeit und Protokollführung am Kammergericht

Die umfangreiche Quelle zeigt auf den ersten Blick, wie ausführlich das Königliche Kammergericht seine Verhandlungen protokollierte. Solche minutiösen Schilderungen des gesamten Wortwechsels sprechen für eine weitgehend mündliche Prozessführung, auch wenn im Text verschiedene Urkunden und Vollmachten auftauchen. Gerichtsprotokolle eines überwiegend schriftlichen Verfahrens sind viel kürzer. Zahlreiche frühneuzeitliche Gerichte notierten nur, welche Anwälte welche Schriftsätze einreichten und welche Entscheidungen darauf ergingen. Das sah am Königlichen Kammergericht noch deutlich anders aus. In quellenkundlicher Hinsicht bedeutet dies eine völlig verschiedene Überlieferung. Die Quellen zur Praxis der mittelalterlichen Gerichtsbarkeit bis hin zum Königlichen Kammergericht stammen üblicherweise vom Gericht selbst, genauer von einem Gerichtsschreiber, der nach eingeübter Gewohnheit seine Gerichtsbücher führte. An der Wende zur Neuzeit wurden die Protokollbücher dann zunehmend von Akten überlagert. Die zwischen den Aktendeckeln versammelten Schriftsätze stammen zum übergroßen Teil von den Parteien und nicht vom Gericht. Die verschiedenen Prozessmaximen lassen sich auf diese Weise weitgehend schon am äußeren Erscheinungsbild der Quellen ablesen. Die Protokolle waren später kaum mehr als ein chronologisch geordnetes Inhaltsverzeichnis der Akten, am ausgeprägtesten dort, wo das gesamte Verfahren rein schriftlich ablief.

Gerichtsverfassung des Königlichen Kammergerichts
Die Gerichtsverfassung des Königlichen Kammergerichts wird im protokollierten Rechtsstreit sofort deutlich. Kaiser Friedrich III. persönlich leitete die Verhandlung, das Gericht bestand aus seinen Räten und Rechtsgelehrten. Der kaiserliche Fiskal verklagte die Stadt Magdeburg. Die Stadt hatte Kornlieferungen, die Graf Günther von Mühlingen-Barby auf der Elbe transportierte, beschlagnahmt, obwohl eine kaiserliche Urkunde dem Grafen die freie, ungestörte Fahrt über die Elbe ausdrücklich gestattete. Wegen der Verletzung des kaiserlichen Briefes beantragte der Fiskal, die Stadt Magdeburg zu einer Geldstrafe zu verurteilen. Der Fiskal hatte die Aufgabe, darüber zu wachen, dass die Interessen und Rechte des Reiches beachtet wurden. Verstieß jemand dagegen, sollte er dies anzeigen und auf die Bestrafung drängen. Bis weit in die frühe Neuzeit hinein sind solche Fiskale am kaiserlichen Hof, am Reichskammergericht, aber auch in den Territorien bekannt. Persönlich trat der Fiskal vor dem Königlichen Kammergericht nicht auf, sondern ließ sich von seinem Fiskalprokurator vertreten. Der Prokurator war ein aus dem gelehrten Recht bekannter Parteivertreter vor Gericht. Er besaß Postulationsfähigkeit, konnte also wirksam Prozesshandlungen vornehmen. Ursprünglich waren Prokuratoren Rechtspraktiker und nicht studiert. Dies unterschied sie von den rechtsgelehrten Advokaten, dem zweiten zeitgenössischen Anwaltsberuf. Die studierten Advokaten berieten Parteien in rechtlicher Hinsicht, traten aber zumeist vor Gericht nicht selbst auf. Im gelehrten schriftlichen Prozess verfassten die Advokaten die Schriftsätze der Parteien, die Prokuratoren reichten sie lediglich zu den Akten. Deswegen kannten die Prokuratoren die Feinheiten des Streitgegenstandes oftmals gar nicht. Je stärker die Mündlichkeit ausgeprägt war, desto eingehender mussten die Prokuratoren den Sachverhalt und die rechtlichen Streitpunkte allerdings beherrschen. Im Verfahren gegen Magdeburg war der Fiskalprokurator ersichtlich gut eingearbeitet und behielt zum Schluss auch die Oberhand.

Die Stadt Magdeburg ließ sich vor dem Königlichen Kammergericht ebenfalls vertreten, ganz untechnisch von einem Redner, der sich durch eine notarielle Urkunde legitimierte. Der zeitgenössische Begriff *gewalt* bezeichnete ganz schlicht die Anwaltsvollmacht. Die Beklagten weigerten sich, auf die Klage zu antworten. Diese Einlassung erstaunt, denn der Redner erhob gleichzeitig zwei wesentliche Einwendungen. Sie bezogen sich aber nicht auf den Streit mit dem Grafen von Mühlingen-Barby um das beschlagnahmte Korn. Vielmehr lehnte die Stadt die Gerichtsgewalt des Kammergerichts rundweg ab. In der Sprache des gelehrten Rechts stritten sich die Parteien um die Litiskontestation.

Litis contestatio

Die gemeinrechtliche *litis contestatio* war die förmliche Streitbefestigung im kontradiktorischen Parteiprozess. Modern gesprochen handelte es sich um den letzten Schritt, einen Rechtsstreit rechtshängig zu machen, um ihn also vom Vorbereitungs- und Eröffnungsstadium in die Phase der engeren gerichtlichen Auseinandersetzung zu überführen. Im modernen Recht genügt dafür die Zustellung der Klageschrift beim Beklagten (§ 253 ZPO). Im nachfolgenden Verfahren geht es heute sodann darum, ob die Klage zulässig und begründet ist. Ganz anders im gemeinen Recht: Hier waren an dieser Stelle mehrere Schritte erforderlich, um in die Auseinandersetzung über die Sache eintreten zu können. Wichtiger als die Zustellung der Klage war zunächst die Ladung des Beklagten. Das Gericht erließ die Ladung (*Citatio*), und entweder ein Gerichtsbote oder ein Notar stellte sie dem Beklagten zu. Darüber verfasste der Bote eine Relation, der Notar ein Instrument. Der Oberbegriff für diesen teilweise ausführlichen Zustellungsvermerk lautete Exekution. Ein Exemplar der Ladung mit diesem Vermerk musste der Kläger im ersten gerichtlichen Termin vorlegen. In der Quelle beruft sich der Fiskalprokurator deshalb auf die „execution der ladung", die er „in gericht eingelegt lesen liess". Das gemischt mündlich-schriftliche Verfahren wird an dieser Stelle besonders deutlich. Auf die Reproduktion der Ladung hatte der Gegner gerichtlich zu erscheinen, wenn er kein Säumnisverfahren riskieren wollte.

Doch bevor er sich zur Sache selbst äußerte, konnte der Beklagte Einwendungen gegen die Zuständigkeit des Gerichts erheben. Verschiedene *exceptiones fori* waren im gemeinen Recht bekannt und jeweils mit lateinischen technischen Begriffen bezeichnet. Erst wenn die Verpflichtung des Klagegegners feststand, sich der Gerichtsgewalt zu beugen, musste er sich zum Rechtsstreit selbst erklären, also auf den inhaltlichen Kern der Sache eingehen. Dieser Einschnitt, die Litiskontestation, erfolgte zumeist durch gerichtliches Zwischenurteil. Am Ende des Quellenausschnitts befindet sich die kammergerichtliche Entscheidung. Das Gericht befahl der Stadt Magdeburg, auf die

Klage des Fiskals zu antworten. Erst jetzt trat der gesamte Streit in die Sacherörterung ein. Das Verfahren vor und nach der Litiskontestation ist damit nicht identisch mit der modernen Trennung von Zulässigkeit und Begründetheit der Klage.

Die juristisch gebildeten Zeitgenossen diskutierten, ob die *litis contestatio* ein überflüssiger Formalismus sei, insbesondere die durch Urteil auferlegte Streitbefestigung. In der frühneuzeitlichen Literatur, aber auch in der gerichtlichen Praxis gab es deshalb mehrere Möglichkeiten, den Beginn des Rechtsstreits zu vereinfachen. Einige Gerichte schafften die förmliche Litiskontestation ganz ab, so etwa der Reichshofrat um 1600. Anderenorts behalf man sich mit einer Fiktion. Wenn der Gegner sich auf die Klage einließ, galt das zugleich als Streitbefestigung, ohne dass man dies zusätzlich und ausdrücklich gerichtlich erklären musste. Das Reichskammergericht blieb hier über lange Zeiträume noch sehr traditionell und stand damit in der Linie des Königlichen Kammergerichts. Gerade zu Beginn von Gerichtsverfahren bedeutete das immer einen hohen Aufwand, bevor der Streit in der Sache endlich beginnen konnte.

Einwendungen der Stadt Magdeburg

Der Redner der Stadt Magdeburg berief sich auf zwei Exzeptionen (Einwendungen), aus denen er die Litiskontestation verweigerte. Zunächst ging es um ein allgemeines Privileg für alle sächsischen Städte mit Weichbildrecht. Schon Kaiser Otto der Große (König von 936–973) und seine Nachfolger hätten die sächsischen Weichbildstädte von auswärtiger Gerichtsgewalt befreit. Nur vor dem königlichen Hofgericht allein müssten sie sich gegen fremde Klagen verantworten, nicht aber vor anderen Gerichten. Denn dieses Hofgericht sei nach alter Gewohnheit mit rechtskundigen Rittern aus den deutschen Stammlanden Schwaben, Sachsen, Franken und Bayern besetzt. Bei solchen gerichtlich vorgetragenen Argumenten der Parteien aus der zweiten Hälfte des 15. Jahrhunderts kann es rechtshistorisch nicht darum gehen, zu prüfen, ob die geschilderten Ereignisse aus der Zeit Ottos des Großen rechtlich zutreffen oder nicht. Viel wichtiger ist der Blick darauf, wie solche uralten Privilegien und Gewohnheiten zur Lösung ganz gegenwärtiger Rechtsfragen dienten. Im Übrigen gab es im 10. Jahrhundert in Sachsen auch noch gar keine Städte in nennenswerter Zahl, die derartige Freiheiten hätten besitzen können.

Mit dem Weichbildrecht, dem Namen des Stadtrechts, spielte Magdeburg auf Kaufmannssiedlungen an, die neben dem Marktrecht auch Stadtrecht erhielten (*wickpild* von lat. *vicus* = Siedlung). In einigen Ortsnamen ist diese Entstehung heute noch abzulesen (Braunschweig, Schleswig, Wyk auf Föhr, Bardowick, auch im slawischen Bereich: Kattowitz). Magdeburg fühlte sich einem solchen Verbund von Handelsstädten zugehörig. Unausgesprochen verwies der Prozessvertreter damit auf Städtebünde, zu denen sich im Spätmittelalter zahlreiche Städte mit gemeinsamen wirtschaftlichen und politischen Interessen näher zusammengeschlossen hatten. Teilweise innerhalb der Hanse, teilweise auch daneben gab es derartige Bündnisse, so auch einen sächsischen Städtebund. Diese Zusammenschlüsse besaßen erhebliches wirtschaftliches und politisches Gewicht.

Gerichtsstandsprivilegien

Das Privileg, auf das die Stadt sich berief, betraf die Befreiung von auswärtiger Gerichtsgewalt. Die Forschung spricht hier von Gerichtsstandsprivilegien bzw. von Gerichtsprivilegien. Ein Privileg war eine Einzelrechtsgewährung, eine spezielle Befreiung vom allgemeinen Recht. Durch solch eine Besserstellung, in der Praxis zumeist ausgehandelt oder sogar gegen Bezahlung erworben, erlangte der Empfänger rechtliche Vorteile. Gerichtsstandsprivilegien besaßen im Spätmittelalter erhebliche Bedeutung. Die Landesherren der Territorien, ebenso die Städte, waren darauf bedacht, ihre eigene Herrschaft zu festigen. Dies war nur möglich, wenn sie in ihrer eigenen *iurisdictio*, ihrer Gerichtsgewalt, möglichst ungestört blieben. Die Bewohner dieser Herrschaften wurden immer stärker zu Untertanen der Obrigkeit, die ihrerseits die alleinige Gerichtsgewalt über die Einwohner beanspruchte. Ein auswärtiges Gericht, das solche Untertanen zum Prozess vorlud oder das eine Klage eines fremden Untertanen annahm, verletzte bei dieser Sichtweise die Landesherrschaft. Lediglich dem König oder dem Kaiser als oberster Autorität wollte man sich unterstellen und auf diese Weise zugleich beweisen, wie die eigene Herrschaft unmittelbar von der Reichsgewalt abgeleitet war. In der zweiten Hälfte des 15. Jahrhunderts befand sich hier viel in Bewegung. Eine feste Über- und Unterordnung von Gerichten war im weltlichen Bereich erst in Ansätzen anerkannt. Die Landesherrschaft besaß noch nicht ihre spätere bürokratische Engmaschigkeit. Ob die Gerichtssprengel mit den Territoriumsgrenzen zusammenfallen mussten, war keineswegs geklärt. Deswegen verschafften königliche Gerichtsstandsprivilegien die notwendige Sicherheit und stärkten auf diese Weise die territoriale Herrschaft und Gerichtsbarkeit. Magdeburg selbst sah sich lediglich dem Reichshofgericht unterworfen, nicht aber anderen auswärtigen Gerichten. Und das Gericht, das man auf Reichsebene allein anerkannte, sollte mit Rittern aus den alten Stammlanden besetzt sein.

Das zweite Argument der Stadt knüpfte unmittelbar daran an. Neben dem allgemeinen sächsischen Privileg führte der Magdeburger Redner einen zusätzlichen Gesichtspunkt ins Feld. Sowohl Kaiser Sigismund (König 1411–1437, Kaiser seit 1433) als auch der regierende Kaiser Friedrich III. hätten der Stadt dasselbe zugesichert. Jede Vorladung der Stadt Magdeburg in Reichsangelegenheiten dürfe ausschließlich vor das Reichshofgericht geschehen. Nur dort brauche sich die Stadt rechtlich gegen Ansprüche von Kaiser und König zu verantworten. Dieses Privileg zeigte der Magdeburger Vertreter als beglaubigte Abschrift (*Vidimus*) vor und ließ es sogar verlesen. In der Sache hatte die Stadt damit dasselbe Argument doppelt vorgetragen. Für das spätmittelalterliche Rechtsverständnis war es aber höchst bedeutsam, zweispurig vorzugehen. Der bloße Hinweis auf das alte Privileg Ottos des Großen besaß nämlich nach zeitgenössischer Auffassung lediglich halbe Überzeugungskraft. Die eigene Rechtsposition musste zugleich möglichst alt und möglichst neu sein. Deswegen ließen sich die Empfänger von Privilegien ihre Rechte häufig bestätigen, teilweise bei jedem Herrscherwechsel aufs Neue. So konnte niemand behaupten, ein längst überholtes Privileg sei in Vergessenheit geraten oder spiele keine gegenwärtige Rolle mehr. Die Bindungskraft von Recht, modern gesprochen seine Geltung, hing damit maßgeblich davon ab, dass die Beteiligten das Recht anerkannten und beachteten. Die beständig erneuerten Privilegien bildeten eine wichtige, aber zugleich nur eine kleine Facette der heute sog. usualen Rechtsgeltung. Die hergebrachte Praxis wirkte auf diese Weise auf die Entstehung und die Appellwirkung von Recht zurück. Hier zeichnete sich einer der wichtigsten Diskussionspunkte der frühneuzeitlichen Privatrechtsgeschichte ab. Im Nebeneinander von gelehrtem römisch-kanonischen Recht und einheimischen Statuten und Gewohnheiten kam es entscheidend darauf an, an welchen Usus oder welche Observanz die Rechtspraxis sich tatsächlich anlehnte.

Kenntnis der gelehrten Rechtsanwendungsdoktrin

Der Fiskal bestritt auf spitzfindig juristische Art zunächst, dass der magdeburgische Vertreter überhaupt ordnungsgemäß bevollmächtigt sei. Ein notarielles Instrument genügte ihm nicht, er wollte eine städtische Urkunde mitsamt Siegel sehen, damit der Auftritt der Gegenseite „glaubwerdig und legall" sei. Ebenso bezweifelte der Fiskal das angeblich überkommene Privileg der sächsischen Weichbildstädte. Ihm genügten nicht „plosse wortt", um solche Freiheiten anzuerkennen. Vielmehr müsse die Stadt ihr älteres Privileg vorlegen, habe es aber nicht „furbracht". Ohne es groß zu kommentieren, bewegte sich der Fiskalprokurator ganz in den Bahnen der gemeinrechtlichen Rechtsanwendungslehre. Für die Frage, welches Recht ein Gericht beachten und anwenden sollte, kam es danach darauf an, welchen Geltungskreis und Entstehungsgrund dieses Recht hatte.

Die gelehrten mittelalterlichen Juristen hatten hierfür eine Statutentheorie entwickelt, die in drei Stufen das Rangverhältnis zu klären versuchte. Zunächst stand an der Spitze das kleinräumige lokale Recht. Das Recht des kleineren Rechtskreises verdrängte das Recht des größeren Rechtskreises. Das „gemeine" (allgemeine) Recht galt deswegen nur subsidiär und griff nur dann ein, wenn es nicht durch Sonderrechte verdrängt war. Man unterschied hierbei Gewohnheiten (*consuetudines*) und gesetztes Partikularrecht (*statuta*), deren genauer Inhalt und ihr Verhältnis zueinander freilich über Jahrhunderte streitig blieben. Auf der zweiten Stufe gab das gemeine Recht allerdings den Rahmen vor, in den sich das Partikular- und Sonderrecht einpassen sollte. Bei Zweifeln hatte man das Gewohnheits- und Statutarrecht eng zu verstehen und so auszulegen, dass es möglichst nicht vom gemeinen Recht abwich (*statuta sunt stricte interpretanda ut quam minime laedant ius commune*). Erschien das Partikularrecht besonders unvernünftig oder ungerecht, sollte man es schlechthin nicht beachten. Diese beiden ersten Stufen der Statutentheorie betrafen mit dem Rang- und Auslegungsverhältnis die materiellrechtliche Rechtsquellenlehre.

Die dritte Stufe regelte das gerichtliche Verfahren. Von sich aus sollte der rechtsgelehrte Richter jederzeit das römisch-kanonische Recht kennen und beachten. Wenn die Parteien meinten, im Einzelfall seien andere Rechte einschlägig, sollten sie diese dem Gericht vortragen (allegieren) und notfalls beweisen. Die Existenz sowie die Beachtung des Partikularrechts erschienen bei dieser Sichtweise als Tatsachen, die dem Beweis zugänglich waren. Hiervon erkannte die Lehre Ausnahmen an, wenn das spezielle Recht allgemein bekannt war (Notorietät). Der gelehrte Richter, der das gemeine Recht studiert hatte, dann in irgendeiner Stadt für befristete Zeit arbeitete und seinen Dienstsitz häufig wechselte, war damit der Bürde enthoben, sich immer erneut in das jeweilige Partikularrecht einarbeiten zu müssen. Er konnte sich auf die Geltungsvermutung zugunsten des römisch-kanonischen Rechts verlassen.

Seit dem 17. Jahrhundert sprach man formelhaft von der *fundata intentio* des gemeinen Rechts. Die deutsche Praxis sah vielfach flexibler und undogmatischer aus, als es die gelehrtrechtlichen Vorgaben anstrebten. Insbesondere der Beweis des nicht-gemeinen Rechts war nicht in jedem Fall erforderlich. Wenn ein Gericht partikulare Rechtsquellen kannte, wandte es sie vielfach auch an, ohne auf eine förmliche Beweisführung zu warten. Die richterliche Freiheit im Umgang mit der komplizierten Rechtsvielfalt ermöglichte hier ganz unterschiedliche Verfahrensweisen.

Der Fiskalprokurator im Streit gegen Magdeburg zog sich 1467 auf die strengstmögliche Auslegung zurück. Er verlangte von der Stadt, das angebliche Weichbildprivileg zu beweisen. Diese Freiheit sollte zwar vom Reich herrühren. Das Sonderrecht betraf also genau den Gerichtssprengel desjenigen Gerichts, vor dem die Parteien miteinander stritten. Dennoch meinte der Fiskal nicht, das kaiserliche Gericht werde schon wissen oder prüfen, welche kaiserlichen Privilegien es gebe. Vielmehr sollte der Privilegienempfänger selbst gegenüber dem Reichsgericht seine besondere Rechtsposition beweisen und nicht nur behaupten. Der Gedankengang erscheint vor allem deswegen so bemerkenswert, weil Kaiser Friedrich III. persönlich die Verhandlung leitete. Nach der Rechtsansicht des Fiskals sollte selbst der Kaiser die Privilegien seiner Vorgänger nur dann berücksichtigen, wenn die Parteien ihm Existenz und Inhalt der Rechtsgewährungen förmlich bewiesen hatten. Ob der Fiskal diese Rechtsauffassung wirklich vertrat oder nur prozesstaktische Argumente drechselte, spielt keine Rolle. Die Herstellung und Darstellung von Rechtsauffassungen lässt sich in den Quellen ohnehin kaum unterscheiden. Im Ergebnis war der Fiskal mit seinem Vortrag erfolgreich. Allerdings dürfte es für einen Herrscher tatsächlich schwierig gewesen sein, sich über die Privilegienvergabe seiner Vorgänger zu unterrichten. Hier kam es ganz darauf an, wie gut die Archive organisiert waren. Deswegen diente die Bestätigung von Privilegien nicht nur zur Aktualisierung und zur Bekräftigung des Usus im Sinne der Statutentheorie, sondern zugleich auch dazu, dem Herrscher die bereits älteren Rechtsgewährungen erneut vor Augen zu führen.

Reichshofgericht und Königliches Kammergericht
Der hauptsächliche Streitpunkt der Parteien betraf das Verhältnis vom Reichshofgericht zum Königlichen Kammergericht. Die Stadt Magdeburg bestand auf einem wörtlichen Verständnis ihrer Privilegien. Nur vor dem Reichshofgericht war sie bereit zu erscheinen. Die Stadt erkannte durchaus, dass „yzt nit hoffgericht gehalten werd". Mit keiner Silbe gingen die Stadt oder der Fiskal aber davon aus, das Reichshofgericht könne aufgelöst worden sein. Es trat einfach nicht mehr zusammen, zu diesem Zeitpunkt seit fast zwei Jahrzehnten nicht mehr. Doch, so der städtische Vertreter, der Kaiser habe die Macht, das Hofgericht „nach seinem gevallen" wieder einzusetzen. Das Kammergericht dagegen sei „in obgeschribem mass nit besetzt". Der Magdeburger Redner erkannte die Gerichtsgewalt des Kammergerichts also nicht an, weil es nicht mit den Rittern aus den vier alten deutschen Stämmen besetzt war, sondern mit studierten Juristen. Hier zeigt sich ganz augenfällig Widerstand und Misstrauen gegenüber gelehrten Richtern. Die rechtskundigen Adligen hätte die Stadt Magdeburg als Urteiler anerkannt, nicht aber die kaiserlichen Räte.

Die rechtshistorische Literatur hat lange, bereits im 19. Jahrhundert, überlegt, in welchem Ausmaß die Bevölkerung die Rezeption des römischen Rechts ablehnte, befürwortete oder einfach hinnahm. Deutschnationale und romantische Untertöne haben den Blick dabei oft getrübt. Nach einem angeblichen geflügelten Wort Kaiser Friedrichs III. war das Recht den Doktoren härter verschlossen als den Laien. Die Quelle zeigt das genaue Gegenteil. Nicht der Kaiser kritisierte die Rechtsgelehrten, sondern die Stadt Magdeburg griff den Kaiser an, weil er sich mit studierten Juristen umgab und nicht mehr mit den deutschrechtlichen Rittern. Der „grosse unterschaidt" zwischen dem älteren Reichshofgericht und dem neueren Kammergericht bestand tatsächlich. Die Stadt Magdeburg hatte die deutlich abweichende Gerichtsverfassung zutreffend bemerkt. Ganz forsch versetzte der städtische Vertreter den gelehrten Juristen noch einen Seitenhieb. Um zu erkennen, wie sich die beiden Gerichte unterschieden, bedürfe „man kain gloss". Die Stadt spielte damit auf die berühmten Glossierungen der gemeinrechtlichen Corpora an, in denen die Rechtsgelehrten die Schwierigkeiten der Regelungen erläuterten. Solche Rabulistik sei nicht vonnöten, der Unterschied der beiden Reichsgerichte liege ohne jede Wortklauberei auf der Hand.

Der kaiserliche Fiskal konnte die Abweichung von Reichshofgericht und Kammergericht kaum bestreiten. Für ihn war das „kayserlich camergericht höher dann das hoffgericht". Das gelehrte Recht kannte Instanzenzüge und Rangverhältnisse zwischen einzelnen Gerichten, und genau dies machte der Fiskal sich zunutze. Es ging nicht darum, ob Friedrich III. das Hofgericht aufgehoben hatte oder ob es lediglich nicht mehr zusammentrat. Vielmehr bildete das Kammergericht für ihn die oberste Appellationsinstanz im Reich und war daher das höchste Reichsgericht. Angeblich sollte man sogar vom Reichshofgericht an das Königliche Kammergericht appellieren können. Das konnte ersichtlich nicht zutreffen, denn das Hofgericht bestand gar nicht mehr, aber das rechtliche Argument besaß Kraft. Dasjenige Gericht, an das man appellieren konnte, stand an der Spitze und schloss die Gerichtsgewalt der Untergerichte ohne Weiteres ein. Hinzu kamen für den Fiskal zwei zusätzliche Gesichtspunkte. Zum einen saß der Kaiser im Kammergericht selbst dem Gericht vor und ließ sich nicht vertreten. Zum anderen sei die Mischung von würdigen („werdigen") Fürsten und sonstigen Standespersonen mit „recht gelerten auss allen lannden (…) mer" als ein reines Rittergericht. Ob sich dies auf das soziale Ansehen oder die juristische Qualifikation bezog, sagte der Fiskal nicht. Aber der studierte Jurist stand den adligen Rechtshonoratioren nicht nur gleich, sondern er übertraf sie. Johann von Buch, der Glossator des Sachsenspiegels, hatte in der ersten Hälfte des 14. Jahrhunderts geschrieben, der Ritter kämpfe im Krieg mit Waffen, der Jurist vor Gericht mit Worten. In Frankreich sprach man später von der *Noblesse de robe* und nobilitierte die rechtsgelehrten Amtsträger seit dem 17. Jahrhundert tatsächlich. Den ritterleichen Rang des gelehrten Juristen konnte man also verschieden ausdrücken. Der Prozess des Fiskals gegen die Stadt Magdeburg zeigt den Streit um rechtskundige adlige Laienurteiler oder studierte Richter in voller Schärfe. Die studierten Juristen setzten sich durch. Dies stieß die Tür zur Neuzeit auf.

3 Die Zeit des staatlichen Gewaltmonopols

Am 7. August 1495 begann in der Geschichte der deutschen Gerichtsbarkeit die Neuzeit. Spitzt man die rechtshistorische Betrachtung auf eine Zeit vor dem staatlichen Gewaltmonopol und auf die Zeit des staatlichen Gewaltmonopols zu, steht man genau an diesem Tag auf der Epochenschwelle. Der Wormser Reformreichstag mit seinen zahlreichen, in einem großen Reichsabschied verbundenen Einzelgesetzen stellte die Gerichtsverfassung und das Prozessrecht auf eine neue Grundlage. Die Bedeutung der einzelnen Regeln für die frühneuzeitliche Rechtsgeschichte lässt sich kaum überschätzen.

Doch diese Meinung teilt nicht jeder. Gegen die Zweiteilung der Prozessrechtsgeschichte und die Zäsurwirkung des Wormser Reichstages von 1495 mögen sich Einwände erheben. In der Tat ist es unmodern und wenig zeitgemäß, scharfe Grenzen zu betonen und Übergänge, Vor- und Nachwirkungen und andere Überlappungen auszublenden. Auf diese Relativierungen ist sogleich zurückzukommen. Aber zunächst sollen die einzelnen Reformschritte in ihrer rechtshistorischen Bedeutung für sich sprechen.

3.1 Der Ewige Landfrieden

Der am 7. August 1495 verkündete Ewige Landfrieden beendete die mehrhundertjährige Landfriedensbewegung. Schon seit 1467 hatte es auf Reichsebene mit einer kurzen Unterbrechung lückenlose Friedensgewährungen gegeben. Doch waren all diese Landfrieden immer noch zeitlich befristet. Erst ab 1495 war dauerhaft und ausnahmslos jede Form gewaltsamer Selbsthilfe fortan verboten. Die entscheidende Bestimmung des Ewigen Landfriedens lautete:

Endgültiges Fehdeverbot 1495
§ 1. Also das von Zeit diser Verkündung niemand, von was Wirden, Stats oder Wesens der sey, den andern bevechden, bekriegen, berauben, vahen, überziehen, belegern, auch dartzu durch sich selbs oder yemand anders von seinen wegen nicht dienen, noch auch ainich Schloß, Stet, Märckt, Bevestigung, Dörffer, Höff oder Weyler absteigen oder on des andern Willen mit gewaltiger Tat frevenlich einnemen oder gevarlich

mit Brand oder in ander Weg dermassen beschedigen sol, auch niemands solichen Tätern Rat, Hilf oder in kain ander Weis kain Beystand oder Fürschub thun, auch sy wissentlich oder gevarlich nit herbergen, behawsen, essen oder drencken, enthalten oder gedulden, sonder wer zu dem andern zu sprechen vermaint, der sol sölichs suchen und tun an den Enden und Gerichten, da die Sachen hievor oder yetzo in der Ordnung des Camergerichts zu Außtrag vertädingt sein oder künftigklich werden oder ordenlich hin gehörn.

§ 1. Vom Zeitpunkt dieser Verkündung an darf niemand, welche Würde, Stand oder Ansehen er auch habe, einen anderen schädigen durch Fehde, Krieg, Raub, Gefangennahme, Überfall oder Belagerung. Weder selbst oder durch einen anderen soll man zu diesem Zweck jemanden unterstützen, irgendwelche Schlösser, Städte, Marktorte, Festungen, Dörfer, Höfe oder Weiler besetzen oder ohne den Willen des anderen gewaltsam und frevelhaft einnehmen oder gefährlich mit Brandstiftung oder in anderer Weise beschädigen. Niemand darf solchen Tätern Rat, Hilfe oder irgendwelchen Beistand und Unterstützung leisten oder sie vorsätzlich oder gefährlicherweise beherbergen und behausen oder ihnen zu essen und trinken geben oder sie bei sich dulden. Sondern es gilt: Wer gegen einen anderen einen Anspruch zu haben glaubt, der soll ihn geltendmachen vor den Austrägalgerichten, wohin die Sache früher oder jetzt gemäß der Kammergerichtsordnung gehört oder gehören wird, oder wohin sie ordentlicherweise gehört.

Vorlage: Ewiger Landfrieden § 1, in: *Buschmann*, Kaiser und Reich I (Lit. zu 3.2.3), S. 160. Der genaue Wortlaut lässt sich nicht rekonstruieren, da die gemeinsame Vorlage der noch vorhandenen Fassungen fehlt. Dreispaltiger synoptischer Druck bei *Heinz Angermeier* (Bearb.), Deutsche Reichstagsakten unter Maximilian I. Fünfter Band: Reichstag von Worms 1495, Band 1, Teil 1 (Deutsche Reichstagsakten. Mittlere Reihe V), Göttingen 1981, S. 363. Weit verbreitet in der frühen Neuzeit und heute noch leicht zugänglich war und ist die wichtige Sammlung von *Johann Jacob Schmauß/ Heinrich Christian von Senckenberg* (Hrsg.), Neue und vollständigere Sammlung der Reichsabschiede, Frankfurt am Main 1747 (Nachdruck Osnabrück 1967), Teil II, S. 4.

3.1.1 Verbot der Fehde

Sämtliche Formen der Fehde waren nach der klaren Bestimmung des Ewigen Landfriedens zukünftig verboten. Die langen Aufzählungen von Verben und Substantiven werfen zugleich Schlaglichter auf die Missbräuche, um die es im ausgehenden Mittelalter ging. An erster Stelle stand die Fehde gegen Burgen bzw. Schlösser. Die jedermann offenstehende gewaltsame Durchsetzung rechtlicher Ansprüche hatte sich verschoben und zunehmend auf Ritter und andere Standespersonen verengt. Zu den

Opfern der Brandschatzungen gehörten aber die Einwohner von Höfen und Weilern, also die Landbevölkerung, ebenso wie Städte und Märkte. Es war ab 1495 nicht nur untersagt, Brände zu legen, Orte und Häuser zu belagern oder seinen Gegner festzusetzen. Auch sämtliche Hilfeleistungen, die den Täter unterstützten, mussten unterbleiben. Die in der rechtshistorischen Literatur diskutierte Beistandspflicht von Verwandten und Freunden im Fehdefall, hergeleitet aus gemeinsamen Ehrvorstellungen, hatte es in rechtlicher Hinsicht womöglich nie gegeben. Rein tatsächlich unterstützten sich solche Gruppen allerdings durchaus. Jetzt aber war die Begünstigung des Fehdeführers mit dem Ewigen Landfrieden ausdrücklich verboten. Wer zu seinem Gegner „zu sprechen" hatte, sollte dies vor Gericht tun. Das war die altertümliche Umschreibung der gerichtlichen Klage, modern gesprochen des Anspruchs. Hierfür war der Rechtsweg eröffnet. In dieser klaren Gegenüberstellung von Fehdeverbot und Justizgewährleistungsanspruch formulierte der Ewige Landfrieden mustergültig das staatliche Gewaltmonopol.

3.1.2 Reform der Reichsgerichtsbarkeit

Wenn die Obrigkeit für sich selbst beanspruchte, ausschließlich zur Ausübung physischer Gewalt berechtigt zu sein, setzte das umgekehrt eine funktionierende Gerichtsbarkeit voraus, für jedermann erreichbar, mit vertretbarem Aufwand an Zeit und Geld, mit der Aussicht, Entscheidungen notfalls gegen den Willen der unterlegenen Seite zu vollstrecken. Deswegen war der Ewige Landfrieden begleitet von einer am selben Tag erlassenen Reichskammergerichtsordnung sowie einer sog. Reformation der westfälischen Femegerichte. Demjenigen, der weiterhin Fehde führte, drohte der Ewige Landfrieden die Reichsacht an. Der Fehdeführer bewegte sich außerhalb der Rechtsordnung, und daher entzog ihm die Reichsacht spiegelbildlich sämtliche Rechte, die er hatte.

Die erste Reichskammergerichtsordnung vom 7. August 1495 ergänzte den Ewigen Landfrieden um eine Neuorganisation des höchsten Reichsgerichts. In prinzipieller Hinsicht sind zwei Punkte bedeutsam, nämlich die gesetzlich vorgeschriebene Professionalisierung des Urteilerkollegiums und die Verpflichtung, römisch-kanonisches Recht anzuwenden. Neben dem Kammerrichter sah die Ordnung 16 „Urtailer" vor, später Beisitzer oder Assessoren genannt. Die Hälfte sollte „der Recht gelehrt und gewirdiget" sein, die andere Hälfte mindestens dem ritterbürtigen Adel entstammen. Mit dieser Bestimmung war ein abgeschlossenes rechtswissenschaftliches Studium die Eingangsvoraussetzung für den Richterberuf. Diese Weichenstellung prägt die Gerichtsverfassung bis in die Gegenwart. Die universitäre Gelehrsamkeit befähigte die

Assessoren, auf ganz andere Weise zu arbeiten, als es die Schöffen an den Oberhöfen oder sonstwo getan hatten. Wesentliche Amtspflichten der richterlichen Mitglieder waren in einer wegweisenden Eidesformel festgeschrieben.

Rechtsanwendung am Reichskammergericht

Des Richters und der Beysitzer Ayde. § 3. Item die alle söllen zuvor Unser Koniglicher oder Kaiserlicher Majestät geloben und zu den Hailigen swern: Unserm Koniglichen oder Kaiserlichen Camergericht getrewlich und mit Vleis ob sein und nach des Reichs gemainen Rechten, auch nach redlichen, erbern und leidlichen Ordnungen, Statuten und Gewonhaiten der Fürstenthumb, Herrschaften und Gericht, die für sy pracht werden, dem Hohen und dem Nidern nach seinem besten Verstentnus gleich zu richten und kain Sach sich dagegen bewegen zu lassen, auch von den Partheyen oder yemand anders kainer Sach halben, so in Gericht hanget oder hangen wurden, kain Gab, Schenck oder ainichen Nutz durch sich selbs oder ander, wie das Menschen Synn erdencken möcht, tzu nemen oder nemen lassen; auch kain sonder Parthey oder Anhang und Zufell in Urtailn zu suchen oder zu machen und kainer Parthey raten oder warnen, und was in Ratschlegen und Sachen gehandelt wirdet, den Partheyen oder niemands zu offnen, vor oder nach der Urteil, auch die Sachen auß böser Mainung nit aufhalten oder verziechen, one alles Geverde.

Der Eid des Richters und der Beisitzer. § 3. Ferner sollen sie alle zuvor unserer königlichen und kaiserlichen Majestät einen Eid leisten und zu den Heiligen schwören: Dass sie am Königlichen oder Kaiserlichen Kammergericht treu und fleißig arbeiten; dass sie nach den gemeinen Rechten des Reiches sowie nach redlichen, ehrbaren und annehmbaren Ordnungen, Statuten und Gewohnheiten der Fürstentümer, Herrschaften und Gerichte, die vor sie gebracht werden, entscheiden; dass sie hohe und niedrige Personen nach bestem Gewissen gleich behandeln; dass sie sich in keiner Weise davon abbringen lassen; dass sie weder von den Parteien noch von jemand anderem in keiner Sache, die rechtshängig ist oder werden wird, Gaben, Geschenke oder Vorteile für sich oder andere annehmen, welche es auch sein mögen; dass sie auch zugunsten keiner Partei besondere Urteile machen und keine Partei beraten oder warnen; dass sie die Verhandlungen und Beratungen den Parteien niemals vor oder nach dem Urteil offenlegen; dass sie die Sache nicht boshaft aufhalten oder verzögern. Dies alles sollen sie tun ohne absichtliche Gefährdungen.

Vorlage: Reichskammergerichtsordnung 1495 § 3, in: *Buschmann*, Kaiser und Reich I (Lit. zu 3.2.3), S. 176; *Karl Zeumer*, Quellensammlung zur Geschichte der Deutschen Reichsverfassung in Mittelalter und Neuzeit, 2. Aufl. Tübingen 1913, S. 285. Der genaue Wortlaut der Urfassung lässt sich kaum feststellen, deswegen vierspaltiger synoptischer Druck verschiender Wortlaute bei *Heinz Angermeier*

(Bearb.), Deutsche Reichstagsakten unter Maximilian I. Fünfter Band: Reichstag von Worms 1495, Band 1, Teil 1 (Deutsche Reichstagsakten. Mittlere Reihe V), Göttingen 1981, S. 383–428.

Verpflichtung auf das gelehrte Recht
Der Richtereid der Reichskammergerichtsordnung ist in der rechtshistorischen Forschung seit langem bekannt. Die neuere Diskussion konzentriert sich ganz wesentlich auf die Frage, ob und in welchem Ausmaß das Reichskammergericht das überkommene einheimische Gewohnheits- und Partikularrecht benachteiligte und damit zugleich das römisch-kanonische Recht bevorzugte. Diese gelehrte Rechtsanwendungsdoktrin spielte in der Tat bis in die Neuzeit hinein eine entscheidende Rolle, in ihren letzten Ausläufern bis zum Inkrafttreten des BGB (vgl. Kap. 3.10.5). Für die einschneidende Epochenwende ist jedoch ein anderer Befund wichtiger. Die Gerichtsmitglieder sollten nicht aufgrund ihrer bloßen Erfahrung oder im Einklang mit den überlieferten Rechtsgewohnheiten die Streitfälle lösen. Vielmehr waren sie verpflichtet, vorgegebene, ausdrücklich genannte Rechtsquellen anzuwenden. Insbesondere das gemeine, also das allgemeine Recht, sollte maßgeblich sein. Darunter verstanden die Zeitgenossen das gelehrte römisch-kanonische Recht.

Die beiden gemeinen Rechte waren aber nicht nur die wesentlichen Rechtsquellen, aus denen das Gericht seine Urteile schöpfen sollte. Vielmehr gab das gelehrte Recht auch die gesamte Methode der Entscheidungsfindung und Rechtsanwendung vor. Die sechs Jahrzehnte jüngere Reichskammergerichtsordnung von 1555 betonte das ausdrücklich. Sie untersagte es den Beisitzern, „allein auf ihr gutbedüncken oder eines jeden erwegen, billigkeit oder eygen fürgenomen und nicht dem rechten gemeß informierten gewissen" zu urteilen[8]. Der Sache nach meinte die Ordnung von 1495 bereits dasselbe.

In der Kopplung mit dem Ewigen Landfrieden zeigt sich die Wucht der Reform. In demselben Moment, in dem das Alte Reich die Fehde für immer abschaffte und die ordentliche Gerichtsbarkeit mitsamt Justizgewährleistungsanspruch an ihre Stelle setzte, wurde das Jurastudium zur Eingangsvoraussetzung für den Richterberuf erhoben und die Beachtung des römisch-kanonischen Rechts und Verfahrens gesetzlich vorgeschrieben. Das schloss ein mehrstufiges Instanzensystem mit dem Rechtsmittel der Appellation selbstredend ein. Abgerundet war das im Richtereid festgeschnürte Reformpaket von 1495 mit der strengen Verpflichtung, unparteilich zu sein und ohne Ansehen der Person zu entscheiden. Die Gleichheit der Parteien vor Gericht war

---

8   Reichskammergerichtsordnung 1555 1. Teil, Titel XIII § 1, in: *Laufs* (Lit. zu 3.2.3), S. 93.

damit für den Kameralprozess von Beginn an vorgegeben. Der Kammerrichter und die Assessoren durften nicht zugleich die Parteien rechtlich beraten, sie sollten keine Geschenke oder Bestechungsgelder annehmen, und sie durften sich nicht Rechtsverweigerung oder -verzögerung zu Schulden kommen lassen.

Einwände gegen den Epochenschnitt 1495
Gegen die hier überscharf betonte Zäsurwirkung der Reichsreform von 1495 lassen sich mehrere Bedenken anführen. Ein methodischer Einwand besitzt besonderes Gewicht. In den Augen der Zeitgenossen hing die Geltungskraft von Recht nicht nur vom Gesetzeswortlaut ab, sondern in erheblichem Maße ebenfalls vom tatsächlichen Gebrauch. Man spricht heute vom usualen Rechtsdenken. Damalige Juristen beriefen sich auf die „grünende Observanz". Sie meinten damit die lebendige Praxis. Auf der anderen Seite konnte nach dieser Auffassung Recht, das nie beachtet wurde, ohne Weiteres seine Kraft verlieren, im äußersten Fall sogar durch *desuetudo*, durch entgegenstehende Gewohnheit. Und nach 1495 fanden weiterhin Fehden statt, etwa die berühmt-berüchtigten von Götz von Berlichingen oder Franz von Sickingen. Der Einschnitt, den der Ewige Landfrieden bezweckte, stand also nur auf dem Papier und entsprach nicht haarklein der Rechtswirklichkeit. Doch ist dieses Argument letztlich nicht überzeugend. Vor dem Reichskammergericht liefen nämlich von Anbeginn an Verfahren wegen Landfriedensbruchs. Selbst wenn weiterhin einzelne Fehdehandlungen geschahen, sahen die Juristen sie als rechtswidrige Verstöße an. Mehrere Anläufe zum Aufbau einer Reichsexekution und einige Vollstreckungshandlungen weisen in dieselbe Richtung. So geriet etwa Herzog Johann Friedrich II. von Sachsen-Coburg-Eisenach in den 1560er Jahren in die Reichsacht, wurde abgesetzt und für Jahrzehnte in kaiserliche Haft gebracht, nachdem er den geächteten landfriedensbrüchigen Ritter Wilhelm von Grumbach zu seinem Berater gemacht hatte. Solche Episoden unterstreichen die zeitgenössische Bedeutung des Ewigen Landfriedens und stellen sie keineswegs in Frage.

Abgeschwächt wird der rechtshistorische Epochenschnitt auch nicht durch den naheliegenden Vergleich mit dem Reichslandfrieden von 1235. Bereits in der staufischen Zeit war der Vorrang des gerichtlichen Rechtsschutzes vor der Fehde glasklar niedergelegt, und genau aus diesem Grunde reformierte Kaiser Friedrich II. sein Reichshofgericht. Dennoch überwiegen die Unterschiede. 1235 schränkte das Reich die Fehde zwar ein, konnte oder wollte sie aber nicht verbieten. Von einem obrigkeitlichen Gewaltmonopol war nichts zu spüren. Ebenso lag die Professionalisierung der Gerichtsbarkeit noch in weiter Ferne. Doch gerade der Zusammenhang zwischen Universitätsstudium, gesetzlich befohlener Geltung des gelehrten Rechts und dem unbedingten Fehdeverbot macht die Reform von 1495 einzigartig und hebt sie zugleich von den älteren, seit 1467 weitgehend lückenlos gewährten Landfrieden ab. Deswegen tut es auch wenig zur Sache, dass die einzelnen Bausteine der kammergerichtlichen Gerichtsverfassung und des Kameralverfahrens allesamt schon vorgeprägt waren. In der Praxis verfuhr auch das Königliche Kammergericht im späten 15. Jahrhundert bereits teilweise nach römisch-kanonischen Prozessmaximen. Zudem waren etliche Beisitzer seit den 1470er Jahren rechtsgelehrt (vgl. Kap. 2.10.1). Einige Streitfälle, die 1494 noch unerledigt liegengeblieben waren, wanderten ohne Bedenken vor das neu organisierte Reichskammergericht.

Selbst die förmliche Verpflichtung zur gerichtlichen Anwendung des römisch-kanonischen Rechts war 1495 alles andere als neu. Das Stadtrecht von Lüneburg hatte bereits 1401 dem Richter aufgegeben, das römisch-kanonische Recht heranzuziehen, falls das eigene Stadtbuch oder der Sachsenspiegel keine Antwort auf die zu entscheidenden Fragen gaben. Vor kirchlichen Gerichten waren das gelehrte Verfahren und der Einsatz studierter Richter ebenfalls schon seit langem üblich. Aber ein allseitiges Fehdeverbot konnte die Geistlichkeit schwer durchsetzen, weil es ihr an der letzten scharfen Waffe mangelte. Denn kam es hart auf hart, konnte die Kirche nicht selbst physische Gewalt üben. Die weltliche Obrigkeit hatte es insofern einfacher.

Es sind also nicht die kleinen Einzelheiten, die der Reform des Jahres 1495 ihre tiefe Bedeutung sichern. Das Gesamtpaket vielmehr war es, das die neue Zeit eröffnete. Der nähere Blick auf die obersten Reichsgerichte und ihr Gerichtsverfahren untermauert diesen Eindruck weiter.

3.2 Die Reichsgerichtsbarkeit im Alten Reich

Nach mittelalterlicher Auffassung war der König auch und in erster Linie Richter. Mit dem Übergang zur römisch-kanonisch geprägten Gerichtsverfassung galt das weiterhin. Jetzt konnte man den römisch-deutschen Kaiser, den man seit 1530 zumeist kaum noch vom König unterschied, auch förmlich als obersten weltlichen Richter bezeichnen. Diesen Anspruch gaben die neuzeitlichen Kaiser bis zum Ende des Reiches 1806 nicht auf. Über den Reichslehensverband blieb alle territoriale Gerichtsgewalt immer an die Verleihung durch das Reich gekoppelt. Anders als Teile der Forschungsliteratur und einige Lehrbücher betonen, verloren die Regalien, also dem König vorbehaltene besondere Rechte, und das Lehenswesen in der frühen Neuzeit auch keineswegs ihre Bedeutung. Bei Rechtsverweigerung und -verzögerung konnte sogar jeder territoriale Gerichtsherr bis zuletzt seine richterliche Gewalt im Einzelfall wieder verlieren. Der Kaiser übte seine Gerichtsgewalt seit langem schon nicht mehr persönlich aus. Im frühneuzeitlichen Alten Reich gab es mit dem Reichskammergericht und dem

Reichshofrat zwei oberste Reichsgerichte. Mit ihren feinen organisatorischen Unterschieden standen sie zugleich für das politisch und verfassungsrechtlich höchst komplizierte Machtgefüge von Kaiser und Landesherren.

3.2.1 Reichskammergericht

Das Reichskammergericht erhielt 1495 seine erste förmlich verkündete Prozessordnung. Der Sache nach ging das oberste Reichsgericht nahtlos aus dem älteren Königlichen Kammergericht hervor. Dennoch spricht man in der Rückschau oft von der Gründung oder Errichtung des Gerichts. Die Gerichtsreform zeitgleich mit dem Ewigen Landfrieden und den anderen Gesetzen des Wormser Reichsabschiedes lässt 1495 tatsächlich als Neubeginn erscheinen. Dazu passt auch eine feierliche Eröffnung des Gerichts in Frankfurt am Main. Nach zahlreichen Umzügen in den ersten Jahrzehnten saß das Reichskammergericht seit 1527 in Speyer. Dort arbeitete es bis 1689, als es nach der französischen Besetzung aus der niedergebrannten Reichsstadt flüchten musste. Seit 1690/93 residierte das Kammergericht in Wetzlar und blieb dort bis zum Ende des Alten Reiches.

Räumliche Trennung vom Herrscher
In grundsätzlicher Hinsicht markiert die Verlegung des höchsten Gerichts in eher unbedeutende Reichsstädte einen wichtigen Einschnitt in der deutschen Rechtsgeschichte. Die Gerichtsverfassung des Reichskammergerichts entsprang einem Kompromiss zwischen den Territorien und König Maximilian I. „Kaiser und Reich", so die zeitgenössische Paarformel, trugen das Gericht gemeinsam. Die räumliche Trennung des Gerichts von der königlich-kaiserlichen Hofstatt, später von der Residenz, zeigte das ganz anschaulich. Es handelte sich aber um weit mehr als nur um die Schwächung des herrscherlichen Einflusses. Umgekehrt war damit schon 1495 der Weg zu einer deutlich ausgeprägten Gewaltenteilung und zur richterlichen Unabhängigkeit gewiesen. Das Gericht arbeitete abseits des Herrschersitzes und war damit in seiner Tätigkeit viel freier als das ältere Kammergericht, das ausschließlich am Hofe des Königs zusammentrat.

Für das deutsche Verständnis richterlicher Unabhängigkeit schlug die Reichs- und Gerichtsreform von 1495 damit einen wichtigen Pflock ein. Die höchsten deutschen Gerichte sind seitdem regelmäßig nicht in der Hauptstadt angesiedelt. Im 19. Jahrhundert arbeiteten das Bundesoberhandelsgericht, das Reichsoberhandelsgericht und das Reichsgericht in Leipzig, nach dem Zweiten Weltkrieg der Bundesgerichtshof und das Bundesverfassungsgericht in Karlsruhe. Die räumliche Trennung der Rechtsprechung von den übrigen Staatsgewalten ist damit eine Besonderheit auf dem deutschen Weg zum Rechtsstaat. Kaum zufällig saßen sowohl der nationalsozialistische Volksgerichtshof als auch das Oberste Gericht der DDR in Berlin und damit im Machtzentrum des Unrechtsstaates.

Präsentation der Beisitzer
Die Loslösung des Reichskammergerichts vom Kaiser war auch noch auf andere Weise gesichert. Das Gericht übernahm die aus dem einheimischen Recht überkommene Unterscheidung von Richter und Urteilern. Den Kammerrichter ernannte jeweils der Kaiser. Die Assessoren jedoch, also die richterlichen Beisitzer, wurden nach einem mehrfach veränderten Schlüssel seit 1500 von den Reichskreisen präsentiert, das heißt vorgeschlagen. Einige Beisitzer konnte der Kaiser selbst nominieren. Die übrigen jedoch wählten die Kreise aus. Auf diese Weise stammten die Gerichtsmitglieder aus den verschiedenen Regionen des Reiches. Gleichzeitig war gewährleistet, dass sie zumindest in Grundzügen die regionalen Rechtsgewohnheiten ihrer Heimat kannten. Seit der Mitte des 16. Jahrhunderts war dies sogar vorgeschrieben.

Finanzierung des Gerichts
Die Professionalisierung der Gerichtsbarkeit sowie die Unabhängigkeit vom Herrscher sind auch an der Bezahlung der Mitglieder sichtbar. Nicht der Kaiser persönlich finanzierte das Gericht. Vielmehr gab es seit der Mitte des 16. Jahrhunderts mit dem Kammerzieler eine verbindliche Abgabe der Reichsstände, die ausschließlich zum Unterhalt des Kammergerichts diente. Die finanzielle Situation des Gerichts war aber zu jeder Zeit angespannt. Das Gericht verfügte nie über ein eigenes Gebäude, geschweige denn über einen Justizpalast. Man hangelte sich von Provisorium zu Provisorium. Im Gegensatz zu anderen europäischen Staaten gibt es auch keine zeitgenössischen Ölgemälde oder Prachtdarstellungen des Reichskammergerichts. Kleine Holzschnitte als Titelvignetten rechtswissenschaftlicher Bücher mussten genügen. Ein im 18. Jahrhundert mehrfach aufgegriffener Neubauplan scheiterte. Teilweise reichte das Geld nicht einmal aus, die vorgesehenen Assessorenstellen zu besetzen. Die tatsächliche Mitgliederzahl des Gerichts schwankte deswegen ständig. Erst zum Ende des Reiches konnte man ab 1782 die lange erwünschte Zahl von 25 Beisitzern tatsächlich finanzieren.

Zuständigkeit des Reichskammergerichts
Aus der engen Anbindung an den Ewigen Landfrieden folgte eine der ersten Zuständigkeiten des Reichskammergerichts. Die Ahndung von Landfriedensverstößen und Bestrafung der Friedbrecher zählten zu seinen ursprünglichen Aufgaben. In der Praxis

stammte aber nur einer kleiner Teil der Fälle aus diesem Bereich. Das Gericht war im Wesentlichen oberste Appellationsinstanz in Zivilsachen. Gegen Urteile territorialer Gerichte konnten die Einwohner des Reiches an das Reichskammergericht appellieren und die angefochtene Entscheidung höchstrichterlich überprüfen lassen. Das galt auch für Frauen und Juden. Jedermann stand grundsätzlich der Weg an die Reichsgerichte offen. Diese Appellationsmöglichkeit wirkte in starkem Maße auf die Gerichtsverfassung und das Prozessrecht der Territorien zurück. Die Instanzenzüge mit einem obersten Gericht an der Spitze dienten damit zugleich der Reichs- und Gerichtseinheit, selbst wenn bunte Vielfalt die frühneuzeitliche Praxis weiterhin prägte. Freilich war der Weg zum Reichskammergericht in vielen Fällen verschlossen. Zunächst gab es sog. exemte Reichsteile, über die das Reichskammergericht praktisch keine Gerichtsgewalt ausüben konnte. Es handelte sich etwa um den Burgundischen Reichskreis, um Reichsitalien, um die schweizerischen Kantone, aber auch um die habsburgischen Erblande, seit der Mitte des 16. Jahrhundert ebenfalls um die Niederlande. Außerdem versperrten zahlreiche Appellationsprivilegien die Anrufung des höchsten Gerichts, entweder unterhalb bestimmter Wertgrenzen, für bestimmte Streitsachen oder sogar unbeschränkt für jedermann (vgl. Kap. 3.3.1). Der Gerichtssprengel des Reichskammergerichts als höchste Appellationsinstanz war damit vielfach durchlöchert.

Erstinstanzliche Sachen, insbesondere Untertanenprozesse
Erstinstanzlich sollte das Gericht rechtliche Streitigkeiten gegen Reichsunmittelbare entscheiden. Dies betraf sowohl Prozesse zwischen Hoheitsträgern als auch Klagen von Untertanen gegen ihre reichsunmittelbaren Obrigkeiten. Vorgeschaltet waren vielfach sog. Austrägalverfahren, in denen die Parteien ihre rechtlichen Händel austragen sollten. Freilich bildete häufig bereits die Frage, ob eine Seite überhaupt Reichsunmittelbarkeit genoss, den Anlass für gerichtlichen Streit. Besonderes Augenmerk verdienen die sog. Untertanenprozesse, also Klagen der ländlichen oder städtischen Bevölkerung gegen ihre Landesherren. Im Alten Reich bestand ohne Weiteres die Möglichkeit, seine eigene Obrigkeit vor Gericht zu belangen. Es gab zwar wenig verbriefte Freiheiten der Untertanen, aber doch Herkommen und wohlerworbene Rechte (*iura quaesita*), auf die man sich stützen konnte. Für die Tradition Deutschlands als sog. formaler Rechtsstaat war hier ein wichtiger Anker geworfen. Obrigkeitliche Entscheidungen stehen damit seit Langem der gerichtlichen Überprüfung offen. Zeitgenossen im späten 18. Jahrhundert sahen hierin geradezu die Besonderheit des Alten Reiches gegenüber allen Nachbarländern. Der gerichtliche Rechtsschutz, so eine verbreitete Meinung, mache im Gegensatz zu Frankreich hierzulande Revolutionen überflüssig. Oft zitiert ist ein schöner Satz des Göttinger Publizisten August Ludwig Schlözer

von 1793: „Glückliches Deutschland, das einzige Land der Welt, wo man gegen seine Herrscher, ihrer Würde unbeschadet, im Wege Rechtens, bei einem fremden, nicht ihrem eigenen Tribunal, aufkommen kann."[9]

Justizaufsicht über die Territorien
In der Tat entschied das Reichskammergericht nicht nur bis zuletzt über Klagen gegen Landesherren und andere Obrigkeiten. Zudem übten beide Reichsgerichte eine Art von Justizaufsicht über die Territorien aus. Wenn nämlich die landesherrlichen Gerichte die grundlegenden Maximen der frühneuzeitlichen Gerichtsverfassung oder des Prozessrechts missachteten, stand den Benachteiligten der Weg an die Reichsgerichte jederzeit offen. Nichtigkeitsklagen und Rechtsverweigerungsprozesse waren außerordentliche Zuständigkeiten, die von den Appellationsprivilegien unbeeinträchtigt blieben. Wegen dieser weiterhin bestehenden Oberhoheit der Reichsgerichte über die *iurisdictio* der Landesherren konnten die deutschen Territorien bis 1806 nicht souverän werden, weil ihnen ein wesentlicher Pfeiler der Staatsgewalt fehlte. Sie verfügten nicht über eine vom Reich abgeschottete Justiz. Diejenigen Landesherren, die nach echter Unabhängigkeit von Kaiser und Reichsgerichten strebten, suchten sich ihre Königstitel außerhalb der Reichsgrenzen: Sachsen in Polen, Brandenburg in Preußen, Hannover in England. Selbst die Habsburger schmückten sich neben dem römisch-deutschen Titel mit weiteren Königsnamen, so etwa von Ungarn, Böhmen und Kroatien. Die ältere Forschung, die den Westfälischen Frieden von 1648 als überscharfe Zäsur betrachtete, hat den fortbestehenden reichsgerichtlichen Rahmen zu schwach gewichtet.

Vorläufiger Rechtsschutz
Hohe Bedeutung besaßen am Reichskammergericht Prozesse um einstweiligen Rechtsschutz. Zeitgenössisch sprach man von Mandaten. Hier stand die kammergerichtliche Entscheidung am Anfang des Rechtsstreits. Eine vorläufige Anordnung, oftmals zunächst sogar ohne Anhörung der Gegenseite, konnte auf diese Weise in eilbedürftigen Fällen ergehen. Der ausgedehnte Streit der Parteien begann erst danach. Gerade zur Gefahrenabwehr war dieses Mittel oftmals sehr hilfreich. Vor allem in Strafprozessen, speziell in Hexenprozessen, gab es mit dem Mandatsverfahren die Möglichkeit, ungerechte Folterungen oder unzureichende Haftbedingungen abzuwenden. Die Appellation in Strafsachen war im Alten Reich nicht eröffnet. Aber Mandatsprozesse

---

9   *August Ludwig Schlözer*, Allgemeines StatsRecht und StatsVerfassungsLere, Göttingen 1793, S. 107.

konnten wenigstens im Einzelfall dafür sorgen, dass die Untergerichte ihre Inquisiten nicht über Gebühr quälten.

Urteilstätigkeit

Das Reichskammergericht besaß zwar eine eigene Kanzlei mit Schreibern und Boten, aber keinen gesonderten Vollstreckungsapparat. Die Parteien sollten dem Gericht anzeigen, dass sie die Urteile oder Mandate beachteten (sog. Paritionsanzeige). Geschah dies nicht, konnte es zur Urteilsvollstreckung kommen. Die kreisausschreibenden Fürsten der Reichskreise, also herausgehobene Landesherren, sollten dem Gericht hierbei zu Hilfe kommen. Dies erwies sich in der Praxis als besonders kompliziert und schwerfällig. Deswegen versuchten überhaupt nur wenige Parteien, ihre Urteile zu vollstrecken. Aber selbst Endurteile waren selten. Nur in ungefähr einem Viertel der Fälle ergingen förmliche Endurteile. Ob dieser Anteil hoch oder niedrig ist, hängt von den Vergleichsmaßstäben ab. Das Oberappellationsgericht der vier freien Städte Deutschlands in Lübeck fällte im 19. Jahrhundert in fast 90 % der Verfahren ein Urteil. Moderne Oberlandesgerichte haben dagegen eine Urteilsquote von 30 %, erstinstanzliche Amts- und Landgerichtsprozesse von etwa 20 %. Daneben eröffnet sich heute wie damals der große Bereich anderer, zumeist gütlicher Formen der Streitbeilegung.

Bewertung des Reichskammergerichts

Damit ist die Frage nach der Bewertung des Reichskammergerichts gestellt. Die Antwort hängt eng mit dem Bild des Alten Reiches zusammen, das in den letzten zwei Jahrhunderten vielfältigen Schwankungen ausgesetzt war. Aus einer kleindeutsch-nationalstaatlichen Perspektive betonte man, wie schwerfällig und kraftlos das Reichsgericht gewesen sei. Schon im 18. Jahrhundert kursierten Witze über das angebliche „Reichsjammergericht". Im Archiv habe man die Akten mit Bindfäden an der Decke aufgehängt. Erst wenn eine Maus den Faden durchgebissen habe, beginne man, die heruntergefallene Akte zu bearbeiten. Johann Wolfgang von Goethe, der 1772 als Praktikant in Wetzlar die reichsgerichtliche Praxis kennengelernt hatte, urteilte in seiner Autobiographie insgesamt ausgewogen. Doch im späteren 19. Jahrhundert verwies man auf die überlange Verfahrensdauer, den komplizierten und aufgeblähten Schriftsatzwechsel sowie überhaupt die politische Machtlosigkeit und Durchsetzungsschwäche des Gerichts. Nach dem Zweiten Weltkrieg änderte sich dies grundlegend. Der schneidige Nationalstaat gehörte der Vergangenheit an, die europäische Annäherung schuf mehrschichtige Strukturen, die Teile der Staatsgewalt auf übergreifende Einheiten verlagerten. Die Reichsgerichte des Römisch-deutschen Reiches erschienen nunmehr eher gründlich und professionell als langsam und schwach. Jedenfalls belebte sich seit den 1960er Jahren die Forschung ungemein. Die Geschichte von Reichskammergericht und Reichshofrat ist inzwischen eingebunden in eine europäische Diskussion über die vormoderne Gerichtsbarkeit insgesamt.

Durch die neuere Forschung wuchs vor allem das Wissen über die Prozesspraxis. Das Reichskammergericht verhandelte in seinen gut drei Jahrhunderten nahezu 100.000 Rechtsfälle. Im Schnitt erreichte das Gericht also jeden Tag eine neue Klage. 70.000 Akten sind noch erhalten. Die Blütezeit lag in den Jahren um 1590 mit dem insgesamt höchsten Geschäftsanfall. Danach stand das Gericht politisch im Schatten des immer mächtigeren Reichshofrats, wenn es auch weiterhin wichtige Juristen und wegweisende Rechtsprechung in Speyer und Wetzlar gab. Die angeblich lange Verfahrensdauer der Kameralprozesse beruht auf zum Teil boshaften Verzerrungen. Bezogen auf die gesamte Tätigkeit des Gerichts endeten wohl zwei Drittel der Streitsachen innerhalb von fünf Jahren. Starke zeitliche und regionale Schwankungen sind freilich einzurechnen. Die geringe Urteilsquote braucht ihrerseits nicht auf der Schwäche des Gerichts zu beruhen. Die Dispositionsmaxime war stark ausgeprägt. Wenn also die Parteien das Interesse an ihrem Prozess verloren, blieb auch das Gericht untätig. Auf der anderen Seite kann ein rechtshängiger Streit durchaus die Bereitschaft der Parteien, sich zu vergleichen oder anderweitig gütlich zu einigen, erhöht haben. Der Rechtsfrieden wäre auf diese Weise auch ohne Gerichtsurteil wiederhergestellt worden. Zu Streitschlichtung, Schiedsgerichtsbarkeit und Mediation in historischer Perspektive hat sich die rechtshistorische Forschung nach 2010 stürmisch belebt. Die in der aktuellen Rechtspraxis und in der Politik geführten Debatten schlagen sich hier unmittelbar in rechtsgeschichtlichen Fragestellungen und Deutungsmustern nieder. Die niedrige Entscheidungsquote frühneuzeitlicher Gerichte, insbesondere des Reichskammergerichts, gelten dann nicht mehr als Makel, sondern möglicherweise gar als zukunftsweisendes Modell gütlicher Schlichtungen. Freilich warnen die Quellen vor begeisterter Überinterpretation. Über die Beweggründe der frühneuzeitlichen Beteiligten weiß man nämlich nur selten etwas. Warum jemand seine Rechtsstreitigkeiten gerichtlich führte oder nicht, lässt sich kaum klären.

Justiznutzung

Derselbe quellenkritische Einwand erhebt sich auch gegen die seit den 1990er Jahren beliebte These von der Justiznutzung. Sie besagt, dass die Beteiligten ganz unterschiedliche Zwecke verfolgten, wenn sie vor Gericht klagten oder sich verteidigten. Entstanden sind solche Überlegungen häufig im Umfeld der historischen Kriminalitätsforschung. Wer einen missliebigen Nachbarn bei der Obrigkeit anzeigte oder gerichtlich gegen ihn vorging, wollte vielleicht seinen Hass an ihm auslassen oder ihn schädigen und benutzte das Gerichtsverfahren nur als Mittel zum Zweck. Die gerichtliche Klage war insofern eine von mehreren Handlungsmöglichkeiten in sozialen Streitlagen. Das klingt auf den ersten Blick überzeugend, geradezu banal, führt im Zivilprozess aber leicht auf die falsche Fährte. Wer gegen einen anderen gerichtlich vorgeht, möchte in vielen Fällen tatsächlich vorrangig und in erster Linie sein Klageziel erreichen. Auch vor dem Reichskammergericht spielten die Parteien nicht immer nur über Bande. Häufig ging es ihnen tatsächlich darum, rechtliche Ansprüche durchzusetzen. Gewalt war verboten, und deswegen kam es auf den Rechtsweg an. Wie zahlreiche zeitgenössische Quellen zeigen, erlangten vielfach selbst diejenigen Parteien keine Entscheidungen, die rechtlich oder wirtschaftlich dringend auf ihr Urteil angewiesen waren und sogar über längere Zeit immer wieder um den Richterspruch gebeten (sollizitiert) hatten. Die Verantwortung für die ausbleibenden Urteile in entscheidungsreifen Fällen lag nicht selten beim Assessorenkollegium. Die rechtshistorische Würdigung muss solche Gebrechen der Reichsgerichtsbarkeit sehen und darf sie nicht schönreden.

Damit bleibt ein zweischneidiger Befund. Das Reichskammergericht war ein von den übrigen Reichsgewalten getrenntes und weitgehend unabhängiges Justizorgan. Es war besetzt mit großenteils hoch qualifizierten Assessoren und pflegte eine Form von Gerichtsverfahren, das in der frühen Neuzeit große Prägekraft für die Territorien des Reiches entfaltete. Finanzierungsprobleme, politische Schwäche, geringe Entscheidungsfreude, die fehlende Schärfe bei den Vollstreckungen, dazu einige Bestechungsskandale und anderes mehr verdunkeln das Erscheinungsbild. Immerhin: Die Verrechtlichung sozialer Konflikte war mit der Reichsreform gelungen. Und der Kameralprozess selbst besaß solche Vorbildwirkung, dass aus allen Teilen des Reiches bis ins späte 18. Jahrhundert scharenweise Praktikanten nach Speyer und Wetzlar strömten. Sie erwarben dort dasjenige Wissen, das sie allerorten in ihrer praktischen Tätigkeit bei Gericht oder in Regierungsbehörden benötigten. Die weit verbreitete Kameralliteratur (vgl. Kap. 3.2.4) und der Wechsel von Assessoren zwischen Territorium und Reichsgericht traten hinzu. Für die Modernisierung der deutschen Rechtspflege in der frühen Neuzeit behält das Reichskammergericht seine herausragende Bedeutung.

3.2.2 Reichshofrat

Der Reichshofrat war das zweite oberste Reichsgericht des Heiligen Römischen Reiches. Anders als das Reichskammergericht arbeitete der Reichshofrat nicht nur als Gericht, sondern zugleich als oberstes Beratungsorgan für den römisch-deutschen Kaiser. Deswegen lässt sich auch kein genaues Gründungsjahr angeben, denn einen als Hofrat bezeichneten Kreis juristisch oder politisch erfahrener Räte hatten die Könige und Kaiser schon seit Langem gehabt.

Formierung des Reichshofrats
Neuere Forschungen sprechen von einer „Formierungsphase" im Zeitraum 1519 bis 1564. Andere Autoren verweisen auf eine Hofordnung Maximilians I. von 1497 oder auf die ältesten Reichshofratsordnungen von 1550/59. Die Schwierigkeit, den Beginn der reichshofrätlichen Tätigkeit festzulegen, zeigt zugleich einen wesentlichen Unterschied zum Reichskammergericht. Der Reichshofrat erhielt erst nach und nach von Maximilian und seinem Nachfolger Karl V. gerichtliche Aufgaben zugewiesen, existierte als Beratungsgremium aber schon lange Zeit. Teilweise zieht man Verbindungslinien vom 1451 erloschenen Reichshofgericht zum Hofrat in der zweiten Hälfte des 15. Jahrhunderts. Der Reichshofrat bestand also nie als ein reines Gericht. Genau aus diesem Grund waren seine Gerichtsverfassung und sein Prozessrecht nicht so engmaschig normiert wie am Reichskammergericht. Es gab zwar bis 1766 eine Reihe von insgesamt neun Reichshofratsordnungen. Sie hatten aber verschiedene gesetzliche Qualität. In keinem Fall handelte es sich um förmliche Reichsgesetze wie bei den wichtigen Ordnungen des Reichskammergerichts. Außerdem waren die Reichshofratsordnungen kurz gehalten, wenn sie auch teilweise pauschal auf die Reichskammergerichtsordnung verwiesen. Der Reichshofrat sollte in seiner Arbeit also nicht übermäßig streng an zwingende Normen gebunden sein, sondern frei abwägen und entscheiden können. Deswegen spielte der Gerichtsgebrauch (*stilus curiae*) am Reichshofrat eine entscheidende Rolle. Alle Datierungsvorschläge sind sich darin einig, dass der Reichshofrat als Reichsgericht nach dem Reichskammergericht entstand.

Kaiserliche Gerichtsgewalt
Maximilian I. und Karl V. erkannten klar, welche Schwächung es für die Rolle des Kaisers/Königs als obersten Richter bedeutete, wenn das höchste Gericht des Reiches seinem unmittelbaren Machtbereich entzogen war und fern der Residenz, in kleinen Reichsstädten angesiedelt, seine Aufgaben immer unabhängiger wahrnahm. Den Anspruch, weiterhin Inhaber der Gerichtsgewalt (*iurisdictio*) und damit oberster Gerichtsherr über das Alte Reich zu bleiben, hatten die Kaiser nie aufgegeben. Deswegen war ein zweites, ausschließlich an den Kaiser angebundenes Reichsgericht in dieser Sichtweise kein Angriff auf die föderale Machtverteilung zwischen „Kaiser und Reich", sondern eine interne Umorganisation, deren Einzelheiten die Stände nichts anging.

Der Reichshofrat war wie das mittelalterliche Reichshofgericht räumlich an die Residenz des Kaisers gebunden. Wenn der Kaiser im Reich umherzog, folgte der

Reichshofrat nach. Es gab also keinen festen Gerichtsort, dafür aber immer die unmittelbare Nähe zum Kaiser. Allein zwischen 1680 und 1684 zog der Reichshofrat von Prag nach Wels, weiter nach Wien, dann zurück nach Wels und abermals nach Wien. Eine richterliche Unabhängigkeit, die sich am Reichskammergericht durch die Trennung vom Herrscher ausdrückte, erschien am Reichshofrat in gleicher Weise undenkbar. Der Kaiser selbst wählte alle Hofräte aus und besoldete sie. Es handelte sich um eine rein kaiserliche Behörde. Bezogen auf die Ausdifferenzierung der Staatsgewalten verkörperte der Reichshofrat also das überkommene mittelalterliche Modell der persönlichen, institutionell nur wenig aufgefächerten Herrschaft. Das Reichskammergericht stand demgegenüber für die neuzeitliche Aufgabenteilung und damit für eine frühe Form der Gewaltenteilung.

Unterschied und Ähnlichkeiten mit dem Reichskammergericht
Die Zeitgenossen haben diesen Unterschied durchaus gesehen. Wenn junge Juristen nach ihrem abgeschlossenen Studium praktische Erfahrungen sammeln wollten, zogen sie zum überwiegenden Teil nach Speyer und Wetzlar zum Reichskammergericht, nicht aber an den Kaiserhof nach Wien oder Prag. Das gleiche Bild zeigt die Kameralliteratur. Am Reichskammergericht entstanden berühmte und sehr erfolgreiche Werke zum Prozessrecht, aber auch zu anderen Rechtsfragen. Sie bilden einen wichtigen Baustein des deutschen Usus modernus (vgl. Kap. 3.2.4). Am Reichshofrat setzte die gelehrte Literatur erst deutlich später ein und erreichte zu keinem Zeitpunkt auch nur annähernd diese Reichhaltigkeit. Anders als das Reichskammergericht kannte der Reichshofrat keine mündlichen Audienzen. Das Verfahren lief rein schriftlich ab, die letzten feierlichen Urteilsverkündungen gab es unter Rudolf II. kurz nach 1600. Ganz symbolisch kannte der Reichshofrat für den Kontakt zu den Parteien und ihren Anwälten, hier Agenten genannt, einen Türhüter. Er schottete die nichtöffentlichen Beratungen von der Außenwelt ab. Andererseits verzichtete der Reichshofrat auf eigene Gerichtsboten und stellte seine Ladungen, Mandate und anderen Entscheidungen schneller und billiger mit der Post zu.

Die zahlreichen prinzipiellen Unterschiede zwischen Reichshofrat und Reichskammergericht dürfen nicht verdecken, wie ähnlich die Zuständigkeiten, aber auch das Verfahrensrecht in der Praxis aussahen. Der Reichshofrat arbeitete zwar nicht so streng gerichtsförmlich wie das Reichskammergericht, aber die Parteien führten am Kaiserhof ebenfalls Mandatsprozesse, Appellationen und andere Streitsachen, die weitgehend dem Kameralprozess ähnelten. Dennoch ist die Trennlinie zwischen Gerichtsverfahren und politischen Fällen bzw. reiner Vermittlungs- und Schlichtungstätigkeit schwer zu ziehen. Deswegen nannte der Reichshofrat seine Fälle zeitgenössisch auch „Causen" und nicht Prozesse. Von diesen Causen sind vermutlich mindestens 100.000 Akten überliefert. Diese Zahl übertrifft den Geschäftsanfall des Reichskammergerichts deutlich.

Kommissionswesen

Die Urteilsquote des Reichshofrats ist nicht bekannt, liegt aber vermutlich erheblich unter derjenigen des Reichskammergerichts. Gütliche Einigungen spielten offenbar eine nochmals größere Rolle. Dafür setzte der Reichshofrat häufig Kommissionen ein. Beim Reichskammergericht waren Kommissionen lediglich bekannt, um vor Ort in den verschiedenen Gebieten des Reiches Zeugen zu vernehmen. Am Reichshofrat gab es dagegen verschiedene Arten von Kommissionen, nicht nur in spezifisch gerichtlichen Angelegenheiten. In prinzipieller Hinsicht verdienen vor allem die Kommissionen zur Güte Beachtung. Hier beauftragte der Reichshofrat einen Reichsstand damit, zwischen den Parteien zu vermitteln. Gerade bei Streitigkeiten zwischen Adligen und benachbarten kleineren Territorialherren konnte dies sehr wirkungsvoll sein. Die Parteien brauchten nicht zum kaiserlichen Hof zu reisen, denn dort gab es ohnehin keine Gerichtsverhandlungen. Aber sie kamen vor Ort zu Gesprächen zusammen und konnten im Beisein des Kommissars oder seiner Delegierten freier miteinander verhandeln, als dies im rein schriftlichen Hofratsprozess möglich gewesen wäre. Dennoch gab es auch hier Tücken, gerade wenn die Parteien ihre rechtsgelehrten Räte zum Gütetermin entsandten. Dann mussten die Gesandten oftmals bei ihren Auftraggebern Rücksprache nehmen, was das Verfahren in die Länge zog und nicht selten erstarren ließ. Dennoch sind die hofrätlichen Kommissionen für das moderne Recht lehrreich. Die wesentliche Aufgabe eines Gerichts muss nämlich nicht ausschließlich darin bestehen, einen Rechtsstreit durch Urteil zu entscheiden. Rechtsfrieden lässt sich auch anders erzielen, wenn das Gericht eine Atmosphäre schaffen kann, in der die Bereitschaft der Parteien, sich gütlich zu einigen, steigt. Freilich hatte der Reichshofrat dieselben Probleme, Entscheidungen zu vollstrecken, wie das Reichskammergericht. Die Gütekommissionen waren daher zugleich die effektivste Möglichkeit des Reichshofrats, die streitigen „Causen" überhaupt zu beenden.

Bewertung des Reichshofrats

Einige ältere Vorurteile gegenüber dem Reichshofrat treffen nicht zu. Zum einen lassen sich in den Akten zahlreiche Parteien aus Norddeutschland nachweisen. Der Reichshofrat war in der Praxis also nicht das oberste Gericht für den Süden des Reiches, während das Reichskammergericht eher aus den nördlichen Teilen angerufen wurde. Gerade in den Jahren um 1600 waren am Reichshofrat sogar zahlreiche Streitigkeiten der Hanse anhängig. Eng damit verbunden war die konfessionelle Vielfalt. Das

Reichskammergericht hatte man seit 1555 paritätisch mit evangelischen und katholischen Assessoren besetzt. Der Reichshofrat bestand überwiegend aus katholischen Mitgliedern. Aber erstens gab es auch protestantische Hofräte (um 1600 knapp ein Siebentel), und zweitens riefen auch evangelische Parteien den Reichshofrat an. In konfessionellen Auseinandersetzungen versuchte der Reichshofrat zwar mehrfach, katholische Besitzstände zu wahren und eine katholische Auslegung des Augsburger Religionsfriedens zu unterstützen. Aber die konfessionelle Haltung des Hofrats war jederzeit der kaiserlichen Reichspolitik angepasst. Ging es um einen Konsens mit den mächtigen evangelischen Territorien, versuchte der Reichshofrat sogar, radikalkatholische Forderungen geistlicher Orden behutsam zurückzudrängen. Für die Zeit Rudolfs II. (1576–1612) lässt sich das klar zeigen.

Aus der engen Anbindung an den Kaiser folgert die Literatur teilweise, der Reichshofrat sei dem Reichskammergericht übergeordnet gewesen und habe sogar Justizaufsicht über das zweite Reichsgericht ausgeübt. Das trifft so nicht zu. Beide Reichsgerichte arbeiteten und urteilten im Namen des Kaisers, wenn auch das Reichskammergericht stark von den Territorien getragen wurde. Politisch besaß der Reichshofrat seit 1600 größeres Gewicht als das Kammergericht. Teilweise versuchte der kaiserliche Hof durchaus, dem Reichskammergericht Weisungen zu erteilen. Hierbei handelte es sich regelmäßig um Mahnschreiben zur Prozessbeschleunigung (*Promotoriales*). Das Reichskammergericht akzeptierte diese Einmischung nie, und die kaiserlichen Wahlkapitulationen seit 1711 haben solche Eingriffe in kammergerichtliche Verfahren immer verboten. In der Praxis gab es solche Rangeleien gelegentlich, aber von einer rechtlich akzeptierten Überordnung des Reichshofrats konnte nie die Rede sein.

3.2.3 Der Kameralprozess

Die hohe Bedeutung der beiden obersten Reichsgerichte für die deutsche Prozessrechtsgeschichte liegt insbesondere in der großen Ausstrahlung des von ihnen praktizierten Gerichtsverfahrens. Diese Wirkung ging insbesondere vom Reichskammergericht aus. Sein Rechtsgang war engmaschig normiert und gerichtsförmiger als der *Stilus curiae* des Reichshofrats. Erst im späten 18. Jahrhundert verschmolzen beide Verfahrensweisen in der zeitgenössischen Wahrnehmung zu einem gemeinen deutschen Reichsgerichtsprozess. Eine genaue Grenzziehung zwischen dem Kameralprozess, dem gemeinen Zivilprozess und dem Reichsprozess erweist sich in der Rückschau allerdings als unmöglich. Der Kameralprozess war eine spezifische Form des gelehrten Gerichtsverfahrens, wie es im kanonischen Recht schon seit dem Mittelalter bestand und vor allem an der Rota Romana praktiziert wurde. Zwischen 1495 und 1555 ergingen in schneller

Folge zehn Kammergerichtsordnungen. Der Jüngste Reichsabschied enthielt 1654 ebenfalls umfassende Regeln zum kammergerichtlichen Verfahren. Hinzu kamen über 330 Gemeine Bescheide. Dies waren Verordnungen, die das Kameralkollegium zwischen 1497 und 1805 selbst erließ, um Einzelfragen des Verfahrens zu klären und um die Aufgaben der Gerichtsangehörigen näher zu bestimmen.

Verfahrenseröffnung und Schriftsatzwechsel
Der Kameralprozess begann mit einer Supplikation. Ein Kläger wandte sich mit diesem Antrag an das Gericht und beantragte die Eröffnung eines Verfahrens. Das war in allen Verfahrensarten gleich, ob es sich um erstinstanzliche Prozesse (Zitationsprozesse), um Appellationen oder um einstweiligen Rechtsschutz (Mandatsprozesse) handelte. Das Gericht beriet nun über den Antrag im sog. Extrajudizialverfahren. In ganz offenkundigen Fällen schlug das Kameralkollegium die Supplikation ab. In Zitations- und Appellationsverfahren erging aber fast immer eine Ladung. Ein Kammerbote oder ein Notar stellte dem Beklagten die Ladung zu. An einem festgelegten Tag mussten jetzt die Parteien, in der Praxis regelmäßig ihre Prokuratoren, vor Gericht erscheinen und dort in einer öffentlichen Audienz auftreten. Der Kläger sollte jetzt das mit Zustellungsvermerk versehene Ladungsschreiben zu den Akten reichen. Mit dieser sog. Reproduktion begann das Judizialverfahren des Kameralprozesses. Der Schriftsatzwechsel folgte dem aus dem römisch-kanonischen Recht übernommenen Schlagabtausch mit Klage, Exzeption, Replik, Duplik, Triplik, Quadruplik und so weiter. Die Kammergerichtsordnungen enthielten fein gegliederte Bestimmungen für einzelne Termine und die Zahl der jeweils zulässigen Schriftsätze. In der Praxis gab es hier große Abweichungen von den normativen Vorgaben. Einige verfahrenslenkende Maßnahmen erließ das Gericht durch Zwischenurteil.

Schriftlichkeit und Mündlichkeit
Schwer nachzuvollziehen, aus moderner Sicht aber äußerst lehrreich, ist das komplizierte Verhältnis von Schriftlichkeit und Mündlichkeit im Kameralprozess. Der gemeine Zivilprozess kannte keine mündlichen Verhandlungen. In unterschiedlichem Maße haben die meisten deutschen Gerichte aber Reste von Mündlichkeit bewahrt. Der Reichshofrat mit seinem rein schriftlichen Verfahren bildete hier die Ausnahme. Das Reichskammergericht trat mehrmals wöchentlich zu öffentlichen Audienzen zusammen. Die Assessoren sowie die Prokuratoren, teilweise Parteien und Zuschauer, versammelten sich zu einem inszenierten Auftritt der Reichsgewalt. Die Prokuratoren überreichten hier ihre Schriftsätze und leisteten teilweise im Namen ihrer Mandanten die Prozesseide. Welche Schriftsätze sie übergaben, sollten sie auf einem Spezifikationszettel

vermerken und dann mit kurzen Worten ihre Unterlagen zu den Akten reichen. Hier lag die Quelle für ständigen Streit. Ein Gemeiner Bescheid des Kameralkollegiums von 1737 zeigt das ganz drastisch.

Gemeiner Bescheid, weitläufige und Contradictionsrecesse betreffend[1], publicirt in Audientia, den 17. Julii 1737.[2]

Demnach man bey diesem Kaiserlichen und des Reichs Kammergericht mißfällig verspühret, daß die allermeiste Procuratores in denen offenen Audienzien nicht nur sehr weitläuftige Merita Causae tractirende und öfters mit undeutschen Wörtern abgefaßte Recessus ablesen, sondern auch unnöthiger Weise Contradictionsrecessus dictiren, solches aber denen Reichssatzungen und Gemeinen Bescheiden zuwider ist, und sonsten große Verlängerung der Audienzien, auch allerhand Verwirrungen nach sich ziehet, als werden ermeldte Procuratores, der Ablesung solcher langen und weitläuftigen auch Merita Causae tractirenden Recessen sowohl als auch des unnöthigen Dictirens und Contadictionsrecessen sich zu enthalten, angewiesen mit dem Anhang, daß, da bishero die gebrauchte gelinde Bestrafung nichts verfangen wollen, selbige jedesmal auf ein und nach Befinden etliche Mark Silber aus eigenen Mitteln zu bezahlen erhöhet, auch solchem ordnungswidrigen Recessiren in ipsa Audientia sogleich Einhalt gethan werden solle. Publicatum in Audientia, 17.[1] Julii 1737[2].

Christian Henrich Joseph[3] Bolles,

Kaiserl[icher] Kammergerichts Protonotarius[4] manu propria[5].

1 *Weitläufige … betreffend* fehlt in BA Slg. 1693–1787 (2. Ex.). 2 *Gemeiner … 1737* auch in BA Slg. 1693–1787 (1. und 2. Ex.); Selchow 1782 mit vorangestelltem Datum. 1 BA Slg. 1693–1787 (2. Ex.) *Publicatum Wezlar den 17.* 2 *Publicatum … 1737* fehlt in BA Slg. 1693–1787 (1. Ex.) an dieser Stelle. 3 Selchow 1782 *Chr. H. Jos.* 4 Selchow 1782 *K. C. G. P.* 5 *Manu propria* fehlt in BA Slg. 1693–1787 (1. Ex.) und Selchow 1782; *Christian … propria* fehlt in BA Slg. 1693–1787 (2. Ex.). Vorlage: *Oestmann*, Bescheide (Lit. zu 3.2.3), Nr. 271, S. 685–686 (mit quellenkritischen Anmerkungen).

Rezesse und Plädoyers

Die Quelle führt ein Grundproblem von Gerichtsverhandlungen vor Augen. Die Anwälte, die in einer Sitzung auftreten, vor Zuschauern zumal, sind nicht bereit, sich auf die bloße Übergabe von Schriftsätzen zu beschränken. Ihnen ging es in den Wetzlarer Audienzen um die *Merita Causae*, um den tatsächlichen und rechtlichen Streit der Parteien. Die sog. Rezesse, also die begleitenden Worte, wenn sie ihre Angriffs- und Verteidigungsmittel zu den Akten gaben, arteten auf diese Weise zu umfassenden Plädoyers aus. Das Kameralkollegium ermahnte die Prokuratoren, ihre Rezesse den anwesenden Schreibern in die Feder zu diktieren. Die Mündlichkeit sollte also bis auf diesen knappen Rest erstarren. Denn wenn die anwesenden Protokollanten die Rezesse mitschreiben sollten, mussten die Anwälte entsprechend langsam reden. Mehrere Gemeine Bescheide gaben den Prokuratoren auf, ihre Rezesse dürften nicht länger als drei oder vier Zeilen sein. Mehr als ein oder zwei Sätze durften sie also gar nicht sagen. In der Praxis bereiteten die Anwälte ihre Plädoyers dagegen sogar schriftlich vor und verlasen sie vor dem gesamten Auditorium. Das zog die Audienzen erheblich in die Länge, wie die Assessoren mehrfach beklagten. Das Gericht drohte gegenüber solchen Missbräuchen Ordnungsgelder an, die aber oftmals nicht verfingen. Deswegen kündigte der Gemeine Bescheid an, man werde künftig den Prokuratoren ins Wort fallen und ihre Geschwätzigkeit auf der Stelle unterbinden.

Aus der Sicht der Assessoren kamen wohl zwei Gesichtspunkte zusammen, die immer wieder zum Streit mit der Anwaltschaft führten. Zum einen drohten die Wortgefechte die Würde des Gerichts zu beeinträchtigen. Das Kameralkollegium inszenierte sich als öffentlicher Auftritt der Reichsgewalt. Wenn jetzt die Prokuratoren lautstark miteinander stritten, konnte der Zank die feierliche Atmosphäre leicht beeinträchtigen. Schon 1523 hatte ein Prokurator das Gericht mit den Worten beleidigt, er wolle den Assessoren seinen Hintern zeigen. Das war kein Einzelfall. Bei den Sitzungen des Münsteraner Offizialatsgerichts soll es im 16. Jahrhundert soviel Geschrei und Unruhe gegeben haben, dass Zeitgenossen die öffentlichen Audienzen mit einer Kneipe voller Betrunkener verglichen. Hier ist freilich Quellenkritik angebracht. Wenn die Richterschaft die Anwälte in die Schranken wies, kann es immer auch darum gegangen sein, eigene Interessen durchzusetzen.

Das führt zum zweiten Gesichtspunkt. Studierte Richter bevorzugen offenbar schriftliche Prozesse und ruhiges Aktenstudium ohne langwierige mündliche Verhandlungen. Der Siegeszug des nichtöffentlichen, schriftlichen Verfahrens vor den gelehrten Gerichten spricht Bände. Der Richter, beim Reichskammergericht der zuständige Assessor (Referent), sollte aus dem Sachvortrag beider Seiten die streitigen und unstreitigen Tatsachen ermitteln. Und am Ende hatte er zu prüfen, welche Rechtsquellen einschlägig waren und wie man den Streit der Parteien lösen musste. Hierfür verfasste er eine schriftliche Abhandlung, oftmals Relation genannt. Die wesentlichen Aufgaben setzten also die vertiefte Lektüre der Schriftsätze und möglicherweise eigenes Literaturstudium voraus. Eine mündliche Verhandlung mit dem flüchtigen gesprochenen Wort kann das nicht ersetzen.

Unauflösbares Spannungsverhältnis
Die Spannung zwischen Mündlichkeit und Schriftlichkeit vor Gericht ist schlechthin unauflösbar. Auch die moderne Gerichtsbarkeit hat damit zu kämpfen. Im Strafprozess

stellt sich das Problem etwas anders. Seit in der Zeit der französischen Reformen Laienurteiler (Geschworene, später Schöffen) in das Urteilerkollegium zurückkehrten, waren mündliche Verhandlungen hier unumgänglich. Die Geschworenen kannten die Akten nicht und waren nicht rechtsgelehrt. Die mündlichen Verhandlungen konnten zugleich die Staatsgewalt unter die Kontrolle der Öffentlichkeit stellen. Im Zivilprozess greift dieses Argument aber nur bedingt. Die angeblich mündlichen Verhandlungen sind in der gegenwärtigen deutschen Praxis auf wenige Minuten zusammengeschrumpft, die ihrerseits durch umfassenden Schriftsatzwechsel vorbereitet werden. In der Sitzung stellen dann die Anwälte ihre Anträge, die sich bereits ausformuliert in den Akten befinden. Ob die verschiedenen Versuche, vor die einzelnen Verhandlungen Güte- oder Schlichtungstermine einzuschalten, daran viel ändern werden, bleibt abzuwarten.

Niedergang der kammergerichtlichen Audienzen
Beim Reichskammergericht zogen alle Beteiligten ihre Konsequenzen. Die öffentlichen Auftritte mit den verlesenen Wortformeln der Rezesse waren langweilige Pflichtübungen. Zahlreiche Assessoren erschienen daher gar nicht zu den Audienzen. Der Kammerrichter nahm schon lange nicht mehr am täglichen Geschäft des Gerichts teil. Sein Vertreter, der Kammerpräsident, blieb ebenfalls fern. Stattdessen gab es einen Sitzungsdienst von ganz wenigen Assessoren, die überhaupt noch bei der Audienz erschienen. Zeitgenössische Abbildungen aus der Wetzlarer Zeit, die den Kammerrichter umgeben von zwölf oder mehr Assessoren zeigen, geben die prozessuale Realität also nur sehr unvollkommen wieder. Die Assessoren verlangten ihrerseits von den Prokuratoren aber vollständige Präsenz. Doch die Anwälte entzogen sich dieser Pflicht gern und oft. So gab es ein ausgefeiltes System, sich schriftlich mit einem sog. Dispenszettel von der Audienz abzumelden. Die angeblich wichtigen Gründe, auf die sich die Prokuratoren beriefen, waren teilweise lächerlich und empörten das Kameralkollegium. So verwiesen einige Prokuratoren auf ein gutes Mittagessen mit einem Kollegen, andere auf einen Besuch, und blieben mit solchen Ausflüchten fern. Wer überhaupt die Audienz besuchte, begann sich mit Kollegen oder anwesenden Mandanten zu unterhalten, was das Kameralkollegium ebenfalls zu verbieten suchte. Diese Gebrechen bekam das Reichskammergericht zu keiner Zeit in den Griff. Der Reichshofrat mit seinem rein schriftlichen Prozess hatte es hier wesentlich einfacher. Und einige Territorien zogen ihrerseits Lehren aus den Speyerer und Wetzlarer Missständen und beschränkten die gerichtlichen Audienzen auf Vergleichsversuche, Eidesleistungen oder Urteilsverkündungen. Zeugen allerdings traten vor dem Kammergericht nie auf, denn sie wurden von Beweiskommissaren

an ihrem Wohnort vernommen. Das sog. Unmittelbarkeitsprinzip, die Beweisaufnahme vor dem erkennenden Richter, war dem frühneuzeitlichen gelehrten Zivilprozess also fremd.

Urteilstätigkeit und Entscheidungsbegründung

Es gab im Kameralprozess auch keine Urteilsbegründungen gegenüber den Parteien. Das Kameralkollegium verkündete seine Entscheidungen zwar in der öffentlichen Audienz und stellte den Parteien auch Urteilsbriefe zu. Aber beides beschränkte sich auf den bloßen Urteilstenor. Offizielle Urteilsbegründungen des Gerichts verfasste ohnehin niemand, denn die Referenten und Korreferenten hatten jeweils ihre eigenen schriftlichen Relationen und Voten für die Falllösung ausgearbeitet. Ihre Vorschläge wurden bei den Senatssitzungen beraten und dann per Abstimmung angenommen oder abgeändert. Da die Senatsprotokolle und Relationen der Speyerer Zeit größtenteils verlorengegangen sind, ist es schwierig, die Rechtsprechung des Reichskammergerichts für das 16. und 17. Jahrhundert zu rekonstruieren. Hier hilft nur die Auswertung der reich vorhandenen gedruckten Entscheidungsliteratur.

Die Geheimhaltung der Entscheidungsgründe schloss die frühneuzeitlichen deutschen Gerichte zugleich vom rechtsgelehrten Diskurs ab. Diskussionen über einzelne Urteile konnte es auf diese Weise kaum geben. In Italien und Spanien war man dagegen offener. Zahlreiche Gerichte in diesen Ländern teilten den Parteien ihre Erwägungen mit (*motiva sunt pars sententiae*). Wenn die Urteilsgründe im Alten Reich unbekannt blieben, entzog sich das Gericht auf diese Weise zugleich einer Kontrolle durch eine wie immer geartete Fachöffentlichkeit. Das schützte die Richter und Assessoren zugleich vor Kritik an einzelnen Rechtsmeinungen. Auf der anderen Seiten haben sich zahlreiche Mitglieder des Reichskammergerichts wie auch anderer Obergerichte als Autoren rechtsgelehrter Werke hervorgetan. Ihre Bücher gehören zum Kernbestand der frühneuzeitlichen Rechtsliteratur.

3.2.4 Die Entscheidungsliteratur

Am Reichskammergericht entstanden große Mengen praktisch ausgerichteter juristischer Werke. Hierbei handelt es sich fast durchweg um private Arbeiten von Assessoren oder Prokuratoren. Deswegen nannten die Verfasser ihre Bücher gelegentlich „Nebenstunden", weil sie neben ihrer hauptamtlichen Tätigkeit entstanden. Erst ab 1800 gab das Kameralkollegium für die letzten Jahre des Gerichts eine amtliche Entscheidungssammlung heraus, freilich beschränkt auf den jeweiligen Tenor der Urteile.

Joachim Mynsinger und Andreas Gail

Aus dem 16. Jahrhundert wurden vor allem die Observationen der Kammergerichts-
assessoren Joachim Mynsinger (1563) und Andreas Gail (1578) bekannt. Ohne große
Systematik handelten beide Autoren in ganz knappen Skizzen einzelne Rechtsprobleme
ab, die in der kammergerichtlichen Praxis eine Rolle gespielt hatten. Teilweise gaben sie
Hinweise auf Fälle, in denen es genau um diese Fragen gegangen war. Vielfach zitierten sie römisch-kanonisches Recht und die Autoritäten der mittelalterlichen Rechts-
wissenschaft. Wenn die rechtshistorische Literatur regelmäßig leichthin behauptet,
Mynsinger und Gail hätten Entscheidungen des Reichskammergerichts veröffentlicht,
trifft das eindeutig nicht zu. Dennoch sah sich vor allem Mynsinger, der als einer der
Ersten diese Literaturgattung begründet hatte, Anfeindungen ausgesetzt. Er sollte das
Beratungsgeheimnis verletzt und nichtöffentliches Wissen verbreitet haben. Aber der
Bann war gebrochen, und weitere Werke der Kameralliteratur entstanden nunmehr in
schneller Folge. Sowohl Mynsinger als auch Gail erreichten europaweite Verbreitung
und zahlreiche Auflagen, wobei Gails Observationen noch erfolgreicher waren als diejenigen seines Vorgängers. Der etwas ältere Mynsinger erhob gegen seinen Kollegen
freilich Plagiatsvorwürfe, weil Gail mehrfach Observationen von Mynsinger lediglich
überarbeitet und erweitert haben sollte. Doch mit 29 Auflagen bis 1771 hatte Gail eines
der berühmtesten Werke des deutschen Usus modernus geschaffen.

Spätere Kameralliteratur

Andere Kameralautoren veröffentlichten Aktenauszüge und Relationen der Assessoren. Im 18. Jahrhundert erreichten Georg Melchior von Ludolff, etwas später Johann
Ulrich von Cramer das höchste Ansehen mit ihren Büchern. Solche zentralen Werke
der Kameralliteratur prägten die deutsche Gerichtspraxis nachhaltig. Die Rechtsauffassungen der Autoren dienten als Argumente der anwaltlichen Schriftsätze auch vor
Untergerichten. Vor allem in prozessualer Hinsicht ging von der Entscheidungsliteratur
damit eine stark vereinheitlichende Tendenz aus. Wie man bestimmte Schriftsätze abzu-
fassen hatte, welche Anträge in welchen prozessualen Situationen erfolgversprechend
waren und wie streng die Gerichte bestimmte Förmlichkeiten und Fristen (*fatalia*)
handhaben, ließ sich aus der praktisch ausgerichteten Literatur unschwer erkennen.

Zentrale Literaturgattung der frühen Neuzeit

Die Entscheidungsliteratur griff über die obersten Reichsgerichte weit hinaus. Auch
Richterpersönlichkeiten territorialer Obergerichte veröffentlichten ihre Dezisionen,
Relationen oder Konsultationen. Zahlreiche Professoren der Juristenfakultäten betei-
ligten sich ebenfalls als Verfasser solcher rechtspraktisch ausgerichteten Werke des

Usus modernus. Die Abgrenzung zwischen universitärer Rechtswissenschaft und gerichtlicher Rechtspraxis versagt hier. Der deutsche Usus modernus löste nicht nur die Grenzen zwischen gemeinrechtlichem Ius commune und einheimischem Partikularrecht oftmals zu einem einheitlichen Mischrecht auf, sondern er beseitigte auch die Trennlinie zwischen Theorie und Praxis. Unter umgekehrtem Vorzeichen wiederholte sich dies nach 1820 vor dem Oberappellationsgericht Lübeck, dessen Entscheidungsbegründungen zahlreiche Zeitgenossen als gelehrte Abhandlungen von höchstem wissenschaftlichen Rang ansahen.

Usus modernus pandectarum

Der Usus modernus pandectarum, der „moderne Gebrauch" des römischen Rechts, ist schwer zu charakterisieren. Der Name verweist auf das gleichnamige mehrbändige Werk des Hallenser Gelehrten Samuel Stryk, der in den Jahren um 1700 unter diesem Titel zahlreiche Abhandlungen zu einzelnen Pandektentiteln veröffentlichte. Ob es sich um eine rechtswissenschaftliche Epoche handelte, wann sie genau begann oder endete, oder man es eher mit einer Stilrichtung der frühneuzeitlichen Jurisprudenz zu tun hat, ist kaum klar auf den Punkt zu bringen. Das Besondere an allen Werken, die man unter diesem Schlagwort versammelt, zeigt sich an zwei Merkmalen. Zum einen verbanden die Autoren in ihrer Argumentation römisch-kanonische oder gelehrte Autoritäten in zuvor unbekanntem Ausmaß mit einheimischen Quellen und Herkommen. Zum anderen verschwand zusehends die Grenze zwischen Theorie und Praxis. Deswegen ist gerade die Entscheidungsliteratur so bezeichnend für den Usus modernus, und zwar unabhängig davon, ob die einzelnen Werke von Professoren oder Richterpersönlichkeiten, teilweise auch von Prokuratoren und Advokaten veröffentlicht wurden. Solche Literatur gab es in anderen europäischen Ländern ebenfalls in reicher Fülle. Der Begriff Usus modernus wird freilich zumeist auf die deutsche Rechtsgelehrsamkeit beschränkt und von den Nachbarländern abgegrenzt, so etwa von der holländischen sog. eleganten Schule, die stärker an die lateinische Antike rückgebunden war.

3.3 Die Gerichtsbarkeit in den Territorien

Die frühneuzeitliche Gerichtsbarkeit im Alten Reich war im Wesentlichen eine Angelegenheit der Territorien. Mit dem Reichskammergericht und dem Reichshofrat standen zwar zwei Reichsgerichte an der Spitze der weltlichen Justiz. Auch lebten noch einige kaiserliche Landgerichte in veränderter Form bis in die Zeit um 1800 fort. Aber die vielfältigen Stadt- und Landgerichte, Hofräte, Justizkollegien und Regierungen, die nach und nach zu einem engmaschigen Netz zusammenwuchsen, unterstanden der Gerichtsgewalt der Landesherren. Die Landesherren empfingen ihre *iurisdictio* weiterhin durch die vielfach wiederholten Belehnungsakte und erkannten damit die Rolle des Kaisers als oberster Richter bis 1806 formal an. Auch darf man die Vielfalt der territorialen Gerichte nicht unterschätzen. Es gab weiterhin zahlreiche Überlappungen, nahezu autonome bäuerliche Gerichte, Patrimonialjustiz und anderes (vgl. Kap. 3.5). Ein flächendeckendes System ordentlicher Gerichtsbarkeit mit klar geschiedenen Gerichtssprengeln gehört erst dem 19. Jahrhundert an. Aber für die Staatswerdung der Territorien spielten landesherrliche Gerichte neben der einsetzenden Gesetzgebung eine entscheidende Rolle.

3.3.1 Die Appellationsprivilegien

Besondere Bedeutung für die landesherrliche Gerichtsbarkeit besaßen die *Privilegia de non appellando*. Fast alle größeren Territorien, insgesamt 79 an der Zahl, erhielten solche Appellationsprivilegien. Denjenigen Parteien, die einen gerichtlichen Rechtsstreit verloren hatten, war es damit untersagt, gegen das territoriale Urteil die Reichsgerichte zu Hilfe zu rufen. Das konnte sich auf sämtliche Streitsachen beziehen (illimitiertes Privileg) oder auf bestimmte Wertgenzen oder Streitgegenstände beschränken (limitiertes Privileg). Die Bandbreite war groß. Die Reichsstadt Frankfurt am Main erhielt 1512 folgendes limitiertes Privileg.

Privilegium Keyser Maximilians deß Ersten uber Appellationsachen. Vom 13. Maij im Jahr 1512.
Wir Maximilian von Gottes Gnaden erwehlter Römischer Keyser (…) meinen, erklären, setzen und wöllen, daß nun hinfüro ewiglich niemands, von was Würden, Standts oder Wesens der sey, von einigen underredlichen oder endlichen, genant Diffinitiva, Urtheiln, Erkanntnussen, Endschied oder Decret, durch die obgemeldten von Franckfurt in ihrem Raht oder Stattgericht daselbst gesprochen, so die anfängliche Klag und Anforderung nicht uber sechtzig Gülden rheinische Landswährung Schultgelt oder Wehrt berüren oder antreffen: Deßgleichen umb einig offenbar und unlaugbar Schuldt mehrers Gelts oder Wehrts, dawider Außrichtung oder Bezahlung nicht fürbracht were: Auch umb Sachen Leibsbeschädigungen betreffend, es seyen Würff, Stich, Stöß, Schläge, Lähme, Beinschröten oder fliessende Wunden: Darzu umb Sachen, die Irrungen der Bäuwe und Dienstbarkeit in ihrer Statt und Terminey begriffen, bey ihnen genant Anlait, weder an Uns, unser Nachkommen am Reich, Römische Keyser oder König, noch niemandts andern, nicht waigern, dingen, appelliren, nichtig sprechen, supliciren oder reduciren

soll noch mag in keine Weise: Sondern dieselben Urtheiln, Erkanntnuß, Entschiedt und Decret gantz kräfftig und mächtig seyn, stett bleiben, gehalten, vollnstreckt und vollnzogen werden sollen.

Maximilian, von Gottes Gnaden erwählter Römischer Kaiser (…). Wir meinen, erklären, setzen und wollen: Von nun an bis in Ewigkeit darf niemand, welche Würde, Stand oder Ansehen er auch habe, von irgendwelchen untergerichtlichen Endurteilen, Erkenntnissen, Entscheidungen oder Dekreten, die die genannten Frankfurter in ihrem Rat oder Stadtgericht ausgesprochen haben, an uns oder unsere Nachfolger als Römische Kaiser und Könige appellieren. Dies gilt, wenn die ursprüngliche Klage oder Forderung den Wert von 60 rheinischen Gulden nicht überstieg. Ebenso verhält es sich mit öffentlichen und unbestreitbaren Schulden von höherem Wert, auch mit Körperverletzungen, es seien Würfe, Stiche, Stöße, Schläge, Lähmungen, Knochenbrüche oder blutende Wunden. Hinzu kommen Streitsachen über Gebäude und Dienstbarkeiten in ihrer Stadt und angrenzendem Umland, bei ihnen Anleite genannt. Wegen solcher Sachen dürfen sie nicht appellieren, supplizieren oder beantragen, die Entscheidung irgendwie für nichtig zu erklären oder zu beschränken. Sondern diese Urteile, Erkenntnisse, Entscheidungen und Dekrete sollen völlig kräftig und mächtig sein und bleiben. Und sie sollen eingehalten, vollstreckt und vollzogen werden.

Vorlage: Der Statt Franckfurt am Mayn ernewerte Reformation, Wie die in Anno 1578. außgangen und publicirt, Jetzt abermals von newem ersehen, an vielen underschiedlichen Ortern geendert, verbessert und vermehrt, Frankfurt am Main 1611, Bl. 74 verso.

Regelungsgegenstände in Appellationsprivilegien

Das hier wiedergegebene älteste Frankfurter Privileg von 1512, nach anderer Überlieferung bereits 1500 erlassen, wurde bis 1793 neunmal bestätigt und erweitert und 1743 auf eine Wertgrenze von 1000 Reichstaler angehoben. In Zivilsachen, deren Streitwert unterhalb der jeweiligen Summe lag, waren Rechtsmittel gegen die Urteile des Stadtgerichts schlechthin ausgeschlossen. Drei Ausweitungen traten hinzu. Bei offenbaren, unleugbaren Schuldforderungen griff das Appellationsverbot ebenfalls ein, egal wie hoch der Streitwert lag. Solche Klauseln finden sich in zahlreichen Appellationsprivilegien. Sie verknüpften Fragen des Beweisrechts mit den Zulässigkeitsvoraussetzungen für Rechtsmittel. Im Lübecker Privileg von 1588 waren Appellationen „wider ihr eigen Handtschrifften oder Bekantnuß für dem Stadtbuch oder Mecklerbuch geschehen, gemeinen Rechten zugegen," ausgeschlossen. Wenn es für die Forderung also eine vom Schuldner unterschriebene Urkunde gab oder ein öffentliches Register darüber Auskunft erteilte, konnte man gegen erstinstanzliche Entscheidungen nicht appellieren. Dahinter standen wohl zwei Erwägungen. Zum einen hatte der Schuldner in diesen Fällen eigenhändig die Forderung bestätigt und damit eine Art Geständnis abgelegt. Durch die Appellation würde er sich in Widerspruch zu seinen eigenen früheren Erklärungen setzen. Zum anderen waren Fehlurteile in solchen Fällen höchst unwahrscheinlich, denn das Ausgangsgericht hatte aufgrund glasklarer Urkunden den Rechtsstreit entschieden. Ein Bedürfnis, solche Urteile zu überprüfen, bestand dann gar nicht. Derartige Appellationsverbote belegen damit zugleich, welch hohe Bedeutung im Zivilprozess Urkunden und Amtsbücher als Beweismittel besaßen.

Die beiden anderen Appellationsverbote waren Frankfurter Besonderheiten. Schadensersatzklagen gegen Körperverletzungen sollten nicht über mehrere Instanzen geführt werden, ebenso Streitigkeiten um Bauwerke und Grunddienstbarkeiten. Weit verbreitet waren außerdem Appellationsprivilegien in Policeysachen. Das betraf umfassend obrigkeitliche Regulierungen des gesellschaftlichen Zusammenlebens und anders als heute nicht nur den engen Bereich der Gefahrenabwehr. Reichsgesetzlich verboten war seit 1530 zudem die Appellation in Strafsachen. Im Hintergrund stand dabei die Überlegung, der Straftäter, im Zivilprozess der Verlierer, wolle sich lediglich der Urteilsvollstreckung entziehen und durch unlautere Rechtsmittel den Streit ständig verlängern. Viele Städte und Territorien druckten die Apellationsprivilegien daher in ihren Gerichtsordnungen oder Stadt- und Landrechten mit ab und fügten gleich eine Strafvorschrift hinzu. In Frankfurt drohte den mutwilligen Appellanten eine Geldstrafe, deren Höhe die Schöffen festsetzen sollten. Dennoch ließen in der Praxis die Klagen über frevelhafte Appellationen nicht nach. Der Jüngste Reichsabschied von 1654 versuchte mit einer butterweichen Formulierung, die unendliche Ausdehnung von Sachvorträgen und Beweismitteln in der Appellationsinstanz zu begrenzen, scheiterte damit aber auf der ganzen Linie.

Verselbständigung der Territorien und Vereinheitlichung der Gerichtsbarkeit
Dort freilich, wo Appellationen nicht mehr stattfanden, hatten die Territorien einen großen Schritt auf dem Weg zu einer eigenständigen Gerichtsbarkeit getan. Das galt insbesondere für diejenigen Landesherren, die ein illimitiertes Appellationsprivileg erhalten hatten. Das waren im Wesentlichen die Kurfürsten. Wenn es aus ihren Territorien gar keine Appellationen mehr an die Reichsgerichte gab, hatten sie einen wesentlichen Teil der Staatsgewalt für sich errungen. Doch es blieben Beschränkungen. Bei Rechtsverweigerung und Rechtsverzögerung stand der Weg zum Reichskammergericht und Reichshofrat weiterhin offen. Außerdem mussten die Privilegienempfänger im Gegenzug ihre landesherrlichen Gerichte ordnungsgemäß einrichten. Das *Privilegium de non appellando* für Kurköln von 1653 sagt das ausdrücklich.

Privilegium de non appellando illimitatum vom 29. April 1653
Wir Ferdinandt der Dritte, von Gottes gnaden erwölter römischer Kaiser (...) Wan uns der
hochwurdig, durchleuchtig hochgeborne Maximilian Heinrich, Ertzbischove zu Cöllen
(...) untheniglich angerueffen undt gebetten, daß wir ihro ein sonderbahres Privilegium
de non appellando auff dero ErtzStifft Cöllen zuertheilen gnädig geruheten, jedoch
mit dem angehefften erbietten, daß Seine Liebden hingegen dero ErtzStiffts gerichter
notturfftiglich bestellen und versehen, auch ein ordentliches Iudicium revisorium, wohin
die Partheyen sich von beruhrten Gerichtern beruffen mögen, constituiren wollen. (...)
Thuen das, ertheilen undt verleihen daßelbe also von römischer kayserlicher macht
vollkommenheit (...). Jedoch sollen ihre Liebden und dero Nachkommen schuldig undt
gehalten sein, dero Unter-, Ober- und Hoff- wie auch das official gericht notturftiglich
zubestellen unnd ein judicium revisorium anzuordnen.

Wir Ferdinand III., von Gottes Gnaden erwählter Römischer Kaiser (...). Uns hat
der höchwürdige, durchleuchtige, hochgeborene Erzbischof Maximilian Heinrich
von Köln (...) untertänig angerufen. Er hat gebeten, dass wir ihm ein besonderes
Appellationsprivileg für sein Erzstift Köln gnädig erteilen mögen. Er erklärte seine
Bereitschaft, dass er die Gerichte in seinem Erzstift ordnungsgemäß einrichten und
organisieren werde. Auch wolle er ein Revisiongericht einrichten, an das die Parteien
sich von den erwähnten Gerichten aus wenden können. (...) Wir erklären, erteilen
und verleihen das [Privileg] also aus römisch-kaiserlicher Machtvollkommenheit (...).
Jedoch sollen er und seine Nachkommen verpflichtet sein, ihre Unter-, Ober-, Hofgerichte sowie das Offizialgericht ordnungsgemäß einzurichten und ein Revisionsgericht zu errichten.

Vorlage: *Eisenhardt*, privilegia (Lit. zu 3.3.1), Nr. 26 S. 238–240.

Obwohl Köln Kurfürstentum war, erlangte es erst 1653 das illimitierte Appellationsprivileg.
Die drei geistlichen Kurfürstentümer blieben also erheblich länger in die Gerichtsverfassung des Reiches eingebunden als die weltlichen Kurfürsten. Die Gegenleistung für
das Appellationsprivileg hatte der Kölner Kurfürst in seinem Antrag bereits angeboten. Die landesherrlichen Gerichte sollten ordnungsgemäß bestellt und versehen sein,
außerdem sollte es innerhalb des Territoriums eine oberste Rechtsmittelinstanz geben.
Der Kaiser nahm am Ende des Privilegs diese Klausel auf und bezog sie ausdrücklich
auf niedere wie höhere Gerichte sowie auf das Hofgericht. Statt der Appellation an die
Reichsgerichte gab es nun eine Revision innerhalb des Kurfürstentums.

Die frühneuzeitliche Revision konnte von Territorium zu Territorium ganz unterschiedlich beschaffen sein. Oftmals handelt es sich um ein Rechtsmittel, das zwar den
Suspensiveffekt, nicht aber den Devolutiveffekt entfaltete. So war es auch in Kurköln.

Es gab zwar die Möglichkeit, territoriale höchste Urteile anzufechten, aber der Instanzensprung vor die Reichsgerichte fand nicht mehr statt. Die Revision führte dann zu
einer Aktenversendung an eine andere Landesbehörde oder an eine Juristenfakultät.

Durch solche und ähnliche Appellationsprivilegien bestand ein gewisser Druck,
den frühneuzeitlichen gemeinen Zivilprozess flächendeckend in den Territorien einzuführen. Eingeschlossen in die Bestimmungen des Kölner Privilegs war zugleich das
Offizialatsgericht. Wie in zahlreichen geistlichen Territorien arbeitete das Offizialat
nicht nur in religiös-kirchlichen Angelegenheiten, sondern war zugleich ein reguläres
Zivilgericht, insbesondere auch bei Appellationen. Sowohl die Gerichtsverfassung als
auch das Rechtsmittelwesen ließen sich im Alten Reich durch die Appellationsprivilegien
also erheblich vereinheitlichen. Der Kameralprozess entfaltete auf diese Weise starke
Wirkungen in den Territorien. Zum Ende des Alten Reiches sprach man sogar von
einem gemeinen deutschen Zivilprozess. Schon die Zeitgenossen, aber auch moderne
Rechtshistoriker diskutieren darüber, ob die Appellationsprivilegien oder Reichsgesetze die Zahl der notwendigen Instanzen vorgegeben hätten. Die Aufzählung der
Unter-, Ober- und Hofgerichte im Kölner Privileg ließ sich leicht als Vorgabe verstehen, drei Ebenen an Gerichten vorzuhalten. Die Formulierung ist eng an den Speyerer
Deputationsabschied von 1600 angelehnt. Er hatte in § 15 ebenfalls diese drei Arten
von Gerichten nebeneinandergestellt und die Territorien aufgefordert, den „rechten
Reichs- und Cammer-Gerichts Process (…), so viel nach eines jeden Orts Gelegenheit
immer ersprießlich seyn wird"[10], einzuführen. Tatsächlich war die Zahl der Instanzen in den Territorien verschieden, die Prägekraft des Kameralprozesses aber enorm.

3.3.2 Das Wismarer Tribunal

Überregional bedeutende und bis heute besonders bekannte höchste Landesgerichte
waren das Wismarer Tribunal und das Oberappellationsgericht Celle. Das Wismarer
Tribunal verdankte seine Gründung dem Westfälischen Frieden von 1648. Schweden
hatte im Dreißigjährigen Krieg größere Teile Norddeutschlands besetzt und erhielt
im Osnabrücker Frieden einige Ländereien als Lehen zugesprochen. Verbunden damit
war ein *Privilegium de non appellando illimitatum* für die vom schwedischen König
beherrschten deutschen Gebiete. Im Gegenzug errichtete die schwedische Krone ein
„königliches hohes Tribunal", das 1653 seine Arbeit aufnahm. Das Gericht residierte

---

10 *Georg Melchior von Ludolff*, Corpus Juris Cameralis, das ist/ des Kaiserlichen Cammer-Gerichts
    Gesetz-Buch, Frankfurt am Main 1724, Nr. 346 S. 539.

bis 1802 in Wismar, zog dann kurzzeitig nach Stralsund und 1803 weiter nach Greifswald. Dort bestand es bis 1815. Nach dem Übergang der letzten schwedischen Gebiete
an Preußen durch den Wiener Kongress wandelte die preußische Regierung das Tribunal zunächst in ein Oberappellationsgericht für den Regierungsbezirk Stralsund um.
Danach wertete man das Gericht zum bloßen Appellationsgericht ab. Die politische
Bedeutung des Tribunals war bereits nach 1653 schnell gesunken. Denn mit nachlas-
sendem Kriegsglück verkleinerten sich die schwedischen Territorien in Norddeutschland bereits 1679 und 1721 erheblich.

David Mevius

Der Gerichtssprengel des Wismarer Tribunals unterlag erheblichen Schwankungen
und war vor allem nach 1721 klein und überschaubar. Dennoch ist aus der Rückschau
das Wismarer Tribunal eines der wichtigsten frühneuzeitlichen territorialen Obergerichte. Das beruht ganz entscheidend auf dem ersten Vizepräsidenten des Gerichts,
David Mevius. Wie an zahlreichen Gerichtshöfen im Alten Reich und ähnlich wie
bei Gesandtschaften am Immerwährenden Reichstag in Regensburg übernahm auch
in Wismar ein Adliger die repräsentativen Aufgaben des Gerichtspräsidenten. Die
eigentliche juristische Arbeit leistete an herausgehobener Stelle der jeweilige Vizeprä-
sident. David Mevius (1609–1670) war bereits 1642/43 mit einem weithin bekannten
Kommentar zum lübischen Recht hervorgetreten. Darin hatte er in der Einleitung
die verbreitete, strikt romanistische Interpretation des Partikularrechts kritisiert und
gefordert, Stadt- und Landrecht nach ihrem eigenen Sinn auszulegen. Damit war er
mit einem Schlag einer der wesentlichen Autoren des Usus modernus. Am Wismarer
Tribunal wurde Mevius für 17 Jahre zur prägenden Persönlichkeit. Er hatte bereits die
Gerichtsordnung verfasst und erwarb sich nachhaltiges Ansehen durch seine richterlichen Entscheidungen. Mevius verfasste zu über 3400 am Tribunal entschiedenen
Fällen kurze Dezisionen. Offenbar am Vorbild des etwas älteren Benedikt Carpzov
orientiert, schuf Mevius so eine Art kommentierte Entscheidungssammlung und eine
für seine Zeit typische Brücke vom gelehrten Recht zur Gerichtspraxis. Im Wesentlichen betrafen seine Abhandlungen zivilrechtliche und prozessuale Fragen. Die ersten
sieben Teile veröffentlichte Mevius selbst, zwei weitere Teile erschienen erst nach seinem Tod. Bis 1794 folgten zahlreiche Neuauflagen. Das hohe Ansehen des Wismarer
Tribunals beruhte vor allem auf dieser weit verbreiteten Dezisionensammlung. Spätere
Wismarer Richter arbeiteten ebenfalls literarisch, konnten den Ruhm von Mevius aber
zu keiner Zeit erreichen.

Quellen und Forschungsstand

Vom Wismarer Tribunal sind deutlich über 5000 Akten erhalten. Sie lagern zumeist in Wismar, Greifswald und Stade und sind seit 2003 modern erschlossen worden. Die rechtshistorische Beschäftigung mit dem Wismarer Tribunal wird sich deswegen beleben und die Sicht auf das norddeutsche Gericht und auf die territoriale Gerichtsbarkeit insgesamt verändern. Schon jetzt zeichnen sich Unterschiede zum kammergerichtlichen Verfahren ab, dessen Grundzüge in Wismar freilich rezipiert waren. Aber Mevius hatte, möglicherweise nach sächsischem Vorbild, bestimmte Formen des Schlichtungsverfahrens übernommen, die am Reichskammergericht unbekannt waren. Vor allem ein sog. Vorbescheid, bei dem das Gericht versuchte, bei persönlicher Anwesenheit der Parteien zu einer gütlichen Einigung zu kommen, verdient Aufmerksamkeit. Zudem fallen die zügigen Laufzeiten der vom Tribunal behandelten Prozesse auf. Das Territorium war erheblich kleiner, der Zeitbedarf für Reisen und Zustellungen längst nicht so groß. Dennoch mag durchaus das Verfahren straffer organisiert gewesen sein. Unter den Streitgegenständen fallen phasenweise sehr häufige Klagen von Anwälten gegen ihre zahlungssäumigen Mandanten ins Auge. Ob es sich hierbei um eine Wismarer Besonderheit oder um ein allgemeines Problem der frühneuzeitlichen Prozesspraxis handelt, bedarf weiterer Vertiefungen. An den Reichsgerichten waren diese Zahlungsklagen ebenfalls weit verbreitet.

3.3.3 Das Oberappellationsgericht Celle

War das Wismarer Tribunal die wohl bemerkenswerteste Neugründung eines territorialen Gerichts im 17. Jahrhundert, so erlangte das 1711 eröffnete Oberappellationsgericht Celle im 18. Jahrhundert ähnliches Ansehen. Wie beim Wismarer Tribunal liegt der Zusammenhang mit einem unbeschränkten Appellationsprivileg auch hier auf der Hand. Nachdem Braunschweig-Lüneburg 1708 förmlich zum Kurfürstentum erhoben worden war, bemühte sich Kurfürst Georg Ludwig wie schon seit über zehn Jahren weiterhin um das *Privilegium de non appellando*. Die Verhandlungen zogen sich in die Länge. Erst der letzte Antrag hatte 1716/18 Erfolg. Zu diesem Zeitpunkt war der hannoversche Kurfürst schon zum englischen König Georg I. aufgestiegen. Das Verfahren am Celler Gericht war eng an den Kameralprozess angelehnt. Doch hatte die Oberappellationsgerichtsordnung die Mündlichkeit deutlich beschnitten und hier stärker den Reichshofratsprozess zum Vorbild genommen.

Friedrich Esajas Pufendorf

Wie in Wismar war die Glanzzeit des Gerichts im 18. Jahrhundert vor allem mit einem herausragenden Vizepräsidenten verbunden, in Celle mit Friedrich Esajas Pufendorf

(1705–1785). Pufendorf hatte zunächst einige Jahre als Advokat am Oberappellationsgericht gearbeitet, bevor er zum Extraordinarassessor, 1738 zum Assessor und 1767 zum Vizepräsidenten aufstieg. 1756 erhielt Pufendorf den Adelstitel. Ähnliche Beispiele sind auch am Reichskammergericht belegt. Ein Rechtsstudium und eine Tätigkeit an einem Obergericht konnten einem bürgerlichen Juristen durchaus die Nobilitierung einbringen. Andererseits nahmen zahlreiche Adlige ein Universitätsstudium auf, vor allem nach 1734/37 in Göttingen, das sich besonders auf adlige Studenten einstellte. Die überkommene Zweiteilung der gelehrten Gerichte in eine adlige und eine gelehrte Bank verflüchtigte sich damit zusehends. Bezeichnend ist ebenfalls ein anderes Detail. Pufendorfs ältester Sohn war seit 1770 Reichshofrat in Wien, ein anderer Sohn und ein Enkel machten wie bereits sein Vater Karriere als Oberappellationsgerichtsräte in Celle. Es gab an den Obergerichten geradezu Familiendynastien von Juristen, in Wismar nicht anders als in Celle. Und an den obersten Reichsgerichten arbeiteten im 18. Jahrhundert häufig Juristen, die zuvor im Landesdienst gestanden hatten und weitverzweigten Gelehrtenfamilien entstammten.

Observationes iuris universi
Hohes Ansehen erwarb sich Pufendorf mit einer vierbändigen Observationensammlung, die er bis zu seinem Tod in drei Auflagen herausbrachte. Ähnlich wie Mevius behandelte er in seinen skizzenhaften Darstellungen Einzelprobleme, die das Oberappellationsgericht in seiner Spruchpraxis zu entscheiden hatte. Der deutschsprachige Tenor der jeweiligen Entscheidung schließt sich zumeist an die noch lateinischen Abhandlungen an. Die Bedeutung von Mevius konnte Pufendorf mit seinem Werk nicht erlangen, doch galt die hannoversche Justiz im 18. Jahrhundert als besonders fortschrittlich und vom Herrscher unabhängig. Die Zeitgenossen schmunzelten über eine Episode, die König Georg II. erlebt haben soll. Leicht verärgert fragte er den Präsidenten des Gerichts, warum das Königshaus die meisten Prozesse vor dem Oberappellationsgericht verliere. Trocken antwortete der Gerichtspräsident: „Weil Majestät gewöhnlich Unrecht haben!"[11] Eine Rechtsprechung ohne Ansehen der Person, selbstbewusst und nicht duckmäuserisch gegenüber den politischen Autoritäten, so erschien das Oberappellationsgericht Celle in der Spätzeit des Alten Reiches.

---

11 *Jessen* (Lit. zu 3.3.1), S. 120; *Stodolkowitz*, Celle (Lit. zu 3.3.3), S. 1.

3.3.4 Preußen und der Müller-Arnold-Prozess

Aus dem Königreich Preußen, dem wichtigsten frühneuzeitlichen deutschen Territorium, ist vor allem eine Episode aus der Gerichtspraxis des 18. Jahrhunderts immer und immer wieder erzählt worden: der Müller-Arnold-Fall.

Der preußische König Friedrich der Große unterstellte seinen Gerichten bis hinauf zum Kammergericht in Berlin, sie bevorzugten adlige Parteien gegenüber kleinen Bauern und Müllern. Deswegen griff er 1779 in einen bereits seit mehreren Jahren schwelenden Rechtsstreit ein und entschied ihn durch königlichen Machtspruch. Bei diesem später sog. Müller-Arnold-Prozess handelte sich um eines der aufsehenerregendsten Gerichtsverfahren des 18. Jahrhunderts überhaupt. Weitläufige Diskussionen um die richterliche Unabhängigkeit und die Rolle des Landesherrn als obersten Richter schlossen sich an diesen Fall an.

Gerichtslandschaft in Preußen
Zu diesem Zeitpunkt war die Staatswerdung in Preußen bereits weit vorangeschritten. Getraute sich ein Bote des Reichskammergerichts, an der Landesgrenze die Zustellung eines kaiserlichen Ladungsbriefes anzusinnen, stand ihm Übles bevor. Die Grenzpolizisten verprügelten den Boten, zwangen ihn, seine eigenen Dokumente aufzuessen und schickten ihn unverrichteter Dinge zurück nach Wetzlar. Gelangte der Bote bis nach Berlin, verhaftete man ihn und schaffte ihn durch das Militär außer Landes. Einen großen Erfolg hatte Preußen 1746/50 am Kaiserhof erzielt. Nach zwei gegen Österreich gewonnenen schlesischen Kriegen erhielt Friedrich der Große ein unbeschränktes Appellationsprivileg für alle in Personalunion beherrschten Territorien, ausdrücklich auch für diejenigen Gebiete, die nicht zum Kurfürstentum Brandenburg gehörten. Damit hatte sich ein ganzer Staatsverband weitgehend den obersten Reichsgerichten entzogen. Genau in dieser Zeit legte die Regierung 1748 das Oberappellationsgericht Berlin und das bereits im späten 15. Jahrhundert entstandene Kammergericht zu einem obersten Justizkollegium zusammen, das als oberstes Landesgericht sowohl über Zivil- als auch über Strafsachen urteilen sollte. Eine solche Erstreckung auf Kriminalsachen hatten weder die Reichsgerichte noch die übrigen Oberappellationsgerichte angestrebt oder erreicht. In Preußen bedeutete dies eine vergleichsweise frühe Festigung einheitlicher Instanzenzüge, obwohl es weiterhin zahlreiche Patrimonialgerichte gab (vgl. Kap. 3.5.1).

Sachverhalt und Prozessgeschichte
Vor einem der adligen Niedergerichte begann ein Rechtsstreit des Grafen von Schmettau gegen seinen Pächter, den Wassermüller Christian Arnold. Arnold hatte seit 1771 die

dem Grafen gegenüber zu zahlende Pacht nur unvollständig, im Jahre 1773 überhaupt nicht mehr gezahlt. Oberhalb des Wasserlaufs, an dem der Müller Arnold seine sog. Krebsmühle betrieb, hatte nämlich der adlige Landrat von Gersdorff Fischteiche angelegt, die der Mühle angeblich das Wasser abgruben. Trotzdem hatte die Klage des Grundherrn von Schmettau Erfolg. Das Patrimonialgericht war der Meinung, Müller Arnold müsse sich gegen den Betreiber der Fischteiche wenden, wenn dieser ihm das Wasser entziehe. Seine Pflicht zur Entrichtung der Pacht an den Grafen habe damit gar nichts zu tun. Jetzt begannen jahrelange Streitigkeiten. Einmal klagte der Graf auf Pachtzahlung, einmal der Müller auf Befreiung von der Pacht. Drei Verfahren vor dem Patrimonialgericht sowie vor der Regierung zu Küstrin fanden statt. Durch Rechtsmittel war auch das Kammergericht in Berlin eingebunden. In allen Verfahren unterlag der Müller. Schließlich wurde das letzte Urteil des Patrimonialgerichts rechtskräftig. 1778 schritt man zur Zwangsversteigerung der Mühle, ein Jahr später vertrieb man die Müllersfamilie. Doch Müller Arnold und seine Frau gaben nicht auf. Sie richteten 1779 mehrere Bittschriften (Suppliken) an den König sowie an den Großkanzler und baten jeweils um eine gerechte Entscheidung ihrer Sache. Im Sommer reiste der Müller sogar nach Potsdam und brachte sein Anliegen persönlich vor. Friedrich der Große war inzwischen mit der Angelegenheit seit einiger Zeit befasst. Auf seinen Befehl hin mussten das Justizdepartment, die Regierung in Küstrin und zuletzt das Kammergericht den unübersichtlichen Sach- und Streitstand wieder aufrollen. Der König bestand auf einer Entscheidung zugunsten des Müllers. Doch die beteiligten Richter weigerten sich, den Befehl ihres Landesherrn zu erfüllen. Sie sahen den Müller Arnold im Unrecht und waren deswegen nicht bereit, die bisherigen gleichlautenden Urteile ohne rechtlichen Grund zu Arnolds Gunsten abzuändern.

Machtspruch Friedrichs des Großen
Am 11. Dezember 1779 fällte der König selbst eine weitreichende Entscheidung. Er warf den beteiligten Richtern Parteilichkeit vor und griff mit drastischen Worten und in seiner ihm eigentümlichen Rechtschreibung die Gerichte an: „Wan die Justitz Ungerechtigkeiten tuhet ist Sie Schlimer wie Strasen Reüber, ein Müler ist ein Mensch Eben So guht wie ich bin."[12] Friedrich der Große setzte den Großkanzler ab. Mehrere Mitglieder des Kammergerichts und der Regierung in Küstrin ließ er verhaften und

---

12   Brandenburgisches Landeshauptarchiv Rep. 23 B Neumärkische Stände, Nr. 841, Faksimile online unter http://www.landeshauptarchiv-brandenburg.de/FilePool/Neu_Handzettel_sw.pdf, Zugriff: 17. Januar 2015).

ins Gefängnis sperren. Der Kriminalsenat des Kammergerichts musste jetzt prüfen, ob sich die Richter wegen absichtlicher Benachteiligung des Müllers Arnold strafbar gemacht hatten. Doch auch in diesem Verfahren konnten die Strafrichter keine Rechtsverstöße ihrer Kollegen feststellen. Der König war empört und löste den Fall auf seine Weise. Einige Inhaftierte kamen sofort frei, die übrigen begnadigte Friedrich der Große nach neun Monaten. Der Müller Arnold erhielt seine Wassermühle 1780 zurück. Nach dem Tod Friedrichs des Großen rehabilitierte sein Nachfolger die abgesetzten Richter. Außerdem endeten die zivilrechtlichen Streitigkeiten zwischen den Beteiligten 1787 mit einem wirtschaftlich tragbaren Kompromiss.

Bedeutung und Fernwirkungen des Falles
Der Müller-Arnold-Prozess ist in mehrfacher Hinsicht lehrreich. Dem König ging es ganz wesentlich darum, dass die Gerichte in seinem Land unparteiisch und ohne Ansehen der Person urteilten. Deswegen schritt er so hart gegen die Justiz ein, der er Rechtsbeugung unterstellte. Die Richter selbst nahmen für sich ihre richterliche Unabhängigkeit in Anspruch und fühlten sich verpflichtet, sogar dem König zu widerstehen, wenn sie seine Auffassung in Rechtssachen nicht teilten. Deswegen setzte sich der König über die Urteile und Rechtsansichten aller Gerichte hinweg und fällte persönlich die Entscheidung. Die Frage, wer in dieser verwickelten Auseinandersetzung im Recht gewesen sei, liegt auf der Hand und ist doch schief gestellt. Die Rechtsgeschichte soll nicht nachsubsumieren und vergangene Streitfragen entscheiden. Tilman Repgen hat versucht, auf der Grundlage der herrschenden juristischen Lehren der Zeit den Streit der Parteien und die Urteilsbegründungen der Gerichte nachzuzeichnen. Er hält die Gerichtsentscheidungen für unzureichend und mangelhaft begründet und damit für rechtsfehlerhaft. Mit der eigenmächtigen Bestrafung der Richter habe der König jedoch den Boden des positiven Rechts verlassen. Ebenso sei die Rückgabe der Krebsmühle an den Müller Arnold nur aus der Rolle des absoluten Monarchen, der losgelöst von rechtlichen Bindungen (*legibus solutus*), entscheide, zu erklären.

Wichtiger als diese rechtliche Annäherung erscheinen die Fernwirkungen des aufsehenerregenden Falles. So betrieb der König im selben Jahr (1780) seine Justizreform weiter, die er schon lange zuvor angestoßen hatte. Zivilprozesse sollten zügiger verlaufen, nämlich höchstens ein Jahr dauern. Und die Richter ihrerseits sollten besser qualifiziert sein. 1793 trat dann unter der Regierung Friedrich Wilhelms II. eine Allgemeine Gerichtsordnung in Kraft. Der Müller-Arnold-Fall beschleunigte somit diese Reformbemühungen. Außerdem prallten hier gegensätzliche Vorstellungen über die richterliche Unabhängigkeit aufeinander. Der König wünschte sich Richter, die auch dem Bauern oder Müller gegen adlige Widersacher zu seinem Recht verhalfen.

Die Gerichte selbst bestanden auf ihrer sachlichen Unabhängigkeit von den Rechtsmeinungen des Herrschers, die sie nicht als verbindlich anerkannten. Die königliche
Entscheidung, zeitgenössisch Machtspruch genannt, hat Repgen als hoheitliches
Handeln jenseits des geltenden positiven Rechts bezeichnet. Die überwiegende Meinung der damaligen Rechtsgelehrten hielt solche Machtsprüche in der zweiten Hälfte
des 18. Jahrhunderts nicht mehr für zulässig.

Der Befund zeigt eine wichtige Etappe auf dem Weg zur Gewaltentrennung an.
Der König, in dem sich nach preußischer Auffassung die Summe aller Staatsgewalt
bündelte, war weiterhin Inhaber der Gerichtsgewalt. Das Allgemeine Landrecht, die
große preußische Kodifikation von 1794, bestimmte: „Die allgemeine und höchste
Gerichtsbarkeit im Staate gebührt dem Oberhaupte desselben, und ist, als ein Hoheitsrecht, unveräußerlich." (ALR II 17 § 18). Der König war damit in der Staatslehre weiterhin oberster Richter. In der Praxis bedeutete dieser Grundsatz aber lediglich, dass
sämtliche Gerichte ihre Gewalt vom König ableiteten und in seinem Namen urteilten. Auch Patrimonialgerichte durften sich der königlichen Aufsicht nicht entziehen.
Wenn der König aber persönlich die gerichtlichen Instanzen aufwirbelte und statt der
vorgesehenen Rechtswege und Verfahrensarten kurzerhand einen Rechtsstreit an sich
zog und eigenmächtig entschied, empfand man dies als anstößig. Deswegen blieb der
Müller-Arnold-Prozess als großer Justizskandal in Erinnerung.

Im Ergebnis ging die Justiz aus den Querelen gestärkt hervor. Die Bindung des
Herrschers an das positive Recht wurde unterstrichen. Doch selbst im 19. Jahrhundert
war in der Staatsrechtslehre des Deutschen Bundes noch streitig, ob der Monarch mit
Machtsprüchen in Rechtssachen eingreifen durfte. Letzte Rückzugsgefechte betrafen
Notstandssituationen. Erst Hitler hat unter ganz anderem Vorzeichen den Anspruch,
persönlich der oberste Richter des deutschen Volkes zu sein, abermals vertreten.

3.3.5 Aktenversendung

Der Blick auf die frühneuzeitliche territoriale Gerichtsbarkeit zielt üblicherweise zuerst
auf die landesherrlichen Justizreformen. Neue oberste Landesgerichte, die immer stärkere Formalisierung mehrstufiger Instanzenzüge und der Einsatz studierter, selbstur-
teilender Richter bestimmen das Bild. Aber längst nicht überall waren die Gerichte
flächendeckend mit gelehrten Juristen besetzt. Erfahrene Praktiker prägten vielerorts
weiterhin das Rechtsleben. Die Stadtgerichte zahlreicher Städte waren entweder mit
dem Rat identisch oder bestanden zumindest aus Ratsmitgliedern. Wie seit Jahrhunderten bildeten also Patrizier, Kaufleute und zu einem geringeren Teil auch Handwerker
die Mitglieder des erstinstanzlichen Gerichts. Gelegentlich waren in größeren Städten

ein oder mehrere Studierte beteiligt, teilweise in der Person des Bürgermeisters. Solche erstinstanzlichen Gerichte arbeiteten weitgehend nach dem gelehrten Prozessrecht, mehr oder weniger eng an das kammergerichtliche Vorbild angelehnt. Ihre Aufgabe bestand darin, den Streit der Parteien durch Rechtsanwendung zu entscheiden. Je stärker sich die Parteien aber auf Normen aus dem römischen oder kanonischen Recht beriefen oder je umfassender sie die rechtsgelehrte Literatur anführten (allegierten), desto schwieriger wurde die Lage für die noch nicht voll professionalisierten Gerichte.

Die Aktenversendung war die zeitgemäße Lösung für dieses Spannungsfeld von gelehrtem Recht und ungelehrtem Personal. Die folgende Quelle zeigt, wie das Verfahren praktisch ablief. Die Untergerichte gerieten mehr und mehr in die Rolle einer bloßen Durchlaufstation für den Empfang und die Weitergabe von Schriftsätzen. Alle wesentlichen Entscheidungen fällten die auswärtigen Urteilsverfasser.

Aktenversendung an die Universität Frankfurt/Oder
Recessus XXXIII d. 9 Februarii 1748.
Der Frauen von Spilckern Herr Mandatarius Kläger hat imploriren lassen, entgegen Herrn Consulem D[octorem] Krohn Beklagten, und
P[eter] A[ndreas] Haecker, contradicirte den gegenseitigen Duplicis per mera generalia und bate die Sache nun mehro in Bedenck zu nehmen.
J[oachim] Tanck, acceptirte die gegenseitige Submissionem, und submittirte gleichfals. Worauf Ein Hochweiser Raht, da beyde Theile submittiret, die Sache für beschlossen an und in Bedenck genommen hat. Jussu consulatus actum d. 9 Februarii 1748.
Recessus XXXIV. d. 6 Septembris 1748.
Der Frau von Spilckern Herr Mandatarius Kläger hat imploriren lassen, entgegen den Herrn Consulem D. Crohn Beklagten, und
P. A. Haecker bat, da er vernommen, daß eine Urtel vorhanden, um Publication derselben. J. Tanck, consentirte falls eine Urtel vorhanden.
Worauf das Sub Signo [Halbmond] angelegte und von Franckfurt an der Oder eingeholte Urtheil publiciret worden. Jussu Consultus publicatum d. 6 Septembris 1748.
[Urteil der Juristenfakultät Frankfurt/Oder, 1748 August 18] [Halbmond] Auff Klage, eingewandte Wiederreden und erfolgte Gesätze in Sachen Anwalds der Verwithbeten Amts-Voigtin, frauen Annen Marien von Spilckern, Klägerin an einem, des BurgerMeisters, herrn D. Johann Adolph Krohns, Beklagten andern theils, erkennen Wir BurgerMeistere und Raht der Kayserlichen freyen und des heiligen Römischen Reichs-Stadt, Lübeck, auf eingehohlten Rath auswärtiger Rechts Gelehrten, vor Recht:
Daß die Klage wieder Beklagten nicht statt hat. Es werden aber doch die von beyden theilen aufgewandte Kosten aus bewegenden Ursachen gegeneinander billig

compensiret und aufgehoben. Von Rechts Wegen. Jussu consulatus publicatum d. 6 Septembris 1748.

(Locus Sigilli) Daß dieses Urtheil denen Actis und Rechten gemäß, solches bezeugen Decanus, ordinarius, Senior und andere Doctores der Juristen Facultaet auf der Königlich Preußischen Universitaet, Franckfurth an der Oder den 18ten Augusti 1748.

Vorlage: *Oestmann*, Zivilprozeß (Lit. zu 3.2.3), S. 473–474 (hier vorsichtig normalisiert).

Die Quelle stammt aus einem umfangreichen Zivilprozess aus der Reichsstadt Lübeck. Der Streit zwischen den Parteien war bereits seit vier Jahren rechtshängig. Im Mai 1745 hatte der Rat die Akte bereits an die Juristenfakultät Halle gesandt, im Februar 1746 kam das erbetene Zwischenurteil. Wegen eines weiteren Interlokuts (Zwischenurteils) hatte zwischen November 1746 und März 1747 eine zweite Aktenversendung an die Universität Leipzig stattgefunden. Die Juristenfakultät Frankfurt/Oder, die das End-urteil fällte, war damit bereits das dritte universitäre Spruchkollegium, das mit der Streitsache befasst war. Durch solche Aktenversendungen waren die Juristenfakultä-ten umfassend in die Zivil- und Strafgerichtsbarkeit des Alten Reiches eingebunden. Bei nahezu allen wichtigen Entscheidungen holten die unteren Gerichte gelehrten Rechtsrat von den Spruchkollegien ein.

Wurzeln der Aktenversendung

Im historischen Vergleich verschmolzen hier zwei verschiedene Traditionsstränge. In veränderter und professionalisierter Form lebten funktional die spätmittelalterlichen Rechtszüge an Oberhöfe weiter. Auch im 15. Jahrhundert hatten die anfragenden Ortsgerichte die schwierigen Entscheidungen auf den Oberhof übertragen. Danach hatten sie vor Ort die auswärtigen Sprüche als eigene Urteile verkündet. Es gab im Rechtszug also keinen förmlichen Instanzensprung.

Auf der anderen Seite hatten schon spätmittelalterliche italienische Rechtsgelehrte umfassend Rechtsrat in praktischen Streitigkeiten erteilt. Diese Konsiliatoren verfass-ten auch auf Anfrage städtischer Gerichte Gutachten und Entscheidungsvorschläge. Bartolus de Sassoferrato und Baldus de Ubaldis sind die beiden namhaftesten Gelehr-ten dieser Zeit. Professioneller Rechtsrat und die Hinwendung an eine auswärtige Rechtsauskunftsstelle waren damit je nach den Bedürfnissen des Gerichtsverfahrens gleichwertig. Im Alten Reich verdrängten die Juristenfakultäten nach 1500 zunehmend die gewachsenen Oberhofzüge, sofern sich die Schöffenstühle nicht ihrerseits profes-sionalisierten. Der Vorteil der Aktenversendung lag auf der Hand. Die Entscheidung beruhte inhaltlich auf der Rechtsmeinung mehrerer Professoren. Die rechtlichen Schwä-chen und Unsicherheiten des erstinstanzlichen Gerichts verloren damit an Bedeutung.

Andererseits hielten zahlreiche Untergerichte nur noch ihre Audienzen ab, hatten mit der inhaltlichen richterlichen Entscheidungstätigkeit aber nichts mehr zu tun.

Inrotulation der Akten

Als im Lübecker Rechtsstreit, dem die Quelle entstammt, der Schriftsatzwechsel mit der Duplik abgeschlossen war, submittierten die Parteien. Sie baten damit förmlich um ein Urteil und zeigten an, dass kein weiterer Vortrag mehr erforderlich war. Der Rat nahm die Sache daraufhin „in Bedenck". Das klang nach einer Beratung, doch genau diese fand im Kreise der Lübecker Ratsherren gar nicht statt. Wenn es ernsthaft etwas zu bedenken gab, also Urteile anstanden, versandte der Rat die Akte an eine Universität.

Üblicherweise durften die Parteien eine oder zwei Fakultäten als potentiell befangen ablehnen, aber nicht ihrerseits vorschlagen, wohin die Akte auf Reisen gehen sollte. Damit bei der Versendung alles mit rechten Dingen verlief, gab es an vielen Gerichten einen förmlichen Inrotulationstermin. Im Beisein der Parteien wurde die vollständige Prozessakte versiegelt. Wenn dann die Entscheidung der Spruchfakultät eingegangen war, fand ein Exrotulationstermin statt, bei dem die Akte abermals im Beisein der Parteien oder ihrer Prokuratoren geöffnet wurde.

Die genaue Lübecker Praxis wird aus den Audienzprotokollen der beiden sog. Rezesse nicht klar. Die Prokuratoren Haecker und Tanck hatten am 9. Februar 1748 die Aktenversendung beantragt und bereits vor dem folgenden Termin am 6. September 1748 erfahren, dass die Entscheidung eingetroffen war. Das publizierte, also durch Verlesen verkündete Urteil aus Frankfurt/Oder war vollständig aus der Perspektive des Lübecker Rates ausformuliert. Lediglich das zutreffende Verkündungsdatum musste nachgetragen werden. Am Ende schloss der Beglaubigungsvermerk des Dekans und der Professoren aus Frankfurt/Oder den Tenor ab. Entscheidungsgründe verfassten die Juristenfakultäten ebenfalls. Sie wurden den Gerichten aber meistens getrennt zugesandt, damit die Parteien die rechtlichen Erwägungen nicht erfuhren.

Die Aktenversendung war ein rein schriftliches Verfahren. Auch wenn es an den Gerichten kleinere mündliche Audienzen gab, entschieden die Professoren ausschließlich aufgrund der Aktenlage. Sie erhoben keine Beweise, konnten aber durchaus bessere Beweisaufnahmen anordnen. Im frühneuzeitlichen Strafprozess ergingen häufig Fakultätsurteile, mit denen die Spruchkollegien das Untergericht ermächtigten, einen Inquisiten zu foltern. Die vertrauliche Aktenversendung sollte gewährleisten, dass die Juristenfakultäten ohne Ansehen der Person entschieden.

Probleme bei der Anwendung von Partikularrecht

Ein Nachteil bei der Rechtsanwendung lag auf der Hand. Soweit partikulare Rechtsquellen einschlägig waren, konnte die Frage aufkommen, ob und inwieweit die Juristenfakultäten die Einzelheiten eines Stadt- oder Landrechts überhaupt kannten. Ging die Akte wie im Lübecker Fall gleich an drei Universitäten, vervielfachte sich das Problem. Großräumige und durch partikularrechtliche Literatur wissenschaftlich erschlossene territoriale Rechte entfalteten durchaus ihre überregionale Ausstrahlung. Die Werke von David Mevius und seinen Nachfolgern zum lübischen Recht waren sicherlich in Halle, Leipzig und Frankfurt/Oder vorhanden und bekannt. Noch stärker galt das vom sächsischen Recht und vom sog. sächsischen Prozess, der viel Eigenständiges bewahrte. Erheblich schwieriger sah es demgegenüber mit den Rechten kleinerer Städte und Territorien aus. Die Praxis behalf sich vielfach mit Spielarten der italienischen Statutentheorie. Die Existenz und Auslegung des Partikularrechts erschien damit als beweisbedürftige Tatsache (vgl. Kap. 2.10.3). Um Risiken zu umschiffen, fügten die Parteien, gelegentlich wohl auch das anfragende Gericht, den Akten Auszüge aus dem Partikularrecht bei. Häufig wandten die Juristenfakultäten auch diejenigen Rechtsquellen an, die sie kannten, ohne streng auf dem Beweiserfordernis zu bestehen.

Doch wenn die Anfragen an die Fakultäten aus ganz verschiedenen Städten kamen, wenn die Professoren an der Universität nur das römisch-kanonische Recht studiert hatten und ihrerseits lehrten, führte die weit verbreitete Aktenversendung zu einer erheblichen Rechtsvereinheitlichung. Die Zeit des Usus modernus war im Ergebnis eine Epoche, in der ganz verschiedene Rechtsquellen miteinander verschmolzen und in der Praxis ein Mischrecht existierte. Die genauen Inhalte und Grenzen dieses Mischrechts änderten sich freilich von Territorium zu Territorium. All das fiel weiterhin unter den offenen Begriff des gemeinen Rechts. Die Aktenversendungen stärkten auf diese Weise Gemeinsamkeiten, vor allem in methodischer Hinsicht.

Ende der Aktenversendungen

Im 19. Jahrhundert endeten die Aktenversendungen. Zum einen waren sie faktisch dort überflüssig, wo eine straff gegliederte und mit studierten Richtern besetzte Justiz keine Rechtsbelehrungen von außen mehr benötigte. Zum anderen schwächte die Aktenversendung die territoriale bzw. bundesstaatliche Justiz. Wenn eine Akte an eine landesfremde Juristenfakultät geschickt wurde, konnten fremde Universitäten Einfluss auf die innerstaatliche Gerichtsbarkeit nehmen. Zum Dritten erschienen Universitäten zunehmend als eigene öffentlichrechtliche Körperschaften, nicht aber als Teil der Gerichtsverfassung. Es gab Übergangslösungen. Einige Territorien gründeten schon in der frühen Neuzeit landeseigene Universitäten und befahlen, alle Akten nur noch an die eigene Juristenfakultät zu senden. Das sollte zugleich das Partikularrecht stützen. In anderen Territorien war die Aktenversendung an Regierungsstellen vorgeschrieben. Aber in der Mitte des 19. Jahrhunderts schafften mehrere größere deutsche Staaten die Aktenversendung ab. Liberale versuchten teilweise, die hergebrachten Aktenversendungen zu verteidigen. Gerade in politisch heiklen Angelegenheiten waren die universitären Urteiler oftmals viel milder gegenüber sog. Demagogen als landesherrliche Regierungen. Das aber hielt den Trend nicht auf. Mit dem Gerichtsverfassungsgesetz von 1877/79 wurden sämtliche noch verbliebenen Versendungsmöglichkeiten abgeschafft. Seitdem können gerichtliche Rechtsstreitigkeiten nur noch von staatlichen Gerichten entschieden werden. Die Aktenversendung als vormoderne Gewaltenvermischung passte nicht mehr zu der modernen, vollständig als eigene Staatsgewalt ausdifferenzierten Justiz.

3.4   Die geistliche Gerichtsbarkeit in der frühen Neuzeit

Die aus dem Mittelalter bekannte Längsspaltung der Gerichtsverfassung in geistliche und weltliche Justiz prägte das Bild auch in der frühen Neuzeit. Das bunte Nebeneinander ganz verschiedener Gerichte in Städten, Dorfgemeinden, Zünften, landesherrlichen Regierungen und anderen Institutionen wurde immer ergänzt durch eine umfassende und weit ausgreifende kirchliche Gerichtsbarkeit. Einige Unterschiede zum Mittelalter fallen besonders ins Auge. Zum einen führten die vielen Reformen der landesherrlichen Gerichte zu einer erheblichen Professionalisierung der weltlichen Justiz. Der überkommene Gegensatz zwischen gelehrten geistlichen Gerichten mit ihren Prozessmaximen aus dem römisch-kanonischen Recht und hergebrachten deutschrechtlichen Gerichten mit ihren Laienurteilern löste sich nach und nach auf. Die Landesherren in den erstarkenden Territorien empfanden die geistlichen Gerichte zunehmend als Einmischung in ihre herrscherlichen Zuständigkeiten. Vor allem ist nach der Reformation streng zwischen katholischen und protestantischen Territorien zu unterscheiden. In Fragen der geistlichen Gerichte gingen sie getrennte Wege.

3.4.1 Geistliche Gerichtsbarkeit und Reichsverfassung

Auf der Reichsebene hielten die kaiserlichen Wahlkapitulationen, die Verträge zwischen Kurfürsten und Kandidaten im Vorfeld der Kaiserwahl, bis zuletzt an der Pflicht des Reichsoberhaupts fest, eine Vermischung von weltlicher und katholisch-geistlicher Gerichtsbarkeit zu verhindern.

Projekt einer beständigen Wahlkapitulation von 1711
Gleichergestalt will er wann es sich etwan begebe, daß die causae civiles von ihrem
ordentlichen Gericht im Heil. Reich ab- und ausser dasselbe ad Nuncios Apostolicos
und wohl gar ad Curiam Romanam gezogen würden, solches abschaffen, vernichten und
ernstlich verbieten, auch seinen Kayserlichen Fiscalen, sowohl bey seinem Kayserlichen
Reichs-Hof-Rath als Cammer-Gericht, anbefehlen, wider diejenige, sowohl Partheyen
als Advocaten, Procuratoren und Notarien, die sich hinführo dergleichen anmassen
und darinnen einiger Gestalt gebrauchen lassen würden, mit behöriger Anklag von
Amts wegen zu verfahren, damit die Ubertretter demnächsten gebührend angesehen
und bestraffet werden mögen. Und weilen vorberührter Civil-Sachen willen zwischen
seinen und des Reichs höchsten Gerichten, sodann denen Apostolischen Nunciaturen
mehrmalige Streit- und Irrungen entstanden, indeme so ein- als anderen Orts die ab
der Officialen Urtheil beschehene Appellationes angenommen, Processus erkannt,
selbige auch durch allerhand scharffe Mandata zu gröster Irr- und Beschwerung der
Partheyen zu behaupten gesucht worden, wormit dann diesem Vorkommen und aller
Jurisdictions-Conflict möchte verhütet werden so will er daran seyn, daß de causae
seculares ab ecclesiasticis rechtlich distinguiert, auch die darunter vorkommende
zweiffelhaffte Fälle durch gütliche mit dem Päbstlichen Stuhl vornehmende Handlung
und Vergleich erlediget, fort der geist- und weltlichen Obrigkeit ein jeder ihr Recht und
Iudicatur ungestöhrt gelassen werden möge.
Vorlage: Auszug aus Art. XIV der beständigen Wahlkapitulation vom 8. Juli 1711, bei *Buschmann*,
Kaiser und Reich II (Lit. zu 3.2.3), S. 294–295.

Im Gerichtsverfassungsgefüge des Alten Reiches blieb der römisch-deutsche Kaiser
bis zuletzt oberster Gerichtsherr. Wenn weltliche Streitigkeiten an den Apostolischen
Nuncius oder gar an die Rota Romana gelangten, gerieten sie außerhalb des Reiches,
wie die Zeitgenossen sagten. Die oberste katholisch-kirchliche Gerichtsgewalt galt rechtlich als ausländische Macht, die sich anschickte, die *Iurisdictio* von Kaiser und Reich
zu verletzen. Die Parteien und ihre rechtsgelehrten Anwälte, die sich anmaßten, die
weltlichen Appellationsgerichte zu umgehen und gewöhnliche Zivilsachen durch ihre
Rechtsmittelzüge vor den Nuntius oder den Papst zu bringen, sollten vom Reichsfis-
kal vor den obersten Gerichten des Reiches zur Verantwortung gezogen werden. Der
Kaiser musste also darüber wachen, dass sich weltliche und geistliche Gerichte nicht
gegenseitig ihre Kompetenzen abgruben.

Die Gefahr ging hierbei, so jedenfalls die ganz eindeutige Stoßrichtung der Reichsgesetze, immer von der Kirche aus, die sich nicht auf geistliche Angelegenheiten
beschränkte. Tatsächlich gab es die in der Quelle angesprochenen Spannungen zwischen

den Reichsgerichten und dem Nuntius in großer Zahl. Viele Mandatsprozesse gegen
den Kölner Nuntius aus der Zeit um 1600 zeugen davon, wie scharf beide Seiten sich
rechtlich auseinandersetzten. Noch 1736 griff Kaiser Karl VI. in einen solchen Streit
ein und wandte sich direkt an Papst Clemens XII., um eine Untertanin aus dem Stift
Hildesheim zu unterstützen. Die Rota Romana hatte die Frau durch Versäumnisurteil
exkommuniziert, weil sie sich in einem Rechtsstreit um Landtagsdiäten geweigert hatte,
die päpstliche Gerichtshoheit in Zivilsachen anzuerkennen. Der Papst ließ nach der
kaiserlichen Intervention die Exkommunikation aufheben, und die katholischen Sieger
aus Hildesheim machten den Fall durch eine gedruckte Flugschrift weiträumig bekannt.
Ganz im leidenschaftlichen Stil der Aufklärung betonten sie, die Sonne werde zwar
teilweise durch trübe Wolken und Nebel verschleiert, scheine als solche aber doch hei-
ter und klar. Geistliche Übergriffe in weltliche Rechtsstreitigkeiten erschienen immer
mehr als Überbleibsel einer untergehenden, unaufgeklärten Epoche.

3.4.2 Katholische Territorien

In den katholischen Territorien bestanden neben der weltlichen Gerichtsbarkeit weiterhin die bischöflichen Offizialate sowie Send- und Archidiakonatsgerichte. Aufgrund
der sehr verschiedenen politischen Rahmenbedingungen ist die Gerichtsverfassung
katholisch-weltlicher Territorien deutlich von der Justiz in katholisch-geistlichen Territorien zu trennen.

Katholisch-weltliche Territorien
In weltlichen Territorien versuchten katholische Landesherren teilweise, die Zuständigkeit der geistlichen Gerichte zu begrenzen. In Frankreich war dies den Königen schon
im späten Mittelalter gelungen. Im Alten Reich machten sich die Landesherren daran,
so gut dies im katholischen Umfeld möglich war, eine Art eigenes landesherrliches
Kirchenregiment aufzubauen. Vor allem, wenn der geistliche Gerichtsherr außerhalb
des Territoriums saß, behinderte eine umfassende geistliche Gerichtsbarkeit die Staats-
bildung. Das galt insbesondere dort, wo die kirchlichen Gerichte auch in regulären
Zivilsachen tätig waren. Hier prallten unterschiedliche Vorstellungen aufeinander. In
der Praxis beschränkten sich die geistlichen Gerichte in zahlreichen weltlichen Territorien aber weithin auf fraglos geistliche Angelegenheiten.

Katholisch-geistliche Territorien
Erheblich größerer Streit herrschte dagegen in katholisch-geistlichen Territorien. Der
bischöfliche Landesherr war nicht nur oberster Repräsentant der organisierten Kirche,

sondern zugleich Gerichtsherr in seinem Hochstift. Schwierigkeiten entstanden oftmals im Rechtsmittelverfahren. Geistlich unterstand der Bischof seinem Metropoliten, also einem Erzbischof. Weltlich hatte der Bischof vom Kaiser die Belehnung erhalten und damit auch die Gerichtsgewalt als Regal empfangen, also als vom Reich abgeleitetes Hoheitsrecht erlangt. In weltlichen Sachen unterstand er dem Reich, in geistlichen der Kurie. Die Scheidung geistlicher und weltlicher Gewalt, wie sie im Wormser Konkordat von 1122 vorgesehen war, zeigte sich an solchen Weichenstellungen noch Jahrhunderte später in ganz ähnlicher Weise. Wenn nun vor einem bischöflichen Offizialat weltliche Zivilprozesse stattfanden, ging die Appellation teilweise an die Reichsgerichte, oft aber auch an das Offizialat des Erzbischofs. Besonders konflikt-trächtig war die Lage im kurkölnischen Länderverbund. Die Kölner Kurfürsten, die in Personalunion über lange Zeit auch Suffraganbistümer sowie kleinere geistliche und weltliche Territorien beherrschten, versuchten, über die geistliche Gerichtsgewalt ihre gemeinsam regierten Gebiete zu einem engeren Verbund zusammenzuführen. Kaum zufällig klagte der Kölner Kurfürst am Reichshofrat gegen den Bischof von Münster, nachdem dieser 1571 ein weltliches Hofgericht gegründet hatte. Der Prozess wurde nie entschieden, dennoch gestand Kurköln dem Stift Münster lediglich das *exercitium iurisdictionis*, nicht aber die *iurisdictio* zu. Nur die Ausübung der Gerichtsbarkeit, nicht jedoch das Herrschaftsrecht selbst, sollte das Stift Münster besitzen. Das Reichskammergericht zog sich 1603 auf einen schwammigen Kompromiss zurück. Appellationen gegen weltliche Zivilurteile des Münsteraner Offizialats konnten entweder direkt an die Reichsgerichte oder aber an das kurkölnische Offizialat gehen. Prinzipiell schloss sich beides gegenseitig aus, doch die Praxis konnte mit derartigen Unvereinbarkeiten über lange Zeitspannen leben.

Die Konfliktlinien verliefen uneinheitlich. Einerseits waren mehrere geistliche Landesherren bestrebt, ihre geistliche Gerichtsbarkeit in weltliche Gefilde auszudehnen. Andererseits sperrten sie sich vehement gegen Übergriffe des Nuntius oder der Rota Romana in ihre Territorien. Als im 18. Jahrhundert in München eine weitere Nuntiatur gegründet wurde, verlangten die vier deutschen Erzbischöfe aus Köln, Mainz, Trier und Salzburg mit der sog. Emser Punktation 1786, die Gerichtsbarkeit der Apostolischen Nuntien ganz zu beenden. Doch der Kaiser versagte ihnen die Unterstützung. Er befürchtete nämlich, dass die geistlichen Kurfürsten sonst noch mächtiger werden könnten. Fragen der Gerichtsverfassung waren bis zum Ende des Alten Reiches also hochpolitisch und jederzeit spannungsvoll aufgeladen.

3.4.3 Protestantische Territorien

In den protestantischen Territorien unterschied sich die Gerichtsverfassung deutlich von der Situation in katholischen Gebieten. Die katholische Offizialatsgerichtsbarkeit war schnell beseitigt. Der Passauer Vertrag von 1552 und der Augsburger Religionsfrieden von 1555 enthielten den reichsrechtlichen Kompromiss, wonach die hergebrachte geistliche Gerichtsbarkeit suspendiert worden sei. Protestantische Juristen betonten später, durch den Religionsfrieden, in diesem Punkt bestätigt durch den Westfälischen Frieden von 1648, hätten die protestantischen Landesherren die geistliche Gerichtsgewalt zurückerhalten. Dasjenige, was zuvor zur Zuständigkeit der römischen Kirche gehört habe, sei nunmehr in der Person des Landesherrn wieder vereint. Das bezog sich nicht auf geistlich-theologische Fragen im engeren Sinne. Aber nach der verbreiteten Lehre von den beiden Reichen bzw. den beiden Regimenten sprach nichts dagegen, dass der protestantische Landesherr zugleich Oberhaupt der sichtbaren Kirche wurde. Es entstanden die dem Namen nach heute noch bekannten Landeskirchen. Die Fortgeltung des kanonischen Rechts war nach einer kurzen Phase der Unsicherheit schnell geklärt. Subsidiär blieb es als autoritative Quelle auch in evangelischen Territorien in Kraft.

Konsistorialgerichtsbarkeit
An die Stelle der Offizialate traten in fast allen evangelischen Territorien Konsistorien. Ehescheidungen bzw. die nicht so weitgehende Trennung von Tisch und Bett waren nun rechtlich durchsetzbar und spielten daher vor den Konsistorien eine bedeutende Rolle. Die Konsistorien übten zugleich die Disziplinargewalt über Pastore aus, beschäftigten sich aber auch mit Fragen der Sittenzucht. Häufig handelte es sich um Kollegialgerichte, besetzt sowohl mit Juristen als auch mit Theologen. Mehrfach waren die Richter der weltlichen Hofgerichte zugleich Mitglieder des Konsistoriums. In einigen Territorien, etwa in der Grafschaft Lippe, nahm sogar der Landesherr persönlich an den Sitzungen des Konsistoriums teil.

Instanzenzüge
Mehrstufige Instanzenzüge in der Konsistorialgerichtsbarkeit waren selten. Nur wenige Territorien besaßen spezielle evangelisch-kirchliche Rechtsmittelgerichte. Erst im 19. Jahrhundert entstanden in einigen deutschen Bundesstaaten Oberkonsistorien. Die Appellation gegen Konsistorialentscheidungen ging vielfach an weltliche Gerichte, etwa in Lübeck an den Rat, in Mecklenburg an das Hof- und Landgericht und im schwedisch beherrschten evangelischen Bistum Bremen-Verden zeitweilig an das Wismarer Tribunal. In keinem Fall jedoch gab es reguläre Instanzenzüge, die

aus den Territorien hinausführten. In katholischen Gebieten standen die Offizialatsgerichte der Erzbischöfe als zweite Instanz offen, in weltlichen Offizialatssachen gab es
auch Appellationen an die Reichsgerichte. Dies war im evangelischen Bereich anders.
Sowohl lutherische als auch reformierte Landesherren gingen gegen solche Appellationen in Konsistorialsachen energisch vor. Als Summepiskopus ihrer Landeskirchen
beanspruchten sie eine autonome, nicht abgeleitete Gerichtsgewalt in Kirchensachen.
Hier waren die protestantischen Territorien nach eigener Rechtsauffassung souverän
und in keiner Weise der Reichsgewalt unterworfen. Appellationen in evangelisch-
kirchlichen Angelegenheiten an die Reichsgerichte verursachten deswegen vor allem
im 18. Jahrhundert großes Aufsehen und zogen oft langwierige Beschwerden des
Corpus Evangelicorum auf dem Regensburger Reichstag nach sich.

Prozessmaximen
Das Verfahren der Konsistorien beruhte teilweise auf den protestantischen Kirchenordnungen, die etwa in Norddeutschland seit den 1530er Jahren in großer Zahl ergingen,
zum großen Teil verfasst vom Reformator Johannes Bugenhagen. Subsidiär galten
weiterhin die Maximen des römisch-kanonischen Prozesses. Ob die Mündlichkeit
in evangelischen Konsistorialprozessen, vielleicht sogar ganz allgemein im üblichen
sächsischen Zivilprozess, wegen der Bedeutung des Wortes im Protestantismus eine
größere Rolle spielte als anderswo, steht noch als offene Forschungsfrage im Raum.
Möglicherweise haben die Konsistorien, eventuell auch die katholischen Offizialate,
besonders häufig summarische Verfahren geführt und die Förmlichkeiten des Schrift-
satzwechsels sowie der Beweisaufnahme zugunsten flexibler Lösungen im Familien- und
Eherecht zurückgestellt. Mit der Einführung der obligatorischen Zivilehe verloren die
deutschen Konsistorien 1875 einen wesentlichen Teil ihrer bisherigen Zuständigkeit.

3.5   Besondere Formen der Gerichtsbarkeit

Die mittelalterliche und frühneuzeitliche Gerichtsbarkeit war nicht nur längsgespalten
in weltliche und geistliche Justiz. Auch die landesherrliche Gerichtsgewalt betraf längst
nicht alle Lebensbereiche und auch nicht sämtliche Untertanen. In den Städten übten
die Zünfte eine eigene Gerichtsbarkeit über ihre Mitglieder aus. Die Universitäten
besaßen eigene Universitätsgerichte, die frühneuzeitlichen Armeen Militärgerichte.
Diese besonderen Formen der Gerichtsbarkeit ergriffen häufig nicht nur die jeweils
unmittelbaren Angehörigen einer Institution, sondern auch ihre Familienmitglieder.
In sachlicher Hinsicht urteilten solche Gerichte nicht nur über eigene Angelegenheiten,

sondern umfassend über alle Rechtsstreitigkeiten ihrer Unterworfenen. Reibereien mit den allgemeinen städtischen oder territorialen Gerichten blieben nicht aus. Zwei besondere Formen der Gerichtsbarkeit stehen hier stellvertretend für viele. Sowohl die Patrimonialgerichtsbarkeit als auch die bäuerliche Niedergerichtsbarkeit prägten das Leben großer Teile der Bevölkerung. Die meisten Menschen in der frühen Neuzeit lebten weiterhin auf Dörfern, und hier war der Weg zu den landesherrlichen Gerichten oft weit bzw. unnötig.

3.5.1 Patrimonialgerichtsbarkeit

Die frühneuzeitliche Gerichtsgewalt ruhte auf mehreren Grundlagen, aus denen sie sich herleiten und rechtfertigen ließ. Die Reichsgerichtsbarkeit knüpfte an die traditionelle Rolle des Königs als oberster Richter an. Die Gerichtsbarkeit in den Territorien war Ausfluss der landesherrlichen *iurisdictio*. Diese Gerichtsgewalt hatte der Fürst als Lehen vom römisch-deutschen König bzw. Kaiser empfangen. Die Patrimonialgerichtsbarkeit dagegen verknüpfte die richterliche Gewalt mit dem Besitz bestimmter Ländereien. Zumeist handelte es sich um größere landwirtschaftliche Güter, um ein Herrenhaus mit zugehörigen kleineren Gehöften oder Dörfern. Die erbuntertänigen Bauern unterstanden hierbei der Patrimonialgerichtsgewalt des Gutsherrn. Die Entstehung solcher Gerichtssprengel weist weit ins Mittelalter zurück. Adlige Gutsbesitzer waren in zahlreichen Landstrichen wie selbstverständlich Gerichtsherren über ihre Leibeigenen, Eigenbehörigen und niederen Bauern. Die Bezeichnung für diese Gutsunterworfenen mit minderem Rechtsstatus schwankte von Region zu Region. Erst mit dem Erstarken der Territorien konnte es eine klare Unterscheidung zwischen staatlichen und nichtstaatlichen Gerichten überhaupt geben.

Die Constitutio Criminalis Carolina von 1532 (vgl. Kap. 3.6.1) enthielt in ihrer Gerichtsverfassung (Art. 2 CCC) bereits eine Vorschrift „von den, so die gericht jrer güter halb besitzen". Sie brauchten in Strafsachen die Gerichtssitzungen nicht persönlich zu leiten. Wenn sie sich aber vertreten ließen, sollten sie dazu eine tugendhafte Person bestellen. In jedem Fall musste dies „mit wissen vnnd zulassen" des Oberrichters geschehen. Der Patrimonialherr unterstand nach diesem Konzept der Aufsicht eines übergeordneten Gerichtsherrn. Strafgewalt kam ihm durchaus zu, auch wenn er die Verhandlungsleitung oftmals abgab. Die wesentliche rechtshistorische Frage zur Patrimonialgerichtsbarkeit lautet, ob man es hier mit einer privaten oder mit einer öffentlichen Gerichtsgewalt zu tun hat.

Patrimonialgerichtsbarkeit in Preußen

Das preußische Allgemeine Landrecht von 1794 kannte weiterhin die überkommene Patrimonialjustiz. Es bemühte sich um eine differenzierte Antwort auf die Frage, ob man es mit privat-grundherrschaftlicher oder mit öffentlicher Gerichtsbarkeit zu tun hatte.

Patrimonialgerichtsbarkeit im Allgemeinen Landrecht (1794)

§ 18. Die allgemeine und höchste Gerichtsbarkeit im Staate gebührt dem Oberhaupte desselben, und ist, als ein Hoheitsrecht, unveräußerlich.

§ 19. Die Ausübung der Gerichtsbarkeit über bestimmte Districte, Sachen, Personen, oder Handlungen, kann auch Andern übertragen werden.

§ 21. Auch kann dieselbe mit dem Besitze gewisser Grundstücke verbunden seyn.

§ 22. Kein Privatberechtigter kann sich, bey Ausübung seiner Gerichtsbarkeit, der Oberaufsicht des Staats entziehen.

§ 23. Wo das Recht der Gerichtsbarkeit mit dem Besitze einer gewissen Art von Gütern überhaupt verbunden, oder gewissen Gütern besonders beygelegt ist, heißt dasselbe die Patrimonialgerichtsbarkeit.

§ 30. Wer nur mit der Gerichtsbarkeit überhaupt beliehen ist, der hat in der Regel nur die Civilgerichtsbarkeit.

§ 31. Wer aber mit den Ober- und Nieder-, oder mit allen Gerichten beliehen worden, der hat auch die Criminalgerichtsbarkeit, und die damit verbundenen Rechte.

§ 32. Personen von Adel, Beamte des Staats, und Geistliche, sind der Privatgerichtsbarkeit in der Regel nicht unterworfen.

§ 76. Wer seine Gerichtsbarkeit nicht selbst verwalten kann oder will, muß einen vom Staate zu dergleichen richterlichem Amte geprüften und tüchtig befundenen Gerichtshalter bestellen.

§ 79. Jeder Privat-Gerichtsherr ist schuldig, dem Obergerichte der Provinz denjenigen, welchen er zum Gerichtshalter gewählt hat, anzuzeigen, und entweder die Tüchtigkeit desselben nach § 76. nachzuweisen, oder ihn zu der erforderlichen Prüfung zu stellen.

Vorlage: Auszüge aus ALR II 17 §§ 18–79, bei *Hans Hattenhauer* (Hrsg.), Allgemeines Landrecht für die Preußischen Staaten von 1794, 3. Aufl. Neuwied, Kriftel, Berlin 1996, S. 626–628.

Quellenkunde: Das Allgemeine Landrecht

Zunächst sind einige Worte zur Quelle angebracht. Das Allgemeine Landrecht für die Preußischen Staaten von 1794 ist mit über 19.000 Paragraphen die umfangreichste Kodifikation in der deutschen Rechtsgeschichte. Bürgerliches Recht, Strafrecht, Handelsrecht, Gerichtsverfassung, Lehensrecht, Gesinderecht, Beamtenrecht, Kirchenrecht, Staatsrecht – die inhaltliche Bandbreite ist weit gestreut. Der Anspruch einer

Kodifikation, das gesamte Recht umfassend und abschließend (exklusiv) zu umfassen, zeigte sich selten in dieser Deutlichkeit. Das bis dahin subsidiär geltende gemeine Recht mit seiner Mischung aus römisch-kanonischen Rechtssätzen und einheimischen Überlagerungen sollte förmlich abgeschafft und durch das neue Landrecht ersetzt werden. Zugleich betonte das ALR die Gewaltenteilung und hier vor allem die wegweisende Aufgabe des Gesetzgebers. Der grundsätzlich unabhängige Richter (vgl. Kap. 3.3.4) sollte Gesetze nur nach ihrem Wortlaut oder nach unzweifelhaften anderen Kriterien auslegen dürfen. Fand er „den eigentlichen Sinn des Gesetzes zweifelhaft, so muß er, ohne die prozeßführenden Parteyen zu benennen, seine Zweifel der Gesetzcommißion anzeigen, und auf deren Beurtheilung antragen" (§ 46 Einleitung ALR). Derartige Auslegungsverbote hatte es bereits im justinianischen Corpus Iuris Civilis, aber auch in Frankreich in der Ordonnance von 1667 gegeben. Sie belegen staatliches Misstrauen gegen den Richter. Man fürchtete, er werde den Sinn gesetzgeberischer Entscheidungen verdrehen, und band ihn deshalb an eine Behörde, die das Recht besaß, eine authentische, also hoheitlich-verbindliche Interpretation des staatlichen Rechts vorzunehmen.

Die Würdigung des Allgemeinen Landrechts fällt zwiespältig aus. Friedrich Carl von Savigny witzelte 1816, die Kodifikation sei nach „Form und Inhalt eine Sudeley". Geradezu kurios wirken Vorschriften wie folgende aus dem Familienrecht: „Eine gesunde Mutter ist ihr Kind selbst zu säugen verpflichtet. Wie lange sie aber dem Kinde die Brust reichen solle, hängt von der Bestimmung des Vaters ab." (ALR II 2 §§ 67–68). Freilich war der Vater gehalten, sich im Streit um die Stillpflicht dem „Gutachten der Sachverständigen" zu unterwerfen. Hier zeigte der aufgeklärt-absolutistische Wohlfahrtsstaat seinen umfassenden, vernunftrechtlich gegründeten Ausgriff auf das gesamte Leben der Untertanen. Noch nach der Französischen Revolution wurde in Preußen das überkommene politsch-rechtliche Modell festgezurrt und kodifiziert. Daher stammt auch der altertümelnde Name Landrecht. Den zunächst geplanten Titel Gesetzbuch hatte König Friedrich Wilhelm II. persönlich verhindert. Savigny selbst hielt als Professor durchaus Vorlesungen über das Allgemeine Landrecht und relativierte damit in der Praxis zugleich seine wissenschaftliche Kritik.

Die Regelungen des ALR zur Patrimonialgerichtsbarkeit

Die Vorschriften über die Patrimonialgerichte bestätigen die Zwitterstellung des preußischen Rechts zwischen Bewahrung vormodernen Herkommens und staatlicher Modernisierung. Subtil unterschied man im gemeinrechtlichen Sinne zwischen der Gerichtsgewalt und der bloßen Ausübung der Gerichtsbarkeit. Deswegen befanden sich die Patrimonialgerichte in einer Grauzone. Einerseits galten sie als private Gerichte, unterstanden aber zugleich der staatlichen Aufsicht. Der Patrimonialherr durfte einen Richter einsetzen, doch das Provinzialgericht musste seine Qualifikation bestätigen. Wie die Regelungen klarstellten, hing der Umfang der patrimonialen Gerichtsgewalt vom Herkommen ab. Die Zivilgerichtsbarkeit über die Gutsuntertanen erfasste üblicherweise keine Adligen, Geistlichen und Staatsbeamten. Ebenso war die Strafgerichtsbarkeit nur ausnahmsweise den Patrimonialherren anvertraut. Hier gab es in den deutschen Territorien ganz verschiedene Gewohnheiten. Im Paderborner Land etwa übten mehrere Patrimonialgerichte sogar die Halsgerichtsbarkeit aus. Im 17. Jahrhundert fanden vor mehreren Patrimonialgerichten auch Hexenprozesse statt. Rechtsmittel und Gnadengesuche gingen in jedem Fall an territoriale Gerichte oder unmittelbar an den Landesherrn. Den Umfang dieser dörflichen Gerichtsgewalt darf man nicht unterschätzen. Quantifizierungen sind schwierig. In Sachsen erfassten die 1300 Rittergüter im 18. Jahrhundert 44 % des Territoriums. Deutlich mehr als 20 % von ihnen übten sogar Obergerichtsbarkeit aus, die übrigen zum großen Teil die niedere Zivilgerichtsbarkeit. In Bayern und Württemberg dagegen besaßen grundherrliche Gerichte nie eine derartige Bedeutung. Die jeweilige Agrarverfassung entfaltete hier ihre Wirkungen in der Organisation der niederen Gerichtsbarkeit.

Ende der Patrimonialgerichtsbarkeit
In der Franzosenzeit wurden die Patrimonialgerichte in den besetzten Gebieten aufgehoben. In Preußen allerdings führte man sie nach 1814 selbst in den neu erworbenen Provinzen wieder ein. Erst 1849/51 schaffte das Königreich diese Form der Gutsgerichtsbarkeit ab. In Mecklenburg, Schaumburg-Lippe, Lippe und in der sächsischen Grafschaft Schönburg überdauerten die Patrimonialgerichte bis zum Inkrafttreten der Reichsjustizgesetze am 1. Oktober 1879.

3.5.2 Bäuerliche Niedergerichte

Nicht nur die Patrimonialgerichte standen bis ins 19. Jahrhundert quer zu einer flächendeckenden und hierarchisch gegliederten landesherrlichen Gerichtsverfassung. Bildeten die Patrimonialgerichte ein rechtliches Kennzeichen für besonders intensive neuzeitliche Grundherrschaft, so gab es andererseits Landstriche mit weitgehend freien Bauern, die keinem Großgrundbesitzer unterworfen waren und auch ihre Rechtsangelegenheiten großenteils autonom und unabhängig von den Interessen des Landesherrn lösen konnten. Bis über das Ende des Alten Reiches hinaus bestanden diese altertümlichen Dorfgerichte, die in mancherlei Hinsicht noch an althergebrachte Dinggenossenschaften erinnern. Hier kann die Rechtsgeschichte sich mancherlei Erkenntnisse der

Rechtsarchäologie nutzbar machen. Allein für fünf nordhessische Landkreise hat eine Langzeitstudie über 400 dörfliche Gerichtslinden, Gerichtstische oder Gerichtssteine nachgewiesen. Teilweise reichen sie bis ins 12. Jahrhundert zurück. Noch ältere Datierungen sind nach neuesten Erkenntnissen unsicher geworden. Diese Versammlungsorte sind gut nachgewiesen und etwa im Frankenberger Stadtrechtsbuch für *„itzliche stadt ader dorff"* bezeugt. In der Neuzeit bestanden viele dieser dörflichen Gerichte fort. Sie urteilten weiterhin unter freiem Himmel, sahen für Regenwetter aber Scheunen oder andere Ausweichquartiere als Notlösungen vor. Orte wie Altenritte kannten dörfliche Rügegerichte unter der Linde bis 1819.

Bauerrollen im Oldenburger Land

Besonders engmaschig überliefert sind bäuerliche Gerichte in Oldenburg. Hier besaßen sie vielfach sogar eigene Gerichts- und Prozessordnungen. Die Quellen dieser Dorfverfassungen heißen zeitgenössisch Bauerrollen. Die Bauerrolle aus Burwinkel von 1764, aus der die folgenden Bestimmungen entnommen sind, regelt etwa die niedere Kriminalgerichtsbarkeit und kennt ganz eigentümliche Formen der Bestrafung.

Bauerrolle aus Burwinkel von 1764

Bauer Rolle, welche wir sämbtlichen Haußleute der Dorfschaft Burwinckel zu eines jeden Observantz folgendergestalt unter uns aufgerichtet haben, als (…)

11. Wer eines Diebstahls beschuldiget wird, soll eine Tonne Bier zur Strafe geben. Und wann er hernechst unschuldig erkannt und befunden wird, wegen der auf ihn getrunkenen Tonne Bier salvo regressu wieder den Beschuldiger nehmen.

15. Und wer in einer Hochzeit oder Todten-Bier oder Bauerbier oder auch sonst im Wirths-Hause allhier im Dorfe sich mit jemand zanket oder schläget oder schildt oder ihn fluchet, soll mit 36 gr Strafe an uns verfallen seyn.

17. Wer nicht auf dem Bauer-Stuhl erscheinet wann gekündiget wird, gibt dafür an Brüche 12 gr. Und wer ein Gewohnheit daraus machet, soll doppelt gestraffet werden. Wer aber auf Petri fehlet, giebt 36 gr, und wer alsdann nur im Mannzahl fehlet, gibt 6 gr.

30. Wann die Geschworne nicht richtig straffen oder brüchen, sondern mit einige durch die Finger sehen und hergegen andere unschuldig notieren, so sollen sie, wann ihnen solches überführet wird, zwey Rtl Brüche geben und dazu die Kosten bezahlen.

34. Wer sich der Pfandung wiedersetzet oder nur vom Munde gibt, daß er das Pfand nicht wolle fahren laßen, denselben soll es nicht mit Gewalt oder wieder seinen Willen abgenommen werden, sondern die Bauergeschworne (als Excutoren dieser Rolle) sollen solches dem Herrn Beambten anzeigen und durch denselben die Schuldigen höchstgeneigt beytreiben laßen. Und soll ein solcher für das frivole Bezeigen à part 2

Rtl Brüche geben und solches zugleich mit eingeklaget und von ihm beygetrieben werden. Gleichergestalt soll mit allen, die sich nach dieser Rolle nicht richten wollen, verfahren werden, wannenhero wir dann den p[ro] t[empore] Herrn Beambten zum Richter hierüber erwählen und gehorsamst erbitten wollen. Allso und dergestalt, daß er allen unter uns in dergleichen Sachen entstehenden Streitigkeiten hiernach entscheiden und wir uns eintzig und allein an deßen Aussprüch und Erkäntniß genügen und beruhigen wollen. (…)

Uhrkundlich unsrer aller eigenhändigen Nahmensunterschrifft.

Geschehen Burwinckel, den 28. Februarii 1764.

Anna Meyers, Gerdt Grimme, Albert Grube, Maria Meyers, Friederich Wohlers, Helmerich Haye, Dettmer Maaß, Jürgen Grube, Arne Hulstede, Albert Büsing, Hinrich Koopmann, Clauß Stühmer, Dettmer Stühmer, Eylert Vahle, Alber Meyer, Hinrich Koopmann, Gerdt Mencke.

in fidem C. F. Eli

Vorlage: *Ekkehard Seeber* (Hrsg.), Verfassungen oldenburgischer Bauerschaften. Edition ländlicher Rechtsquellen von 1580–1814, Göttingen 2008, Nr. 44, S. 401–407.

Aus der Zeit zwischen 1580 und 1785 sind deutlich über 90 Bauerbriefe aus der Grafschaft, später Herzogtum, Oldenburg überliefert. Die Bauerrolle aus Burwinkel folgt weitgehend einer einheitlichen Vorlage und entspricht im Wesentlichen den anderen Dorfordnungen. Bereits der gemeinsame Mustertext, an dem sich zahlreiche Ortschaften orientierten, deutet auf eine gewisse landesherrliche Kontrolle einheitlicher dörflicher Rechtsverhältnisse hin. Aber die Landbevölkerung lebte doch im Alltag frei vom straffen obrigkeitlichen Zugriff. Verstöße gegen rechtlich verbindliche Normen des Zusammenlebens ahndete man hier mit Bierstrafen. Das ist ganz wörtlich zu verstehen. An bestimmten Tagen traf sich die Dorfgemeinschaft zu einer förmlich-festlichen Geselligkeit. Bei dieser Gelegenheit vertrank man die bis dahin angefallenen Bußen und Strafen. Symbolisch nahm man damit den Missetäter bzw. Schuldner wieder in die Gemeinschaft auf. Das gemeinsame Mahl bestätigte auf diese Weise seine Funktion als eines der ältesten Versöhnungsrituale der Menschheit, auch und gerade zur Beilegung rechtlicher Konflikte. Die dörfliche Gerichtsversammlung hieß Bauerstuhl. Hier bestand die altüberkommene Dingpflicht noch im 18. Jahrhundert fort. Wer schwänzte, musste Geldbußen, hier Brüche genannt, entrichten. Schwierigkeiten konnten entstehen, weil sich alle Dorfbewohner persönlich gut kannten. Deswegen versuchte eine weitere Bußdrohung parteiliche Entscheidungen zu verhindern.

Erlass der Dorfordnungen

Am Ende deuten die Unterschriften der Dorfbewohner auf die näheren Entstehungs-
umstände hin. Nicht der Landesherr oder sein Amtmann erließen solche Ordnungen, vielmehr vereinbarten die Einwohner untereinander ihre Bauerrollen. Auch
zwei Frauen waren beteiligt. Die Dorfordnungen, vermutlich auch die Gerichtsversammlungen, waren also keine rein männliche Angelegenheit. Am Ende findet sich
ein Beglaubigungsvermerk des Amtsadministrators Carl Ferdinand Eli. Er war erst
seit 1766 im Amt, muss die Bauerrolle also mit mehrjährigem Abstand unterschrieben
haben. Gerade die Quellen aus dem 18. Jahrhundert enthalten solche obrigkeitlichen
Approbationen besonders häufig. Hier zeigt sich der schleichende Übergang von
autonomer Gerichtsbarkeit und Rechtsbildung hin zu landesherrlicher Regulierung.
Es passt ins Bild, wenn die Landesherrschaft den Anwendungsbereich der Bierstrafen
immer weiter einschränkte. Sie durften in zahlreichen Fällen nicht mehr vertrunken
werden. Stattdessen musste die Dorfbevölkerung sie für die Armenfürsorge einsetzen.

Eine weitere Begrenzung der dörflichen Gerichtsgewalt erkennt man im Vollstre-
ckungswesen. Grundsätzlich konnten Bauergeschworene von ihren Dorfgenossen die
fälligen Bußen oder Strafen eintreiben. Hierbei waren sie jedoch auf ein freiwilliges
Zusammenwirken mit dem Schuldner angewiesen. Weigerte er sich zu zahlen, durften
die Exekutoren keine gewaltsamen Pfändungen vornehmen. In diesem Fall sollten sie
den obrigkeitlichen Beamten anrufen, denn nur er konnte Recht mit Zwang durchsetzen. Ebenso war dieser Amtsträger zugleich Richter für Streitigkeiten zwischen den
Dorfbewohnern um die Gültigkeit der Bauerrolle.

Das Ende der Dorfgerichtsbarkeit

Gerade an den zuletzt genannten Regelungen erkennt man deutlich den Übergang
zu einer hoheitlichen Straffung der Justiz. Das Monopol für die Anwendung von
Rechtszwang lag schon beim Landesfürsten. Die dörfliche Niedergerichtsbarkeit
bewahrte zwar ihre hergebrachte dinggenossenschaftliche Form, blieb aber genau
deswegen auf den Konsens der Beteiligten angewiesen. Ein von der gesamten Bevölkerung vereinbartes und gehegtes Dorfgericht vertrug sich nicht mit Rechtszwang.
Beides gehörte unterschiedlichen Sphären an und war in den Zuständigkeiten deutlich getrennt. Die Zukunft lag auf Seiten der straffen landesherrlichen Justiz. 1814
erfolgte in Oldenburg eine Reform. Nun gab es einen Bauernvogt unter der Aufsicht
des Amtmanns. Die Landleute sollten ihre Bauernversammlungen fortan nicht mehr
eigenmächtig abhalten, sondern die Zusammenkünfte durften nur noch auf Verfügung und im Beisein des Amtmanns stattfinden. Die autonome dörfliche Gerichtsbarkeit war damit abgeschafft.

3.6 Der frühneuzeitliche Strafprozess

Die obersten Gerichte im frühneuzeitlichen Alten Reich waren im Wesentlichen Zivilgerichte, besaßen in moderner Sichtweise aber auch öffentlich-rechtliche Kompetenzen. Strafsachen behandelten sie zumeist nicht. Das hatte einen einfachen Grund. Rechtsmittel waren im gemeinrechtlichen Strafprozess nämlich nicht vorgesehen. Die Appellation war verboten, anders als etwa in Frankreich. Ein Reichsabschied von 1530 stellte das für die Reichsgerichte klar, und einflussreiche Rechtsgelehrte wie Benedikt Carpzov dehnten diese Gewohnheit auf die territorialen Gerichte aus. Im frühneuzeitlichen Strafprozess gab es damit nur eine Instanz.

3.6.1 Die *Constitutio Criminalis Carolina*

Der Übergang zu einem hoheitlichen Prozess auf der Grundlage des römisch-kanonischen Rechts zeigt sich im Strafverfahren ebenfalls, wenn auch in anderer Weise als in der Zivilgerichtsbarkeit. Die Maximen des frühneuzeitlichen Strafprozesses legte 1532 die Peinliche Halsgerichtsordnung Kaiser Karls V. fest.

Prozessmaximen im Strafprozess 1532
6. Annemen der angegebenn vbelthatter vonn der oberkeit vnnd Ampts wegen.
Jtem so jemanndt einer vbellthat[3] durch gemeynen leymuth[4] berüchtiget oder ander glaubwirdig anzeigung verdacht[5] vnd argwenich vnd derhalb durch die obrigkeit Ampts halben[6] angenomen wirdt[7], der soll doch mit peinlicher frag nit angegriffenn werden, Es sey dan zuvor Redlich vnnd derhalb genugsame annzeigung vnd[8] vermuttunge von wegen derselbenn missenthatt vff jnen[9] glaubwirdig gemacht.[10] Darzu soll auch ein jeder Richter, in diesen grossen sachen vor der peinlichen frage, sovil muglich nach gestalt[11] vnd gelegenheitt einer jeden sachen bescheen kan, sich erkundigen vnnd vleissigs nachfragen[12] haben, ob die missethat, darumb der angenomen beruchtiget vnd verdacht, auch beschehen sey oder nit; wie[13] hernach, in diser vnnser ordnung ferner befunden[14] wirdt.

3) *Ra* = *Speyer* vbellthat beruchtiget. 4) *Rb* durch gemeynen – argwenich. 5) *Be* verdacht oder arckwenig. 6) 1533 *A* vonn ampts; *Rl* = *Be* Ampts halben. 7) *Sprachlich* 1533 *A* würde = *Be.Ra* vnnd der missethatt jnn leugnen wer. 8) *Ra* oder = *Speyer Proj.* 9) 1534 jn, 1533 *A* = *Rl* jnen *(Acc. Sing.).* 10) *Ra* pracht vnnd bewiesenn. Wie hernach jm Sechzehenden Artickell Anfahenndt Jtem wo der cleger den arckwon vnnd verdacht bewiesen hat etc. funden wirdt, *Rb* glaubwirdig gemacht – befunden wirdt. 11) 1533 *A* vnd nach gestalt, *Rl* = *Be fehlt* vnd. 12) 1533 *A* fleissig nachfragens, *Be* fleissig nachfragen. 13) 1533 *A* vie, 1533 *B*, 1534 wie. 14) 1533 *A* erfunden = *Be*.

11. Vonn annemen eines angegebenn vbeltaters, So der clager Rechts[4] begert.

*Jtem[5] So der klager die oberkeit oder Richter anrufft, ymanndt zu strenngem pein-
lichem Rechtenn zu gefenngknuss zu legen, so soll derselbig ancleger[6] die vbelthat
vnd derselben[7] Redlichen Argkwon vnnd verdacht, die peinlich straff vff jnen tragen,
zuforderst annsagen, vnangesehen[8] ob der anclager den angeclagten vff sein that[9]
gefencklich eintzulegen oder sich zu dem[10] beclagten zu setzen begeren vnd erpieten
wurde; Vnnd so er[11] das thut, soll der beclagt[12] jnn gefenngknuss gelegt vnnd des
clegers angeben eigenntlich vffgeschriben werdenn; Vnnd ist dabey sonnderlich zu
vermercken[13], das die gefenngknuss zu behalltung vnnd nit zu schwerer geferiger[14]
peynigung der gefangen sollen gemacht vnnd zugericht[15] sein; Vnnd wann auch der
gefanngenen Meher dan einer ist, soll man sy, sovil gefengklicher behalltnuss halb
sein mag, vonn einander theillen, damit sy sich vnwarhafftiger sage mit einander nit
Vereynigen vnnd[16], wie sy jr that beschönen wollen, vnnderreden mögen.*

4) *Sprachl.* 1533 *A* recht = Be.3. 5) *Rb* Jtem. 6) *Ra* offennpare vrsachenn oder aber. 7) *Rb* die vbelthat
vnd derselben, *Ra* redlichen argwon vnd. 8) *Rb* vnangesehen ob – erpieten wurde. 9) 1533 *A* auff
sein recht = *Be.* 10) 1533 *A* bei dem = *Be.* 11) 1533 *A* der anklåger = *Be.* 12) 1533 *A* der angeklagt,
Be der angeklagter. 13) 1533 *A* zů mercken = *Be. Vgl. Excurs.* 14) 1533 *A* geuerlicher = *Be.* 15) 1533
A = *Be* zügericht *RI* gericht. 16) 1533 *A* oder = *Be.*

6. Verhaftung der verdächtigen Straftäter durch die Obrigkeit und von Amts wegen
Ferner gilt: Wenn jemand durch allgemeines Gerücht im Verdacht steht, eine Straftat begangen zu haben, oder wenn er aufgrund anderer glaubwürdiger Anzeige
verdächtig ist und deshalb von der Obrigkeit von Amts wegen verhaftet wird, darf
er nicht gefoltert werden, es sei denn, dass redlicher und insoweit hinreichender
Tatverdacht und Vermutung wegen derselben Straftat gegen ihn glaubhaft gemacht
wurden. Darum muss jeder Richter sich in solchen wichtigen Sachen vor der Folterung soweit nach den Umständen der Sache möglich erkundigen und nachfragen,
ob die Straftat, derer der Verhaftete beleumdet und verdächtig ist, auch geschen ist
oder nicht, wie es unten in dieser Ordnung geregelt ist.

*11. Von der Verhaftung eines verdächtigen Straftäters, wenn der Kläger ein
Gerichtsurteil beantragt*
Ferner gilt: Wenn der Kläger die Obrigkeit oder den Richter anruft, um jemanden
zum strengen Strafprozesses zu inhaftieren, dann muss der Kläger die Straftat und
die hinreichenden Argwohns- und Verdachtsgründe, die eine Bestrafung zur Folge
haben, zunächst benennen. Das gilt selbst dann, wenn der Kläger beantragen sollte,
den Angeklagten auf seine Gefahr zu verhaften oder sich zusammen mit ihm inhaftieren zu lassen. Wenn der Klager dies macht, soll der Angeklagte ins Gefängnis
gelegt und die Angaben des Klägers aufgeschrieben werden. Dabei ist besonders

zu beachten, dass die Gefängnisse zur Aufbewahrung und nicht zu schwerer gefährlicher Misshandlung der Gefangenen ausgerichtet werden müssen. Und wenn es
mehr als einen Gefangenen gibt, soll man sie je nachdem, wieviele Zellen vorhanden
sind, voneinander trennen, damit sie sich nicht über unwahre Aussagen absprechen
oder verabreden, wie sie ihre Tat beschönigen wollen.

Vorlage: Art. 6 und 11 CCC, in: *Josef Kohler/Willy Scheel* (Hrsg.), Die Peinliche Gerichtsordnung
Kaiser Karls V. Constitutio Criminalis Carolina (Die Carolina und ihre Vorgängerinnen. Text,
Erläuterung, Geschichte 1), Halle 1900, S. 10, 12 (dort auch die abweichenden Lesarten); leicht
greifbar ist daneben die Reclam-Ausgabe von *Friedrich-Christian Schroeder* (Hrsg.), Die Peinliche
Gerichtsordnung Kaiser Karls V. (Carolina), Stuttgart 2000, S. 26–27.

Quellenkunde: Die Carolina

Die beiden Artikel stammen aus der Constitutio Criminalis Carolina von 1532, einer
Mischung von Strafprozessordnung und Strafgesetzbuch. Es handelt sich um eines
der wichtigsten Gesetze des Alten Reiches überhaupt und um die zentrale normative
Quelle für das Strafprozessrecht bis weit in die Aufklärungszeit hinein. Die Peinliche Halsgerichtsordnung Kaiser Karls V., so ihr deutscher Name, lehnte sich eng
an die Halsgerichtsordnung des Fürstbistums Bamberg von 1507 an, die Constitutio
Criminalis Bambergensis. Sie gilt weithin als Werk des Bambergischen Hofrichters
Johann Freiherr von Schwarzenberg. Doch verfasste Schwarzenberg sein Gesetzeswerk nicht allein. Er lehnte sich nämlich oft an Vorbilder aus dem gelehrten Recht
an, beherrschte aber die lateinische Sprache nicht. Also müssen Hilfsarbeiter mit
ihm zusammen die spätmittelalterliche italienische kriminalwissenschaftliche Literatur erschlossen haben.

Die Carolina von 1532 übernahm die wesentlichen Ideen der Bambergensis und
folgte auch sprachlich eng ihrem Vorbild. Es handelte sich freilich nicht um eine
Kodifikation. Sowohl im materiellen Strafrecht als auch im Prozessrecht blieb bei
beiden Halsgerichtsordnungen der Rückgriff auf die Grundsätze des römisch-
kanonischen Rechts, aber auch auf ehrsame Rechtsgewohnheiten jederzeit ausdrücklich erlaubt (Art. 105 CCC). Die Carolina trat mit einer sog. salvatorischen Klausel
in Kraft. Wie es der gemeinrechtlichen Rechtsquellenhierarchie entsprach, konnte
sie durch abweichendes Partikularrecht verdrängt werden. In der Praxis setzte sie
sich aber weithin durch, und zwar auch über die Grenzen des Reiches hinaus. In
Frankreich galt die Halsgerichtsordnung noch im 18. Jahrhundert als Militärstraf-
gesetzbuch für schweizerische Söldner, und in Polen gab es ab 1559 eine polnische
Übersetzung. Im Königreich Hannover trug man sie symbolisch zu Grabe, als 1840
ein neues Kriminalgesetzbuch in Kraft trat.

3.6.2 Inquisitionsprozess

Die Carolina regelte zwei verschiedene Arten des Strafprozesses, den Akkusations- und den Inquisitionsprozess. Der Akkusationsprozess (Art. 11 CCC) war ein peinliches Strafverfahren auf eine private Klage hin. Der Inquisitionsprozess dagegen lief getreu dem kanonistischen Vorbild als Amtsermittlungsverfahren nach der Offizialmaxime ab. Er wurde also von Amts wegen eingeleitet (Art. 6 CCC). Beherrschende Figur des Verfahrens im Inquisitionsprozess war der Richter. Er hatte das Vorverfahren zu führen, war zugleich für die Verteidigung des Beschuldigten zuständig (Art. 47 CCC) und fällte schließlich auch das Urteil. Die Carolina ging noch von einer Unterscheidung von Richtern und Urteilern aus, doch setzte sich der selbsturteilende Richter auch im Strafverfahren im 16. Jahrhundert weithin durch. Die Strafverfolgung war damit eine hoheitliche Aufgabe. Das zeigt sich bereits an der Verfahrenseröffnung. Lag ein Anfangsverdacht vor (glaubwürdige Anzeigung), hatte der Richter den Beschuldigten festzunehmen. Die spätere Doktrin forderte ein zweigeteiltes Strafverfahren, geschieden in eine General- und eine Spezialinquisition. In der Carolina war das im Kern schon angelegt. Zunächst musste der Richter klären, ob das angenommene Verbrechen überhaupt geschehen war (*corpus delicti*). Erst danach konnte es darum gehen, dem Beschuldigten die Tat nachzuweisen.

Die Funktion der Folter
Nach gelehrtrechtlichem Vorbild war Dreh- und Angelpunkt der Spezialinquisition die Folter. Zwei sog. gute Zeugen, die nach zeitgenössischer Ansicht volle Beweiskraft genießen sollten, hatten die Tat selten beobachtet, und so diente das Geständnis als Königin der Beweise (*confessio est regina probationum*). Die Voraussetzungen, unter denen der Richter die Folter verhängen durfte, waren in allgemeine und spezielle Indizien getrennt. Deswegen waren in der Halsgerichtsordnung zusätzlich zu den Straftatbeständen für zahlreiche Delikte einzelne Vorschriften enthalten, die nähere Aussagen über die Anwendung der Folter trafen. Die Gefahr, dass ein Verdächtiger unter der Folter ein falsches Geständnis ablegte, um den Schmerzen zu entgehen, hatte die Carolina dabei klar gesehen. Deswegen hing die Anwendung der Folter von einem hinreichenden Tatverdacht (genugsame Anzeigung) ab.

Die genugsame Anzeigung war in einer fein austarierten Indizienlehre enthalten. Ihre Hürden lagen so hoch, dass Zeitgenossen der Carolina vorwarfen, sie schaffe ein „Asyl der Verbrecherwelt", weil es so schwer möglich war, einen Verdächtigen überhaupt zu verurteilen. Zahlreiche peinliche Gerichte waren zu dieser Zeit noch nicht mit studierten Richtern besetzt. Die Carolina sah deshalb für alle Zweifelsfälle die

Anfrage beim Rat der Rechtsverständigen vor. In der Praxis führte das zu vielfachen Aktenversendungen im Strafverfahren (vgl. Kap. 3.3.5).

Über den Wortlaut der Halsgerichtsordnung hinaus setzte es sich in der Praxis ohnehin durch, nahezu alle wichtigen Weichenstellungen des Strafprozesses durch Anfragen an Universitäten abzusichern. Dies betraf insbesondere die Voraussetzungen der Folter. Hier herrschte wie im zeitgenössischen Zivilprozess das Schriftlichkeitsprinzip vor, denn die universitären Spruchkollegien erhielten lediglich die Prozessakte, bekamen die Prozessbeteiligten oder gar Zeugen aber nie zu Gesicht. Wenn die gütliche Befragung des Beschuldigten kein Geständnis erbracht hatte, die Indizien aber nicht entkräftet waren, schritt man zur peinlichen Befragung. Der Beschuldigte seinerseits war verpflichtet auszusagen und galt als Objekt des Verfahrens. Deswegen hieß er Inquisit, also wörtlich: derjenige, gegen den sich das Inquisitionsverfahren richtete.

Die Durchführung der Folter

Die Durchführung der Folter war in der Carolina dem Ermessen des Richters überlassen. Hier lag ein Einfallstor für Willkür. Allerdings erkannten die Gerichte weithin den gemeinrechtlichen Grundsatz an, wonach derjenige, der die Folter überstanden hatte, ohne zu gestehen, sich dadurch zugleich von den gegen ihn vorliegenden Indizien gereinigt hatte. Das unter der Folter abgelegte Geständnis durfte man im Übrigen nicht verwerten. Mit einem gewissen zeitlichen Abstand und ohne akute Schmerzen musste der Inquisit es wiederholen und damit bestätigen. Erst dann erkannte die Carolina es als Beweismittel an. Der Widerruf eines Geständnisses konnte freilich als Indiz für eine nochmalige Folterung dienen.

In späterer Zeit versuchte die österreichische Constitutio Criminalis Theresiana von 1768/69, nicht nur die Voraussetzungen der Folter, sondern auch die Art und Weise ihrer Anwendung engmaschig zu normieren. Diese völlig verrechtlichte Folter scheiterte jedoch nach wenigen Jahren in der Praxis. Das erhoffte Drohpotential konnte die peinliche Frage offenbar nur erreichen, wenn der Inquisit nicht im Voraus wusste, was ihm bevorstand. Einige Territorien behalfen sich im 18. Jahrhundert mit Notlösungen. In Hessen-Darmstadt durften Folterungen ab 1726 maximal eine Stunde dauern. Dafür war eine Sanduhr aufzustellen, aber verdeckt, damit der Inquisit sie nicht sehen konnte. Allerdings wurde die peinliche Gerichtsordnung öffentlich publiziert und war als solche nicht geheim. Ein derartiger Spagat zwischen Begrenzung obrigkeitlicher Willkür und Beibehaltung der Folter konnte nicht gelingen. Dennoch bedeutete es einen Paukenschlag, als Friedrich der Große wenige Tage nach seiner Thronbesteigung 1740 die Folter im Königreich Preußen bis auf wenige Ausnahmefälle abschaffte, freilich mit der bezeichnenden Maßgabe, dies nicht öffentlich bekanntzugeben.

Verdachts- und Ungehorsamsstrafen
Im Strafprozess ergab sich nun ein Beweisproblem. Wenn man an der gesetzlichen Beweistheorie festhielt und dem Richter keine freie Beweiswürdigung zugestand, brach mit dem erfolterten Geständnis das wichtigste Wahrheitserzwingungsmittel weg. Hier behalf sich die Praxis mit Auswegen, und die Strafprozessrechtslehre versuchte, diese Umgehungen im gelehrten Stil zu begründen. Zum einen waren Verdachtsstrafen anerkannt, die das Gericht auch ohne vollen Beweis verhängen konnte. Zum anderen bestand die Aussagepflicht des Inquisiten unverändert fort. Er war gehalten, sich zur Sache zu äußern. Weigerte er sich, mit dem Gerichtspersonal zu kooperieren, galt dies als Ungehorsam und konnte gestraft werden – mit Prügeln. Die sog. Prügelfolter, die besonders in Preußen berüchtigt wurde, war sogar gesetzlich normiert, galt aber nicht als Folter, sondern als Disziplinarstrafe. Das blieb bis weit ins 19. Jahrhundert so. Erst 1846 wurde in Preußen jede Form körperlicher Gewalt gegenüber dem Beschuldigten verboten. Im selben Gesetz von 1846 führte man offiziell die freie richterliche Beweiswürdigung ein. Doch hier war die Praxis möglicherweise bereits vorangeschritten. Unter dem Deckmantel der gesetzlichen Beweistheorie mit ihren angeblichen Voll-, Halb- und Viertelbeweisen herrschte viel Flexibilität, die das auf dem Papier starre Beweisrecht für die Juristen leichter handhabbar machte.

3.6.3 Akkusationsprozess

Neben dem Inquisitionsprozess kannte das frühneuzeitliche Strafprozessrecht den Akkusationsprozess. Hier herrschte im Gegensatz zur Offizialmaxime die Dispositionsmaxime. Ein privater Kläger konnte eine Straftat vor Gericht anklagen, musste dies aber nicht. Über das praktische Verhältnis von Akkusations- und Inquisitionsprozess besteht in der Literatur keine Klarheit. Ältere Autoren wie Eberhard Schmidt meinten, der peinliche Ankläger habe praktisch nur seine Adresse bei Gericht hinterlegen müssen, ansonsten sei das Strafverfahren genauso abgelaufen wie ein Inquisitionsprozess. Andere Stimmen verweisen auf Gefahren für den Ankläger selbst. Kam nämlich im Akkusationsprozess der Beschuldigte ins Gefängnis, sollte zugleich auch der Ankläger inhaftiert werden, bis er sich mit ordnungsgemäßer Kaution befreit hatte. Außerdem musste er dem Angeklagten Schadensersatz für die erlittene Haft bezahlen, wenn er seine Anschuldigungen nicht beweisen konnte (Art. 12 CCC). Solch ein Verfahren kann kaum attraktiv gewesen sein. Die Praxis behalf sich in vielen Territorien mit einem Mittelweg. Es trat ein Fiskal als peinlicher Ankläger auf. Er war nicht mit dem Richter personengleich und unterlag nicht den Risiken der Carolina für private Ankläger. Die Feinheiten des fiskalischen Strafprozesses, vor allem seine Abweichungen von den

üblichen Prozessmaximen des Inquisitionsprozesses, sind nach dem jetzigen Forschungsstand nur unscharf zu erkennen. Die zeitgenössische Strafrechtslehre bezeichnete den
Akkusationsprozess oftmals als den *processus ordinarius*, den Inquisitionsprozess als
processus extraordinarius. Ob solche lateinischen Schlagworte die praktische Gewichtung
zwischen den beiden Verfahrensarten auf den Punkt brachten, erscheint aber zweifelhaft.

3.6.4 *Crimen exceptum*-Lehre und Hexenprozesse

Eine andere Unterscheidung war viel gravierender als die Abgrenzung vom *processus
ordinarius* und *extraordinarius*. Die fein austarierten Maximen des gemeinrechtlichen
Inquisitionsprozesses kannten mehrere Einbruchstellen. Sie traten nämlich dann
zurück, wenn es um die Verfolgung besonders schwerer Straftaten ging. *„In delictis
atrocissimis propter criminis enormitatem iura transgredi licet.* – Bei den abscheulichsten
Straftaten ist es erlaubt, wegen der Schwere des Verbrechens die Rechtsvorschriften
zu überschreiten."[13] Die gelehrte Theorie sah neben dem regulären Strafprozess ein
vereinfachtes Verfahren vor mit deutlich abgesenkten Hürden für Indizien und Folter.
Gerade einen besonders gefährlichen Straftäter, so lautete die Überlegung, konnte man
nur unschädlich machen, wenn man sich großzügig über die zurückhaltenden Lehren
der Carolina und der hergebrachten kriminalwissenschaftlichen Literatur hinwegsetzte.

Im späten 16. und vor allem im 17. Jahrhundert lag hier der prozessrechtliche Schlüssel für Lawinen von Hexenprozessen, die in Europa bis zu 100.000 Menschenleben
forderten, zu drei Viertel Frauen. Weil man glaubte, die Hexen seien in geheimen Bün-
den organisiert, erfolterte man von ihnen Besagungen auf angebliche Mittäter. Anders
als bei anderen Straftaten schritt man auch zur wiederholten Folterung, schränkte die
Verteidigung ein oder untersagte sie ganz und senkte auch vielfach die Anforderungen
an die Torturindizien. Das *Crimen exceptum*, das Ausnahmeverbrechen, erforderte auf
diese Weise besonders radikale Maßnahmen. Vor allem wenn keine studierten Juristen
beteiligt waren, brachen in den eher spontan zusammengesetzten Hexenausschüssen
und Hexengerichten die Dämme.

Lehren aus der Geschichte?
Die Prozessrechtsgeschichte kann aus dieser Episode zwei Lehren ziehen. Erstens gibt
es einen großen Druck der Bevölkerung wie auch der Obrigkeiten, täterschützende

---

13   *Benedikt Carpzov*, Practica nova imperialis rerum criminalium (zuerst 1635), zitiert nach der
     Ausgabe Wittenberg 1665, pars III quaestio 102 n. 67 Ziff. 2 (in späteren Ausgaben n. 68).

Vorschriften bei der Verfolgung schwerster Verbrechen einzuschränken. Im sprichwörtlichen Sinne macht man dann gern kurzen Prozess. Die gelehrten Prozessmaximen
sind oftmals unbequem und zeitraubend, vor allem wenn politisch, religiös oder emotional aufgeladene Verfolgungsgelüste auf Schnelljustiz drängen. Die Hexenprozesse
der frühen Neuzeit, die Strafprozessreformen der 1970er Jahre zur Bekämpfung von
Linksradikalen und Terroristen und im globalen Maßstab die Behandlung islamistischer
Verdächtiger in amerikanischen Haftlagern nach dem 11. September 2001 sprechen
allesamt dieselbe Sprache. Auch die Diskussion über eine sog. selbstverschuldete Ret-
tungsbefragung im Strafprozess, um etwa durch Gewaltandrohung gegenüber Ent-
führern das Leben von Verbrechensopfern zu retten, fällt letztlich in diesen Bereich.

Daraus folgt die zweite Lehre aus den Hexenprozessen. Formzwänge und feste Prozessmaximen verhindern immer obrigkeitliche Willkür. Wie stabil und gefestigt eine
Gerichtsverfassung und ihr Prozessrecht tatsächlich sind, erweist sich vor allem in den
Grenzbereichen. Wenn die Form die Zwillingsschwester der Freiheit ist, wie Rudolf
von Jhering hellsichtig verkündete, dann bewährt sich ein solcher Willkürschutz gerade
in den unbequemen, besonders heiklen Fällen. Scharfsinnige Kritiker der Hexenprozesse haben diesen Zusammenhang früh erkannt. Der Jesuitenpater Friedrich Spee von
Langenfeld schrieb 1631/32 eine erschütternde „Cautio Criminalis", ein Buch gegen
die Übel des Hexenprozesses. Die exzessive Folter mit leichthin bejahten Indizien war
für ihn ein Angelpunkt des Verfahrens. Selbst der Papst, so sagte Spee, werde zugeben,
ein Hexer zu sein, wenn man ihn nur lange genug foltere. Spee forderte überdies eine
feste Bezahlung von Richtern. Sie sollten ihr täglich Brot nicht aufgrund einer möglichst hohen Zahl von Verurteilungen durch sog. Gerichtssporteln verdienen, sondern
unabhängig von wirtschaftlichen Verlockungen vorgehen und entscheiden können.

3.6.5 Endlicher Rechtstag

In jedem Falle endete der frühneuzeitliche Strafprozess mit einem endlichen Rechtstag.
Hier fand öffentlich und mündlich eine Gerichtsverhandlung statt. Die Grenzlinie
zwischen Mündlichkeit und Schriftlichkeit, Heimlichkeit und Öffentlichkeit war im
Strafverfahren anders als im frühneuzeitlichen Zivilprozess gezogen. Auf dem endlichen Rechtstag erhob der Fiskal als Amtsankläger die peinliche Klage. Daraufhin
legte der Beschuldigte erneut und diesmal öffentlich sein Geständnis ab. Das Gericht
sprach sein bereits vorformuliertes Urteil, die Vollstreckung folgte oft genug auf dem
Fuße. Mit einer großen Schar an Schaulustigen zogen alle Beteiligten zur Richtstätte. Bei todeswürdigen Verbrechen begleitete ein Geistlicher den Delinquenten
und sprach ihm letzte tröstende Worte zu. Mehrfach hielten die Verurteilten an der

Hinrichtungsstätte noch eine kurze Ansprache, dankten Gott, dass er sie entsündigt in sein Reich aufnehmen werde, und warnten gleichzeitig ihre Mitmenschen davor, den Pfad der Tugend und des Rechts zu verlassen.

Theater des Schreckens hat man solche Aufführungen genannt. In der Tat spielten sämtliche Verfahrensbeteiligten auf dem endlichen Rechtstag eine vorgegebene Rolle. Das Inquisitionsverfahren als solches fand in allen wesentlichen Teilen heimlich statt. Insbesondere die Folterungen waren nie für die Öffentlichkeit bestimmt. Wenn es also zum endlichen Rechtstag kam, lag das erfolterte Geständnis schon längst vor. Das Endurteil war ebenfalls schriftlich fixiert, sehr häufig als Ergebnis einer Aktenversendung. Die Carolina hielt vorgegebene Formeln und Ansprachen bereit, die man auf dem endlichen Rechtstag benutzen sollte. Bis auf den Namen des Inquisiten war hier alles wörtlich ausbuchstabiert. Es ging also beim endlichen Rechtstag nicht darum, Verbrechen aufzuklären und abzuurteilen. Vielmehr sollte der Schauprozess generalpräventive Wirkung auf die Zuschauer entfalten und die Obrigkeit gleichsam als verlängerten Arm des rächenden Gottes erscheinen lassen. Der endliche Rechtstag war auf diese Weise noch stärker ein Schauspiel als die ebenfalls inszenierte Audienz im zeitgenössischen Zivilprozess.

Für die Frage, ob ein Gerichtsverfahren grundsätzlich mündlich oder schriftlich abläuft, kann es also nicht darauf ankommen, wie der jeweils letzte Akt des Verfahrens ausgestaltet ist. Im Hinblick auf die Leitfragen des Lehrbuchs geht es vielmehr in erster Linie darum, inwieweit die wesentlichen Prozesshandlungen wie Klage bzw. Anklage, Verteidigung oder Zeugenvernehmungen im Beisein der Beteiligten unmittelbar vor einem erkennenden Gericht stattfinden. Und in dieser Hinsicht blieb das gelehrte frühneuzeitliche Gerichtsverfahren sowohl im Strafprozess wie im Zivilprozess bis zuletzt ein der Sache nach vor allem geheimes und schriftliches Verfahren.

Der naheliegende Blick auf die spektakulären endlichen Rechtstage verdeckt zugleich viel, und deswegen ist die Rede vom Theater des Schreckens nur teilweise berechtigt. Die in der Halsgerichtsordnung angedrohten strengen körperlichen Strafen waren in der Praxis oftmals gemildert, zahlreiche Begnadigungen kamen hinzu. Das „Theater des Schreckens" kannte oftmals ein Happy End. Im ländlichen Bereich sind Reste von Wergeldzahlungen noch bis ins 18. Jahrhundert nachweisbar (vgl. Kap. 2.5.1). Auch aus einem zweiten Grund erzeugt das Wort vom Theater des Schreckens ein schiefes Bild. Es stellt die Obrigkeit als strafgewaltige Herrschaft dar, die ihre rechtlichen Vorschriften hart und entschieden durchsetzt oder die sich wenigstens selbst als Strafinstanz inszeniert. Aber die Mitwirkungsmöglichkeiten der Untertanen waren erheblich größer. In der historischen Kriminalitätsforschung diskutiert man seit zwei Jahrzehnten das Konzept einer Justiznutzung. Hier geht es darum, dass Untertanen bei der Frage, wie sie soziale oder andere Konflikte führen oder beilegen konnten, die Anrufung von Gerichten als eine von mehreren Möglichkeiten erkannten und für ihre eigenen Zwecke einsetzten. Dieses geschichtswissenschaftliche Konzept für die Deutung der frühneuzeitlichen Strafgerichtsbarkeit ist später auch auf Zivilprozesse übertragen worden. Bei aller Plausibilität hat es auch seine Grenzen. Weshalb Menschen in der frühen Neuzeit obrigkeitliche Gerichtsverfahren in Gang setzten, warum sie den gelehrten Prozess einer privaten Auseinandersetzung vorzogen, ist im Einzelfall zumeist unklar – es fehlt schlechthin an Quellen (vgl. Kap. 3.2.1). Ähnlich verhält es sich mit Ansätzen, die das vormoderne Gericht zum Ort für Aushandlungsprozesse umdeuten. Teilweise ist auch von einer Instrumentalisierung die Rede. Doch nicht jeder, der eine Klage erhob oder im Strafprozess eine Anzeige erstattete, verfolgte damit Hintergedanken; und selbst wenn, kennen wir sie zumeist nicht. Allerdings haben diese verschiedenen Ansätze auf einen wichtigen Punkt aufmerksam gemacht. Neben dem hoheitlichen Gerichtsverfahren mit seinem zwangsbewehrten Urteil gab es zu allen Zeiten andere Formen der Streitbeilegung. Umfangreiche Forschungen zu Schiedsgerichten, zum vor- und außergerichtlichen Bereich des sog. Infrajudiciaire, zu Vergleichen und anderen Formen gütlicher Einigungen haben seit einigen Jahren der frühneuzeitlichen Justiz einen Rahmen gegeben, der nicht mehr allein vom werdenden Staat bestimmt ist.

3.7 Gerichtsverfassung und Prozessrecht des 19. Jahrhunderts als rechtshistorisches Problem

Die Zeitspanne zwischen dem Ende des Alten Reiches und den Reichsjustizgesetzen von 1877/79 zählt zu den blinden Flecken der Justizgeschichte. Das gilt für die Gerichtsverfassung in noch stärkerem Maße als für das Prozessrecht. Die ältere Gerichtsverfassung bis 1806 ist insgesamt gut erforscht, zumindest für einige große Territorien und das Reich selbst. Auch zum Zivilprozess wie zum Strafprozess liegen zahlreiche Einzelstudien vor. Die Reformen im zweiten deutschen Kaiserreich nach 1871 und das Reichsgericht sind ebenfalls mehrfach in den Blick geraten. Aber die Jahrzehnte dazwischen haben eher selten vertieftes Interesse der rechtshistorischen Literatur gefunden. Deswegen kann es hier nur darum gehen, vorsichtig manche große Linien zu zeichnen. Die folgenden Kapitel werden einige Einzelaspekte entfalten.

Justiz als dritte Staatsgewalt
Gekennzeichnet ist das 19. Jahrhundert zunächst durch eine immer deutlichere Verselbständigung der Gerichtsbarkeit als dritte Staatsgewalt. Der Wildwuchs und die

Grauzonen an den Rändern wurden nach und nach beschnitten und beseitigt. Das betraf zum einen die zahlreichen Regierungskanzleien und Oberbehörden, die bis weit ins 18. Jahrhundert hinein sowohl landesherrliche Verwaltungsstellen als auch Obergerichte gewesen waren. Zum anderen schafften die meisten Bundesstaaten nach und nach die Aktenversendung ab. Die Gerichtsbarkeit ruhte nun auf staatlichen Gerichten, die von der Exekutive klar und sichtbar getrennt waren. Dafür gab es jetzt flächendeckend drei Instanzen der ordentlichen Gerichtsbarkeit. Sog. Verwaltungssachen blieben dagegen zumeist verwaltungsintern. Die Paulskirchenverfassung von 1849 wollte diese innerbehördliche Rechtspflege beseitigen und die öffentlichrechtlichen Streitigkeiten den ordentlichen Gerichten zuweisen. Dies sollte den Schutz des Bürgers gegenüber dem Staat verbessern. Aber nur die Hansestadt Hamburg folgte diesem Modell mit ihrer Verfassung von 1860. Rechtspolitisch erhoben vor allem Liberale die Forderung, die ordentliche Justiz zur Kontrolle von Verwaltungshandeln einzusetzen. Nach der gescheiterten Revolution von 1848/49 mehrten sich Stimmen, die forderten, eine gesonderte Verwaltungsgerichtsbarkeit aufzubauen. Sie sollte einerseits der Verwaltung zugeordnet bleiben, aber zugleich gerichtliche Züge aufweisen. Solche Verwaltungsgerichte entstanden 1863 in Baden und 1875 in Preußen. Danach schlossen sich die anderen deutschen Länder an.

Mit der Errichtung der Verwaltungsgerichte deutete sich eine Auffächerung der Gerichtsbarkeit über die Beschränkung auf die sog. ordentliche Gerichtsbarkeit in Zivil- und Strafsachen hinaus an. Dieser Trend setzte sich im 20. Jahrhundert fort: Arbeitsgerichtsbarkeit, Finanzgerichtsbarkeit und zuletzt 1954 die Sozialgerichtsbarkeit erweiterten das Spektrum auf die fünf Zweige der heutigen Justiz. Typisch hieran ist die Auslagerung von Verwaltungsentscheidungen auf neugegründete gerichtliche Spruchkörper. So trat etwa die Sozialgerichtsbarkeit an die Stelle der bisherigen Kontrolle sozialrechtlicher Entscheidungen durch Spruchkörper der Versicherungs- und Oberversicherungsämter.

Bürgerliche Richter
Sozialgeschichtlich bedeutsam für die Gerichtsbarkeit im 19. Jahrhundert war zudem die Verbürgerlichung des Richterberufs. Im Ancien Régime hatten die Kollegialgerichte regelmäßig eine adlige und eine gelehrte Bank gekannt. Rund die Hälfte der Richterschaft war adlig, häufig stieg der Prozentsatz noch stark an, wenn die Adligen zugleich rechtsgelehrt waren. Das änderte sich erheblich. Die Adelsbänke wurden nach und nach aufgehoben, am Berliner Kammergericht bereits 1809. 1872 gehörten nur noch 6 % der Richter dem Adel an. Adlige bekleideten nunmehr vornehmlich hohe Posten in der Verwaltung bis hinab zum Landrat. Das Ansehen der Landräte übertraf

schon bald dasjenige der Richter an unteren Gerichten. Diese Verschiebung von der Justiz zur Verwaltung soll nachhaltige Wirkung entfaltet haben, auch im Hinblick auf diejenigen, die sich für den Richterberuf interessierten. Im späten 19. Jahrhundert soll die Richterschaft geradezu von kleinbürgerlichen Vertretern bestimmt gewesen sein. Doch sind solche zeitgenössischen Klagen mit Vorsicht zu genießen. Der Hinweis auf die Kleinbürger stammt vom seinerzeitigen Präsidenten des Berliner Kammergerichts, Edwin von Drenkmann. Er trug seine Bedenken in einer Rede vor dem preußischen Herrenhaus (Adelskammer) vor. 1901 selbst in den Adelsstand erhoben, versuchte der Gerichtspräsident schon vorher, die gesunkene soziale Stellung der Richterschaft zu heben, indem er gegen angebliche Emporkömmlinge stichelte.

Aufstieg der Anwaltschaft
Auf der anderen Seite stieg das Ansehen des Anwaltsberufes. Die ehemals getrennten Tätigkeiten von Advokat und Prokurator waren schon im späten 18. Jahrhundert weitgehend verschmolzen. Vor allem Liberale sahen in Rechtsanwälten Sachwalter der Bürger, die sich vor Gericht mit ihren rechtlichen Anliegen nicht in den komplizierten Stricken der Justiz verfangen sollten. Hierbei nützte den Anwälten nicht zuletzt die Einführung mündlicher und öffentlicher Gerichtsverhandlungen. Jetzt konnten sie sich vor ihren Mandanten und womöglich auch vor Publikum mit ihren Plädoyers als Rechtsbeistände profilieren. Damit ist ein zentraler Punkt der deutschen Prozessrechtsgeschichte des 19. Jahrhunderts berührt.

Öffentlichkeit und Mündlichkeit
Das überkommene geheime und schriftliche Verfahren wich nach und nach einem öffentlichen und mündlichen Prozess unmittelbar vor dem erkennenden Richter. Im Strafverfahren schuf man nach französischem Vorbild das Amt des Staatsanwalts, der die öffentliche Anklage vertrat. Zugleich kehrten Laien als selbst urteilende Geschworene, später als Schöffen in die Strafgerichtsbarkeit zurück, aus der sie mehrere Jahrhunderte verschwunden waren. Das stärkte zugleich die Mündlichkeit, denn die Laienrichter besaßen keine Aktenkenntnis und konnten ihre Überzeugung nur aus dem Inbegriff der mündlichen Verhandlung gewinnen. Das überkommene Modell der gesetzlichen Beweisregeln musste ebenfalls weichen und wurde durch die freie richterliche Beweiswürdigung ersetzt. Auch im Zivilprozess setzten sich mündliche und öffentliche Gerichtsverfahren durch, wenn auch die Fälle dort nicht so spektakulär waren und es nicht um die Kontrolle der Staatsgewalt ging. Die Unabhängigkeit der Richter wurde insgesamt deutlich gestärkt. Preußen schrieb 1850 in seiner Verfassung fest, der Richter sei keiner anderen Autorität als der des Gesetzes unterworfen.

Das bunte Bild nach 1806

Nach dem Wegfall der Reichsgerichte und einer gesamtstaatlichen Ordnung gingen die Veränderungen in der Gerichtsverfassung und im Prozessrecht von den einzelnen Bundesstaaten aus. Deswegen ist das Gesamtbild unübersichtlich. Dem Königreich Hannover mit einer modernen Gerichtsverfassung und zeitgenössisch hoch anerkannten Prozessordnungen standen Bundesstaaten wie Lippe und Mecklenburg gegenüber, die sich bis zu den Reichsjustizgesetzen gegen einschneidende Reformen wehrten. So gab es bis 1877/79 in einigen Regionen weiterhin Aktenversendungen, Patrimonialgerichtsbarkeit, schriftliche und geheime Gerichtsverfahren, in den Städten oftmals keine echte Trennung von Gericht und Rat. Überkommenes und Neues markierten die Gleichzeitigkeit des Ungleichzeitigen, wie auch in der frühen Neuzeit zahlreiche mittelalterliche Traditionen weiterbestanden.

Trotzdem verdienen gerade die Neuerungen besondere Aufmerksamkeit. Der Übergang vom Mittelalter zur Neuzeit ist prozessrechtsgeschichtlich dem Anspruch nach gekennzeichnet durch eine flächendeckende Gerichtsbarkeit unter dem obrigkeitlichen Gewaltmonopol, wenn auch die Praxis oft anders aussah. Das 19. Jahrhundert öffnete, ebenfalls in prinzipieller Hinsicht, den Weg in die Gegenwart. Alle heute noch maßgeblichen Leitfragen hat man damals so entschieden, wie es den heutigen Vorstellungen immer noch entspricht. Auf diese einschneidenden Weichenstellungen kommt es an. Die vielen Feinheiten und Unterschiede in den einzelnen Bundesstaaten treten dahinter zurück.

Der Anstoß für die wesentlichen Neuerungen kam von außen. Das lenkt den Blick auf den europäischen Rahmen, vor allem auf Frankreich. Es entspricht der gestiegenen Bedeutung der Gesetzgebung, aber auch dem Forschungsstand, wenn die Darstellung sich im Folgenden stärker an zeitgenössischen Gesetzen orientiert, als dies beim Blick auf das Mittelalter und die frühe Neuzeit erforderlich war. Die Geschichte der Rechtspraxis nach 1806 ist erheblich schwieriger zu durchschauen als die Zeit der weiter zurückliegenden Epochen.

3.8 Die französischen Reformen der Gerichtsverfassung und des Prozessrechts

Die Französische Revolution erschütterte nicht nur die politischen Grundfesten Frankreichs. Ganz Europa und auch das Heilige Römische Reich spürten die Wirkungen unmittelbar. In dem Vierteljahrhundert zwischen 1789 und 1814/15 ging das Alte Reich unter, verschwanden die geistlichen Territorien, die zahlreichen freien Ritterschaften, die meisten Reichsstädte. Die ehemaligen Reichsgesetze verloren ihre Bindungskraft. „Jetzt ist alles anders geworden", notierte Friedrich Carl von Savigny im Wintersemester 1808/09[14] und traf damit den Epochenbruch hellsichtig auf den Kopf. In benachbarten europäischen Ländern war es kaum anders.

Es ist wohlfeil, die scharfen Zäsuren durch Kontinuitäten zu ersetzen und inzwischen vom langen 18. Jahrhundert zu sprechen, gerade in der Strafrechtsgeschichte. Doch den Schwung, der von den französischen Reformen ausging und europaweit für Diskussionen und Neuerungen sorgte, darf man keinesfalls unterschätzen. Manchmal ist es, auch wenn es wenig modern scheint, durchaus angebracht, an überkommenen Epocheneinteilungen festzuhalten. Die Französische Revolution markiert auch in der Rechtsgeschichte den Übergang von der Vormoderne zur Moderne, vom altständischen Recht zum bürgerlichen Zeitalter.

3.8.1 Die Reformbewegung in der Revolutionszeit und unter Napoleon

1791 unternahm das revolutionäre Frankreich eine Gerichtsreform und führte Geschworenengerichte ein. Nicht mehr allein Berufsrichter, sondern ebenso Laien sollten an der Strafgerichtsbarkeit mitwirken. Frankreich lehnte sich zum einen an das englische Vorbild an, wandelte es aber doch zugleich in mehrfacher Hinsicht ab. Die mindestens zwölf Geschworenen, zumeist wohlhabende Bürger, die aus bestimmten Listen ausgewählt wurden, sollten ausschließlich die Tat- und damit die Schuldfrage klären. Die studierten Berufsrichter dagegen waren weiterhin dafür zuständig, Rechtsfragen zu entscheiden, vor allem also das Strafmaß festzusetzen. Die Laien erhielten ausdrücklich das Recht, bei ihrer Entscheidung über die Tatfragen nur nach ihrer „intime conviction" zu urteilen. Die innere Überzeugung, die damit maßgeblich wurde, bedeutete nichts anderes als die freie Beweiswürdigung. Über den Zweck der freien Beweiswürdigung und auch über die Abweichungen vom englischen Modell entbrannten hitzige Diskussionen in der französischen Rechtsliteratur.

Wichtiger bleibt der prinzipielle Befund. Das Geschworenengericht baute auf Laienrichter, die keine Aktenkenntnis besaßen und den Fall aus dem Inbegriff ihrer eigenen Eindrücke der mündlichen Verhandlung entschieden. Mündlichkeit und Öffentlichkeit waren auf diese Weise zwingend mit dem Geschworenengericht verbunden, denn das

---

14 Ausarbeitung zur Institutionenvorlesung bei *Joachim Rückert*, Idealismus, Jurisprudenz und Politik bei Friedrich Carl von Savigny (Münchener Universitätsschriften. Juristische Fakultät – Abh. zur rwiss. Grundlagenforschung 58), Ebelsbach 1984, S. 427.

neue Modell erforderte eine abschließende mündliche Verhandlung vor Publikum. Genau dies freilich war in Frankreich schon vor 1789 gebräuchlich, wenn auch im Zivilprozess, und bedeutete nicht eine schroffe revolutionäre Neuerung. Bereits die Ordonnance civil von 1667, erlassen unter dem Sonnenkönig Ludwig XIV., hatte einen mündlichen und öffentlichen Prozess in Zivilsachen gekannt. Der Strafprozess war im 18. Jahrhundert noch vom heimlichen Inquisitionsverfahren geprägt, doch ließ die Praxis gewisse Aufweichungen zu. Eine weitere eigentümliche französische Einrichtung bildete die Staatsanwaltschaft. Sie nahm öffentliche Interessen im Gerichtsverfahren wahr, weithin auch im Zivilprozess, so geregelt in einem Dekret von 1790. Doch arbeitete sie auch als Strafverfolgungsbehörde und erhob im mündlichen Strafprozess die öffentliche Anklage. Die Staatsanwälte unterstanden einer umfassenden Dienstaufsicht durch den Generalprokurator und waren ab 1795 auch absetzbar.

Kodifikation

In der napoleonischen Zeit schrieb der französische Staat die wesentlichen Grundsätze des Prozessrechts und der Gerichtsverfassung in großen Kodifikationen fest. Die sog. Cinq Codes umfassten den Code civil (1804), Code de procédure civil (1806), Code de commerce (1807), Code d'instruction criminelle (1808) und den Code pénal (1810). Besondere Bedeutung für die Gerichtsbarkeit erlangten die Zivilprozessordnung von 1806 und die Strafprozessordnung von 1808. Hier kodifizierte der französische Gesetzgeber wegweisende Weichenstellungen. Ältere einheimische Traditionen und Neuerungen aus der Revolutionszeit verbanden sich zu einem Modell, das in seinen Grundentscheidungen für zahlreiche europäische Staaten zum Vorbild wurde. Die teils sehr polemisch geführte Diskussion, ob Napoleon ein großer Gesetzgeber gewesen sei, geht am Kern der Sache vorbei. Das französische Recht strahlte aufgrund seiner Qualität und nicht nur wegen der Persönlichkeit Bonapartes aus. Anders ließe sich seine europäische Bedeutung auch nach 1815 kaum erklären.

Zivilprozessordnung

Der Code de procédure civil von 1806 bekannte sich zu den Grundsätzen der Öffentlichkeit und der Mündlichkeit. Die Parteiherrschaft im Sinne der Dispositionsmaxime war stark ausgebaut. So fanden etwa selbst die Klageerhebung und der vorbereitende Schriftverkehr ohne jede Beteiligung des Gerichts statt. Wenn das Gericht schließlich sein Urteil fällte, musste es in jedem Fall „les motifs" angeben, also die Entscheidungsgründe (Art. 141) ausdrücklich benennen. Zulässig war der erstinstanzliche Rechtsstreit freilich nur, wenn zuvor ein Vergleichversuch vor einem Friedensrichter, einem juristischen Laien, stattgefunden hatte. Mit der 1790 eingeführten Friedensgerichtsbarkeit

("justice de paix") beginnt denn auch die gesamte Kodifikation. Offenbar konnten
die Friedensgerichte tatsächlich zahlreiche Streitigkeiten schlichten, in den Privat-
häusern der Friedensrichter, ganz symbolisch mit geöffneten Türen (Art. 8). Aber in
größeren Städten scheint das Vorverfahren schon bald kaum noch Erfolg gehabt zu
haben. Doch die Idee eines obligatorischen Güteversuchs weist rechtshistorisch weit
in die Zukunft. Die mit der freien richterlichen Beweiswürdigung, dem Verzicht auf
gesetzliche Beweisregeln und der weitgehenden Mündlichkeit verbundenen weiten
Spielräume der Gerichte grenzte das französische Zivilprozessrecht auf der anderen
Seite durch einen strengen Formalismus wieder ein. Ordnungsvorschriften, Fristen
und anderes mehr legten dem Verfahren ein Korsett an und ließen es nicht zu bloßen
pragmatischen Billigkeitslösungen ausufern.

Strafprozessordnung

Der Code d'instruction criminelle von 1808 legte den Grund für den später sog. reformierten Strafprozess. Im schriftlichen und nicht-öffentlichen Untersuchungsverfahren
("instruction préparatoire") kehrte er sich von den zwischenzeitlichen Einseitigkeiten
ab und lehnte sich wieder eng an das vorrevolutionäre Recht an. Das Hauptverfahren blieb jedoch mündlich und öffentlich. Die in den 1790er Jahren eingeführten
Anklagejurys schaffte der Code u. a. auf persönlichen Druck Napoleons ab und legte
das gesamte Anklageverfahren in die Hände der Staatsanwälte ("procureurs"). Das
Geschworenengericht war für die schwere und mittlere Kriminalität reserviert, was
allerdings wegen der schweren Strafdrohungen des späteren Code pénal von 1810
für zahlreiche Delikte zutraf. Die genaue Grenzziehung zwischen Vorverfahren und
Hauptverfahren, Geschworenengericht und Berufsrichterkollegium führte im Gesetzgebungsverfahren immer wieder zu grundlegenden Diskussionen. Die Kodifikation
des Strafprozessrechts zog sich deswegen über fast sieben Jahre hin und beanspruchte
damit erheblich längere Zeit als sämtliche anderen französischen Gesetze dieser Epoche.

Ähnliche Erfahrungen sammelte auch Deutschland in den 1870er Jahren bei den
Debatten über die Reichsjustizgesetze. Auch hier überlagerten Meinungsunterschiede
zum Geschworenen- und Schöffengericht die gesamte übrige Gesetzgebung. Das ist
freilich nicht verwunderlich. Die Weichenstellungen im Strafverfahren betreffen den
einzelnen Staatsangehörigen viel unmittelbarer als die Grundsätze des Zivilprozesses.
Jedenfalls fanden die rechtspolitischen Auseinandersetzungen um den Strafprozess
jeweils in einer erheblich aufgeregteren und erhitzteren Atmosphäre statt, als es in
anderen Rechtsbereichen der Fall war. Allein die enge Verbindung der strafrechtlichen
Gerichtsverfassung bzw. der Prozessmaximen des Strafverfahrens mit den Staatsver-
fassungen des 19. Jahrhunderts spricht Bände, ging es doch hier im Kern um die

Freiheit des Bürgers und um staatlichen Zwang. Schon die französischen Revolutionsverfassungen, vor allem diejenige von 1791, enthielten klare Bekenntnisse zum modernen Strafprozess. Von dort spannt sich in Deutschland die große Linie über die Paulskirchenverfassung von 1848/49 bis zum Bonner Grundgesetz von 1949.

Das Strafprozessrecht als konkretisiertes Verfassungsrecht – diese geläufige moderne Formel reicht der Sache nach zurück bis in die Französische Revolution.

3.8.2 Ausstrahlungen der französischen Reformen auf Deutschland

Für die deutsche Rechtsgeschichte sind die französischen Reformen aus dreifachem Grund von Belang. (1) Zunächst galt das französische Recht in Teilen Deutschlands unmittelbar. (2) Sodann entflammten über mehrere Jahrzehnte wissenschaftliche und politische Auseinandersetzungen um Vor- und Nachteile der reformierten Gerichtsverfassung und der neuen Prozessmaximen. (3) Schließlich setzten die meisten deutschen Bundesstaaten wesentliche Elemente des französischen Vorbilds nach 1848 in innerstaatliches Recht um und folgten dem westlichen Muster auf diese Weise zeitversetzt nach.

Geltung des französischen Rechts in Deutschland
In den von Frankreich besetzten und im Frieden von Lunéville abgetretenen linksrheinischen Gebieten erhielt das französische Recht schon 1802 seine Geltungskraft. Die Cinq Codes wurden mit ihrer Verkündung geltendes Recht. Auch nach dem Ende der französischen Herrschaft blieben diese Gebiete weitgehend unter französischem Recht. Das rheinische Recht, so seine damalige deutsche Bezeichnung, prägte das linksrheinische Deutschland bis zu den Reichsjustizgesetzen von 1877/79 bzw. bis zum Bürgerlichen Gesetzbuch von 1896/1900. Das rheinische Notariat, also das Amt des hauptberuflichen Nur-Notars, hat in einigen Gegenden Deutschlands sogar bis heute überdauert.

Gerichtsverfassung nach französischem Vorbild
Die rheinische Gerichtsverfassung entsprach in ihrem Aufbau den französischen Vorgaben. Flächendeckend gab es in den untersten Verwaltungseinheiten (Kantonen) Friedensgerichte (bzw. „tribunaux de police") als Variante der „justice de paix". Sie sollten nicht nur zivilrechtliche Streitigkeiten schlichten, sondern auch strafrechtliche Bagatellsachen selbst entscheiden. Darüber befanden sich die förmlichen Gerichte erster Instanz für Zivil- und Strafsachen. Sie waren zugleich Berufungsinstanz gegen Entscheidungen des Friedensrichters. Die dritte Stufe bildeten die Appellationsgerichtshöfe

für ganze Départements, etwa Zweibrücken und besonders bedeutsam Trier. An diesen Appellationsgerichtshöfen bestanden zugleich die Geschworenengerichte („cours d'assises"), wie in Frankreich besetzt mit zwölf Geschworenen und fünf Berufsrichtern. Die Staatsanwaltschaft bzw. ihre Vorläuferbehörde, das „ministère public", war an diese ordentlichen Gerichte angegliedert.

Der einheitliche mehrschichtige Gerichtsaufbau war klar und logisch gegliedert und beseitigte die unklaren Überlappungen verschiedenster Regierungen, Hofräte und anderer städtischer und landesherrlicher Behörden aus dem Ancien Régime. Nach dem Ende der Franzosenzeit blieb es im Wesentlichen dabei. Das nunmehr preußische Rheinland behielt die neue Gerichtsverfassung. Lediglich wurde Köln 1819 zum Sitz des obersten Appellationsgerichtshofes. Auch die Schwurgerichte ließ der preußische Staat bestehen, seit 1819 aufgeteilt nach Landgerichtsbezirken. Die prinzipielle Bedeutung der ursprünglich französischen Reformen war hoch, auch wenn die zeitgenössischen Fallzahlen vor Übertreibungen warnen. So fällten sämtliche Gerichte der Rheinprovinz 1840 nur 373 Schwurgerichtsurteile im Vergleich zu 120.000 sonstigen Urteilen. Aber die moderne Gerichtsverfassung mitsamt den neuen Prozessmaximen blieb im Justizalltag gegenwärtig und stand als Gegenpol der sonstigen Gerichtsbarkeit gegenüber. Ein neuer Typus von Gerichtsverfahren war damit in der Welt und lag bei allen Reformdebatten als Alternative auf der Hand.

Gerichtsverfassung im Königreich Westphalen

Wie in Frankreich waren die Grundentscheidungen des Prozessrechts im 19. Jahrhundert ebenfalls in Deutschland verfassungsrechtlich verbürgt. Verbreiteter Lehre zufolge gab es drei Verfassungswellen nach dem Ende des Alten Reiches. Die erste fällt in die Jahre um 1815, die zweite in die Zeit nach 1830, die dritte beginnt 1848. Unterschlagen wird dabei zumeist, dass es bereits zuvor die erste moderne Staatsverfassung auf deutschem Boden gegeben hatte. Am Anfang stand nämlich die Verfassung des Königreichs Westphalen von 1807, die älteste deutschsprachige Verfassungsurkunde überhaupt. Zahlreiche Artikel behandelten Fragen der Gerichtsbarkeit.

Constitution des Königreichs Westphalen von 1807
Elfter Titel.
Art. 45. Der Codex Napoleon soll vom ersten Januar 1808 an, das bürgerliche Gesetzbuch des Königreichs Westphalen seyn.
Art. 46. Das gerichtliche Verfahren soll öffentlich seyn, und in peinlichen Fällen sollen die Geschwornen-Gerichte statt haben. Diese neue peinliche Jurisprudenz soll spätestens bis zum ersten Julius 1808 eingeführt seyn.

Art. 47. In jedem Cantone soll ein Friedensgericht, in jedem Districte ein Civil-Gericht erster Instanz, und in jedem Departemente ein peinlicher Gerichtshof, und für das ganze Königreich ein einziger Appellations-Gerichtshof seyn.

Art. 48. Die Friedensrichter sollen vier Jahre lang im Amte bleiben und sollen zugleich darauf wieder gewählt werden können, wenn sie als Candidaten von den Departements-Collegien vorgeschlagen worden.

Art. 49. Der richterliche Stand ist unabhängig.

Art. 50. Die Richter werden vom Könige ernannt.

Ernennungen auf Lebenszeit sollen sie erst erhalten, wenn man, nachdem sie ihr Amt fünf Jahre lang werden verwaltet haben, überzeugt seyn wird, dass sie in ihren Aemtern beybehalten zu werden verdienen.

Art. 51. Das Appellationsgericht kann auf die Denunciation des königlichen Prokurators sowohl, als auf jene eines seiner Präsidenten, vom Könige die Absetzung eines Richters begehren, welchen es in der Ausübung seiner Amtsverrichtungen einer Verletzung seiner Pflichten für schuldig hält.

In diesem einzigen Falle soll die Amtsentsetzung eines Richters vom Könige ausgesprochen werden.

Art. 52. Die Urtheile der Gerichtshöfe und Tribunale werden im Namen des Königs ausgesprochen.

Er allein kann Gnade ertheilen, die Strafe erlassen oder mildern.

Vorlage: Constitution des Königreichs Westphalen vom 15. November 1807, in: Bulletin des lois du royaume de Westphalie. – Gesetz-Bülletin des Königreichs Westphalen. Erster Theil, Cassel 1808, Nr. 1, S. 2–31; auch in: *Lück/Tullner* (Lit. zu 3.8.2), S. 89–102.

Die Verfassung des Königreichs Westphalen mit ihren 55 kurzen Artikeln war die erste deutschsprachige Verfassungsurkunde. Doch das hat ihr wenig Ruhm eingebracht. Die Literatur behandelt die Quelle nämlich seit je stiefmütterlich, gilt sie doch als Grundgesetz eines napoleonischen Satellitenstaates mit seinem in Kassel residierenden Herrscher Jérôme Bonaparte, dem lebensfrohen Bruder des Kaisers und sprichwörtlichen König „Lustik". Tatsächlich entstand der neue Staat erst mit dem Frieden von Tilsit im Sommer 1807, nachdem Preußen zuvor die Schlachten von Jena und Auerstedt verloren hatte und auch Russland Niederlagen kassieren musste. Dennoch enthielt die Verfassung des Rheinbundstaates Westphalen mehrere in die Zukunft reichende Vorgaben. Die Unabhängigkeit der Justiz sowie die Unabsetzbarkeit der Richter waren als verfassungsrechtliche Grundsätze garantiert, ebenso nach einer Probezeit das richterliche Dienstverhältnis auf Lebenszeit. Das mündliche und öffentliche Gerichtsverfahren erhielt Verfassungsrang wie auch das Geschworenengericht in Strafsachen.

Die vertikal mehrschichtige Justiz nach französischem Vorbild bildete ebenfalls eine Grundfeste des Königreichs. In seinen wenigen Jahren erlebte das Königreich Westphalen mehrfache Gebietsreformen und wurde dann im Oktober 1813 nach der Völkerschlacht bei Leipzig kurzerhand aufgelöst. Das seit 1807 eingeführte französische Recht trat mit der Restauration wieder außer Kraft. Anders als im linksrheinischen Deutschland blieb im Gebiet des Königreichs Westphalen wenig französisches Recht dauerhaft erhalten, ebenso in den unmittelbar an das napoleonische Kaiserreich angegliederten Teilen des untergegangenen Heiligen Römischen Reiches. Eine Ausnahme bildete Hamburg, das die ursprünglich französischen selbständigen Handelsgerichte bis zu den Reichsjustizgesetzen von 1877/79 weiterführte.

Diskussion um die modernen Prozessmaximen

Die Begegnung mit dem französischen Recht ließ sich nicht einfach auslöschen. Nicht nur der ständige Blick ins Rheinland, sondern auch die umfassenden Erfahrungen in der napoleonischen Zeit bildeten den Hintergrund einer weitgespannten Diskussion, die bereits 1813 einsetzte. Paul Johann Anselm von Feuerbach, der berühmte Strafrechtler und Schöpfer des Bayerischen Strafgesetzbuchs, legte mit seinen „Betrachtungen über das Geschwornen-Gericht" die erste neuere deutsche Monographie zum Thema vor. Schon im späten 18. Jahrhundert hatten Gelehrte wie Justus Möser das englische Jury-System gepriesen, doch jetzt erhielt die Debatte einen deutlich liberalen Unterton. Feuerbach kritisierte die französische Trennung von Tat- und Rechtsfrage und äußerte sich in einem weiteren Werk von 1821 zudem kritisch über die öffentliche und mündliche Rechtspflege. Er befürchtete, die überwundene Kabinettsjustiz könne leichthin durch eine „Straßen-Justiz" ersetzt werden, die in ihrem launenhaften Eigensinn der Willkür Tür und Tor öffnen könne.

Doch die Rede vom Geschworenengericht und den modernen Prozessmaximen als „Palladium der bürgerlichen Freiheit" lag schon vor 1820 in der Luft und verlieh dem französischen Vorbild politischen Schwung. Kaum zufällig handelte es sich um dasselbe Schlagwort, mit dem die Liberalen die Pressefreiheit einforderten. Im Gegensatz zum eher konservativen Feuerbach bekannte sich die Rheinische Immediat-Kommission, die sich 1819 erfolgreich dafür einsetzte, das französische Recht im preußisch-deutschen Westen zu erhalten, klar zum Geschworenengericht und zur mündlichen Hauptverhandlung. Zahlreiche weitere Stimmen traten hinzu, bis die Diskussion mit nationalem Unterton auf der Germanistenversammlung in Lübeck im September 1847 kulminierte, gleichwohl ohne handfeste Ergebnisse. Die rechtlichen Konsequenzen zog erst die Paulskirchenverfassung von 1849.

Fernwirkung der französischen Reformen

Die oben angesprochene dritte Bedeutung der französischen Prozess- und Gerichtsreform neben der unmittelbaren Geltung im Rheinland und der Auslöserfunktion für die rechtspolitischen Debatten der ersten Jahrhunderthälfte lag in ihrer Fernwirkung. Mit erheblichem zeitlichen Abstand, letztlich aber doch, übernahmen die meisten deutschen Bundesstaaten die wesentlichen Grundentscheidungen der französischen Gerichtsbarkeit. Nach und nach führten sie die neuen Prozessmaximen ein. Vergleichsweise früh begann Württemberg mit den Reformen. Schon 1818 richtete man Oberamtsgerichte ein, die in Zivil- und Strafsachen mit zwei Berufsrichtern und drei Laienrichtern urteilen sollten. Die Staatsanwaltschaft selbst wurde 1843 geschaffen, Schwurgerichte arbeiteten seit 1849. Das benachbarte Großherzogtum Baden hatte 1831 öffentliche Ankläger für Pressedelikte eingeführt, also eine Art Staatsanwaltschaft für einen kleinen, aber politisch wichtigen und vieldiskutierten Ausschnitt der Strafgerichtsbarkeit. Das Königreich Hannover folgte 1841 mit einer Staatsanwaltschaft, die vor allem Rechtsmittel gegen Urteile einlegen konnte. Preußen verwirklichte mehrere Reformen 1846 im Zusammenhang mit dem sog. Polenprozess (vgl. Kap. 3.10.1), der ein Jahr später begann: Staatsanwaltschaft, mündliche Verhandlung und freie Beweiswürdigung führte man ein, um in einem politischen Mammutverfahren die Massen an Beschuldigten schnell und ohne großen Aufwand verurteilen zu können. Doch das neue Strafverfahren bewährte sich und wurde nach und nach ausgeweitet.

Der in weiten Teilen Deutschlands im Anschluss an die Befreiungskriege recht polemisch geführte rechtspolitische Kampf gegen das französische Recht zog sich bis in die 1820er Jahre hin. Einige Bundesstaaten wie Hannover und Hessen-Kassel erklärten die Gesetzgebung des Königreichs Westphalen sogar rückwirkend für unwirksam. Aber genau solche Befunde dürfen den flächendeckenden Sieg der wesentlichen französischen Weichenstellungen nur zwei bis drei Jahrzehnte später nicht verdecken. Die juristische Moderne, deren Tür sich damit öffnete, wäre auch in Deutschland ohne das französische Beispiel schlechthin undenkbar.

3.9 Das Oberappellationsgericht der vier freien Städte Deutschlands

Das bedeutendste deutsche Gericht nach dem Ende des Alten Reiches und vor der Errichtung des Bundesoberhandelsgerichts in Leipzig war das Oberappellationsgericht der vier freien Städte Deutschlands in Lübeck. Es bestand zwischen 1820 und 1879.

Vorgaben der Deutschen Bundesakte
Die Gründung des Oberappellationsgerichts Lübeck geht auf die Deutsche Bundesakte von 1815 (Art. XII) zurück und damit auf die Ergebnisse des Wiener Kongres-
ses. Damals kamen die deutschen Staaten überein, flächendeckend eine dreistufige
Gerichtsverfassung einzuführen. Diejenigen kleineren Territorien, die noch kein eigenes
Oberappellationsgericht hatten, sollten gemeinsam mit *„anderen Bundes-Gliedern"* ein
drittinstanzliches Gericht gründen. Grundsätzlich sollten alle obersten Gerichtshöfe
einen Gerichtssprengel über mindestens eine *„Volkszahl von 300.000 Seelen"* haben.
Damit wollte man eine ausreichende Größe des Gerichtsbezirks gewährleisten. Lediglich dann, wenn es bereits drittinstanzliche Gerichte in kleineren Gebieten gab, durften
sie bestehen bleiben, sofern diese Gerichte mindestens für 150.000 Menschen zuständig waren. Ein solches Gericht, das für mehrere Bundesstaaten urteilte, gab es etwa
mit dem gemeinschaftlichen Oberappellationsgericht thüringischer Staaten in Jena.
     Für die vier freien Städte gab es eine Sondervorschrift. Nach den zahlreichen Media-
tisierungen der Reichsstädte zwischen 1803 und 1815 waren nur noch Hamburg, Lübeck,
Bremen und Frankfurt übrig geblieben. Da sie zusammen aber weniger als 300.000 Einwohner hatten, gestattete ihnen die Bundesakte ausdrücklich, ein gemeinsames Gericht zu
gründen. Nach mehrjährigen Verhandlungen fand im November 1820 die Eröffnungsfeier
statt. Hatte es bei der Gründung des Wismarer Tribunals 1653 noch einen symbolisch
hoch aufgeladenen Umzug durch die Stadt mit elf mehrspännigen Pferdekarossen gegeben,
blieb man jetzt bürgerlich, hanseatisch und bescheiden. Im Gerichtsgebäude versammelten
sich Vertreter der vier Städte, es gab ein paar Reden, ein gemeinsames Essen, dann ging
man an die Arbeit. Und genau für diese Arbeit wurde das Gericht schnell überregional
berühmt. Das Gerichtskollegium bestand aus einem Präsidenten sowie sechs, zeitweilig
sieben Räten, allesamt auf Lebenszeit berufen. Hinzu kam ein ebenfalls rechtsgelehrter
Sekretär. Außerdem gab es acht, später noch sechs besonders zugelassene Prokuratoren.
Der erste Gerichtspräsident Georg Arnold Heise war zuvor Professor in Heidelberg und
Göttingen gewesen und wirkte von 1820 bis 1851 in Lübeck. Aber auch die richterlichen
Räte waren erfahrene Juristen und oftmals wissenschaftlich tätig.
     Zeitgenossen sprachen auch aus diesem Grunde von Deutschlands gelehrtem
Gerichtshof und verglichen die Entscheidungsbegründungen des Oberappella-
tionsgerichts mit wissenschaftlichen Miniaturen auf höchstem Niveau. Romantisch
und emotional meinte der Handelsrechtler Heinrich Thöl, am Lübecker Gericht wehe
ein Geist *„kräftig und frisch, wie reine Seeluft"*[15]. Er musste es wissen, denn Thöl war

---

15   *Heinrich Thöl*, Das Handelsrecht, 1. Aufl. Göttingen 1841, Bd. 1, Vorrede.

nach Lübeck gereist, hatte die Akten des Gerichts studiert und maßgeblich auf diesem Fundament sein Lehrbuch des Handelsrechts entworfen. Die Zivilprozesse vor dem Oberappellationsgericht verliefen nach dem hergebrachten Modell rein schriftlich. Im Strafprozess gab es dagegen seit 1866 öffentliche und mündliche Verhandlungen. Bezeichnenderweise musste man dafür das Gerichtsgebäude umbauen, denn zuvor war ein echter Sitzungssaal überhaupt nicht vorhanden.

3.9.1 Begründungstechnik und Argumentation

Überregionales Ansehen erwarb sich das Oberappellationsgericht Lübeck insbesondere durch seine prinzipienfesten Entscheidungsbegründungen. Die folgende Quelle liefert ein anschauliches Beispiel dafür. In einem auf den ersten Blick recht speziellen Streit um nach Russland geschmuggelte Handelsware beschäftigte sich das Gericht mit den gegenseitigen Rechten und Pflichten in Verträgen und gelangte zu verallgemeinerbaren und grundsätzlichen Lösungen. Es handelt sich hierbei um eine vergleichsweise frühe Entscheidung. Das Gericht konnte sich noch nicht auf eine gefestigte ständige Rechtsprechung stützen. Aber die Richter versuchten, übergreifende Rechtsprinzipien zu ermitteln. Das alles geschah in einer Begründungstechnik, die sich deutlich vom vormodernen Relationsstil mit seinen *Rationes dubitandi* und *Rationes decidendi* unterschied und den Weg zum neuen Urteilsstil wies.

Urteilsbegründung des Oberappellationsgerichts Lübeck von 1822
Es stehen mithin sämmtliche Punkte dieses Rechtsstreits zur Entscheidung des Oberappellationsgerichts, und da erscheint es als
I., die erste Frage, ob die angestellte Klage begründet sey? Die Kläger haben aber ihren Ansprüchen ein dreyfaches Fundament unterstellt.
Sie berufen sich
1) darauf, daß durch die Verschiffung verbotener Waaren nach Rußland, die Beklagten ein Delict begangen, und den unschuldigen Schiffer so wie die Rheder dadurch in Schaden, deßen Ersatz sie also auch nicht weigern könnten, gebracht hätten. Sie meinen ferner
2.) die Beklagten hätten gegen die, ihnen als Verladern obliegende Pflicht gehandelt, indem sie dem Schiffer die contrabande Eigenschaft der verschifften Güter nicht anzeigten; und
3.) die Natur des Frachtcontracts habe es mit sich gebracht, daß die Beklagten für die Empfangnahme dieser Waaren in Reval Sorge getragen hätten, und da sie dieses unterlaßen, so müßten sie den Klägern den dadurch verursachten Schaden ersetzen.

ad 1. Das erste dieser Klagefundamente würde für begründet gehalten werden müßen,
wenn Contraventionen gegen fremde Einfuhrverbote und Zollgesetze auch von den
einheimischen Gerichten des Contravenierten als Delicte anzusehen wären; wofür das
allerdings zu sprechen scheint, daß man sonst die Gesetze befreundeter Staaten zu
berücksichtigen, und den Unterthanen, die mit diesen Staaten in Berührung kommen,
die Nichtbeachtung dieser Gesetze nicht hingehen zu laßen pflegt. Allein an und für
sich hat jeder Staat doch nur für die Aufrechthaltung seiner Gesetze zu sorgen, und
wenn er auch auf die benachbarten Staaten Rücksicht nimmt, so beruht das doch blos
auf einer völkerrechtlichen Observanz, es kann also das auch nur in soweit angenomen
werden, als diese Rücksicht durch letztere geboten wird. Jene durch freundschaftliche
Verhältniße der Staaten gebildete Observanz besteht aber nur für die Uebertretung
solcher Gesetze, welche wider allgemein unerlaubt geachtete Handlungen gerichtet
sind (*de Vattel* le droit des gens Liv. 2 Ch. 6 § 76).
Wenn aber ein Staat durch seine Verbote und Strafgesetze gerade darauf ausgeht,
die eigenen Unterthanen auf Kosten der Ausländer zu begünstigen und letztere zu
beeinträchtigen; so gebietet auch das Völkerrecht nicht, daß der fremde Staat zur
Realisirung solcher feindseligen Maaßregeln selbst die Hand biete, und es seinen
Unterthanen zum Verbrechen anrechne, wenn sie dieselben zu umgehen suchen. In
diese Classe von Verordnungen gehören aber die Einfuhrs- und Ausfuhrs-Verbote
und Zollgesetze, wodurch die Staaten den Producten anderer Länder und fremden
Kunstfleißes den Zugang verwehren, oder doch wenigstens schwerer machen, die
eigenen Producte aber den Auswärtigen nicht zu Gute kommen laßen wollen; und es
läßt sich, besonders bey dem neuerdings von manchen Regierungen in der Hinsicht
befolgten System nicht erkennen, wie *Estrangin* (in einer Note zu *Pothier* traité du
contrat d'assurance a Paris 1810 pag 91) sehr wahr sagt, „que ces Systèmes de
défenses d'importation ou d'exportation de la part d'un gouvernement, ne faient le
plus souvent une espèce de guerre déclaree aux besoins, à l'industrie, aux débouchés
des productions d'une autre nation".[16] Daraus folgt dann aber auch, daß der Staat und
dessen Gerichte keine rechtliche Veranlaßung haben, die von ihren Untergebenen
vorgenommenen Contraventionen gegen fremde Zollgesetze und Handelsverbote
als Illegalitäten zu behandeln. Mit diesen aus der Natur der Sache entspringenden
Grundsätzen harmonirt denn auch völlig die jetzige Europäische Völkerpraxis, die

---

16   „… dass diese Systeme von Import- und Exportbeschränkungen von Seiten einer Regierung
       nichts weiter als eine Art Krieg darstellen gegen die Bedürfnisse, die Industrie, die Absatz-
       märkte einer anderen Nation."

es – wo nicht in einzelnen Staaten politische Gründe specielle entgegenstehende Verordnungen, z. B. in Betracht der Kriegscontrabande, herbeygeführt haben – den eigenen Unterthanen nicht verbietet, Unternehmungen gegen fremde Zoll-Gesetze und Handels-Verbote zu machen, oder das Risico solcher Geschäfte zu übernehmen (Emerigon traité des assurances T. 1. Ch. 8. Sect. 5. pag 210 sqq; Estrangin l. c. pag 89–93; Parck on marine assurances Tom. 2 pag. 390 [P. 346]; Jacobson im Handbuche über das practische Seerecht der Engländer und Franzosen B. 2. S. 77–79.; vergl. die Hamburg. Assec. und Havarey-Ordn. Tit. 4 Art. 10).

Insoferne demmnach die Kläger einen Anspruch gegen die Beklagten aus einer von letzteren durch die Verschiffung von in Rußland verbotenen Waaren nach Reval begangenen Illegalität ableiten wollen, kann ihre Klage von dem Lübischen Richter als begründet nicht angenommen werden.

(...) und da nun bey zweiseitigen Verträgen jeder Contrahent verpflichtet ist, den Mitcontrahenten von den bey dem Vertrage in Betracht kommenden physischen und juristischen Mängeln und von solchen Eigenschaften derselben in Kenntniß zu setzen, welche dem eigenen Vermögen oder gar der eigenen Person des Mitcontrahenten Gefahr dohen; so ist es auch die contractliche Pflicht dessen, der Contrabande nach einem fremden Lande verladet, den Schiffer oder Fuhrmann davon wenigstens dann in Kenntiß zu setzen, wenn im Entdeckungsfall nicht blos die Confiscation der Güter, sondern auch die des Schiffes, des Wagens und der Pferde, und wohl gar noch andere Strafen für den wenn auch unschuldigen Ueberbringer zu befürchten stehen. Der Ablader, der dieses versäumt, muß daher dem Schiffer für den Schaden aufkommen, den dieser durch die ohne sein Wissen verladenen Contrabande im fremden Lande erleidet. Zwar meinen die Beklagten, diese Verbindlichkeit könne sie nicht trefen, denn a) es sey an dem Schiffer gewesen, sich nach dem Inhalte der ihm übergebenen Colly zu erkundigen, wenn er nicht auch auf darin enthaltene Contrabande gefaßt seyn wollte; und das um so mehr, da nur ihn, nicht sie, die Ablader, die rußischen Zollgesetze gekümmert hätten. Allein es widerstreitet aller Rechtsanalogie, daß der Empfänger einer Sache sich nach deren Eigenschaften erkundigen soll; es ist vielmehr an dem, der sie hingiebt und ihre Mängel und Fehler kennt, oder doch kennen sollte, den Empfänger darauf aufmerksam zu machen; und das trifft bey dem Frachtcontracte um so mehr zu, weil der Befrachter nach demselben verpflichtet ist, keine verbotenen Waaren einzuladen, die den unwissenden Schiffer in Gefahr bringen können (s. Abbot law of Merchants Ships p. 280).

Daß es aber bloß dem Schiffer, der nach einem fremden Lande fährt, nicht dem Kaufmann, der Güter dahin absendet, obliege, sich um dessen Handelsgesetze zu bekümmern, läßt sich durchaus nicht annehmen, denn auch der letztere wird und kann solche Erkundigungen nicht unterlassen, ohne sich dem Vorwurf einer unverzeihlichen Sorglosigkeit auszusetzen; und dann muß er dem Schiffer wenigstens die Qualität der Waare anzeigen, um diesen nicht unwißentlich zu einem Verstoße gegen die fremden Gesetze zu veranlassen, und ihn in die Gefahr zu bringen, dort als Delinquent behandelt zu werden. (…)

Zwar meinen die Beklagten:

b.) gerade durch die Form der Connossemente, daß sie bloß an Order lauteten, habe der Schiffer einestheils darauf aufmerksam werden müßen, daß die Waaren verbotener Art seyn möchten, und anderntheils sich dadurch stillschweigend allen den Nachtheilen unterzogen, die aus jener in den Rußischen Gesetzen verbotenen Form der Connosemente für ihn hervorgehen könnte. Es ist aber völlig ungegründet, daß von Ordre-Connossementen auf den verbotenen Inhalt der Ballen und Kisten mit Nothwendigkeit zu schließen sey, da man, wie gerade der vorliegende Fall ergiebt, wo nicht wenige solcher Güter in Reval ihre Abnehmer gefunden haben, an Ordre auch aus manchen andern Gründen als wegen Unfreyheit der Waare zu verschiffen pflegt. Und was das Rußische Verbot der Waaren-Einfuhr an Ordre anbetrifft, so ist dasselbe freilich in dem Manifest über den Einfuhr- und Ausfuhr-Handel des Russischen Reichs vom 19/31sten December 1810 §. 11. enthalten, und dieses Verbot scheint auch erst in der Zollordnung für das Jahr 1810 §. 51 (Anl. 1 zu nr. 18 d. oberger[ichtlichen] Acten) allgemein zurückgenommen zu seyn; allein schon nach der Strenge des Gesetzes vom Jahre 1810 bestand der Nachtheil, wenn bloß wider jene Vorschrift gehandelt war, lediglich in der Zurücksendung der Waare, (…)

Endlich

c.) wollen die Beklagten sich deshalb von aller Verbindlichkeit befreit wissen, weil sie die fraglichen Waaren bloß als Spediteure weiter befördert hätten, dem Spediteur aber, als bloßem Vermittler der Weiterbeförderung, auf keinen Fall zugemuthet werden könne, sich um die Einführbarkeit der Waare am Bestimmungsorte zu bekümmern. Allein einestheils ist der Spediteur allerdings verpflichtet, sich um die rechtliche Mög-lichkeit der Einfuhr, so wie von den Mitteln der Weiterbeförderung, welche letzteren ja ohne genaue Kenntniß des ersteren gar nicht einmal gehörig gewählt werden können, in Kenntniß zu setzen; und anderntheils kommt es hier gar nicht darauf an, ob die Beklagten im vorliegenden Falle Spediteure waren oder nicht, da sie mit dem Schiffer nicht auf dem Namen ihrer Committenten, sondern auf ihrem eigenen die Fracht-contracte abgeschlossen, sich also – selbst wenn sie ihm im Allgemeinen gesagt haben sollten, daß dieses Speditionsgüter seyen – demselben, der die wahren Eigenthümer nicht kannte, also nur gemeint seyn konnte, sich an die Beklagten zu halten, persön-lich als die Befrachter verpflichtet haben (l. 13. C. si certum petatur).

Sonach erscheint die angestellte Klage begründet, insofern – was aber, wie weiter unten nachzuweisen ist, zum Gegenbeweise der Beklagten gehört – der Schiffer Haase bey der Uebernahme der fraglichen Waaren, deren contrabande Eigenschaft nicht gekannt hat.

Vorlage: Urteil des Oberappellationsgerichts der vier freien Städte Deutschlands vom 12. Dezember 1822, in: Archiv der Hansestadt Lübeck OAG L I 22 a, Aktenstück Q 19.

Der umfangreiche Auszug aus der Urteilsbegründung zeigt exemplarisch das hohe Niveau der juristischen Argumentation am Oberappellationsgericht der vier freien Städte. Es handelte sich um einen aufsehenerregenden Fall. Ein Lübecker Schiffer hatte verbotene Waren ins damals zum Zarenreich gehörende Baltikum transportiert, war in Reval (Tallinn, heute Estland) ertappt worden und kurze Zeit später vermutlich im russischen Gefängnis gestorben. Das gesamte Schmuggelgut, zeitgenössisch französisch Contrabande genannt, wurde konfisziert. Die Witwe des Schiffers, die Reederei und die Handelshäuser, deren Waren verloren waren, stritten daraufhin um Schadensersatz. Die Einzelheiten waren verwickelt.

Appellation gegen Beweisurteile

Gegen mehrere Beweisurteile richteten sich Appellationen an das Oberappellationsgericht, das daraufhin die aufgeworfenen Rechtsfragen gesondert entschied und die Sache jeweils an die Vorinstanzen zurückverwies. Es war weit verbreitete Praxis, gegen einzelne Beweisinterlokute das Oberappellationsgericht anzurufen. In diesen Fällen ging es dann nur um ein einzelnes Rechtsproblem und nicht um ein Endurteil für den gesamten Rechtsstreit. Hier liegt vermutlich einer der Gründe, warum die Prozesse vor dem Lübecker Gericht so zügig verliefen. Zahlreiche Fälle wurden innerhalb eines Jahres entschieden und dann zur weiteren Verhandlung an die erste oder zweite Instanz zurückverwiesen.

Dieses Hin und Her hatte jedoch auch zur Folge, dass derselbe Rechtsstreit durchaus mehrfach an das Oberappellationsgericht gelangen konnte, wenn nämlich die Prozessparteien gegen verschiedene Beweisurteile Rechtsmittel einlegten. Allein der Streit um die Konfiskation des Schiffes „Dora", aus dem der Urteilsauszug stammt, gelangte innerhalb von 14 Jahren fünfmal vor das Oberappellationsgericht. Die Akten umfassen immerhin mehr als 1200 Seiten, doch ganz zuletzt kam es zu einem außergerichtlichen Vergleichsschluss zwischen den Parteien. Im Gegensatz zum frühneuzeitlichen Zivilprozess sandten im 19. Jahrhundert die Untergerichte die originalen *Acta priora* an die Appellationsinstanz und fertigten keine Kopien mehr an. Das sparte viel Zeit, weil man die dickleibigen erstinstanzlichen Akten nicht wie zuvor per Hand abzuschreiben brauchte.

Entscheidungsfindung am Oberappellationsgericht

Wenn die Sache am Oberappellationsgericht entscheidungsreif war, nahm einer der Räte die Akte mit nach Hause und fertigte eine Relation mit Entscheidungsvorschlag und vorformulierten Urteilsgründen an. Georg Arnold Heise, der Präsident in den ersten drei Jahrzehnten, arbeitete in sehr vielen Fällen selbst die Korrelation aus, verfasste also persönlich zusätzlich einen zweiten Entscheidungsvorschlag. Allein zum hier dokumentierten „Dora"-Prozess sind von Heise vier Relationen überliefert. Auch prüfte er die Relationen seiner Kollegen akribisch durch und versah sie mit zahlreichen Ergänzungen und Verbesserungen. Hatte sich das Kollegium auf die einzelnen Formulierungen geeinigt, erstellte der Sekretär die Reinschrift der Entscheidungsgründe. Aus dieser offiziellen Urteilsbegründung stammt der Quellenauszug. Das Oberappellationsgericht gab seine Entscheidungsgründe nicht nur der Vorinstanz, sondern auch den Parteien bekannt. Jedenfalls zitierten die Schriftsatzverfasser in ihren späteren Libellen umfassend aus den gerichtlichen Erwägungen. Auf diese Weise kam im Prozess eine rechtliche Diskussion zwischen Gericht und Anwälten in Gang, die es in dieser Art vor 1800 nicht gegeben hatte.

Der Weg zum Urteilsstil

Im Stil der Entscheidungsgründe zeigt sich ein deutlicher Unterschied zur älteren Relationstechnik mit ihren *Rationes dubitandi* und *Rationes decidendi*. Im überkommenen Modell hatte der Richter zunächst alle Zweifelsgründe (*Rationes dubitandi*) zusammengestellt und dann abgelehnt und erst danach die tragenden Entscheidungsgründe (*Rationes decidendi*) zusammengefasst. Diese Zweiteilung hörte nun auf. Das Oberappellationsgericht Lübeck stellte zwar teilweise die von den Parteien vertretenen Rechtsauffassungen ausführlich dar, löste die Fälle aber nicht mehr nach dem überkommenen statischen Schema in zwei Richtungen, von denen sich am Schluss eine als der richtige Weg herausstellte. Vielmehr zeigen die Urteilsbegründungen weitgehend den heute noch gebräuchlichen modernen Urteilsstil. Das Gericht stellte an zahlreichen fraglichen Punkten seine Rechtsauffassung voran und begründete dann, warum es eine ganz bestimmte Meinung für überzeugend hielt. Die Entscheidungsgründe enfalteten dadurch große Überzeugungskraft, verzichteten auf Umwege und hielten sich knapp.

    Die Mitglieder des Oberappellationsgerichts bemühten sich, ihre Ansichten an möglichst übergreifende Rechtsprinzipien anzubinden, um auf diese Weise die Einzelfälle immer in das übergeordnete System des Privat- und Handelsrechts einzupassen. Die Prozessordnung von 1820/31 verpflichtete die Richter, bei ihren Erkenntnissen die in den freien Städten „geltenden Particular-Gesetze und rechtlichen Gewohnheiten, und in deren Entstehung das in den Städten recipirte gemeine Recht, mit Inbegriff der in

denselben vor Auflösung der ehemaligen deutschen Reichsverfassung aufgenomme-
nen Reichsgesetze, anzuwenden" (§ 82 Oberappellationsgerichtsordnung 1831/§ 29
provisorische Gerichtsordnung 1820). In der Praxis griff das Oberappellationsgericht
aber weit darüber hinaus. Die Entscheidungsgründe im „Dora"-Fall stützen sich mehrfach auf die moderne zeitgenössische Literatur aus Frankreich, Großbritannien und
Nordamerika. Aus dieser umfangreichen Rechtsvergleichung entfaltete das Gericht
allgemeine Prinzipien, an denen es seine Rechtsprechung ausrichtete. Die „Natur der
Sache", eine Figur, die der langjährige Gerichtspräsident Georg Arnold Heise häufig
bemühte, diente ebenfalls dazu, derart übergreifende Entscheidungen zu erzielen. Die
Rechtsanalogie tauchte ebenfalls auf und unterstützte zusätzlich den auf verallgemeinerbare Prinzipien zielenden Ansatz. Das Oberappellationsgericht zitierte mehrfach die
überlieferten gemeinen Rechte, hier etwa den Codex Justinianus (C. 4, 2, 13). Diese
antike Quelle handelt zwar eigentlich vom Gelddarlehen, doch ohne ein Wort dazu
zu sagen, stützte das Gericht hierauf seine Auffassung von der Risikoverteilung im
Frachtvertrag. In derselben Weise verfuhr die Urteilsbegründung mit dem Partikularrecht. Die Richter erwähnten zwar die Hamburger Versicherungs- und Havarieordnung
von 1731, doch der Sachverhalt stammte aus Lübeck, wo diese Ordnung nie gegolten
hatte. Das Gericht kümmerte sich also, anders als es nach der Rechtsanwendungs-
klausel erscheinen mag, gar nicht streng um die vorgegebenen Rechtsquellen. Vielmehr
schuf es sich die Grundsätze, an denen es seine Urteile ausrichtete, selbständig durch
umfassende rechtsvergleichende Annäherungen. Diese schöpferische Kraft haben die
Zeitgenossen bewundert.

Entscheidungsliteratur, Veröffentlichung von Urteilen
Der Präsident Georg Arnold Heise und der Gerichtsrat Friedrich Cropp veröffentlichten 1827 und 1830 zwei Bände mit juristischen Abhandlungen, die eng auf den
Entscheidungen des Oberappellationsgerichts beruhten. Ab 1845 erschienen die Urteilsbegründungen im Druck, zunächst getrennt nach den vier Städten, ab 1865/66 dann in
gemeinsamen Jahresbänden. Auf diese Weise erfuhren nicht nur die Prozessbeteiligten
die Erwägungen des Gerichts. Zugleich war damit auch die Ausstrahlung der Rechtsprechung in den Bereich der Rechtswissenschaft eröffnet. Zahlreiche im 19. Jahrhundert gegründete juristische Zeitschriften, vor allem ab 1847 Seufferts Archiv, veröffentlichten Auszüge aus Gerichtsentscheidungen. Sie gaben damit nicht nur Hinweise
darauf, wie verschiedene Gerichte einzelne Rechtsprobleme lösten. Vielmehr zeigten
sie mit diesen Beispielen zugleich den Stil richterlicher Entscheidungsbegründungen.

3.9.2 Das Ende des Oberappellationsgerichts

Mit der Annexion Frankfurts durch Preußen büßte das Oberappellationsgericht Lübeck 1866 einen erheblichen Teil seines Sprengels ein. Zudem fielen 1870 weite Zuständigkeiten an das neu errichtete Bundesoberhandelsgericht in Leipzig. Die Reichsjustizgesetze von 1877/79 führten sodann zum Ende des Lübecker Gerichtshofes. Das bisherige Oberappellationsgericht wurde nach Hamburg verlagert und als Hanseatisches Oberlandesgericht in die reichseinheitliche Gerichtsverfassung eingepasst. Von den letzten fünf Räten des Lübecker Gerichts wechselte einer an das Reichsgericht in Leipzig, ein anderer wurde Gründungspräsident des Hanseatischen Oberlandesgerichts. Johann Friedrich Martin Kierulff, der das Oberappellationsgericht 26 Jahre geführt hatte, trat knapp 73-jährig in den Ruhestand.

Eine wichtige und glanzvolle Epoche der deutschen Justizgeschichte des 19. Jahrhunderts war beendet.

3.10 Der lange Weg zu den Reichsjustizgesetzen

Der Weg zu einer einheitlichen deutschen Gerichtsverfassung vollzog sich über mehrere Etappen bis zum 1. Oktober 1879. Seit diesem Tage galten das Gerichtsverfassungsgesetz, die Strafprozessordnung, Zivilprozessordnung und die Konkursordnung für das Deutsche Reich, ebenso die Rechtsanwaltsordnung und das Gerichtskostengesetz. Begleitet waren diese umfangreichen Reichsjustizgesetze durch mehrere Einführungsgesetze. Es handelte sich also um einen ganzen Strauß neuer Gesetze.

3.10.1   Gerichtsverfassung und Prozessmaximen in der Paulskirchenverfassung

Bereits die Paulskirchenverfassung von 1849 hatte die Errichtung eines Reichsgerichts vorgesehen. Es sollte insbesondere auch für „Klagen deutscher Staatsbürger wegen Verletzung der durch die Reichsverfassung ihnen gewährten Rechte" zuständig sein (§ 126 Lit. g). Gedacht war also an eine Verfassungsbeschwerde, wie sie erst nach dem Zweiten Weltkrieg verwirklicht wurde. Die wesentlichen Grundsätze der Gerichtsverfassung und des Prozessrechts regelte die Paulskirchenverfassung im Abschnitt über die Grundrechte. Das zeigt ganz anschaulich, welch hohe Bedeutung die bürgerlichen Revolutionäre der Justiz in einem demokratischen Staat zumaßen.

Prozessmaximen und Gerichtsbarkeit 1849
§ 174. Alle Gerichtsbarkeit geht vom Staate aus. Es sollen keine Patrimonial-
gerichte bestehen.
§ 175. Die richterliche Gewalt wird selbständig von den Gerichten geübt. Kabinetts-
und Ministerialjustiz ist unstatthaft. Niemand darf seinem gesetzlichen Richter entzogen
werden. Ausnahmegerichte sollen nicht stattfinden.
§ 176. Es soll keinen privilegierten Gerichtsstand der Personen oder Güter geben. Die
Militärgerichtsbarkeit ist auf die Aburteilung militärischer Verbrechen und Vergehen
sowie der Militär-Disziplinarvergehen beschränkt, vorbehaltlich der Bestimmungen
für den Kriegszustand.
§ 177. Kein Richter darf, außer durch Urteil und Recht, von seinem Amt entfernt oder
an Rang und Gehalt beeinträchtigt werden. Suspension darf nicht ohne gerichtlichen
Beschluß erfolgen. Kein Richter darf wider seinen Willen, außer durch gerichtlichen
Beschluß in den durch Gesetz bestimmten Fällen und Formen, zu einer andern Stelle
versetzt oder in Ruhestand gesetzt werden.
§ 178. Das Gerichtsverfahren soll öffentlich und mündlich sein. Ausnahmen von der
Öffentlichkeit bestimmt im Interesse der Sittlichkeit das Gesetz.
§ 179. In Strafsachen gilt der Anklageprozeß. Schwurgerichte sollen jedenfalls in
schweren Strafsachen und bei allen politischen Vergehen urteilen.
§ 180. Die bürgerliche Rechtspflege soll in Sachen besonderer Berufserfahrung
durch sachkundige, von den Berufsgenossen frei gewählte Richter geübt oder mit
geübt werden.
§ 181. Rechtspflege und Verwaltung sollen getrennt und voneinander unabhängig
sein. Über Kompetenzkonflikte zwischen den Verwaltungs- und Gerichtsbehörden in
den Einzelstaaten entscheidet ein durch das Gesetz zu bestimmender Gerichtshof.
§ 182. Die Verwaltungsrechtspflege hört auf; über alle Rechtsverletzungen entscheiden
die Gerichte. Der Polizei steht keine Strafgerichtsbarkeit zu.
Vorlage: Verfassung des deutschen Reiches vom 28. März 1849 §§ 174–183, in: Reichs-Gesetz-Blatt,
16tes Stück, Frankfurt am Main, 28. April 1849 (Ndr.: Reichs-Gesetz-Blatt Nr. 1–18, Glashütten
im Taunus 1976), S. 101–147 (132–133).

In diesen Paragraphen, allesamt aus Artikel 10 des Grundrechtsteils, bekannte sich die
Paulskirche zur Gerichtsbarkeit als scharf umrissener dritter Säule der Staatsgewalt, zur
Trennung von Justiz und Verwaltung, zur persönlichen Unabhängigkeit der Richter und
zum Anspruch auf einen gesetzlichen Richter. Das Gerichtsverfahren sollte öffentlich und
mündlich sein, für den Strafprozess war mit dem Anklageprozess stillschweigend zugleich
die flächendeckende Einführung der Staatsanwaltschaft vorgesehen. Schwurgerichte

brachten bei schweren Straftaten Laienrichter zurück in die Gerichtsverfassung. Die ordentliche Gerichtsbarkeit sollte für jedermann zugänglich sein. Deswegen schaffte die Verfassung Patrimonialgerichte, Kabinettsjustiz und jegliche privilegierte Gerichtsstände ab.

Prozessrecht als Freiheitsschutz

Aus moderner Sicht lesen sich die Bestimmungen wie Selbstverständlichkeiten. Das täuscht jedoch. Alle wesentlichen Weichenstellungen waren im Vormärz politisch heftig umstritten und gehörten zu den Kernforderungen der Revolutionäre. Schon auf den Germanistenversammlungen, vor allem beim zweiten Treffen in Lübeck 1847, hatten die Gerichtsreformen eine große Rolle in den Diskussionen gespielt. Es ging darum, die Freiheitsrechte der Staatsangehörigen gegen den Staat selbst zu sichern. Mit politischer Justiz hatte man in der Restaurationszeit nach 1815 genügend Erfahrung gesammelt. So wurde etwa der Turnvater Friedrich Ludwig Jahn 1819 als angeblicher Demagoge von der preußischen Polizei und einer eigens eingesetzten Justizkommission gegen den Widerstand des Berliner Kammergerichts für fünf Jahre in Festungshaft gebracht. Erst nach Jahren kam ein ordentliches Gerichtsverfahren in Gang, das letztinstanzlich vor dem Oberlandesgericht Frankfurt/Oder mit einem Freispruch endete. Der Frankfurter Wachensturm von 1833, eine von Studenten getragene revolutionäre Aktion, führte zur Errichtung einer neuen Bundes-Inquisitionsbehörde, die jahrelang gegen demokratische Umtriebe vorging. Es gab über 2000 Verdächtige und insgesamt 39 Todesurteile.

Mit der Trennung der Justiz von den obrigkeitlichen Einflüssen der bundesstaatlichen Regierungen wollte die Paulskirchenverfassung solche politischen Prozesse verhindern. Die Schwurgerichte für Schwerstkriminalität und politische Sachen zielten in dieselbe Richtung, denn die bürgerlichen Stimmen der Geschworenen sollten die einseitige Härte der obrigkeitlichen Macht mildern. Der Strafrechtler Carl Joseph Anton Mittermaier betonte 1847, die Geschworenengerichte würden die Akzeptanz der Rechtsprechung und das Vertrauen in die Justiz erhöhen. In einem Punkt freilich hatten sich die Revolutionäre verrechnet. Dort, wo es zur Errichtung von Schwurgerichten kam, stiegen die Strafen für Gewaltverbrechen deutlich an. Offenbar können studierte Juristen professioneller und damit leidenschaftsloser mit Kriminalität umgehen als Laien. Die Kehrseite war eine deutliche Zunahme von Begnadigungen, die allerdings wie jederzeit auch weiterhin zu den Reservatrechten des Staatsoberhauptes gehörten.

Öffentlichkeit und Mündlichkeit der Gerichtsverhandlungen hatten ebenfalls eine klar liberale Stoßrichtung. Denn damit war eine Kontrolle der gerichtlichen Tätigkeit eröffnet, insbesondere auch durch die Berichterstattung in den Tageszeitungen. Geheimjustiz konnte es dann nicht mehr geben. Auch der Anklageprozess im Strafverfahren (Akkusationsprinzip) sicherte den Beschuldigten vor der heimlichen Eröffnung eines

Inquisitionsverfahrens. Zeitgenossen sprachen insofern vom reformierten Strafprozess. Das ausländische Vorbild war bei nahezu allen Reformforderungen unverkennbar. Mittermaier legte 1845 ein Buch über „Die Mündlichkeit, das Anklageprinzip, die Oeffentlichkeit und das Geschwornengericht" vor, das auf 400 Seiten im Wesentlichen rechtsvergleichend vorging. Die Spannweite war enorm: England, Nordamerika und Frankreich tauchten erwartungsgemäß auf, doch gab es auch Länderkapitel zu den Niederlanden, Belgien, Griechenland, Portugal, Genf, Italien, Ungarn und zur Schweiz. Die deutsche Diskussion war also Teil einer gesamteuropäischen Debatte.

Bundesstaatliche Reformen
Die von der Paulskirchenversammlung erstrebte Reichseinheit unter einem preußisch-deutschen Kaisertum scheiterte 1849. Die Grundrechte und damit auch die Vorgaben zur Gerichtsverfassung und zum Prozessrecht waren zwar förmlich verkündet worden, entfalteten danach aber keine rechtliche Wirkung mehr. Allerdings war die Zeit offenbar reif für zahlreiche einzelne Reformschritte.

Preußen und der Polenprozess
Preußen machte den Anfang. Jeweils zunächst für einzelne Sachbereiche errichtete das Königreich bereits 1843 die Staatsanwaltschaft, im folgenden Jahr führte man die freie richterliche Beweiswürdigung ein. Ein aktueller Anlass beschleunigte die Reformbemühungen, nämlich der sog. Polenprozess gegen polnischstämmige nationalistische Aufrührer in der Provinz Posen. Mit dem überkommenen Strafverfahren hätte man die zahlreichen Beschuldigten angeblich auf Jahrzehnte hinaus nicht verurteilen können. Deswegen schuf ein Gesetz vom 17. Juli 1846 als Neuerung das mündliche Strafverfahren mit Beteiligung der Staatsanwaltschaft. Die öffentliche Verhandlung war zunächst auf Justizangehörige begrenzt. Doch durften schon 1847 alle Männer als Zuschauer an den Verhandlungen teilnehmen. Hinzu kam die freie richterliche Beweiswürdigung. Die alte gesetzliche Beweislehre mit ihren Voll-, Halb- und Viertelbeweisen hatte ausgedient. Nach diesen erneuerten Maximen verlief dann an 91 Verhandlungstagen der Polenprozess gegen 254 Angeklagte. Während der Revolution von 1848 kamen die über 90 Verurteilten wieder frei. Das Beispiel zeigt in geradezu beklemmender Weise, wie sich liberale Reformforderungen und das Regierungsinteresse an zügigen Prozessen gegen Aufständische im Ergebnis decken konnten. Solche Neuerungen ließen sich dann einvernehmlich leicht umsetzen. Problematischer sah es etwa mit der richterlichen Unabhängigkeit aus. Die preußische Verfassung von 1850 erkannte sie an, doch noch in den 1840er Jahren hatte der Justizminister missliebige Richter kurzerhand entlassen.

In der Zeit des Polenprozesses hielt der Berliner Staatsanwalt Julius von Kirchmann in Berlin eine berühmt gewordene Rede über die „Werthlosigkeit der Jurisprudenz als Wissenschaft". Er verkündete unter dem Beifall des Publikums: „Drei berichtigende Worte des Gesetzgebers, und ganze Bibliotheken werden zur Makulatur."[17] Damit hatte er den Finger in eine offene Wunde gelegt, auch wenn es später einige kritische Rezensionen hagelte. Der Gesetzgebungsstaat des 19. Jahrhunderts konnte das Prozessrecht und die Gerichtsverfassung nämlich nach seinen jeweiligen Vorstellungen weitgehend frei verändern.

3.10.2   Die hannoverschen Zivilprozessordnungen von 1847 und 1850

Von den deutschen Bundesstaaten verdient vor allem das Königreich Hannover besondere Aufmerksamkeit. Schon im 18. Jahrhundert galt Hannover mit dem Oberappellationsgericht Celle und überregional anerkannten Partikularrechtlern wie Friedrich Esajas Pufendorf und David Georg Strube als Territorium mit einer gut organisierten Rechtspflege (vgl. Kap. 3.3.3). Eine Prozessordnung von 1847 schuf erstmals mit einheitlichen Verfahrensvorschriften eine gesamtstaatliche Prozesseinheit für die zahlreichen oberinstanzlichen Gerichte, die bis dahin noch ihre eigenen Gerichtsordnungen besessen hatten. Inhaltlich ging es 1847 vor allem darum, den gemeinen Zivilprozess weitgehend zu bewahren und fortzuentwickeln. Der altbekannte Schriftsatzwechsel blieb ebenso erhalten wie die Eventualmaxime, das Beweisinterlokut und die gesetzliche Beweislehre. Nach der Eventualmaxime sollten die Parteien alle Angriffs- und Verteidigungsmittel gleich zu Beginn vorlegen. Das sollte den Prozess beschleunigen, ließ dafür aber schon am Anfang des Rechtsstreits die Akten stark anschwellen, unabhängig davon, ob es auf sämtliche Punkte später überhaupt ankam. In kleinen Ansätzen war freilich im hannoverschen Recht das Fragerecht des Gerichts erweitert und vor allem für Zeugenvernehmungen Mündlichkeit und Unmittelbarkeit vorgesehen. Doch stieß der insgesamt konservative Kompromiss auf Widerstand.

Reformen unter Adolf Leonhardt
Schon während der Revolution von 1848 führte die Regierung vorläufige Neuerungen ein und sagte eine grundlegende Überarbeitung der Prozessordnung zu. Zuständig für die Ausarbeitung eines neuen Entwurfes war Adolf Leonhardt. Der ehemalige Anwalt

---

17   *Julius von Kirchmann*, Die Werthlosigkeit der Jurisprudenz als Wissenschaft. ein Vortrag, gehalten in der juristischen Gesellschaft zu Berlin, 2. Aufl. Berlin 1848, S. 17.

war seit 1848 Mitarbeiter im Justizministerium und stieg 1865 zum hannoverschen Justizminister auf. Nach der preußischen Annexion Hannovers wurde er nach einem kurzen Zwischenspiel als Präsident des Oberappellationsgerichts Berlin für zwölf Jahre preußischer Justizminister. In dieser Zeit arbeitete er intensiv an den Reichsjustizgesetzen, aber auch am Strafgesetzbuch von 1871 mit.

Die hannoversche Bürgerliche Prozessordnung von 1850 war Leonhardts erstes und zugleich wegweisendes Gesetzeswerk. In einem ganz wesentlichen Punkt vollzog er die Abkehr vom gemeinrechtlichen Zivilprozess mit seiner geheimen Schriftlichkeit. Leonhardt erhob nämlich die mündliche Verhandlung zum Rückgrat des gesamten Gerichtsverfahrens. Die entscheidenden Prozesshandlungen waren damit nur dann wirksam, wenn die Parteien sie in der mündlichen Gerichtsverhandlung vorgenommen hatten. Der Schriftsatzwechsel verlor daraufhin seinen rechtlich bestimmenden Charakter und wurde zur bloßen Vorbereitung der mündlichen Verhandlung. Die überkommene Eventualmaxime mit ihrem Terminsystem und zahlreichen Präklusionsbestimmungen war auf diese Weise abgelöst von einem Verständnis, wonach die Parteien im Wesentlichen selbst bestimmen konnten, wann sie ihre Angriffs- und Verteidigungsmittel vorbrachten. Allerdings hielt Leonhardt am Beweisinterlokut fest und übernahm in diesem Punkt die Zweiteilung des Zivilprozesses, wie sie etwa das sächsische Recht schon seit jeher gekannt hatte. Zukunftsweisend war dagegen die Ausgestaltung des allein noch vorgesehenen Rechtsmittels, nämlich der Berufung. Sie schloss im Gegensatz zur überkommenen Appellation eindeutig die Möglichkeit ein, auch in der oberen Instanz neue Tatsachen vorzutragen.

Übernahme in anderen Bundesstaaten
Zahlreiche andere Bundesstaaten sahen die hannoversche Kodifikation als vorbildlich an und übernahmen ihre Grundsätze in eigene Prozessordnungen, so etwa Baden 1864 oder Württemberg 1868. Es begannen auch Diskussionen, ob man auf dieser Grundlage nicht das Zivilprozessrecht des gesamten Deutschen Bundes vereinheitlichen sollte. Im Handelsrecht hatte man diesen Schritt 1861 bereits erfolgreich unternommen. Tatsächlich gab es eine Kommission, die ab 1862 in Hannover über eine bundeseinheitliche Reform beriet. Das Ende des Deutschen Bundes und die Auflösung des Königreichs Hannover brachten 1866 aber das politische Aus.

Rückblickend besitzt vor allem die Verschiebung von der Schriftlichkeit zur Mündlichkeit entscheidende Bedeutung. Hannover war der erste deutsche Staat, der diese Forderung in seiner Gesetzgebung umsetzte. Doch in der Praxis besteht seit jeher das Spannungsfeld zwischen beiden unvereinbaren Positionen. Bereits der Kameralprozess kannte Reste an Mündlichkeit, deren Umfang zum ständigen Streit zwischen Anwälten und Richterschaft führte. Im Zivilprozess, in dem die Abwehr staatlicher Willkür weit weniger schwer wiegt als im Strafverfahren und wo auch die flächendeckende Einführung von Schöffen oder Geschworenen nie zur Debatte stand, gab es auch nach 1850 weiterhin gute Argumente für die Schriftlichkeit. Sorgfältige juristische Erörterungen, die möglicherweise verschiedene Rechtsquellen, wissenschaftliche Literatur oder ältere Gerichtsentscheidungen berücksichtigten, ließen sich schlechterdings mündlich nicht vermitteln. Die vorbereitenden anwaltlichen Schriftsätze, die Leonhardt beibehielt, konnten daher der Sache nach leicht die mündliche Verhandlung entwerten, wenn die Parteien dort lediglich auf ihre eigenen Schriftsätze verwiesen. Verschiedene Reformen haben diese Frage seitdem immer gesehen und diskutiert, aber nie in den Griff bekommen. Vermutlich ist das Problem schlicht unlösbar.

3.10.3   Die Zivilprozessordnung von 1877/79

Nach dem Ende des Deutschen Bundes hing der noch 1866 fertiggestellte Bundesstaaten-Entwurf einer deutschen Zivilprozessordnung in der Luft. Freilich hatten einige größere Staaten, darunter Preußen, dieses Projekt ohnehin nicht unterstützt. Mit der freien richterlichen Beweiswürdigung, der Unmittelbarkeit der Beweisaufnahme und einem dreistufigen Gerichtsaufbau waren aber drei Weichen für die Richtung künftiger Diskussionen gestellt.

Radikale Mündlichkeit
In der rechtspolitischen Auseinandersetzung gewannen die Stimmen, die eine noch stärkere Hinwendung zur Mündlichkeit forderten, innerhalb weniger Jahre erheblich an Gewicht. Adolf Leonhardt, der preußische Justizminister, empfand deutlich den politischen Druck, der auf ihm lastete. Letztlich beugte er sich, erinnerte aber den deutschen Reichstag an seine damit übernommene politische Verantwortung für die Nachteile radikaler Mündlichkeit. Doch die Abgeordneten schlugen seine Warnungen in den Wind und lachten ihn im Parlament aus. Aber auftragsgemäß entfernte sich Leonhardts eigener Justizministerial-Entwurf von 1871 sichtbar von der hannoverschen Prozessordnung von 1850, die insgesamt eine ausgewogenere Linie verfolgt hatte.

Radikale Mündlichkeit bedeutete nunmehr, dass sich die Parteien vor Gericht nicht mehr auf ihre eigenen Schriftsätze beziehen durften, sondern ihren Tatsachen- und Rechtsvortrag wirklich in freier Rede halten mussten. Das Beweisurteil und damit die überkommene Zweiteilung des Prozesses in Behauptungs- und Beweisstation entfiel fortan. Überhaupt gestaltete Leonhardt die Dispositionsmaxime umfassend aus. Selbst Ladungen, Termine und Fristen fielen in die Verantwortung der Parteien.

In einem anderen entscheidenden Punkt konnte sich der Minister ebenfalls nicht durchsetzen. Für ihn bedeutete konsequente Mündlichkeit, dass es nur eine einzige Tatsacheninstanz geben konnte. Doch der Justizausschuss des Bundesrates folgte Forderungen des Deutschen Juristentages und Bayerns und sah die Berufung mit der vollen Möglichkeit, zweitinstanzlich neue Tatsachen vorzutragen, wieder vor. Daneben gab es als weiteres Rechtsmittel die Revision, mit der eine Partei Gerichtsentscheidungen lediglich auf Rechtsfehler hin angreifen konnte. Anders als bei der Strafprozessordnung entbrannte über den Zivilprozess ansonsten kaum Streit. Nahezu einstimmig verabschiedete der Reichstag im Dezember 1876 die Civilprozeßordnung für das Deutsche Reich. Die Verkündung folgte im Januar 1877.

Kritik an der Reichscivilprozeßordnung
Kritik wurde sofort laut, sowohl aus der Praxis, aber auch politisch getönt. Aus der Rückschau von zwei Jahrzehnten hielt Johann Christoph Schwartz das „unsociale Wesen" für den „schlimmsten Fehler" des Gesetzes. Der „kleine Mann, der Bauer zumal", könne sein Recht nicht mehr auf eigene Faust verfolgen, denn er benötige bereits vor dem Landgericht einen Rechtsanwalt. „Hierin liegt eine Entmündigung des deutschen Nichtjuristen, die mit aller Vergangenheit deutschen Rechts bricht."[18] In der Tat hatte die CPO die Anwaltspflicht vor höheren Gerichten eingeführt. Die sozialpolitischen Angriffe erinnern an die zeitgleiche Kritik am BGB und sind deshalb aus heutiger Perspektive mit derselben Vorsicht zu genießen. Andere Zeitgenossen lobten nämlich das Gesetz, weil nur die Mündlichkeit, Unmittelbarkeit und freie Prozessleitung der Parteien dem Leitbild des mündigen und freien Staatsbürgers entsprachen.

Änderungen des Prozessrechts nach 1879
Reformen der CPO blieben bis zum Ersten Weltkrieg weitgehend aus. Vor Amtsgerichten war seit 1909 der Bezug auf Schriftsätze wieder zulässig, wenn die Parteien übereinstimmend so vorgingen. Vor allem gab es immer wieder gesetzgeberische Eingriffe, um die oberen Gerichte zu entlasten. Schon 1905 wurde die Revisionssumme erhöht. Rechtsmittel gegen Urteile waren fortan nur noch bei höherwertigen Streitgegenständen möglich. 1909 hob man die Streitwertgrenze für die amts- und landgerichtliche Zuständigkeit an und verschob damit zahlreiche Fälle an die unteren Instanzen. Derartige Wertgrenzen sind bis heute ständig heraufgesetzt worden. Dabei handelt es sich nicht nur um einen Ausgleich für den Geldwertverfall, sondern um

---

18   *Schwartz* (Lit. zu 1.3.2), S. 738–739.

eine rechtshistorische Konstante. Schon im Alten Reich hatte man die allgemeine Appellationssumme mehrfach angehoben, ausdrücklich auch für Territorien, die kein eigenes Appellationsprivileg besaßen. Die Verschiebung von Streitigkeiten in die erste Instanz entlastet auf diese Weise die oberen Kollegialgerichte und vermindert die Personalkosten der Justiz. Die inhaltliche Qualität von Entscheidungen kann darunter freilich leiden, wie rechtssoziologische Untersuchungen nahelegen.

Fingierte Mündlichkeit im Zivilprozess
Die Nachteile des Mündlichkeitsprinzips bekam die Praxis auf ganz eigene Weise in den Griff, wie die folgende Quelle zeigt. Durch die Bezugnahme auf Akten und die Sitzungsvertretung von Anwälten ließ sich diese Prozessmaxime bis zur Unkenntlichkeit verzerren.

Zivilprozess in Berlin nach 1920
Bedenklich ist aber, daß es in derartigem Maße zur selbstverständlichen Routine geworden ist, daß ein Anwalt, der ausnahmsweise doch einmal wirklich mündlich verhandeln möchte, Gefahr läuft, sich mißliebig zu machen. Der Zeitaufwand für solche Extratour ist nicht mehr eingeplant. Es wird glaubhaft berichtet, daß in den 20er Jahren in Berlin der Richter den Verhandlung wünschenden Anwalt nur zu fragen pflegte, ob, was er vorzubringen gedenke, schon in seinen Schriftsätzen stehe; bejahte er es, so erklärte ihm der Richter, sein Vortrag sei „überflüssig"; verneinte er, so erklärte jener ihn für „unzulässig" (was, außer in Sonderfällen – § 272 ZPO – dem Gesetz zuwider ist). So herrscht hier, im Zeichen der Mündlichkeit, praktisch das alte Quod non est in actis … des 17. Jahrhunderts. Unter so bewandten Umständen erscheinen denn auch bei vielen größeren Landgerichten die Anwälte, anderwärts sinnvoller beschäftigt, überhaupt nicht mehr persönlich zu dieser Art „Verhandlung". Anwesend sind nur ihre Handakten, die auf einem großen Tisch im Saale bereitliegen, während zwei Kollegen, die in der betreffenden Sitzung turnusmäßig sämtliche Anwälte des Bezirks gleichzeitig vertreten („Kartelldienst"), das Gericht mit den zu überreichenden Schriftsätzen und den Bezugnahmen auf besagte Akten bedienen. Auch vor den Amtsgerichten wird in Zivilsachen praktisch eben nur soweit mündlich verhandelt, wie schreibungewandte Parteien sich nicht durch Anwälte vertreten lassen.
Vorlage: *Bernhard Rehfeldt*, Einführung in die Rechtswissenschaft. Grundfragen, Grundgedanken und Zusammenhänge (Lehrbücher und Grundrisse der Rwiss. 9), Berlin 1962, S. 256–257.

Offenbar tendiert die professionalisierte Justiz zur Schriftlichkeit, vor allem im Zivilprozess, in dem üblicherweise weder die Parteien noch Zuschauer anwesend sind. Ein umfassend schriftlich vorbereiteter Rechtsstreit kann sich in seiner mündlichen Verhandlung auf wenige Minuten beschränken, in denen die postulationsfähigen Anwälte ihre Anträge „aus Seite x der Akte" stellen. Der Richter protokolliert dann, die Sach- und Rechtslage sei erörtert worden, und man habe streitig verhandelt. Neuere Reformen, besonders soweit sie auf gütliche Streitbeilegung abzielen, versuchen seit 2001, die persönliche Anwesenheit der Parteien und das mündliche Gespräch vor dem Richter zu befördern. Ob solche Vorgaben außerhalb von Mediationen auch im regulären kontradiktorischen Verfahren sinnvoll sind und sich durchsetzen werden, bleibt abzuwarten.

3.10.4   Die Strafprozessordnung von 1877/79

Der einheitliche deutsche Zivilprozess entstand vor dem Hintergrund eines noch immer buntscheckigen materiellen Rechts. Erst 1896 wurde das BGB verkündet. Im Strafrecht war es genau umgekehrt. Schon 1871 trat wenige Monate nach der Kaiserproklamation das Reichsstrafgesetzbuch in Kraft. Ein übergreifendes Strafverfahren erschien daher als vordringliche Aufgabe. Die Beratungen verliefen aber ungleich schwieriger, weil einige Grundprobleme immer noch streitig waren. Das Anklageprinzip und die Staatsanwaltschaft als Anklagebehöre blieben unbestritten.

Geschworenengericht, Schwurgericht, Schöffengericht
Intensive Diskussionen entbrannten um die Frage, in welchem Umfang Laien an der Strafgerichtsbarkeit zu beteiligen seien. In diesem Punkt gingen die Maximen des Strafprozesses und der Gerichtsverfassung kaum trennbar ineinander über. Diejenigen Bundesstaaten, die vor 1871 das Geschworenenmodell eingeführt hatten, lehnten sich zumeist an das französische Vorbild an. Sie beschränkten die Aufgabe der Geschworenen darauf, über die bloße Tatfrage zu entscheiden. Demgegenüber stand das englische Modell des Schwurgerichts, nach dem die Jurymitglieder auch den Schuldspruch fällen sollten. In beiden Varianten freilich urteilten die Laien allein und ohne den Berufsrichter. Dagegen hatten Württemberg und Hannover im Polizeistrafrecht für geringerwertige Sachen einen dritten Weg verfochten und in Schöffengerichten Berufsrichter und Laien gemeinsam über die Strafbarkeit entscheiden lassen. Das Königreich Sachsen hatte die Zuständigkeit der Schöffengerichte auf die gesamte mittlere Kriminalität ausgeweitet.

In der rechtspolitischen Stoßrichtung setzten sich die Befürworter von Schwurgerichten zumeist ebenfalls für Mündlichkeit und Öffentlichkeit der Strafverhandlungen ein. Die Anhänger der Schöffengerichte waren grundsätzlich konservativer und standen mündlichen und öffentlichen Verhandlungen eher skeptisch gegenüber.

Das Ergebnis auf Reichsebene bestand in einem Kompromiss. Kleinere Strafsachen kamen vor Schöffengerichte, mittlere vor ausschließlich mit Berufsrichtern besetzte Strafkammern, die schwere Kriminalität dagegen vor Schwurgerichte, die nach dem englischen Modell die Tat- und Schuldfrage gemeinsam entschieden. Verglichen mit den revolutionären liberalen Forderungen seit dem Vormärz mutet das Ergebnis kurios an. Gerade die politische Kriminalität und Pressevergehen fielen in die Zuständigkeit der Strafkammern und wurden damit nicht vor Schwurgerichten verhandelt. Genau darüber entflammte ganz am Ende des Gesetzgebungsverfahrens noch Streit zwischen dem Reichstag und dem Bundesrat. Allerdings war das zweite Kaiserreich inzwischen ein Rechtsstaat mit Gewaltenteilung, wenn auch wegen der starken Exekutive nur teilweise demokratisch. Die politischen Gefahren, die von der Staatsgewalt ausgingen, hatten sich damit deutlich vermindert. Verabschiedet wurde die Reichsstrafprozessordnung schließlich im Februar 1876, verkündet erst ein Jahr später. In Kraft trat sie gemeinsam mit den anderen Reichsjustizgesetzen am 1. Oktober 1879.

3.10.5   Das Gerichtsverfassungsgesetz von 1877/79

Die beiden großen Prozesskodifikationen vereinheitlichten das Gerichtsverfahren in Straf- und Zivilsachen. Für den reichsweiten deutschen Gerichtsaufbau kam dem Gerichtsverfassungsgesetz dieselbe Aufgabe zu. Wegen der Diskussion um Schöffen- und Schwurgerichte war die Entstehung des GVG sachlich und zeitlich eng mit der RStPO verbunden. Ein Vorentwurf von Adolf Leonhardt und seinen Mitarbeitern von 1870/71 mündete im November 1873 in einen 1. Entwurf. Der 2. Entwurf vom Oktober 1874 bildete sodann die Grundlage der parlamentarischen Beratungen. Der Bundesrat sperrte sich zunächst im Interesse der Länder gegen zu engmaschige einheitliche Vorgaben, gab aber schließlich in mehreren Punkten nach. So wurde es möglich, die persönliche Unabhängigkeit der Richter gesetzlich abzusichern. Insbesondere durfte der Staat sie nicht gegen ihren Willen versetzen oder gar absetzen. Einige Abgeordnete hatten die Bedeutung dieser Forderung am eigenen Leibe erlebt. Gottlieb Planck etwa, der umfassend an der Ausarbeitung der RStPO und der CPO mitarbeitete und später maßgeblich an der Kodifikation des BGB mitwirkte, war als unbeugsamer Richter seit 1855 mehrfach strafversetzt und disziplinarisch gemaßregelt worden. Die zahlreichen Juristen im Parlament wussten genau, welche politischen Dimensionen die Reichsjustizgesetze besaßen. Im Dezember 1876 stimmten Reichstag und Bundesrat dem GVG zu, am 7. Februar 1877 wurde es verkündet.

Einheitlicher Gerichtsaufbau

Das Gerichtsverfassungsgesetz schuf flächendeckend eine gemeinsame deutsche Justizverfassung. Die bisherigen Kreis- und Appellationsgerichte mit ganz verschiedenen Namen wurden jetzt vereinheitlicht. Es gab nun Amtsgerichte, Landgerichte und Oberlandesgerichte sowie an der Spitze das Reichsgericht in Leipzig. Die Neuordnung bereitete durchaus organisatorischen Aufwand. So musste Preußen 27 Appellationsgerichte auflösen und dafür 13 neue Oberlandesgerichte gründen. Im einzelnen Rechtszug waren jeweils bis zu drei Instanzen vorgesehen. In Zivilsachen waren Amts- und Landgerichte je nach Streitwert erstinstanzlich zuständig, in Strafsachen kam es auf die Schwere der Tat und die zu erwartende Strafe an. Neben der Berufung gab es sowohl im Zivil- als auch im Strafprozess die Revision, die jeweils auf die Überprüfung von Rechtsverstößen beschränkt blieb. Um diese Frage hatte es bei den Beratungen noch einigen Streit gegeben. Insgesamt hatte das Reich aber in wenigen Jahren sowohl die Justiz als auch das Prozessrecht erneuert und war damit einen großen Schritt auf dem Weg zur inneren Einheit im Sinne von Rechtseinheit vorangekommen.

Jüdische Juristen

Zugleich war der Justizdienst seit 1869 im Norddeutschen Bund und seit 1871 im gesamten Reichsgebiet nun auch für Juden zugänglich. Fast alle Gerichte, so auch das Oberappellationsgericht Lübeck, hatten zuvor von ihren Richtern die Zugehörigkeit zu einem christlichen Bekenntnis verlangt (in Lübeck bis 1864), eine Maxime, die Preußen in einem Judengesetz von 1847 nochmals gesetzlich bekräftigte. In der Praxis ergriffen jüdische Juristen auch nach der formalen Besserstellung jedoch zumeist den Rechtsanwaltsberuf, vor allem in Großstädten wie Berlin. Freilich war gerade Eduard von Simson, ab 1879 der erste Präsident des Reichsgerichts, in einer jüdischen Familie aufgewachsen und als Jugendlicher getauft worden. Er war es übrigens gewesen, der 1849 dem preußischen König Friedrich Wilhelm IV. vergeblich die deutsche Kaiserkrone angeboten hatte. Als die Nationalsozialisten ab 1933 mit großer Härte ihr Konzept eines arisch-deutschen Rechtswahrers durchsetzten, trafen sie damit im Ergebnis weniger die Richter als vielmehr zahlreiche jüdische Rechtsanwälte.

Vom Bundesoberhandelsgericht zum Reichsgericht

Das Leipziger Reichsgericht, das am 1. Oktober 1879 seine Tätigkeit aufnahm, war keine völlige Neugründung. Schon seit dem 5. August 1870 saß hier das Bundesoberhandelsgericht des Norddeutschen Bundes. Die räumliche Trennung des obersten Gerichts vom Regierungssitz konnte auf die lange Tradition des Reichskammergerichts zurückblicken. Leipzig verdankte seine Funktion als Gerichtssitz dem beharrlichen Einsatz der Leipziger Handwerkskammer, deren Anregungen sich die sächsische Staatsregierung anschloss. Die Verfassung des Norddeutschen Bundes hatte ein gemeinsames höchstes Gericht zunächst nicht vorgesehen und musste dafür eigens geändert werden. Erfolgreiche Lobbyarbeit reicht historisch also weit zurück und ist keine Besonderheit bei gegenwärtigen Gesetzgebungsverfahren.

Handelsrecht als Motor der Rechtsmodernisierung

Wenn sich die Justizeinheit zunächst in der Handelsgerichtsbarkeit durchsetzte und erst danach auf die anderen Felder der ordentlichen Gerichtsbarkeit ausbreitete, passt dies historisch zu einem häufig zu beobachtenden Verlauf. Handel und Wirtschaft sind und waren oftmals die Vorreiter für Rechtsreformen. Der Deutsche Zollverein bedeutete 1834 einen ersten Schritt zur staatlichen Einheit. Das Allgemeine Deutsche Handelsgesetzbuch von 1861 ging der Kodifikation des bürgerlichen Rechts voraus. Die Europäische Wirtschaftsgemeinschaft mündete 1992/93 in die Europäische Union. Schon im späten Mittelalter hatten die Handelsgerichte die römischrechtliche Stipulation überwunden und damit den Weg zur kanonistisch vorgeprägten Form- und Inhaltsfreiheit von Verträgen gewiesen. Das allgemeine weltliche Recht schloss sich seit dem 16. Jahrhundert an. Ein Bundesoberhandelsgericht an der Spitze der Gerichtsverfassung fällt also keineswegs aus dem Rahmen.

Mit dem Beitritt der süddeutschen Staaten zum Norddeutschen Bund dehnte das Bundesoberhandelsgericht 1871 seinen Gerichtssprengel auf sämtliche deutschen Staaten aus. Nach der Kaiserproklamation erfolgte noch im selben Jahr die Umbenennung in Reichsoberhandelsgericht. Zugleich erweiterte man die sachliche Zuständigkeit und erhob das Gericht zudem zum Kassationshof für Rechtsstreitigkeiten aus dem annektierten Reichsland Elsass-Lothringen. Mit der Einführung der Reichsjustizgesetze wurde das Oberhandelsgericht zum Reichsgericht und damit zum Revisionsgericht im gesamten Zivil- und Strafrecht. Das Reichsgericht bestand bis 1945. Faktisch endete es im April 1945 mit der Besetzung Leipzigs und dem Selbstmord des letzten Präsidenten Erwin Bumke am Geburtstag des „Führers". Ob es förmlich aufgelöst wurde, war den Zeitgenossen nicht klar. Der Bundesgerichtshof meinte 1952, die Alliierten hätten das Reichsgericht nicht aufgehoben, sondern „außer Tätigkeit" gesetzt.

Urteilstätigkeit

Wie schon das Bundes- und Reichsoberhandelsgericht veröffentlichte das Reichsgericht seine wichtigsten Entscheidungen in Zivil- und Strafsachen in zwei umfangreichen amtlichen Sammlungen. Auch Zeitschriften wie die Juristische Wochenschrift dokumentierten zahlreiche Urteile. Die Rechtsanwendung im Zivilrecht erfolgte zu Beginn noch vor dem

Hintergrund der überkommenen Rechtsvielfalt. Dennoch war das Gericht in der Lage, wegweisende Rechtsfortbildungen an die alten Quellen anzuknüpfen und damit auch ohne Kodifikation neuartige Fragen zu entscheiden. Bekannt dafür ist der sog. Bismarck-Fall.

Urteil des Reichsgerichts vom 28. Dezember 1899

[Tatbestand] Die Beklagten, die Photographen W. und Pr. zu Hamburg, drangen in der auf den Tod des Fürsten Otto v. Bismarck folgenden Nacht in Friedrichsruh widerrechtlich gegen den Willen der Kinder des Verstorbenen in das Zimmer ein, in welchem die Leiche desselben ruhte, und machten bei Magnesiumlicht eine photographische Aufnahme von der Leiche und der sie umgebenden Teile des Zimmers.

[Prozeßgeschichte] (…) Das Reichsgericht wies (…) die Revision beider Beklagten zurück aus den folgenden Gründen:

[Urteilsbegründung] (…) II. [Anwendbares Recht] In der Sache selbst konnten, was zunächst die örtliche Bestimmung des maßgebenden Rechtes betrifft, nur das in Hamburg und das in Friedrichsruh geltende Recht in Frage kommen. Da nun weder die Hamburger Statuten, noch der im preußischen Kreise Herzogtum Lauenburg geltende Sachsenspiegel, noch sonst ein hierher gehöriges Partikulargesetz hier einschlagende Normen enthalten, so ist, abgesehen von etwa eingreifenden Reichsgesetzen, jedenfalls nur das gemeine deutsche Recht zur Anwendung zu bringen (…) Von diesem Standpunkte aus (…) würde das angefochtene Urteil jedenfalls aus den folgenden Gründen aufrecht zu halten sein. Es ist mit dem natürlichen Rechtsgefühl unvereinbar, daß jemand das unangefochten behalte, was er durch eine widerrechtliche Handlung erlangt und dem durch dieselbe in seinen Rechten Verletzten entzogen hat. Hier nun handelt es sich darum, daß die beiden Beklagten mittels eines Hausfriedensbruches gegen den Willen der Kläger in dasjenige Zimmer eingedrungen sind, in welchem diese die Leiche ihres Vaters, die sie in ihrem Gewahrsam hatten (vgl. §§ 168.367 Nr. 1 St. G. B.), aufbewahrten, und damit das Hausrecht, das den Klägern seit dem Tode ihres Vaters in Ansehung dieses Zimmers zustand, verletzt und diese Gelegenheit benutzt haben, um eine photographische Aufnahme eines Teiles des Innern des Zimmers mit der darin ruhenden Leiche herzustellen. Solche photographische Aufnahme eines umfriedeten Raumes und folgeweise deren Veröffentlichung zu hindern hat der Inhaber des Hausrechtes an sich das Recht und die Macht, und diese Möglichkeit haben hier die Beklagten durch ihr rechtwidriges Thun den Klägern zunächst entzogen, indem sie gleichzeitig für sich die thatsächliche Verfügung über das in Frage stehende photographische Bild erlangt haben. Die Kläger haben den Beklagten gegenüber ein Recht darauf, daß dieses Ergebnis wieder rückgängig gemacht werde. Das römische Recht gewährt in l. 6. Dig. de cond. ob. turp. c. 12,5 [D. 12,5,6] und l. 6 § 5. l. 25 Dig. de act. rer.

am. 25,2 [D. 25,2,6.5] dem durch eine rechtswidrige Handlung Verletzten eine condictio ob injustam causam auf Wiedererstattung alles desjenigen, was thatsächlich durch jene Handlung aus seinem Machtbereiche in die Gewalt des Thäters gelangt ist. Diese condictio ob injustam causam stellt sich dar als ein ergänzender Rechtsbehelf neben allen Deliktklagen, so weit es sich nicht etwa um Schadensersatz, sondern um Restitution handelt. Dabei ist freilich zunächst nur an körperliche Sachen, die aus dem Vermögen des Beeinträchtigten herrühren, gedacht, sei es, daß das Eigentumsrecht an den Sachen, oder daß wenigstens der Besitz als durch widerrechtliche Entziehung verletzt erscheint (vgl. in der letzteren Beziehung l. 2. Dig. de cond. trit.13.3 [D. 13,3,2]; l. 25 § 1 Dig.de furt. 47,2 [D. 47,2,25,1]). Aber dies muß entsprechende Anwendung finden auf die widerrechtliche thatsächliche Entziehung anderer Machtbefugnisse und Aneignung der entsprechenden Vorteile. Geht man hiervon aus, so erscheint im gegenwärtigen Falle das von den Klägern gestellte (…) Verlangen, sich die Vernichtung der hergestellten photographischen Erzeugnisse gefallen zu lassen und sich bis dahin jeder Verbreitung der Abbildung zu enthalten, in der That als der zutreffende Klageantrag.
Vorlage: Urteil des Reichsgerichts vom 28. Dezember 1899 (Rep. VI 259/99), RGZ 45 (1900), S. 170–174; ebenfalls in *Kroeschell*, Rechtsgeschichte III (Lit. zu 1.), S. 184–185 (mit aufgelösten Allegationen).

Die Entscheidung des Reichsgerichts erging vier Tage, bevor das Bürgerliche Gesetzbuch in Kraft trat. Die Kinder des verstorbenen ehemaligen Reichskanzlers Otto von Bismarck gingen gegen zwei Hamburger Journalisten vor, die heimlich Fotos von der Leiche gemacht hatten. Landgericht und Oberlandesgericht hatten die Beklagten dazu verurteilt, sämtliche Aufnahmen, Platten und Negative durch einen Gerichtsvollzieher vernichten zu lassen und jegliche Verwertung zu unterlassen. Das Reichsgericht bestätigte beide vorinstanzlichen Urteile.

Urteilstechnik am Reichsgericht
Die Entscheidung von 1899 ist in reinem Urteilsstil gehalten und begründet das bereits erzielte Ergebnis. Zu Beginn erkennt man die Schwierigkeiten, eine griffige Anspruchsgrundlage zu ermitteln. Geradezu schulmäßig orientierte sich das Reichsgericht bis zuletzt an der überkommenen Statutentheorie des gelehrten Rechts. Danach ging das Recht des kleineren Rechtskreises dem überregionalen Recht vor, und deswegen prüften die Richter das Hamburger Stadtrecht von 1603/05 und den Sachsenspiegel. Als sie dort nicht fündig wurden, griffen sie subsidär auf das gemeine deutsche Recht zurück. Zu diesem gemeinen deutschen Recht zählten im Fortgang das natürliche Rechtsgefühl sowie zahlreiche Digestenstellen in ihrer entsprechenden Anwendung.

Materiellrechtlich gelang es dem Reichsgericht, mit dieser gelockerten Normanbindung Vorstufen zum allgemeinen Persönlichkeitsrecht, insbesondere zum Recht am eigenen Bild, zu formulieren. Methodisch zeigen sich große Ähnlichkeiten zum Oberappellationsgericht Lübeck. Auch ohne kodifiziertes bürgerliches Recht haben beide Gerichtshöfe aus der Quellenvielfalt moderne dogmatische Lösungen entwickelt, das Lübecker Gericht allerdings stärker durch Rechtsvergleichung, das Reichsgericht eher unter Rückgriff auf das Pandektenrecht. Mit dem Inkrafttreten des BGB änderte sich die Arbeitsgrundlage der deutschen Zivilgerichte im 20. Jahrhundert erheblich.

3.11 Gerichtsbarkeit und Prozessrecht in der Weimarer Republik

In prinzipieller Hinsicht ist die Zeit vom Ersten Weltkrieg bis zum Nationalsozialismus in der Gerichtsbarkeit nur wenig bemerkenswert. Das Prozessrecht und die Gerichtsverfassung waren kodifiziert, die Gerichte arbeiteten mit gut ausgebildeten Richtern und erfüllten ihre Aufgaben. Die von Adolf Leonhardt vorgesehene langfristige Stärkung der Mündlichkeit war fehlgeschlagen, doch kam die Praxis gerade damit bestens zurecht (vgl. Kap. 3.10.3).

Politische Gesinnung der Richterschaft
Vor allem in den ersten Jahren der Weimarer Republik gab es freilich große Diskussionen um die politische Ausrichtung der Strafjustiz. Bei Unruhen kamen zahlreiche Menschen ums Leben, gezielte Morde in hoher Zahl traten hinzu. Der Mathematiker Emil Julius Gumbel zählte die Toten, die Gerichtsverfahren und vor allem die Rechtsfolgen und ordnete sie dem linken und rechten politischen Spektrum zu. Das Ergebnis war eindeutig. Linke Täter hatten mit härtesten Strafen zu rechnen. Rechtsradikale Täter, die insgesamt über zehnmal so viele Morde begingen, wurden zu über 90 % gar nicht und ansonsten sehr milde bestraft. Gumbels Broschüre „Zwei Jahre politischer Mord" erregte hohes Aufsehen, wurde schnell auf „Vier Jahre politischer Mord" erweitert und über 18.000-mal verkauft. Eine Denkschrift des Reichsjustizministeriums bestätigte die Vorwürfe. Der angesehene Rechtsphilosoph Gustav Radbruch setzte sich als sozialdemokratischer Abgeordneter und auch in seiner Zeit als Justizminister besonders für eine zu beiden Seiten politisch wachsame Strafgerichtsbarkeit ein.

Emmingersche Justizreform
In Erinnerung geblieben ist die sog. Emmingersche Justizreform von 1924, benannt nach dem damaligen Justizminister Erich Emminger. Sie verkleinerte die Senate an

Oberlandesgerichten auf drei, am Reichsgericht auf fünf Berufsrichter und beschränkte das Rechtsmittel der Revision. Vor allem schaffte das Reich in diesem Jahr die Geschworenengerichte ab, die das GVG 1877/79 flächendeckend eingeführt hatte. Hintergrund all dieser Reformen waren Geldsorgen. Die Entschädigungen für die Geschworenen waren zu teuer geworden, und auch durch eine Verkleinerung der Senate ließen sich finanzielle Mittel sparen.

Vermutlich liegt genau hier der zukunftsweisende Punkt. Reformen des Prozessrechts und der Gerichtsverfassung erfolgen in der Moderne immer seltener aus prinzipiellen juristischen Erwägungen heraus. Sie dienen dagegen umso häufiger der Effizienzsteigerung. Der weitgehende Übergang zum Einzelrichter in erstinstanzlichen Zivilprozessen, die Erhöhung der vorgesehenen Fallzahlen pro Richter, Beschränkung der Rechtsmittel und anderes mehr sind geradezu Leitmotive vielfacher Gesetzesänderungen in bundesrepublikanischer Zeit bis hin zur ZPO-Reform von 2001/02. Die Emmingersche Justizreform, als Verordnung auf der Grundlage eines Ermächtigungsgesetzes in Kraft getreten, fügt sich in diesen größeren Rahmen nahtlos ein.

Gerade der Einsatz von Einzelrichtern am Landgericht steht stellvertretend für die gesamte Entwicklung. Ursprünglich, also seit 1879, waren am Landgericht in Zivilsachen ausschließlich Kammern mit drei Berufsrichtern vorgesehen. Seit 1924 sollte ein Einzelrichter grundsätzlich die Streitsachen so weit vorbereiten, dass die Kammer in einer einzigen Verhandlung abschließend urteilen konnte. Nach einer Neuregelung von 1974 durfte der Einzelrichter den Rechtsstreit dann selbst entscheiden. Ein sog. Rechtspflegeentlastungsgesetz von 1993 führte den Gedanken weiter und bestimmte, dass der Einzelrichter nicht nur allein entscheiden durfte, sondern sogar sollte.

Arbeitsgerichte und Jugendgerichte

1926 trat das Arbeitsgerichtsgesetz in Kraft, nachdem es bereits seit 1890 flächendeckend Gewerbegerichte gegeben hatte (Vorläufer im Rheinland und in Preußen). Seit 1926 bestehen eigenständige Arbeitsgerichte mit Vertretern von Arbeitnehmern und Arbeitgebern als mitentscheidenden Laienrichtern. Zunächst waren aber nur die erstinstanzlichen Gerichte organisatorisch von der ordentlichen Gerichtsbarkeit gelöst. Die zweit- und drittinstanzlichen Arbeitsgerichte waren Kammern der Landgerichte bzw. ein Senat des Reichsgerichts. Vollständige organisatorische Selbständigkeit erhielten die Arbeitsgerichte erst 1953 mit dem neuen Arbeitsgerichtsgesetz. Die Arbeitsgerichtsbarkeit entwickelte sich insofern von einer besonderen sachlichen Zuständigkeit der Zivilgerichte zu einem eigenen Gerichtszweig.

Schon 1923 hatte das Reich Jugendgerichte mit Berufsrichtern und Jugendschöffen eingeführt. Das wesentlich von Gustav Radbruch ausgearbeitete Jugendgerichtsgesetz

passte damit die Gerichtsverfassung an die spezifischen Schwierigkeiten mit jugend-
lichen Straftätern an. Zum Beispiel beseitigte man die Öffentlichkeit der Verhandlungen.
Der Jugendschutz erhielt damit höheres Gewicht als die alte liberale Forderung nach
allgemein zugänglichen Gerichtssitzungen. In Anlehnung an den Erziehungsgedan-
ken des Strafrechtlers Franz von Liszt traten die allgemeinen Prozessmaximen zurück.
Für die Leitfragen des Lehrbuchs folgt damit eine verallgemeinerbare Erkenntnis: So
schneidig sich die jeweiligen Prozessmaximen politisch einfordern oder verteidigen
lassen, so schwierig sieht es in der praktischen Ausgestaltung aus. Nicht nur Jugend-
sachen, sondern auch Scheidungsverfahren und anderes zeigen immer wieder aufs
Neue, dass öffentliche Verhandlungen kein Selbstzweck sind.

3.12 Justiz im Nationalsozialismus

Die nationalsozialistische Auffassung von Gerichtsbarkeit unterschied sich vollständig von der liberal-rechtsstaatlichen Lehre, die sich seit der Aufklärungszeit durchgesetzt hatte. Der Schlüssel zum Verständnis der nationalsozialistischen Rechtsan-
schauung ist der sog. Primat der Politik. Soweit es überhaupt möglich ist, von einer
nationalsozialistischen Rechtslehre zu sprechen, muss dieser Gesichtspunkt am Anfang
aller weiteren Überlegungen stehen. Keineswegs sollte fortan jeder Richter ausschließlich politisch oder weltanschaulich argumentieren. Die Gerichte sollten etwa durchaus an Generalklauseln gebunden sein, sie aber im Sinne der herrschenden Ideologie
füllen. Der Vorrang des Rechts vor der Politik, der den Rechtsstaat kennzeichnet, war
allerdings durchbrochen, und genau das ist das Entscheidende.

3.12.1   Der Primat der Politik

Die gesamte nationalsozialistische Rechtsordnung und damit auch das Prozessrecht und
die Gerichtsverfassung waren jederzeit politischen und weltanschaulichen Vorgaben
untergeordnet. Hierbei handelte es sich keineswegs um eine verkappte Instrumentalisierung. Vielmehr sprachen nationalsozialistische Vordenker diesen Grundsatz offen
aus. Besonders bekannt wurde der folgende Zeitschriftenbeitrag Carl Schmitts. Nach
dem sog. Röhm-Putsch, einer brutalen Säuberungsaktion mit zahlreichen Toten im
Sommer 1934, legte er das nationalsozialistische Rechtsverständnis hellsichtig und ohne
jede Bemäntelung offen. Dabei trat ein ganz eigentümliches Verständnis von Gericht
und Richterrolle zu Tage, eine vollständige Umwertung aller Begriffe und Werte, wie
man damals in Anlehnung an ein Nietzsche-Zitat sagte.

Carl Schmitt, Der Führer schützt das Recht (1934)
Der Führer schützt das Recht vor dem schlimmsten Mißbrauch, wenn er im Augenblick
der Gefahr kraft seines Führertums als oberster Gerichtsherr unmittelbar Recht schafft:
„In dieser Stunde war ich verantwortlich für das Schicksal der deutschen Nation und
damit des Deutschen Volkes oberster Gerichtsherr". Der wahre Führer ist immer auch
Richter. Aus dem Führertum fließt das Richtertum. Wer beides voneinander trennen
oder gar entgegensetzen will, macht den Richter entweder zum Gegenführer oder
zum Werkzeug eines Gegenführers und sucht den Staat mit Hilfe der Justiz aus den
Angeln zu heben. Das ist eine oft erprobte Methode nicht nur der Staats-, sondern
auch der Rechtszerstörung. Für die Rechtsblindheit des liberalen Gesetzesdenkens
war es kennzeichnend, daß man aus dem Strafrecht den großen Freibrief, die „Magna
Charta des Verbrechers" (Fr. v. Liszt), zu machen suchte. Das Verfassungsrecht mußte
dann in gleicher Weise zur Magna Charta der Hoch- und Landesverräter werden.
Die Justiz verwandelt sich dadurch in einen Zurechnungsbetrieb, auf dessen von
ihm voraussehbares und von ihm berechenbares Funktionieren der Verbrecher ein
wohlerworbenes subjektives Recht hat. Staat und Volk aber sind in einer angeb-
lich lückenlosen Legalität restlos gefesselt. Für den äußersten Notfall werden ihm
vielleicht unter der Hand apokryphe Notausgänge zugebilligt, die von einigen liberalen
Rechtslehrern nach Lage der Sache anerkannt, von anderen im Namen des Rechtstaates
verneint und als „juristisch nicht vorhanden" angesehen werden. Mit dieser Art der
Jurisprudenz ist das Wort des Führers, daß er als „des Volkes oberster Gerichtsherr"
gehandelt habe, allerdings nicht zu begreifen. Sie kann die richterliche Tat des Führers
nur in eine nachträglich zu legalisierende und indemnitätsbedürftige Maßnahme des
Belagerungszustandes umdeuten. Ein fundamentaler Satz unseres gegenwärtigen
Verfassungsrechts, der Grundsatz des Vorranges der politischen Führung, wird dadurch
in eine juristisch belanglose Floskel und der Dank, den der Reichstag im Namen des
Deutschen Volkes dem Führer ausgesprochen hat, in eine Indemnität oder gar einen
Freispruch verdreht.
In Wahrheit war die Tat des Führers echte Gerichtsbarkeit. Sie untersteht nicht der
Justiz, sondern war selbst höchste Justiz. Es war nicht die Aktion eines republikanischen
Diktators, der in einem rechtsleeren Raum, während das Gesetz für einen Augenblick
die Augen schließt, vollzogene Tatsachen schafft, damit dann, auf dem so geschaffenen
Boden der neuen Tatsachen, die Fiktionen der lückenlosen Legalität wieder greifen
können. Das Richtertum des Führers entspringt derselben Rechtsquelle, der alles
Recht jedes Volkes entspringt. In der höchsten Not bewährt sich das höchste Recht
und erscheint der höchste Grad richterlich rächender Verwirklichung dieses Rechts.
Alles Recht stammt aus dem Lebensrecht des Volkes. Jedes staatliche Gesetz, jedes

richterliche Urteil enthält nur soviel Recht, als ihm aus dieser Quelle zufließt. Das Uebrige ist kein Recht, sondern ein „positives Zwangsnormengeflecht", dessen ein geschickter Verbrecher spottet.

Vorlage: Carl Schmitt, Der Führer schützt das Recht. Zur Reichstagsrede Adolf Hitlers vom 13. Juli 1934, in: Deutsche Juristenzeitung 1934, Sp. 945–950 (Auszug).

Carl Schmitt, einer der einflussreichsten deutschen Rechtsdenker des 20. Jahrhunderts, kommentiert in seinem kurzen Aufsatz die Vorgänge um den sog. Röhm-Putsch. Zwischen dem 30. Juni und 2. Juli 1934 waren auf persönlichen Befehl Hitlers zahlreiche Führungskräfte der SA, aber auch Politiker aus der Weimarer Zeit wie der ehemalige Reichskanzler Kurt von Schleicher, ermordet worden. Insgesamt gab es knapp 200 Tötungen, allesamt ohne Gerichtsverfahren. Ein Gesetz vom 3. Juli 1934 erklärte die Aktion „als Staatsnotwehr rechtens". Am 13. Juli hielt Hitler eine im Radio übertragene Reichstagsrede und erklärte sich zum obersten Richter des deutschen Volkes. Bereits am 1. August 1934 erschien der Zeitschriftenbeitrag Carl Schmitts. Der Primat der Politik ist hier konsequent zu Ende gedacht. Wenn die Gerichte weiterhin eine eigene Staatsgewalt darstellten, würden sie zu einem Gegenführer und könnten dem wahren Führertum Fesseln anlegen. Der Führer muss nach Schmitt denknotwendig immer in der Lage sein, seine politischen Vorstellungen umzusetzen. Rechtmäßig sind seine Handlungen deswegen, weil sie dem Lebensrecht des Volkes dienen. Gesetze oder Gerichtsverfahren dürfen und können die Handlungsfreiheit der politischen Führung deswegen nicht beschränken. Ausdrücklich lehnt Schmitt deswegen die Verlässlichkeit und Berechenbarkeit von Gerichtsprozessen ab, sobald es sich um politische Fragen handelt. Jede Bindungswirkung von Recht und Gericht ist beseitigt.

In dieser radikalen Ausprägung der nationalsozialistischen Rechtslehre waren praktisch alle überkommenen Prozessmaximen und Grundsätze der Gerichtsverfassung aufgeweicht, wenn nicht gar beseitigt. Es handelte sich gerade nicht mehr um unverrückbare Pfeiler der Rechtsordnung. Vielmehr konnten sie jederzeit nach politisch-weltanschaulichen Gesichtspunkten durchbrochen oder geändert werden. Nach dem Zweiten Weltkrieg setzte sich zügig die Auffassung durch, das Rechtsverständnis der Richter zwischen 1933 und 1945 sei vom Positivismus geprägt gewesen. Nichts ist falscher als diese Vorstellung. Das Recht diente vollständig politischen Zwecken, und das angeblich „gesunde Volksempfinden" bestimmte die Auslegung von Normen.

3.12.2   Lenkung der ordentlichen Gerichtsbarkeit

Die Lehre vom Primat der Politik blieb nicht auf bloße ideologische Bekenntnisse beschränkt. Vielmehr gab es groß angelegte Versuche, die Gerichte in ihrer Rechtsanwendung an die nationalsozialistische Weltanschauung zu binden. Das fügt sich in den großen Trend zur sog. Gleichschaltung aller staatlichen und gesellschaftlichen Bereiche ein. Besonders bekannt und in der neueren Literatur viel diskutiert wurden „Leitsätze über Stellung und Aufgaben des Richters" vom Januar 1936. Fünf Professoren, darunter der Rechtshistoriker Karl August Eckhardt, formulierten im Auftrag des Reichsrechtsführers fünf Merksätze.

Leitsätze über Stellung und Aufgaben des Richters
1. Der Richter ist nicht als „Hoheitsträger des Staates" über „Staatsbürger" gesetzt, sondern er steht als Glied in der lebendigen Gemeinschaft des deutschen Volkes.
Es ist nicht seine Aufgabe, einer über der Volksgemeinschaft stehenden Rechtsordnung zur Anwendung zu verhelfen oder „allgemeine Wertvorstellungen" durchzusetzen; vielmehr hat er die konkrete völkische Gemeinschaftsordnung zu wahren, Schädlinge auszumerzen, gemeinschaftswidriges Verhalten zu ahnden und Streit unter den Gemeinschaftsgliedern zu schlichten.
2. Grundlage der Auslegung aller Rechtsquellen ist die nationalsozialistische Weltanschauung, wie sie insbesondere im Parteiprogramm und in den Äußerungen des Führers ihren Ausdruck findet.
3. Gegenüber Führerentscheidungen, die in die Form eines Gesetzes oder einer Verordnung gekleidet sind, steht dem Richter kein Prüfungsrecht zu.
Auch an sonstige Entscheidungen des Führers ist der Richter gebunden, sofern in ihnen der Wille, Recht zu setzen, unzweideutig zum Ausdruck kommt.
4. Gesetzliche Bestimmungen, die vor der nationalsozialistischen Revolution erlassen sind, dürfen nicht angewandt werden, wenn ihre Anwendung dem heutigen gesunden Volksempfinden ins Gesicht schlagen würde.
Für die Fälle, in denen der Richter mit dieser Begründung eine gesetzliche Bestimmung nicht anwendet, ist die Möglichkeit zu schaffen, eine höchstrichterliche Entscheidung herbeizuführen.
5. Zur Erfüllung seiner Aufgaben in der Gemeinschaft muß der Richter unabhängig sein. Er ist nicht an Weisungen gebunden.
Unabhängigkeit und Würde des Richters machen geeignete Sicherungen gegen Beeinflussungsversuche und ungerechtfertigte Angriffe erforderlich.

Vorlage: Deutsche Rwiss. I (1936), S. 123–124; ebenfalls bei *Arnold Köttgen*, Vom Deutschen Staatsleben (vom 1. Januar 1934 bis 30. September 1937), in: Jahrbuch des öffentlichen Rechts der Gegenwart 24 (1937), S. 1–165 (132); gekürzt bei *Karl Kroeschell*, Rechtsgeschichte Deutschlands im 20. Jahrhundert, Göttingen 1992, S. 87–88.

Ziffer 1 der Leitsätze ordneten den Richter in die Volksgemeinschaft ein. Die Absage an den „Hoheitsträger" unterstreicht die ideologische Ablehnung des klassischen gewaltenteilenden Modells mit dem überkommenen Gegensatz von Staat und Bürger. Die Trennung von Staat und Einzelperson sicherte die persönliche Freiheit, und genau dies konnte eine völkische Gemeinschaftslehre nicht hinnehmen. Georg Dahm, einer der Mitverfasser der Leitsätze, hatte bereits 1932/33 mit Friedrich Schaffstein in seiner viel beachteten Streitschrift „Liberales oder autoritäres Strafrecht?" das Ende eines individualistischen Rechtsdenkens gefordert und die Hinwendung zu Gemeinschaftswerten propagiert. Dementsprechend hoben die Leitsätze die überkommene Entgegensetzung von Individuum und Gemeinschaft, von genereller Norm und Einzelfall auf und ersetzten das angeblich lebensferne abstrakte Recht durch ein konkretes Ordnungsdenken im Sinne von Carl Schmitt und Karl Larenz, einem maßgeblichen NS-Zivilrechtler.

Richterliche Rechtsauslegung nach politischen Grundsätzen
Alle überkommenen Rechtsnormen sollten nach den Richterleitsätzen im nationalsozialistischen Sinne auszulegen sein. Der Politikvorbehalt des gesamten Rechts zeigt sich unbemäntelt, denn das NSDAP-Parteiprogramm und Führeräußerungen sollten die beiden obersten Auslegungsgrundsätze bilden. Hieraus ergaben sich methodische Schwierigkeiten, denn es blieb unklar, wie man erkennen sollte, welche Führeräußerungen unzweideutig einen rechtsetzenden Willen erkennen ließen. Selbst im ideologienahen Bereich erwies sich das Recht damit als wenig berechenbar. Sog. vorrevolutionäres Recht, das der linientreuen Lehre vom gesunden Volksempfinden widersprach, sollte ohne Weiteres unverbindlich sein. Hier zeigt sich abermals die geringe prinzipielle Bindung des nationalsozialistischen Rechts an formelle Gesetze.

Ein Bekenntnis zur richterlichen Unabhängigkeit schloss die Leitsätze ab. Damit war keinesfalls die Unabhängigkeit von der nationalsozialistischen Ideologie gemeint. Ganz im Gegenteil versuchten die 1936 verkündeten Richtlinien die Gleichschaltung auf die Methoden- und Auslegungslehre auzudehnen und Freiräume der Justiz zu beseitigen. Aber gezielten Druck auf einzelne Richter oder sogar Drohungen durch Parteiorganisationen lehnten die Verfasser der Leitsätze ab.

Die Bedeutung der Richterleitsätze von 1936 als quasi-normative Rechtsquelle ist schwer einzuschätzen. Überkommene Maximen wie die Autonomie von Recht und Gericht gegenüber der Politik und Weltanschauung verwarf die nationalsozialitische

Rechtslehre offen und lautstark. In der Tat zeigte sich im Gerichtsalltag oftmals eine sog. unbegrenzte Auslegung. In politiknahen Bereichen konnten ordentliche Gerichte, ohne dass es spezifisch nationalsozialistischer Gesetzgebung bedurfte, die herrschende Ideologie problemlos umsetzen. Hierbei ging es nicht lediglich um politische Gängelung oder um Zwang. Es wäre grundfalsch, die angeblich einseitig am Positivismus orientierten Richter als wehrlose und methodisch nicht widerstandsfähige Befehlsempfänger zu verharmlosen, auch wenn sich diese Sichtweise nach 1945 schnell verbreitete. Vielmehr lehnten die Nationalsozialisten den Positivismus mit seiner an der Gewaltenteilung geschulten strengen Gesetzesbindung klar ab. Vor allem besonders berüchtigte Gerichtsurteile spezifisch nationalsozialistischer Färbung waren um handwerklich-methodische Gesetzesanwendung und -auslegung kaum bemüht. Gerade bei nationalsozialistisch gesinnten Richtern spiegelten die Richterleitsätze lediglich dasjenige Verständnis, das seit 1933 ohnehin herrschte. Doch gab es auch weiterhin unpolitische Richter, methodisch traditionelle Rechtsanwendung und sogar Widerstand gegen ideolgische Vereinnahmung, selbst am Reichsgericht und an Sondergerichten.

Rolle der Justiz im Dritten Reich

Die begeisterte Mitläuferschaft, in oberen Rängen auch Mittäterschaft der Justiz konnte ihr bei aller Anbiederung bei der politischen Führung nur geringes Ansehen verschaffen. Recht und Rechtsanwendung, wenn sie überhaupt einen Sinn haben sollen, sind von ihrem Selbstverständnis immer auf Stabilisierung aus. Ein System allerdings, das gerade im Zweifel politischen Entscheidungen Vorrang vor rechtlicher Stabilität zuschreibt, kann dem Faktor Recht und der Gerichtsbarkeit insgesamt nur eine zweitrangige Rolle zubilligen. In seiner sog. Juristenrede vor dem großdeutschen Reichstag betonte Hitler im April 1942: „Ich werde nicht eher ruhen, bis jeder Deutsche einsieht, dass es eine Schande ist, Jurist zu sein." Eine unumschränkte, diffus weltanschaulich begründete Diktatur konnte mit einer normgebundenen Justiz letztlich nichts anfangen. Entweder dienten die Gerichte als Kampfgenossen zur Durchsetzung der Ideologie. Oder sie waren nichts als störende Fremdkörper, im besten Sinne überflüssige Einrichtungen.

3.12.3   Normenstaat und Maßnahmenstaat

Man hat das Dritte Reich in einen Normenstaat und einen Maßnahmenstaat unterschieden. Ernst Fraenkel legte im amerikanischen Exil 1941 seine Studie „The Dual State" („Der Doppelstaat") vor und analysierte darin hellsichtig die verschiedenen Bausteine der NS-Herrschaft.

Normenstaat

Zum weiten Bereich des Normenstaates zählten danach auch die Gerichte. Es gab weiterhin vorrevolutionäres Recht wie etwa das BGB, das GVG und die kodifizierten Prozessordnungen. Außerdem setzte die nationalsozialistische Regierung neues Recht, teilweise mit betont politischer Zielrichtung. Normen und Gesetze konnten auf diese Weise durchaus zu Terrorinstrumenten werden. In diesem Rahmen arbeitete die Justiz weiter, in unpolitischen Angelegenheiten sogar großenteils methodisch-handwerklich unverändert. Im weiten Bereich der ordentlichen Gerichtsbarkeit gab es also im Alltag viel Kontinuität. Ging es aber um Mietverträge oder Kaufverträge mit jüdischen Parteien, waren auch Amts- und Landgerichte schnell zur Hand, mit weit ausgelegter Sittenwidrigkeit, arglistiger Täuschung und anderen Figuren Juden vor Gericht gezielt zu benachteiligen. Auf die Ausgrenzung jüdischer Rechtsanwälte wurde bereits hingewiesen (vgl. Kap. 3.10.5).

Zur Welt des Normenstaates gehört etwa eine Reform des Zivilprozesses vom Oktober 1933. Es ging um Beschleunigung bzw. Konzentration des Verfahrens, Stärkung der richterlichen Verfahrensleitung und um ein ausdrückliches Bekenntnis zur prozessualen Wahrheitspflicht. Viele Einzelregelungen beruhten auf einem Entwurf, der bereits 1931 vorgelegen hatte. Aber die politischen Rahmenbedingungen hatten sich geändert. Der ehemalige liberale Justizminister der Weimarer Republik Eugen Schiffer bemerkte im Mai 1933 ausdrücklich die „Abwendung des Rechts vom liberalen, individualistischen und kapitalistischen Grundsatz, wie sie sich auch politisch vollzogen hat. An seine Stelle ist überall der autoritäre und staatssozialistische getreten." Daher meinte Schiffer, die veränderten Maximen des Zivilprozesses erhielten „in dieser Beleuchtung (…) ein ganz neues Gesicht"[19]. Unbedachte Praktiker meinten noch in den 1970er Jahren, die programmatische Präambel der ZPO-Reform von 1933 könne man „fast Wort für Wort" auch dem modernen Recht voranstellen[20]. Doch solche 1977 an die Adresse von Studenten gerichtete Traditionslinien schufen unangenehme Kontinuitäten, gerade wenn und weil sie inhaltlich berechtigt waren. In der Tat verschob sich der Zivilprozess hin zu einem starken Richter und schwachen Parteien, begleitet vom Wunsch nach volkstümlicher Rechtspflege und Wahrheit gegenüber dem Staat. Doch genau damit wandte sich das Recht 1933 ausdrücklich von der Tradition der klassischen liberalen Gerichtsbarkeit ab. Wie die 1970er Jahre geradezu selbstverständlich daran anknüpften, bleibt bemerkenswert.

---

19 *Eugen Schiffer*, Die politischen Momente im Entwurf einer Zivilprozeßordnung, in: Deutsche Juristen-Zeitung 38 (1933), Sp. 645–651 (647).
20 *Franzki* (Lit. zu 3.14.3), S. 151.

Maßnahmenstaat

Neben dem Normenstaat stand der nationalsozialistische Maßnahmenstaat, in dem die Gerichtsbarkeit überhaupt keine Rolle spielte. In einer berüchtigten 13. Zusatzverordnung von 1943 zum Reichsbürgergesetz hieß es lakonisch: „Strafbare Handlungen von Juden werden durch die Polizei geahndet." (§ 1). Ohne jedes Gerichtsverfahren konnte die Polizei also unkontrolliert Juden erschießen. Der gesamte Holocaust und zuvor schon die Euthanasieaktionen liefen vollkommen neben dem Normenstaat. Hierbei handelt es sich um einen übergreifenden Befund. Die Gerichtsbarkeit selbst wurde im Nationalsozialismus zurückgedrängt zugunsten weiter Befugnisse von Polizei, Gestapo und SS. Sog. Urteilskorrekturen kamen oftmals vor. Nach einem als zu mild empfundenen Strafurteil konnten freigesprochene oder verurteilte Angeklagte in Schutzhaft genommen oder ins Konzentrationslager gebracht werden. Dies war auch nach Verbüßung einer Freiheitsstrafe möglich. Innerhalb der Strafjustiz wurde zudem die Staatsanwaltschaft aufgewertet. Durch zwei Regelungen von 1939/40 konnte die Staatsanwaltschaft gegen Urteile von Straf- und Sondergerichten außerordentliche Rechtsmittel einlegen (Einspruch, Nichtigkeitsbeschwerde). Beide Rechtsbehelfe setzten den Eintritt der Rechtskraft voraus. Das seit Jahrhunderten in der europäischen Tradition bekannte Konzept der Rechtskraft (*res iudicata*) war damit beseitigt, in den Worten der amtlichen Begründung u. a. ausdrücklich bei „einem dringenden Schutzbedürfnis des Volkes"[21]. Rechtssicherheit und Rechtsfrieden konnte es nach dem nationalsozialistischen Selbstverständnis bei politisch unerwünschten Gerichtsentscheidungen nie geben.

3.12.4   Volksgerichtshof, Sondergerichte

Bereits 1934 nahm der Volksgerichtshof seine Arbeit auf. Unmittelbaren Anlass für seine Errichtung bot der Reichstagsbrandprozess. Das Reichsgericht hatte 1933 den Holländer Marinus van der Lubbe unter Verstoß gegen das Rückwirkungsverbot zum Tode verurteilt, vier mitangeklagte Kommunisten aber freigesprochen. Aus Empörung erging auf Anordnung Hitlers ein Änderungsgesetz, das den Volksgerichtshof als Sondergericht für politische Straftaten errichtete. Seit 1936 galt dieses politische Tribunal als ordentliches Gericht. Berüchtigt ist der Volksgerichtshof vor allem für

---

21 *Werner Schubert* (Hrsg.), Quellen zur Reform des Straf- und Strafprozessrechts. II. Abteilung: NS-Zeit (1933–1939) – Strafverfahrensrecht, Bd. 1: Entwürfe zu einer Strafverfahrensordnung und einer Friedens- und Schiedsrichterordnung (1936–1939), Berlin, New York 1991, S. 550.

seine fanatischen Präsidenten Otto Thierack und Roland Freisler und für die Prozesse
gegen die Verschwörer vom 20. Juli 1944. In der Tat ergingen insgesamt weit über 5000
Todesurteile, teilweise wegen kleinster politisch abfälliger Bemerkungen oder Zweifel
am Endsieg. Dennoch flossen Normen- und Maßnahmenstaat auch hier ineinander.
Die Berufsrichter waren allesamt hochqualifizierte Juristen, die Zahl der Freisprüche
keineswegs geringer als vor anderen Gerichten. Selbst am Volksgerichtshof gab es also
Alltag und nicht nur reinen Terror. Gerade aus Freislers eigenem Senat gibt es jedoch
massenhaft Entscheidungen wie folgende:

Urteil des Volksgerichtshofs vom 17. Januar 1945
Eidbrüchig ehrlos verrieten – statt mannhaft wie das ganze deutsche Volk, dem Führer
folgend, den Sieg zu erkämpfen –
Hermann Kaiser und Busso Thoma
Volk, Führer und Reich.
Sie machten sich zu Komplizen der meuchlerischen Verräter vom 20. Juli.
Verräter an allem, wofür wir leben und kämpfen, werden sie mit dem Tode bestraft.
Ihr Vermögen verfällt dem Reich.
Gründe:
Wenn es unter den Verrätern des 20. Juli überhaupt eine Steigerung an Gemeinheit
geben kann, so ist einer der gemeinsten Hermann Kaiser. Dreimal hat er unserem
Führer den Eid geleistet: als Beamter, als Parteigenosse und als Offizier. Diesen Eid
hat er schmählich gebrochen!
Wir alle sind davon zutiefst durchdrungen, daß dies ein uns aufgezwungener Krieg ist,
der um unser und unserer Kinder Sein oder Nichtsein geht. Er aber hat, wie Busso
Thoma uns glaubhaft gesagt hat, die moralische Grundlage des Krieges anzuzweifeln
gewagt! So kam er natürlich zu einem tiefen Defaitismus und gab den Krieg als verloren.
(…)
Jedermann, erst recht ein Offizier, vor allem auf dieser Dienststelle, also auch ein
Kaiser, weiß, daß er mit solchem Verrat uns unseren Feinden ans Messer lieferte; der
einfache Mann weiß ganz genau, daß unsere Feinde, daran verzweifelnd, mit Waffen
uns vernichten zu können, auf Zersetzung im Innern hoffen; daß also derjenige, der
Verrat übt, sich dadurch zum Handlanger unserer Kriegsfeinde macht. So hat also
auch Kaiser an dem schwersten, gemeinsten, dem einzigartigen Verrat in unserer
Geschichte teilgenommen: er ist Komplize der Verräter Graf von Stauffenberg und
Goerdeler. Sein Verrat sprengt alle Maße gesetzlicher Bestimmungen; ist Defaitismus,
Meuchelmord an unserem Führer, ist Hochverrat, ist Landesverrat an Volk, Führer
und Reich, an der lebenden Generation, an den vielen Generationen unseres Volkes

vor uns und an den ungeborenen künftigen Generationen; sein Verrat erfüllt alle die angezogenen Einzelbestimmungen des Gesetzes. Aber er geht weit darüber hinaus. Sein Verrat ist viel gemeiner als die Terrortat, die seinerzeit dem nationalsozialistischen Reich Veranlassung gab, für Fälle ganz besonders gemeiner Verbrechen den Vollzug der Todesstrafe durch den Strang vorzusehen, als die Terrortat des Reichstagsbrandes. Dieser Mann muß ein für allemal um unserer Sauberkeit willen, um unserer Ehre willen aus unserer Mitte ausgelöscht werden. Er hat sich selbst für immer ehrlos gemacht.
Vorlage: Urteil des Volksgerichtshofs 1 L 454/44 // OJ 7/44g RS, in: *Klaus Marxen/Holger Schlüter* (Hrsg.), Terror und „Normalität". Urteile des nationalsozialistischen Volksgerichtshofs 1934–1945. Eine Dokumentation (Juristische Zeitgeschichte NRW 13), Düsseldorf (2004), S. 352–356 (Auszüge).

Ein rechtshistorischer Kommentar ist angesichts der fanatisch aufgeladenen Sprache nahezu ausgeschlossen. Die Tathandlung von Kaiser bestand vor allem in privaten Tagebucheintragungen. Richterliche Subsumtion oder Normauslegung spielten ersichtlich keine Rolle. Dafür enthält der Urteilstenor, wie seit März 1944 am Volksgerichtshof üblich, stark wertende Anspielungen auf den Sachverhalt. Der Primat der Politik, ja die Rolle des Gerichts im Kampf zur Vernichtung des inneren Feindes tritt mit voller Härte zum Vorschein.

Zur Tenorierung von Gerichtsurteilen
Im Übrigen ergingen Gerichtsentscheidungen in der Zeit des Dritten Reiches „Im Namen des Deutschen Volkes". Entgegen vielfacher falscher Behauptungen hat es Urteilsformeln „Im Namen des Führers" nie gegeben, auch nicht vor dem Volksgerichtshof. Die Formel „In Namen des Deutschen Volkes" war eine Neuschöpfung des Nationalsozialismus. Das Reichsgericht hatte von 1879 bis 1933 noch „Im Namen des Reiches" geurteilt. Nach 1945 entschied man kurzzeitig „Im Namen des Rechts". Seither ergehen Gerichtsurteile in der Bundesrepublik Deutschland im Namen des Volkes. Erstaunlicherweise behielt Nordrhein-Westfalen in seiner Landesverfassung von 1950 die nationalsozialistische Formulierung bei, praktiziert sie aber selbst am Verfassungsgerichtshof nicht, obwohl die Landesverfassung in diesem Punkt unverändert blieb.

Sondergerichte
Typisch für die nationalsozialistische Strafjustiz waren zudem Sondergerichte. Bereits 1933 errichtete das Reich in jedem der 26 Oberlandesgerichtsbezirke ein Sondergericht, später nahm die Zahl auf über 70 zu. Bereits in der Weimarer Republik hatte es Sondergerichte gegeben, etwa die bayerischen Volksgerichte zwischen 1918 und 1924 oder von der Papen-Regierung errichtete Sondergerichte in der zweiten Jahreshälfte 1932.

Daran knüpften die nationalsozialistischen Sondergerichte an. Ausdrückliches Ziel waren Schnellverfahren mit abgekürzten Fristen, der Verzicht auf Beweiserhebungen und stark beschnittene Verteidigung, dies alles ohne die Möglichkeit, Rechtsmittel einlegen zu können. Insgesamt fällten diese Gerichte wohl über 10.000 Todesurteile. Zunächst war die Zuständigkeit der Sondergerichte begrenzt auf bestimmte Straftaten, etwa die in der Reichstagsbrandverordnung genannten Delikte. Seit 1938 gab es keine Beschränkungen mehr. Die Staatsanwaltschaft konnte nahezu alle vor die Amts- und Landgerichte gehörenden Strafsachen auch vor den Sondergerichten anklagen, wenn eine sofortige Aburteilung geboten erschien.

Lediglich der Vollständigkeit halber sei auf die 1933 geschaffenen und 1934 eröffneten Wehrmachtsgerichte verwiesen. Mitten im Untergang errichtete man im Februar 1945 schließlich noch Standgerichte. Sie sollten alle Straftaten aburteilen, „die die deutsche Kampfkraft oder Kampfentschlossenheit" gefährdeten. Als einzige Strafe war die Todesstrafe vorgesehen.

3.12.5   Kriegsverbrecherprozesse

Mit dem Zusammenbruch 1945 erlosch die deutsche Staatsgewalt und damit auch die Arbeit der Gerichte. Das Reichsgericht war erloschen, der Volksgerichtshof sowie die nationalsozialistischen Sondergerichte wurden ausdrücklich von den Alliierten aufgelöst. Historisch neuartig waren die Kriegsverbrecherprozesse, die seit November 1945 in Nürnberg stattfanden. Nach dem Ersten Weltkrieg hatte es bereits auf Druck der Alliierten erste Ansätze gegeben (Leipziger Prozesse), doch jetzt errichteten die Siegermächte ein eigenes Tribunal (Internationaler Militärgerichtshof). Schon seit 1943 hatten sie Beweismaterial für nationalsozialistische Gewaltverbrechen gesammelt und im Londoner Abkommen im August 1945 die Gerichtsverfassung und Prozessmaximen des Nürnberger Tribunals festgelegt. Das Hauptverfahren gegen die wichtigsten noch lebenden Repräsentanten des NS-Staates dauerte ein knappes Jahr. Zahlreiche Folgeprozesse schlossen sich an, jetzt zumeist aufgefächert nach bestimmten Berufsgruppen und teilweise dezentralisiert auf die vier Besatzungszonen.

Das Bemühen, rassenideologische Massenmorde und Kriegsgreuel rechtsstaatlich zu ahnden, konnte kaum ohne prinzipielle Schwierigkeiten bleiben. Materiellrechtlich standen sich das Rückwirkungsverbot der von den Alliierten formulierten vier Straftaten und die in der zivilisierten Tradition weitgehend bewährte „Rechtsarbeit der Jahrhunderte" (Windscheid, ähnlich Radbruch) gegenüber. Die vier Verbrechen waren Verschwörung gegen den Frieden, Angriffskrieg, Kriegsverbrechen und Verbrechen gegen die Menschlichkeit. Auf der einen Seite konnte ein rechtsstaatliches

Verfahren keine Verbrechen aburteilen, wenn sie nicht bereits zum Zeitpunkt der Tat verboten waren. Rückwirkend eingeführte Straftatbestände für begangene Taten wurden zwar diskutiert, mehrheitlich aber abgelehnt. Gustav Radbruch selbst verwies deswegen auf einige Grundpfeiler der abendländischen Rechtstradition, deren Bedeutung zu keiner Zeit ernsthaft fraglich gewesen sei. Prozessual stießen sich besonders deutsche Beobachter und Juristen an den aus der amerikanischen Tradition stammenden sog. Affidavits. Das Nürnberger Tribunal verzichtete nämlich in weitem Umfang auf unmittelbare Zeugenvernehmungen vor dem erkennenden Gericht und ließ vielmehr ca. 200.000 schriftliche Äußerungen als Beweismittel zu. Dennoch haben hier nicht einfach Kriegsgegner Rache an den besiegten Feinden geübt. Bewegend und von großer sprachlicher Kraft ist die Urteilsbegründung aus dem nachfolgenden Nürnberger Juristenprozess von 1947: „Der Dolch des Mörders war unter der Robe des Juristen verborgen."[22]

Im Bemühen, unvorstellbare Grausamkeiten gerichtlich aufzuarbeiten, sind die Nürnberger Verfahren zum Vorbild heutiger Kriegsverbrecherprozesse geworden. 1993 errichteten die Vereinten Nationen einen Internationalen Strafgerichtshof für das ehemalige Jugoslawien, 1994 für Ruanda. Seit 2002 besteht ein ständiger Internationaler Strafgerichtshof in Den Haag. Hier zeigt sich zugleich eine der wichtigsten Verschiebungen der letzten Jahrzehnte. Recht und Gericht haben sich, parallel zur allgemeinen Aufweichung der Staatsgewalt, zunehmend auf supranationale Einrichtungen verlagert (vgl. Kap. 4).

3.13 Gerichtsbarkeit und Prozessrecht in der Deutschen Demokratischen Republik

Das Gerichtswesen in der sowjetischen Besatzungszone und der späteren Deutschen Demokratischen Republik war Teil einer sozialistischen Staats- und Gesellschaftsordnung. Nach einer „antifaschistisch-demokratischen Umwälzung" ging es dem eigenen Anspruch nach darum, einen Staat der Arbeiter und Bauern aufzubauen und eine immer vollkommenere sozialistische Gesellschaft zu entwickeln. Drei verschiedene Verfassungen wiesen 1949, 1968 und 1974 den Weg. Die enge Anbindung an die Sowjetunion und die phasenweise recht unterschiedlichen Diskussionen um die Bedeutung des Faktors Recht im Sozialismus erschweren es, die vier Jahrzehnte

---

22 *Peschel-Gutzeit* (Lit. zu 3.12.2), S. 37–247 (66).

bis 1989 als Einheit zu begreifen. Das Verhältnis von Justiz und politischer Führung unterlag einigen Schwankungen, auch gab es mehrfach Änderungen im Verfahrensrecht. Ob es um den Einsatz der Staatsanwaltschaft im Zivilprozess ging, um Eingriffe in die richterliche Geschäftsverteilung, lange Verfahrensdauern, gesellschaftliche Gerichte oder um massenhafte Eingaben anstatt förmlicher Gerichtsverfahren – zahlreiche Einzelheiten bleiben an dieser Stelle ausgespart. Die halbamtliche „Geschichte der Rechtspflege der DDR", verfasst von der ehemaligen Justizministerin Hilde Benjamin, teilte die Gerichtsgeschichte der DDR in vier Abschnitte und setzte die Zäsuren 1949, 1961 und 1971. Mehr als wenige Schlaglichter auf die ersten beiden Epochen sind kaum möglich.

3.13.1 Die Waldheimer Prozesse

In der sowjetischen Besatzungszone liefen die Kriegsverbrecherprozesse mit großer Härte auch nach dem Ende der Nürnberger Verfahren weiter. Besondere Bedeutung besitzen die Waldheimer Prozesse von 1950. In diesem Massenverfahren sprachen 20 ausschließlich hierfür gebildete Strafkammern Urteile gegen weit mehr als 3000 Beschuldigte. Es handelte sich häufig um langjährige Gefängnisstrafen, aber auch um insgesamt 32 Todesurteile, von denen 24 vollstreckt wurden.

Man warf den Angeklagten Verbrechen gegen die Menschlichkeit vor, doch beschränkte sich die Tathandlung oft auf die bloße Zugehörigkeit zu bestimmten pauschal verdächtigten Berufsgruppen. Die Staats- und Parteiführung der neugegründeten DDR überwachte das Geschehen und setzte hierbei überkommene rechtsstaatliche Grundsätze außer Kraft. So verhandelte man meistens heimlich und unter Ausschluss der Öffentlichkeit. Es gab nur selten Verteidiger, und die Anklageschrift erschöpfte sich häufig in knappsten Vorwürfen in russischer Sprache. Die Strafkammern waren mit sog. Volksrichtern besetzt. Bei ihnen handelte es sich um juristische Laien, die kein Universitätsstudium absolviert hatten. Ihr Rechtswissen hatten sie vielmehr durch Lehrgänge an Richterschulen erworben. Die bis 1945 tätigen Richter waren bereits zuvor im Zuge der „antifaschistisch-demokratischen Umwälzung" nahezu ausnahmslos entlassen worden. Den damit verbundenen Verlust an professioneller Rechtskenntis nahm man aus politischen Gründen in Kauf. Ähnliche Säuberungen gab es beim Wiederaufbau der Armee, also bei der sog. Kasernierten Volkspolizei und dann bei der Nationalen Volksarmee, wenn auch belastete Veteranen dort später ins Offizierskorps gelangten.

3.13.2   Gerichtsverfassung in der DDR

Mit der Gründung der DDR gestaltete die politische Führung die Gerichtsverfassung von Grund auf neu. Schon 1949 nahmen das Oberste Gericht und die Oberste Staatsanwaltschaft ihre Tätigkeit auf. 1952 beseitigte man kurz nach der Abschaffung der Länder auch die bisherigen Amts-, Land- und Oberlandesgerichte und ersetzte sie durch Kreis- und Bezirksgerichte. Ähnlich wie unter dem Nationalsozialismus waren die Rechtskraft von Gerichtsentscheidungen aufgeweicht und die Handlungsmöglichkeiten der Staatsanwaltschaft stark erweitert. Das Oberste Gericht konnte innerhalb eines Jahres auf Antrag der Staatsanwaltschaft jedes Gerichtsurteil im Wege der Kassation aufheben und übernahm damit teilweise ein in Frankreich entwickeltes Rechtsmittel. Politische Steuerung der Justiz erreichte der Staat zusätzlich durch die lediglich befristete Wahl der Richter durch die Volkskammer bzw. durch regionale Parlamente.

Die Zuständigkeit der ordentlichen Gerichte erstreckte sich nicht auf den Bereich der sozialistischen Wirtschaft. Für Streitigkeiten zwischen Betrieben gab es Bezirksvertragsgerichte und das Zentrale Vertragsgericht, eine Einrichtung, die direkt an die DDR-Regierung, den Ministerrat, angebunden war. Flankiert waren die staatlichen Gerichte vor allem in den 1960er Jahren durch zahlreiche gesellschaftliche Gerichte. Zunächst innerhalb von Betrieben als Konfliktkommissionen, dann aber auch allgemein für kleinere Straf- und Zivilsachen in Gemeinden und Wohnvierteln, errichtete man Schiedskommissionen, die förmliche Gerichtsverfahren weithin entbehrlich machen sollten. Rechtspolitischer Hintergrund waren freilich nicht nur Überlegungen zur Mediation oder außergerichtlichen Konfliktlösung, sondern vor allem politische Erwägungen. In der entwickelten sozialistischen Gesellschaft sollten Recht und Gerichte nämlich zunehmend an Bedeutung verlieren, da die sozialistische Selbsterziehung angeblich die Bereitschaft zur Streitschlichtung erhöhte. Deswegen stärkte man die gesellschaftlichen Gerichte. In den 1980er Jahren endete diese Entwicklung allerdings.

Abschaffung der Verwaltungsgerichtsbarkeit
Bezeichnend für die Justiz in der DDR ist die Abschaffung der Verwaltungsgerichtsbarkeit. 1952, also im selben Jahr, als die Bezirke entstanden und die neuen Kreis- und Bezirksgerichte errichtet wurden, beseitigte der Staat die als bürgerlich angesehene gerichtliche Kontrolle des Verwaltungshandelns. Stattdessen sah man mit der sog. Eingabe einen neuen Rechtsbehelf vor. Staatsbürger, aber auch gesellschaftliche Organisationen konnten „schriftlich oder mündlich mit Vorschlägen, Hinweisen, Anliegen und Beschwerden an die Volksvertretungen, die staatlichen und wirtschaftsleitenden Organe, die volkseigenen Betriebe und Kombinate, die sozialistischen Genossenschaften und

Einrichtungen sowie an die Abgeordneten" herantreten. Innerhalb von vier Wochen sollte der Bürger eine Antwort erhalten, wobei die Bearbeitung der Eingabe in enger Abstimmung mit den Kräften der sog. Nationalen Front zu erfolgen hatte. Das ganze Verfahren sollte also von den Blockparteien und Massenorganisationen gesteuert werden. Erst in der Wendezeit wurden durch Gesetz vom 14. Dezember 1988 die Verwaltungsgerichte wiederbelebt. Zum Juli 1989 sollten sie ihre Arbeit aufnehmen, entfalteten vor der Wiedervereinigung aber kaum größere Aktivitäten. Dieser Befund ist bezeichnend: Der moderne Rechtsstaat setzt seine eigenen Entscheidungen der gerichtlichen Überprüfung aus. Eine Diktatur dagegen, die das gesamte Recht unter Politikvorbehalt stellt, kann die richterliche Kontrolle staatlicher oder behördlicher Maßnahmen nicht hinnehmen. Offenbar genügt es nicht, die Gerichte lediglich politisch zu kontrollieren. Die bloße Existenz der Justiz ist bereits ein erheblicher Störfaktor.

Justizlenkung und sozialistische Gesetzlichkeit
Kontrolle und Lenkung der Gerichte prägten das Verhältnis zwischen Politik und Justiz. Zusammen mit den Direktoren der Bezirksgerichte und der Militärgerichte erließen die Mitglieder des Obersten Gerichts einmal jährlich Richtlinien an die Untergerichte, die im Gesetzblatt verkündet wurden und gesetzesgleiche Wirkung entfalteten. Auch Beschlüsse des Präsidiums hatten die Untergerichte bei ihrer Rechtsprechung zu beachten. Die Unabhängigkeit der Justiz, vor allem des einzelnen Richters, trat hinter die politisch-parteiliche Ausrichtung zurück. Das war Ausfluss der sog. sozialistischen Gesetzlichkeit. Die Justizministerin der DDR Hilde Benjamin betonte in einem Aufsatz von 1958:

> Sozialistische Gesetzlichkeit bedeutet zwar strikte Einhaltung der Gesetze, aber nicht ihre formale, allein am Buchstaben klebende, sondern ihre parteiliche Anwendung. Das Gesetz parteilich anzuwenden heißt, es so anzuwenden, wie es der Auffassung der Mehrheit der Werktätigen und damit den Zielen der Politik der Partei der Arbeiterklasse und der Regierung entspricht. Das heißt aber zugleich, die dialektische Einheit von Gesetzlichkeit und Parteilichkeit zu erkennen und durchzusetzen.

> Vorlage: *Hilde Benjamin*, Die dialektische Einheit von Gesetzlichkeit und Parteilichkeit durchsetzen, in: Neue Justiz 12 (1958), S. 365–368 (368).

Im Ergebnis erinnert die Auffassung Hilde Benjamins kaum zufällig an die nationalsozialistischen Richterleitsätze von 1936. Damals hieß es, Gesetze dürften nicht angewendet werden, wenn sie dem „heutigen gesunden Volksempfinden ins Gesicht schlagen" würden (vgl. Kap. 3.12.2). Unter ganz veränderter Ideologie gab es doch erstaunliche methodische Kontinuität. Ein Redner vor der DDR-Richterakademie Wustrau betonte 1986 ganz offen, wenn auch grammatisch wenig elegant: „Auch in der Rechtsprechung gilt das Primat der Politik."[23]

3.13.3   Primat der Politik in der Gerichtspraxis der DDR

Zwei Beispiele aus der Rechtsprechung unterstreichen den Politikvorbehalt des DDR-Rechts klar und deutlich. Dies sind das Kofferradio-Urteil des Kreisgerichts Potsdam und die Entscheidung zum Hund von Mühlhausen des Obersten Gerichts der DDR.

Kofferradio Urteil: politische Auslegung von §§ 823, 228 BGB
Die Zerstörung eines fremden Radioapparates ist nicht widerrechtlich, wenn sie geschah, um Hetzsendungen gegen unseren Arbeiter-und-Bauern-Staat zu verhindern. (…)
Der Kläger und der Verklagte besuchten im November 1958 eine Kinoveranstaltung in B. Nach der Veranstaltung gingen beide dieselbe Straße entlang. Der Kläger ging hinter dem Verklagten und hatte sein Kofferradio so laut angestellt, daß der vor ihm gehende Verklagte die Sendung hören konnte. Es handelte sich um eine Übertragung des RIAS. Daraufhin bat der Verklagte den Kläger, diese Sendung abzuschalten, da sie unerwünscht sei. Dies lehnte der Kläger ab. Der Verklagte hörte, daß ein Sprecher über die wenige Tage zuvor in unserer Republik durchgeführte Volkswahl sprach. Als hierbei die Worte „Sowjetzone" und „Pankower Regime" fielen, schlug der Verklagte dem Kläger das Gerät aus der Hand, so daß es zu Boden fiel und zerbrach.
Der Kläger hat beantragt, den Verklagten zur Zahlung eines Schadensersatzes von 190 DM zu verurteilen. Der Verklagte hat Klagabweisung beantragt. Er hat vorgetragen, daß er es für notwendig erachtet habe, den Apparat zu zerstören, um zu verhindern, daß eine derartige Hetzsendung öffentlich auf einer unserer Straßen verbreitet wird.
Aus den Gründen:
Aus dem Sachverhalt ergibt sich eindeutig, daß dem Kläger ein Schaden an seinem Eigentum zugefügt worden ist. Der Verklagte hat ihm vorsätzlich das Kofferradio zerbrochen.
Es war jedoch auch zu überprüfen, ob die Handlung des Verklagten widerrechtlich geschehen ist oder ob der Verklagte zu dieser Handlung berechtigt war. Das Gericht ist der Auffassung, daß die Handlung des Verklagten nicht widerrechtlich war. Gemäß

---

23 *Markovits* (Lit. zu 1.3.2), S. 225.

§ 228 BGB handelt derjenige nicht widerrechtlich, der eine fremde Sache beschädigt oder zerstört, um damit eine durch die fremde Sache hervorgerufene drohende Gefahr von sich oder einem anderen abzuwenden.
Nachweislich hat der Kläger das Kofferradio so laut spielen lassen, daß auch andere Passanten den Hetzkommentar des RIAS hören konnten. Er hat sich damit eine Verbreitung von Hetze gegen unseren Staat zuschulden kommen lassen. Die Übertragung derartiger Sendungen auf öffentlicher Straße stellt eine drohende Gefahr für unsere Republik dar. Dieser Gefahr trat der Verklagte mit seiner Handlung entgegen. Dabei war es notwendig, das Gerät zu beschädigen bzw. zu zerstören, da der Kläger bereits in der vorhergehenden Aussprache gezeigt hatte, daß er durch Diskussionen nicht davon zu überzeugen war, daß es erforderlich sei, sein Gerät abzustellen. Dies zeigte sich auch in der mündlichen Verhandlung, in der der Kläger mehrfach verlangte, man solle ihm nachweisen, daß es verboten sei, derartige Sender zu hören. Der entstandene Schaden steht auch nicht außer Verhältnis zu der mit dem Gerät erzeugten Gefahr. Der Schaden beläuft sich nach Angaben des Klägers auf 190 DM. Dem steht die Gefahr gegenüber, die mit den Hetzsendungen für die Bevölkerung unserer Republik hervorgerufen wurde. Es steht somit fest, daß der Verklagte gemäß § 228 BGB nicht widerrechtlich handelte. Also fehlt es an dem Erfordernis der Widerrechtlichkeit, so daß die Klage abzuweisen war.
Vorlage: Kreisgericht Potsdam, Urteil vom 15. Januar 1959, in: Neue Justiz 1959, S. 219.

Das erstinstanzliche Potsdamer Urteil vom Januar 1959 erschien in der „Neuen Justiz", der wichtigsten juristischen Zeitschrift der DDR. Zu entscheiden war eine einfache Frage. Auf der Straße hatte ein Fußgänger dem anderen vorsätzlich ein tragbares Kofferradio zerstört. In diesem Radio lief eine Übertragung des West-Berliner Senders RIAS (Radio im amerikanischen Sektor). Der Eigentümer verlangte vom Schädiger Schadensersatz. Zu diesem Zeitpunkt galt in der DDR noch das Bürgerliche Gesetzbuch von 1900. Erst 1976 trat das 1975 verkündete sozialistische Zivilgesetzbuch in Kraft.

Ideologische Anwendung des BGB
Das BGB stand zwar als anzuwendendes Recht weiterhin auf dem Papier. Die gesamten gesellschaftlichen Rahmenbedingungen hatten sich aber geändert. Die Entscheidungsbegründung behalf sich mit einem methodischen Trick, der nicht offen ausgesprochen ist, aber im Umfeld der Babelsberger Konferenz und den innersozialistischen Diskussionen um das Verhältnis von Form und Inhalt und Basis und Überbau entwickelt wurde. Mit der klassischen Auslegungslehre war hier nichts anzufangen. Aber der Sache nach dehnten die Urteilsgründe die „Gefahr", die von der Sache

auszugehen hatte, so weit aus, dass sie nicht nur rechtlich geschützte individuelle Güter, sondern auch politische Interessen erfasste. „Hetze gegen unseren Staat" und „drohende Gefahr für unsere Republik" wurden damit zu ungeschriebenen Tatbestandsmerkmalen in einer Vorschrift, die nach überkommener Sichtweise keinerlei Spielraum für Generalklauseln ließ. Nach dieser Weichenstellung bedurfte es keiner weiteren Subsumtion mehr. Die gem. § 228 BGB erforderliche Verhältnismäßigkeitsprüfung fiel dann leicht. Selbstverständlich war es für das Potsdamer Gericht für den Beklagten „erforderlich" gewesen, das Radio zu Boden zu schmeißen. Denn noch in der mündlichen Verhandlung habe der Kläger darauf bestanden, jemand solle ihm nachweisen, dass es rechtlich verboten sei, Westradio zu hören. Auf diesen Hinweis geht die Urteilsbegründung mit keinem Wort ein. Aber unmissverständlich stellten die Potsdamer Richter den Anspruchsteller als uneinsichtigen Querulanten dar. Ihm fehlte nach dieser Wertung die Bereitschaft, sich ideologisch richtig zu verhalten. Anders ließ sich seine Hartnäckigkeit nicht erklären. Wenn jemand es wagte, sich offen auf das „geltende" Gesetz zu berufen, war dies geradezu ein Argument, ihn vor Gericht besonders hart anzupacken.

Keine Abwehrrechte gegen den Staat
Hier taten sich Abgründe auf zwischen einem Kläger, der sich auf den Tatbestand einer Anspruchsgrundlage stützte, und einem Gericht, das genau diese Rechtsgrundlage durch Hinweis auf den Primat der Politik vom Tisch wischte. Methodisch liegt hier ein Schlüssel zum Selbstverständnis der DDR-Gerichte. Abwehrrechte des Einzelnen gegen den Staat waren für eine sozialistische Volksrepublik undenkbar, und daher konnte die Rechtsprechung solche subjektiven Rechte in keinem Fall anerkennen. Wer sich auf eine politisch unpassende Anspruchsgrundlage berief, musste seinen Rechtsstreit verlieren. Ob das klägerische Recht gesetzlich verbrieft war oder nicht, spielte für das Ergebnis keine Rolle. Sämtliches Recht galt deshalb nur subsidiär gegenüber der sozialistischen Weltanschauung, also nur vorbehaltlich entgegenstehender politischer Interessen. Den politischen Hintergrund des berüchtigten Potsdamer Urteils bildet die zeitgenössische Diskussion um das sog. sozialistische Faustrecht, um „organisierten Straßenterror der Genossen im Schutze der Staatsmacht"[24]. Die insoweit wegweisende Gerichtsentscheidung leitete damit eine neue Phase der DDR-Justizgeschichte ein.

---

24 *Falco Werkentin*, Politische Strafjustiz in der Ära Ulbricht. Vom bekennenden Terror zur verdeckten Repression, 2. Aufl. Berlin 1997, S. 233.

Primat der Politik am Obersten Gericht der DDR
Sehr deutlich sprach das Oberste Gericht den Grundsatz vom Primat der Politik schon früh in seinen Entscheidungen aus. Die skurril-abscheuliche Episode um den Hund von Mühlhausen wurde besonders bekannt.

Der Hund von Mühlhausen (1954)

Im Oktober 1953 bemerkte der Angeklagte auf dem Werkgelände mehrmals einen betriebsfremden Hund. (…) Er war der Auffassung, daß es sich um einen herrenlosen Hund handele. (…) Mit einem Kistenbrett gelang es ihm, den Hund zunächst zu vertreiben. (…) Dabei schlug der Angeklagte den Hund mit dem Kistenbrett, worauf dieser laut aufheulte. Der Angeklagte glaubte daraufhin, den Hund lebensgefährlich verletzt zu haben und tötete ihn nunmehr, um dessen Schmerzen zu verkürzen, durch mehrere Schläge mit dem Brett. Anschließend wurde der Hund auf Anordnung des Angeklagten von einem Angehörigen des Betriebsschutzes mit einer Schubkarre zum Kesselhaus gefahren, wo er von dem Heizer verbrannt werden sollte. Dies geschah nicht. Als der Angeklagte am anderen Morgen sah, daß der Hund noch immer in der Schubkarre lag, warf er, um unnötiges Aufsehen zu vermeiden, den nach seiner Feststellung toten Hund in die mit glühender Asche gefüllte Aschengrube. Nach Angaben des Zeugen St. soll sich der Hund in der Aschengrube bewegt haben. (…) Der Angeklagte wurde wegen dieses Vorfalles entlassen. (…) Der Generalstaatsanwalt der Deutschen Demokratischen Republik hat die Kassation beider Urteile beantragt. (…) Die Gerichte hätten nicht erkannt, daß der vorliegende Sachverhalt von Feinden unseres Staates maßlos aufgebauscht worden sei, um in dem Angeklagten einen der Arbeiter- und Bauernmacht ergebenen Funktionär und damit diese selbst zu treffen. (…)
Es hätte dem Kreisgericht bekannt sein müssen, daß die Feinde unserer Ordnung die verschiedensten Methoden anwenden, um zu versuchen, unseren Aufbau und unsere gesellschaftliche Entwicklung zu hemmen. Eine dieser Methoden ist, unsere volkseigenen Betriebe durch Diversionsakte lahmzulegen (…) Ein im Werksgelände streunender Hund lenkt den Wachhund von seiner Aufgabe ab, darüber zu wachen, daß keine fremde Person in das Werksgelände eindringen kann. (…) Der Angeklagte hatte also nicht nur einen berechtigten Grund, die durch den streunenden Hund bedingte Gefahr zu beseitigen, sondern er war dazu sogar verpflichtet. (…)
Bei einer gewissenhaften Erfüllung ihrer Aufgaben nach dem Gerichtsverfassungsgesetz und dem Staatsanwaltschaftsgesetz hätten Gerichte und Staatsanwälte zu der Erkenntnis kommen müssen, daß die völlige Außerachtlassung der Persönlichkeit des Angeklagten zu einer rechtlich und politisch falschen Beurteilung führen mußte. (…)

Während der Hauptverhandlung und nach deren Durchführung kam es im Gerichtsgebäude zu Demonstrationen gegen den Angeklagten, in denen u. a. gefordert wurde, man solle ihn aufhängen. Schon allein aus dieser Forderung, die, selbst wenn man eine Sachbeschädigung unterstellen würde, in keinem Verhältnis zu der Handlung des Angeklagten steht, sich als eine antihumane, als eine faschistische Forderung entlarvt, hätte das Kreisgericht erkennen müssen, daß es hier gar nicht um die Sachbeschädigung und Tierquälerei ging, sondern um einen Angriff gegen den Angeklagten als konsequenten Kämpfer für unsere Ordnung. Daß durch den kompromißlosen Einsatz des Angeklagten für die Interessen unseres Staates und für die Erhaltung des Volkseigentums, insbesondere durch seine Unbestechlichkeit in der Verfolgung von Unredlichkeiten sich das kollegiale Verhältnis zu den Belegschaftsmitgliedern trübte, ergibt sich aus der Beurteilung des Betriebes und hätte dem Kreisgericht ebenfalls Veranlassung sein müssen, politisch wachsam zu sein. Nur dadurch, daß Gericht und Staatsanwaltschaft politisch blind waren, konnte es zur Erhebung der Anklage und Durchführung des Verfahrens kommen und damit zu diesem Mißbrauch der Justiz gegen den Angeklagten und gegen die Interessen unseres Staates.
Vorlage: Oberstes Gericht der DDR, Urteil vom 29. März 1954, in: Neue Justiz 1954, S. 242–244; außerdem (leicht gekürzt) in: Entscheidungen des Obersten Gerichts der Deutschen Demokratischen Republik in Strafsachen, 3. Band (1954), S. 227–232.

Der „Hund von Mühlhausen" schrieb DDR-Justizgeschichte. Walter Ulbricht, Erster Sekretär des Zentralkomitees der Sozialistischen Einheitspartei Deutschlands, ging auf dem Parteitag der SED auf diesen Fall ein. Justizministerin Hilde Benjamin empfahl allen Richtern und Staatsanwälten, das Urteil zu studieren, bildete der Fall doch ein Musterbeispiel für die von ihr propagierte sozialistische Gesetzlichkeit.

Sachverhalt und Prozessgeschichte um den „Hund von Mühlhausen"
Fritz Ramm, Betriebsschutzleiter des Volkseigenen Betriebes (VEB) „Einheit", hatte auf äußerst grausame Weise einen streunenden Hund getötet. Zunächst machte sich Empörung breit. Mit Schimpf und Schande schloss man ihn aus der SED aus. Eine Bezirksparteizeitung titelte sogar: „Von solchen Menschen trennt sich die Partei." Der Hundezüchterverein Mühlhausen erstattete Strafanzeige wegen Tierquälerei. Erstinstanzlich wurde der Wachmann zu einer Freiheitsstrafe von einem Jahr, zweitinstanzlich zu einer Geldstrafe verurteilt. Ramm, der Täter, war freilich ein verdienter Altkommunist. Schon mit Anfang 20 war der inzwischen 52-jährige in den Rotfrontkämpferbund eingetreten. Nach dem Zweiten Weltkrieg war er Mitbegründer der KPD-Ortsgruppe, seit einigen Jahren sog. Agitationsleiter im VEB „Einheit". Deswegen beantragte die Bezirksstaatsanwaltschaft beim Generalstaatsanwalt der DDR, ein Kassationsverfahren gegen die

zweitinstanzliche Verurteilung einzuleiten. Diese Kassation war ein außerordentliches Rechtsmittel, das in politisch geeigneten Fällen jederzeit die Rechtskraft von Gerichtsentscheidungen durchbrechen konnte. Der Generalstaatsanwalt lehnte es aber ab, tätig zu werden, weil er das Verhalten von Ramm als klaren Fall von Sachbeschädigung (am fremden Hund) und Tierquälerei beurteilte.

In dieser Situation schaltete sich das Zentralkomitee der SED ein, Abteilung Staatliche Verwaltung. Eine sechsköpfige Brigade musste im Auftrag des Politbüros vor Ort den Fall aufarbeiten. Nach und nach kamen konterrevolutionäre Umtriebe zum Vorschein. Der Kreisgerichtsdirektor besaß in den Augen der Säuberungsbrigade nicht die „erforderliche politische Qualifikation". Deswegen wurde der Gerichtsdirektor zusammen mit zwei ebenfalls politisch unzuverlässigen Staatsanwälten vom Dienst suspendiert. Der Richter, der den Wachmann verurteilt hatte, wurde wegen „staatsfeindlicher Tätigkeit" verhaftet und ins Gefängnis gebracht. Seine Sekretärin flüchtete in den Westen. Angeblich waren zudem die örtlichen Vertreter der Blockparteien LDP (Liberaldemokratische Partei) und CDU (Ost-CDU) unzuverlässig. Auch die Kirche sollte sich „gegen unseren Staat der Arbeiter und Bauern" eingesetzt haben. Selbst die Kreisleitung der SED war angeblich befallen vom „Sozialdemokratismus".

Die Abteilung staatliche Verwaltung wies den Generalstaatsanwalt jetzt an, „auf alle Fälle dafür zu sorgen, daß das klassenfeindliche Urteil gegen den Genossen" kassiert werden müsse. In der Tat legte der Generalstaatsanwalt das außerordentliche Rechtsmittel ein. Die Entscheidung des Obersten Gerichts erging kaum zufällig genau einen Tag, bevor Walter Ulbricht seine Parteitagsrede zur DDR-Justiz hielt. Der Wachmann Ramm wurde ehrenhaft rehabilitiert und stieg zum Mitglied der SED-Kreisleitung auf.

Urteilsbegründung als Mahnruf an politisch blinde Gerichte
Die Urteilsbegründung des Obersten Gerichts der DDR geht nicht auf den gesamten politischen Hintergrund ausdrücklich ein. Methodisch zeigt sich freilich eine ganz ähnliche Rechtsanwendung wie im Potsdamer Kofferradio-Fall. Die Subsumtion unter die einschlägigen Straftatbestände spielte kaum eine Rolle. Sonst wäre es höchst problematisch gewesen, ob hier eine Sachbeschädigung vorlag oder nicht. Dies hing nämlich davon ab, ob der Wachmann Fritz Ramm den Hund tatsächlich für herrenlos hielt. Aber die juristischen Subtilitäten hinderten die obersten DDR-Richter nicht an ihrer Entscheidungsfindung. Es ging, das sagte das Urteil überdeutlich, um ein unüberhörbares Signal an politisch blinde Gerichte und Staatsanwälte. Zusammen mit der Inhaftierung und Absetzung von Richtern und Staatsanwälten stellte die Entscheidung vom März 1954 die Machtverhältnisse klar. Die Gerichte unterstanden jederzeit der ideologischen Aufsicht durch die Partei.

Kurt Schumann, ehemaliger Wehrmachtsrichter und nun im Schatten Hilde Benjamins Präsident des Obersten Gerichts, stellte bereits 1953 in einem halbamtlichen Lehrbuch zum DDR-Strafprozessrecht fest, worum es im Kassationsverfahren ging. Das außerordentliche Rechtsmittel zielte demnach darauf ab, „rechtskräftige Entscheidungen zu beseitigen, die im Hinblick auf die notwendige weitere Festigung unserer demokratischen Gesetzlichkeit und auf die Entwicklung unserer demokratischen Rechtsordnung untragbar erscheinen"[25]. Angesichts der speziellen Bedeutung der Generalklausel „demokratisch" im sozialistischen Rechtsverständnis war damit der Politikvorbehalt jeder gerichtlichen Tätigkeit klar benannt.

Ab 1968 ließen die spektakulären politischen Prozesse nach. Politisch heikle rechtliche Angelegenheiten versuchte die DDR-Führung jetzt zunehmend an den Gerichten vorbei durch den Staatssicherheitsdienst zu erledigen. Dass es ideologisch weiterhin darum ging, den Staat und auch das Recht zum Kampf gegen den Systemfeind einzusetzen, ging aus einer Dienstanweisung des Ministeriums für Staatssicherheit vom Januar 1968 unverblümt hervor: „Erkannte feindliche Elemente sind, wenn keine Rechtsnormen angewandt werden können, durch geeignete Legendierungen in Zusammenarbeit mit Partei und staatlichen Stellen zu entfernen."[26] Mit sog. Legendierungen spielte die Anweisung auf getarnte Stasi-Mitarbeiter an, die vorgebliche Regimegegner unschädlich machen sollten. Die Gerichte hatten damit in der späteren Zeit der DDR nichts mehr zu tun.

Bewertung der DDR-Justiz

Ein neues rechtshistorisches Lehrbuch meint, „unbestritten" seien Vergleiche der DDR-Justiz „mit dem System der faschistischen, nationalsozialistischen Diktatur materiell und historisch völlig abwegig"[27]. Solche vom hohen Ross verkündeten Denkverbote von Professoren gegenüber Studenten sind doppelt verfehlt. Erstens finden Systemvergleiche zwischen dem nationalsozialistischen und dem sozialistischen Rechts- und Gerichtsverständnis längst statt und lassen sich nicht verhindern. Zweitens vermitteln solche Vergleiche neben den jeweils historischen Besonderheiten

---

25 *Kurt Schumann*, Die Kassation, in: Hilde Benjamin u. a., Grundriß des Strafverfahrensrechts der Deutschen Demokratischen Republik (Kleine Schriftenreihe der deutschen Instituts für Rwiss. 3), Berlin 1953, S. 66–70 (67).

26 Durchführungsbestimmung Nr. 1 zur Dienstanweisung Nr. 4/66 des Ministers für Staatssicherheit vom 10. 1. 1968, bei *Armin Mittler/Stefan Wolle*, Untergang auf Raten. Unbekannte Kapitel der DDR-Geschichte, München 1993, S. 480.

27 *Schlosser*, Rechtsgeschichte (Lit. zu 1.), Kap. 14 Rn. 72.

auch wichtige Einsichten in die übergreifenden Funktionsweisen von Recht unter dem Primat der Politik. Geht es um das Spannungsfeld einer autonomen, politik-fernen Gerichtsbarkeit zu allen anderen Spielarten von Recht und Justiz, wird der entscheidende Gegensatz sogar erst klar, wenn man die gemeinsamen Grundzüge aller Formen ideologisch-weltanschaulicher Diktaturen erkennt. Über die notwendigen historischen Differenzierungen hinweg öffnet sich der Blick für die unüberbrückbare Kluft zwischen zwei unvereinbaren Modellen. Auf der einen Seite steht ein autonomes Gerichtswesen, gebunden an Recht und Gesetz. Auf der anderen begegnet man einer bis in die Feinheiten gelenkten Justiz im Interesse umfassender politischer Steuerung. Es mag Übergänge geben, im modernen Recht der Bundesrepublik Deutschland etwa durch eine besonders wirkmächtige Verfassungsgerichtsbarkeit und den weitreichenden faktischen Einfluss der obersten Bundesgerichte. Aber typologisch unterscheidet sich die von der Regierung oder einer Partei gelenkte Justiz deutlich von einer Gerichtsbarkeit, die als selbständige Staatsgewalt gleichberechtigt neben anderen Staatsorganen steht.

3.14 Gerichtsbarkeit und Prozessrecht unter dem Grundgesetz

Der Neuaufbau der Justiz in den westlichen Besatzungszonen erfolgte rasch. So wurde etwa das Amtsgericht Holzminden von der britischen Militärregierung gerade einmal drei Wochen nach der Kapitulation schon am 30. Mai 1945 wiedereröffnet. Die Alliierten setzten Oberlandesgerichtspräsidenten ein, übernahmen freilich zahlreiche Richter, die auch bisher schon im Amt gewesen waren. In einem sog. Huckepack-Verfahren gelangte in der britischen Zone für jeden unbelasteten Richter auch ein politisch belasteter zurück auf seinen Posten. Doch selbst dies erwies sich als schwierig, deshalb hob man die Huckepack-Regelung 1946 wieder auf. 1949 soll das Personal der Justiz im Wesentlichen dem Vorkriegsbestand entsprochen haben. Besonderes Ansehen erwarb sich der Oberste Gerichtshof für die Britische Zone, der für zweieinhalb Jahre bis September 1950 in Köln arbeitete. Für Wirtschaftssachen gab es ebenfalls in Köln das Deutsche Obergericht für das Vereinigte Wirtschaftsgebiet, das für die britische und amerikanische Zone zuständig war. Diese beiden Gerichte waren sachlich Vorläufer des Bundesgerichtshofs, der am 1. Oktober 1950 in Karlsruhe seine Tätigkeit aufnahm. Deswegen erloschen die beiden anderen Obergerichte mit diesem Tage.

3.14.1   Das Bundesverfassungsgericht

Die Reichsjustizgesetze von 1879 blieben auch nach der Gründung der Bundesrepublik Deutschland in Kraft wie auch das BGB und die meisten anderen Gesetze. Viel einschneidender als die zahlreichen Reformen im Einzelnen sollte freilich die Gründung des Bundesverfassungsgerichts werden. Seit September 1951 besteht dieses ausschließlich für verfassungsrechtliche Fragen zuständige Gericht, das funktional den Rang eines Staatsorgans einnimmt. Die große Autorität, die sich das Bundesverfassungsgericht im Laufe der Jahrzehnte erarbeitete, hat sowohl die Verfassungswirklichkeit als auch den Blick auf die Rechtsprechung grundlegend verändert. Die Bundesrepublik Deutschland hat sich zunehmend von einem parlamentarischen Gesetzgebungsstaat zu einem verfassungsgerichtlichen Jurisdiktionsstaat gewandt. Aufmerksame Beobachter sprechen sogar von einer „heimlichen Revolution vom Rechtsstaat zum Richterstaat" (Bernd Rüthers). Das klingt überspitzt, trifft aber den Kern des Problems. Obwohl das klassische Modell der Gewaltenteilung drei gleichrangige Ausformungen der staatlichen Tätigkeit behauptet, haben sich nämlich schleichend die Gewichte verschoben. Die Macht der Legislative ist hierbei ständig gesunken und steht unter einer ständigen und engmaschigen verfassungsgerichtlichen Kontrolle. Vor allem die richterliche Rechtsfortbildung, nicht nur des Bundesverfassungsgerichts, sondern auch der anderen obersten Gerichtshöfe, hat die Rolle der Rechtsprechung nachhaltig gestärkt.

Besonders die Verfassungsbeschwerde, die seit 1951 jedermann offen steht, wenn die öffentliche Gewalt seine Grundrechte verletzt, prägt das moderne Rechts- und Gerichtssystem. Das Bundesverfassungsgericht steht zwar nicht an der Spitze der Gerichtsbarkeit und lehnt es auch ab, als Superrevisionsinstanz die Entscheidungen anderer Gerichte zu überprüfen. Steht aber der Vorwurf im Raum, eine Behörde oder ein Gericht habe spezifisch verfassungsrechtliche Wertungen missachtet, ist die Zuständigkeit des Bundesverfassungsgerichts eröffnet. Etwa 96 % aller verfassungsrechtlichen Verfahren gehören zur Verfassungsbeschwerde, jährlich kommen über 6000 Prozesse hinzu. Die Erfolgsquote beträgt zwar nur 2,5 %, doch der Gang nach Karlsruhe prägt die gerichtliche Praxis wie keine andere Reform seit dem Zweiten Weltkrieg.

3.14.2   Ausdifferenzierung der Gerichtsverfassung

Die weitere Ausdifferenzierung der Gerichtszweige schritt auch nach 1949 voran. Die Arbeitsgerichtsbarkeit verselbstständigte sich zunehmend von den Zivilgerichten. Dies vollzog man auch dogmatisch nach. Handelte es sich bei der Abgrenzung von arbeitsgerichtlichen Fällen zu allgemeinen Zivilsachen ursprünglich nur um eine Frage der sachlichen

Zuständigkeit, so geht man seit 1991 von vollständig getrennten Rechtswegen aus. Bezeichnenderweise war diese Neuerung in einem Gesetz zur Änderung der Verwaltungsgerichtsordnung enthalten und damit unter einer irreführenden Überschrift versteckt. Aber im Ergebnis war die Arbeitsgerichtsbarkeit damit rechtlich von der ordentlichen Justiz getrennt. Auch die Sozialgerichtsbarkeit, 1954 flächendeckend eingerichtet, bildet einen selbstständigen Zweig gegenüber der Verwaltungsgerichtsbarkeit. Rechtspolitische Überlegungen aus den frühen 1950er Jahren, Arbeits- und Sozialgerichte zusammenfassen, konnten sich nicht durchsetzen. Die Justizminister der Bundesländer griffen allerdings 2011 diesen Vorschlag erneut auf. Die Detailfrage besitzt durchaus prinzipielle Bedeutung: Legte man Sozial- und Arbeitsgerichte zusammen, wäre damit die lang diskutierte Grenze zwischen Privatrecht und öffentlichem Recht in der Gerichtspraxis in einem praktisch wichtigen Grenzbereich aufgehoben. Der Widerstand gegen die kostengünstige Reform zeigt zugleich ein unausgesprochenes Gespür für die Trennlinie überkommener Rechtsbereiche. Überhöhen darf man die Debatte freilich nicht. Die Sozialgerichte entscheiden auch bisher über Angelegenheiten der privaten Pflegeversicherung. Sie sind damit ohnehin nicht auf rein öffentlich-rechtliche Streitigkeiten beschränkt.

3.14.3   Reformen des Zivilprozessrechts

Im Bereich der ordentlichen Gerichtsbarkeit gab es zahlreiche größere und kleinere Gesetzesreformen. Hier zeigt sich dieselbe Erfahrung wie im materiellen Recht. Die ständigen Änderungen des Normtexts können eine besonders zurückhaltende und träge nachfolgende Praxis hervorrufen. Ein verbreiteter Praktikerkommentar meinte im Oktober 2001 zu 30 zivilprozessualen und kostenrechtlichen gesetzlichen Novellen innerhalb nur eines Jahres ganz knapp: „Ob diese Pläne gelungen sind, wird die Praxis zeigen. Es wird (…) einen Wust von Fehlern in der Gesetzesanwendung geben. Ein hoher Preis für Ziele, die vielfach umstritten geblieben sind."[28] Neben die für die bundesrepublikanische Gesetzgebung typische Kleinteiligkeit und Hektik traten unscheinbare, aber bezeichnende sprachliche Veränderungen. Im Mahnverfahren redet das Gesetz statt vom Zahlungsbefehl seit 1977 vom Mahnbescheid. Aus dem Armenrecht wurde 1981 die Prozesskostenhilfe. Kläger und Beklagter im Scheidungsprozess heißen seit 2009 Antragsteller und Antragsgegner, das Scheidungsurteil wurde zu einem Beschluss herabgestuft.

---

28 *Adolf Baumbach/Wolfgang Lauterbach/Jan Albers/Peter Hartmann* (Bearb.), Zivilprozeßordnung
     mit Gerichtsverfassungsgesetz und anderen Nebengesetzen, 60. Aufl. München 2002, Vorwort.

Verändertes Verständnis von Gerichtsgewalt

Hierbei handelt es sich nicht lediglich um symbolische Gesetzgebung. Vielmehr zeigt sich ein verändertes Verständnis der staatlichen Gerichtsgewalt. Vor allem in den 1970er Jahren sprachen die Zeitgenossen gern vom sozialen Zivilprozess und von der Kooperationsmaxime. Diese neuen Grundsätze sollten das partnerschaftliche Miteinander zwischen Richter und Parteien auf den Punkt bringen und nach zeitgenössischer Wahrnehmung die klassischen Prozessmaximen ergänzen. Inwieweit sich der gesamte Rahmen verschob, blieb dabei streitig.

Vereinfachungsnovelle 1976

Mit der Vereinfachungsnovelle von 1976, ein Jahr später in Kraft getreten, erlebte das Zivilprozessrecht entscheidende Neuerungen. Der gesamte Rechtsstreit sollte sich fortan auf einen umfassend vorbereiteten Haupttermin konzentrieren. Diese einzige mündliche Verhandlung konnte das Gericht durch einen frühen ersten Termin mündlich vorbereiten. Möglich war daneben außerdem ein schriftliches Vorverfahren. Hierfür gab es strenge Präklusionsvorschriften, also feste Fristen, nach deren Ablauf weitere Angriffs- und Verteidigungsmittel unbeachtlich wurden. Nicht im Gesetz, aber sowohl in der Praxis als auch in der Literatur sprach man von einer Prozessförderungspflicht des Gerichts und der Parteien. Das Gericht etwa durfte seine Entscheidungen auf Punkte, die eine Partei erkennbar übersehen hatte, nur noch stützen, wenn es den Beteiligten die Gelegenheit gegeben hatte, sich dazu zu äußern. Später weitete man dies zu einer allgemeinen materiellen Verhandlungsleitung des Gerichts aus. Das sollte Überraschungsurteile ausschließen. Aber die richterliche Hinweispflicht schwächte doch den Grundsatz *iura novit curia*, weil sie die richterliche Rechtsanwendung in eine Diskussion mit den Parteien und ihren Anwälten einband. Die Urteilszustellung durch die Parteien ersetzte man 1977 durch den Amtsbetrieb und näherte damit den Zivilprozess an die Offizialmaxime an. Hohe Richter wie der Präsident des Oberlandesgerichts Celle hofften 1977 sogar, im Zuge der weiteren Reformen werde der Gesetzgeber die unterschiedlichen Beweisvorschriften der verschiedenen Verfahrensordnungen angleichen und damit „endlich ein Stück einheitlichen Prozeßrechts"[29] schaffen. Solche Äußerungen sind zeittypisch. Jedenfalls empfanden viele Beteiligte die Reformen von 1976/77 noch als gemeinsames Ringen um Antworten auf prinzipielle Fragen, selbst wenn am Schluss Kompromisse standen.

---

29 *Franzki* (Lit. zu 3.14.3), S. 155.

Prozessreformen unter Effizienzdruck

In der Folgezeit, so hat es den Anschein, überwogen demgegenüber pragmatische Argumente und Effizienzüberlegungen, wenn es um Gesetzesreformen ging. So stärkte der Staat 2001/02 die erste Instanz in Zivilsachen, setzte auf Einzelrichter statt auf Kollegialorgane und beschränkte das Rechtsmittelrecht stark. Das sparte vor allem Kosten. Überspitzt gesagt trat in der Literatur die ökonomische Analyse des Prozessrechts an die Stelle der Prinzipiendiskussion. In der Gesetzgebung ging es darum, Kosten zu begrenzen. Die Begründung zum Gesetzentwurf für das 1. Justizmodernisierungsgesetz von 2004 ist an Deutlichkeit kaum zu übertreffen: „Überholte prozessuale Formalien erschweren eine optimale effiziente Verfahrenssteuerung durch die Gerichte."[30] Die prozessualen Förmlichkeiten, lange Zeit als Garantien für rechtsstaatliche Verfahren angesehen und im 19. Jahrhundert als Schutz vor staatlicher Willkür gepriesen, erweisen sich nun als ineffizient und werden gestrichen. Und dass die Gerichte die Verfahren steuern sollen, erscheint dem Gesetzgeber nicht weiter begründungsbedürftig, sondern schlechthin selbstverständlich.

3.14.4   Reformen des Strafprozessrechts

Das Strafverfahren erlebte in den 1970er Jahren ebenfalls entscheidende Veränderungen, kaum zufällig nahezu zeitgleich zu den Reformen des Zivilprozesses. Bemerkenswert ist etwa, wie deutlich die Rolle der Staatsanwaltschaft im Prozess aufgewertet wurde. 1975, als ein neuer Allgemeiner Teil des Strafgesetzbuchs in Kraft trat, stärkte der Gesetzgeber zugleich die Zuständigkeiten der Staatsanwaltschaft und wertete sie zur sog. Herrin des Ermittlungsverfahrens auf. Insbesondere kann der Staatsanwalt seither Strafverfahren einstellen, je nach Bedeutung der Sache ohne oder mit einer Geldauflage, eigenständig oder mit Zustimmung des Gerichts. „Vorläufig" kann die Staatsanwaltschaft mit Zustimmung des Gerichts zudem davon absehen, die öffentliche Anklage zu erheben, wenn der Beschuldigte bestimmte Auflagen und Weisungen erfüllt. Hierdurch haben sich die Prozessmaximen des Strafprozesses grundlegend verschoben, in der Praxis sogar noch deutlich stärker als auf dem Papier.

---

30 Bundestagsdrucksache 15/1508 vom 2. September 2003; auch auf der Homepage des Bundesgerichtshofs unter: http://www.gesmat.bundesgerichtshof.de/gesetzesmaterialien/15_wp/Justizmodernisierung/1501508.pdf [Zugriff: 29. Juli 2014].

Niedergang des Legalitätsprinzips

Nach dem überkommenen Legalitätsprinzip muss die Staatsanwaltschaft bei bekannt-gewordenen Straftaten die öffentliche Anklage erheben. Das Gericht ist verpflichtet, den Sachverhalt von Amts wegen aufzuklären und den schuldigen Angeklagten zu ver-urteilen. Das kanonische Recht hatte den Gedanken „Strafe muss sein" schon um 1200 zum Rückgrat des Strafrechts erhoben. Neben diesen klassischen Ablauf ist 1975 das Opportunitätsprinzip getreten. Es beruht auf dem pflichtgemäßen Ermessen der Behörde, ist im Verwaltungsrecht seit langem eingebürgert und auch bei Ordnungswid-rigkeiten gebräuchlich. Materiell haben sich zudem die Zuständigkeiten vom Gericht auf die Staatsanwaltschaft verlagert. Das war beabsichtigt, denn die Staatsanwälte sind im Gegensatz zu Richtern weisungsgebunden. So erließ das Justizministerium von Nordrhein-Westfalen 1985 eine Richtlinie an die Staatsanwaltschaften. Darin heißt es:

Opportunitätsprinzip im Strafprozess

Mit den §§ 153, 153 a StPO hat der Gesetzgeber den Staatsanwaltschaften Mittel an die Hand gegeben, Ermittlungsverfahren im Bereich der kleineren Kriminalität vereinfacht und beschleunigt für den kriminell nicht gefährdeten Betroffenen schonend zu erledigen und dadurch zugleich die Strafjustiz zu entlasten. Angesichts der nach wie vor großen Belastung der Strafgerichte und Staatsanwaltschaften (…) ist es dringend geboten, von diesen Möglichkeiten in verstärktem Maße Gebrauch zu machen. Aus diesem Grunde und im Interesse einer möglichst gleichmäßigen Anwendung dieser Vorschriften bitte ich, künftig nach folgenden Grundsätzen zu verfahren:

1. Die Einstellung nach § 153 Abs. 1, § 153 a Abs. 1 StPO kommt grundsätzlich bei allen Vergehensarten in Betracht. Bei vorsätzlichen Straftaten gegen die Person, bei fahrlässiger Tötung und bei Straftaten im Zusammenhang mit Trunkenheit im Straßenverkehr scheidet eine Anwendung der §§ 153, 153 a StPO in der Regel aus. Eine Sachbehandlung nach den §§ 153, 153 a wird darüber hinaus grundsätzlich nicht in Betracht kommen, wenn der Beschuldigte wegen eines gleichen oder im Unrechtsgehalt vergleichbaren Delikts in näher zurückliegender Zeit schon einmal bestraft oder gegen ihn nach den §§ 153, 153 a StPO verfahren wurde.

2. Der Dezernent macht von der Möglichkeit der Einstellung im Rahmen des ihm eingeräumten Ermessens in einem möglichst weiten Umfang und in einem möglichst frühen Stadium des Ermittlungsverfahrens Gebrauch. Es soll der durch Anklageerhebung und Hauptverhandlung entstehende Verfahrensaufwand, soweit es geht, vermieden werden.

Vorlage: Einstellung von Ermittlungsverfahren nach § 153 Abs. 1, § 153 a Abs. 1 StPO; Rund-verfügung des nordrhein-westfälischen Justizministeriums vom 2. Dezember 1985 (4100 – III

A. 133), geändert 2001, online unter: http://www.jvv.nrw.de/anzeigeText.jsp?daten=171 [Zugriff: 28. Juli 2014]. Eine Druckfassung der Justizverwaltungsvorschriften erscheint inzwischen nicht mehr.

Einstellung statt Anklage
Die Möglichkeit, das Strafverfahren nach dem Opportunitätsprinzip einzustellen, sollte nach dieser Richtlinie den Regelfall bilden. Die Weisung bezog sich nicht nur auf kleine Delikte, sondern ausdrücklich auf die gesamte mittlere Kriminalität. Kriminologische Studien zur Gerichtspraxis von 2010 belegen, wie stark sich diese Reform auf den Gerichtsalltag auswirkt. Geht man lediglich von anklagefähigen Ermittlungsverfahren aus, also von Fällen, bei denen der Tatverdächtige bekannt ist und auch hinreichender Tatverdacht vorliegt, stellt die Staatsanwaltschaft 44 % dieser Verfahren ein und bringt lediglich 56 % zur öffentlichen Klage. Aus der großen Zahl von 7,6 Mio. staatsanwaltschaftlichen Ermittlungsverfahren bleiben damit nur 1,1 Mio. Anklagen übrig.

Strafbefehl statt Hauptverfahren
Genau hier kommt eine zweite entscheidende Weichenstellung ins Spiel. In der Hälfte der nicht eingestellten Fälle beantragt die Staatsanwaltschaft gar nicht die Eröffnung des Hauptverfahrens, sondern den Erlass eines Strafbefehls. Das Strafbefehlsverfahren gibt es in ganz Deutschland seit der Reichsstrafprozessordnung von 1879. Doch bereits zuvor kannte über die Hälfte der Bundesstaaten ein ähnliches Verfahren, zumeist Mandatsverfahren genannt, so in Preußen seit 1846. Der Name Strafbefehl stammt aus Hannover. Es handelt sich um ein Strafverfahren ohne mündliche Verhandlung für leichtere Delikte.

Der Strafbefehl ist eine besondere Form der Verurteilung. Welche Rechtsfolgen er aussprechen durfte, war zahlreichen Reformen unterworfen. Die Tendenz blieb dabei aber weitgehend einheitlich. Das Strafbefehlsverfahren nahm nämlich immer weiter an Bedeutung zu und erfasste zunehmend auch die mittlere Kriminalität. Seit 1993 dürfen Staatsanwaltschaft und Gericht auch wieder Straftaten mit Bewährungsstrafe bis zu einem Jahr auf diese Weise erledigen, nachdem genau dies mit der Strafrechtsreform von 1974/75 zwischenzeitlich abgeschafft worden war. Die Grundsätze der Mündlichkeit und Öffentlichkeit des Verfahrens sind daher ganz erheblich eingeschränkt. Das spart Zeit und kommt auch dem Täter entgegen. Er kann es weitgehend geheim halten, wenn er verurteilt wird. So entlastet die pragmatische Lösung Gerichte und Staatsanwaltschaften und trägt ihrerseits zum Rechtsfrieden bei. Ob das derart zerfaserte Strafprozessrecht dabei an gemeinsame Grundsätze rückgebunden bleibt, erscheint nebensächlich. Antworten auf die Leitfragen des Lehrbuchs nach Prozessmaximen sind kaum noch möglich. Das moderne Prozessrecht erweist sich immer weniger prinzipienorientiert als vielmehr pragmatisch und flexibel.

4   Die Zeit nach dem staatlichen Gewaltmonopol?

Die Frage nach der Rechtsdurchsetzung ist auf engste verbunden mit dem Verhältnis von Selbsthilfe und staatlicher Justiz. Die gesamte Rechtsgeschichte lässt sich auf diese Weise in zwei große Perioden gliedern: in die Zeit vor dem staatlichen Gewaltmonopol und die Zeit unter dem staatlichen Gewaltmonopol. Doch möglicherweise hat eine dritte Epoche längst begonnen, nämlich die Zeit nach dem staatlichen Gewaltmonopol. Der klassische Staat mit seinen drei Elementen Staatsgebiet, Staatsvolk und Staatsgewalt, von Georg Jellinek auf den Punkt gebracht, mag sich als historische Ausnahme darstellen, der seinen Zenit schon überschritten hat. Hinweise dafür sind schnell zur Hand. So überlagern zwischen- und überstaatliche Zusammenschlüsse zunehmend die einzelstaatlichen Zuständigkeiten und begrenzen auf diese Weise die nationale Souveränität. Nichtstaatliche Organisationen machen sich bemerkbar und werden zu international sichtbaren Subjekten der Politik. Auch im Inland nimmt sich der Staat zurück. Viele Fußgängerzonen werden nachts von privaten Sicherheitsdiensten bewacht und nicht von der Polizei. Studienordnungen der Universitäten lässt man von privaten Akkreditierungsagenturen prüfen. Die Begrenzung bürgerlicher Freiheiten durch Mindestlöhne, Mietpreisbremsen, Diskriminierungsverbote und anderes können dies leicht überdecken. Der fürsorgliche Sozialstaat greift zwar in viele Bereiche des täglichen Lebens aus, zieht sich von seinen angestammten klassischen Aufgaben aber mehr und mehr zurück. Die Geschichtswissenschaft ist berufen, diese Gegenläufigkeit in einen größeren Rahmen einzupassen. Sie zu bewerten, ist insbesondere auch eine Aufgabe der Politik.

In der Gerichtsbarkeit und im Prozessrecht spiegeln sich ebenfalls solche größeren Verschiebungen. Das betrifft weniger die einzelnen Änderungen im Verfahrensrecht, etwa die Aufwertung der materiellen richterlichen Prozessleitung in Zivilsachen seit 2002 mit ihren deutlich ausgeweiteten Hinweis- und Aufklärungspflichten. Vielmehr ändert sich die Funktion der Gerichte insgesamt. Es geht weniger um staatliche Entscheidungen als vielmehr zunehmend um Schlichtung und gütliche Einigung. In zahlreichen wirtschaftlich wichtigen Streitfällen spielen staatliche Gerichte sogar fast keine Rolle mehr.

Europäische Gerichtsbarkeit

Vergleichsweise unproblematisch sind in diesem Zusammenhang supranationale Gerichte sowohl auf europäischer Ebene als auch im internationalen Bereich, denn sie bleiben mittelbar an staatliche Organisationen rückgebunden. Schon 1953 nahm der ein Jahr zuvor errichtete Europäische Gerichtshof in Luxemburg seine Arbeit auf. Zunächst für Streitigkeiten innerhalb der Europäischen Gemeinschaft für Kohle und Stahl vorgesehen, erweiterten sich seine Zuständigkeiten bereits in den 1950er Jahren auf die anderen europäischen Gemeinschaften (Römische Verträge 1957). Seit 2009 arbeitet er als Gerichtshof der Europäischen Union. Ergänzend gibt es seit 1988 ein Gericht Erster Instanz bzw. Gericht der Europäischen Union und seit 2004/05 ein zusätzliches Gericht für den öffentlichen Dienst der Europäischen Union. Diese europäischen Gerichte überlagern die einzelstaatliche Justiz, ersetzen sie aber nicht. Vor allem im Vorabentscheidungsverfahren entfaltet der EuGH erheblichen Einfluss auf die einzelstaatliche Rechtsprechung, gibt er doch die Auslegung des Gemeinschaftsrechts weitgehend vor.

Daneben besteht seit 1959 der Europäische Gerichtshof für Menschenrechte als Organ des Europarats. Zunächst konnte er nur mittelbar angerufen werden, nämlich über Beschwerden an die Europäische Kommission für Menschenrechte. Eine Reform von 1998 wertete den EGMR deutlich auf. Es handelt sich seitdem um ein ständig tagendes und mit Berufsrichtern besetztes Gericht. Insbesondere kann es im Wege der Individualbeschwerde bei Verletzung subjektiver Rechte aus der Europäischen Menschenrechtskonvention angerufen werden.

Beide europäischen Gerichte brechen wie die europäischen Zusammenschlüsse überhaupt aus dem klassischen Modell der staatlichen Gerichtsgewalt aus. Sie sind nur über die entsprechenden Verträge mittelbar an die Staatsgewalt angebunden und verkörpern viel eher die Jurisdiktion einer überstaatlichen Gemeinschaft. Gerade dann freilich, wenn sie auf Anerkennung stoßen, stärken sie die Gerichtsbarkeit und Rechts„staatlichkeit" als solche. Dies zeigt eindrucksvoll der starke Bedeutungsanstieg des EGMR.

Internationale Gerichtshöfe

Deutlich schwieriger sieht es mit der Autorität internationaler Gerichtshöfe aus. Schon 1920/22 schuf der Völkerbund einen Ständigen Internationalen Gerichtshof in Den Haag. 1945/46 trat der Internationale Gerichtshof der Vereinten Nationen an seine Stelle. Freilich sind vor diesem Gericht nur Staaten parteifähig. Eine andere Tradition verkörpern demgegenüber die Kriegsverbrechertribunale. Auf wenig erfolgreiche frühe Versuche nach dem Ersten Weltkrieg folgten ab 1945 die bekannten Nürnberger Prozesse vor dem Internationalen Militärgerichtshof (vgl. Kap. 3.12.5). 1993 errichtete der Weltsicherheitsrat einen Internationalen Strafgerichtshof wegen massenhafter Menschenrechtsverletzungen im ehemaligen Jugoslawien, 1994 folgte ein weiteres Tribunal für Ruanda. Nicht durch die Vereinten Nationen, sondern aufgrund einer eigenständigen Vereinbarung von 1998 besteht seit 2002 der ständige Internationale Strafgerichtshof in Den Haag.

Hier zeigt sich freilich das typische Problem, wenn Gerichtsbarkeit von der klassischen Staatsgewalt gelöst ist. Die ganz alten vorstaatlichen Weichenstellungen zwischen Gewalt und Konsens prägen das moderne Völkerrecht weithin und verleihen ihm teilweise stumpfe Zähne. Wichtige Staaten traten dem Statut zum Internationalen Strafgerichtshof nicht bei, so etwa China oder Indien. Andere traten zwar bei, ratifizierten die Vereinbarung später aber nicht, wie Russland. Die USA erklärten sogar 2002, sie fühlten sich an ihren bereits erfolgten Beitritt nicht weiter gebunden. Zwangsmittel, eine umfassende Gerichtsgewalt über sämtliche Staaten durchzusetzen, sind nicht vorhanden. Die nach-staatliche Postmoderne berührt sich hier in auffälliger Weise mit der Lage im Spätmittelalter, als die flächendeckende obrigkeitliche Justiz erstmals die Basis für die entstehende Staatsgewalt schuf. Die Verfahren vor dem Internationalen Strafgerichtshof richten sich kaum zufällig gegen kleinere und schwache Staaten überwiegend in Afrika. Ähnlich waren es in der frühen Neuzeit die mittleren und kleineren Territorien, die in besonderer Weise die Reichsgerichtsbarkeit stützten. Und das Oberappellationsgericht der vier freien Städte war als Austrägalgericht des Deutschen Bundes nach 1820 überwiegend mit unwichtigen Fällen befasst, während die großen Bundesstaaten ihre ernsthaften Auseinandersetzungen lieber auf dem Schlachtfeld als vor einem Gericht ausfochten. Wenn Staaten Teile der Gerichtsgewalt auf zwischen- und überstaatliche Zusammenschlüsse verlagern, entstehen allzu leicht schwächelnde Institutionen, denen gerade der Rechtszwang fehlt, der für eine effektive Justiz schlechthin unaufgebbar ist.

Rechtszwang auf dem Rückzug? Schlichten statt Richten
Der Rechtszwang, also gleichsam die schneidend scharfe Seite der Staatsgewalt, befindet sich auch innerstaatlich auf dem Rückzug. Von allen Seiten hofiert werden politisch korrekte Mediationen, Alternative Dispute Resolutions (ADR), Täter-Opfer-Ausgleiche, informelle Erledigungen (Diversionen) im Jugendstrafrecht, obligatorische Güteverfahren, natürlich auch die klassischen gerichtlichen sowie außergerichtlichen Vergleichsschlüsse. Die gütliche Streitbeilegung tritt immer stärker an die Stelle der zwangsweisen Rechtsdurchsetzung. Das hat in der Tat zahlreiche Vorteile. Insbesondere stellen zahlreiche Gerichtsprozesse, vor allem Zivilverfahren, nur notdürftig übertünchte private Streitereien dar, bei denen der rechtliche Konflikt nur eine von mehreren miteinander

verflochtenen Ebenen ausmacht. Wenn es gelingt, den Kern der Auseinandersetzung freizuschälen, können sich die Beteiligten verständigen, ohne auf ein Gerichtsurteil angewiesen zu sein. Die Befriedungsfunktion, die Gerichtsverfahren neben der bloßen Rechtsbewährung historisch immer auch hatten, wird auf diese Weise hervorgehoben und sogar spürbar gestärkt. Das setzt verstärkte Mündlichkeit voraus. Die Parteien müssen erscheinen und von Angesicht zu Angesicht miteinander sprechen. Damit ist das Eis vielleicht bereits gebrochen. Das erinnert an die mittelalterlichen Bemühungen der Dinggenossenschaft, Frieden durch Konsens zu stiften. Stand damals freilich die Fehde als Drohmittel im Hintergrund, falls die Einigung scheiterte, hält das moderne Recht weiterhin das strenge Gerichtsverfahren bereit. Die zahlreichen Formen gütlicher Streitbeilegung ersetzen also nicht die staatliche Justiz, sondern ergänzen sie. Ob im historischen Vergleich die Zahl der gütlichen Streitbeilegungen heute höher oder niedriger ist als vor 500 Jahren oder selbst vor 100 Jahren, ist dabei offen. Rechtshistorische Forschungen zu solchen Fragen laufen seit 2011 auf Hochtouren. Doch ob es übergreifende und einfache Antworten geben wird, steht noch offen.

Einige Probleme seien dennoch benannt. Wenn die gütliche Streitbeilegung Erfolg hat, sinkt die Zahl der Gerichtsurteile. Vor allem in komplizierten Streitlagen, etwa in wirtschaftsrechtlichen Fragen mit mehreren tausend Seiten potentiellen schriftlichen Beweismitteln, kann es dann an einer ausreichend großen Zahl von Entscheidungen fehlen, die Rechtssicherheit in Grenzbereichen gewährleisten. Die Voraussehbarkeit gerichtlicher Erkenntnisse mag dann sinken. Und in der Gegenrichtung werden sich die Transaktionskosten der Rechtsdurchsetzung erhöhen. Es ist überdies unklar, ob die gütliche Streitbeilegung die Kosten rechtlicher Konfliktlösung senken oder steigern wird. Ein kurzerhand durchgedrückter Vergleich mag Verhandlungszeit mindern, dem Richter die Urteilsbegründung sparen und dem Anwalt sogar eine Gebührenerhöhung bescheren. Doch eine gut vorbereitete Mediation verlangt ausdauernde Gespräche und ist alles andere als ein Schnellverfahren.

Genau hier entspinnt sich eine Diskussion, wer als Vermittler zur gütlichen Streitbeilegung berufen sein soll. Wenn Richter als Mediatoren bzw. Schlichter tätig sind, bleibt das Güteverfahren jedenfalls lose in den Bereich staatlicher Tätigkeit eingebunden. Sind dagegen Anwälte oder professionelle Mediatoren tätig, tritt die Streitbeilegung vollständig neben die staatliche Justiz. Hier stehen sich norddeutsche und süddeutsche Modelle gegenüber, ohne dass ein letztes Wort bereits gesprochen ist. Zwischen den Parolen „Schlichten statt Richten" und „Richter und Schlichter" bestehen jedenfalls erhebliche Unterschiede, die man gerade bei einer prinzipiellen und historischen Betrachtung nicht einebnen darf.

Schiedsgerichtsbarkeit

Vollends neben der hoheitlichen Gerichtsbarkeit, ob nun durch Elemente der gütlichen Streitbeilegung erweitert oder auf supranationale Träger verlagert, steht die Schiedsgerichtsbarkeit. In zahlreichen internationalen, wirtschaftlich bedeutenden Rechtskonflikten spielen staatliche Gerichte nur noch eine untergeordnete Rolle. Die Beteiligten vereinbaren bereits bei Vertragsschluss einen potentiellen Schiedsrichter und das von ihm anzuwendende Recht. Seit langem schon gilt der Diamantenhandel als Paradebeispiel für diese Art von Streitlösung. Die überwiegend jüdischen Händler haben ihre eigenen Spielregeln und Schlichtungsmechanismen. Wer dagegen verstößt, wird aus dem Handel ausgeschlossen. Der Ausschluss aus der Gemeinschaft, als übliche Sanktion vorstaatlicher Gesellschaften und ihrer Frühformen von Recht bekannt, hat sich hier bis in die Gegenwart gehalten. Wenn mittelalterliche Kaufleute, denen man unlautere Machenschaften vorwarf, dennoch einen Reinigungseid leisten durften und damit rechtlich durchdringen konnten, verloren sie auf diese Weise zugleich ihre Handelspartner und Absatzmärkte. Solch ein Modell erweist sich damit durchaus als rational und effektiv. Der Diamantenhandel steht insoweit in einer langen Tradition. In anderen Wirtschaftsbereichen haben sich Schiedsgerichte ebenfalls ausgebreitet. Sie arbeiten im Gegensatz zu staatlichen Gerichten nichtöffentlich, oftmals schnell und mit hoher Sachkunde, sind flexibel, teilweise sogar kostengünstiger als ordentliche Gerichte.

Inwieweit es sich historisch um eine neuartige Bewegung handelt oder ob das Augenmerk lediglich verstärkt auf diesen Fragen ruht, ist kaum geklärt. Jedenfalls sehen sich staatliche Rechtsordnungen, in diesem Zusammenhang meist Jurisdiktionen genannt, oft zu Anpassungen veranlasst, um verlorengegangenes oder verlorengeglaubtes Terrain zurückzuerobern. Reformen der Gerichtsverfassung und des Prozessrechts sollen im internationalen „forum shopping" die Attraktivität der eigenen staatlichen Rechtsordnung auf dem Anbietermarkt von Justizdienstleistungen erhöhen. Auf diese Weise treten Rechts- und Gerichtsordnungen miteinander und gegenüber privaten Streitschlichtungsmodellen in einen Wettbewerb ein. Inwieweit die überkommenen Gerichts- und Prozessmaximen dem starken äußeren Anpassungsdruck standhalten werden, bleibt abzuwarten. Unter dem Strich bewegt sich eine solcherart reformierte Justiz in einem überwiegend nachstaatlichen Umfeld.

Entdifferenzierung des Prozessrechts

Neben die Überformung und Anpassung der staatlichen Gerichtsbarkeit tritt eine bemerkenswerte Entdifferenzierung des Prozessrechts. Die klassischerweise gegenläufigen Verfahrensgrundsätze des privat betriebenen Zivilprozesses und des staatlich geführten Strafverfahrens gleichen sich zusehends an. Die dogmatische Klarheit, mit der vor allem das 19. Jahrhundert die Dispositionsmaxime vom Offizialgrundsatz schied, stößt nur auf wenig Begeisterung in einem rechtlichen Umfeld, in dem der Bürger als Verbraucher erscheint, der auch vor Gericht unterstützender Hilfe bedarf. Im Zivilprozess sind die richterlichen Hinweispflichten seit 2002 deutlich ausgeweitet. Auch ist es verstärkt möglich, von Amts wegen Beweis zu erheben, selbst wenn die Parteien förmliche Beweisangebote aus Nachlässigkeit vergessen haben sollten. Dass freiverantwortliche Rechtsverfolgung auch mit Risiken verbunden sein kann, wirkt aber unbequem und passt schlecht zu der in vielen Bereichen bemerkbaren Materialisierung des Rechts.

Auf der anderen Seite nimmt der Strafprozess zunehmend verschiedene Formen des Parteiverfahrens an. Schon der Täter-Opfer-Ausgleich, 1990 im Jugendstrafrecht eingeführt und 1994 auf das allgemeine Strafrecht erweitert, wertet das Opfer einer Straftat prozessual erheblich auf. Der staatliche Strafanspruch und damit letztlich das Gerichtsverfahren wird subsidiär gegenüber dem Ausgleich zwischen Straftäter und Geschädigtem. Erneut geht es um Rechtsfrieden, Verständigung und um die Überwindung von Rachegelüsten. Im staatlichen Strafprozess sind sodann Absprachen zwischen dem Angeklagten, der Staatsanwaltschaft, teilweise auch dem Gericht üblich geworden. Man mag es unschön Deal nennen oder neutraler von Verständigung sprechen. Doch oftmals stehen Geständnisse oder Teilgeständnisse in einem vorab vereinbarten Gegenseitigkeitsverhältnis zum Antrag der Strafverfolgungsbehörde und zum Strafausspruch des Gerichts. Hier winken erhebliche Einsparungen an Zeit und Mühe. Andererseits gerät die staatliche Pflicht, vor Gericht den Sachverhalt aufzuklären, leicht unter die Räder. Die tatsächliche Grundlage der Verständigung, also ein aufgeklärter Tathergang, kann aber ein Korrektiv bedeuten, das die Absprachen der Beteiligten nicht zu einem bloßen Geschachere verkommen lässt.

Religiöse Gerichte?

Die kirchliche Gerichtsbarkeit neben der staatlichen Justiz spielte über Jahrzehnte eine öffentlich kaum wahrnehmbare Rolle. Lediglich die katholischen Eheaufhebungsverfahren galten noch als überlebte Kuriosität. Das mag sich in einer nachstaatlichen Streitschlichtungskultur ändern. Stark diskutiert man seit einigen Jahren vor allem sog. islamische Friedensrichter, die in den Medien etwas ungenau als Scharia-Gerichte bezeichnet werden. Rechtliche Auseinandersetzungen innerhalb muslimischer Bevölkerungskreise gelangen häufig nicht vor staatliche Gerichte, sondern vor besondere Schiedsleute. Sie beurteilen solche Streitfälle nicht nach staatlich gesetztem Recht, sondern nach der islamischen Tradition bzw. dem Scharia-Recht. Soweit es sich um rein innerreligiöse Konflikte handelt, sind solche Verfahren von der Religionsfreiheit gedeckt und entlasten zugleich die staatliche Justiz. Doch ist schwer abzuschätzen, inwieweit hier zugleich praktische oder soziale Hürden bestehen, die den Zugang zur ordentlichen Gerichtsbarkeit nahezu unmöglich machen. In Fragen von häuslicher Gewalt, Zwangsheiraten und anderen Verstößen gegen staatliches Recht kann eine abgekapselte interne Schlichtung überkommene Schieflagen verfestigen und die effektive Berufung auf Rechtspositionen deutlich erschweren. Politisch ist hier vieles umstritten. Im Koalitionsvertrag von 2013 bekräftigte die Bundesregierung ausdrücklich den klassischen Rechtsstaat gegenüber der sog. Paralleljustiz.

Teilweise vergleicht man islamische Friedensgerichte typologisch mit Schlichtungsmechanismen etwa der Industrie- und Handelskammern oder der Ärztekammern. Historisch treten Zunftgerichte und andere Eigengerichtsbarkeiten umgrenzter Bevölkerungsgruppen vor Augen. Möglicherweise handelt es sich bei den heutigen muslimischen Institutionen um besondere autonome Formen der außergerichtlichen Streitbeilegung unter dem weiten Schirm des Mediationsgesetzes von 2012. Inwieweit sich hier das Bestreben zeigt, die staatliche Gerichtsbarkeit ernsthaft zu umgehen, lässt sich zur Zeit nur schwer sagen. Insgesamt ist hier vieles unklar, vor allem auch die tatsächliche Bedeutung, die solche Friedensgerichte innerhalb bestimmter Bevölkerungskreise genießen. Vielleicht wird die Sichtweise durch wenige spektakuläre Einzelfälle verzerrt. Quellenkritik ist also genauso angebracht wie bei mittelalterlichen Beschwerden über die damaligen Gebrechen der Gerichte. Dennoch passt auch dieser Befund ins Bild.

Kein neues Gesamtbild

Die prinzipienklare Gerichtsorganisation mit ihren staatlich gewährleisteten Prozessmaximen gerät unter ganz unterschiedlichen Vorzeichen in die Defensive. Die klassische Staatsgewalt hat ihre selbstverständliche Überzeugungskraft verloren. Es ist nicht die Aufgabe der Rechtsgeschichte, dies zu bewerten, geschweige denn Handlungsanweisungen zu geben. Aber der Rahmen, den das 19. Jahrhundert mit seiner dogmatischen und sprachlichen Schärfe vorgab, beschreibt immer schlechter die moderne Wirklichkeit. Die Rechtssicherheit auch vor Gericht ist nur noch eines von mehreren Zielen bei der Lösung rechtlicher Auseinandersetzungen. Ein neues Gesamtbild zeichnet sich noch nicht ab.

Freilich mag die Gegenüberstellung der klassisch-rechtsstaatlichen Prinzipien mit der modernen Wirklichkeit überspitzt sein, denn das Ideal des 19. Jahrhunderts war auch damals Theorie und nicht notwendig alltägliche Praxis. Wenn man die Rechtswirklichkeit des 21. Jahrhunderts mit einer 200 Jahre älteren Doktrin vergleicht, brauchen die Abweichungen kaum zu erstaunen. Insbesondere ist die Gerichtspraxis des 19. Jahrhunderts nicht feinmaschig genug erforscht, um für einen Theorie-Praxis-Vergleich ausreichend tragfähig zu sein. Die sich in meinen Augen abzeichnende Zeit nach einem staatlichen Gewaltmonopol markiert damit alles andere als einen wissenschaftlich zwingenden Befund. Vielmehr geht es ganz subjektiv um die Deutung größerer historischer Linien. Das leitet zur Schlussbemerkung über: Welche Lehren oder Antworten auf die Leitfragen lassen sich beim gerafften Blick auf die Geschichte von Gerichten und Gerichtsverfahren erkennen?

5   Ergebnisse

Das vorliegende Lehrbuch fragt nach der Geschichte von Gerichtsverfassung und Prozessrecht und ordnet beide in die jeweils organisierte Form von Staatlichkeit ein. Insbesondere das staatliche Gewaltmonopol erweist sich als maßgeblicher Dreh- und Angelpunkt einer darart zugespitzen Prozessrechtsgeschichte. Die Frage, ob jemand seine rechtlichen Streitereien eigenmächtig bereinigen durfte, notfalls auch gewaltsam, ist ein entscheidender Schlüssel, um wesentliche Grundlinien der Rechtsgeschichte nachvollziehen zu können. Ein staatliches Gewaltmonpol entstand langsam, beginnend mit den Gottes- und Landfrieden, dann feierlich und für alle Zeit 1495 förmlich verkündet. Freilich war es zweierlei, Selbsthilfe zu verbieten oder sie tatsächlich überflüssig zu machen, geschweige denn zu unterbinden. Aber die Art und Weise, wie ein Gemeinwesen institutionell mit der Lösung rechtlicher Probleme umgeht, erweist sich als sinnvolles Raster, um die Geschichte des Rechts in verschiedene Abschnitte zu gliedern.

Bei diesem Zugang erscheint Recht nicht als eine überzeitliche anthropologische Konstante. Vielmehr bedeutete es eine erhebliche Kulturleistung, soziale Konflikte danach einzuteilen, ob sie sich auf Recht oder sonstige Streitfragen bezogen. Genau davon hing es auch ab, ob Fehde bzw. Gewalt zwischen einzelnen Personen oder ganzen Familien- und Freundschaftsverbänden als spezielles Rechtsproblem erschienen. Recht fragt danach, ob eine Handlung erlaubt oder verboten ist. Aber diese Fragerichtung setzt ihrerseits voraus, dass es daneben noch andere Wertungsmöglichkeiten gibt oder gab. Moral, Sitte, Religion können ähnliche Unterscheidungen vorgeben. Im Recht tritt eine Form von Verbindlichkeit hinzu, die nicht ausschließlich von den beteiligten Personen abhängt und auch notfalls gegen deren Willen durchsetzbar ist. Solange also ein umfassender Konsens erforderlich war, um etwa zu einer dinggenossenschaftlich gefundenen Entscheidung zu gelangen, hat man es mit Vorformen des Rechts zu tun, die gerade nicht ohne weiteres Zutun verbindlich sind. Ein ähnlicher Befund ergibt sich für die heute anerkannte kontrafaktische Normgeltung. Bis weit in die frühe Neuzeit hinein hing die Anerkennung von Normen und damit die Existenz von Recht von einer wie auch immer gearteten praktischen Befolgung ab, zeitgenössisch schillernd als Observanz, Herkommen, Usus, Stilus oder ähnlich bezeichnet. Das macht es so schwer, das moderne Konzept von Geltung auf das vormoderne Recht zu übertragen.

Auch wenn ein vergleichweise eng gefasster und am neuzeitlichen Recht orientierter Forschungsbegriff in der älteren Zeit viel Nicht-Recht oder Noch-Nicht-Recht entdeckt und in der Phase seit etwa 1960 vielleicht sogar Nicht-Mehr-Recht ausfindig macht, spricht dies nicht dagegen, die hier getroffene Unterscheidung deutlich zu betonen. Nicht alle üblichen Verhaltensweisen sind Recht, nicht alle Formen der Konfliktlösung sind Gerichtsverfahren. Sozialwissenschaftlich ist von Devianz und ihrer Bewältigung die Rede, in Frankreich spricht man von von der Sphäre des Infrajudiciaire. Konfliktlösung, Streitschlichtung, Regulierung sind andere Schlagwörter, die in je verschiedener Weise verdeutlichen, wie man verfahrene Auseinandersetzungen zu einem guten Ausgang führt.

Ein derart zugespitzter und enggeführter Forschungsbegriff lässt sich unschwer mit neueren geschichtswissenschaftlichen Ansätzen vereinbaren, die für das Hochmittelalter von Spielregeln sprechen und bewusst die wenig zeitgerechte Unterscheidung von Politik, Recht und Religion ablehnen. Es kann nicht die Aufgabe der Rechtsgeschichte sein, rückwirkend Differenzierungen in eine Zeit hineinzutragen, die solch verschiedene Sollens- und Seinsordnungen nicht scharf voneinander trennte.

Das Lehrbuch hat gezeigt, unter welchen historischen Bedingungen die an einen Herrscher angebundene Gerichtsbarkeit das erfolgversprechende Modell zur Beilegung derartiger Problemlagen bot. Hierfür war und ist ein Mindestmaß an Autorität erforderlich, eine Herrschaftsgewalt, die notfalls den fehlenden Konsens der Beteiligten ersetzt oder ihren Widerstand bricht. Wenn die Ladung zum Gerichtsverfahren wirkungslos verpufft, fehlt es bereits an einer entscheidenden Voraussetzung. Wenn es nicht möglich erscheint, Entscheidungen zu vollstrecken, mangelt es an einer weiteren Grundbedingung. Die Personen, die für die jeweilige Entscheidung verantwortlich sind, müssen in ihrer persönlichen und sachlichen Kompetenz anerkannt sein. Das Verfahren und die Normen, um deren Einhaltung es geht, dürfen nicht auf grundsätzlichen Widerstand stoßen.

Die mittelalterliche Kirche gelangte früh zu einem derart ausdifferenzierten Modell gerichtlicher Rechtsdurchsetzung. Weltliche Herrscher folgten nach. Das zunehmend unbeliebte Schlagwort von der Rezeption des gemeinen Rechts behält hier seine Bedeutung. Der Weg zum staatlichen Gewaltmonopol, die Professionalisierung der juristischen Berufe, die methodisch geschulte Anwendung abstrakt-genereller Normen, der Verzicht auf die Einstimmigkeit – all diese Veränderungen markieren einzelne Schritte auf diesem Weg: von einem Recht ohne Staat hin zu einem Recht mit Staat, von der grundsätzlich gegebenen Möglichkeit, private Interessen gewaltsam durchzusetzen, zu dem grundsätzlichen Anspruch der Obrigkeit, genau dies zur wesentlichen Aufgabe der Staatsgewalt zu machen.

Die *iurisdictio*, die Gerichtsgewalt, war in der frühen Neuzeit das wichtigste Herrschaftsrecht, bevor die landesherrliche Gesetzgebung in den Vordergrund trat. Ein solcherart herrschaftsnahes staatliches Gericht ist prinzipiell verschieden von anderen

Formen der Konfliktbeilegung, auch von privaten Schiedsgerichten. Der fein austarierte Mechanismus einer staatlichen Rechtsdurchsetzung war vielmehr historisch ein deutliches Kennzeichen dafür, dass eine an die Landesherrschaft angebundene Gerichtsbarkeit tatsächlich einen wichtigen Schritt zur Ausdifferenzierung verschiedener Formen von Streitlösungen führte.

Wenn die hier propagierte Rechtsgeschichte sich vor allem damit beschäftigt, den Wandel einer Rechtsdurchsetzung ohne Staat hin zu einer Rechtsdurchsetzung mit Staat nachzuzeichnen, beschränkt sie damit zugleich freiwillig ihre Zuständigkeiten. Nicht alle alternativen gewaltsamen oder friedlichen Streitbeilegungen bilden den Gegenstand rechtshistorischer Beschäftigung. Die Rechtsgeschichte sieht nur einen Ausschnitt aus der allgemeinen Geschichte. Um den Blick für die Vielfalt historischer Verhaltensweisen offen zu halten, benötigt die Rechtsgeschichte also weiterhin den Austausch mit der Geschichtswissenschaft und den historischen Sozialwissenschaften. In der Strafrechtsgeschichte bzw. der Historischen Kriminalitätsforschung ist diese Zusammenarbeit über Jahrzehnte gewachsen. In der Privatrechtsgeschichte und damit auch im Bereich des Zivilprozesses bleibt noch einiges zu tun.

Mit der zunehmenden Anbindung der Gerichtsbarkeit an die Staatsgewalt verfestigten sich zwei ganz verschiedene Modelle der gerichtlichen Verfahrensweisen. Zivilprozess und Strafprozess zeigten sich als zwei Grundformen des Gerichtsverfahrens. Sie unterscheiden sich, kaum verwunderlich, in der ganz andersartigen Weise, wie staatliche Interessen und Aktivitäten in das Verfahren eingebunden sind. Auch wenn es im ungelehrten Mittelalter schon Klagen um Schuld und Erbe, aber auch peinliche Fälle bzw. Ungerichte gegeben hat, handelte es sich doch dabei jeweils um Parteiprozesse mit privaten Anklägern. Gerade die verschiedenen Formen, ein Verfahren einzuleiten und rationale Beweismittel zu suchen, führten jedoch in der Rezeptionszeit zu einer deutlichen Trennung von Zivil- und Strafprozess.

Die Anbindung von Gericht und Prozessrecht an staatliche Herrschaft bewährt sich an dieser Stelle abermals als Weichenstellung für die Prozessrechtsgeschichte. Im Zivilprozess verfolgen Einzelpersonen ihre je eigenen Interessen. Im Strafprozess verteidigt der Staat sein Gewaltmonopol, das von Straftätern durch eigenmächtige Angriffe auf das friedliche Zusammenleben gestört wird. Der Landfriedensbruch erwuchs auf diese Weise überspitzt gesagt zum ältesten Straftatbestand. Die sehr verschiedenen Prozessmaximen des Strafprozesses und des Zivilprozesses untermauern diese Sichtweise. Dispositionsmaxime und Verhandlungsgrundsatz, die Lebensnerven des Zivilprozesses, setzen seit Jahrhunderten auf die freiwilligen Aktivitäten der Parteien. Offizialmaxime und Amtsermittlungsgrundsatz verpflichten dagegen die Staatsgewalt, Gerichtsverfahren zur Verteidigung der Rechtsordnung einzuleiten und die Wahrheit *ex officio* zu erforschen. Die seit dem 19. Jahrhundert weiter aufgefächerten Gerichtszweige (Verwaltungsgerichte, Arbeitsgerichte, Finanzgerichte, Sozialgerichte) haben sich in die prinzipielle Zweiteilung eingefügt.

Gleichzeitig bestätigen die in jüngster Zeit zunehmenden Aufweichungen, wie ertragreich es sein kann, die Prozessrechtsgeschichte von der Staatsgewalt und Konsensüberwindung her zu verstehen. Wenn sich die Prozessmaximen anzunähern beginnen und die staatliche Gerichtsbarkeit durch viele andere Streitlösungsmodelle ergänzt und überlagert wird, zeichnet sich der Beginn einer neuen Epoche ab, deren Einzelheiten noch nicht erkennbar sind. Freilich beruhten die widerstreitenden Grundsätze für die Organisation von Gerichten und ihrer Verfahrensführung auf übergreifenden Erwägungen. Es ging darum, die rechtlichen Zuständigkeiten zwischen Untertan bzw. Bürger und Obrigkeit bzw. Staat sinnvoll abzugrenzen. Die Prozessmaximen verhinderten Willkür, Bevormundung und sicherten ein Höchstmaß an persönlicher Freiheit. Dies war jedenfalls die Sichtweise der Prinzipienjurisprudenz des 19. Jahrhunderts. Wenn solche schneidig-schwungvollen Erklärungen zunehmend auf Kopfschütteln oder sogar Widerstand stoßen, unterstreicht das abermals die schleichende Abkehr vom klassischen gewaltenteilenden Rechtsstaat, ohne dass eine Nachfolgeordnung klar absehbar wäre.

Der Blick auf größere Linien, Leitfragen und Prozessmaximen verdeckt zugleich zahlreiche durchaus wichtige Einzelheiten. Zum Beweisverfahren, zur Zeugnisfähigkeit u. a. von Frauen, zur Beweislast, zur gesetzlichen Beweistheorie mit ihren Eideszuschiebungen und anderem ließe sich noch viel sagen, zur Weimarer Republik, den Nürnberger Prozessen und der Zeit nach 1949 ohnehin. Gerade die Feinheiten des Prozessrechts bleiben in diesem Lehrbuch oftmals ausgeblendet. Auch die Quellen decken solche Themen nur teilweise ab, weil sie lediglich exemplarisch zeigen, wie man sich Einzelproblemen nähern kann. Im prinzipiellen Zugriff verlieren vor allem viele Details aus der Zeit nach 1800 an Gewicht. Und wie sich die nationalsozialistische Justiz und die DDR-Gerichtsbarkeit in eine Typologie einpassen, die stark an die jeweilige Staatsgewalt angelehnt ist, bedürfte ebenfalls noch weiterer Überlegungen. Hier hat das Buch sicherlich seine größten Lücken, bedingt nicht zuletzt durch meine eigene beschränkte Quellen- und Literaturkenntnis.

Im Ergebnis bietet das Lehrbuch damit trotz seines eher knappen Umfangs eine Erzählung, vielleicht sogar eine sog. „große Erzählung", wie man derart subjektive Verlaufsdeutungen inzwischen nennt. Die Gesamtanlage wie die Verknüpfung der Einzelheiten beruhen auf bewusster Konstruktion. Mehr kann eine Geschichtswissenschaft nicht leisten, die sich nicht auf die bloße Zusammenballung von Fakten beschränken möchte. Um die Deutung und Wertung der Vergangenheit kommt niemand herum. Und genau deswegen kann die Rechtsgeschichte so große Kraft entfalten, wenn sie eintritt ins Gespräch mit der Gegenwart.

Literatur

Die Literaturhinweise beschränken sich regelmäßig auf die im Text genannten Werke und Problem-kreise. Vollständigkeit ist nicht angestrebt, die Auswahl und Gewichtung entsprechen nicht zuletzt persönlichen Vorlieben. Dafür sollen knappe Anmerkungen es studentischen Lesern erleichtern, beim Selbststudium die Schwerpunkte sinnvoll zu setzen. Die etwas ausführlicheren Literaturübersich-ten können zugleich exemplarisch zeigen, wie man als studentischer Benutzer zu einem umgrenz-ten Bereich Quellen und Literatur erschließt und gewichtet, etwa im Rahmen einer Seminararbeit.

1. Einleitung

Lehrbücher zur Rechtsgeschichte gibt es in großer Zahl. Häufig tragen sie traditionelle Namen wie Deutsche Rechtsgeschichte, Römisches Recht/Römische Rechtsgeschichte, Verfassungsgeschichte (der Neuzeit), Privatrechtsgeschichte (der Neuzeit). Die Vielfalt von Titeln und Autoren täuscht allerdings. **Große Lehrbücher,** einst die Zierde der deutschen Rechtswissenschaft, sind nahezu ausgestorben. Hierbei geht es nicht um bloße Seitenzahlen – einen erheblichen Umfang haben auch die flott geschrie-benen Erfolgsbücher von *Uwe Wesel,* Geschichte des Rechts. Von den Frühformen bis zur Gegenwart, 4. Aufl. München 2014; *ders.,* Geschichte des Rechts in Europa. Von den Griechen bis zum Vertrag von Lissabon, München 2010. Mit dem Anspruch, den gesamten Stoff aus eigener Quellenkenntnis auszubreiten und zu deuten, tritt aber fast niemand mehr auf. Das klassische Werk von *Heinrich Brunner,* Deutsche Rechtsgeschichte, 2. Aufl. Berlin 1906/28 (Bd. II bearbeitet von *Claudius von Schwerin*), wäre heute in diesem Umfang und mit einer solchen Quellenfülle kaum noch zu schreiben, fände aber auch fast keine Abnehmer mehr. Obwohl das überkommene germanistische Gesamtbild brüchig geworden ist, bietet dieses klassische Lehrbuch weiterhin eine unerschöpfliche Fundgrube für Quellen und lange vergessene Einzelheiten. Das gilt nicht minder für *Richard Schröder/Eberhard Freiherr von Künßberg,* Lehrbuch der deutschen Rechtsgeschichte, 7. Aufl. Berlin, Leipzig 1932. Den letzten derartigen traditionell-germanistischen Versuch unternahm *Hermann Conrad,* Deutsche Rechtsgeschichte, Karlsruhe 1962/66 (Bd. I erstmals 1954). Nur im Titel ähnlich wirkt *Karl Siegfried Bader/Gerhard Dilcher,* Deutsche Rechtsgeschichte. Land und Stadt – Bürger und Bauer im Alten Europa (Enzyklopädie der Rechts- und Staatswissenschaft), Berlin, Heidelberg 1999. Die beiden Autoren bieten gerade keine Gesamtdarstellung, sondern für die Zeit bis 1800 zwei voneinander unabhängige Rechtsgeschichten des Dorfes und der Stadt.

Seitdem begleiten **Kurzlehrbücher und Grundrisse** die rechtshistorische Lehre, wobei das ver-breitete, noch der alten Schule verhaftete Buch von *Heinrich Mitteis/Heinz Lieberich,* Deutsche

Rechtsgeschichte. Ein Studienbuch, 19. Aufl. München 1992 (erstmals 1949), inzwischen verschwunden ist. An erster Stelle der noch erhältlichen Studienliteratur steht zweifelsfrei *Karl Kroeschell*, Deutsche Rechtsgeschichte, 3 Bde., Köln, Weimar, Wien 2008 (Bd. I 13. Aufl.; Bd. II 9. Aufl., neubearbeitet von *Albrecht Cordes* und *Karin Nehlsen-von Stryk*; Bd. III 5. Aufl.). Kroeschell verweigert bewusst eine „große Erzählung". Er beschränkt sich auf gut ausgewählte Ausschnitte und geht dort in die Tiefe. Über 280 längere Quellentexte, in jüngerer Zeit zusätzlich fast 60 Abbildungen, führen das Fundament vor Augen, auf dem die Rechtsgeschichte ruht. Freilich sind die Quellen kaum mit der Darstellung verzahnt, und der episodenhafte Zugriff ist alles andere als leichte Kost. Aber wer tiefer in die einheimische Rechtsgeschichte eindringen will, kommt um das dreiteilige Lehrwerk mit seinen über 1000 Seiten nicht herum. Traditioneller in der Stoffdarstellung gibt sich der Grundriss von *Ulrich Eisenhardt*, Deutsche Rechtsgeschichte, 6. Aufl. München 2013. Das Werk setzt erst mit dem Hochmittelalter ein und spart damit die Anfänge der mitteleuropäischen Rechtsbildung aus. Doch ist die Darstellung verlässlich und materialreich. Zahlreiche Abschnitte zur Gerichtsbarkeit und zum Verfahrensrecht ergänzen sich zwanglos mit dem vorliegenden Buch. In jüngerer Zeit erwies sich außerdem das Studienbuch von *Stephan Meder*, Rechtsgeschichte. Eine Einführung, 5. Aufl. Köln, Weimar, Wien 2014, als erfolgreich. Wie Eisenhardts Grundriss ist es auf inzwischen über 500 Seiten angewachsen. Das Buch überwindet die hergebrachte Trennung von römischer, deutscher und kirchlicher Rechtsgeschichte, bleibt aber gerade beim älteren ungelehrten Recht sehr knapp. Die römische Antike und die neuzeitliche Privatrechts- und Wissenschaftsgeschichte bilden Meders inhaltlichen Schwerpunkt. Gerichtsverfassung und Prozessrecht spielen nur am Rande eine Rolle. Eigene Wege mit starkem Interesse an kirchlicher Tradition und auch am Prozessrecht beschreitet die umfangreiche Darstellung von *Mathias Schmoeckel*, Auf der Suche nach der verlorenen Ordnung. 2000 Jahre Recht in Europa – Ein Überblick, Köln, Weimar, Wien 2005. Zahlreiche Quellenauszüge und über 350 Landkarten und Abbildungen machen aus dem Werk ein leicht zugängliches, wenn auch langes Lesebuch. Ohne den Anspruch, den Stoff umfassend abzudecken, schlägt dagegen der Arbeitskreis „Augen der Rechtsgeschichte" einen didaktisch neuen Weg ein. Von jeweils einer einzelnen Quelle zu einem zeittypischen Rechtsfall ausgehend, entfalten 18 Autoren speziell für studentische Leser kleine Epochenbilder auf der Grenze zwischen Quellenexegese und Lehrbuch: *Ulrich Falk/Michele Luminati/Mathias Schmoeckel* (Hrsg.), Fälle aus der Rechtsgeschichte, München 2008.

Neben diesen übergreifenden Darstellungen gibt es eine große Zahl thematisch beschränkter Lehrbücher. Empfehlenswert zur **Verfassungsgeschichte** sind *Dietmar Willoweit*, Deutsche Verfassungsgeschichte. Vom Frankenreich bis zur Wiedervereinigung Deutschlands. Ein Studienbuch, 7. Aufl. München 2013; und mit Begrenzung auf die Zeit ab dem späten 18. Jahrhundert *Werner Frotscher/Bodo Pieroth*, Verfassungsgeschichte, 13. Aufl. München 2014.

Die **Privatrechtsgeschichte** wird immer noch beherrscht vom inzwischen klassischen großen Wurf von *Franz Wieacker*, Privatrechtsgeschichte der Neuzeit unter besonderer Berücksichtigung der deutschen Entwicklung, 2. Aufl. Göttingen 1967 (erstmals 1952). Im Gesamtbild höchst problematisch und in den Einzelheiten oft ungenau prägt die bestechende Deutung bis heute die Art und Weise, wie das Fach insgesamt wahrgenommen wird. Kurzlehrbücher haben es dagegen schwer. Verbreitet war lange Zeit *Hans Schlosser*, Grundzüge der neueren Privatrechtsgeschichte. Rechtsentwicklungen im europäischen Kontext, 10. Aufl. Heidelberg 2005 (1. Aufl. von Erich Molitor 1949). Das Buch ist inzwischen eingegangen in den Grundriss von *Hans Schlosser*, Neuere Europäische Rechtsgeschichte. Privat- und Strafrecht vom Mittelalter bis zur Moderne, 2. Aufl. München 2014, hat seinen privatrechtsgeschichtlichen Schwerpunkt aber beibehalten. Anspruchsvoll und lehrreich zum materiellen Privatrecht, seit längerem aber vergriffen, ist *Gerhard Wesenberg/Gunter Wesener*, Neuere deutsche Privatrechtsgeschichte im Rahmen der europäischen Rechtsentwicklung, 4. Aufl. Wien, Köln, Graz 1985. Dogmengeschichtliche Informationen liefert dagegen weiterhin *Ursula Floßmann/Herbert Kalb/ Karin Neuwirth*, Österreichische Privatrechtsgeschichte, 7. Aufl. Wien 2014.

In der **Strafrechtsgeschichte** bildet das Buch von *Eberhard Schmidt*, Einführung in die Geschichte der deutschen Strafrechtspflege, 3. Aufl. Göttingen 1965 (1. Aufl. 1947) trotz vieler zwischenzeitlicher Korrekturen und vor allem verschobener Forschungsinteressen immer noch einen wichtigen Ausgangspunkt. Das aktuell brauchbarste Studienbuch von *Hinrich Rüping/Günter Jerouschek*, Grundriss der Strafrechtsgeschichte, 6. Aufl. München 2011, ist um äußerste Knappheit bemüht, und *Thomas Vormbaum*, Einführung in die moderne Strafrechtsgeschichte, Berlin, Heidelberg 2009 (2. Aufl. 2011), setzt erst mit dem 18. Jahrhundert ein. Ein zweibändiges Studien- und Quellenbuch zur Geschichte der deutschen Strafrechtspflege *von Wolfgang Sellert* und *Hinrich Rüping*, Aalen 1989/94, ist materialreich, für die ältere Zeit aber deutlich der von Eberhard Schmidt überkommenen Schwerpunktsetzung verhaftet. Über die neueren interdisziplinären Bemühungen informiert zuverlässig *Gerd Schwerhoff*, Historische Kriminalitätsforschung (Historische Einführungen 9), Frankfurt am Main, New York 2011. Die **kirchliche Rechtsgeschichte** ist in der Lehrbuchliteratur eher schwach vertreten, doch liegt mit *Christoph Link*, Kirchliche Rechtsgeschichte, 2. Aufl. München 2010, ein moderner Überblick vor. In deutscher Sprache erhältlich ist ebenfalls *Richard H. Helmholz*, Kanonisches Recht und europäische Rechtskultur, Tübingen 2013 (erstmals 1996 unter dem Titel The Spirit of Classical Canon Law). Darüber hinaus gibt es Darstellungen zur **europäischen Rechtsgeschichte**. Die deutschsprachige Pionierleistung stammt von *Hans Hattenhauer*, Europäische Rechtsgeschichte, 4. Aufl. Heidelberg 2004 (1. Aufl. 1992). Einige andere Werke kommen aus dem europäischen Umfeld, sind aber teilweise ins Deutsche übersetzt, so etwa das weit verbreitete Buch von *Manlio Bellomo*, Europäische Rechtseinheit. Grundlagen und System des Ius Commune, München 2005 (erstmals 1989 als L'Europa del diritto comune, 8. Aufl. 1998). Stark ideologisch aufgeladen ist demgegenüber *Paolo Grossi*, Das Recht in der europäischen Geschichte, München 2010 (erstmals 2007 als L'Europa del diritto). An dieser Stelle ist ein wichtiger Hinweis angebracht: Die Rechtsgeschichte als europäisches Fach ist weiterhin durch lebendige Mehrsprachigkeit geprägt. Es gibt immer noch wichtige Werke in italienischer, französischer, verstärkt auch spanischer Sprache. Hinzu kommt skandinavisches Schrifttum, das sowohl für das Mittelalter (nordisches Recht) als auch für die Prozessrechtsgeschichte seinen besonderen Platz hat. Wer dem Einheitsenglisch in der Rechtsgeschichte entgehen möchte, muss den Erwerb von Lesefähigkeit für fremdsprachige Fachliteratur zum Teil seines Selbststudiums machen.

Neben die Lehrbücher im engeren Sinne treten kleinere **Nachschlagewerke**, vor allem biographische Lexika, die in der Würdigung einzelner Juristen zugleich wichtige Bereiche der Rechtsgeschichte erschließen, vor allem *Gerd Kleinheyer/Jan Schröder* (Hrsg.), Deutsche und Europäische Juristen aus neun Jahrhunderten. Eine biographische Einführung in die Geschichte der Rechtswissenschaft,

5. Aufl. Heidelberg 2008 (1. Aufl. 1976); und *Michael Stolleis*, Juristen. Ein biographisches Lexikon von der Antike bis zum 20. Jahrhundert, 2. Aufl. München 2001 (1. Aufl. 1995, dort noch mit dem Eintrag zu „I. M. Kidding"). Wer tiefer eindringen möchte, darf auch als studentischer Leser **größere Handbücher** nicht scheuen. Die Grenze zwischen einer Gesamtdarstellung, einem großen Lehrbuch oder einem Handbuch sind ohnehin schwer zu ziehen. Der Sache nach decken solche Werke Teilgebiete der Rechtsgeschichte ab und beruhen im Gegensatz zu vielen kleineren Lehrbüchern auf umfassenden eigenen Forschungen der Verfasser. Für die Privatrechtsgeschichte maßgeblich sind mit ganz unterschiedlichen Akzentuierungen *Helmut Coing*, Europäisches Privatrecht, 2 Bde., München 1985/89 (materielles Privatrecht ab etwa 1500 bis etwa 1900); *Reinhard Zimmermann*, The Law of Obligations. Roman Foundations of the Civilian Tradition, Kapstadt, München 1992 (1. Aufl. 1990); hinzu kommt problemgeschichtlich und umfassend für das materielle Privatrecht *Mathias Schmoeckel/ Joachim Rückert/Reinhard Zimmermann* (Hrsg.), Historisch-kritischer Kommentar zum BGB, bisher 3 Bände in 5 Teilen, Tübingen 2003/13. Für die Wissenschaftsgeschichte des öffentlichen Rechts liegt die monumentale Darstellung von *Michael Stolleis* vor: Geschichte des öffentlichen Rechts in Deutschland, 4 Bde., München 1988/2012 (ab etwa 1600 bis etwa 1990; Kurzfassung von *dems.*, Öffentliches Recht in Deutschland. Eine Einführung in seine Geschichte (16.–21. Jahrhundert), München 2014)); hinzu kommt, vor allem für die privatrechtliche Methodengeschichte, *Jan Schröder*, Recht als Wissenschaft. Geschichte der juristischen Methodenlehre in der Neuzeit (1500–1933), 2. Aufl. München 2012 (1. Aufl. 2001). Unerlässlich für das Selbststudium ist das Handwörterbuch zur Deutschen Rechtsgeschichte, 1. Aufl. in 5 Bänden, hrsg. v. *Adalbert Erler/Ekkehard Kaufmann*, Berlin 1971/98, 2. Aufl. hrsg. v. *Albrecht Cordes/Hans-Peter Haferkamp/Heiner Lück/Dieter Werkmüller/ Christa Bertelsmeier-Kierst*, seit 2004 in halbjährlichen Lieferungen. Die abgeschlossenen Bände 1 und 2 liegen seit 2008 bzw. 2012 vor, auch www.hrgdigital.de).

Die maßgeblichen rechtshistorischen **Zeitschriften** im deutschen Sprachraum bieten wichtige Aufsätze zu Spezialthemen, aber in ihren Besprechungsteilen auch verlässliche Überblicke über die einschlägigen Neuerscheinungen. Am umfangreichsten und ältesten ist die Zeitschrift der Savigny-Stiftung für Rechtsgeschichte, gegliedert in die Germanistische Abteilung, Romanistische Abteilung und Kanonistische Abteilung. In der jetzigen Form erscheinen die Jahresbände seit 1880 (Kan. Abt. seit 1911), digital unter www.savigny-zeitschrift.com. Daneben tritt seit 1979 die Zeitschrift für Neuere Rechtsgeschichte (beginnend mit der frühen Neuzeit). Das Max-Planck-Institut für europäische Rechtsgeschichte gibt eigene Zeitschriften heraus, zunächst Ius Commune (1967/2001) und Rechtshistorisches Journal (1982/2001), seit 2002 die Zeitschrift „Rg. Rechtsgeschichte". Ausschließlich im Internet erscheint seit 1996 das forum historiae iuris (www.forhistiur.de). Aber auch die im Ausland verlegten rechtshistorischen Zeitschriften sind teilweise mehrsprachig und oft an deutscher und mitteleuropäischer Rechtsgeschichte interessiert, wie auch mehrere allgemeinhistorische Zeitschriften regelmäßig rechtshistorische Beiträge bringen. Auf einige weitere große Lexika und Enzyklopädien (Reallexikon der Germanischen Altertumskunde, Lexikon des Mittelalters, Enzyklopädie der Neuzeit, Geschichtliche Grundbegriffe, Historisches Wörterbuch der Philosophie, Deutsches Rechtswörterbuch, Deutsches Wörterbuch, The Oxford International Encyclopedia of Legal History) sei wenigstens kurz hingewiesen.

Neben der Fachliteratur im engeren Sinne gibt es inzwischen massenhaft **Erörterungen zum Thema „Wozu Rechtsgeschichte?"**. Diese Literatur zum Selbstverständnis bzw. Lebenswert der Rechtsgeschichte ist oft ermüdend und nicht selten selbstgefällig mit erhobenem Zeigefinger vom hohen Ross an die Dogmatiker in ihren Niederungen geschrieben. Eine erfrischend vielstimmige europäische Antwort auf eine briefliche Anfrage findet sich in der Zeitschrift Rg 3 (2003), S. 12–67, und 4 (2004), S. 12–81. Originelle Denkanstöße kommen teilweise von Autoren, die Privatrechtsgeschichte mit dem heutigen europäischen Privatrecht zu verbinden versuchen. So löste *Nils Jansen* mit seinen Überlegungen „Tief ist der Brunnen der Vergangenheit": Funktion, Methode und Ausgangspunkt historischer Fragestellungen in der Privatrechtsdogmatik, in: ZNR 27 (2005), S. 202–228, eine anregende Debatte aus, u. a. mit *Hans-Christoph Grigoleit, Hans-Peter Haferkamp* und *Dirk Looschelders*, in: ZNR 30 (2008), S. 259–288. Eine knappe, für Studenten und Außenstehende zugespitzte Standortbestimmung findet sich bei *Stolleis*, Öffentliches Recht (s. o.), S. 14–15. Mit dem Verhältnis von applikativer und kontemplativer Rechtsgeschichte beschäftigt sich ausgewogen *Reinhart Koselleck*, Geschichte, Recht und Gerechtigkeit, in: Dieter Simon (Hrsg.), Akten des 26. Deutschen Rechtshistorikertages (StEuRg 30), Frankfurt am Main 1987, S. 129–149. Ein Bekenntnis zu einer Problemgeschichte in der Tradition von Ernst Rabel, verbunden mit einer Analyse von Konzepten größerer rechtshistorischer Gesamtdarstellungen, findet sich bei *Joachim Rückert*, „Große" Erzählungen, Theorien und Fesseln in der Rechtsgeschichte, in: Tiziana J. Chiusi/Thomas Gergen/Heike Jung (Hrsg.), Das Recht und seine historischen Grundlagen. Fs. Elmar Wadle zum 70. Geburtstag (Schriften zur Rg. 139), Berlin 2008, S. 963–986. Abgesehen von solchen fachinternen Selbstvergewisserungen hat der Wissenschaftsrat 2012 in seinen Empfehlungen für die „Perspektiven der Rechtswissenschaft in Deutschland. Situation, Analysen, Empfehlungen" (Drucksache 2558–12 [zugänglich unter: http://www.wissenschaftsrat.de/download/archiv/2558-12.pdf, Zugriff: 28.4.2015) die Bedeutung der Grundlagen und damit auch der Geschichte für eine wissenschaftliche Jurisprudenz wie ein Universitätsstudium deutlich betont. Reaktionen hierzu finden sich in der Juristenzeitung 2013, S. 693–714 (darin: *Thomas Gutmann*, Der Holzkopf des Phädrus – Perspektiven der Grundlagenfächer, ebd. S. 697–700; *Michael Stolleis*, Stärkung der Grundlagenfächer, ebd. S. 712–714; *ders.*, Öffentliches Recht (s. o.), S. 186).

1.2.1 Staatsgewalt

Die traditionellen Konzeptionen vom germanisch-deutschen Staat finden sich u. a. bei *Eduard Kern*, Geschichte des Gerichtsverfassungsrechts, München und Berlin 1954, S. 1–4, und zuletzt in *Mitteis/Lieberich* (Lit. zu 1.), S. 31–37; zur deutschen Rechtsgeschichte als „unerträglicher Fiktion" *Schmoeckel*, Suche (Lit. zu 1.), S. 6.

1.3.1 Lehrbücher zur Prozessrechtsgeschichte und Gerichtsbarkeit

Im Text erwähnt sind *Eduard Kern*, Gerichtsverfassungsrecht. Ein Studienbuch, Berlin 1949 (4. Aufl. 1965, ab 5. Aufl. 1975 von *Manfred Wolf*); *Christoph Hinckeldey* (Hrsg.), Justiz in alter Zeit, Rothenburg ob der Tauber 1984 (2. Aufl. 1989); aus der ausländischen Literatur exemplarisch *Raoul C. van Caenegem*, Judges, Legislators & Professors. Chapters in European Legal History, Cambridge 1987, Taschenbuch 1993, auch *ders.*, History of European Civil Procedure (International Encyclopedia of

Comparative Law, vol. 16/chapter 2), Tübingen u. a. 1973. Aus Frankreich gibt es die umfangreiche Übersicht einer Autorengruppe um *Jean-Pierre Royer*, Histoire de la justice en France du XVIIIe siècle à nos jours, Paris 1995 (4. Aufl. 2010), *Benoît Garnot*, Histoire de la justice. France, XVIe-XXIe siècle (Collection folio/histoire), Paris 2009, aber ebenso *Jean-Marie Carbasse*, Histoire du droit pénal et de la justice criminelle, Paris 2000 (2. Aufl. 2006). Zum angeblich logischen Rangverhältnis einer Rechts„lage" zur Praxis *Mathias Schmoeckel*, Humanität und Staatsraison. Die Abschaffung der Folter in Europa und die Entwicklung des gemeinen Strafprozeß- und Beweisrechts seit dem hohen Mittelalter (Norm und Struktur 14), Köln, Weimar, Wien 2000, S. 4; dazu *Peter Oestmann*, Normengeschichte, Wissenschaftsgeschichte und Praxisgeschichte. Drei Blickwinkel auf das Recht der Vergangenheit, in: Rg 23 (2015), im Erscheinen.

1.3.2 Forschungsliteratur

Die Werke von *Erich Döhring*, Geschichte der deutschen Rechtspflege seit 1500, Berlin 1953, und *Kern* (Lit. zu 1.2.1) sind lediglich in einer Auflage erschienen und haben sich als Lehrbücher nicht durchgesetzt. Der Katalog „Justiz in alter Zeit", ist dagegen leicht greifbar, doch als Lehrbuch nicht gedacht und auch ungeeignet. Das Spannungsfeld von Normengeschichte und Praxisgeschichte betrifft einen Ausschnitt aus der allgemeinen Diskussion zur Methode der Rechtsgeschichte, dazu vor allem *Michael Stolleis*, Rechtsgeschichte schreiben. Rekonstruktion, Erzählung, Fiktion? (Jacob Burckhardt-Gespräche auf Castelen 21), Basel 2008. Eine Übersicht über die neuere europäische Geschichte des Zivilprozesses mit zahlreichen Länderberichten für die Zeit ab dem späten 18. Jahrhundert bietet *C. H. (Remco) van Rhee* (Hrsg.), European Traditions in Civil Procedure, Antwerpen und Oxford 2005. Zeitlich übergreifend zu Richterleitbildern und zu Gerichtsurteilen ermöglicht ein französischer Sammelband hilfreiche Wegweisung: *Robert Jacob* (Hrsg.), Le juge et le jugement dans les traditions juridiques européennes. Études d'histoire comparée, Paris 1996. Die im Text markierten Wegmarken der deutschen Forschung beziehen sich auf *Wilhelm Ebel* (Hrsg.), Lübecker Ratsurteile, 4 Bde., Göttingen 1955/67, und *Adalbert Erler*, Die älteren Urteile des Ingelheimer Oberhofes, 4 Bde., Frankfurt am Main 1952/63. Von *Jürgen Weitzel* sind Über Oberhöfe, Recht und Rechtszug. Eine Skizze (Göttinger Studien zur Rg. 15), Göttingen 1981, sowie die umfassende Habilitationsschrift Dinggenossenschaft und Recht. Untersuchungen zum Rechtsverständnis im fränkisch-deutschen Mittelalter (QFhGAR 15), 2 Bde., Köln, Wien 1985, zu nennen. Ebenfalls eine Habilitationsschrift ist die Arbeit von *Alexander Ignor*, Geschichte des Strafprozesses in Deutschland 1532–1846. Von der Carolina Karls V. bis zu den Reformen des Vormärz (Rechts- und Staatswissenschaftliche Veröffentlichungen der Görres-Gesellschaft NF 97), Paderborn u. a. 2002. Das mittelalterliche gelehrte Prozessrecht haben *Wiesław Litewski*, Der römisch-kanonische Zivilprozeß nach den älteren ordines iuridicarii, 2 Bde., Krakau 1999, und *Knut Wolfgang Nörr*, Romanisch-kanonisches Prozessrecht. Erkenntnisverfahren erster Instanz in civilibus, Berlin, Heidelberg 2012, hervorragend aufbereitet. Unentbehrlich für das frühneuzeitliche Recht sind weiterhin *Georg Wilhelm Wetzell*, System des ordentlichen Zivilprozesses, 3. Aufl. Leipzig 1878, und *Johann Christoph Schwartz*, Vierhundert Jahre deutscher Zivilprozeß-Gesetzgebung, Berlin 1898 (Ndr. Aalen 1986). Für die Zeit ab 1800 seien kursorisch erwähnt: *Martin Ahrens*, Prozessreform und einheitlicher Zivilprozess. Einhundert Jahre legislative Reform des deutschen Zivilverfahrensrechts vom Ausgang des 18. Jahrhunderts bis zur Verabschiedung der Reichszivilprozessordnung (Tübinger rwiss. Abh. 102), Tübingen 2007, und für die Zeit seit den Reichsjustizgesetzen *Jürgen Damrau*, Die Entwicklung einzelner Prozeßmaximen seit der Reichszivilprozeßordnung von 1877 (Rechts- und Staatswissenschaftliche Veröffentlichungen der Görres-Gesellschaft NF 16), Paderborn 1975. Zum Gerichtsalltag der DDR: *Inga Markovits*, Gerechtigkeit in Lüritz. Eine ostdeutsche Rechtsgeschichte, München 2006. Die einschlägigen Quellenerschließungen sind teilweise bei den Einzelkapiteln nachgewiesen.

1.4 Gang der Darstellung

Das **römisch-antike Prozessrecht** ist handbuchartig zusammengestellt bei *Max Kaser/Karl Hackl*, Das römische Zivilprozeßrecht (Handbuch der Altertumswissenschaft, 10. Abt.: Rg. des Altertums, 3. Teil, 4. Band), 2. Aufl. München 1996. Den Gegensatz von subjektiven Vorlesungen und angeblich unpersönlich-objektiven Lehrbüchern behandelt *Otto Mejer*, Institutionen des gemeinen deutschen Kirchenrechtes, Göttingen 1845, S. VI. Das verbreitete Modell des 19. Jahrhunderts zum großen Bogen der Strafrechtsgeschichte beschreibt *Oliver Hain*, Vom Rohen zum Hohen. Öffentliches Strafrecht im Spiegel der Strafrechtsgeschichtsschreibung des 19. Jahrhunderts (Konflikt (Lit. zu 2.5.3). Symposien und Synthesen 3), Köln, Weimar, Wien 2001.

1.5 Ein Wort zur Benutzung des Lehrbuchs

Zum Vetorecht der Quellen *Reinhart Koselleck*, Standortbindung und Zeitlichkeit. Ein Beitrag zur historiographischen Erschließung der geschichtlichen Welt, in: ders./Wolfgang J. Mommsen/Jörn Rüsen (Hrsg.), Objektivität und Parteilichkeit, München 1977, S. 17–46 (45–46). Zur angeblichen Eintönigkeit von Prozessakten *Joseph Hansen*, Zauberwahn, Inquisition und Hexenprozeß im Mittelalter und die Entstehung der großen Hexenverfolgung (Historische Bibliothek 12), München, Leipzig 1900, S. V.

2. Die Zeit vor dem staatlichen Gewaltmonopol

2.1 Hinführung zum Thema

Wolfgang Ernst, Gelehrtes Recht. Die Jurisprudenz aus der Sicht des Zivilrechtslehrers, in: Christoph Engel/Wolfgang Schön (Hrsg.), Das Proprium der Rechtswissenschaft (Recht – Wissenschaft – Theorie 1), Tübingen 2007, S. 3–49 (3–4).

2.1.1 Rückprojektionen

Die Rückschlussmethode zur Erforschung der ältesten Schichten des einheimischen Rechts hat das über Jahrzehnte führende Lehrbuch von *Brunner* (Lit. zu 1.) auf den Punkt gebracht: 1. Band, S. 155–156. In keiner Weise war Heinrich Brunner ein unkritischer Quellenharmonisierer, dem es nur darum ging, Licht in die dunkle germanische Vergangenheit zu bringen. Seine Rückschlussmethode war voraussetzungsreich und darauf bedacht, jüngere Parallelentwicklungen nach Möglichkeit auszuschließen. Eine wissenschaftsgeschichtliche Einordnung Brunners findet sich bei *Johannes Liebrecht*, Brunners Wissenschaft. Heinrich Brunner (1840–1915) im Spiegel seiner Rechtsgeschichte (StEuRg 288), Frankfurt am Main 2014. Überholt sind wichtige ältere Lehren Heinrich Brunners und anderer vor allem durch Arbeiten von *Karl Kroeschell*, leicht zugänglich in: Studien zum frühen und mittelalterlichen deutschen Recht (Freiburger Rechtsgeschichtliche Abh. NF 20), Berlin 1995; und *Klaus von See*, Altnordische Rechtswörter. Philologische Studien zur Rechtsauffassung und Rechtsgesinnung der Germanen (Hermaea. NF 16), Tübingen 1964. Die Unterscheidung mittelbarer und unmittelbarer Rechtsquellen findet sich bei *Mitteis/Lieberich* (Lit. zu 1), S. 8–9.

2.1.2 Rechtsethnologie

Eine sehr hilfreiche Untersuchung mit zahlreichen Rückgriffen auf die Ethnologie bietet *Uwe Wesel*, Frühformen des Rechts in vorstaatlichen Gesellschaften. Umrisse einer Frühgeschichte des Rechts bei Sammlern und Jägern und akephalen Ackerbauern und Hirten, Frankfurt am Main 1985 (zugespitzte Zusammenfassung für studentische Leser bei *dems.*, Geschichte des Rechts, 4. Aufl. München 2014, S. 15–68, Rn. 1–49); *Reiner Schulze*, Das Recht fremder Kulturen. Vom Nutzen der Rechtsethnologie für die Rechtsgeschichte, in: Historisches Jahrbuch 110 (1990), S. 446–470. Die neuere Ethnologie empfing starke Impulse von *Clifford Geertz*, Dichte Beschreibung. Beiträge zum Verstehen kultureller Systeme, Frankfurt am Main 1983 (zahlreiche Ndr., zuletzt 2009). Die Rechtsgeschichte hat sich solchen Ansätzen für eine moderne Kulturgeschichte nur zaghaft geöffnet.

2.1.3 Rechtsarchäologie

Die spektakulären neuen Erkenntnisse zu den Moorleichen sind am Beispiel der bekannten Moorleiche von Windeby gut zugänglich bei *Heather Gill-Robinson*, Hidden in Plain Sight: The Story of the Windeby Child, in: Stefan Burmeister/Heidrun Derks/Jasper von Richthofen (Hrsg.), Zweiundvierzig. Fs. Michael Gebühr zum 65. Geburtstag, Rahden/Westf. 2007, S. 107–112. Ihre umfangreichen Untersuchungen sind online veröffentlicht: *Heather Gill-Robinson*, The Iron Age Bog Bodies of the Archäologisches Landesmuseum, Schloss Gottorf, Schleswig, Germany, PhD-A Thesis Department of Anthropology, University of Manitoba 2005 [http://mspace.lib.umanitoba.ca/handle/1993/20204, Zugriff: 2. Juli 2014]. Neuere allgemeine Überblicke bieten *Sarah Tarlow/Liv Nilsson Stutz* (Hrsg.), The Oxford Handbook of the Archaeology of Death and Burial, Oxford 2013 (dort S. 477–481 zum Mann von Tollund), und *Thomas Brock*, Moorleichen. Zeugen vergangener Jahrtausende (Archäologie in Deutschland. Sonderheft), Stuttgart 2009, speziell S. 130–136 zu den rechtshistorischen Erkenntnismöglichkeiten. Die deutsche Rechtsarchäologie ist über zwei einschlägige Schriftenreihen gut zu überblicken: *Louis Carlen* (Hrsg.), Forschungen zur Rechtsarchäologie und rechtlichen Volkskunde, Bde. 1–24 (Zürich 1978–2007); *Gernot Kocher/Heiner Lück/Clausdieter Schott* (Hrsg.), Signa Iuris, Halle an der Saale, seit 2008 (13 Bände bis 2014).

2.1.4 Der Rechtsbegriff als Problem der Rechtsgeschichte

Das inzwischen klassische Bekenntnis zu quellennahen Begriffen findet sich bei *Otto Brunner*, Land und Herrschaft. Grundfragen der territorialen Verfassungsgeschichte Österreichs im Mittelalter, 5. Aufl. Wien 1965, S. 163 (erstmals 1939); scharfe Kritik an Brunner übt *Gadi Algazi*, Herrengewalt und Gewalt der Herren im späten Mittelalter. Herrschaft, Gegenseitigkeit und Sprachgebrauch (Historische Studien 17), Frankfurt am Main, New York 1996. Untersuchungen zum frühmittelalterlichen und nordischen Gebrauch des Wortes „Recht" gibt es von *Klaus von See* (Lit. zu 2.1.1) und *Gerhard Köbler*, Das Recht im frühen Mittelalter. Untersuchungen zu Herkunft und Inhalt frühmittelalterlicher Rechtsbegriffe im deutschen Sprachgebiet (FdtRg 7), Köln, Wien 1971. Die Frage nach der angemessenen zeitgenössischen Auffassung von Recht steht auch im Mittelpunkt von *Weitzel*, Dinggenossenschaft (Lit. zu 1.3.2). Dem vergleichsweise engen, stark auf gerichtliche Durchsetzung bezogenen Rechtsbegriff Weitzels stellte der Historiker *Gerd Althoff* eine betont weit gefasste Alternative entgegen: Spielregeln der Politik im Mittelalter. Kommunikation in Frieden und Fehde, Darmstadt 1997 (2. Aufl. 2014). Einen Rückblick auf die Kontroverse bietet *Gerd Althoff*, Rechtsgewohnheiten und Spielregeln der Politik im Mittelalter, in: Nils Jansen/Peter Oestmann (Hrsg.), Gewohnheit. Gebot. Gesetz. Normativität in Geschichte und Gegenwart: eine Einführung, Tübingen 2011, S. 27–52. Zur Deutung des mittelalterlichen Rechts veranstaltete der 28. Deutsche Rechtshistorikertag in Nimwegen 1990 eine eigene Sektion, deren Beiträge versammelt sind im Band von *Gerhard Dilcher/Heiner Lück/Reiner Schulze/Elmar Wadle/Jürgen Weitzel/Udo Wolter*, Gewohnheitsrecht und Rechtsgewohnheiten im Mittelalter (ERV 6), Berlin 1992. Eine Tagung in Frankfurt widmete sich später demselben Thema: *Albrecht Cordes/Bernd Kannowski* (Hrsg.), Rechtsbegriffe im Mittelalter (Rechtshistorische Reihe 262), Frankfurt am Main 2002. Auf große Beachtung stieß die Dissertation von *Martin Pilch*, Der Rahmen der Rechtsgewohnheiten. Kritik des Normensystemdenkens entwickelt am Rechtsbegriff der mittelalterlichen Rechtsgeschichte, Wien, Köln, Weimar 2009. Neben zahlreichen Buchbesprechungen ist besonders die Debatte in Rg 17 (2010), S. 15–90, hilfreich, um sich im leicht unübersichtlichen Meinungsgeflecht zurechtzufinden, weitergeführt von *Gerhard Dilcher*, Zu Rechtsgewohnheiten und Oralität, Normen und Ritual. Ordnungen und Gewalt, in: ZHF 38 (2011), S. 65–79. Zentrale Arbeiten *Gerhard Dilchers* sind gut zugänglich in seinem Aufsatzband Normen zwischen Oralität und Schriftkultur. Studien zum mittelalterlichen Rechtsbegriff und zum langobardischen Recht, hrsg. v. Bernd Kannowski/Susanne Lepsius/Reiner Schulze, Köln, Weimar, Wien 2008. Der soziologische Rechtsbegriff, der stark auf die potentielle Durchsetzbarkeit von zwischenmenschlichen Verhaltensregeln abstellt, findet sich prominent bei *Max Weber*, Wirtschaft und Gesellschaft. Grundriß der verstehenden Soziologie, 5. Aufl. v. Johannes Winckelmann, Tübingen 1972 (Nachdruck 1990), S. 182–183.

2.2 Selbsthilfe und Streitschlichtung bei den germanischen Stämmen

Umfangreiche Untersuchungen zur Fehde in der frühesten Zeit liefert vor allem die heute nur noch teilweise überzeugende ältere Literatur (Angaben bei Kaufmann s. u.). Für das isländische Recht hat *Ian William Miller*, Bloodtaking and peacemaking. Feud, law and society in saga Iceland, Chicago 1990

(Paperback 1996), eine gewichtige Studie vorgelegt. Gute Überblicksartikel enthält das von Johannes Hoops begründete Reallexikon der Germanischen Altertumskunde mit den Artikeln Blutrache (von *Hartmut Böttcher*, in: Bd. 3, 2. Aufl. 1978, S. 85–101) und Fehde (von *Ekkehard Kaufmann*, in: Bd. 8, 2. Aufl. 1994, S. 279–285). Allgemein zu den mit der Germanenzeit verbundenen Forschungsproblemen *Kroeschell*, Studien (Lit. zu 2.1.1), S. 65–88.

2.3 Gerichtsbarkeit bei germanischen Stämmen?

Inwieweit die frühen Formen von Bestrafungen eher der innerfamiliären Konfliktlösung oder einer irgendwie gearteten öffentlichen Austragung zuzuordnen sind, diskutieren *Franz Beyerle*, Das Entwicklungsproblem im germanischen Rechtsgang, I: Sühne, Rache und Preisgabe in ihrer Beziehung zum Strafprozeß der Volksrechte (Deutschrechtliche Beitr. X/2), Heidelberg 1915 (in der Bandzählung S. 195–602), sowie *Jürgen Weitzel*, Strafe und Strafverfahren in der Merowingerzeit, in: ZRG Germ. Abt. 111 (1994), S. 66–147. Als Lehrbuchkapitel gedacht war ursprünglich der Aufsatz von *Karl Siegfried Bader*, Zum Unrechtsausgleich und zur Strafe im Frühmittelalter, in: ZRG Germ. Abt. 112 (1995), S. 1–63. Dagegen unterscheidet *Eva Schumann*, Art. Fredus, in: HRG I (2008), Sp.1713–1714, ebd. Art. Friedensgeld, Sp. 1821, schon für die ältesten Überlieferungen den eher zivilrechtlichen Schadensersatz von der eher öffentlichrechtlichen bzw. strafrechtlichen Geldstrafe. Zeitlich übergreifender Zugriff zu diesem Problem auch bei *Peter Oestmann*, Gerichtsbarkeit als Ausdruck öffentlicher Gewalt – eine Skizze, in: Gerhard Dilcher/Diego Quaglioni (Hrsg.), Die Anfänge des öffentlichen Rechts 3: Auf dem Wege zur Etablierung des öffentlichen Rechts zwischen Mittelalter und Moderne (Fondazione Bruno Kessler. Jahrbuch des italienisch-deutschen historischen Instituts in Trient. Beitr.25), Bologna und Berlin 2011, S. 275–309. Die germanischen Rechtstraditionen bis ins Mittelalter hinein stehen im Mittelpunkt des Tagungsbandes von *Gerhard Dilcher/Eva-Marie Distler* (Hrsg.), Leges – Gentes – Regna. Zur Rolle von germanischen Rechtsgewohnheiten und lateinischer Schrifttradition bei der Ausbildung der frühmittelalterlichen Rechtskultur, Berlin 2006. Aus dem Vergleich germanischer Überlieferung mit vor allem slavischen Gewohnheiten entwickelt der polnische Historiker *Karol Modzelewski*, Das barbarische Europa. Zur sozialen Ordnung von Germanen und Slawen im frühen Mittelalter (Klio in Polen 13), Osnabrück 2011, ein Bild, das sich den antik-römischen Tradition deutlich gegenüberstellen lässt.

2.4 Fehde und Sühneleistungen seit der Völkerwanderungszeit

Die Stammesrechte der fränkischen Zeit finden sich in historisch-kritischen Editionen zumeist in den Monumenta Germaniae Historica, dem seit 1819 laufenden Großunternehmen zur Erschließung und Edition mittelalterlicher Quellen. Dort findet man auch die Lex Salica in der Ausgabe von *Karl August Eckhardt* von 1969. Zeittypisch erschienen in den 1930er Jahren zahlreiche Rechtsaufzeichnungen in deutscher Übersetzung in der neugegründeten Reihe „Germanenrechte". Auf die Tatsache, dass das Wort Germane in den Quellen des Frühmittelalters gar nicht auftaucht, weist *Jörg Jarnut* hin: Germanisch. Plädoyer für die Abschaffung eines obsoleten Zentralbegriffes der Frühmittelalterforschung, in:

Dilcher/Distler (Lit. zu 2.3), S. 69–77 (davor bereits ders., in: Walter Pohl (Hrsg.), Die Suche nach den Ursprüngen. Von der Bedeutung des frühen Mittelalters (Fgn. zur Geschichte des Mittelalters 8), Wien 2004, S. 107–113). Der gesamte Band von Dilcher/Distler ist für das frühmittelalterliche Recht zentral. Die Quelle zum altsächsischen Allthing ist bereits mehrfach kritisch ausgewertet worden, etwa von *Matthias Springer*, Was Lebuins Lebensbeschreibung über die Verfassung Sachsens wirklich sagt oder warum man sich mit einzelnen Wörtern beschäftigen muss, in: Studien zur Sachsenforschung 12, Oldenburg 1999, S. 223–239; *ders.*, Fragen um das altsächsische Recht, in: Heiner Lück/Matthias Puhle/Andreas Ranft (Hrsg.), Grundlagen für ein neues Europa. Das Magdeburger und Lübecker Recht in Spätmittelalter und Früher Neuzeit (Quellen und Fgn. zur Geschichte Sachsen-Anhalts 6), Köln, Weimar, Wien 2009, S. 283–304.

2.4.1 Ein Blick auf Blutrache und Sühne im 6. Jahrhundert;
2.4.2 Zum Verhältnis von Blutrache, Ehre und Sühne

Carsten Bernoth, Die Fehde des Sichar. Die Geschichte einer Erzählung in der deutschsprachigen und frankophonen rechtshistorischen und historischen Literatur unter besonderer Berücksichtigung der Auseinandersetzungen des 19. Jahrhunderts (Rheinische Schriften zur Rg. 10), Baden-Baden 2008. Eine rechtshistorische Zusammenfassung für studentische Leser bietet *Ekkehard Kaufmann*, Die Fehde des Sichar, in: Juristische Schulung 1961, S. 85–87; aus der neueren Forschung: *Christoph H. F. Meyer*, Freunde, Feinde, Fehde: Funktionen kollektiver Gewalt im Frühmittelalter, in: Jürgen Weitzel (Hrsg.), Hoheitliches Strafen in der Spätantike und im frühen Mittelalter (Konflikt (Lit. zu 2.5.3). Symposien und Synthesen 7), Köln, Weimar, Wien 2002, S. 211–266 (230–237 zu Sichar). Die Frage, ob die fränkische Zeit bereits Ansätze eines öffentlichen Strafrechts gekannt habe, wird von *Weitzel* (Strafe, Lit. zu 2.3) bejaht. Die Quelle aus St. Gallen, die ebenfalls einen kirchlichen Kredit an einen Wergeldschuldner belegt, findet sich in *Hermann Wartmann* (Hrsg.), Urkundenbuch der Abtei Sanct Gallen, Teil I: Jahr 700–840, Zürich 1863, Nr. 208, S. 198–199, mit Übersetzung bei *Kroeschell*, Rechtsgeschichte (Lit. zu 1), Bd. 1, S. 102. Die angesprochene Chance, für einen Befehl auf Gehorsam zu stoßen, entspricht dem soziologischen Herrschaftsbegriff von *Max Weber* (Lit. zu 2.1.4), S. 28, 541–545. Zum Rechtssprichwort „Ich will meinen Bruder nicht im Beutel tragen" und seinen teilweise verfehlten Deutungen *Hartmut Böttcher*, Art. Blutrache, II. Rechtshistorisches, in: Johannes Hoops (Begr.), Reallexikon der Germanischen Altertumskunde, 2. Aufl., Band 3 (Berlin und New York 1978), S. 85–101 (95–96). Allgemeiner zu den Isländersagas das methodisch besonnene, immer noch sehr wertvolle und ideologisch unbedenkliche Werk von *Andreas Heusler*, Das Strafrecht der Isländersagas, Leipzig 1911.

2.4.3 Die Bußenkataloge der Stammesrechte

Gute Einführungen in die Stammesrechte mit aktuellen Literaturhinweisen geben die einschlägigen HRG-Artikel „Lex" und „Leges" (2. Aufl. 19. Lieferung 2014, Sp. 624–637, 690–692, 697–704, 20. Lieferung 2014, Sp. 862–890, 902–944, 947–950). Die thematisch einschlägige Habilitationsschrift von *Eva Schumann*, Unrechtsausgleich im Frühmittelalter. Die Folgen der Verletzung der Person im langobardischen, alemannischen und bayerischen Recht, Leipzig 2003, ist nicht im Druck erschienen (aber *dies.*, Fredus (Lit. zu 2.3, dort auch zu Strafe und Schadensersatz). Die Diskussion über die Effektivität frühmittelalterlicher Leges führt u. a. *Hermann Nehlsen*, Zur Aktualität und Effektivität germanischer Rechtsaufzeichnungen, in: Peter Classen (Hrsg.), Recht und Schrift im Mittelalter (Vorträge und Fgn. 23), Sigmaringen 1977, S. 449–502. Das mögliche Vorbild römischer Rechtssetzungen ist in der modernen Literatur mehrfach bemerkt worden, umfassend von *Hermann Nehlsen*, Sklavenrecht zwischen Antike und Mittelalter. Germanisches und römisches Recht in den germanischen Rechtsaufzeichnungen, I.: Ostgoten, Westgoten, Franken, Langobarden (Göttinger Studien zur Rg. 7), Göttingen, Frankfurt, Zürich 1972; Vertiefungen zu den im Text genannten Aufzeichnungen ermöglichen für das alemannische Stammesrecht *Clausdieter Schott* (Hrsg.), Beiträge zum frühalemannischen Recht (Veröffentlichung des Alemannischen Instituts 42), Bühl 1978. Zum bayerischen Stammesrecht: *Peter Landau*, Die Lex Baiuvariorum. Entstehungszeit, Entstehungsort und Charakter von Bayerns ältester Rechts- und Geschichtsquelle (Bayerische Akademie der Wissenschaften, phil.-hist. Klasse 2004/3), München 2004 (S. 22 zur zitierten Stelle). Zum westgotischen Recht *Nehlsen*, Aktualität (a. a. O.).

2.4.4 Gerichtsverfassung und Verfahrensrecht in der fränkischen Zeit

Die ältere Literatur des 19. Jahrhunderts sah die fränkische Gerichtsverfassung als entscheidenden Baustein für den fränkischen Staatsaufbau an. Geradezu klassisch wurde *Rudolph Sohm*, Die Fränkische Reichs- und Gerichtsverfassung, Weimar 1871. Wie in zahlreichen Bereichen der älteren Rechtsgeschichte konnte diese Rückprojektion der Staatsvorstellungen des 19. Jahrhunderts in die frühmittelalterliche Zeit spätestens seit etwa 1960 nicht mehr überzeugen. Sehr hilfreich ist deswegen die Studie von *Karl Kroeschell*, „Rechtsfindung", jetzt in ders., Studien (Lit. zu 2.1.1), S. 311–333. Die umfangreichste neuere rechtshistorische Untersuchung ist die Habilitationsschrift von *Weitzel*, Dinggenossenschaft (Lit. zu 1.3.2). Der reichlich anachronistische Hinweis, die Schöffen seien seit Karl dem Großen zu Beamten geworden, findet sich bei *Kern* (Lit. zu 1.2.1), S. 6.

2.5 Die Zeit der Gottes- und Landfrieden; 2.5.1. Friesisches Recht

Die wichtigsten friesischen Rechtsquellen sind modern ediert in der Reihe von *Wybren Jan Buma/ Wilhelm Ebel* (Hrsg.), Altfriesische Rechtsquellen, 6 Bände, Göttingen 1963/77. Überblick über die mittelalterlichen und frühneuzeitlichen Quellen auch bei *Wolfgang Sellert/Peter Oestmann*, Nordwestdeutsche Landrechte, in: Egbert Koolman/Ewald Gäßler/Friedrich Scheele (Hrsg.), der sassen speyghel. Sachsenspiegel – Recht – Alltag (Veröffentlichungen des Stadtmuseums Oldenburg 21), Oldenburg 1995, Bd. 1, S. 159–172. Die Entstehung des ostfriesischen Landrechts hat *Walter Schulz*, Studien zur Genese und Überlieferung des Ostfriesischen Landrechts, in: Jahrbuch der Gesellschaft für bildende Kunst und vaterländische Altertümer zu Emden (Emder Jahrbuch) 72 (1992), S. 81–169, umfassend untersucht. Die noch im 18. Jahrhundert aktuelle Wundbußentabelle ist gedruckt bei *Matthias von Wicht* (Hrsg.), Das Ostfriesische Land-Recht nebst dem Deich- und Syhlrechte, Aurich 1746, S. 733–734. Das deutsch-livländische Landrecht mit seinen neuzeitlichen Wundbußen findet sich unter http://www.historia.lv/dokumenti/latgalu-tiesibas-jeb-rigas-arhibiskapijas-zemnieku-tiesibas-teksts-lejasvacu-valoda-un, Zugriff: 10. Februar 2015.

2.5.2 Gottesfrieden

Den Ausgangspunkt für die weitere rechtshistorische Beschäftigung markiert die ältere Untersuchung von *Ludwig Huberti*, Studien zur Rechtsgeschichte der Gottes- und Landfrieden. Erstes Buch: Die Friedensordnungen in Frankreich, Ansbach 1892. Wegweisend für die neuere Forschung wurde sodann die Habilitationsschrift von *Hartmut Hoffmann*, Gottesfrieden und Treuga Dei, Stuttgart 1964 (Ndr. 1986), die auf S. 217–243 auch das kanonische Recht einbezieht. Die Entstehung der Gottesfrieden wird immer im Zusammenhang mit den von regionalen französischen Konzilen ausgehenden Reformen gesehen, dazu *Thomas Gergen*, Pratique juridique de la Paix et Trêve de Dieu à partir du concile de Charroux (989–1250) (Rechtshistorische Reihe 285), Frankfurt am Main 2004 (mit deutscher Zusammenfassung S. 223–227); *Rolf Große*, Der Friede in Frankreich bis zur Mitte des 12. Jahrhunderts, in: Franz-Reiner Erkens/Hartmut Wolff (Hrsg.), Von Sacerdotium und Regnum. Geistliche und weltliche Gewalt im frühen und hohen Mittelalter. Fs. Egon Boshof zum 65. Geburtstag, Köln, Weimar, Wien 2002, S. 77–110. Einen guten Überblick gibt *Hans-Werner Goetz*, Die Gottesfriedensbewegung im Licht neuerer Forschungen, in: Arno Buschmann/Elmar Wadle (Hrsg.), Landfrieden. Anspruch und Wirklichkeit (Rechts- und Staatswissenschaftliche Veröffentlichungen der Görres-Gesellschaft NF 98), Paderborn 2002, S. 31–54; Fortführung von *dems.*, Pacem et iustitiam facere. Zum Rechtsverständnis in den Gottes- und Landfrieden, in: Chiusi/Gergen/Jung (Lit. zu 1.), S. 283–295; außerdem *Theodor Körner*, Iuramentum und frühe Friedensbewegung (10.–12. Jahrhundert) (Münchener Universitätsschriften. Juristische Fakultät – Abh. zur rwiss. Grundlagenforschung 26), Berlin 1977.

2.5.3 Landfrieden

Ob es eine regelrechte Geburt der Strafe gab, ist trotz der engagierten Untersuchung von *Viktor Achter*, Geburt der Strafe, Frankfurt am Main 1951 (mit Auswertung südfranzösischer Urkunden), uneinheitlich beantwortet worden. Ein großangelegtes Forschungsprojekt zur Entstehung des öffentlichen Strafrechts hat hier viel Differenzierungsarbeit geleistet, auch zu Fragen von Gerichtsbarkeit und Strafprozessrecht. Die Ergebnisse sind in zwei Schriftenreihen versammelt: *Klaus Lüderssen/ Klaus Schreiner/Rolf Sprandel/Dietmar Willoweit* (Hrsg.), Konflikt, Verbrechen und Sanktion in der Gesellschaft Alteuropas. Fallstudien (bisher Bde. 1–11, Köln, Weimar, Wien 1996/2014), Symposien und Synthesen (bisher Bde. 1–10, Köln, Weimar, Wien 1999/2006). Speziell zum ronkalischen Landfrieden *Heinrich Appelt* (Bearb.), Die Urkunden Friedrichs I. 1158–1167 (MGH. Die Urkunden der deutschen Könige und Kaiser. Bd. X/2), Hannover 1979, Nr. 238–242, S. 27–36. Die modernsten Untersuchungen zu diesen Quellen finden sich im Band von *Gerhard Dilcher/Diego Quaglioni* (Hrsg.), Gli inizi del diritto pubblico. L'età di Federico Barbarossa: legislazione e scienza del diritto/Die Anfänge des öffentlichen Rechts. Gesetzgebung im Zeitalter Friedrich Barbarossas und das Gelehrte Recht (Annali dell'Istituto storico italo-germanico in Trento. Contributi 19), Bologna, Berlin 2007, S. 19–198, 305–325 (auch mit deutschen Zusammenfassungen der italienischen Aufsätze). Grundlegend für die Landfriedensforschung in Deutschland wurde nach dem Zweiten Weltkrieg die Arbeit von *Joachim Gernhuber*, Die Landfriedensbewegung in Deutschland bis zum Mainzer Reichslandfrieden von 1235 (Bonner rwiss. Abh. 44), Bonn 1952. Die wichtigsten neueren Studien von *Elmar Wadle* finden sich in seinem Aufsatzband Landfrieden, Strafe, Recht. Zwölf Studien zum Mittelalter

(ERV 37), Berlin 2001. Einen guten Überblick geben auch die zehn historischen und rechtshistorischen Beiträge im Tagungsband von *Buschmann/Wadle* (Lit. zu 2.5.2). Speziell zum Alten Reich: *Horst Carl*, Landfrieden als Konzept und Realität kollektiver Sicherheit im Heiligen Römischen Reich, in: Gisela Naegle (Hrsg.), Frieden schaffen und sich verteidigen im Spätmittelalter/Faire la paix et se défendre à la fin du Moyen Âge (Pariser Historische Studien 98), München 2012, S. 121–138 (der gesamte Tagungsband ist einschlägig). Das mit der Landfriedensbewegung einhergehende Prozessrecht behandelt *Karin Nehlsen-von Stryk*, Prozessuale Verteidigung und Überführung im Zuge der Friedensbewegung des hohen Mittelalters, in: Hans-Georg Hermann u. a. (Hrsg.), Von den Leges Barbarorum bis zum ius barbarum des Nationalsozialismus. Fs. Hermann Nehlsen zum 70. Geburtstag, Köln, Weimar, Wien 2008, S. 141–162.

2.5.4 Verrechtlichung der Fehde

Einen für Studenten geschriebenen Überblick über den Mainzer Reichslandfrieden gibt *Arno Buschmann*, Der Mainzer Reichslandfriede von 1235 – Anfänge einer geschriebenen Verfassung im Heiligen Römischen Reich, in: Juristische Schulung 1991, S. 453–460 (allerdings mit der grundfalschen Wertung „einer kodifikatorischen Zusammenfassung des Reichsrechts" sowie mit der schiefen Redeweise „von einem ersten Grundgesetz in der deutschen Verfassungsgeschichte überhaupt", ebd. S. 460). Die Verengung der Selbsthilfe auf die ritterliche Fehde bzw. Adelsfehde im Spätmittelalter wird gut deutlich in den fallbezogenen Beiträgen bei *Julia Eulenstein/Christine Reinle/Michael Rothmann* (Hrsg.), Fehdeführung im spätmittelalterlichen Reich. Zwischen adeliger Handlungslogik und territorialer Verdichtung (Studien und Texte zur Geistes- und Sozialgeschichte des Mittelalters 7), Affalterbach 2013. Allerdings gab es auch weiterhin Fehden außerhalb des Adels, dazu *Christine Reinle*, Bauernfehden. Studien zur Fehdeführung Nichtadliger im spätmittelalterlichen römisch-deutschen Reich, besonders in den bayerischen Herzogtümern (Vierteljahrschrift für Sozial- und Wirtschaftsgeschichte. Beiheft 170), Wiesbaden 2003. Einen Einblick in die Nürnberger Praxis des 15. Jahrhunderts mit adligen und nichtadligen Parteien, auch im Hinblick auf die Abgrenzung rechtmäßiger und rechtswidriger Fehde, gibt *Thomas Vogel*, Fehderecht und Fehdepraxis im Spätmittelalter am Beispiel der Reichsstadt Nürnberg (1404–1438) (Freiburger Beitr. zur mittelalterlichen Geschichte 11), Frankfurt am Main 1998. Das Schlagwort von der Verrechtlichung sozialer Konflikte stammt aus der Geschichtswissenschaft und ist vor allem von *Winfried Schulze*, Die veränderte Bedeutung sozialer Konflikte im 16. und 17. Jahrhundert, in: ders., (Hrsg.), Europäische Bauernrevolten der Frühen Neuzeit, Frankfurt am Main 1982, S. 276–308 (279, 294–295), und dems., Bäuerlicher Widerstand und feudale Herrschaft in der frühen Neuzeit (Neuzeit im Aufbau 6), Stuttgart, Bad Cannstatt 1980, S. 76–77, verbreitet worden.

2.5.5 Schritte auf dem Weg zum Fehdeverbot

Sächsischer Gottesfrieden 1084, in: *Lorenz Weinrich* (Hrsg.), Quellen zur deutschen Verfassungs-, Wirtschafts- und Sozialgeschichte bis 1250 (Ausgewählte Quellen zur deutschen Geschichte des Mittelalters 32), 2. Aufl. Darmstadt 2000, S. 148–151. Zur mittelalterlichen Stadt als besonderen Friedens- und Rechtsbezirk gibt es lange Traditionen der Forschung. Die besten modernen Zusammenfassungen bieten *Bader/Dilcher* (Lit. zu 1), S. 249–827, und *Eberhard Isenmann*, Die deutsche Stadt im Mittelalter

1150–1550, 2. Aufl. Köln, Weimar, Wien 2014 (u. a. S. 159–162, 449–452). Das „Treibhaus moderner Staatlichkeit" stammt in dieser Formulierung von *Wilhelm Ebel*, Lübisches Recht, 1. Band: Entfaltung und Blüte, Lübeck 1971, S. 382. Mit der späten Phase der Reichslandfrieden, der Reichsreformbewegung und dem lückenlosen Friedensgebot hat sich umfassend und eindringlich ebenfalls *Eberhard Isenmann* beschäftigt: Weshalb wurde die Fehde im römisch-deutschen Reich seit 1467 reichsgesetzlich verboten? Der Diskurs über Fehde, Friede und Gewaltmonopol im 15. Jahrhundert, in: Eulenstein/Reinle/Rothmann (Lit. zu 2.5.4), S. 335–474, beschäftigt. Einen guten Überblick ermöglicht auch die Dissertation von *Mattias G. Fischer*, Reichsreform und „Ewiger Landfrieden". Über die Entwicklung des Fehderechts im 15. Jahrhundert bis zum absoluten Fehdeverbot von 1495 (GU NF 34) Aalen 2007. Zu den spektakulären Fehden im 16. Jahrhundert gibt es rechtshistorische Untersuchungen etwa von *Malte Dießelhorst/Arne Duncker*, Hans Kohlhase. Die Geschichte einer Fehde in Sachsen und Brandenburg zur Zeit der Reformation (Rechtshistorische Reihe 201), Frankfurt am Main 1999.

2.6 Gericht und Verfahrensrecht im Sachsenspiegel

Klassisch und immer noch unersetzt ist die quellenkundliche Zusammenstellung von *Carl Gustav Homeyer*, Die deutschen Rechtsbücher des Mittelalters und ihre Handschriften, Berlin 1856 (Erweiterung 1931/34). Aus neuerer Zeit gibt es die große Übersicht von *Ulrich-Dieter Oppitz*, Deutsche Rechtsbücher des Mittelalters, 3 Bde. in 4 Teilen, Köln, Wien 1990/92. Diese Sammlung wird regelmäßig aktualisiert, zuletzt von *dems.* in: ZRG Germ. Abt. 131 (2014), S. 400–417. Zur Unterscheidung des modernen Forschungsbegriffs „Rechtsbuch" vom zeitgenössisch-mittelalterlichen Sprachgebrauch hat *Heiner Lück*, Rechtsbücher als „private" Rechtsaufzeichnungen?, in: ZRG Germ. Abt. 131 (2014), S. 418–433, die neuere Literatur einer kritischen Sichtung unterzogen. Der Sachsenspiegel ist leicht greifbar in der Reclam-Ausgabe von *Friedrich Ebel* (Hrsg.), Sachsenspiegel. Landrecht und Lehnrecht, Stuttgart 1993 (zahlreiche Nachdrucke). Eine Übertragung ins Neuhochdeutsche bietet *Clausdieter Schott* (Hrsg.), Eike von Repgow. Der Sachsenspiegel, Übertragung v. *dems.* und *Ruth Schmidt-Wiegand*, Zürich 1984 (2. Aufl. 1991). Als historisch-kritische Ausgabe bleibt maßgeblich *Karl August Eckhardt* (Hrsg.), Sachsenspiegel Landrecht (MGH. Fontes Iuris Germanici Antiqui. Nova Series I/1), 3. Aufl. Göttingen, Frankfurt 1973. Daneben gibt es hochwertige Editionen der Bilderhandschriften mit modernen Textübertragungen und umfangreichen Sacherläuterungen: *Ruth Schmidt-Wiegand* (Hrsg.), Eike von Repgow. Sachsenspiegel. Die Wolfenbütteler Handschrift Cod. Guelf. 3.1 Aug. 2°, Berlin 1993. Einen gut verständlichen, bewusst populär gehaltenen Überblick über den Sachsenspiegel gibt *Heiner Lück*, Über den Sachsenspiegel. Entstehung, Inhalt und Wirkung des Rechtsbuchs (Veröffentlichungen der Stiftung Dome und Schlösser in Sachsen-Anhalt 1), 3. Aufl. Wettin-Löbejün 2013. Speziell mit den Umständen der Entstehung hat sich *Peter Landau* beschäftigt: Der Entstehungsort des Sachsenspiegels. Eike von Repgow, Altzelle und die anglo-normannische Kanonistik, in: Deutsches Archiv für Erforschung des Mittelalters 61 (2005), S. 73–101, dabei aber die Bedeutung des kanonischen Rechts ungewöhnlich stark gewichtet. Die Ausbreitung des sächsischen Rechts, seine verschiedenen Quellen und die Vermischung von Sachsenspiegel und Weichbildrecht stehen im Mittelpunkt der wichtigen Studie von *Hiram Kümper*, Sachsenrecht. Studien zur Geschichte des sächsischen Landrechts in Mittelalter und früher Neuzeit (Schriften zur Rg. 142), Berlin 2009. Speziell die Ausstrahlung nach Osteuropa behandelt die Schriftenreihe von *Ernst Eichler/Heiner Lück* (Hrsg.), Ius Saxonico-Maideburgense in Oriente. Das sächsische-magdeburgische Recht als kulturelles Bindeglied zwischen den Rechtsordnungen Ost- und Mitteleuropas, bisher Bde. 1–4, Berlin, Boston 2012/15. Zu angeblich frühen Zitaten des Sachsenspiegels in der Gerichtspraxis *Bernd Kannowski/Stephan Dusil*, Der Hallensische Schöffenbrief für Neumarkt von 1235 und der Sachsenspiegel, in: ZRG Germ. Abt. 120 (2003), S. 61–90. Das BGH-Urteil zur Hohwachter Buch (BGH III ZR 266/87) findet sich in BGHZ 108, S. 110–122. – Die Frage nach dem **materiellen oder prozessualen Rechtsdenken** im ungelehrten Recht knüpft unmittelbar an die Diskussion um den mittelalterlichen Rechtsbegriff an. Wichtige Stimmen versammelt der Band von *Cordes/Kannowski* (Lit. zu 2.1.4) und vor allem die Dissertation von *Pilch* (Lit. zu 2.1.4). Hierzu zeigt eine Debatte in Rg 17 (2010), S. 15–90 den Stand der aktuellen Diskussion, sehr hilfreich ist auch *Karin Nehlsen-von Stryk*, Prozessuales und materielles Rechtsdenken im Sachsenspiegel, in: Maximiliane Kriechbaum (Hrsg.), Fs. Sten Gagnér zum 3. März 1996, Ebelsbach 1996, S. 33–71. Zur schwierigen Abgrenzung von Recht und Minne: *Hermann Krause*, Art. Minne und Recht, in: HRG III (1984), Sp. 582–588; *Hans Hattenhauer*, „Minne und recht" als Ordnungsprinzipien des mittelalterlichen Rechts, in: ZRG Germ. Abt. 80 (1963), S. 325–344.

2.6.1 Gerichtsverfassung

Klassisch und unersetzt zur Gerichtsverfassung und zum Prozessrecht des Sachsenspiegels ist immer noch die alte Untersuchung von *Julius Wilhelm Planck*, Das Deutsche Gerichtsverfahren im Mittelalter. Nach dem Sachsenspiegel und den verwandten Rechtsquellen, 2 Bde., Braunschweig 1879. Ebenfalls bereits klassisch ist die Studie von *Richard Schröder*, Die Gerichtsverfassung des Sachsenspiegels, in: ZRG Germ. Abt. 5 (1884), S. 1–68 (mit Hinweisen auf das Landgericht und das gebotene Ding). Zum Fronboten: *Bernd Kannowski*, Urteilsvollstreckung im Mittelalter. Der Fronbote aus Sicht der Landrechtsglosse zum Sachsenspiegel, in: Deutsche Gerichtsvollzieher Zeitung 116 (2001), S. 109–112.

2.6.2 Prozessrecht

Die Beobachtung, dass wesentliche Begriffe der mittelalterlichen Gerichtsbarkeit an die mündliche Rede anknüpfen, machte bereits *Ferdinand Frensdorff*, Recht und Rede, in: Historische Aufsätze dem Andenken an Georg Waitz gewidmet, Hannover 1886, S. 433–490. Das ungelehrte Prozessrecht ist quellennah aufgearbeitet von *Planck* (Lit. zu 2.6.1). Speziell zum Beweisrecht des Sachsenspiegels empfehlenswert ist der Aufsatz von *Alexander Ignor*, Indiz und Integrität. Anmerkungen zum Gerichtsverfahren des Sachsenspiegels, in: Ruth Schmidt-Wiegand (Hrsg.), Text-Bild-Interpretation. Untersuchungen zu den Bilderhandschriften des Sachsenspiegels (Münstersche Mittelalter-Schriften 55/I), München 1986, Bd. 1, S. 77–91. Mit der Geschichte des Eides allgemein hat sich *Paolo Prodi* beschäftigt: Das Sakrament der Herrschaft. Der politische Eid in der Verfassungsgeschichte des Okzidents (Schriften des Italienisch-Deutschen Historischen Instituts in Trient 11), Berlin 1997 (ital.: Il sacramento del potere, Bologna 1992). Speziell zum Reinigungseid der Kaufleute: *Albrecht Cordes*, Spätmittelalterlicher Gesellschaftshandel im Hanseraum (Quellen und Darstellungen zur hansischen

Geschichte N. F. 45), Köln, Weimar, Wien 1998, S. 66. Der Vergleich zum modernen Diamanten-
handel liegt auf der Hand: *Lisa Bernstein*, Opting Out of the Legal System. Extralegal Contractual
Relations in the Diamond Industry, in: The Journal of Legal Studies 21 (1992), Heft 1, S. 115–157; zu
Zweikämpfen von Frauen gegen Männer *Sarah Neumann*, Der gerichtliche Zweikampf: Gottesurteil –
Wettstreit – Ehrensache (Mittelalter-Fgn. 31), Ostfildern 2010, S. 206–214; zum Rechtssprichwort
„Wo kein Kläger, da kein Richter": Ssp. Ldr. I 62 § 1, dazu *Ruth Schmidt-Wiegand*, Deutsche Rechts-
regeln und Rechtssprichwörter. Ein Lexikon, 1. Aufl. der Neuausgabe München 2002, S. 206–207.

2.6.3 Das Anfangverfahren

Überblick bei *Dieter Werkmüller*, Art. Anefang, in: HRG I (2008), Sp. 228–232; ergänzend *Artur Völkl*,
Das Lösungsrecht von Lübeck und München. Ein Beitrag zur Geschichte der Fahrnisverfolgung (Fgn.
zur neueren PrivatRg. 28), Wien, Köln, Weimar 1991.

2.7 Königsgerichtsbarkeit und Reichshofgericht

Die klassische große Darstellung zur mittelalterlichen Reichsgerichtsbarkeit stammt von *Otto Franklin*,
Das Reichshofgericht im Mittelalter, 2 Bde., Weimar 1867/69 (Ndr. Hildesheim 1967). Einen starken
Aufschwung erfuhr die Forschung seit 1970. Gefördert zunächst von der Deutschen Forschungs-
gemeinschaft, später von der Union der deutschen Akademien der Wissenschaften, erschloss eine
Arbeitsgruppe unter Leitung von Bernhard Diestelkamp sämtliche erreichbaren Urkunden der Königs-
und Hofgerichtsbarkeit für die Zeit bis zum Ende der Herrschaft Königs Ruprechts von der Pfalz
(1410). Herausgekommen ist eine umfangreiche Quellensammlung: Urkundenregesten zur Tätigkeit
des deutschen Königs- und Hofgerichts bis 1451, hrsg. v. Bernhard Diestelkamp (QFhGAR/Sonder-
reihe), Köln, [Weimar,] Wien seit 1986 (16 Bände bis 2014). Wichtige Impulse empfing die Forschung
durch zwei kurze Aufsätze von *Peter Moraw*, Zum königlichen Hofgericht im Spätmittelalter, in:
Zeitschrift für die Geschichte des Oberrheins 121 (1973), S. 307–317; *ders.* ebd. 123 (1975), S. 103–114.
Die meisten größeren Arbeiten zum Reichshofgericht entstammen dem Bearbeiterkreis der Urkundenregesten. Besondere Beachtung verdienen *Ute Rödel*, Königliche Gerichtsbarkeit und Streitfälle
der Fürsten und Grafen im Südwesten des Reiches 1250–1311 (QFhGAR 5), Köln, Wien 1979, sowie
auf der Grenzlinie von Quellenerschließung und -auswertung mehrere Bücher von *Friedrich Battenberg*, Gerichtsschreiberamt und Kanzlei am Reichshofgericht 1235–1451 (QFhGAR B 2), Köln 1974;
ders., Reichsacht und Anleite im Spätmittelalter (QFhGAR 18), Köln, Wien 1986; *ders.*, Das Acht-
buch der Könige Sigmund und Friedrich III. Einführung, Edition und Register (QFhGAR 19), Köln,
Wien 1986. Zahlreiche Streitfälle aus norddeutschen Städten behandelt *Peter Oestmann*, Prozesse aus
Hansestädten vor dem Königs- und Hofgericht in der Zeit vor 1400, in: ZRG Germ. Abt. 128 (2011),
S. 114–168. Die spätmittelalterliche Befreiung von auswärtiger Gerichtsgewalt bezeichnet die rechts-
historische Forschung als Gerichtsprivileg bzw. als **Gerichtsstandsprivileg**, Überblicke bei *Barbara
Dölemeyer/Heinz Mohnhaupt* (Hrsg.), Das Privileg im europäischen Vergleich (StEuRg 93/125), 2 Bde.,
Frankfurt am Main 1997/99 (insbes. der Beitrag von Jürgen Weitzel in Bd. 1).

2.8 Rechtskreise und Oberhofzüge im Spätmittelalter

Eine allgemeine Forschungsgeschichte zu Stadtrechtsfamilien an einem westfälischen Beispiel bietet *Stephan Dusil*, Die Soester Stadtrechtsfamilie. Mittelalterliche Quellen und neuzeitliche Historiographie (FdtRg 24), Köln, Weimar, Wien 2007. Hilfreich als Überblick über die spätmittelalterliche Gerichtsbarkeit ist die kompakte Zusammenstellung von *Weitzel* (Lit. zu 1.3.2). Die aktuellste Studie mit umfassender Literaturschau und Schwerpunkt auf dem Rhein-Main-Gebiet stammt von *Alexander Krey*, Die Praxis der spätmittelalterlichen Laiengerichtsbarkeit. Gerichts- und Rechtslandschaften des Rhein-Main-Gebietes im 15. Jahrhundert im Vergleich (FdtRg 30), Köln, Weimar, Wien 2015. Das schöne Wort von den Rechtshonorationen stammt von *Max Weber* (Lit. zu 2.1.4), S. 504. Zum Unterschied zwischen Stadtrechtsfamilie und stadtrechtlicher Verbindung *Bader/Dilcher* (Lit. zu 1), S. 628–629. Den Wandel von der Urteilsschelte zur Appellation behandelt typologisch *Peter Oestmann*, Ludolf Hugo und die gemeinrechtliche Appellation, in: Ludolf Hugo, Vom Missbrauch der Appellation, hrsg. v. Peter Oestmann, übersetzt von Bernd-Lothar von Hugo (QFhGAR 62), Wien, Köln, Weimar 2012, S. 1–43 (3–18).

2.8.4 Formstrenge im spätmittelalterlichen Recht

Zum Ingelheimer Oberhof, von dem die Quelle stammt, haben vor allem Adalbert Erler und sein Schülerkreis umfangreich gearbeitet. Maßgeblicher Ausgangspunkt war eine wichtige Quellenedition: *Adalbert Erler* (Hrsg.), Die älteren Urteile des Ingelheimer Oberhofes, 4 Bde., Frankfurt am Main 1952/63. Neben zahlreichen tiefer eindringenden Untersuchungen von Erler selbst konnte vor allem *Gunter Gudian* die Ingelheimer Quellen für neue Einsichten nutzbar machen: Der Oberhof Ingelheim, in: ZRG Germ. Abt. 81 (1964), S. 267–297; und auch *ders.*, Ingelheimer Recht im 15. Jahrhundert (GU NF 10), Aalen 1968. Die Habilitationsschrift von Gudian erstellt auf der Grundlage der Ingelheimer Oberhofurteile einen Überblick über das in den Vorstellungen der Schöffen stillschweigend vorhandene Recht mit Schwerpunkten auf dem Privat- und Prozessrecht. Ob es ein solches einheitliches Recht, abgesehen von den jeweils einzeln gefundenen Sprüchen, überhaupt gab, ist freilich streitig geblieben. Etwas jüngere Urteile des Ingelheimer Oberhofs sind bereits im 19. Jahrhundert herausgegeben worden von *Hugo Loersch*, Der Ingelheimer Oberhof, Bonn 1885. Einige Ingelheimer Haderbücher sind Gegenstand jüngster, handwerklich zweifelhafter Editionsbemühungen: *Werner Marzi* (Hrsg.), Die Ingelheimer Haderbücher. Spätmittelalterliche Gerichtsprotokolle, Alzey seit 2011 (geplant sind insgesamt 5 Bände). Die Lehre von der **Formstrenge** des mittelalterlichen Rechts knüpft an Quellenstellen wie das abgedruckte Ingelheimer Urteil, aber auch an Beispiele aus dem sächsischen Rechtskreis an. Klassisch für diese Ansicht wurden die Untersuchungen von *Heinrich Siegel*, Erholung und Wandelung im gerichtlichen Verfahren (Sitzungsberichte der kaiserlichen Akademie der Wissenschaften, phil.-hist. Klasse 42), Wien 1863; sowie *Heinrich Brunner*, Wort und Form im altfranzösischen Prozeß (1868), in: ders., Geschichte des deutschen und französischen Rechtes, Stuttgart 1894, S. 260–389. Besonderen Einfluss erlangte ein zusammenfassender und rhetorisch zugespitzter Vortrag von *Wilhelm Ebel*, der erst nach zwei Jahrzehnten im Druck erschien: Recht und Form. Vom Stilwandel im deutschen Recht (Recht und Staat in Geschichte und Gegenwart 449), Tübingen 1975. Einige Zweifel an der hergebrachten Auffassung vom archaischen Formalismus haben sich inzwischen

in mehreren neueren Auseinandersetzungen niedergeschlagen, u. a.: *Peter Oestmann*, Erholung und
Wandel am Ingelheimer Oberhof, in: Reiner Schulze (Hrsg.), Symbolische Kommunikation vor
Gericht in der Frühen Neuzeit (ERV 51), Berlin 2006, S. 29–55; *ders.*, Die Zwillingsschwester der
Freiheit. Die Form im Recht als Problem der Rechtsgeschichte in: ders. (Hrsg.), Zwischen Form-
strenge und Billigkeit. Forschungen zum vormodernen Zivilprozeß (QFhGAR 56), Köln, Weimar,
Wien 2009, S. 1–54; *Tim Meyer*, Gefahr vor Gericht. Die Formstrenge im sächsisch-magdeburgischen
Recht (FdtRg 26), Köln, Weimar, Wien 2009. Das erwähnte Buch von *Johan Huizinga*, Herbst des
Mittelalters, erstmals München 1924 (jetzt Ditzingen 2015), ist längst zum Klassiker geworden und
schildert eindrucksvoll die Lebenswelt der spätmittelalterlichen Menschen.

2.8.5 Zum Aufbau mittelalterlicher Gerichtsprotokolle

Zeitlich übergreifende Untersuchungen über Gerichtsprotokolle und Urteilsbegründungen sind selten.
Für die ältere Zeit hilfreich speziell für Ingelheim ist *Gunter Gudian*, Die Begründung in Schöffensprü-
chen des 14. und 15. Jahrhunderts. Ein Leitprinzip der Abfassung spätmittelalterlicher Schöffensprüche,
Darmstadt 1960. Zwei gute europäische Überblicke auch auf das gelehrte Recht bieten die Bände von
Franz-Josef Arlinghaus u. a. (Hrsg.), Praxis der Gerichtsbarkeit in europäischen Städten des Spätmit-
telalters (Rspr. 23), Frankfurt am Main 2006; und *Susanne Lepsius/Thomas Wetzstein* (Hrsg.), Als die
Welt in die Akten kam. Prozeßschriftgut im europäischen Mittelalter (Rspr. 27), Frankfurt am Main
2008. Übergreifend *Cornelia Vismann*, Akten. Medientechnik und Recht, Frankfurt am Main 2000.

2.8.6 Der Lübecker Rat als Oberhof

Der Lübecker Rat und seine stadtrechtliche Stellung als Gericht und Oberhof bilden einen Schwerpunkt in den Arbeiten des Rechtshistorikers Wilhelm Ebel. Er sammelte und veröffentlichte die
maßgeblichen Quellen vom späten Mittelalter bis ins 16. Jahrhundert: *Ebel*, Ratsurteile (Lit. zu 1.3.2);
ders. (Hrsg.), Das Revaler Ratsurteilsbuch (Register van affsproken) 1515–1554, Göttingen 1952. Hier
ging es stark um das kernig-reine deutsche Recht, angeblich unbeeinflusst von römischrechtlichen
Überfremdungen. Vielleicht blieb aus diesem Grund das maßgebliche Werk unvollendet: *Wilhelm
Ebel*, Lübisches Recht, 1. Band: Entfaltung und Blüte, Lübeck 1971. Einen vollständigen Überblick
über eigene Arbeiten, die ältere Forschung sowie die Dissertationen aus seinem Schülerkreis vermittelt *Wilhelm Ebel* (Hrsg.), Jurisprudencia Lubecensis. Bibliographie des lübischen Rechts (Veröffentlichungen zur Geschichte der Hansestadt Lübeck B 5), Lübeck 1980. Neuere Untersuchungen haben
die von Ebel gezogene Epochengrenze um 1550 in Frage gestellt und den Lübecker Oberhofsprengel
in die Reichsgerichtsbarkeit eingepasst sowie gleichzeitig in die Neuzeit hinein verlängert. Maßgeblich hierfür waren u. a. *Bernhard Diestelkamp*, Der Oberhof Lübeck und das Reichskammergericht.
Rechtszug versus Appellation, in: Jost Hausmann/Thomas Krause (Hrsg.), „Zur Erhaltung guter Ordnung". Beiträge zur Geschichte von Recht und Justiz. Fs. Wolfgang Sellert zum 65. Geburtstag, Köln,
Weimar, Wien 2000, S. 161–182; *Nils Jörn*, Lübecker Oberhof, Reichskammergericht, Reichshofrat
und Wismarer Tribunal. Forschungsstand und Perspektiven weiterer Arbeit zur letztinstanzlichen
Rechtssprechung (!) im südlichen Ostseeraum, in: Rolf Hammel-Kiesow/Michael Hundt (Hrsg.),
Das Gedächtnis der Hansestadt Lübeck. Fs. Antjekathrin Graßmann zum 65. Geburtstag, Lübeck

2005, S. 371–380. Dennoch bleiben für die neuzeitliche Geschichte des Oberhofes viele Fragen offen. Die mittelalterlichen Strukturen sind dagegen mehrfach genauer unter die Lupe genommen worden, monographisch etwa von *Tobias Kämpf*, Das Revaler Ratsurteilsbuch. Grundsätze und Regeln des Prozessverfahrens in der frühneuzeitlichen Hansestadt (Quellen und Darstellungen zur hansischen Geschichte NF 66), Köln, Weimar, Wien 2013. Hinzu kommt ein Tagungsband von *Lück/Puhle/Ranft* (Lit. zu 2.4), darin *Peter Oestmann*, Lübisches und sächsisch-magdeburgisches Recht in der Rechtspraxis des spätmittelalterlichen Reiches, S. 183–222 (mit Diskussion um den Rechtszug nach Lübeck, S. 202).

2.8.7 Die Femegerichtsbarkeit

Einige ältere Werke zur Femegerichtsbarkeit sind weiterhin von hohem Wert: *Paul Wigand*, Das Femgericht Westphalens aus den Quellen dargestellt, und mit noch ungedruckten Urkunden erläutert. Ein Beitrag zur deutschen Staats- und Rechtsgeschichte, Hamm 1825 (2. Aufl. Halle 1893, Ndr. Aalen 1968), und vor allem *Theodor Lindner*, Die Veme, Münster, Paderborn 1888 (2. Aufl. Paderborn 1896; Ndr. ebd. 1989). Neuere rechtshistorische Literatur ist eher selten. Einen Überblick gibt *Wilhelm Hanisch*, Anmerkungen zu neueren Ansichten über die Feme, in: ZRG Germ. Abt. 102 (1985), S. 247–268. Eine knappe Würdigung mit zahlreichen Verweisen auf die älteren Literaturmeinungen findet sich bei *Heinz Holzhauer*, Die westfälischen Femegerichte, in: Zeitschrift für Zivilprozeßrecht 110 (1997), S. 401–417 (auch in *ders.*, Beiträge zur Rechtsgeschichte, hrsg. v. Stefan Chr. Saar/Andreas Roth, Berlin 2000, S. 198–214). Eine ausgewogene Würdigung gelingt *Heiner Lück*, Art. Feme, Femgericht, in: HRG I (2008), Sp. 1535–1543.

2.8.8 Spätmittelalterliche Gerichtspraxis in Frankfurt am Main (nach 1411)

Eine Fallstudie zum Mord an Emmerich von Sonnenberg findet sich bei *Peter Oestmann*, Der Wert der Rechtsgeschichte für das Studium des Rechts – was uns ein mittelalterlicher Mordfall heute sagt, in: Eugen Bucher/Claus-Wilhelm Canaris/Heinrich Honsell/Thomas Koller (Hrsg.), Norm und Wirkung. Beiträge zum Privat- und Wirtschaftsrecht aus heutiger und historischer Perspektive. Fs. Wolfgang Wiegand zum 65. Geburtstag, Bern, München 2005, S. 1043–1064. Eine Studie zum sitzenden mittelalterlichen Richter vorgelegt hat *Clausdieter Schott*, Die Sitzhaltung des Richters, in: Schulze, Kommunikation (Lit. zu 2.8.4), S. 153–187. Der Grundsatz, wonach Verbrechen nicht ungestraft bleiben dürfen, stammt aus dem mittelalterlichen Kirchenrecht, dazu *Günter Jerouschek*, „Ne crimina remaneant impunita." Auf daß Verbrechen nicht ungestraft bleiben. Überlegungen zur Begründung öffentlicher Strafverfolgung im Mittelalter, in: ZRG 120 Kan. Abt. 89 (2003), S. 323–337. Das Rechtssprichwort „Wo kein Kläger, da kein Richter" (Lit. zu 2.6.2 bedeutet das genaue Gegenteil der kanonistischen Rechtsregel. Grundlegend zur mittelalterlichen Reichsacht ist die Untersuchung von *Friedrich Battenberg*, Reichsacht und Anleite im Spätmittelalter. Ein Beitrag zur Geschichte der höchsten königlichen Gerichtsbarkeit im Alten Reich, besonders im 14. und 15. Jahrhundert (QFh-GAR 18), Köln, Wien 1986. Die neuere Zeit behandelt *Matthias Weber*, Die Bedeutung der Reichsacht in der Frühen Neuzeit, in: Johannes Kunisch (Hrsg.), Neue Studien zur frühneuzeitlichen Reichsgeschichte (Zeitschrift für Historische Forschung. Beiheft 19), Berlin 1997, S. 55–90. Die

Veränderung des Frankfurter Rechts unter römisch-kanonischem Einfluss steht im Mittelpunkt der Habilitationsschrift von *Helmut Coing*, Die Rezeption des römischen Rechts in Frankfurt am Main (Frankfurter wissenschaftliche Beitr. Rechts- und wirtschaftswissenschaftliche Reihe 1), Frankfurt am Main 1939. Literatur zur **Gerichtspraxis im Übergang vom Mittelalter zur Neuzeit:** *Hans Schlosser*, Spätmittelalterlicher Zivilprozeß nach bayerischen Quellen. Gerichtsverfassung und Rechtsgang (FdtRg 8), Köln, Wien 1971; *Sven Schultheiß*, Gerichtsverfassung und Verfahren. Das Zentgericht Burghaslach in Franken (14.–19. Jahrhundert) (Konflikt (Lit. zu 2.5.3). Fallstudien 7), Köln, Weimar, Wien 2007 (Strafgerichtsbarkeit im Spätmittelalter und unter dem Einfluss des gelehrten Rechts). *Götz Landwehr*, Der Gang des neuen und des alten Gerichtsverfahrens vor dem Gogericht auf dem Desum im Niederstift Münster, in: Oldenburger Jahrbuch 104 (2004), S. 27–64.

2.9 Gelehrtes Prozessrecht im kirchlichen und weltlichen Recht

Gleichzeitigkeit des Ungleichzeitigen bei *Ernst Bloch*, Erbschaft dieser Zeit (1935), in: Gesamtausgabe, Bd. 4 (Stuttgart 1962), S. 104–126; zur Sache auch *Reinhart Koselleck*, Geschichte, Geschichten und formale Zeitstrukturen, in: ders./Wolf-Dieter Stempel (Hrsg.), Geschichte – Ereignis und Erzählung (Poetik und Hermeneutik 5), München 1973, S. 211–222. Die großen **Corpora des gelehrten Rechts** bilden die unerlässliche Grundlage für jede nähere Beschäftigung. Das Corpus Iuris Civilis ist historisch-kritisch ediert von *Paul Krüger* und *Theodor Mommsen* (3 Bde., Bd. 3 v. *Rudolf Schöll/Wilhelm Kroh*, 1. Aufl. Berlin 1872/95, zahlreiche weitere Aufl.). Übersetzungen gibt es von *Carl Eduard Otto/Bruno Schilling/Carl Friedrich Ferdinand Sintenis* (Hrsg.), Das Corpus Juris Civilis in's Deutsche übersetzt, 7 Bde., Leipzig 1831/39 (Ndr. Aalen 1984), und aus neuerer Zeit *Rolf Knütel/Berthold Kupisch/Sebastian Lohsse/Thomas Rüfner* (Hrsg.), Corpus Iuris Civilis. Text und Übersetzung, Heidelberg seit 1990 (teilweise 4. Aufl., bisher bis Digesten 28–43 (2012)). Das Corpus Iuris Canonici ist in der maßgeblichen Ausgabe von *Emil Ludwig Richter/Emil Friedberg* (Hrsg.), Corpus Iuris Canonici. Editio Lipsiensis, 2 Teile, Leipzig 1879/81 (Ndr. Frankfurt am Main 2009), verfügbar. Eine Übersetzung von *Bruno Schilling* und *Carl Friedrich Ferdinand Sintenis*, Leipzig 1834/37 (Ndr. Frankfurt am Main 2009) beschränkt sich auf die „wichtigsten und anwendbarsten Theile". Der Aufsatz von *Hermann Kantorowicz*, Die Allegationen im späteren Mittelalter, in: Archiv für Urkundenforschung 13 (1935), S. 15–29, behandelt auch für Studenten anschaulich Aufbau und Entstehung der beiden großen Corpora. Die ältere Forschung unterschied häufig zwischen einer theoretischen und einer praktischen Rezeption bzw. zwischen einer Frührezeption und einer Vollrezeption des römischen Rechts. Maßgeblich für den deutschen Raum wurden *Winfried Trusen*, Anfänge des gelehrten Rechts in Deutschland. Ein Beitrag zur Geschichte der Frührezeption (Recht und Geschichte 1), Wiesbaden 1962. Wichtige weitere Studien Trusens finden sich in seinem Aufsatzband Gelehrtes Recht im Mittelalter und in der frühen Neuzeit (Bibliotheca Eruditorum 23), Goldbach 1997. Ob die Differenzierung verschiedener Rezeptionsformen notwendig oder sinnvoll ist, wird unterschiedlich beurteilt. Die Diskussion um den **Rezeptionsbegriff** bzw. um die Konzepte von Transfer, Transplant etc. hat all dies auf den Prüfstand gebracht. Neuere Tendenzen lassen sich nachvollziehen in den Veröffentlichungen von *Thomas Duve*, Von der Europäischen Rechtsgeschichte zu einer Rechtsgeschichte Europas in globalhistorischer Perspektive, in: Rg 20 (2012), S. 18–71 (52–55), und *Eva Schumann*, Rechts- und Sprachtransfer am Beispiel der volkssprachigen Praktikerliteratur, in: Andreas Deutsch (Hrsg.), Historische Rechtssprache des Deutschen (Akademie-Konferenzen 15/Schriftenreihe des Deutschen Rechtswörterbuchs), Heidelberg 2013, S. 123–174 (158–161); sowie *Heikki Pihlajamäki*, The Court of Appeal as Legal Transfer. The Svea and Dorpat Courts Compared, in: Mia Korpiola (Hrsg.), The Svea Court of Appeal in the Early Modern Period: Historical Reinterpretations and New Perspectives (Rättshistoriska Studier 26), Stockholm 2014, S. 217–260, der anhand der frühneuzeitlichen Gerichtsverfassung und des Prozessrechts vor allem auf das Verhältnis von Zentrum und Peripherie eingeht. Die Kölner Kanonistik als frühe wissenschaftliche Blüte des **gelehrten Rechts** in Deutschland steht im Mittelpunkt einiger Untersuchungen von u. a. *Peter Landau*, Die Kölner Kanonistik des 12. Jahrhunderts. Ein Höhepunkt der europäischen Rechtswissenschaft (Kölner rechtsgeschichtliche Vorträge 1), Badenweiler 2008. Die prozessrechtlichen Ordines behandelt *Linda Fowler-Magerl*, Repertorien zur Frühzeit der gelehrten Rechte: Ordo iudiciorum vel ordo iudiciarius. Begriff und Literaturgattung (StEuRg 19), Frankfurt am Main 1984; *dies.*, Ordines iudicarii and Libelli de Ordine Iudiciorum (from the Middle of the Twelfth to the End of the Fifteenth Century (Typology des sources de Moyen Âge occidental 63), Turnhout 1994. Für die beginnende mittelalterliche Rechtswissenschaft zentral ist immer noch das große Werk von *Friedrich Carl von Savigny*, Geschichte des römischen Rechts im Mittelalter, Heidelberg 1815/31, 2. Aufl. 1834/51 (Ndr. Wiebaden 1956, Darmstadt 1961, Aalen 1986), aus neuerer Zeit *Hermann Lange/Maximiliane Kriechbaum*, Römisches Recht im Mittelalter, 2 Bde., München 1997/2007. Zum kanonischen Recht *Helmholz* (Lit. zu 1) und immer noch *Johann Friedrich von Schulte*, Die Geschichte der Quellen und Literatur des Canonischen Rechts von Gratian bis auf die Gegenwart, Stuttgart 1875/80 (Ndr. Graz 1956, New Jersey 2000). Das gelehrte Prozessrecht behandeln handbuchartig und umfassend *Litewski* (Lit. zu 1.3.2) und *Nörr*, Prozessrecht (Lit. zu 1.3.2). Einen aktuellen Überblick gibt *Wolfgang P. Mueller*, Art. Courts and Procedures, in: Anders Winroth/ John Wei (Hrsg.), The Cambridge History of Medieval Canon Law, im Erscheinen. Eine besonders quellennahe, immer noch sehr wertvolle Studie zu Rechtslehre und früher Gesetzgebung, vor allem aber auch zur Gerichts- und Gutachterpraxis und zur persönlichen Verantwortung des Richters in Italien, stammt von *Woldemar Engelmann*, Die Wiedergeburt der Rechtskultur in Italien durch die wissenschaftliche Lehre. Eine Darlegung der Entfaltung des gemeinen italienischen Rechts und seiner Justizkultur im Mittelalter unter dem Einfluß der herrschenden Lehre der Gutachterpraxis der Rechtsgelehrten und der Verantwortung der Richter im Sindikatsprozeß, Leipzig 1938.

2.9.1 Beweisführung im gelehrten Prozess

Die gemeinrechtliche Beweisdoktrin wird umfassend entfaltet bei *Schmoeckel*, Humanität (Lit. zu 1.3.1), S. 187–294. Zur Beweislast mit Schwerpunkt auf der frühneuzeitlichen gelehrten Literatur *Tilman Repgen*, Qui dicit probare debet – Studien zur Beweis(führungs)last im Zeitalter des Usus modernus, in: ZRG Germ. Abt. 129 (2012), S. 76–108. *Mathias Schmoeckel*, Dokumentalität. Der Urkundsbeweis als heimliche „regina probationum" im Gemeinen Recht, in: ZRG 127 Kan. Abt. 96 (2010), S. 186–225, plädiert dafür, die Bedeutung des Urkundenbeweises gegenüber dem Zeugenbeweis stärker zu gewichten.

2.9.2 Advokaten und Prokuratoren

Unersetzt ist weiterhin das ältere Werk von *Adolf Weißler*, Geschichte der Rechtsanwaltschaft, Leipzig 1905. Der umfangreiche Sammelband „Anwälte und ihre Geschichte", Tübingen 2011, legt den Schwerpunkt dagegen deutlich auf das 19. und 20. Jahrhundert. Einen Überblick über spätmittelalterliche deutsche Entwicklung gibt *Winfried Trusen*, Advocatus – zu den Anfängen der gelehrten Anwaltschaft in Deutschland und ihren rechtlichen Grundlagen, in: *Heinrich Kipp/Franz Mayer/Armin Steinkamm* (Hrsg.), Um Recht und Freiheit. Fs. Friedrich August Freiherr von der Heydte zur Vollendung des 70. Lebensjahres, Berlin 1977, 2. Teil, S. 1235–1248; auch in *ders.*, Gelehrtes Recht (Lit. zu 2.9), S. 761*–774*.

2.9.3 Der Richter im kanonischen Prozess

Einen wichtigen, zum Einstieg sehr gut geeigneten Überblick über Gerichtsarten, Personen und Zuständigkeiten bietet *Winfried Trusen*, Die gelehrte Gerichtsbarkeit der Kirche, in: Helmut Coing (Hrsg.), Handbuch der Quellen und Literatur der neueren europäischen Privatrechtsgeschichte. 1. Band: Mittelalter (1100–1500). Die gelehrten Rechte und die Gesetzgebung, München 1973, S. 467–505, auch in *ders.*, Gelehrtes Recht (Lit. zu 2.9), S. 343*–380* (in diesem Aufsatzband befinden sich mehrere Beiträge zum mittelalterlichen geistlichen Gericht). Zur Rolle des Richters und zum Verfahren *Knut Wolfgang Nörr*, Iudicium est actus trium personarum. Beiträge zur Geschichte des Zivilprozeßrechts in Europa (Bibliotheca Eruditorum 4), Frankfurt am Main 1993; *ders.*, Zur Stellung des Richters im gelehrten Prozeß der Frühzeit: Iudex secundum allegata non secundum conscientiam iudicat (Münchener Universitätsschriften. Reihe der juristischen Fakultät 2), München 1967.

Die Praxis der geistlichen Niedergerichtsbarkeit im ausgehenden Mittelalter schildert anschaulich *Christiane Birr*, Aus der Sicht der kleinen Leute. Zur Exkommunikations- und Interdiktspraxis an würzburgischen Gerichten im 15. Jahrhundert, in: Hans-Georg Hermann/Hans Joachim Hecker (Hrsg.), Rechtsgeschichte des ländlichen Raums in Bayern (Rechtskultur Wissenschaft 8), Regensburg 2012, S. 33–51. Die ältere Zeit behandelt *Hans Jörg Budischin*, Der gelehrte Zivilprozeß in der Praxis geistlicher Gerichte des 13. und 14. Jahrhunderts im deutschen Raum (Bonner rwiss. Abh. 103), Bonn 1974; außerdem *Christian Schwab*, Das Augsburger Offizialatsregister (1348–1352). Ein Dokument geistlicher Diözesangerichtsbarkeit. Edition und Untersuchung (Fgn. zur kirchlichen Rg. und zum Kirchenrecht 25), Köln, Weimar, Wien 2001; *Christina Deutsch*, Ehegerichtsbarkeit im Bistum Regensburg (1480–1538) (Fgn. zur kirchlichen Rg. und zum Kirchenrecht 29), Köln, Weimar, Wien 2005. Die Überlappung geistlicher und weltlicher freiwilliger Gerichtsbarkeit ist Gegenstand der Studie von *Helen Wanke*, Zwischen geistlichem Gericht und Stadtrat. Urkunden, Personen und Orte der freiwilligen Gerichtsbarkeit in Straßburg, Speyer und Worms im 13. und 14. Jahrhundert (Quellen und Abh. zur mittelrheinischen Kirchengeschichte 119), Mainz 2007.

2.9.4 Entstehung von Instanzenzügen

Peter Landau, Die Anfänge der Appellation in Mitteleuropa im hohen Mittelalter, in: Mausen u. a., Einfluss (Lit. zu 2.9.5), Bd. 4, S. 307–324; *Leopold Auer/Eva Ortlieb* (Hrsg.), Appellation und Revision im Europa des Spätmittelalters und der Frühen Neuzeit (Beitr. zur Rg. Österreichs 3/I), Wien 2013 (auch zum kanonischen Recht); *Susanne Lepsius*, Dixit male iudicatum esse per dominos iudices.

Zur Praxis der städtischen Appellationsgerichtsbarkeit im Lucca des 14. Jahrhunderts, in: Arlinghaus u. a., Praxis (Lit. zu 2.8.5), S. 189–269.

2.9.5 Zivilprozess und Inquisitionsprozess

Einen aktuellen und sehr hilfreichen Überblick über die kanonistischen Grundlagen des mittelalterlichen Prozessrechts geben die Beiträge im Sammelband von *Mathias Schmoeckel/Orazio Condorelli/Franck Roumy* (Hrsg.), Der Einfluss der Kanonistik auf die europäische Rechtskultur, Bd. 3: Straf- und Strafprozessrecht (Norm und Struktur. Studien zum sozialen Wandel in Mittelalter und Früher Neuzeit 37/3), Köln, Weimar, Wien 2012 (hinzuweisen ist auf die Studien von *Peter Landau* zum öffentlichen Strafanspruch, S. 23–36, und von *Stephan Dusil* zu kirchlichen Sendgerichten, S. 369–409); außerdem *Yves Mausen/Orazio Condorelli/Franck Roumy/Mathias Schmoeckel* (Hrsg.), Der Einfluss (wie oben). Bd. 4: Prozessrecht (Norm und Struktur 37/4), Köln, Weimar, Wien 2014.

2.9.6 Entstehung der Folter

Hierzu Lit. zu 3.6.2; außerdem *Heikki Pihlajamäki*, The Painful Question: The Fate of Judicial Torture in Early Modern Sweden, in: Law and History Review 25 (2007), S. 557–592, der auf den notwendigen Zusammenhang von Folter und gelehrten Juristen aufmerksam macht.

2.9.8 Gelehrtes Recht in der weltlichen Gerichtspraxis des deutschen Spätmittelalters:

Allgemein zum frühen gelehrten Recht im deutschen Raum *Trusen*, Anfänge (Lit. zu 2.9); und *ders.*, Gelehrtes Recht (Lit. zu 2.9), Goldbach 1997. Inwieweit gelehrtes Recht bereits den verfassungsrechtlichen Streit zwischen Friedrich Barbarossa und seinem Cousin Heinrich dem Löwen beeinflusste, diskutiert *Peter Landau*, Gelehrtes Recht und deutsche Verfassungsgeschichte. Der Prozess Heinrichs des Löwen und die Gelnhäuser Urkunde, in: Franck Roumy/Mathias Schmoeckel/Orazio Condorelli (Hrsg.), Der Einfluss der Kanonistik auf die europäische Rechtskultur, Bd. 2: Öffentliches Recht (Norm und Struktur. Studien zum sozialen Wandel in Mittelalter und früher Neuzeit 37/II), Köln, Weimar, Wien 2011, S. 39–59. Die Tätigkeit gelehrter Juristen in städtischen Diensten im deutschen Spätmittelalter bildet einen Arbeitsschwerpunkt des Historikers *Eberhard Isenmann* (z. B. Lit. zu 3.3.5). Literatur zur **zeitgenössischen Sicht** auf das römische Recht: *Hermann Krause*, Kaiserrecht und Rezeption (Abh. der Heidelberger Akademie der Wissenschaften, phil.-hist. 1952/1), Heidelberg 1952. Speziell zur lotharischen Legende *Peter Oestmann*, Art. Lotharische Legende, in: ENZ 7 (2008), Sp. 1009–1011. Die Bedeutung Hermann Conrings für ein quellengestütztes Verständnis der Rezeption ist mehrfach hervorgehoben worden, maßgeblich sind: *Michael Stolleis* (Hrsg.), Hermann Conring (1606–1681). Beiträge zu Leben und Werk (Historische Fgn. 23), Berlin 1983, darin vor allem *Klaus Luig*, Conring, das deutsche Recht und die Rechtsgeschichte, S. 355–395 (wieder abgedruckt in *Klaus Luig*, Römisches Recht – Naturrecht – Nationales Recht (Bibliotheca Eruditorum 22), Goldbach 1998, S. 319*–359*); *Dietmar Willoweit*, Hermann Conring, in: Michael Stolleis (Hrsg.), Staatsdenker in der frühen Neuzeit, 3. Aufl. München 1995, S. 129–147. Zur translatio imperii-Lehre bei Paulus de Castro *Susanne Lepsius*, Appellationen vor weltlichen Gerichten in Italien (13.–15. Jahrhundert).

Theorie der Juristen und kommunale Prozesspraxis, in: Auer/Ortlieb (Lit. zu 2.9.4), S. 27–51 (47).
Zur **Buch'schen Glosse** liegt mit der Habilitationsschrift von *Bernd Kannowski* eine umfassende
moderne Monographie vor: Die Umgestaltung des Sachsenspiegelrechts durch die Buch'sche Glosse
(MGH. Schriften 56), Hannover 2007 (dort S. 115–118 zur Gleichsetzung von Rechtszug und Appellation). Eine großangelegte Studie zum gemeinen Sachsenrecht legte *Kümper* (Lit. zu 2.6) vor. Auf
Spuren des römisch-kanonischen Rechts in der sächsischen Schöffenpraxis verweist *Bernhard Diestelkamp*, Gelehrtes Recht im Umkreis des Magdeburger Oberhofes, in: Ignacio Czeguhn (Hrsg.), Recht
im Wandel – Wandel des Rechts. Fs. Jürgen Weitzel zum 70. Geburtstag, Köln, Weimar, Wien 2014,
S. 225–243. Der **Klagspiegel** ist ausführlich untersucht worden von *Andreas Deutsch*, Der Klagspiegel
und sein Autor Conrad Heyden. Ein Rechtsbuch des 15. Jahrhunderts als Wegbereiter der Rezeption
(FdtRg 23), Köln, Weimar, Wien 2004. Die **Praktikerliteratur** an der Wende vom Spätmittelalter zur
frühen Neuzeit steht im Mittelpunkt der wichtigen alten Untersuchung von *Johann August Roderich
von Stintzing*, Geschichte der populären Literatur des römisch-kanonischen Rechts in Deutschland
am Ende des fünfzehnten und im Anfang des sechzehnten Jahrhunderts, Leipzig 1867 (Ndr. Aalen
1959). Diese Literaturgattung und ihre zeitgenössische Bedeutung stehen im Mittelpunkt mehrerer
Veröffentlichungen von *Schumann* (so Lit. zu 2.9). Speziell zum Laienspiegel, dem neben dem Klagspiegel bekanntesten Werk dieser Gattung: *Andreas Deutsch* (Hrsg.), Ulrich Tenglers Laienspiegel.
Ein Rechtsbuch zwischen Humanismus und Hexenwahn (Akademie-Konferenzen 11/Schriften-
reihe des Deutschen Rechtswörterbuchs), Heidelberg 2011; zum Strafprozess in diesem Rechtsbuch
Gianna Burret, Der Inquisitionsprozess im Laienspiegel des Ulrich Tengler. Rezeption des gelehrten
Rechts in der städtischen Rechtspraxis (FdtRg 27), Köln, Weimar, Wien 2010. Das oft wiederholte
Goethe-Zitat zum Reichskammergericht findet sich in: *Johann Wolfgang von Goethe*, Aus meinem
Leben: Dichtung und Wahrheit, hrsg. v. Walter Hettche, Stuttgart 1991 (zuerst Tübingen 1811), Bd. 1,
3. Teil, 12. Buch, S. 565 und Bd. 2 (Kommentar), S. 219–223. Von den Regionalstudien, die auf die
Bedeutung der Anwälte für die Romanisierung der Prozesspraxis hingewiesen haben, verdient vor
allem die Habilitationsschrift von *Coing* Beachtung: Rezeption (Lit. zu 2.8.8). Zur **Schweiz**: Nicht
nur die Quelle, sondern auch die Stimmen aus der älteren Literatur finden sich in der Fallstudie
von *Clausdieter Schott*, Wir Eidgenossen fragen nicht nach Bartele und Baldele, in: Karl Kroeschell
(Hrsg.), Gerichtslauben-Vorträge. Freiburger Festkolloquium zum 75. Geburtstag von Hans Thieme,
Sigmaringen 1983, S. 17–45; auch in: *Heiner Lück/Michele Luminati/Marcel Senn/Andreas Thier* (Hrsg.),
Thesaurus historiae iuris. Clausdieter Schott zum 75. Geburtstag, Halle 2011, S. 203–232.

2.10 Das Königliche Kammergericht

Wichtige Quellen zur Kammergerichtsbarkeit im 15. Jahrhundert befinden sich in der gut aufbereiteten dreibändigen Edition von *Friedrich Battenberg/Bernhard Diestelkamp* (Hrsg.), Die Protokoll-
und Urteilsbücher des Königlichen Kammergerichts aus den Jahren 1465 bis 1480. Mit Vaganten und
Ergänzungen (QFhGAR 44/1–3), Köln, Weimar, Wien 2004. Die verschiedenen Protokolle und Urteile
zeigen anschaulich bis in die Formulierungen hinein den Übergang zum gelehrten Gerichtsverfahren.
Die klassische Grundlegung in der älteren Forschung stammt von *Otto Franklin*, Das Königliche

Kammergericht vor dem Jahre MCDXCV, Berlin 1871. Neuerer Überblick von *Friedrich Battenberg*, Königliche Kammergerichtsbarkeit im späteren 15. Jahrhundert, in: Rolf Lieberwirth/Heiner Lück (Hrsg.), Akten des 36. Deutschen Rechtshistorikertages Halle an der Saale, 10.–14. September 2006, Baden-Baden 2008, S. 525–543. Weiter ausgreifend und nicht allein auf das Kammergericht bezogen ist die Darstellung von *Bernhard Diestelkamp*, Vom einstufigen Gericht zur obersten Rechtsmittelinstanz. Die deutsche Königsgerichtsbarkeit und die Verdichtung der Reichsverfassung im Spätmittelalter (QFhGAR 54), Köln, Weimar, Wien 2014 (dort auch zum Gründungsdatum). Die Entstehung von Appellationszügen im Alten Reich quellengenau nachgezeichnet hat *Bernhard Diestelkamp*, Die Durchsetzung des Rechtsmittels der Appellation im weltlichen Prozeßrecht Deutschlands (Akademie der Wissenschaften und der Literatur Mainz. Abh. der geistes- und sozialwiss. Klasse 1998/2), Stuttgart 1998. Eine moderne Monographie zum Kammergericht vor 1495 fehlt trotz der insgesamt guten Quellenlage seit langem. Weitere Hinweise und Erläuterung zum Rechtsstreit des Fiskals gegen die Stadt Magdeburg befinden sich bei: *Oestmann*, Lübisches und sächsisch-magdeburgisches Recht (Lit. zu 2.8.6), S. 183–222 (193–202). Die vor dem Kammergericht angesprochenen Rechtsprobleme zählen zu den klassischen und großen Themen der Rechtsgeschichte im Übergang vom Mittelalter zur Neuzeit. Die ständige Privilegienerneuerung fügt sich gut ein in die Lehre vom guten alten Recht. Trotz mancher Kritik bleibt die klassische Arbeit von *Fritz Kern*, Recht und Verfassung im Mittelalter, in: Historische Zeitschrift 120 (1919), S. 1–79 (zahlreiche Nachdrucke, Darmstadt 1952/92), bezogen auf die mittelalterliche Rechtsauffassung, überzeugend.

Zeitgenössische **Kritik an Rechtsgelehrten:** *Georg Wilhelm Böhmer*, Kaiser Friedrich's III. Entwurf einer Magna Charta für Deutschland oder die Reformation dieses Kaisers vom Jahr 1441. In lesbare Schreibart übertragen, mit einer geschichtlichen Einleitung und erläuternden Bemerkungen, Göttingen 1818, S. 7 (dort das Zitat zu den Doktoren und Laien); *Michael Stolleis*, Juristenbeschimpfung, oder: Juristen, böse Christen, in: Theo Stammen/Heinrich Oberreuter/Paul Mikat (Hrsg.), Politik – Bildung – Religion. Hans Maier zum 65. Geburtstag, Paderborn etc. 1996, S. 163–170; *Krause* (Lit. zu 2.9.8), S. 125. Die Litiskontestation, die gemeinrechtliche Streitbefestigung, bildet von ihren mittelalterlichen Wurzeln bis zur Kodifikation der Zivilprozeßordnung 1877/79 den Gegenstand der Habilitationsschrift von *Steffen Schlinker*, Litis Contestatio. Eine Untersuchung über die Grundlagen des gelehrten Zivilprozesses in der Zeit vom 12. bis zum 19. Jahrhundert (StEuRg 233), Frankfurt am Main 2008.

Die **Rechtsvielfalt** ist in unterschiedlichen Stoßrichtungen oftmals untersucht worden. Wichtig für das Spätmittelalter sind etwa *Winfried Trusen*, Römisches und partikuläres Recht in der Rezeptionszeit, in: Kurt Kuchinke (Hrsg.), Rechtsbewahrung und Rechtsentwicklung. Fs. Heinrich Lange zum 70. Geburtstag, München 1970, S. 97–120; auch in *ders.*, Gelehrtes Recht (Lit. zu 2.9), S. 737*–760*; *Wolfgang Wiegand*, Studien zur Rechtsanwendungslehre der Rezeptionszeit (Münchener Universitätsschriften. Juristische Fakultät – Abh. zur rwiss. Grundlagenforschung 27), Ebelsbach 1977; zu den Wurzeln der fundata intentio-Lehre *ders.*, Zur Herkunft und Ausbreitung der Formel „habere fundatam intentionem", in: Sten Gagnér/Hans Schlosser/Wolfgang Wiegand (Hrsg.), Fs. Hermann Krause, Köln, Wien 1975, S. 126–170; zur frühneuzeitlichen Rechtsanwendungslehre vgl. Lit. zu 3.1.2, dort auch zum usualen Rechtsdenken. Eine Typologie verschiedener Hofgerichte ist wegen der großen Vielfalt schwierig, Ansätze dazu bei *Peter Oestmann*, Art. Hofgerichte, in: HRG II (2012), Sp. 1087–1091. Hinweise zum rittergleichen Kampf der Juristen mit Worten und zur *Noblesse de robe* finden sich bei *Kannowski*, Umgestaltung (Lit. zu 2.9.8), S. 151–164; und für Frankreich bei *Raimund J. Weber*, Art. Noblesse de robe, in: HRG III (1984), Sp. 1019–1023.

3. Die Zeit des staatliche Gewaltmonopols

3.1 Der Ewige Landfrieden; 3.1.1. Verbot der Fehde:

Zum Verhältnis von Ewigem Landfrieden, den vorangehenden Fehdeverboten und der Regelung von 1495 gibt es inzwischen sehr tiefgehende Untersuchungen von *Isenmann*, Fehde (Lit. zu 2.5.5); außerdem ist hilfreich *Fischer*, Reichsreform (Lit. zu 2.5.5).

3.1.2 Reform der Reichsgerichtsbarkeit

Die Gründung des Reichskammergerichts und den Zusammenhang mit der Reichsreform behandelt der Tagungsband von *Bernhard Diestelkamp* (Hrsg.), Das Reichskammergericht. Der Weg zu seiner Gründung und die ersten Jahrzehnte seines Wirkens (1451–1527) (QFhGAR 45), Köln, Weimar, Wien 2003. Der Richter- und Assessoreneid von 1495/1555 ist oft untersucht worden, im Hinblick auf die Rechtsanwendungslehre und *fundata intentio* des gelehrten Rechts umfassend von *Peter Oestmann*, Rechtsvielfalt vor Gericht. Rechtsanwendung und Partikularrecht im Alten Reich (Rspr. 18), Frankfurt am Main 2002 (dort auch zur Gerichtspraxis und den Veränderungen bis zum 18. Jahrhundert), umfassende Einzelfallstudie zu einem Stettiner Rechtsstreit aus dem 16. Jahrhundert von *Filippo Ranieri*, Gemeines und Partikulares Recht in der Rechtsprechung des Reichskammergerichts, in: ZRG Germ. Abt. 131 (2014), S. 89–127. Die usuale Rechtsgeltung, also die Bedeutung von Observanz und Herkommen neben oder sogar gegen geschriebene Normen, haben zahlreiche historische und rechtshistorische Untersuchungen hervorgehoben, u. a. *Thomas Simon*, Geltung. Der Weg von der Gewohnheit zur Positivität des Rechts, in: Rg 7 (2005), S. 100–137; *Barbara Stollberg-Rilinger*, Verfassungsgeschichte als Kulturgeschichte, in: ZRG Germ. Abt. 127 (2010), S. 1–32. Das Stadtrecht von Lüneburg gilt gemeinhin als ältestes Beispiel für die Rezeption der gelehrten Rechtsanwendungsdoktrin im deutschsprachigen Raum. Die Quelle ist ediert von *Wilhelm Theodor Kraut* (Hrsg.), Das alte Stadtrecht von Lüneburg, Göttingen 1846, S. 2. Die bis auf einen Fünfjahreszeitraum (1480–1485) lückenlose Gewährung von Reichslandfrieden seit 1467 beschreibt *Isenmann*, Fehde (Lit. zu 2.5.5).

3.2 Die Reichsgerichtsbarkeit im Alten Reich

Die Arbeiten zu den höchsten Gerichten des Alten Reiches sind seit langem eingebunden in ein äußerst lebendiges europäisches Forschungsfeld. Am Anfang standen enge Verbindungen in die Niederlande und nach Belgien, sicherlich angestoßen durch die Monographie von *Paul L. Nève*, Het Rijkskamergerecht en de Nederlanden. Competentie – Territoir – Archieven (Maaslandse Monogrefieën 14), Assen 1972. Ein eher westeuropäisch ausgerichteter Verbund fand sich schnell und legte einen

ersten gemeinsamen Band vor: *Hugo de Schepper* (Hrsg.), Höchste Gerichtsbarkeit im Spätmittelalter und der frühen Neuzeit. Internationales Rechtshistorisches Symposium Amsterdam 1.–3. Juni
1984 (Verzamelen en bewerken van de jurisprudentie van de grote raad 9), Amsterdam o. J. (1985).
Einige Jahre später hatte sich der Horizont geweitet. Frankreich, England und vor allem Skandina-
vien boten weitere Beispiele, die Gerichtsgeschichte des Alten Reiches in ihren Eigentümlichkeiten
besser zu erkennen, dazu: *Bernhard Diestelkamp* (Hrsg.), Oberste Gerichtsbarkeit und zentrale Gewalt
im Europa der frühen Neuzeit (QFhGAR 29), Köln, Weimar, Wien 1996. Kurz angedeutet ist der
europäische Rahmen, auch mit Blick auf Italien, im Ausstellungskatalog von *Ingrid Scheurmann*
(Hrsg.), Frieden durch Recht. Das Reichskammergericht von 1495 bis 1806, Mainz 1994, S. 347–450.
Im Einklang mit neueren Interessen geraten seit etwa 2000 verstärkt Spanien und Portugal ins Visier,
außerdem gibt es zunehmend Ausgriffe ins 19. Jahrhundert. Dabei hat die deutsche Sprache ihre
langjährige Vorrangstellung wie in anderen Bereichen immer weiter eingebüßt: *C. H. (Remco) van
Rhee/Alain Wijffels* (Hrsg.), Hoogste gerechtshoven in Europa. Een historisch portret, Antwerpen,
Apeldoorn 2013 (auch in englischer Übersetzung: dies. (Hrsg.), European Supreme Courts. A Por-
trait through History, London 2013). Insgesamt deutlich stärker auf den deutschsprachigen Raum
bezogen ist dagegen der Band von *Leopold Auer/Werner Ogris/Eva Ortlieb* (Hrsg.), Höchstgerichte in
Europa. Bausteine frühneuzeitlicher Rechtsordnungen (QFhGAR 53), Köln, Weimar, Wien 2007.
Die große Bedeutung des Lehenswesens, selbst für Territorien wie Brandenburg-Preußen und bis
ins 18. Jahrhundert hinein, betont *Tobias Schenk*, Der Reichshofrat als oberster Lehnshof. Dynastie-
und adelsgeschichtliche Implikationen am Beispiel Brandenburg-Preußens, in: Anette Baumann/
Alexander Jendorff (Hrsg.), Adel, Recht und Gerichtsbarkeit im frühneuzeitlichen Europa (Bibliothek Altes Reich 15), München 2014, S. 255–294. Zur Begrenzung der territorialen Gerichtsgewalt
bei Justizverweigerung und -verzögerung *Peter Oestmann*, Rechtsverweigerung im Alten Reich, in:
ZRG Germ. Abt. 127 (2010), S. 51–141.

3.2.1 Reichskammergericht

Die Quellenlage zum Reichskammergericht hat sich seit den 1970er Jahren spürbar verbessert. Ein
großangelegtes Erschließungsprojekt hat die in verschiedenen deutschen Staats-, Landes- und Stadt-
archiven liegenden Prozessakten inventarisiert und in gedruckten Repertorienbänden allgemein
zugänglich gemacht. Entstanden ist ein „Inventar der Akten des Reichskammergerichts", geordnet
nach Archiven, dort zumeist in mehrere Teilbände aufgeteilt. Die außerdeutschen Aktenbestände
sind teilweise noch nicht modern erschlossen, aber in ihrem Umfang bekannt. Einen genauen
Überblick über die Archivbestände geben *Friedrich Battenberg/Bernd Schildt* (Hrsg.), Das Reichskammergericht im Spiegel seiner Prozessakten. Bilanz und Perspektiven der Forschung (QFhGAR
57), Köln, Weimar, Wien 2010, S. 415–427. Die ältere Literatur aus dem 19. Jahrhundert hat bereits
mit Prozessakten gearbeitet, schloss sich aber oftmals der seinerzeitigen Kritik an der Schwäche des
neuzeitlichen Reiches an. Wertvoll bleiben *Paul Wigand*, Denkwürdigkeiten für deutsche Staats- und
Rechtswissenschaft, für Rechtsalterthümer, Sitten und Gewohnheiten des Mittelalters; gesammelt
aus dem Archiv des Reichskammergerichts zu Wetzlar, Leipzig 1854 (Nd. Osnabrück 1964); *ders.*,
Wetzlar'sche Beiträge für Geschichte und Rechtsalterthümer, 3 Bde., Wetzlar 1836/40–1851; außerdem

Rudolf Brinkmann, Aus dem Deutschen Rechtsleben. Schilderung des Rechtsganges und des Kulturzustandes der lezten drei Jahrhunderte auf Grund von Schleswig-Holstein-Lauenburgischen Akten des kaiserlichen Kammergerichts, Kiel 1862. Vom Ansatz her erheblich anspruchsvoller schlug 1911 die Habilitationsschrift von *Rudolf Smend* einen neuen Ton an: Das Reichskammergericht. Erster Teil: Geschichte und Verfassung (Quellen und Studien zur Verfassungsgeschichte des Deutschen Reiches in Mittelalter und Neuzeit IV/3), Weimar 1911 (Nachdruck Aalen 1965). Smend schilderte die äußere Geschichte des Gerichts von 1495 bis 1806 und beschrieb detailliert die Binnenstruktur der Behörde. Erst nach dem Zweiten Weltkrieg nahm das Interesse am Alten Reich deutlich zu, teilweise angespornt durch *Emilio Bussi*, Il diritto pubblico del sacro romano impero alla fine del 18. seculo, 2 Bde., Padua 1957/59 (Bd. 1, 2. Aufl. Mailand 1970). Einen echten Durchbruch für die moderne Forschung brachte die Antrittsvorlesung von *Bernhard Diestelkamp* an der Universität Frankfurt von 1968: Das Reichskammergericht im Rechtsleben des 16. Jahrhunderts, erschienen in: Hans-Jürgen Becker/Gerhard Dilcher/Gunter Gudian/Ekkehard Kaufmann/Wolfgang Sellert (Hrsg.), Rechtsgeschichte als Kulturgeschichte. Fs. Adalbert Erler zum 70. Geburtstag, Aalen 1976, S. 435–480 (jetzt zusammen mit wichtigen anderen Studien zugänglich in *Bernhard Diestelkamp*, Recht und Gericht im Heiligen Römischen Reich (StEuRg 122), Frankfurt am Main 1999, S. 213–262). In seiner weitgespannten Themenstellung und aus ganz unterschiedlichen Blickrichtungen hat Diestelkamp mit seinen zahlreichen Fragen und Lösungsvorschlägen die Reichskammergerichtsforschung für Jahrzehnte geprägt. Eine traditionelle, streng juristische sog. Urteilszentristik ist dabei schnell durch offene, zunehmend auch allgemeinhistorische Ansätze ergänzt worden. Als zentraler Ort für einschlägige Veröffentlichungen dient seit 1973 die sog. „grüne Reihe" des Böhlau-Verlages „Quellen und Forschungen zur höchsten Gerichtsbarkeit im Alten Reich", die es bis 2014 auf 64 Bände gebracht hat. Die Wetzlarer Gesellschaft für Reichskammergerichtsforschung eröffnete daneben 1985 eine eigene kleine Schriftenreihe mit ausgearbeiteten Vorträgen (41 Hefte bis 2012). Seit 1999 besteht daneben ein Netzwerk Reichsgerichtsbarkeit, das sich als interdisziplinäres Forum vor allem für den wissenschaftlichen Nachwuchs versteht. Unter anderem aus diesem Kreis und stark allgemeinhistorisch auf die neuere Kulturgeschichte ausgerichtet gibt es seit 2006 im Oldenbourg-Verlag die Reihe „Bibliothek Altes Reich". Sie ist nicht auf das Reichskammergericht oder die Reichsgerichtsbarkeit als solche verengt. Doch beziehen sich die einzelnen Bände (16 Bände bis 2014) häufig auf reichsgerichtliche Streitigkeiten und widmen sich dabei verstärkt dem Reichshofrat. Für den ersten Zugriff auf das inzwischen etwas unübersichtliche und stark verästelte Forschungsfeld eignen sich ein Ausstellungskatalog und eine Internet-Fachzeitschrift. Hier finden gerade studentische Leser erste weiterführende Informationen: *Scheurmann* (Lit. zu 3.2); außerdem www.zeitenblicke. de/2004/03/. Eine quellenkundliche Einführung für angehende Archivnutzer geben *Peter Oestmann/ Wilfried Reininghaus*, Die Akten des Reichskammergerichts. Schlüssel zur vormodernen Geschichte (Veröffentlichungen des Landesarchivs Nordrhein-Westfalen 44), Düsseldorf 2012. Zur Justizaufsicht über die Territorien u. a. *Oestmann*, Rechtsverweigerung (Lit. zu 3.2), S. 51–141; zu *Goethes* oft zitierter Bewertung des Reichskammergerichts (Lit. zu 2.9.8); zur Forschungsdiskussion um die Justiznutzung u. a. *Martin Dinges*, Justiznutzungen als soziale Kontrolle in der Frühen Neuzeit, in:

Blauert/Schwerhoff, (Lit. zu 3.6.2), S. 505–544, Kritik daran bei *Oestmann*, Geistliche und weltliche Gerichte (Lit. zu 3.4.1), S. 56–57; zur Verrechtlichungsthese *Schulze* (Lit. zu 2.5.4).

3.2.2 Reichshofrat

Die Forschung zum Reichshofrat stand lange Zeit im Schatten der Arbeiten zum Reichskammergericht, obwohl *Oswald von Gschließer* bereits mitten im Zweiten Weltkrieg eine umfangreiche und quellennahe Institutionengeschichte vorgelegt hatte: Der Reichshofrat – Bedeutung und Verfassung, Schicksal und Besetzung einer obersten Reichsbehörde von 1559 bis 1806 (Veröffentlichungen der Kommission für neuere Geschichte des ehemaligen Österreich 33), Wien 1942. Nach Anstößen von *Emilio Bussi* (Lit. zu 3.2.1) und anderen wandte sich dann seit den 1960er Jahren vor allem *Wolfgang Sellert* dem Reichshofrat zu: Über die Zuständigkeitsabgrenzung von Reichshofrat und Reichskammergericht insbesondere in Strafsachen und Angelegenheiten der freiwilligen Gerichtsbarkeit (GU NF 4), Aalen 1965; *ders.*, Prozeßgrundsätze und Stilus Curiae am Reichshofrat im Vergleich mit den gesetzlichen Grundlagen des reichskammergerichtlichen Verfahrens (GU NF 18), Aalen 1973. Sellert veröffentlichte später als Herausgeber zusätzlich: Die Ordnungen des Reichshofrates 1550–1766 (QIHfGAR 8/I-II), 2 Teile, Köln, Wien 1980/90. Viel schwieriger sah es demgegenüber mit den Quellen zur Prozesspraxis aus. Die zeitgenössische Literatur zum Reichshofrat aus dem 18. Jahrhundert bietet zwar Auszüge aus Schriftsätzen und Entscheidungen, doch das umfangreiche, weitgehend ungeteilt überlieferte Archiv des Reichshofrats in Wien war über lange Jahrzehnte schwer benutzbar. Ein langfristig angelegtes Akademieprojekt schafft inzwischen Abhilfe. Zwei Serien von Prozessakten wurden auf diese Weise nach ähnlichen Kriterien wie beim Reichskammergericht und dem Wismarer Tribunal erschlossen: *Wolfgang Sellert* (Hrsg.), Die Akten des kaiserlichen Reichshofrats. Serie I: Alte Prager Akten (bis 2014 5 Bde.), Serie II: Antiqua (bis 2014 2 Bde.). Zur Datierung, seit wann der Reichshofrat als Gericht anzusehen ist: *Eva Ortlieb*, Das Prozeßverfahren in der Formierungsphase des Reichshofrats (1519–1564), in: Oestmann, Zwischen Formstrenge (Lit. zu 2.8.4), S. 117–138. Vor allem Allgemeinhistoriker haben sich dem Reichshofrat und seiner Tätigkeit gewidmet: *Eva Ortlieb*, Im Auftrag des Kaisers. Die kaiserlichen Kommissionen des Reichshofrats und die Regelung von Konflikten im Alten Reich (1637–1657) (QFhGAR 38), Köln, Weimar, Wien 2001; *Siegrid Westphal*, Kaiserliche Rechtsprechung und herrschaftliche Stabilisierung. Reichsgerichtsbarkeit in den thüringischen Territorialstaaten 1648–1806 (QFhGAR 43), Köln, Weimar, Wien 2002; *Stefan Ehrenpreis*, Kaiserliche Gerichtsbarkeit und Konfessionskonflikt. Der Reichshofrat unter Rudolf II. 1576–1612 (Schriftenreihe der Historischen Kommission bei der Bayerischen Akademie der Wissenschaften 72), Göttingen 2006 (dort auch zum Wegfall der Audienzen und zu evangelischen Reichshofräten); *Sabine Ullmann*, Geschichte auf der langen Bank. Die Kommissionen des Reichshofrats unter Kaiser Maximilian II. (1564–1576) (Veröffentlichungen des Instituts für europäische Geschichte Mainz. Abteilung für Universalgeschichte 214), Mainz 2006. Noch viel stärker als beim Reichskammergericht ist die Reichshofratsforschung interdisziplinär aufgefächert. Eine ständig aktualisierte Übersicht über die neueste Literatur befindet sich unter http://reichshofratsakten.de/?page_id=25, Zugriff: 28.4.2015. Hinzuweisen ist vor allem auf die zahlreichen und sehr wertvollen Arbeiten von *Tobias Schenk*, die aus diesem Projekt entstanden sind. Eine ausgewogene Bewertung der politischen Funktion des Reichshofrats unternahm bereits *Volker Press*, Der Reichshofrat im System des frühneuzeitlichen Reiches, in: Friedrich Battenberg/ Filippo Ranieri (Hrsg.), Geschichte der Zentraljustiz in Mitteleuropa. Fs. Bernhard Diestelkamp zum 65. Geburtstag, Weimar, Köln, Wien 1994, S. 349–363.

3.2.3 Der Kameralprozess

Die wichtigste normative Quelle für den Kameralprozess stellt die Gerichtsordnung von 1555 dar, herausgegeben von *Adolf Laufs*, Die Reichskammergerichtsordnung von 1555 (QFhGAR 3), Köln, Wien 1976. Für den Jüngsten Reichsabschied von 1654, der für den gemeinen Zivilprozess ebenfalls Bedeutung erlangte, fehlt es weiterhin an einer modenen kritischen Edition. Leicht zugänglich, aber fehlerbehaftet, ist *Arno Buschmann* (Hrsg.), Kaiser und Reich. Verfassungsgeschichte des Heiligen Römischen Reiches Deutscher Nation vom Beginn des 12. Jahrhunderts bis zum Jahre 1806 in Dokumenten, Teil II: Vom Westfälischen Frieden 1648 bis zum Ende des Reiches im Jahre 1806, 2. Aufl. Baden-Baden 1994, S. 180–273. Für die anderen Ordnungen, auch das praktisch bedeutende Konzept von 1613, ist weiterhin unverzichtbar die wichtige alte Sammlung von *Georg Melchior von Ludolff*, Corpus Juris Cameralis, das ist des Kayserlichen Cammer-Gerichts Gesetz-Buch, Frankfurt am Main 1724. Die Gemeinen Bescheide liegen dagegen in moderner Edition vor: *Peter Oestmann* (Hrsg.), Gemeine Bescheide. Teil I: Reichskammergericht 1497–1805 (QFhGAR 63/I), Köln, Weimar, Wien 2013. Ebenso gibt es eine exemplarische Edition einer vollständigen Akte: *Peter Oestmann* (Hrsg.), Ein Zivilprozeß am Reichskammergericht. Edition einer Gerichtsakte aus dem 18. Jahrhundert (QFhGAR 55), Köln, Weimar, Wien 2009. Der Ablauf des Kameralprozesses auf normengeschichtlicher Grundlage ist feinmaschig dargestellt bei *Bettina Dick*, Die Entwicklung des Kameralprozesses nach den Ordnungen von 1495 bis 1555 (QFhGAR 10), Köln, Wien 1981. Die sehr verdienstvolle Untersuchung bezieht freilich die Zeit ab der Mitte des 16. Jahrhunderts nicht ein und blendet auch Unterschiede zwischen der Prozesspraxis und den Gerichtsordnungen weitgehend aus. Nützlich für das späte 18. Jahrhundert ist deswegen die Dissertation von *Heinrich Wiggenhorn*, Der Reichskammergerichtsprozeß am Ende des alten Reiches, Diss. jur. Münster 1965. Sie beruht weitgehend auf der Auswertung westfälischer Prozessakten. Zahlreiche Hinweise auf den Ablauf des Kameralprozesses finden sich außerdem in den rechtshistorischen Arbeiten zu einzelnen Streitgegenständen oder Prozessgruppen, u. a. bei *Anja Amend-Traut*, Wechselverbindlichkeiten vor dem Reichskammergericht. Praktiziertes Zivilrecht in der Frühen Neuzeit (QFhGAR 54), Köln, Weimar, Wien 2009. Wegweisend für die Erforschung des Reichshofratsprozesses wurde *Sellert*, Prozeßgrundsätze (Lit. zu 3.2.2.). Zur Spannung zwischen mündlicher und schriftlicher Prozeßführung *Bernhard Diestelkamp*, Beobachtungen zur Schriftlichkeit im Kameralprozeß, in: Oestmann, Formstrenge (Lit. zu 2.8.4), S. 105–115. Die Technik der Entscheidungsfindung am Reichskammergericht ist Gegenstand mehrerer Untersuchungen von *Filippo Ranieri*, der sich zeitlich übergreifend mit dem Relations- und Falllösungsstil der deutschen Juristen beschäftigt hat. Einschlägig sind vor allem: Entscheidungsfindung und Begründungstechnik im Kameralverfahren, in: Oestmann, Formstrenge (wie oben), S. 165–190. Allgemein zur Entscheidungsbegründung einschlägig ist die Dissertation von *Stefan Hocks*, Gerichtsgeheimnis und Begründungszwang. Zur Publizität der Entscheidungsgründe im Ancien Régime und im frühen 19. Jahrhundert (Rspr. 17), Frankfurt am Main 2002 (dort S. 8 auch zur abweichenden Praxis in anderen Ländern) – Zum gelehrten Beweisrecht s. Kap. 2.9.1.

3.2.4 Die Entscheidungsliteratur

Den besten Überblick über die frühneuzeitliche Entscheidungsliteratur gibt *Heinrich Gehrke*, Die privatrechtliche Entscheidungsliteratur Deutschlands. Charakteristik und Bibliografie der Rechtsprechungs- und Konsiliensammlungen vom 16. bis zum Beginn des 19. Jahrhunderts (StEuRg 3), Frankfurt am Main 1974. Der europäische Rahmen dieser Entscheidungsliteratur mit Italien, Frankreich, Spanien, Portugal, den Niederlanden und Schottland ist erfasst bei *Coing*, Handbuch (Lit. zu 2.9.3), 2. Band: Neuere Zeit (1500–1800). Das Zeitalter des gemeinen Rechts. 2. Teilband: Gesetzgebung und Rechtsprechung, München 1976, S. 1113–1445. Zum Einstieg in den Usus modernus eignen sich vor allem Veröffentlichungen von *Luig*, in: Römisches Recht (Lit. zu 2.9.8).

3.3.1 Die Appellationsprivilegien

Maßgeblich für die frühneuzeitlichen Appellations- und Evokationsprivilegien ist die Sammlung von *Ulrich Eisenhardt*, Die kaiserlichen privilegia de non appellando (QFhGAR 7), Köln, Wien 1980. Appellationsbehinderungen und die Möglichkeit, Rechtsmittel gegen territoriale Entscheidungen einzulegen, stehen im Mittelpunkt der Dissertation von *Jürgen Weitzel*, Der Kampf um die Appellation ans Reichskammergericht. Zur politischen Geschichte der Rechtsmittel in Deutschland (QFhGAR 4), Köln, Wien 1976; auch *ders.*, Der Reichshofrat und das irreguläre Beschneiden des Rechtsmittels der Appellation, in: Auer u. a., Appellation (Lit. zu 2.9.8), S. 163–174. Das Wechselspiel zwischen Appellationsprivileg und territorialer Gerichtsreform lässt sich besonders gut in Hannover erkennen, dazu *Peter Jessen*, Der Einfluß von Reichshofrat und Reichskammergericht auf die Entstehung und Entwicklung des Oberappellationsgerichts Celle unter besonderer Berücksichtigung des Kampfes um das kurhannoversche Privilegium De Non Appellando Illimitatum (GU NF 27), Aalen 1986. Aus der Sicht der Territorien behandelt *Heiner Lück* die Privilegien: Appellationsprivilegien als Gestaltungsfaktoren der Gerichtsverfassung im Alten Reich, in: Auer u. a., Appellation (Lit. zu 2.9.8), S. 53–66. Mit der Begrenzung der territorialen Gerichtsgewalt bei Justizverweigerung und -verzögerung befassen sich *Oestmann*, Rechtsverweigerung (Lit. zu 3.2), S. 51–141, und *Stefan Andreas Stodolkowitz*, Rechtsverweigerung und Territorialjustiz. Verfahren wegen iustitia denegata vel protracta am Oberappellationsgericht Celle, in: ZRG Germ. Abt. 131 (2014), S. 128–181.

3.3.2 Das Wismarer Tribunal

Die Akten des Wismarer Tribunals werden in einem Langfristvorhaben ähnlich feinmaschig erschlossen wie die Bestände des Reichskammergerichts und des Reichshofrats. Auf diese Weise hat sich die Quellenlage seit 2008 deutlich verbessert. Wegen der Aufteilung der Tribunalsbestände auf mehrere Archive gibt es verschiedene Unterreihen: *Nils Jörn* (Bearb.), Inventar der Prozeßakten des Wismarer Tribunals (Findbücher, Inventare und kleine Schriften des Archivs der Hansestadt Wismar I), Wismar seit 2008 (bis 2011 8 Bde.); *Beate-Christine Fiedler* (Bearb.), Akten des Schwedischen Tribunals zu Wismar im Niedersächsischen Landesarchiv – Staatsarchiv Stade. Herzogtümer Bremen und Verden

1653–1715 (Veröffentlichungen der Niedersächsischen Archivverwaltung. Das Niedersächsische Landesarchiv und seine Bestände 3), 2 Bde., Hannover 2012. Die erste große Wegmarke der Forschung, lange noch vor der modernen Verzeichnung der Prozessakten, bedeutete die Monographie von *Kjell Åke Modéer*, Gerichtsbarkeiten der schwedischen Krone im deutschen Reichsterritorium, Band 1: Voraussetzungen und Aufbau 1630–1657 (Skrifter utgivna av Institutet för Rättshistorisk Forsnink grundat av Gustav och Carin Olin. Serien I. Rättshistorisk Bibliotek 24), Stockholm 1975. Neuere Forschungen setzten verstärkt ein, nachdem Nils Jörn sich diesem Thema zugewandt hatte: *Nils Jörn/Michael North* (Hrsg.), Die Integration des südlichen Ostseeraumes in das Alte Reich (QFhGAR 35), Köln, Weimar, Wien 2000; *Nils Jörn/Bernhard Diestelkamp/Kjell Åke Modéer* (Hrsg.), Integration durch Recht. Das Wismarer Tribunal (1653–1806) (QFhGAR 47), Köln, Weimar, Wien 2003. Eng verbunden sind die Forschungen mit der 2004 gegründeten David-Mevius-Gesellschaft. Seit 2007 erscheint eine Schriftenreihe, die immer auch rechtshistorisch interessiert ist, so vor allem *Astrid Thomsch*, David Mevius und der (Prozess-)Vergleich im Usus modernus pandectarum. Eine Analyse von Gerichtsordnung, Decisionen und Akten (Schriftenreihe der David-Mevius-Gesellschaft 8), Hamburg 2014 (dort zum Vorbescheid und zur gütlichen Schlichtung). Die Anwälte am Tribunal behandelt *Peter Oestmann*, Streit um Anwaltskosten in der frühen Neuzeit. Teil 1: Methodische Grundlegung, Anwaltsverträge und Bezahlungsarten, in: ZRG Germ. Abt. 132 (2015), S. 152–218. Zur zeitgenössischen schwedischen Gerichtsbarkeit *Mia Korpiola* (Hrsg.), The Svea Court of Appeal. Historical Reinterpretations and New Perspectives (Rättshistoriska Studier 26), Stockholm 2014.

3.3.3 Das Oberappellationsgericht Celle

Maßgeblich für Celle sind vor allem zwei rechtshistorische Dissertationen: *Jessen* (Lit. zu 3.3.1); *Stefan Andreas Stodolkowitz*, Das Oberappellationsgericht Celle und seine Rechtsprechung im 18. Jahrhundert (QFhGAR 59), Köln, Weimar, Wien 2011; ergänzend *ders.*, Rechtsverweigerung (Lit. zu 3.3.1), S. 128–181.

3.3.4 Preußen und der Müller-Arnold-Prozess

Eine speziell für studentische Leser aufbereitete Fallstudie beleuchtet umfassend die Hintergründe und Einzelheiten: *Tilman Repgen*, Der Müller Arnold und die Unabhängigkeit des Richters im friderizianischen Preußen, in: Falk/Luminati/Schmoeckel (Lit. zu 1.), S. 223–253 (dort auch zu den preußischen Justizreformen); allgemein zum damit verbundenen Problem der Kabinettsjustiz *Jürgen Regge*, Kabinettsjustiz in Brandenburg-Preußen. Eine Studie zur Geschichte des landesherrlichen Bestätigungsrechts in der Strafrechtspflege des 17. und 18. Jahrhunderts (Strafrechtliche Abh. NF 30), Berlin 1977; und im größeren Rahmen *Holger Erwin*, Machtsprüche. Das herrscherliche Gestaltungsrecht „ex plenitudine potestatis" in der Frühen Neuzeit (FdtRg 25), Köln, Weimar, Wien 2009; zum Widerstand gegen reichskammergerichtliche Ladungen *Wolfgang Sellert*, Die Ladung des Beklagten vor das Reichskammergericht. Eine Auswertung von Kammerbotenberichten, in: ZRG Germ. Abt. 84 (1967), S. 202–235.

3.3.5 Aktenversendung

Die Gutachtertätigkeit spätmittelalterlicher gelehrter Juristen (Konsiliatoren) gab einer ganzen Epoche den Namen: Zeit der Konsiliatoren. Solche rechtsgelehrten Gutachter arbeiteten am Übergang zur frühen Neuzeit in zahlreichen deutschen Städten, wie *Eberhard Isenmann* in mehreren großen Aufsätzen gezeigt hat, z. B. Recht, Verfassung und Politik in Rechtsgutachten spätmittelalterlicher deutscher und italienischer Juristen, vornehmlich des 15. Jahrhunderts, in: Hartmut Boockmann/ Ludger Grenzmann/Bernd Moeller/Martin Staehelin (Hrsg.), Recht und Verfassung im Übergang vom Mittelalter zur Neuzeit, II. Teil: Bericht über Kolloquien der Kommission zur Erforschung der Kultur des Spätmittelalters 1996 bis 1997 (Abh. der Akademie der Wissenschaften zu Göttingen, phil.-hist. Klasse III 239), Göttingen 2001, S. 47–245. Die Aktenversendung an Universitäten wird in der Forschung zumeist anhand der Urteils- und Gutachtertätigkeit einzelner Fakultäten untersucht. Besondere Beachtung verdienen u. a. die Arbeiten von *Clausdieter Schott*, Rat und Spruch der Juristenfakultät Freiburg i. Br. (Beitr. zur Freiburger Wissenschafts- und Universitätsgeschichte 30), Freiburg im Breisgau 1965; *Sönke Lorenz*, Aktenversendung und Hexenprozeß. Dargestellt am Beispiel der Juristenfakultäten Rostock und Greifswald (1570/82–1630) (Studia Philosophica et Historica 1), 3 Teilbände, Frankfurt am Main, Bern 1982/83; *Heiner Lück*, Die Spruchtätigkeit der Wittenberger Juristenfakultät. Organisation – Verfahren – Ausstrahlung, Köln, Weimar, Wien 1998. Daneben bestand weiterhin die private Gutachtertätigkeit gelehrter Juristen im Vorfeld oder außerhalb von Gerichtsverfahren, dazu *Ulrich Falk*, Consilia. Studien zur Praxis der Rechtsgutachten in der frühen Neuzeit (Rspr. 22), Frankfurt am Main 2006. Die zeitgenössisch gedruckten Gutachten sind zusammengestellt in dem wertvollen Werk von *Gehrke* (Lit. zu 3.2.4). Die Einsendung partikularrechtlicher Quellen an Universitäten behandelte bereits *Ferdinand Frensdorff*, Das Wiedererstehen des deutschen Rechts. Zum hundertjährigen Jubiläum von K. F. Eichhorns Rechtsgeschichte, in: ZRG Germ. Abt. 29 (1908), S. 1–78 (45).

3.4 Die geistliche Gerichtsbarkeit in der frühen Neuzeit

Der schöne Begriff „Längsspaltung des Gerichtswesens" in geistliche und weltliche Gewalt wurde geprägt von *Gerhard Buchda*, Art. Gerichtsverfassung, in: HRG I (1971), Sp. 1563–1576 (1567); wieder aufgegriffen von *Heiner Lück*, Die kursächsische Gerichtsverfassung 1423–1550 (FdtRg 17), Köln, Weimar, Wien 1997, S. 78.

3.4.1 Geistliche Gerichtsbarkeit und Reichsverfassung

Umfassend zum Nebeneinander weltlicher und geistlicher Gerichte in der frühen Neuzeit *Peter Oestmann*, Geistliche und weltliche Gerichte im Alten Reich. Zuständigkeitsstreitigkeiten und Instanzenzüge (QFhGAR 61), Köln, Weimar, Wien 2012 (dort S. 268–302 das Beispiel aus Hildesheim).

3.4.2 Katholische Territorien

Ergänzend *Max Plassmann*, Die Abgrenzung von geistlicher und weltlicher Gerichtsbarkeit und die Qualität der Reichsstandschaft der Stadt Köln, in: Annalen des Historischen Vereins für den Niederrhein 216 (2013), S. 41–56. Den Alltag eines geistlichen Niedergerichts behandelt *Andreas Holzem*, Religion und Lebensformen. Katholische Konfessionalisierung im Sendgericht des Fürstbistums Münster 1570–1800 (Fgn. zur Regionalgeschichte 33), Paderborn, München, Wien, Zürich 2000. Beispiel aus dem Bistum Hildesheim bei *Peter Oestmann*, Niedersächsisches Bauernrecht zwischen Kirche und Staat, in: Nils Jansen/Peter Oestmann, Rechtsgeschichte heute, Religion und Politik in der Geschichte des Rechts. Schlaglichter einer Ringvorlesung (Grundlagen der Rwiss. 22), Tübingen 2014, S. 165–180.

3.4.3 Protestantische Territorien

Die Errichtung und Organisation der Konsistorien sind in der neueren rechtshistorischen Forschung vor allem am Beispiel Sachsen untersucht worden: *Ralf Frassek*, Eherecht und Ehegerichtsbarkeit in der Reformationszeit. Der Aufbau neuer Rechtsstrukturen im sächsischen Raum unter besonderer Berücksichtigung der Wirkungsgeschichte des Wittenberger Konsistoriums (Jus Ecclesiasticum 78), Tübingen 2005. Die evangelischen Kirchenordnungen bilden das Hauptarbeitsgebiet von *Anneliese Sprengler-Ruppenthal*, leicht zugänglich in: Gesammelte Aufsätze. Zu den Kirchenordnungen des 16. Jahrhunderts (Jus Ecclesiasticum 74), Tübingen 2004.

3.5 Besondere Formen der Gerichtsbarkeit

Stellvertretend für zahlreiche besondere Formen der Gerichtsbarkeit sei auf die Forschung zur Universitätsgerichtsbarkeit verwiesen: *Klaus Michael Alenfelder*, Akademische Gerichtsbarkeit (Bonner Schriften zum Wissenschaftsrecht 7), Baden-Baden 2002, *Stefan Brüdermann*, Göttinger Studenten und akademische Gerichtsbarkeit im 18. Jahrhundert (Göttinger Universitätsschriften A 15), Göttingen 1990; *Bettina Bubach*, Richten, Strafen und Vertragen. Rechtspflege der Universität Freiburg im 16. Jahrhundert (Freiburger Rechtsgeschichtliche Abh. NF 47), Berlin 2005 (mit Schwerpunkt auf den Konsistorialprozessen).

3.5.1 Patrimonialgerichtsbarkeit

Zum Allgemeinen Landrecht: *Andreas Schwennicke*, Die Entstehung der Einleitung des Preußischen Allgemeinen Landrechts von 1794 (StEuRg 61), Frankfurt am Main 1993; *Barbara Dölemeyer/Heinz Mohnhaupt* (Hrsg.), 200 Jahre Allgemeines Landrecht für die preußischen Staaten. Wirkungsgeschichte und internationaler Kontext (StEuRg 75), Frankfurt am Main 1995. Die Patrimonialgerichtsbarkeit führt in der Forschung ein bescheidenes Nischendasein. Einen Überblick bietet *Friedrich Ebel*, Ursprünge und Entwicklungen adeliger Gerichtsbarkeit (Patrimonialgerichtsbarkeit) in Nord- und Ostdeutschland, in: ders., Unseren fruntlichen Grus zuvor. Deutsches Recht des Mittelalters im mittel- und osteuropäischen Raum. Kleine Schriften, Köln, Weimar, Wien 2004, S. 373–388. Eine Studie zu einem brandenburgischen Patrimonialgericht liefert *Jenny Thauer*, Gerichtspraxis in der ländlichen

Gesellschaft. Eine mikrohistorische Untersuchung am Beispiel eines altmärkischen Patrimonialgerichts um 1700 (Berliner Juristische Universitätsschriften. Grundlagen des Rechts 18), Baden-Baden 2001. Die Zahlen zum Verhältnis landesherrlicher zu patrimonialer Gerichtsgewalt finden sich bei *Ulrike Ludwig*, Das Herz der Justitia. Gestaltungspotentiale territorialer Herrschaft in der Strafrechts- und Gnadenpraxis am Beispiel Kursachsens 1548–1648 (Konflikte und Kultur – Historische Perspektiven 16), Konstanz 2008, S. 52 Fn. 180.

3.5.2 Bäuerliche Niedergerichte
Ekkehard Seeber, Die Oldenburger Bauerbriefe. Untersuchungen zur bäuerlichen Selbstverwaltung in der Grafschaft Oldenburg von 1580 bis 1810, Oldenburg 1975 (ergänzend die Einleitung zur Edition), außerdem *ders.*, Neue Funde alter Bauerrechte links und rechts der Unterweser und einiges mehr, in: Oldenburger Jahrbuch 112 (2012), S. 83–123. Ein sehr feinmaschiger Überblick über dörfliche Gerichtsstätten in Nordhessen findet sich bei *Wilhelm A. Eckhardt* (Bearb.), Gerichtsstätten in Hessen [http://www.lagis-hessen.de/de/subjects/index/sn/gst; Zugriff: 2. Dezember 2013], dazu *ders.*, Dorfgerichtsstätten im nördlichen Hessen, in: Hessisches Jahrbuch für Landesgeschichte 62 (2012), S. 183–196.

3.6.1 Die *Constitutio Criminalis Carolina*
Einen sehr guten Überblick über die Carolina vermittelt der Einführungsband von *Friedrich-Christian Schroeder* (Hrsg.), Die Carolina. Die Peinliche Gerichtsordnung Kaiser Karls V. von 1532 (Wege der Forschung 626), Darmstadt 1986. Zur Entstehung der Carolina ist maßgeblich *Winfried Trusen*, Strafprozeß und Rezeption. Zu den Entwicklungen im Spätmittelalter und den Grundlagen der Carolina, in: Peter Landau/Friedrich-Christian Schroeder (Hrsg.), Strafrecht, Strafprozeß und Rezeption – Grundlagen, Entwicklung und Wirkung der Constitutio Criminalis Carolina (Juristische Abh. 19), Frankfurt am Main 1984, S. 29–118.

3.6.2 Inquisitionsprozess
Die früher oft von Strafrechtlern wie Eberhard Schmidt und anderen betriebene Strafrechtsgeschichte hat sich bis auf wenige Ausnahmen zu einer historischen Kriminalitätsforschung gewandelt. Frühe rechtshistorische Vorreiter waren *Gustav Radbruch/Heinrich Gwinner*, Geschichte des Verbrechens. Versuch einer historischen Kriminologie, Stuttgart 1951 (Ndr. Frankfurt am Main 1991). Wegweisend für die neuere Kriminalitätsforschung ist u. a. die Dissertation von *Gerd Schwerhoff*, Köln im Kreuzverhör. Kriminalität, Herrschaft und Gesellschaft in einer frühneuzeitlichen Stadt, Bonn, Berlin 1991. Zur Vertiefung eignet sich der perspektivenreiche Sammelband von *Andreas Blauert/Gerd Schwerhoff* (Hrsg.), Kriminalitätsgeschichte. Beiträge zur Sozial- und Kulturgeschichte der Vormoderne (Konflikte und Kultur – Historische Perspektiven 1), Konstanz 2000. Als Einführung dient das Kurzlehrbuch von *Gerd Schwerhoff*, Historische Kriminalitätsforschung (Historische Einführungen 9), Frankfurt am Main, New York 2011. Auf einer kaum bestimmbaren Grenzlinie zwischen Geschichte und Rechtsgeschichte bewegt sich die sehr wichtige, an der Gerichtspraxis orientierte große Arbeit von *Karl Härter*, Policey und Strafjustiz in Kurmainz. Gesetzgebung, Normdurchsetzung und Sozialkontrolle

im frühneuzeitlichen Territorialstaat (StEuRg 190/I-II), 2 Bde., Frankfurt am Main 2005. Für die Rechtsgeschichte im engeren Sinne behält klassische Bedeutung *August Schoetensack*, Der Strafprozeß der Carolina, Leipzig 1904 (dort S. 100 das Zitat zum „Asyl der Verbrecherwelt"). Eine neuere zeitlich übergreifende Gesamtdarstellung, freilich begrenzt auf wesentliche Diskussionspunkte, unternimmt die Habilitationsschrift von *Ignor*, Geschichte (Lit. zu 1.3.2). Zur **Folter** ist reichhaltig Literatur vorhanden. Klassisch sind die ältere Arbeit von *Rudolf Quanter*, Die Folter in der deutschen Rechtspflege sonst und jetzt, Dresden 1900 (Ndr. Aalen 1970); sowie die amerikanische Studie von *John H. Langbein*, Torture and the law of proof. Europe and England in the Ancien Régime, Chicago 1977. Einen großen Brückenschlag von der Abschaffung der Folter in Preußen 1740 über die allgemeine rechtspolitische Diskussion des 18. Jahrhunderts bis zurück zu den kanonistischen Maximen unternimmt *Schmoeckel*, Humanität (Lit. zu 1.3.1). Historisch-vergleichend angelegt sind die umfangreichen Bände von *Bernard Durand/Leah Otis-Cour* (Hrsg.), La torture judiciaire. Approches historiques et juridiques, 2 Bde., Lille 2002. Eine Typologie zur Verrechtlichung der Folter findet sich bei *Peter Oestmann*, Rechtmäßige und rechtswidrige Folter im gemeinen Strafprozess, in: Thomas Weitin (Hrsg.), Wahrheit und Gewalt. Der Diskurs der Folter in Europa und den USA, Bielefeld 2010, S. 87–110. Speziell mit der Folter im Hexenprozess beschäftigt sich der Historiker *Robert Zagolla*, Folter und Hexenprozess. Die strafrechtliche Spruchpraxis der Juristenfakultät Rostock im 17. Jahrhundert (Hexenforschung 11), Bielefeld 2007. Den späten Inquisitionsprozess behandeln *Sylvin Bruns*, Zur Geschichte des Inquisitionsprozesses: der Beschuldigte im Verhör nach Abschaffung der Folter, Diss. jur. Bonn 1994; und *Natalie Knapp*, Die Ungehorsamsstrafe in der Strafprozesspraxis des frühen 19. Jahrhunderts. Eine Untersuchung anhand ausgewählter Staaten (Schriften zur Rg. 155), Berlin 2011.

3.6.3 Akkusationsprozess

Brauchbare neuere Forschung zum Akkusationsprozess ist kaum vorhanden. Die bekannte Äußerung von *Eberhard Schmidt* befindet sich in seinem Lehrbuch (Lit. zu 1.), § 108, S. 126. Die Rolle des Fiskals in einzelnen Territorien und auch im Strafverfahren ist mehrfach beschrieben worden, u. a. von *Eberhard Schmidt*, Fiskalat und Strafprozeß. Archivalische Studien zur Geschichte der Behördenorganisation und des Strafprozessrechtes in Brandenburg-Preußen, München, Berlin 1921, S. 163–178; und *Gerhard Schormann*, Das Fiskalat in Schaumburg, in: Schaumburg-Lippische Mitteilungen 23 (1974), S. 23–39.

3.6.4 *Crimen exceptum*-Lehre und Hexenprozesse

Zur crimen exceptum-Lehre allgemein *Harald Maihold*, Die Bildnis- und Leichnamsstrafen im Kontext der Lehre von den crimina excepta, in: ZRG Germ. Abt. 130 (2013), S. 78–102 (91–100). Die Hexenforschung hat sich seit den 1980er Jahren zu einem wichtigen eigenständigen Forschungszweig der frühneuzeitlichen Geschichte entwickelt. Die traditionelle rechtshistorische Hexenforschung (bekannt wurde vor allem *Friedrich Merzbacher*, Die Hexenprozesse in Franken, 2. Aufl. München 1970) sah sich schnell mit neueren Zugängen konfrontiert, die vor allem regionalhistorisch differenzierten und auch quantitative Methoden einsetzten. Einen Durchbruch bedeutete die Studie von *Hans Christian Erik Midelfort*, Witch Hunting in Southwestern Germany 1562–1684. The Social and Intellectual

Foundations, Stanford/California 1972. In der deutschen Forschung haben vor allem Sönke Lorenz und Wolfgang Behringer wichtige allgemeinhistorische Dissertationen vorgelegt: *Lorenz* (Lit. zu 3.3.5); *Wolfgang Behringer*, Hexenverfolgung in Bayern. Volksmagie, Glaubenseifer und Staatsräson in der Frühen Neuzeit, München 1987 (3. Aufl. 1997). Sehr wertvoll ist auch die Studie von *Gerhard Schormann*, Hexenprozesse in Nordwestdeutschland (Quellen und Darstellungen zur Geschichte Niedersachsens 87), Hildesheim 1977. Rechtshistorische Untersuchungen gab es aber weiterhin, so etwa *Günter Jerouschek*, Die Hexen und ihr Prozeß – Die Hexenverfolgungen in der Reichsstadt Esslingen (Esslinger Studien. Schriftenreihe 11), Esslingen 1992; und *Peter Oestmann*, Hexenprozesse am Reichskammergericht (QFhGAR 31), Köln, Weimar, Wien 1997. Einen Überblick über wichtige Quellen mit einem stets aktualisierten Literaturanhang gibt *Wolfgang Behringer* (Hrsg.), Hexen und Hexenprozesse in Deutschland, München 1988 (7. Aufl. 2010).

Aus der massenhaft erschienen Literatur zur angeblichen Wiederkehr der Folter sei lediglich verwiesen auf *Winfried Brugger*, Darf der Staat ausnahmsweise foltern?, in: Der Staat 35 (1996), S. 67–97; *ders.*, Vom unbedingten Verbot der Folter zum bedingten Recht auf Folter?, in: Juristenzeitung 55 (2000), S. 165–173. Die Verbindung von historischer Folter und moderner Diskussion sowie von rechts- und literaturhistorischen Zugängen bietet der Tagungsband von *Weitin* (Lit. zu 3.6.2). Den Zusammenhang zwischen Formalismus und Rechtsschutz brachte *Rudolf von Jhering* treffend auf den Punkt: Geist des römischen Rechts auf den verschiedenen Stufen seiner Entwicklung, 2. Teil, 2. Abteilung, Leipzig 1858, § 45, S. 497 (5. Aufl. 1898, S. 471). Speziell auf den Strafprozess bezogen wurde daraus eine eindringliche Mahnung in der Zeit des Nationalsozialismus bei *Eberhard Schmidt*, Inquisitionsprozeß und Rezeption. Studien zur Geschichte des Strafverfahrens in Deutschland vom 13.–16. Jahrhundert, in: Fs. der Leipziger Juristenfakultät für Dr. Heinrich Siber zum 10. April 1940, Leipzig 1941, Bd. 1, S. 97–182.

3.6.5 Endlicher Rechtstag

Die wirkmächtige Abhandlung von *Richard van Dülmen*, Theater des Schreckens. Gerichtspraxis und Strafrituale in der frühen Neuzeit, München 1985 (6. Aufl. 2014), ist vor allem ihrem Titel nach zum geflügelten Wort geworden. In der Tat liegt es nahe, die frühneuzeitlichen Gerichtssitzungen als Schauspiel oder Inszenierung aufzufassen, so *Wolfgang Schild*, Der „endliche Rechtstag" als Theater des Rechts, in: Peter Landau/Friedrich-Christian Schroeder (Hrsg.), Strafrecht, Strafprozess und Rezeption. Grundlagen, Entwicklung und Wirkung der Constitutio Criminalis Carolina (Juristische Abh. 19), Frankfurt am Main 1984, S. 119–144; außerdem *ders.*, Die Strafgerichtsverhandlung als Theater des Rechts, in: Reiner Schulze (Hrsg.), Symbolische Kommunikation vor Gericht in der Frühen Neuzeit (ERV 51), Berlin 2006, S. 107–124; Einordnung in den größeren Zusammenhang von Ritualen, Formen und Symbolen bei *Barbara Stollberg-Rilinger*, Rituale (Historische Einführungen 16), Frankfurt, New York 2013, S. 156–157. Die Begnadigungspraxis in der frühen Neuzeit nahm dem angeblichen Theater aber viel von seinem Schrecken, dazu *Ludwig* (Lit. zu 3.5.1) Das Infrajudiciäre-Konzept stammt aus Frankreich, z. B. *Benoît Garnot* (Hrsg.), L'infrajudiciaire du Moyen âge à l'époque contemporaine. Actes du colloque de Dijon, 5–6 octobre 1995 (Publications de l'université de Bourgogne LXXXI/5), Dijon 1996; dazu auch *Francisca Loetz*, L'infrajudiciaire. Facetten und Bedeutung eines Konzepts, in: Blauert/Schwerhoff (Lit. zu 3.6.2), S. 545–562. Zum Verhältnis von gerichtlicher Entscheidung und anderen Formen der Konfliktbeilegung in Kriminalfällen *Benoît Garnot/Bruno Lemesle* (Hrsg.), Autour de la sentence judiciaire de Moyen Âge à l'époque contemporaine, Dijon 2012.

3.7 Gerichtsverfassung und Prozessrecht des 19. Jahrhunderts als rechtshistorisches Problem:

Die Forschung zum 19. Jahrhundert ist erstaunlich spärlich. Einige Schneisen zu Justizfragen schlagen in der neuen Literatur *Antonio Sánchez Aranda/Martin Löhnig* (Hrsg.), Justizreform im Bürgerlichen Zeitalter. Rechtsentwicklungen in Spanien und Deutschland (Rechtskultur Wissenschaft 9), Regenstauf 2013; *Ignacio Czeguhn/Antonio Sanchéz Aranda* (Hrsg.), Vom Diener des Fürsten zum Diener des Rechts: Zur Stellung des Richters im 19. Jahrhundert (Rechtskultur Wissenschaft 5), Regenstauf 2011; *Ignacio Czeguhn/José Antonio Pérez Juan* (Hrsg.), Reflexiones sobre la Justicia en Europa durante la primera mitad del siglo XIX. Überlegungen zur Justiz in Europa im 19. Jahrhundert, San Vicente, Alicante 2011. Zur Rolle und zum Leitbild des Richters im 19. Jahrhundert mit Ausstrahlung bis in die Zeitgeschichte: *André Gouron/Laurent Mayali/Antonio Padoa Schioppa/Dieter Simon* (Hrsg.), Europäische und amerikanische Richterbilder (Rspr. 10), Frankfurt am Main 1996; *Ulrike Seif (Müßig)*, Recht und Justizhoheit. Historische Grundlagen des gesetzlichen Richters in Deutschland, England und Frankreich (ERV 44), Berlin 2003 (2. Aufl. 2009). Zum Rechtsschutz gegen obrigkeitliches Handeln *Wolfgang Rüfner*, Die Entwicklung der Verwaltungsgerichtsbarkeit, in: Kurt G. A. Jeserich/Hans Pohl/Georg-Christoph von Unruh (Hrsg.), Deutsche Verwaltungsgeschichte, Bd. 3: Das Deutsche Reich bis zum Ende der Monarchie, Stuttgart 1984, S. 909–930; *Stolleis*, Geschichte (Lit. zu 1.), Bd. II: Staatsrechtslehre und Verwaltungswissenschaft 1800–1914, München 1992, S. 240–243; *Gernot Sydow*, Die Verwaltungsgerichtsbarkeit des ausgehenden 19. Jahrhunderts. Eine Quellenstudie zu Baden, Württemberg und Bayern mit einem Anhang archivalischer und parlamentarischer Quellen (Freiburger Rechts- und Staatswissenschaftliche Abh. 66), Heidelberg 2000. Drenkmanns Klage über das angeblich sinkende Ansehen des Richterstandes findet sich bei *Thomas Ormond*, Richterwürde und Regierungstreue: Dienstrecht, politische Betätigung und Disziplinierung der Richter in Preußen, Baden und Hessen 1866–1918 (StEuRg 65), Frankfurt am Main 1994, S. 432–433. Zur Anwaltschaft nicht nur im 19. Jahrhundert gibt es die große Arbeit von *Hannes Siegrist*, Advokat, Bürger und Staat. Sozialgeschichte der Rechtsanwälte in Deutschland, Italien und der Schweiz (18.–20. Jh.) (StEuRg 80), 2 Bde., Frankfurt am Main 1996.

3.8 Die französischen Reformen der Gerichtsverfassung und des Prozessrechts

Zum angeblich „langen" 18. Jahrhundert *Rebekka Habermas/Gerd Schwerhoff* (Hrsg.), Verbrechen im Blick. Perspektiven der neuzeitlichen Kriminalitätsgeschichte, Frankfurt am Main, New York 2009. Deutlicher Hinweis auf die starke Zäsurwirkung, die von Frankreich ausging, dagegen bei *Thomas Nipperdey*, Deutsche Geschichte 1800–1866. Bürgerwelt und starker Staat, München 1983 (Neuaufl. 1994), S. 11: „Am Anfang war Napoleon." Die Diskussion um die Grenze zwischen Vormoderne und

Moderne findet ausschließlich in den benachbarten Geistes- und Sozialwissenschaften statt: Einen Überblick geben die Beiträge bei *Klaus Ridder/Steffen Patzold* (Hrsg.), Die Aktualität der Vormoderne. Epochenentwürfe zwischen Alterität und Kontinuität (Europa im Mittelalter 23), Berlin 2013 (vor allem die programmatischen Aspekte in der Einleitung, S. 7–15). Den idealtypischen bzw. theoretischen Gegensatz von modernen und vormodernen Verfahren behandelt *Barbara Stollberg-Rilinger*, Einleitung, in: dies./André Krischer (Hrsg.), Herstellung und Darstellung von Entscheidungen. Verfahren, Verwalten und Verhandeln in der Vormoderne (Zeitschrift für Historische Forschung. Beiheft 44), Berlin 2010, S. 9–31 (10–13).

3.8.2 Ausstrahlungen der französischen Reformen auf Deutschland

Zur Ausstrahlung des französischen Rechts allgemein *Barbara Dölemeyer/Heinz Mohnhaupt/Alessandro Somma* (Hrsg.), Richterliche Anwendung des Code civil in seinen europäischen Geltungsbereichen außerhalb Frankreichs (Rspr. 21), Frankfurt am Main 2006. Zu Friedensrichtern: *Jacques-Guy Petit* (Hrsg.), Une justice de proximité: la justice de paix 1790–1958, Paris 2003; zum Zeugenbeweis, ausgehend von Frankreich, dann aber im europäischen Blick bis ins 20. Jahrhundert: *André Gouron/Laurent Mayali/Antonio Padoa Schioppa/Dieter Simon* (Hrsg.), Subjektivierung des justiziellen Beweisverfahrens. Beiträge zum Zeugenbeweis in Europa und den USA (18.–20. Jahrhundert) (StEuRg 64), Frankfurt am Main 1994. Für die Rolle des französischen Rechts von der napoleonischen Zeit bis in die 1820er Jahre bietet *Werner Schubert*, Französisches Recht in Deutschland zu Beginn des 19. Jahrhunderts. Zivilrecht, Gerichtsverfassung und Zivilprozeßrecht (Fgn. zur Neueren PrivatRg. 24), Köln, Wien 1977, engmaschige Übersichten über die Rezeptions- und Abstoßungswellen in den wichtigsten Territorien und Bundesstaaten. Das im linksrheinischen Deutschland fortgeltende sog. rheinische Recht ist von *Dieter Strauch* näher behandelt und leicht zugänglich: Schriften zum Rheinischen Recht 1998–2008 (Rechtsgeschichtliche Schriften 30), Köln, Weimar, Wien 2013 (dort S. 160–161 zu Gerichtsorten und zur Urteilstätigkeit). Auf die Praxis bezogen ist das Projekt von *Reiner Schulze/Hans Schulte-Nölke* (Hrsg.), Rheinisches Recht und Europäische Rechtsgeschichte, Beilage: CD-Rom: Datenbank zur rheinischen Judikatur im frühen 19. Jahrhundert. Die Rechtsprechung der Appellationsgerichte Trier, Köln und Düsseldorf 1803–1819 (ERV 24), Berlin 1998; *Hans Schulte-Nölke*, Rheinische Judikatur im frühen 19. Jahrhundert – Justizforschung mit Hilfe einer Datenbank, in: ZNR 20 (1998), S. 84–111. Die Rechtsgeschichte des **Königreichs Westphalen** ist insgesamt nur mäßig erforscht. Eine überblicksartige Einführung geben *Heiner Lück/Mathias Tullner* (Hrsg.), Sachsen-Anhalt. Geschichte und Geschichten 2007/5: Königreich Westphalen (1807–1813). Aus Anlass des 200. Jubiläums der ersten bürgerlichen Verfassung auf deutschem Boden, 2007 (Literatur S. 103–104). Speziell für Fragen der Gerichtsbarkeit sind einschlägig: *Christian zur Nedden*, Die Strafrechtspflege im Königreich Westphalen (1807 bis 1813). Dargestellt anhand der Praxis westphälischer Gerichte (Europäische Hochschulschriften II 3609), Frankfurt am Main 2003; *Kathrin Wrobel*, Von Tribunalen, Friedensrichtern und Maires: Gerichtsverfassung, Rechtsprechung und Verwaltungsorganisation des Königreichs Westphalen unter besonderer Berücksichtigung Osnabrücks (Osnabrücker Schriften zur Rg. 11), Göttingen 2004; *Heinz Mohnhaupt*, Die Gerichtspraxis zum Code civil im Königreich Westphalen zwischen Transplantation und Restauration (1807–1813), in: Dölemeyer u. a., Anwendung (wie oben), S. 37–60.

Der verfassungsgeschichtliche Hintergrund der drei deutschen Verfassungswellen ist für studentische Leser am besten aufbereitet bei *Willoweit*, Verfassungsgeschichte (Lit. zu 1.), S. 239–241, 268–272. Zu den im Text angesprochenen Einzelproblemen: Die Hamburger Handelsgerichtsbarkeit wird zusammen mit dem Recht von Bremen und Lübeck behandelt von *Jan Jelle Kähler*, Französisches Zivilrecht und französische Justizverfassung in den Hansestädten Hamburg, Lübeck und Bremen (1806–1815) (Rechtshistorische Reihe 341), Frankfurt am Main 2007. Die Diskussion um die Laienbeteiligung vor Gericht lässt sich leicht nachvollziehen in den Beiträgen von *Peter Landau*, Schwurgerichte und Schöffengerichte in Deutschland im 19. Jahrhundert bis 1870, in: Antonio Padoa Schioppa (Hrsg.), The Trial Jury in England, France, Germany 1700–1900 (Comparative Studies in Continental and Anglo-American Legal History 4), Berlin 1987, S. 241–304; und von *Klaus von See*, Freiheit und Gemeinschaft. Völkisch-nationales Denken in Deutschland zwischen Französischer Revolution und Erstem Weltkrieg, Heidelberg 2001, S. 64–71.

3.9 Das Oberappellationsgericht der vier freien Städte Deutschlands

Eine hilfreiche Einführung zum Deutschen Bund gibt die Sammlung von *Lothar Gall* (Hrsg.), Quellen zur Geschichte des Deutschen Bundes, bisher Abt. I–Abt. III/3, München 2000–12. Das geflügelte Wort von Deutschlands gelehrtem Gerichtshof stammt von *Rudolf von Jhering*, Agathon Wunderlich. Ein Nachruf, in: [Jherings] Jahrbücher für die Dogmatik des heutigen römischen und deutschen Privatrechts 17 (1879), S. 145–157 (156). Hinweise auf den ersten Gerichtspräsidenten finden sich bei *Wilhelm von Bippen*, Georg Arnold Heise. Mittheilungen aus dessen Leben, Halle 1852, und *Markus Braunewell*, Georg Arnold Heise. Biographie und Briefwechsel mit Savigny und anderen, Diss. jur. Frankfurt am Main 1999. Eine knappe Fallstudie zum hier behandelten „Dora"-Prozess liefert *Peter Oestmann*, Ein Schmuggeleiprozeß vor dem Oberappellationsgericht der vier freien Städte Deutschlands, in: Zeitschrift für Lübeckische Geschichte 91 (2011), S. 199–216. Eine wertvolle Zusammenstellung veröffentlichter Gerichtsentscheidungen findet sich im Repertorium von *Filippo Ranieri* (Hrsg.), Gedruckte Quellen der Rechtsprechung in Europa (1800–1945) (Rspr. 3), 2 Bde., Frankfurt am Main 1992. Näheren Aufschluss zur sog. Natur der Sache bei Heise gibt *John Karl-Heinz Montag*, Die Lehrdarstellung des Handelsrechts von Georg Friedrich von Martens bis Meno Pöhls. Die Wissenschaft des Handelsrechts im ersten Drittel des 19. Jahrhunderts (Rechtshistorische Reihe 48), Frankfurt am Main 1986. Die **Akten** sind auf die Archive der vier Städte Hamburg, Bremen, Lübeck und Frankfurt verteilt, aber in einem übergreifenden Repertorium erschlossen. Die Verzeichnungstiefe ist erheblich oberflächlicher als beim Reichskammergericht, Reichshofrat und dem Wismarer Tribunal. Insgesamt sind über 5200 Zivilprozesse, über 700 Strafprozese und knapp 600 Oberhandelsgerichtsprozesse erfasst: Gesamtinventar der Akten des Oberappellationsgerichtes der vier Freien Städte Deutschlands, bearb. von *Klaus-J. Lorenzen-Schmidt/Inge Kaltwasser*, 6 Bde., Köln, Weimar, Wien 1994/96. Die **neuere Literatur** hat sich mehrfach mit dem Lübecker Gericht beschäftigt. Die Gerichtsverfassung beschreibt *Horst Greb*, Die Verfassung des Oberappellationsgerichts der vier freien Städte Deutschlands zu Lübeck, Diss. jur. Göttingen 1967. Ebenfalls die Gerichtsverfassung, aber auch die Gerichtsmitglieder, stehen im Mittelpunkt der Studie von *Katalin Polgar*, Das

Oberappellationsgericht der vier freien Städte Deutschlands (1820–1879) und seine Richterpersönlichkeiten (Rechtshistorische Reihe 330), Frankfurt am Main 2007. Stärker an der Prozesspraxis interessiert ist *Nora Tirtasana*, Der gelehrte Gerichtshof. Das Oberappellationsgericht Lübeck und die Praxis des Zivilprozesses im 19. Jahrhundert (Fgn. zur Neueren PrivatRg. 33), Köln, Weimar, Wien 2012. Die handelsrechtliche Rechtsprechung, für die das Gericht bereits bei den Zeitgenossen hoch angesehen war, wurde aus unterschiedlichen Perspektiven thematisiert, zuletzt von *Peter Oestmann*, Seehandelsrechtliche Streitigkeiten vor dem Oberappellationsgericht der vier freien Städte Deutschlands (1820–1848), in: Albrecht Cordes/Serge Dauchy (Hrsg.), Eine Grenze in Bewegung: Private und öffentliche Konfliktlösung im Handels- und Seerecht/Une frontière mouvante: Justice privée et justice publique en matières commerciales et maritimes (Schriften des Historischen Kollegs. Kolloquien 81), München 2013, S. 221–264.

3.10.1 Gerichtsverfassung und Prozessmaximen in der Paulskirchenverfassung

Jörg-Detlef Kühne, Die Reichsverfassung der Paulskirche. Vorbild und Verwirklichung im späteren deutschen Rechtsleben, 2. Aufl. Neuwied 1998, § 11, S. 330–381; *Hartmut Müller-Kinet*, Die höchste Gerichtsbarkeit im deutschen Staatenbund 1806–1866 (Europäische Hochschulschriften III/59), Frankfurt am Main 1975; *Hans Joachim Faller*, Die Verfassungsgerichtsbarkeit in der Frankfurter Reichsverfassung vom 28. März 1849, in: Gerhard Leibholz/Hans Joachim Faller/Paul Mikat/Hans Reis (Hrsg.), Menschenwürde und freiheitliche Rechtsordnung. Fs. Willi Geiger zum 65. Geburtstag, Tübingen 1974, S. 827–866; *Adolf Laufs*, Recht und Gericht im Werk der Paulskirche (Juristische Studiengesellschaft Karlsruhe 139), Karlsruhe 1978; *Arnd Koch*, Schwurgerichte oder Schöffengerichte? C. J. A. Mittermaier und die Laienbeteiligung im Strafverfahren (Rechtsgeschichtliche Vorträge 11), Budapest 2002. Zu Einführung der Staatsanwaltschaft: *Peter Collin*, „Wächter der Gesetze" oder „Organ der Staatsregierung"? Konzipierung, Einrichtung und Anleitung der Staatsanwaltschaft durch das preußische Justizministerium, von den Anfängen bis 1860 (Rspr. 16), Frankfurt am Main 2000; *Johann Wilhelm Knollmann*, Die Einführung der Staatsanwaltschaft im Königreich Hannover. Studien zur Entstehung des reformierten Strafprozesses (Schriften zur Rg. 62), Berlin 1994. Zu der großen Diskussion, die sich um Kirchmann entfaltete, gibt es umfassende Forschung, etwa von *Rainer A. Bast* (Hrsg.), Julius Hermann von Kirchmann (1802–1884). Jurist, Politiker, Philosoph, Hamburg 1993; *Claes Peterson*, Theorie und/oder Praxis. Zur Diskussion zwischen Julius Hermann von Kirchmann und Friedrich Julius Stahl über die Wertlosigkeit der Rechtswissenschaft in Theorie und Praxis, in: ders., Rechtswissenschaft als juristische Doktrin. Ein rechtshistorisches Seminar in Stockholm 29. bis 30. Mai 2009 (Rättshistoriska Studier 25), Stockholm 2011, S. 213–232 (mit Ausblick auf heutige Fragen).

3.10.2 Die hannoverschen Zivilprozessordnungen von 1847 und 1850

Einen ersten und guten Überblick über die Zivilprozessgesetzgebung in Hannover, aber auch in den anderen deutschen Bundesstaaten bis hin zu den Reichsjustizgesetzen und ihren ersten Änderungen gibt *Gerhard Dahlmanns*, Deutschland, in: Coing, Handbuch (Lit. zu 2.9.3), 3. Band: Das 19. Jahrhundert. 2. Teilband: Gesetzgebung zum allgemeinen Privatrecht und zum Verfahrensrecht, München 1982,

S. 2615–2697. Ansonsten ist die ältere Darstellung von *Schwartz* (Lit. zu 1.3.2) weiterhin unerlässlich, auch für das 19. Jahrhundert. Das gemeine Prozessrecht, das abseits der Spezialgesetzgebung Zivilprozess und Wissenschaft prägte, erfuhr seine abschließende umfassende Darstellung am Vorabend der Reichsjustizgesetze durch *Georg Wilhelm Wetzell*, System des ordentlichen Zivilprozesses, 3. Aufl. Leipzig 1878. Die Gesetzgebung der Einzelstaaten von den französischen Reformen bis hin zur Zivilprozessordnung von 1877/79 untersucht die umfangreiche Habilitationsschrift von *Ahrens* (Lit. zu 1.3.2).

3.10.3 Die Zivilprozessordnung von 1877/79

Carl Hahn/Benno Mugdan (Hrsg.), Die gesammten Materialien zu den Reichs-Justizgesetzen, 8 Bde., Berlin 1879/98 (Zivilprozessordnung, Strafprozessordnung, Gerichtsverfassungsgesetz und Konkursordnung); *Werner Schubert* (Hrsg.), Entstehung und Quellen der Civilprozeßordnung von 1877 (StEuRg 34), 2 Teile, Frankfurt am Main 1987; *Ahrens* (Lit. zu 1.3.2), mit S. 632–633 zum Lob der ZPO; *Jürgen Damrau*, Die Entwicklung einzelner Prozeßmaximen seit der Reichszivilprozeßordnung von 1877 (Rechts- und staatswissenschaftliche Veröffentlichungen der Görres-Gesellschaft NF 16), Paderborn 1975. Unverzichtbar bleibt daneben die sehr gute Zusammenfassung von *Dahlmanns* (Lit. zu 3.10.2), S. 2672–2697.

3.10.4 Die Strafprozessordnung von 1877/79

Die Materialien sind umfassend dokumentiert bei *Hahn/Mugdan* (Lit. zu 3.10.3) und *Werner Schubert/ Jürgen Regge* (Hrsg.), Entstehung und Quellen der Strafprozeßordnung von 1877 (StEuRg 39), Frankfurt am Main 1989; aus der Lehrbuchliteratur: *Vormbaum*, Strafrechtsgeschichte (Lit. zu 1.), 2. Aufl., S. 88–107; daneben *Schmidt*, Einführung (Lit. zu 1.), § 299 S. 345–346; *Klaus Marxen*, Art. Strafprozeßordnung, in: HRG IV (1990), Sp. 2039–2046. Eine gut verständliche Zusammenfassung zum Schöffenwesen seit der Mitte des 19. Jahrhunderts gibt *Knut Wolfgang Nörr*, Entwicklungsstufen der Schöffengerichtsbarkeit in den Perioden des Deutschen Bundes, der Kaiserzeit und der Weimarer Republik, in: Chiusi/Gergen/Jung (Lit. zu 1.), S. 800–817.

3.10.5 Das Gerichtsverfassungsgesetz von 1877/1879

Leicht zugänglich in amtlichen Sammlungen sind die: Entscheidungen des Bundesoberhandelsgerichts (2 Bde. 1871); Entscheidungen des Reichs-Oberhandelsgerichts (Bde. 3–25 (1872–1880)); Entscheidungen des Reichsgerichts in Zivilsachen (Bde. 1–172 (1880–1945), Nachtragsband 173 von 2008); Entscheidungen des Reichsgerichts in Strafsachen (Bde. 1–77 (1880–1944), Nachtragsband 78 von 2008). Eine sehr hilfreiche Quellenedition für verschiedene Entwürfe des GVG bietet *Werner Schubert*, Die deutsche Gerichtsverfassung (1867–1877) (StEuRg 16), Frankfurt am Main 1981; ergänzend *ders.* (Hrsg.), Entstehung und Quellen der Rechtsanwaltsordnung von 1878 (StEuRg 22), Frankfurt am Main 1985. Aus der neueren rechtshistorischen Literatur geben Überblicke: *Ulrike Müßig*, Handelsrechtseinheit durch Höchstgerichtsbarkeit: Die Entstehung des Bundes- bzw. Reichsoberhandelsgerichts, in: Cordes/Dauchy (Lit. zu 3.9), S. 265–292; *Martin Löhnig*, Rechtsvereinheitlichung trotz Rechtsbindung. Zur Rechtsprechung des Reichsgerichts in Zivilsachen 1879–1899, Tübingen 2012. Ein guter Überblick stammt von *Peter Landau*, Die Reichsjustizgesetze von 1879 und die deutsche Rechtseinheit, in: Vom Reichsjustizamt zum

Bundesministerium der Justiz. Fs. zum 100jährigen Gründungstag des Reichsjustizamtes am 1. Januar 1877, Köln 1977, S. 161–211. Zur Aufhebung des Reichsgerichts äußerte sich der Bundesgerichtshof in der Entscheidung vom 5. Mai 1952 (IV ZA 36/51), in: Neue juristische Wochenschrift 1952, S. 937–938. Zum Bismarck-Fall zuletzt *Thorsten Süß*, Die Bismarck-Entscheidung des Reichsgerichts (aus heutiger Sicht). Oder: Rechtsfindung am Vorabend des BGB, in: JURA 2011, S. 610–616; *Peter Oestmann*, Rechtsvielfalt, in: Nils Jansen/Peter Oestmann (Hrsg.), Gewohnheit – Gebot – Gesetz. Normativität in Geschichte und Gegenwart. Eine Einführung, Tübingen 2011, S. 99–123 (122–123). Zur frühen Rechtsprechung des Reichsgerichts in Zivilsachen nach 1900 *Ulrich Falk/Heinz Mohnhaupt* (Hrsg.), Das Bürgerliche Gesetzbuch und seine Richter. Zur Reaktion der Rechtsprechung auf die Kodifikation des deutschen Privatrechts (1896–1914) (Rspr. 14), Frankfurt am Main 2000.

3.11 Gerichtsbarkeit und Prozessrecht in der Weimarer Republik

Emil Julius Gumbel, Vier Jahre politischer Mord, 5. Aufl. Berlin 1922 (1.-4. Aufl. als „Zwei Jahre Mord", Berlin 1921; online unter https://archive.org/details/vierjahrepolitis00gumb, Zugriff: 11. Februar 2015); *Martin D. Klein*, Demokratisches Denken bei Gustav Radbruch (Juristische Zeitgeschichte IV/9), Berlin 2007, S. 19–44; zur Emmingerschen Justizreform: *Thomas Vormbaum*, Die Lex Emminger vom 4. Januar 1924. Vorgeschichte, Inhalt und Auswirkungen. Ein Beitrag zur deutschen Strafrechtsgeschichte des 20. Jahrhunderts (Schriften zur Rg. 43), Berlin 1988 (S. 85–149 zur Gerichtsbarkeit); zur Arbeitsgerichtsbarkeit: *Günter Graf*, Das Arbeitsgerichtsgesetz von 1926. Weimarer Verfassungsvollzug auf justizpolitischen Irrwegen des Kaiserreichs?, Goldbach 1993; *Jochen Weiß*, Arbeitsgerichtsbarkeit und Arbeitsgerichtsverband im Kaiserreich und in der Weimarer Republik (Europäische Hochschulschriften II/1521), Frankfurt am Main 1994; *Jürgen Brand*, Untersuchungen zur Entstehung der Arbeitsgerichtsbarkeit in Deutschland, 3 Bde., Pfaffenweiler 1990, Frankfurt am Main 2002, 2008 (für die Zeit bis zum späten 19. Jahrhundert); zur Jugendgerichtsbarkeit: *Jan Schady*, Die Praxis des Jugendstrafrechts in der Weimarer Republik. Die Umsetzung des Jugendgerichtsgesetzes von 1923 im Spiegel der Statistiken (Kieler rechtswissenschaftliche Abh. NF 42), Baden-Baden 2003.

3.12 Justiz im Nationalsozialismus

Geradezu klassische Bedeutung zur Rechtsanwendungsmethode im Nationalsozialismus erlangte die 1968 erschienene Habilitationsschrift von *Bernd Rüthers*, Die unbegrenzte Auslegung. Zum Wandel der Privatrechtsordnung im Nationalsozialismus, jetzt 7. Aufl. Tübingen 2012.

3.12.1 Der Primat der Politik

Zum konkreten Ordnungs- und Gestaltungsdenken bzw. zum Denken in konkret-abstrakten Begriffen *Ralf Frassek*, Von der „völkischen Lebensordnung" zum Recht. Die Umsetzung weltanschaulicher Programmatik in den schuldrechtlichen Schriften von Karl Larenz (Fundamanta Juridica 29), Baden-Baden 1996; *Bernd Rüthers*, Entartetes Recht. Rechtslehren und Kronjuristen im Dritten Reich, München 1988 (2. Aufl. 1989; Taschenbuch 1994). Die angebliche Gefangenheit der Juristen im Nationalsozialismus geht maßgeblich auf *Gustav Radbruch* zurück: Gesetzliches Unrecht und übergesetzliches Recht, in: Süddeutsche Juristenzeitung 1 (1946), S. 105–108. Zu Radbruchs folgenschwerem Irrtum und den Auswirkungen *Manfred Walther*, Hat der juristische Positivismus die deutschen Juristen wehrlos gemacht?, in: Kritische Justiz 1988, S. 263–280.

3.12.2 Lenkung der ordentlichen Gerichtsbarkeit

Normenstaat und Maßnahmenstaat: *Ernst Fraenkel*, The dual state. A contribution to the theory of dictatorship, New York 1941, deutsch: Der Doppelstaat, 2. Aufl. Hamburg 2001. Zeitgenössisch zur **ZPO-Reform von 1933:** Eine amtliche Vorbemerkung zur Verkündung der Reform (Reichsgesetzblatt 1933 I, S. 780) bekennt sich zu einem „lebendigen Verfahren", u. a. „durch straffe Leitung" des Richters; aus der Aufsatzliteratur: *E. Staud*, Neues Zivilprozeßrecht, in: Deutsche Justiz 1933, S. 602–607, mit Hinweisen auf Volkstümlichkeit und Rechtsgefühl des deutschen Volkes; *Adolf Baumbach*, Die Zivilprozeßnovelle 1933, in: Deutsche Juristen-Zeitung 1933, Sp. 1459–1462 („ein Notbau errichtet, in dem sich's wohnen läßt"). **Volksgerichtshof und Sondergerichte:** Kurz, aber materialreich *Klaus Marxen*, Das Volk und sein Gerichtshof. Eine Studie zum nationalsozialistischen Volksgerichtshof (Juristische Abh. 25), Frankfurt am Main 1994. Umfassender angelegt ist die Dissertation von *Holger Schlüter*, Die Urteilspraxis des nationalsozialistischen Volksgerichtshofes (Münsterische Beitr. zur Rwiss. 86), Berlin 1995; zur Einleitungsformel der Gerichtsurteile *Peter-Christian Müller-Graff*, Zur Geschichte der Formel „Im Namen des Volkes", in: Zeitschrift für Zivilprozeß 1975, S. 442–450; Sondergerichte: *Holger Schlüter*, „… für die Menschlichkeit im Strafmaß bekannt …" Das Sondergericht Litzmannstadt und sein Vorsitzender Richter (Juristische Zeitgeschichte NRW 14), Düsseldorf (2006). Zur Justizreformdiskussion nach Hitlers sog. Juristenrede *Sarah Schädler*, „Justizkrise" und „Justizreform" im Nationalsozialismus. Das Reichsjustizministerium unter Reichsjustizminister Thierack (1942–1945) (Beitr. zur Rg. des 20. Jahrhunderts 61), Tübingen 2009.

Kriegsverbrecherprozesse: Die Verhandlungen des Nürnberger Gerichtshofes sind auf Grundlage der Protokolle in einer großen Edition erschienen: Der Prozess gegen die Hauptkriegsverbrecher vor dem Internationalen Militärgerichtshof, 23 Bände, Nürnberg 1947/49 (Ndr. in 12 Bänden 1984). *Telford Taylor*, Die Nürnberger Prozesse. Kriegsverbrechen und Völkerrecht, Zürich 1950 (zahlreiche Neuauflagen); einen gut verständlichen Zugang bietet *Klaus Kastner*, Die Völker klagen an. Der Nürnberger Prozess 1945–1946, Darmstadt 2005; speziell zu Juristen *Lore Maria Peschel-Gutzeit* (Hrsg.), Das Nürnberger Juristen-Urteil von 1947. Historischer Zusammenhang und aktuelle Bezüge, Baden-Baden 1996.

3.13 Gerichtsbarkeit und Prozessrecht in der Deutschen Demokratischen Republik

Ernst-Wolfgang Böckenförde, Die Rechtsauffassung im kommunistischen Staat, München 1967; *Jan Erik Backhaus*, Volksrichterkarrieren in der DDR (Rechtshistorische Reihe 188), Frankfurt am Main 1999; *Hermann Wentker* (Hrsg.), Volksrichter in der SBZ/DDR 1945 bis 1952 (Schriftenreihe der Vierteljahreshefte für Zeitgeschichte 74), München 1997; *Thomas Heil*, Die Verwaltungsgerichtsbarkeit in Thüringen 1945–1952. Ein Kampf um den Rechtsstaat (Beitr. zur Rg. des 20. Jahrhunderts 18), Tübingen 1996. Speziell zum **„Hund von Mühlhausen"** gibt es inzwischen mehrere Abhandlungen, so bereits *Otto Kirchheimer*, Politische Justiz. Verwendung juristischer Verfahrensmöglichkeiten zu politischen Zwecken, Frankfurt am Main 1981 (1. engl. Aufl. 1961), S. 386–389; ergänzende Quellen bei *Falco Werkentin*, Die „Ballade vom ermordeten Hund" – Neue Quellen zur einer Fallstudie Otto Kirchheimers über DDR-Justizfunktionäre in den 50er Jahren, in: Kritische Justiz 1992, S. 496–501 (dort auch die Zitate). **Zur Vertiefung:** *Roger Engelmann/Clemens Vollnhals* (Hrsg.), Justiz im Dienste der Parteiherrschaft. Rechtspraxis und Staatssicherheit in der DDR (Analysen und Dokumente. Wissenschaftliche Reihe des Bundesbeauftragten für die Unterlagen des Staatssicherheitsdienstes der Ehemaligen Deutschen Demokratischen Republik 16), 2. Aufl. Berlin 2000. Der Sammelband enthält zahlreiche wichtige Beiträge zur DDR-Justiz, darunter eine rechtssoziologische Studie von *Hubert Rottleuthner*, Zum Aufbau und zur Funktionsweise der Justiz in der DDR, S. 25–42. Der Aufsatz von *Hermann Wentker*, Die Neuordnung des Justizwesens in der SBZ/DDR 1945–1952/53, S. 93–114, behandelt auf S. 108–109 den erwähnten Kurt Schumann. Den Primat der Politik in der Strafgerichtsbarkeit beschreibt mit zahlreichen Fallbeispielen *Falco Werkentin*, Politische Strafjustiz in der Ära Ulbricht. Vom bekennenden Terror zur verdeckten Repression, 2. Aufl. Berlin 1997. Das um klare Wertungen nicht verlegene Buch enthält auch mehrfach Ausblicke auf die spätere Zeit bis 1989. Literarisch ansprechend untersucht *Markovits* (Lit. zu 1.3.2) in einer gelungenen Mischung von Sachbuch und Forschungsmonographie den Justizalltag in der Hansestadt Wismar (mit teilweise deutlich anderen Wertungen als hier). *Isabelle Deflers*, Außergerichtliche Mechanismen der Konfliktlösung im Privatrecht der DDR als Vorzimmer des Rechts, in: Rainer Maria Kiesow/Dieter Simon (Hrsg.), Die Vorzimmer des Rechts (StEuRg 203), Frankfurt am Main 2006, S. 89–108; *Rainer Schröder* (Hrsg.), Zivilrechtskultur der DDR, 4 Bde. (Zeitgeschichtliche Forschungen II/1–4), Berlin 1999/2008; *ders.*, Die DDR-Ziviljustiz im Gespräch – 26 Zeitzeugeninterviews (Rechtshistorische Reihe 373), Frankfurt am Main 2008. Eine quasi-amtliche DDR-Justizgeschichte stammt von einem Autorenkollektiv unter Leitung von *Hilde Benjamin*, Zur Geschichte der Rechtspflege der DDR. 3 Teilbände für 1945–1949, 1949–1961, 1961–1971, (Ost-)Berlin 1976, 1980, 1986. Schon 1953 veröffentlichte ein Autorenkollektiv unter *Hilde Benjamin* den Grundriß des Strafverfahrensrechts der Deutschen Demokratischen Republik (Kleine Schriftenreihe des Deutschen Instituts für Rwiss. 3).

3.14 Gerichtsbarkeit und Prozessrecht unter dem Grundgesetz

Amtliche Sammlung zur Tätigkeit des OGH: Entscheidungen des Obersten Gerichtshofes für die Britische Zone in Zivilsachen/in Strafsachen, beide 1948/50.

3.14.1 Das Bundesverfassungsgericht

Zum Bedeutungsgewinn der Justiz und vor allem zur Verfassungsgerichtsbarkeit gibt es vier wichtige Annäherungen von *Matthias Jestaedt, Oliver Lepsius, Christoph Möllers, Christoph Schönberger*, Das entgrenzte Gericht. Eine kritische Bilanz nach sechzig Jahren Bundesverfassungsgericht, Berlin 2011. Besonders anregend ist auch die Studie von *Bernd Rüthers*, Die heimliche Revolution vom Rechtsstaat zum Richterstaat. Verfassung und Methoden. Ein Essay, Tübingen 2014.

3.14.2 Ausdifferenzierung der Gerichtsverfassung
Peter Heine, 60 Jahre Sozialgerichtsbarkeit Niedersachsen und Bremen. Jubiläumsband (mit 7 rechtshistorischen Beiträgen), Stuttgart 2014; *Wolfgang Eilers*, Die Entwicklung der Sozialgerichtsbarkeit im Lande Bremen seit 1883, Kiel 1982; *Peter Hoffmann-Fölkersamb*, Geschichte und Perspektiven des Rechtsbehelfsverfahrens auf dem Gebiet des Steuerrechts in Deutschland (Europäische Hochschulschriften II/1147), Frankfurt am Main 1991; *Gerhard Müller*, Zur Geschichte der Arbeitsgerichtsbarkeit seit 1945, in: Die Arbeitsgerichtsbarkeit. Fs. zum 100jährigen Bestehen des Deutschen Arbeitsgerichtsverbandes, Neuwied 1994, S. 105–127.

3.14.3 Reformen des Zivilprozessrechts
Rudolf Wassermann, Der soziale Zivilprozeß. Zur Theorie und Praxis des Zivilprozesses im sozialen Rechtsstaat (Demokratie und Rechtsstaat 37), Neuwied 1978. Zur Vereinfachungsnovelle 1976 *Harald Franzki*, Die Reform des Zivilprozeßrechts, in: Juristische Arbeitsblätter 9 (1977), S. 151–155; im Rückblick mit Zahlenmaterial *Dieter Leipold*, Wie läßt sich der Zivilprozeß beschleunigen?: Erfahrungen mit der deutschen Vereinfachungsnovelle 1976, in: Osaka University Law Review 36 (1989 Nr. 3) [http://ir.library.osaka-u.ac.jp/dspace/bitstream/11094/4974/1/oulr036-013.pdf; Zugriff: 28. Juli 2014], S. 13–42. Eine Übersicht über zahlreiche ZPO-Reformen bietet *Hanns Prütting*, Die Strukturen des Zivilprozesses unter Reformdruck und europäische Konvergenz?, in: Peter Gottwald/ Herbert Roth (Hrsg.), Fs. Ekkehard Schumann zum 70. Geburtstag, Tübingen 2001, S. 309–325.

3.14.4 Reformen des Strafprozessrechts
Einzelheiten zum Strafbefehlsverfahren untersucht *Tarig Elobied*, Die Entwicklung des Strafbefehlsverfahrens von 1846 bis in die Gegenwart (Juristische Zeitgeschichte III/36), Berlin, New York 2010. Zahlen zur Strafpraxis im Jahre 2010 bei *Wolfgang Heinz*, Das strafrechtliche Sanktionensystem und die Sanktionierungspraxis in Deutschland 1882–2010, Version 1/2012, in: Konstanzer Inventar Sanktionsforschung 2012 [http://www.ki.uni-konstanz.de/rtf/kis/Sanktionierungspraxis-in-Deutschland-Stand-2010.pdf; Zugriff: 28. Juli 2014], S. 53.

4. Die Zeit nach dem staatlichen Gewaltmonopol?
Internationales: *Ditlev Tamm*, The History of the Court of Justice of the European Union Since its Origin, in: Allan Rosas/Egils Levits/Yves Bot (Hrsg.), Court of Justice of the European Union/Cour de Justice de l'Union Européenne, Den Haag 2013, S. 9–35; *Bertrand Wägenbaur*, Court of Justice of the European Union. Commentary on Statute and Rules of Procedure, München 2013; sehr gut und prinzipiell interessant ist *Armin von Bogdandy/Ingo Venzke*, In wessen Namen? Internationale Gerichte in Zeiten globalen Regierens, Frankfurt am Main 2014; speziell für studentische Leser *Kai Ambos*, Internationales Strafrecht, 4. Aufl. 2014, S. 113–159. **Schlichtung, Mediation und Informalität:** Bundesministerium der Justiz (Hrsg.), „Diversion" im deutschen Jugendstrafrecht. Informelle Erledigungen und ambulante Maßnamen, Bonn 1989; *Arthur Hartmann*, Schlichten oder Richten. Der Täter-Opfer-Ausgleich und das (Jugend-)Strafrecht (Neue kriminologische Studien 13), München

1995; *Klaus F. Röhl/Matthias Weiß*, Die obligatorische Streitschlichtung in der Praxis (Gesellschaft und Recht 2), Münster 2005; *Dirk Sauer/Sebastian Münkel*, Absprachen im Strafprozess (Praxis der Strafverteidigung 37), 2. Aufl. Heidelberg 2014; *Karsten Altenhain/Frank Dietmeier/Markus May*, Die Praxis der Absprachen in Strafprozessen (Düsseldorfer rechtswissenschaftliche Schriften 120), Baden-Baden 2013. Teilweise sehen sich Mediationswissenschaftler in der Tradition historischer Vorläufer, vor allem aus Diplomatie und Völkerrecht, so etwa *Joseph Duss-von Werdt*, homo mediator. Geschichte und Menschenbild der Mediation, Stuttgart 2005. Zum Verhältnis von Richten und Schlichten gibt es eigene Informationsportale der Landesjustizministerien, aber auch Literatur von Praktikern, etwa von *Wolf Reinhard Wrege*, Richter und Schlichter! – Plädoyer für die Güterverhandlung im Zivilprozess, in: Deutsche Richterzeitung 2003, S. 130–132. Zum Paradebeispiel des Diamantenhandels gibt es die Untersuchung von *Bernstein* (Lit. zu 2.6.2). Zum Wettbewerb staatlicher Jurisdiktionen mit Schiedsgerichten und anderen nichtstaatlichen Schlichtungsmöglichkeiten hat mehrfach *Gerhard Wagner* gearbeitet, so etwa: Dispute Resolution as a Product: Competition between Civil Justice Systems, in: Horst Eidenmüller (Hrsg.), Regulatory Competition in Contract Law and Dispute Resolution, München 2013, S. 347–422. **Entdifferenzierung des Prozessrechts:** *Raphael Koch*, Mitwirkungsverantwortung im Zivilprozess. Ein Beitrag zum Verhältnis von Parteiherrschaft und Richtermacht, zur Wechselwirkung von materiellem Recht und Prozessrecht sowie zur Risikoverteilung und Effizienz im Zivilprozess (Jus Privatum 174), Tübingen 2013. Ausgewogener und informativer Überblick über islamische Friedensrichter und Scharia-Gerichte bei *Fabian Wittreck*, Paralleljustiz in ethnischen Minderheiten? – Die bundesdeutsche Perspektive, in: Astrid Deixler-Hübner/Martin Schauer (Hrsg.), Migration, Familie und Vermögen. Vom Europäischen Erbrecht bis zu binationalen Ehen, Wien 2014, S. 91–119. Der Koalitionsvertrag von 2013 findet sich unter: http://www.bundesregierung.de/Content/DE/_Anlagen/2013/2013-12-17-koalitionsvertrag.pdf?__blob=publicationFile (S. 179 mit Zitat zum Gewaltmonopol), Zugriff: 2. Februar 2015. Die Frage nach dem Ende des klassischen Staates ist nicht neu. Vor allem *Wolfgang Reinhard* hat sie in den historischen Zusammenhang der europäischen Geschichte gestellt: Geschichte der Staatsgewalt. Eine vergleichende Verfassungsgeschichte von den Anfängen bis zur Gegenwart, 3. Aufl. München 2002 (erstmals 1999), besonders S. 480–536.

Register

Personenregister

Ortsregister

Sachregister/Glossar

erkennendes Gericht: unter dem
Unmittelbarkeitsgrundsatz dasjenige
Gericht, vor dem die mündliche
Verhandlung und Beweisaufnahme
stattfindet 175, 215, 218

Ethnologie: Völkerkunde, Lehre vor
allem von ursprünglichen (indigenen)
Bevölkerungen 31, 302

Europäischer Gerichtshof: 1952 gegründetes
oberstes Gericht der Europäischen
Gemeinschaften, seit 2009 der europäischen
Union 284

Europäischer Gerichtshof für Menschenrechte:
seit 1959 Gericht des Europarats 284

Europarat: 1949 gegründeter Zusammenschluss
europäischer Staaten 284

Euthanasie: planmäßige Ermordung von
Behinderten und Geisteskranken im
Nationalsozialismus 260

Eventualmaxime: Versuch zur
Prozessbeschleunigung durch die
Obliegenheit, alle Angriffs- und
Verteidigungsmittel zu Beginn des
Verfahrens auf einmal einzubringen 240,
241

Evokation: Behandlung eines zunächst
regionalen Rechtsstreits vor dem Gericht
eines übergeordneten Herrschers auf
Initiative des oberen Gerichtsherrn 86

Evokationsprivileg → privilegium de non
evocando

Ewiger Landfrieden: endgültiges Fehdeverbot
im Alten Reich 1495; zu dessen Wahrung
Gründung des Reichskammergerichts 15,
62, 66, 153–155, 157, 158, 160, 161, 309,
321

Exegese: Texterläuterung 25

Exekution: Vollzug, Vollstreckung, auch
Zustellung 139, 146, 158

Exemtion: vollständige Befreiung von fremder
Gerichtsgewalt, z. B. des Königs 86, 90,
162

Exkommunikation: Ausschluss aus
der kirchlichen (Abendmahls-)
Gemeinschaft 64, 196

Exrotulation: förmliche Öffnung der Akte
nach einer Aktenversendung 192

Extrajudizialverfahren: im Kameralprozess
gerichtliches Verfahren außerhalb der
Audienzen 171

Exzeption: Einwendung gegen Klage oder
Forderung 118, 146, 147, 171

Exzeptionsschrift: Klageerwiderung im
gelehrten Recht 118

F

faidus → Fehdegeld

Fehde 62, 114, 153–155, 157, 158
  – a: Zustand der Feindschaft zwischen
    Familienverbänden und Einzelpersonen
    nach einer Rechtsverletzung 15, 34,
    35, 38, 40–42, 56, 59, 63, 65, 66, 112,
    291, 303, 304, 308, 321
  – b: Summe von Rachehandlungen 30,
    35, 37, 39, 40, 42, 43, 50, 63, 83, 286

Fehdegeld: Ausgleichs-/Bußzahlung an den
Geschädigten 55

Fehderecht 36, 65

Fehdeverbot 66

Femegericht: spätmittelalterliches ungelehrtes
Gericht; weit verbreitet in Westfalen;
Abgrenzung zu Freigerichten unklar;
erloschen um 1800 104, 155, 314

Finanzgericht 217, 294

Fiskal: herrscherlicher Bediensteter zur
Wahrung finanzieller Interessen der
Obrigkeit; auch Amtsankläger im
frühneuzeitlichen Strafprozess 111, 139,
145, 147, 149, 150, 152, 195, 212, 214

ULRIKE BABUSIAUX

WEGE ZUR RECHTSGESCHICHTE: RÖMISCHES ERBRECHT

UTB 4302 M

Das römische Erbrecht gilt als relativ undurchsichtig. Dabei spiegeln sich gerade in ihm die verschiedenen Rechtsschichten des altrömischen *ius civile,* des republikanischen *ius praetorium* und des *ius novum* der Kaiserzeit in ihrer Entwicklung und gegenseitiger Durchdringung wider. Das Studienbuch vermittelt ein vertieftes Verständnis grundlegender erbrechtlicher Institute und gibt gleichzeitig einen Einblick in die römische »Rechtsordnung«, die maßgeblich durch die Koordinierungsarbeit der römischen Juristen an den verschiedenen Rechtsquellen geprägt ist. Damit verbindet es für das Teilgebiet des Erbrechts die traditionell getrennten Gebiete der Römischen Rechtsgeschichte und des Römischen Privatrechts. Auf diese Weise bietet das Studienbuch eine historische Einführung in das römische Privatrecht, die sich an Studenten der Rechtswissenschaft sowie an alle rechtshistorisch und zivilrechtlich Interessierten richtet.

Dieser Titel liegt auch als EPUB für eReader, iPad und Kindle vor.

2015. 360 S. MIT 42 ÜBERSICHTEN. BR. 150 X 215 MM | ISBN 978-3-8252-4302-9

Der Klügere liest rot.

BÖHLAU VERLAG, URSULAPLATZ I, D-50668 KÖLN, T:+49 221 913 90-0
INFO@BOEHLAU-VERLAG.COM, WWW.BOEHLAU-VERLAG.COM | WIEN KÖLN WEIMAR